Ikuinen Viisaus
Yhdistetty painos

Ikuinen Viisaus

Sri Mata Amritanandamayin opetuksia

Koonnut
Swami Jnanamritananda Puri

Käännös alkuperäisestä malajalamin kielestä englanniksi
tri. Dr. M.N. Nambuudiri

Mata Amritanandamayi Center
San Ramon, Kalifornia, Yhdysvallat

Ikuinen Viisaus
Sri Mata Amritanandamayin opetuksia
Yhdistetty painos

Julkaisija:
Mata Amritanandamayi Center
P.O. Box 613
San Ramon, CA 94583
Yhdysvallat

Copyright ©2025 Mata Amritanandamayi Mission Trust
Amritapuri, Kerala, 690546, Intia

Kaikki oikeudet pidätetään. Osaakaan tästä julkaisusta ei saa tallentaa millään tunnetulla tai myöhemmin keksittävällä menetelmällä, tuottaa uudelleen, siirtää toiselle välineelle, kääntää jollekin kielelle tai julkaista missään muodossa ilman julkaisijan kirjallista lupaa.

Suomessa: www.amma.fi

Kansainvälinen: www.amma.org

Äiti,

Olkoon jokainen tekoni
antaumuksentäyteinen
palvelus sinulle.

Olkoon jokainen sana huulillani
sinun suuriarvoisen mantrasi toistamista,

Olkoon jokainen käteni liike
sinua ylistävä mudra.

Olkoon jokainen askeleeni
kunniakierros sinun ympärilläsi,

olkoon nauttimani ruoka ja juoma
uhrilahja pyhään tuleesi,

olkoon leponi
kumarrus sinulle.

Äiti, olkoon kaikki tekoni
ja kaikki iloni
sinun palvontaasi.

Sisältö

Esipuhe	15
Ensimmäinen luku	23
Maanantai 3. kesäkuuta 1985	23
Äiti joka ei koskaan lepää	23
Neuvoja perheellisille	25
Henkinen elämäntapa oman käyttäytymisemme puhdistamiseksi	27
Maanantai 10. kesäkuuta 1985	30
Gurun opastus	30
Tiistai 11. kesäkuuta 1985	32
Myötätunnon lähde	32
Keskiviikko 12. kesäkuuta 1985	36
Bhaktijooga	36
Oikean asenteen tärkeys	39
Henkisille etsijöille	40
Omistamisen vaara	42
Keskiviikko 19. kesäkuuta 1985	45
Maailmankaikkeuden Äiti	45
Lauantai 22. kesäkuuta 1985	55
Meditaatio	55
Maallisen elämän surut	56
Sadhanan yksityiskohdista	57
Neuvoja perheellisille	61
Toinen luku	**89**
Keskiviikko 26. kesäkuuta 1985	89
Antaumus	89
Gurun luonne	91
Henkiset harjoitukset ovat välttämättömiä	92
Antamuksen suuruus	94

Amman ohjeet	97
Jumalanpalvelus sydämessä	100
Perjantai 5. heinäkuuta 1985	102
Henkisen elämän periaatteet	103
Maanantai 8. heinäkuuta 1985	109
Maallisen elämän ilot ja surut	110
Lauantai 20. heinäkuuta 1985	113
Ei kompromissia itsekurin suhteen	113
Amma lehmien parissa	115
Neuvoja perheellisille	117
Tiistai 6. elokuuta 1985	123
Jumalallisen autuuden mielentila	124
Menneisyys on mitätöity shekki	126
Surun syy ja lääke	128

Kolmas luku 133

Keskiviikko 7. elokuuta 1985	133
Meditaatio	133
Hän joka poistaa kaikki vaarat	134
Onko tulevaisuus ennaltamäärätty?	136
Lauantai 10. elokuuta 1985	139
Henkinen matka	141
Maanantai 12. elokuuta 1985	146
Lauantai 24. elokuuta 1985	149
Brahmacharien epäilysten hälventäminen	149
Ihmetystä herättäviä kokemuksia	154
Torstai 5. syyskuuta 1985	156
Väsymätön äiti	156
Selostus lähetystyöstä	158
Unniyappam	161
Perjantai 6. syyskuuta 1985	163
Maailmasta luopunut ja sukulaiset	164
Merenrannalla	167
Ohjeita brahmachareille	168

Muistoja Amman lapsuudesta 175
Neljäs luku **179**
Perjantai 20. syyskuuta 1985 179
  Brahmacharit ja perheelliset 179
  Muutamia hetkiä brahmacharien kanssa 184
  Lapsiaan syöttämässä 186
  Amma Ottuurin seurassa 189
  Seva ja sadhana 190
  Ei-kaksinaisuus päivittäisessä elämässä 193
Tiistai 24. syyskuuta 1985 195
  Oppitunti keittiössä 195
  Amma siunaa lehmän 197
  Jumalien ja gurun palvominen 198
Sunnuntai 13. lokakuuta 1985 200
Lauantai 19. lokakuuta 1985 203
  Elä rituaalien periaatteiden mukaisesti 203
  Kuinka kohdata moite ja ylistys 205
Sunnuntai 20. lokakuuta 1985 208
  Koiran aiheuttama vahinko 208
  Äiti joka lahjoittaa näkymättömiä siunauksiaan 211
  Sisäinen aarre 212
Keskiviikko 23. lokakuuta 1985 215
  Oppimisen jumalattaren vihkimys 215
  Anna tarvitseville 219
  Tosi oppilas ei joudu kärsimään köyhyyttä 221
  Muunna uskosi toiminnaksi 223
  Usko Jumalaan ja Itseen 225
Viides luku **229**
Perjantai 25. lokakuuta 1985 229
  Äiti antaa siunauksensa 229
Tiistai 29. lokakuuta 1985 233
  Amma juo myrkytettyä maitoa 233

Amman todellinen muoto 235
Jumalalle antautuminen 237
Ei aikaa sadhanalle 239
Lauantai 2. marraskuuta 1985 242
  Amma Ernakulamissa 242
  Aloita dharma jo nuorella iällä 244
Sunnuntai 3. marraskuuta 1985 248
  Kehitysvammaiset lapset – kenen karma aiheuttaa heidän vammaisuutensa? 248
  Neuvoja brahmachareille 249
  Kypsyys oivallusta varten 253
  Amman todellinen olemus 256
  Säännöt palvelemista varten 257
Maanantai 4. marraskuuta 1985 259
  Todellinen ja väärä vedanta 260
  Amman bhakti bhava 263
Perjantai 8. marraskuuta 1985 265
  Brahma muhurta 265
  Amma muistelee vanhoja aikoja 268
  Amma kuuntelee Bhagavatamia 273
  Tyaga 275
  Japaa koskeva neuvo 277

Kuudes luku 281

Perjantai, 15. marraskuuta 1985 281
  Karman salaisuus 282
  Mantravihkimyksen saaminen gurulta 287
  On tärkeää tehdä henkisiä harjoituksia yksinäisyydessä 289
Lauantaina, 16. marraskuuta 1985 294
  Brahmacharya 295
Tiistai, 7. tammikuuta 1986 302
  Muodon palvominen 303
  Amma kohtaa oppineen 305
  Abhyasa-jooga – joogan harjoittaminen 307

Rakkaus on tärkeintä	310
Keskiviikkona, 15. tammikuuta 1986	314
Amma oppilaittensa seurassa	314
Myötätuntoisen huolenaiheet	318
Perjantai, 17. tammikuuta 1986	320
Amma, myötätunnon joki	320
Keskiviikkona, 22. tammikuuta 1986	325
Sadhaka ja tiedemies	327
Sadhanaa koskevia kysymyksiä	328
Gurulle antautuminen	333

Seitsemäs luku 337

Perjantaina, 7. helmikuuta 1986	337
Epäilysten poistaja	337
Pyhien kirjoitusten ruumiillistuma	342
Sunnuntaina 16. helmikuuta 1986	345
Hänen sankalpansa on totuus	345
Tiistaina 25. helmikuuta 1986	349
Näkymättömien lankojen liikuttaja	349
Lasten kasvattamisesta	351
Mistä etsiä onnea	353
Yagnan hyödyt	354
Lisää kysymyksiä oppilailta	357
Keskiviikkona 26. helmikuuta 1986	362
Amma joka kurittaa vitsalla	362
Sanjaasa on vain rohkeita varten	363
Perjantaina, 28. helmikuuta 1986	367
Ahimsan periaate	367
Merkki muistamisesta	369
Temppelipalvonta	371
Maanantaina 10. maaliskuuta 1986	373
Sadhanan harjoittaminen gurun seurassa	373

Kahdeksas luku   379
Keskiviikkona 12. maaliskuuta 1986   379
  Tarkkaavaisesti tehty työ on meditaatiota   379
  Keskittyneisyys   382
  Itsekkyys maallisissa ihmissuhteissa   384
  Roolin näytteleminen yhteiskunnalle   387
  Karmajoogan salaisuus   388
  Käänny jumalan puoleen juuri nyt   390
Keskiviikkona, 16. huhtikuuta 1986   394
  "Silti minä toimin"   394
  Satsang matkan aikana   397
Lauantaina 19. huhtikuuta 1986   402
  Ratkaisua etsivät lakimiehet   402
Lauantaina, 10. toukokuuta 1986   405
  Odottamattomia koettelemuksia   405
Sunnuntaina, 18. toukokuuta 1986   408
  Myötätunto köyhiä kohtaan   408
  Kerjäten opetuslastensa tähden   410
Torstaina, 25. toukokuuta 1986   413
  Ensimmäinen ruokinta   414
Perjantaina, 30. toukokuuta 1986   415
  Lääkärin apu ammalle   416
Lauantaina, 31. toukokuuta 1986   418
  Sadhanan pitää tulla sydämestä   418
  Sama totuus eri nimien taustalla   419
  Kaikki toiminta jumalanpalveluksena   421

Yhdeksäs luku   425
Maanantaina, 9. kesäkuuta 1986   425
  Sadhana omaksi hyödyksemme ei riitä   428
Keskiviikkona 11. kesäkuuta 1986   430
  Suojellen aina heitä, jotka turvautuvat häneen   430
Perjantaina 13. kesäkuuta 1986   432
  Oppitunti sraddhasta   434

Brahmacharit ja perhesiteet	438
Sunnuntaina 15. kesäkuuta 1986	443
Oppilas koettelee deviä	446
Ohjeita opetuslapsille	447
Keskiviikkona 18. kesäkuuta 1986	449
Äiti joka haluaa nähdä lastensa itkevän	449
Keskiviikkona 25. kesäkuuta 1986	452
Hetkellinen takertumattomuus	452
Toivomus läpäistä koe opiskelematta	456
Henkisyys ja maallisuus	457
Lauantaina 28. kesäkuuta 1986	460
Oliko Krishna varas?	460
Bhava-darshan	464

Kymmenes luku — **469**

Tiistaina, 1. heinäkuuta 1986	469
Erehtyvät ovat myös hänen lapsiaan	469
Kodista pitäisi tulla ashram	472
Jokainen samskaransa mukaisesti	475
Naisten seurassa olemisesta	476
Torstaina, 10. heinäkuuta 1986	478
Meditaation pitäisi olla keskittynyttä	480
Muodon palvominen	482
Torstaina 7. elokuuta 1986	485
Vairagya	485
Säännöt ovat tärkeitä ashramissa	490
Puutteiden poistaminen	491
Kuinka erottaa oikea väärästä	495
Keskiviikkona 20. elokuuta 1986	500
Voita vihasi	500
Lauantaina 23. elokuuta 1986	501
Tekojen tekemisestä	503
Kärsivällisyys	505

Yhdestoista luku 513
Maanantaina 25. elokuuta 1986 513
Darshan tien vierellä 518
Tiistaina 2. syyskuuta 1986 520
Meditaatio takavesien äärellä 522
Sunnuntaina 14. syyskuuta 1986 525
Amma lohduttaa sokeaa nuorukaista 527
Maanantaina, 15. syyskuuta 1986 530
Onam-juhla ashramissa 530
Maailmasta luopuneiden vierailut kotona 534
Jumala on temppelissä 536
Kastierot ovat merkityksettömiä 537
Keskiviikkona 17. syyskuuta 1986 540
Satsang on tärkeää, sadhana välttämätöntä 541

Sanasto 545

Esipuhe

Harvinaisia ovat mahatmat (suuret sielut), jotka näkevät koko maailmankaikkeuden atmanissa (Itsessä), ja atmanin maailmankaikkeudessa. Vaikka heidät tunnistettaisiinkin, he eivät välttämättä tunne halua olla yhteydessä meihin eikä neuvoa meitä, koska he ovat sulautuneet Itsen ikuiseen hiljaisuuteen.

Sen tähden me olemme onnekkaita, kun täyden oivalluksen saavuttanut mahatma on halukas neuvomaan ja ohjaamaan meitä äidin lempeällä rakkaudella ja gurun selittämättömällä myötätunnolla. Sri Mata Amritanandamayin, Amman darshan (halaus) ja nektarin kaltaiset sanat saavat aikaan muutoksen sadoissatuhansissa ihmisissä eri puolilla maailmaa. Tämä kirja, epätäydellisyydessään, on arvokas kokoelma Amman ja hänen opetuslastensa, oppilaidensa ja ashramin vierailijoiden välisiä keskusteluja kesäkuusta 1985 syyskuuhun 1986.

Maailmaa kohottamaan tulleiden mahatmojen viisaus sisältää sekä välittömän että ikuisen merkityksen. Vaikka he selventävätkin ikuisia arvoja, he ovat samanaikaisesti sopusoinnussa sen aikakauden kanssa, jossa he elävät. Heidän sanansa ovat vastauksia heidän kuuntelijoidensa sydämenlyönteihin.

Amma lausuu yhteiskuntaa muuttavat kuolemattomat ajatuksensa aikana, jolloin ihminen on menettänyt perinteiset arvonsa, jalot tunteensa ja mielenrauhansa pyrkiessään kiihkeästi saavuttamaan aistimaailman nautintoja, valtaa ja kunniaa. Ihmisen järjetön pyrkimys tavoittaa itselleen näitä häiriötekijöitä samalla, kun hän on tietämätön omasta Itsestään, on kostautunut hänelle oman elämänsä tasapainon ja armollisuuden menettämisellä. Uskon puute, pelko ja kilpailuhenkisyys ovat tuhonneet perhesuhteet ja ihmissuhteet. Rakkaudesta on tullut kuin kangastus kulutusyhteiskunnan keskellä.

Jumalaan kohdistuva epäitsekäs rakkaus on joutunut väistymään itsekkäisiin haluihin pohjautuvan antaumuksen tieltä. Ihminen antaa älylle liian suurta merkitystä, hakien vain välitöntä hyötyä kaikesta, ja unohtaen todellisen viisauden lahjoittaman kestävän loiston. Korkeat henkiset arvot ja jalot kokemukset eivät loista ihmisten elämässä vaan ilmenevät vain sanojen tasolla. Tällaisessa vaiheessa Amma puhuu meille puhtaan antaumuksen kielellä, sydämen ja viisauden kielellä, ja sillä rakkaudella, joka on hänen koko elämänsä. Hänen nektarin kaltaiset sanansa sisältävät sekä välittömän että ikuisen merkityksen.

Amma on kuuntelemalla satojentuhansien ihmisten ongelmia osoittanut viisautensa ja syvän ymmärryskykynsä ihmisten tilanteesta. Hän tunnistaa heidän tarpeensa ja laskeutuu rationalistin, uskovaisen, tiedemiehen, kadunmiehen, perheenäidin, liikemiehen, oppineen ja lukutaidottoman – miehen, naisen tai lapsen – tasolle ja antaa kullekin sopivan vastauksen täyttämällä jokaisen henkilökohtaisen tarpeen.

Viitaten omaan elämäänsä Amma sanoo:

"Näen kaikessa totuuden tai Brahmanin, niinpä kumarran tuolle totuudelle, kumarran omalle Itselleni. Palvelen kaikkia nähden kaiken Itsenä."

Hän pitää advaitaa (ei-kaksinaisuutta, ykseyttä) lopullisena totuutena. Tästä huolimatta, tie, jota hän yleensä suosittaa on tasapainoinen kokonaisuus mantra-japaa (mantran toistamista), jumalallisen hahmon mietiskelyä, antaumuksellisia lauluja,

Esipuhe

archanaa (mantraresitaatiota), satsangia (luentojen kuuntelua) ja epäitsekästä palvelutyötä maailmalle.

Hänen neuvonsa eivät ole teoreettisia vaan hyvin käytännöllisiä ja arkielämään soveltuvia. Ohjeet valaisevat henkistä polkua ja sadhanaa (henkisiä harjoituksia) ottaen huomioon yksilön ja yhteiskunnan tarpeet, ja sen mikä merkitys epäitsekkäällä työllä, vilpittömällä, antaumuksellisella rukoilulla ja puhtaalla rakkaudella on Itsen etsinnässä. Hän puhuu myös perheelliselle sopivasta elämäntavasta, arkielämän ongelmista, miehen ja naisen suhteen dharmasta (velvollisuuksista) sekä antaa käytännöllisiä ohjeita henkiselle etsijälle, esittäen toisinaan filosofisia arvoituksia.

Saamme kuulla hänen kehottavan opetuslapsiaan noudattamaan henkisyyttä elämässään, luopumaan ylimääräisistä mukavuuksista ja huonoista tavoista ja palvelemaan heitä, jotka kärsivät.

"Lapseni, Jumalan oivaltaminen on elämän todellinen päämäärä."

Henkisyys ei ole sokeaa uskoa, se on elämäntapa, joka poistaa pimeyden. Se opettaa meitä kohtaamaan hymyillen vaikeat tilanteet ja esteet. Se on mielen kouluttamista. Amma osoittaa, että voimme käyttää oppimaamme tietoa tehokkaasti vain, jos hankimme tueksemme henkistä tietoa.

Amman ääretön viisaus ilmenee hänen lohduttavissa sanoissaan heille, jotka etsivät helpotusta elämänsä ongelmiin. Hänen viisautensa tulee esiin myös vastauksissa henkisyyttä koskeviin kysymyksiin ja aika ajoin neuvoissa opetuslapsilleen. Hänen vastauksensa ottavat huomioon kysyjän luonteen ja olosuhteet. Vaikka kysyjä ei kykenisikään ilmaisemaan ajatuksiaan täysin, Amma, joka tuntee sydämen kielen, antaa sopivan vastauksen. Moni on saanut kokea sen, että Amma vastaa jo ennen kuin kysymys on lausuttu ääneen.

Vastatessaan yhden ihmisen esittämään kysymykseen, hän antaa usein samalla neuvon vieressä kuuntelevalle. Vain hiljainen kuuntelija ymmärtää, että tämä vastaus oli tarkoitettu hänelle. Tutkittaessa Amman opetuksia nämä seikat on hyvä pitää mielessä.

Mahatman sanat ovat monitasoisia. Meidän tulee omaksua se merkitys, joka sopii parhaiten meille. Upanishadien tunnettu tarina kertoo siitä, miten Brahma-jumala sanoi kerran sanan 'da', silloin demonit tulkitsivat sen neuvoksi harjoittaa myötätuntoa (dayaa), ihmiset ymmärsivät sen tarkoittavan hyväntekeväisyyttä (danaa) ja taivaalliset olennot ymmärsivät sen neuvoksi harjoittaa itsekuria (damaa).

On hienoa saada kuunnella Ammaa ja katsella hänen ilmeitään ja eleitään, kun hän käyttää yksinkertaista kieltä ja elävöittää puheitaan sopivilla tarinoilla ja vertauskuvilla, joita hän ammentaa ympärillä olevasta elämästä. Rakkaus, joka loistaa Amman silmistä ja hänen myötätuntoa säteilevät kasvonsa säilyvät elävinä kuuntelijan mielessä, joita hän voi sitten jälkikäteen mietiskellä.

Henkisestä kirjallisuudesta ei ole puutetta tänä päivänä, mutta surullinen tosiasia on, että korkeimmat ihanteet ovat vain ihmisten puheissa, mutta eivät ilmene heidän elämässään. Amma sen sijaan puhuu oman jokapäiväisen elämänsä pohjalta. Hän ei koskaan anna ohjetta, jota hän ei itse toteuta omassa elämässään. Hän muistuttaa meitä jatkuvasti siitä, että henkisten periaatteiden ja mantrojen ei ole tarkoitus olla vain kielellämme vaan niiden tulee ilmetä myös elämässämme. Sen seikan salaisuus, että syvät henkiset viisaudet virtaavat jatkuvasti Amman suusta, joka ei ole opiskellut pyhiä kirjoituksia

Esipuhe

eikä saanut ohjeita gurulta, on siinä että hän elää jatkuvassa Itsen kokemuksessa. Pyhät kirjoitukset perustuvat mahatmojen omaan elämään. Sellaiset Amman sanonnat kuten "Koko maailma kuuluu hänelle, joka tuntee todellisuuden", "Ystävällisyys köyhiä kohtaan on meidän velvollisuutemme Jumalaa kohtaan", "Jos turvaudut Jumalaan, hän lahjoittaa sinulle sen mitä tarvitset, silloin kun sen tarvitset", ilmentävät Amman omaa elämää. Hän ilmentää kaikissa toimissaan myötätuntoa koko maailmaa ja rakkautta Jumalaa kohtaan. Tällainen ajatusten, puheiden ja tekojen ykseys muodostaa perustan hänen toteamukselleen, ettei hänen opetuslastensa tarvitse tutkia pyhiä kirjoituksia, jos he analysoivat ja tutkivat hänen elämäänsä tarkasti. Amma loistaa yhteiskunnan keskellä vedantan (ykseysfilosofian) elävänä ilmentymänä.

Mahatmat, jotka pyhittävät maailman läsnäolollaan ovat eläviä tirthoja, pyhiinvaelluskohteita. Säännölliset pyhiinvaellusmatkat ja temppelipalvelus puhdistavat mieltämme, kun harjoitamme niitä vuosikausia, mutta mahatman yksikin darshan (kohtaaminen), kosketus tai sana siunaa meidät ja kylvää meihin ylevöittävän samskaran (henkisyyden) siemenen.

Mahatman sanat eivät ole pelkkiä sointuja. Mahatmat antavat armonsa laskeutua meihin sanojensa myötä. Heidän sanansa herättävät tietoisuuden jopa henkilössä, joka ei ymmärrä niiden merkitystä. Kun nämä puheet ilmestyvät nyt kirjan muodossa, niiden tutkimisesta tulee mitä parhain satsang (henkinen opiskelu) ja meditaatio. Amman kaltaiset mahatmat, jotka kokevat todellisuuden, ylittävät ajan ja paikan. Amman kuolemattomien ajatusten lukeminen ja kuunteleminen auttaa meitä ylläpitämään näkymätöntä sidettä häneen ja tulemaan kypsiksi

Ikuinen Viisaus – Yhdistetty painos

vastaanottamaan hänen siunauksensa. Siinä piilee tällaisten kirjojen opiskelun suuruus.

Tarjoamme nöyrästi tämän Amman kuolemattomien ajatusten kokoelman lukijalle, rukoillen, että ne innostaisivat häntä noudattamaan korkeimpia henkisiä periaatteita, jotka ovat aina loistaneet Amman elämässä, sekä kannustaisivat edistymään omalla polullaan kohti korkeinta totuutta.

Julkaisijat

Ensimmäinen luku

Maanantai 3. kesäkuuta 1985

Oli aikainen aamu. Amman huoneesta kuului tamburan (intialaisen kielisoittimen) suloisia sointuja. Sen jälkeen kun eräs oppilas oli antanut tamburan Ammalle hän oli soittanut sillä melko paljon aina aamuisin. Amma otti instrumentin käteensä vasta kun oli ensin koskettanut sitä kunnioituksella ja kumartanut sille.

Ammalle kaikki on Jumalaa. Hän sanoo usein, että meidän olisi pidettävä kaikkia musiikki-instrumentteja Devi Saraswatin (opetuksen ja musiikin jumalattaren) ilmentyminä. Bhajanien aikana on mahdotonta sanoa tarkasti, milloin hän laittaa soittamansa kellot pois, sillä hän tekee sen sellaisella kunnioituksella ja tarkkaavaisuudella.

Äiti joka ei koskaan lepää

Amma tuli darshanmajaan heti yhdeksän jälkeen aamulla. Monta oppilasta oli jo siellä odottamassa häntä.

Amma: "Lapseni, oletteko olleet täällä jo kauan?"

Oppilas: "Vain hetkisen. Olimme onnekkaita saadessamme tänään kuulla Amman soittavan tamburaa."

Amma: "Äiti menetti ajantajun soittaessaan. Hänellä ei ollut aikaa nukkua bhavadarshanin jälkeen viime yönä. Saapuneita kirjeitä oli paljon, ja kun ne kaikki oli luettu, oli jo aamu. Gayatri[1] painosti häntä useita kertoja nukkumaan, mutta Amma sanoi jatkuvasti, että 'vielä yksi'. Nähdessään seuraavan kirjeen Amma ei voinut vastustaa kiusausta avata ja lukea sitä. Hän tunsi noiden lasten surun lävistävän sydämensä. Moni lapsista ei odota edes saavansa vastausta, he vain haluavat Amman lukevan surustaan. Kuinka Amma voisi jättää huomiotta tuollaiset rukoukset? Milloin hyvänsä heidän surunsa tulee mieleen, hän unohtaa kokonaan omat vaikeutensa.

Siinä vaiheessa kun hän oli lukenut kaikki kirjeet, oli jo aamu. Hän ei mennyt nukkumaan lainkaan. Suihkun jälkeen Ammasta tuntui, että hän tarvitsi hieman yksinoloa, joten hän ryhtyi soittamaan tamburaa. Sen sointu saa Amman menettämään tietoisuutensa. Hän ei tunne ajankulkua soittaessaan sitä. Kellon lyödessä yhdeksän te lapset tulitte mieleen, joten Äiti tuli tänne välittömästi!"

Amman päivärutiini ei ollut tuona päivänä mitenkään poikkeuksellinen. Useimmat päivät olivat tuollaisia. Useinkaan hänellä ei ole aikaa syödä tai nukkua. Bhavadarshanin jälkeen on yleensä hyvin myöhä, kun hän palaa huoneeseensa ja ryhtyy lukemaan kirjeitä. Monia kirjeitä saapuu päivittäin ja useimmat niistä kertovat kyynelten täyttämiä tarinoita. Äiti lukee ne kaikki ennen kuin menee nukkumaan. Toisina päivinä hänellä saattaa olla hieman aikaa lukea niitä päiväsaikaan. Mutta kuinka hänellä voisi olla aikaa levätä, kun hän antaa niin paljon huomiota satojentuhansien lastensa ongelmille? Hyvin harvoin hänellä on aikaa nukkua kahta tuntia pidempään. Toisinaan hän ei ehdi nukkua lainkaan. Kun hän muistaa, että seuraajat odottavat häntä, hän unohtaa kaiken ja tulee juosten huoneestaan

---

[1] Tuolloin Amman henkilökohtainen avustaja

alas Siinä vaiheessa kaikki väsymyksen merkit ovat kadonneet hänen kasvoiltaan.

Neuvoja perheellisille

Nuori nainen, jonka vaatteet olivat likaiset ja hiukset sotkussa, piti pienokaista käsivarsillaan, kun hän lähestyi Ammaa ja kumarsi. Hänen kasvonsa olivat surun vallassa.

Amma: "Lähdetkö tänään, tyttäreni?"

Nainen: "Kyllä, Amma. Olen ollut poissa kotoa jo kolme päivää."

Hän laittoi päänsä Amman rintaa vasten ja alkoi nyyhkyttää. Amma kohotti hänen kasvonsa ja pyyhki hänen kyyneleensä ja sanoi: "Älä ole huolissasi, tyttäreni, kaikki tulee olemaan vielä hyvin."

Nainen kumarsi jälleen Amman edessä ja lähti.

Oppilas: "Tunnen tuon nuoren naisen. Hän on muuttunut niin paljon."

Amma: "Hänen miehellään oli hyvä työpaikka, mutta mies lankesi huonoon seuraan ja ryhtyi juomaan. Pian häneltä loppui käteinen, ja hän pyysi vaimoltaan koruja voidakseen maksaa juomisensa. Kun vaimo epäröi, mies ryhtyi hakkaamaan häntä. Pelosta vaimo antoi miehelleen lopulta kaiken. Mies myi korut ja käytti rahat väkijuomiin. Joka yö hän tuli kotiin juovuksissa ja repi vaimon hiuksista lattialle ja hakkasi häntä. Katso millaisessa kunnossa hän on kaiken tuon lyömisen jälkeen! Muutamia päiviä sitten he tappelivat pienestä kultaketjusta, joka roikkui vauvan kaulassa, ja vaimo sai pahasti selkäänsä. Nainen otti lapsen ja tuli tänne. Kuinka onnellinen perhe he olivatkaan aluksi! Voivatko päihteet saada mitään hyvää aikaan? Terveys, omaisuus ja rauha katoavat kaikki."

Toinen nainen: "Yksi naapureistamme juo. Jokin aika sitten mies tuli kotiin juovuksissa, otti vasta puolitoistavuotiaan tyttärensä ja paiskasi tämän rajusti alas. Minkälaisen mielenlaadun omaava ihminen kykenee toimimaan tuolla tavoin! Hänen vaimonsa on surullisessa tilassa saamiensa lyöntien takia."

Amma: "Lapseni, kun alkoholi ottaa aisteista vallan, mies ei kykene enää tunnistamaan edes vaimoaan ja lapsiaan. Mies saattaa tulla kotiin sen jälkeen, kun on itse tullut hakatuksi järjettömässä tappelussa. Minkälaisen onnen voi alkoholi ihmiselle antaa?

Ihminen vain kuvittelee saavansa nautintoa päihteistä. Asustaako onnellisuus savukkeissa, alkoholissa tai huumeissa? Jotkut ihmiset polttavat useiden satojen rupioiden edestä savukkeita kuukausittain. Tuo raha riittäisi yhden lapsen kouluttamiseen. Päihteet saattavat auttaa ihmistä unohtamaan kaiken pieneksi hetkeksi, mutta todellisuudessa keho menettää elinvoimaisuutensa, ihminen kohtaa perikadon ja romahtava terveys johtaa ennenaikaiseen kuolemaan. Niiden, joiden pitäisi olla hyödyksi perheilleen ja maalleen, tuhoavat sen sijaan itsensä ja vahingoittavat toisia."

Oppilas: "Amma, miksi nämä ihmiset tuhoavat tietoisesti itsensä?"

Amma: "Lapseni, ihmisen itsekäs nautinnon tavoittelu saa hänet antautumaan tupakanpoltolle ja juomiselle. Hän ajattelee, että se kaikki antaa hänelle onnea. Meidän pitäisi selittää ihmisille henkisyyden periaatteet. Mutta voidaksemme tehdä niin, meidän on itse elettävä noitten periaatteitten mukaisesti. Sen jälkeen toiset seuraavat esimerkkiämme, myös heistä tulee hyväsydämisiä ja heidän itsekkyytensä sulaa pois.

Näemme ihmisten käyttävän tuhansia ylimääräiseen mukavuuteen ja loisteliaisuuteen. Samaan aikaan heidän naapurinsa

Luku 1

saattavat nähdä nälkää, tai tyttären häät joudutaan perumaan, kun hänen vanhemmillaan ei ole varaa tuhannen rupian myötäjäisiin. Toisessa perheessä avioon mennyt tytär lähetetään takaisin kotiin, koska hän ei saanut tarpeeksi suurta osuutta isänsä omaisuudesta. Naapurit käyttävät samaan aikaan miljoonia oman tyttärensä häihin. Ne, joilla on mahdollisuus siihen, mutta eivät halua auttaa hädässä olevia, tekevät yhteiskunnalle suurinta vahinkoa. He pettävät samalla oman sielunsa."

Henkinen elämäntapa oman käyttäytymisemme puhdistamiseksi

Amma tuli vakavan näköiseksi. Hän sanoi vakaalla äänellä: "Lapseni, tuollainen itsekäs mielenlaatu voidaan muuttaa jaloksi ainoastaan tällaisten henkisten ajatusten avulla kuten: 'Me kaikki olemme yhtä ja samaa Itseä, kaikki ovat yhden ja saman äidin – maailmankaikkeuden Äidin – lapsia. Me kaikki hengitämme samaa ilmaa. Kun minä synnyin, minulla ei ollut nimeä eikä yhteiskunnallista asemaa; luokkajako ja uskonto tulivat paljon myöhemmin. Siksi velvollisuuteni on murtaa tällaiset raja-aidat ja rakastaa kaikkia sisariani ja veljinäni. Voin löytää todellisen onnen elämääni vain rakastamalla ja auttamalla muita. Todellista Jumalan palvelemista on kärsivien auttaminen. Meidän pitäisi vaalia tällaisia ajatuksia. Ne avartavat näkökulmaamme. Kun omaksumme tällaiset periaatteet, luonteessamme tapahtuu todellinen muutos. Me täytymme myötätunnolla.

Tänä päivänä suurimmalla osalla ihmisistä on ainoastaan asenne 'minä' ja 'minun'. He ajattelevat vain omaa ja perheensä onnellisuutta. Tuollainen on kuolemaa; se tuhoaa heidät ja yhteiskunnan. Lapseni, meidän pitäisi selittää tällaisille ihmisille: 'Teidän ei pitäisi elää tuolla tavoin. Ette ole pieniä vesilätäköitä, joissa vesi seisoo ja tulee yhä likaisemmaksi ajan myötä; olette jokia, joiden tulisi virrata maailmaa hyödyttäen. Ei teitä ole tarkoitettu kärsimään, teidät on tarkoitettu kokemaan autuutta!' Kun lätäkön vesi virtaa jokeen, se puhdistuu; virtaamalla katuojaan siitä tulee vain entistä likaisempaa. 'Minä' ja 'minun' -asenne on tuo likaoja. Joki taas on Jumala. Lapseni, turvautukaamme Jumalaan. Niin me hyödymme, kohtasipa meitä sitten elämässämme voitto tai häviö. Turvautumalla Jumalaan koemme iloa ja mielenrauhaa. Rauha ja hyvinvointi lisääntyvät sekä perheessä että maailmassa."

Amma katsoi lähellään istuvaa oppilasta ja sanoi: "Kun tämä poikani tuli ensi kertaa tapaamaan Ammaa, hän oli niin vahvassa humalassa, että oli aivan tajuttomassa tilassa. Toiset tukivat häntä ja auttoivat hänet sisään." Äiti nauroi.

Oppilas: "Tavattuani Amman en ole ottanut ryyppyäkään. Jotkut ystävistäni lopettivat juomisen kun he näkivät, että minä luovuin tuosta huonosta tavasta. Nyt minua inhottaa jo pelkästään se, kun kuulenkin puhuttavan alkoholista."

Amma: "Poikani, kun muutuit paremmaksi, eivätkö toisetkin muuttuneet samaan aikaan? Eikö se tuonut rauhaa myös heidän perheilleen?

Lapseni, me synnymme ja tuomme tähän maailmaan omat lapsemme. Mutta mitä muuta hyvää teemme maailman hyväksi? On totta, että pidämme huolta omasta perheestämme, mutta onko se meidän ainoa velvollisuutemme? Kuinka voisimme saada rauhan vain tästä? Olemmeko tyytyväisiä, kun kuolema tulee? Koska emme elä tietäen oikeudenmukaisen elämän perusperiaatteita, emme koe ainoastaan itse surua vaan aiheutamme sitä myös muille. Saatamme tähän maailmaan lapsia,

Luku 1

jotka kokevat myös tuskaa ja kärsimystä. Eikö elämä ole tällaista tänä päivänä?"

Oppilas: "Sanooko Amma, että meillä ei pitäisi olla vaimoa ja lapsia?"

Amma: "Ei, ei Amma niin sano. Hän sanoo, että meidän tulisi oppia saavuttamaan rauha tässä elämässä, sen sijaan että kulutamme elämämme eläimen tavoin eläen. Sen sijaan että juoksemme nautintojen perässä, meidän olisi ymmärrettävä elämän päämäärä ja elettävä sille. Eläkää yksinkertaista elämää. Antakaa muille se mikä jää yli, kun omat tarpeenne on täytetty. Eläkää aiheuttamatta muille harmia ja opettakaa toisillenne nämä periaatteet. Meidän pitäisi antaa oma osamme tällaisen suuren kulttuurin luomiseksi.Tehkäämme omasta sydämestämme hyvä ja auttakaamme siten myös toisia tulemaan hyviksi. Tätä me tarvitsemme. Jos toimimme näin, tunnemme aina sisäistä rauhaa ja tyytyväisyyttä, vaikka meiltä puuttuisikin ulkoisia mukavuuksia.

Vaikka emme voisikaan antaa muille apua, meidän pitäisi ainakin olla aiheuttamatta heille vahinkoa. Jo se itsessään on suuri palvelus. Se ei kuitenkaan riitä. Pyrkikää työskentelemään tavalla, joka hyödyttää toisia. Rajoittakaa kaikki siihen mitä todella tarvitsette, älkääkä ryhtykö mihinkään mikä ei ole todella välttämätöntä. Ruoka, ajatukset, uni ja puhuminen tulisi rajoittaa vain siihen, mikä on välttämätöntä. Jos elämme noudattamalla tällaista itsekuria, mielessämme tulee olemaan vain hyviä ajatuksia. Ne, jotka elävät näin, eivät saastuta ympäristöään, sen sijaan he pyhittävät sen. Meidän tulisi pitää tällaisia ihmisiä roolimalleinamme."

Oppilaitten kasvoista näki kuinka syvästi liikuttuneita he olivat Amman ohjeista, jotka hän antoi yksilön ja yhteiskunnan hyvinvoinnin lisäämiseksi. He kokivat hänen antaneen seuraajilleen selkeää ohjausta siitä, miten heidän tulisi elää loppuelämänsä. Kumarrettuaan Amman edessä he tunsivat täyttymystä saatuaan viettää nuo arvokkaat hetket hänen seurassaan.

Maanantai 10. kesäkuuta 1985

Kymmenen aikaan aamulla muutamat brahmacharit (selibaatissa elävät oppilaat) ja Amman seuraajat istuivat Amman seurassa kalarin (vanhan temppelin) edessä. Kalarin oikealla puolella oli rakennus, jossa oli toimisto, kirjasto, keittiö ja ruokasali. Rakennuksen takana oli kolme pientä brahmacharien huonetta. Amman perhe oli asunut tässä rakennuksessa siihen asti, kunnes se muutti uuteen taloon. Kalarin vasemmalla puolella oli vedantakoulu, muutamia majoja, Amman huone ja meditaatiohalli.

Gurun opastus

Amma: "Äiti nuhteli voimakkaasti yhtä poikaansa tänään." Hän viittasi yhteen brahmachareista.

Oppilas: "Miksi, Amma?"

Amma: "Hän meni Kollamiin muutamia päiviä sitten korjauttamaan autoa. Ennen kuin hän lähti Amma sanoi hänelle, että hänen olisi palattava samana päivänä riippumatta siitä, olisiko korjaukset tehty vai ei. Siitä huolimatta hän jäi sinne yöksi, koska auto ei ollut valmis. Kun hän sitten palasi seuraavana päivänä, Amma torui häntä. Eilen hän meni Kollamiin jälleen kertomatta Ammalle tai jättämättä hänelle edes viestiä. Tänään Amma sätti häntä jälleen tästä kaikesta. Amma on suruissaan, kun hän joutuu läksyttämään lapsiaan, mutta henkisen oppilaan ominaislaatu käy ilmi tavasta, jolla hän noudattaa ohjeita. Mitä

Luku 1

Amma voi tehdä? Toisinaan hän vaikuttaa julmalta lapsiaan kohtaan.

Jotkut potilaista eivät salli lääkärin antaa heille pistosta, koska ovat peloissaan että se sattuu. Mutta lääkäri tietää, että he eivät parane ilman sitä. Joten hän antaa heille ruiskeen, vaikka joutuisi käyttämään voimaa ja pakottamaan potilasta näin tehdessään. Jos hän ei ystävällisyydessään anna pistosta, potilas voi kuolla. Hoito on välttämätön, jotta potilas voidaan parantaa. Samalla tavoin, todellinen guru pitää huolen, että opetuslapsi tottelee häntä. Tämä on välttämätöntä, jotta opetuslapsi voisi saavuttaa päämäärän.

Kuumentaessaan raudan kappaletta seppä hakkaa sitä useita kertoja – ei julmuudesta vaan antaakseen sille halutun muodon. Joku saattaa leikata paperin moneksi palaseksi tehdäkseen siitä kauniin kukkasen. Samalla tavoin guru nuhtelee ja kurittaa opetuslasta vain paljastaakseen tälle hänen oman Itsensä ominaislaadun. Jokainen rangaistus jonka hän antaa, osoittaa hänen suurta myötätuntoaan opetuslasta kohtaan. Opetuslapsen tulisi omaksua nöyrä, antaumuksellinen asenne ja ajatella, että hän on gurun palvelija. Vain silloin guru antaa armonsa virrata häneen kohottaen hänet gurun omaan maailmaan. Opetuslapsella tulisi olla asenne, 'että minä en ole mitään, sinä olet kaikki, minä olen vain sinun'.

Kaikki paitsi meidän egomme kuuluu Jumalalle. Vain ego on meidän omamme ja siitä ei ole helppo päästä eroon. Vain tottelemalla gurua ego voidaan tuhota. Kun seuraamme gurun ohjeita ja taivumme hänen tahtoonsa, egomme katoaa hänen armonsa vaikutuksesta.

Tukki joka kelluu jokea alaspäin, liikkuu joen virran myötä. Samalla tavoin opetuslapsen tulee toimia gurun tahdon mukaisesti antaumuksen asenteella ja ajatella, että 'sinä olet kaikki'.

Tämä on ainoa tapa poistaa ego. Mitä voimaa meillä muka on, jota voimme kutsua 'omaksi tahdoksemme'? Joku sanoo portaiden yläpäässä: 'Minä tulen nyt alas', mutta hän putoaakin kuolleena maahan otettuaan vain muutaman askeleen. Eikö tällaista ole sattunut lukemattomia kertoja? Jos kyse olisi 'meidän tahdostamme', eikö hän olisi tullut koko matkan alas asti niin kuin hän sanoi? Mutta ei hän kyennyt tekemään niin. Siksi meidän on ymmärrettävä, että kaikki on Jumalan tahtoa."

Laittaen kätensä yhteen Amma rukoili ääneen: "Oi Devi, älä laita minua enää tästä hetkestä eteenpäin sättimään lapsiani! Anna heille älyä ja erottelukykyä! Anna heille siunauksesi!" Amma oli tuossa asennossa hetkisen. Hänen ympärillään olevat liittivät hekin kätensä yhteen, sulkivat silmänsä ja rukoilivat.

Tiistai 11. kesäkuuta 1985

Myötätunnon lähde

Amma tuli neljän aikaan iltapäivällä alas darshanmajaan. Majan sivulla oli käärme, ja oppilaat ja brahmacharit yrittivät ajaa sitä pois. Amma tuli heidän luokseen ja sanoi: "Lapseni, älkää vahingoittako sitä! Heittäkää sen päälle hieman hiekkaa." Aivan kuin käärme olisi kuullut Amman sanat, sillä se luikerteli nyt hitaasti pois. Kirjoitukset sanovat: Lukemattomia kumarruksia Deville (Jumalalliselle Äidille), joka asustaa kaikissa olennoissa myötätunnon muodossa.

Amma meni majaan, istuutui ja ryhtyi antamaan darshania. Oppilaat tulivat yksitellen ja kumarsivat hänen edessään laskien surujensa taakan hänen jalkojensa juureen. He kuiskasivat hänen korvaansa toiveensa ja ongelmansa, jotka nakersivat heidän mielenrauhaansa. Jotkut purskahtivat itkuun nähdessään

Luku 1

Amman. Ne tulijoista, jotka joutuivat kamppailemaan elämän koettelemusten keskellä, lähtivät rauhallisina ja tyytyväisinä.

Kun kaikki oppilaat olivat lähteneet, brahmacharit kerääntyivät Amman ympärille.

Brahmachari: "Äiti ei puhunut tänään henkisyydestä lainkaan."

Amma: "Poikani, kaikki täällä istuneet olivat täynnä kärsimystä. Nälkäinen lapsi ei tarvitse esitelmää vedantasta tai henkisistä periaatteista. Vähentäkäämme ensin näiden ihmisten surua, sitten voimme puhua henkisyydestä. Kuinka he voisivat omaksua mitään tuollaista nyt?

Toisaalta ne jotka janoavat Jumalaa, eivät halua puhua mistään muusta kuin Jumalasta, vaikka heitä kohtaisikin suuri suru. Heidän mielensä on tasapainoinen sekä surussa että ilossa. Kun onni kohtaa heidät, he eivät anna mielensä rypeä siinä, eivätkä he myöskään romahda surun hetkellä. He hyväksyvät molemmat, sekä surun että ilon, Hänen siunauksenaan.

Jos okaan piikki lävistää jalkapohjasi, astelet sen jälkeen varovaisemmin. Sillä tavoin saatat välttyä putoamasta rotkoon, joka on vähän matkan päässä edessäsi. Jumala antaa meille surua ja murhetta pelastaakseen meidät. Tosiuskovaiset turvautuvat Jumalan jalkoihin jopa surussaan. Eivät he pyydä rukoillessaan onnellisuutta. Eivätkä he edes ajattele itsekkäitä hyötynäkökohtia. Mutta kun joku kärsivistä tulee luoksemme, meidän pitää lohduttaa häntä. Meillä pitäisi aina olla aikaa puhua heille muutamia lohduttavia sanoja."

Kokiessaan toisten surun omanaan Amma iloitsee voidessaan ottaa heidän surunsa taakan. Hän on uhrituli, johon kaikkien prarabdha (aiempien tekojen hedelmät) uhrataan ja toivon tuli niille, jotka kärsivät.

Amma tuli temppelistä bhava darshanin jälkeen, ja kaikki kerääntyivät hänen ympärilleen. Suurin osa seuraajista suunnitteli lähtevänsä aamubussilla, niinpä he parveilivat innokkaina Amman ympärillä voidakseen kumartaa hänelle vielä kerran ja saada hänen siunauksensa ennen kuin lähtisivät. Eräs nuori mies ei kuitenkaan lähestynyt Ammaa. Hän istui yksin meditaatiohallin verannalla, etäällä väkijoukosta. Yksi brahmachareista kysyi häneltä: "Etkö mene Amman luo?"

Nuori mies: "En."

Brahmachari: "Kun kaikki haluavat innokkaasti olla Amman lähellä ja puhua hänen kanssaan, miksi sinä istut yksin täällä?"

Nuori mies: "Minäkin olen ollut heidän kaltaisensa. Yleensä odotan kalarin ulkopuolella ja haluan olla ensimmäinen, joka kumartaa Ammalle kun hän tulee ulos, mutta tänään mieleni ei salli minun mennä hänen lähelleen. Minä kun olen tällainen syntinen."

Brahmachari: "En uskoa tuota. Sinä kuvittelet jotakin. Minkä virheen teit, joka estää sinua nyt menemästä Amman luo?"

Nuori mies: "Asun Kollamissa. Muutamia vuosia join säännöllisesti, ja se aiheutti tappeluita vaimoni kanssa. Lähetin hänet takaisin vanhempiensa luokse. Perheeni ja naapurini vihasivat minua. Minulla ei ollut enää yhtään ystävää tässä maailmassa. Niinpä päätin lopulta päättää elämäni. Siinä vaiheessa minua kohtasi valtavan hyvä onni saadessani vastaanottaa Amman darshanin.

Ensimmäisen darshanini jälkeen lopetin juomisen kokonaan. Käytöksessäni tapahtui muutos ja ihmiset alkoivat ajatella minusta eri tavoin. Mutta tänään join jälleen. Menin viinakauppaan joidenkin ystävieni painostuksesta. Menimme häihin, ja takaisintulomatkalla he halusivat juoda. He painostivat minua liittymään mukaan, ja minä annon periksi. En kuitenkaan

Luku 1

kestänyt myöhemmin syyllisyydentunteitani, niinpä tulin suoraan tänne. Ennen en tuntenut syyllisyyttä, joinpa kuinka paljon hyvänsä. Mutta nyt tilanne on toinen (hänen äänensä särkyi). Nyt minun on vaikea edes katsoa Ammaa silmiin." Brahmachari: "Katumuksesi itsessään on sovitus virheestäsi. Älä ole huolissasi. Kerro kaikki Ammalle ja murheesi ovat ohi."

Nuori mies: "Tiedän että minun tarvitsee vain kumartaa hänen edessään ja kaikki epämukavuuden tunteet katoavat, sellainen on kokemukseni. Mutta ei se minua vaivaakaan tällä hetkellä. Ystäväni eivät jätä minua rauhaan, jos oleilen kotosalla. Siksi haluaisin olla muutamia päiviä täällä, mutta minulla ei ole rohkeutta kysyä Ammalta. Tunnen itseni niin heikoksi, kun olen tehnyt jälleen virheen Amman silmien edessä, joka kylvettää minua suuremmassa rakkaudessa kuin äitini, joka synnytti minut."

Hänen silmänsä täyttyivät kyynelistä. Brahmacharilla ei ollut sopivia sanoja joilla lohduttaa nuorta miestä, mutta olihan paikalla joku, joka ymmärtäisi hänen sydämessään sykkivän tuskan...

Näytettyään toisille oppilaille missä nämä voisivat nukkua Amma meni nuoren miehen luo. Tämä nousi välittömästi ylös ja seisoi kädet kunnioittavasti yhteen liitettyinä. Amma piti hänen käsiään omissaan ja kysyi: "Oletko sinä niin heikko, poikani?"

Kyyneleet valuivat hänen poskilleen. Amma kuivasi ne ja jatkoi: "Poikani, älä ole huolissasi. Älä ole pahoillasi menneisyyden suhteen. Älä mene niiden ihmisten matkaan, kun he kutsuvat sinua, siinä kaikki."

Kerran sekä temppeli että viinakauppa pitivät papukaijaa lemmikkinään. Siinä missä temppelin papukaija toisteli vedisiä mantroja, viinakaupan papukaija lasketteli rivouksia. Poikani, ihmisen käytöksen määrittää seura, jossa hän on. Jos istumme huoneessa, missä televisio on auki, päädymme katsomaan sitä. Jos emme halua katsoa sitä, meidän täytyy sulkea se tai mennä toiseen huoneeseen. Jos olemme pahojen ihmisten seurassa, omaksumme heidän toimintatapojaan. Niinpä meidän on pidettävä erityistä huolta siitä, että emme lankea sellaiseen seuraan. Poikani, jos mielessäsi on ongelma, voit tulla Amman luo. Amma on täällä sinua varten. Ole täällä muutama päivä. Hae kirjastosta kirjoja ja lue niitä."

Amma kääntyi brahmacharin puoleen. "Tee valmistelut tämän poikani yöpymiseksi talon yläkerrassa, pohjoispäädyssä."

Kun nuori mies kuuli nämä rakkaudelliset sanat Ammalta, joka tiesi jokaisen hänen mielessään olevan ajatuksen, hän ei kyennyt hallitsemaan itseään. Hän puhkesi jälleen kyyneliin. Pyyhkien hänen kyyneleensä rakkaudellisin käsin Amma lohdutti häntä ja sanoi: "Poikani, mene nyt nukkumaan. Amma puhuu kanssasi huomenna."

Kun Amma oli lähettänyt nuoren miehen brahmacharin matkassa pois, hän meni ashramin edessä olevaan kookospuulehtoon naisen kanssa, joka oli odottanut pitkään saadakseen puhua hänen kanssaan kahden kesken. Siinä vaiheessa, kun Amma oli lohduttanut naista, hän meni lopultakin omaan huoneeseensa. Kello oli jo kolme aamuyöllä.

Keskiviikko 12. kesäkuuta 1985

Bhaktijooga

Äiti tuli kalariin neljän brahmacharin ja muutamien perheellisten oppilaitten seurassa, jotka olivat tulleet ashramiin

Luku 1

ensimmäistä kertaa. Amma puhui heille, kuinka tärkeää oli omata puhdasta antaumusta Jumalaa kohtaan.

Amma: "Amman rukous tapasi olla tällainen: 'Oi Devi, tahdon vain rakastaa sinua. Ei ole väliä vaikka et antaisikaan minulle darshaniasi, anna minulle vain sydän, joka rakastaa jokaista! En välitä vaikka et rakastaisikaan minua, mutta pyydän, anna minun rakastaa sinua!' Joka todella rakastaa Jumalaa on kuin kuumeessa. Ruoka ei maistu hänelle. Hän ei välitä sen enempää makeista kuin suolaisistakaan ruoista, jopa makeat ruoat maistuvat happamilta hänen suussaan. Häntä ei kiinnosta ruoka lainkaan. Mutta on hyvin epätavallista, että etsijä tuntisi ensi alkuun tällaista rakkautta. Sen tähden, alkuvaiheissa hänen pitäisi pyrkiä hallitsemaan erilaisia tottumuksiaan shraddhalla (tarkkaavaisuudella). Erityisesti kun kyse on ruoasta. Jos mieli vaeltaa ulkoisiin kohteisiin, se pitäisi tuoda, yhä uudelleen ja uudelleen takaisin ajatukseen Jumalasta. Yhtäkään hetkeä ei tulisi hukata."

Oppilas: "Amma, minä en hukkaa yhtäkään hetkeä. Tulen joko tänne ollakseni sinun kanssasi tai menen temppeliin. Eikö siinä ole kaikki mitä voin tehdä?"

Amma: "Tänne tuleminen ja temppeliin meneminen ovat hyviä asioita, mutta päämääränä pitää olla mielen puhdistaminen. Jos emme voi tehdä mielestämme puhdasta, kaikki on turhaa. Älä ajattele, että voimme löytää rauhan puhdistamatta mieltämme ja tekojamme. Meidän pitäisi muistaa tämä mennessämme tapaamaan mahatmaa tai vierailemaan temppelissä. Meidän pitäisi omaksua antautumisen asenne. Mutta tänä päivänä ihmiset ovat huolissaan majapaikan varaamisesta jo ennen kuin lähtevät kotoaan pyhiinvaellusmatkalle. Lähdön hetkestä alkaen, he ryhtyvät puhumaan perheestään ja naapureistaan.

Tämä ei hellitä edes heidän palattuaan takaisin koteihinsa. Jumala unohtuu kaiken tämän keskellä.

Voimme vierailla mahatmojen luona tai temppeleissä vaikka kuinka monta kertaa, tai tehdä lukemattomia uhrauksia, mutta vain sadhanan kautta saamme hyödyn. Sydämemme pitää olla sopusoinnussa Jumalan kanssa. Tirupatiin tai Varanasiin (suosittuja pyhiinvaelluskohteita Intiassa) meneminen ei yksin tuo vapautusta. Et välttämättä saavuta paljoakaan, henkisessä tai aineellisessa mielessä, vain siksi että kierrät temppelin tai kylvet noissa paikoissa. Jos voisit saavuttaa vapautuksen vain Tirupatiin menemällä, kaikki liikemiehet siellä olisivat jo tähän mennessä vapautuneita. Eikö totta?"

Minne hyvänsä menetkin, älä unohda Jumalan nimeä. Katso metallia jota käytetään sementin seassa, kun katuja korjataan. Vain siinä tapauksessa, että metalli on puhdasta, sementti kovettuu oikealla tavalla. Samalla tavoin vain, jos puhdistamme sydämemme japan avulla, Jumala asettuu sisällemme. Mielen puhdistamiseen ei ole olemassa parempaa keinoa kuin jumalallisen nimen toistaminen.

Kun TV-ohjelmia lähetetään studiosta, voimme nähdä ne vain, jos laitamme television päälle. Eikö olisi hyödytöntä syyttää toisia, jos et näe mitään televisiostasi, koska et ole laittanut sitä päälle? Jumalan armo virtaa aina meihin, mutta voidaksemme hyötyä siitä meidän tulee olla virittyneitä hänen maailmaansa. Mitä hyötyä on oleskella sisällä kaikki ovet suljettuina ja valittaa pimeyttä, kun ulkona paistaa aurinko? Vain jos avaamme sydämemme ovet, voimme vastaanottaa Jumalan armon, jota hän lähettää meille kaiken aikaa. Missä määrin vastaanotamme sitä, riippuu omasta sisäisestä asenteestamme.

Lapseni, ennen kuin viritämme itsemme Jumalan maailmaan, tuotamme vain tietämättömyyden riitasointuisia

Luku 1

sävelmiä, emme jumalallista musiikkia. Meidän on siedettävä näiden sävelten laadun heikkoutta. Ei ole mitään hyötyä syyttää niistä muita. Olemme valmiit odottamaan bussia kuinka kauan hyvänsä. Olemme valmiit viettämään koko päivän oikeustalossa lakiasiaa ajaen. Silti meillä ei ole kärsivällisyyttä vieraillessamme mahatman luona tai mennessämme temppeliin. Kun menet ashramiin tai temppeliin, vietä siellä jonkin aikaa muistaen Jumalaa antaumuksellisesti. Toista jumalallista nimeä ja meditoi vähän aikaa, tai tee epäitsekästä työtä. Vain siinä tapauksessa vierailustasi on jotakin hyötyä."

Oikean asenteen tärkeys

Amma jatkoi: "Jos mielemme on puhdas ja jos teemme kaiken muistaen Jumalaa, hänen armonsa on kanssamme, vaikka emme menisi koskaan temppeliin. Toisaalta lukemattomat matkat temppeliin eivät tee meille mitään hyvää, jos emme voi luopua itsekkyydestämme tai vihan tunteesta toisia kohtaan.

Kaksi naista olivat toistensa naapureita. Toinen oli uskovainen ja toinen prostituoitu. Seuraaja tapasi sanoa naapurilleen: 'Se mitä teet on hyvin synnillistä. Se johtaa sinut vain helvettiin.' Muistaen aina tämän prostituoitu vuodatti kyyneleitä päivittäin ja ajatteli: 'Kuinka syntinen olenkaan! Minulla ei ole muuta elinkeinoa, siksi teen näin. Oi Jumala, olen niin pahoillani! Salli minun rukoilla ja palvoa sinua ainakin seuraavassa elämässä niin kuin naapurini! Anna anteeksi syntini!'

Toisen naisen ylenkatse prostituoitua ja hänen elämäntapaansa kohtaan jatkui, silloinkin kun hän oli temppelissä. Lopulta molemmat naiset kuolivat, ja avustajat taivaasta ja helvetistä saapuivat. Prostituoitua oltiin viemässä taivaaseen ja palvojaa helvettiin. Näennäisesti hurskas nainen ei kyennyt kestämään tätä. Hän kysyi jumalallisilta avustajilta: 'Olette viemässä taivaaseen henkilöä, joka myi kehoaan koko elämänsä ajan. Minä palvoin ja rukoilin temppelissä päivittäin, silti viette minut helvettiin. Minkälaista oikeutta tämä on? Teidän on täytynyt erehtyä.'

Taivaalliset avustajat vastasivat: 'Emme ole erehtyneet. Jopa silloinkin kun vierailit temppelissä ja harjoitit pujaa (ritualistista jumalanpalvelusta), ajattelit vain prostituoidun pahoja tekoja. Toisaalta vaikka hän olikin prostituoitu, hän ei samaistunut työhön jota teki, hänen ajatuksensa olivat aina Jumalassa. Hän ei viettänyt yhtäkään päivää tuntematta katumusta virheistään ja pyytämättä Jumalalta anteeksiantoa. Vaikka hän olikin pakotettu ansaitsemaan elantonsa prostituoituna, hän oli todellinen Jumalan palvoja. Siksi hän menee taivaaseen'."

Henkisille etsijöille

Illan bhajanit olivat päättyneet. Tultuaan kalarista Amma kävi makaamaan hiekalle, kalarin ja meditaatiohallin väliin. Kello soi ja Amma kehotti oppilaita menemään syömään. Yksi kerrallaan he lähtivät, vain yksi tai kaksi brahmacharia jäi meditoimaan Amman läheisyyteen.

Kaikki oppilaat palasivat illallisen jälkeen ja istuutuivat Amman ympärille. Yksi naisista asetti Amman jalat syliinsä ja alkoi hieroa niitä.

Amma: "Söittekö, lapset?"

Oppilas: "Kyllä, Amma, me kaikki söimme."

Amma: "Olisitte saaneet kotonanne syödäksenne maukkaita ruokia. Täällä ei ole mitään sellaista. Ette varmaankaan saaneet kylliksenne."

Luku 1

Toinen oppilas: "Me kaikki söimme tyytyväisinä, Amma. Kotonamme saattaa olla paljon erilaisia ruokalajeja, mutta mikään ei maistu niin hyvältä kuin täällä."

Amma (nauraen): "Poikani, sinä vain sanot noin rakkaudestasi Ammaan!"

Kaikki nauroivat.

Oppilas: "Amma, minulla on kysymys."

Amma: "Lapseni, voitte kysyä Ammalta mitä hyvänsä."

Oppilas: "Kuulin sinun sanovan brahmacharille eräänä päivänä, että meidän pitäisi vannoa ahimsan (väkivallattomuuden) vala. Meidän ei pitäisi olla vihaisia kenellekään. Vaikka joku olisi vihainen meille, meidän tulisi pyrkiä näkemään Jumala hänessä, ja olla rakastava häntä kohtaan. Eikö tuo ole erittäin vaativa harjoitus?"

Amma: "Poikani, tärkeää ei ole olemmeko täydellisesti menestyksellisiä tässä harjoituksessa, vaan se, että vilpittömästi yritämme parhaamme. Niiden, jotka ovat omistaneet elämänsä henkisyydelle, pitäisi olla valmiit tekemään joitakin uhrauksia. Heidän elämänsä on jo saatettu tälle polulle. Jos joku vastustaa heitä, heidän tulisi ottaa se Jumalan luomana mahdollisuutena egonsa poistamiseksi. Heidän ei pitäisi taistella vastaan egonsa noitumana. Vain näkemällä Jumalan jokaisessa ja olemalla rakkaudellinen ja myötätuntoinen, sadhaka voi kasvaa."

Oppilas: "Amma, minä olen luopunut monesta asiasta Jumalan tähden, mutta en silti löydä rauhaa."

Amma: "Poikani, me kaikki puhumme tekemistämme uhrauksista. Mutta mitä sellaista meillä on, mistä voimme luopua? Mitä sellaista meillä on, joka on omaamme? Se mitä pidämme omanamme, ei ole huomenna meidän. Kaikki kuuluu Jumalalle. Vain hänen armostaan voimme nauttia asioista. Jos meillä on jotakin mikä on omaamme, niin omat mieltymyksemme ja vastenmielisyytemme, niistä meidän on luovuttava. Vaikka luovummekin monista asioista nyt, emme luovu riippuvuudestamme noihin asioihin. Tästä johtuu surumme. Todellinen luopuminen tapahtuu vain, kun olemme sydämessämme vakuuttuneita siitä, että perhe, omaisuus, asema tai kuuluisuus eivät anna meille pysyvää rauhaa. Mitä Gita (Bhagavad-Gita) opettaakaan? Toimimaan ilman kiintymystä. Eikö niin?"

Omistamisen vaara

Amma ryhtyi kertomaan tarinaa. "Olipa kerran rikas mies. Eräänä päivänä muutamat hänen ystävänsä tulivat tapaamaan häntä. He näkivät talon ulkopuolella palvelijan ja kysyivät häneltä, missä hänen isäntänsä oli. Etsittyään sisältä palvelija palasi ja kertoi heille, että isäntä oli laskemassa pikkukiviä. 'Noin rikas mies ja laskee pikkukiviä?' vieraat ihmettelivät.

Kun rikas mies ilmestyi hetkeä myöhemmin, he kysyivät tästä. Hän vastasi: 'Minä laskin rahaa. Onko palvelijani niin tyhmä, että luulee minun laskevan pikkukiviä? Joka tapauksessa, olen pahoillani väärinkäsityksestä.' Kun ystävät olivat lähteneet, hän sätti palvelijaansa voimakkaasti.

Muutamia päiviä myöhemmin toinen ystävä tuli tapaamaan rikasta miestä. Tämä pyysi palvelijaa etsimään isäntänsä. Katsottuaan sisälle palvelija sanoi: 'Hän rakastaa vihollistaan.' Rikas mies itse asiassa laski rahaa ja laittoi sen turvasäilöön. Tuntien että palvelija oli tietoisesti loukannut häntä, hän oli suunnattoman raivoissaan. Hän hakkasi palvelijaansa ja antoi tälle potkut. Kun palvelija oli lähdössä, rikas mies antoi hänelle nuken ja sanoi: 'Jos näet kenet hyvänsä joka on tyhmempi kuin sinä, anna hänelle tämä nukke!' Palvelija lähti vaieten.

Luku 1

Meni muutamia kuukausia. Eräänä yönä rikkaan miehen talo ryöstettiin. Varkaat veivät miehen koko omaisuuden. Kun hän yritti estää heitä, he heittivät hänet talon ylemmästä kerroksesta alas, ja pakenivat kaikki mukanaan. Seuraavana aamuna miehen sukulaiset löysivät hänet maasta talon edestä. Mies ei päässyt ylös. Monenlaisia hoitoja kokeiltiin, mutta mikään ei palauttanut hänen terveyttään. Koko hänen omaisuutensa oli mennyt, ja tästä johtuen hänen vaimonsa ja lapsensa jättivät hänet. Hän eli tuskassa, eikä ollut ketään, joka olisi pitänyt hänestä huolta. Hänellä ei ollut edes ruokaa kotonaan, niinpä hän söi mitä naapurit antoivat.

Hänen vanha palvelijansa kuuli hänen vaikeuksistaan ja tuli tapaamaan häntä. Hänellä oli nukke mukanaan. Heti kun hän saapui, hän antoi nuken isännälleen. Isäntä oivalsi oman mielettömyytensä ja kysyi: 'Miksi kaadat suolaa haavoihini?'

Palvelija vastasi: 'Ainakin nyt sinun täytyy ymmärtää, mitä sanoin sinulle. Onko raha, jonka keräsit itsellesi, nyt edes pikkukiven arvoinen? Eikö omaisuudestasi tullut sinulle vihollinen? Varallisuutesihan saattoi sinut tähän tilaan. Etkö menettänyt kaiken rikkauksiesi takia? Ken on tyhmempi kuin sinä, joka teit omaisuudestasi rakkauden kohteen? Ne, jotka rakastivat sinua tähän asti, rakastivat itse asiassa rahojasi, eivät sinua. Kun rahasi olivat menneet, sinä olit yhtä kuin kuollut heidän silmissään. Kukaan ei rakasta sinua enää. Oivalla viimeinkin, että Jumala on sinun ainoa pysyvä ystäväsi. Kutsu Häntä apuun!'

Palvelija ryhtyi hoitamaan isäntäänsä suurella rakkaudella. Rikas mies oli täynnä katumusta. 'En tiedä mitä tekisin. Elämäni on ollut hyödytön tähän asti. Luulin, että vaimoni ja lapseni ja omaisuuteni olisivat kanssani ikuisesti, ja niin minä elin heille. En muistanut Jumalaa hetkeäkään. Nyt kaikki on mennyt. Ne,

jotka kumarsivat ennen edessäni kunnioituksesta, eivät enää edes vilkaise minua. Sen sijaan he sylkevät minua halveksien.' Palvelija lohdutti häntä: 'Älä ajattele, että sinulla ei ole ketään joka pitäisi sinusta huolta. Jumala on kanssasi.' Palvelija oli vanhan isäntänsä luona ja piti tästä huolta."
Amma päätti tarinan. Mies joka istui oppilasryhmän takaosassa, alkoi itkeä äänekkäästi. Tämä oli hänen ensimmäinen kertansa Amman luona. Hän itki katkerasti, kykenemättä hallitsemaan suruaan. Amma kutsui hänet lähelleen ja lohdutti häntä.

Mies sanoi nyyhkyttäen: "Amma, kerroit juuri minun tarinani. Kaikki minun rahani ovat menneet. Vaimoni ja lapseni vihaavat minua. Ainoa lohtuni on vanha palvelijani."

Amma pyyhki hänen kyyneleensä ja sanoi: "Mikä on mennyt, on mennyt, poikani. Älä sure sitä. Vain Jumala pysyy ikuisesti. Kaikki muu katoaa tänään tai huomenna. Riittää kun elät pitäen tämän ajatuksen mielessäsi. Älä ole huolissasi."

Äiti pyysi lähellä istuvaa Brahmachari Balagopalia[2] laulamaan. Hän lauloi:

Manase nin svantamayi

Muista, oi mieli, tämä on korkein totuus:
kukaan ei ole sinun omasi!

Tehden merkityksettömiä tekoja
vaellat tämän maailman valtameressä.

Vaikka ihmiset arvostavatkin sinua,
kutsuen sinua: "Herra, Herra",
niin on vain hetkisen.

---

[2] Swami Amritaswarupananda Puri

Luku 1

*Kehosi, jota on kunnioitettu niin pitkään,
joudutaan heittämään syrjään, kun elämä kaikkoaa.*

*Sydänkäpysesi, jonka puolesta olet ponnistellut
kaiken tämän ajan, välittämättä edes omasta elämästäsi,
jopa häntä pelottaa sinun kuollut ruumiisi
eikä hän seuraa sinua.*

*Ollessasi mayan hienosyisen verkon vallassa
älä unohda Jumalallisen Äidin
pyhää nimeä.*

*Jumala vetää puoleensa antaumuksellisia sieluja,
niin kuin magneetti vetää puoleensa rautahippuja.*

*Asema, kunnioitus ja omaisuus ovat katoavaisia,
ainoa todellisuus on maailmankaikkeuden Äiti.*

*Luopuen kaikista haluista
tanssikaamme autuudessa
laulaen Äiti Kalin nimeä.*

Keskiviikko 19. kesäkuuta 1985

Maailmankaikkeuden Äiti

Nuori mies, jolla oli pitkät hiukset ja pitkä parta, tuli ashramiin. Hän lähestyi yhtä brahmachareista ja esitteli itsensä sanomalehden toimittajaksi. "Olemme kuulleet useita sekä hyviä että pahoja asioita Ammasta", hän sanoi. "Tulin ottamaan selvää, mitä täällä ashramissa oikein tapahtuu. Juttelin muutaman asukkaan kanssa. On muutamia asioita, joita en lainkaan ymmärrä."

Brahmachari: "Mitä niin?"

Toimittaja: "Kuinka kaltaisenne koulutetut ihmiset voivat uskoa sokeasti Jumalaan ihmisen hahmossa?"

Brahmachari: "Mitä tarkoitat Jumalalla? Tarkoitatko olentoa, jolla on neljä kättä, kruunu päässään ja joka istuu taivaassa pilvien tuolla puolen?"

Toimittaja: "En. Jokaisella on oma käsityksensä Jumalasta. Yleensä ajattelemme Jumalan olevan kaikkien niiden ominaisuuksien ruumiillistuma, joita pidämme ylevinä ja täydellisinä."

Brahmachari: "Mitä vikaa sitten on siinä, jos palvoo jumalallisena henkilöä, jossa näemme kaikki nuo jumalalliset ominaisuudet? Jos emme hyväksy tätä sanomme, että Jumala on rajoitettu niihin jumalkuviin, jotka ihminen on veistänyt kivestä ja asettanut temppeleihin palvottaviksi.

Intian henkinen kirjallisuus julistaa, että ihminen, yksilösielu (jivatman), ei ole tosiasiassa erillinen Jumalasta; hän ymmärtää jumalallisuutensa, kun hänen egonsa (tunne siitä, että hän on rajallinen) on tuhottu jatkuvan harjoittelun avulla. Jos kaikkialla läsnä oleva korkein absoluutti voi ilmentyä temppelin jumalankuvan kautta, miksi se ei voisi loistaa yksilössä?"

Toimittajalla ei ollut vastausta tähän.

Brahmachari jatkoi: "Ammassa näemme kaikki ne ominaisuudet, jotka mainitaan pyhissä kirjoituksissa Jumalan ominaisuuksiksi, kuten rakkaus, myötätunto, epäitsekkyys, anteeksiantavaisuus ja kaikkien tasapuolinen kohtelu. Tästä johtuen jotkut meistä pitävät häntä maailmankaikkeuden Äitinä. Toiset näkevät hänessä rakastavan äidin, joka on ollut kanssamme lukemattomien elämien ajan. Muutamat muut pitävät häntä guruna, joka herättää heissä tiedon Itsestä. Hän itse ei väitä olevansa Jumala tai guru tai mitään muutakaan. Jos haluat valtamerestä kalaa, voit saada sitä sieltä, mutta jos tahdot helmiä,

Luku 1

voit saada myös niitä. Samaan tapaan Ammassa on kaikki. Jos ponnistelemme, voimme saada mitä haluamme.

Upanisadien viesti on, että jokainen meistä on ydinolemukseltaan korkein absoluutti. Eivätkö Rama, Krishna ja Buddha olleet kerran täällä maan päällä ihmisen hahmossa? Jos voimme palvoa heitä, miksi emme voi palvoa jotakuta, joka ilmaisee kaikki heidän äärettömät, loistokkaat ominaisuutensa, ollen ihmishahmossa ja vielä meidän keskellämme?"

Toimittaja: "Eikö riitä ajatella, että hän on guru? Miksi muuttaa hänet Jumalaksi?"

Brahmachari: "Se sopii. Silti pyhät kirjoitukset sanovat, että guru ei ole kukaan muu kuin Jumala ihmisen hahmossa. Tietyssä mielessä perinteemme asettaa gurun jopa korkeammalle kuin Jumalan."

Tässä vaiheessa Amma oli saapunut majaan ja ryhtynyt antamaan darshania oppilaille. Brahmachari kutsui toimittajan hänen luokseen. "Menkäämme sisään. Voit asettaa kysymyksesi suoraan Ammalle."

Asettuen istumaan lähelle Ammaa toimittaja katseli ihmeissään, miten oppilaat lähestyivät häntä yksitellen ja miten hän hyväili ja lohdutti jokaista ylitsevuotavalla rakkaudella. Kun toimittaja esiteltiin hänelle, Amma nauroi.

Amma: "Amma ei lue sanomalehtiä eikä mitään muutakaan, poikani. Useimmat lapseni täällä eivät edes näe sanomalehtiä."

Toimittaja: "Kysyin brahmacharilta, onko Amma Jumala."

Amma: "Hän on vain hullu nainen! Kaikki nämä ihmiset kutsuvat häntä Ammaksi (äidiksi), ja niinpä hän kutsuu heitä lapsikseen."

Suurimman osan aikaa, kun Amma puhuu ihmisten kanssa hän piilottaa todellisen Itsensä. Vain hän, joka on saavuttanut tietyn määrän henkistä ymmärrystä, kykenee arvostamaan edes hieman hänen sisäistä olemustaan. Moni kuvittelee mielessään gurun henkilöksi, joka istuu loistavalla tuolilla, hymyilee, ja jota opetuslapset palvelevat koko ajan ja joka siunaa heitä kaiken aikaa. Ne, jotka tulevat ashramiin, joutuvat kuitenkin luopumaan tällaisesta ajatuksesta. Joka näkee Amman ensi kertaa, näkee hänet tavallistakin tavallisempana, sellaisena kuin suurin osa normaaleista ihmisistä. Hänet voi nähdä puhdistamassa etupihaa, leikkaamassa vihanneksia, keittämässä, viemässä vieraita huoneisiinsa tai kantamassa hiekkaa. Siitä huolimatta ken tietää mitä pyhät kirjoitukset sanovat, hänen on helppo tunnistaa todellinen Amma. Hänen nöyryytensä osoittaa selkeästi hänen suuruutensa.

Kerran eräs brahmachareista kysyi Ammalta: "Saavutettuaan pienenkin siddhin (yliluonnollisen kyvyn) suurin osa kulkee ympäriinsä teeskennellen olevansa Brahman ja hyväksyen itselleen opetuslapsia. Ja sitten ihmiset asettavat uskonsa heihin. Kun näin tapahtuu kaikkialla, miksi Amma huijaa lapsiaan sanomalla, että hän ei ole mitään?"

Amma vastasi seuraavalla tavalla: "Täällä tänään asuvien rahmacharien pitää mennä huomenna ulos maailmaan. Heistä on tuleva maailman roolimalleja. Täällä he oppivat Amman jokaisesta sanasta ja teosta. Jos hänen sanoissaan tai teoissaan on aavistuskaan egosta, se tulee kymmenen kertaa suuremmaksi teissä kaikissa. Te alatte ajatella: "Jos Amma voi tehdä noin, miksi minäkin en voisi?" Ja se tulee vahingoittamaan maailmaa.

Lapseni, tiedättekö miten vaikeaa Amman on pysytellä teidän tasollanne? Isä yrittää parhaansa voidakseen kävellä pikkuisen lapsen kanssa ottamalla pikkuriikkisiä askeleita. Ei hän tee tätä itsensä tähden, vaan lapsen tähden. Vain siksi että hän ottaa pieniä askeleita, lapsi pysyttelee hänen rinnallaan.

Luku 1

Tämä rooli jota Amma näyttelee, ei ole häntä varten, vaan teitä varten. Se on teidän kasvuanne varten.

Kun lapsella on keltatauti, rakastava äiti ei laita mausteista ja suolaista ruokaa. Hän piilottaa sellaiset ruoat, sillä lapsi saattaisi syödä niitä, jos löytäisi ne. Silloin hän saisi kuumeen ja saattaisi kuolla. Lapsen takia myös äiti syö maustamatonta ruokaa. Vaikka hän ei olekaan sairas, hän luopuu omista mieltymyksistään. Samalla tavoin kaikki Amman sanat ja teot ovat teidän kaikkien hyväksi. Hän ajattelee jokaisella askeleellaan teidän kasvuanne. Vain siinä tapauksessa että lääkäri ei polta tupakkaa, potilas hyväksyy hänen ohjeensa luopua tupakoinnista. Vain siinä tapauksessa että lääkäri ei juo, potilas innostuu luopumaan juomisesta. Amma ei tee mitään itseään varten, kaikki on maailmaa varten. Kaikki on tarkoitettu sitä varten, että te voisitte kehittyä."

Toimittaja kysyi Ammalta: "Amma, etkö sinä ohjaa ihmisiä täällä heidän gurunaan?"

Amma: "Se riippuu kunkin asenteesta. Ammalla ei ollut gurua eikä hän ole ottanut ketään opetuslapsekseen. Amma sanoo vain, että kaikki tapahtuu Jumalallisen Äidin tahdon mukaisesti."

Toimittaja: "Minulla on ystävä, joka on J. Krishnamurtin innokas seuraaja."

Amma: "Monet lapset ovat tulleet tänne, jotka ovat olleet hänen seuraajiaan. Erityisesti länsimaiset lapseni pitävät hänestä."

Toimittaja: "Krishnamurti ei ota itselleen opetuslapsia. Kukaan ei asu hänen kanssaan. Voimme mennä tapaamaan häntä ja voimme jutella hänen kanssaan. Uskotaan, että saamme keskustelusta sen mitä haluamme. Hänen läsnäolonsa sinänsä on innostava. Hän on hyvin hilpeä eikä hänen ympärillään ole gurun auraa."

Amma: "Mutta hänen toteamuksensa, että et tarvitse gurua on opetusta. Eikö? Ja kun joku on hänen lähellään kuuntelemassa, eikö meillä silloin ole siinä opettaja ja opetuslapsi?"

Toimittaja: "Hän ei anna neuvoja ja ohjeita."

Amma: "Mutta entäpä hänen puheensa, poikani?"

Toimittaja: "Ne ovat ikään kuin keskusteluja, hyvin kevyitä luonteeltaan."

Amma: "Ei kukaan guru vaadi, että toisten pitäisi totella häntä tai elää hänen sanojensa mukaisesti. Mutta jokainen gurun sana on eräänlainen ohje. Hänen elämänsä itsessään on hänen opetuksensa. Kuuntelemme Krishnamurtin sanoja, ja kun elämme noiden puheiden mukaisesti, opimme tuntemaan oman tosiolemuksemme. Eikö totta? Tuo valmius elää opetuksen mukaisesti on nimenomaan opetuslapselle tyypillistä asennetta. Se ravitsee nöyryyttä ja hyvää käytöstä meissä. Yleensä vain sellaisista lapsista, jotka kasvavat toteuttaen vanhempiensa ohjeita, tulee hyviä aikuisia."

"Vanhempiemme totteleminen istuttaa meihin velvollisuudentunteen ja oikeanlaisen käyttäytymisen. Amma ei sano, että Krishnamurtin metodi olisi väärä. Hän on lukenut monia kirjoja. Hän on tavannut viisaita ihmisiä ja oppinut heiltä paljon. Hän on opettanut itseään paljon. Vain sillä tavoin hän saavutti tason millä on, sillä hän oivalsi, että kaikki on hänen sisällään. Mutta poikani, sinä et ole saavuttanut tuota tasoa.

Tänä päivänä huomiomme on pääasiallisesti ulkoisissa asioissa. Emme juuri koskaan katso sisimpäämme. Kun lapset ovat koulussa, heitä kiinnostaa kaikkein eniten leikkiminen. He opiskelevat lähinnä vanhempiensa pelosta. Mutta kun heidän elämälleen tulee päämäärä, valmistua korkein arvosanoin, tulla

Luku 1

insinööriksi ja niin edelleen, he alkavat opiskella kenenkään kannustamatta. Vaikka meillä olisikin henkinen tavoite, mieli lipsuu siitä syrjään vasanoittemme (kielteisten tottumustemme) takia. Jotta tällaista mieltä voitaisiin hallita, satguru on välttämätön. Mutta tietyn tason jälkeen apua ei enää tarvita. Siinä vaiheessa sisäinen guru herää.

Laulu jonka kerran osasimme saattaa unohtua ajan kuluessa, mutta jos joku muistuttaa meitä sen ensimmäisestä säkeestä, kykenemme jälleen muistamaan koko laulun. Samalla tavoin kaikki viisaus on sisällämme. Guru muistuttaa meitä tästä, herättää sen mikä meissä on piilevänä.

Guru sisältyy jopa lauseeseen, että et tarvitse gurua. Jonkunhan piti kertoa meille, että emme tarvitse gurua. Guru on hän, joka poistaa tietämättömyytemme. Jos emme ole saavuttaneet tiettyä mielen puhtautta, on tärkeää viettää aikaa gurun ohjauksessa. Jos sinulla on vaikkapa musikaalisia lahjoja, voit hyödyntää lahjaasi kokonaan vain, jos harjoittelet pätevän opettajan johdolla.

Tavallinen guru voi vain selittää henkiset periaatteet. Mutta satguru joka on oivaltanut Itsen, siirtää osan henkisestä voimastaan opetuslapselle. Tämä auttaa opetuslasta saavuttamaan päämäärän nopeammin. Aivan niin kuin kilpikonna, joka hautoo muniaan ajatustensa voimalla, satgurun ajatukset herättävät henkisen voiman opetuslapsessa.

Satsangilla ja henkisillä kirjoilla on voima kääntää mielemme kohti hyviä ajatuksia. Se yksin ei kuitenkaan saa meitä kulkemaan eteenpäin ripein askelin. Tavallisesti lääkäri tutkii potilaan ja määrää lääkkeet. Mutta mikäli tarvitaan leikkausta, ihmisen täytyy mennä tapaamaan kirurgia. Samalla tavoin, vapautuaksemme mielen epäpuhtauksista ja kehittyäksemme kohti lopullista päämäärää, meidän on turvauduttava guruun."

Toimittaja: "Eivätkö kirjoitukset sano, että kaikki on sisällämme? Miksi sitten tarvitaan sadhanaa?"

Amma: "Vaikka kaikki onkin sisällämme, ei siitä ole mitään hyötyä ellemme todella koe sitä. Sitä varten sadhana on ehdottomasti välttämätöntä. Rishit (menneisyyden valaistuneet mestarit), jotka antoivat meille sellaiset mahavakyat (suuret sanonnat), kuten 'Minä olen Brahman' ja 'sinä olet se', olivat yksilöitä, jotka olivat saavuttaneet tuon kokemisen tason. Heidän elämäntapansa oli hyvin erilainen kuin meidän. He näkivät kaikki elävät olennot tasa-arvoisina, he rakastivat ja palvelivat kaikkia tasavertaisesti. Heidän silmissään mikään maailmankaikkeudessa ei ollut erillinen heistä. Siinä missä heillä oli Jumalan ominaisuudet, meillä on kärpäsen ominaisuudet. Kärpänen elää liassa ja ulosteessa. Samalla tavoin meidän mielemme näkee toisissa vain virheitä ja puutteita. Tämän on muututtava. Meidän on opittava näkemään hyvää kaikessa. Ennen kuin olemme oivaltaneet totuuden, sadhanan ja mietiskelyn avulla, ei ole mitään mieltä sanoa, että kaikki on jo sisällämme.

Ihmiset, jotka ovat opiskelleet pyhiä kirjoituksia ja vedantaa viisikymmentä vuotta, jopa he sanovat, että heillä ei ole mielenrauhaa. Emme saa valoa ripustamalla seinälle lampun kuvan. Jos meidän pitää nähdä jotain, meidän on laitettava oikea valo päälle. Kirjojen opiskeleminen ja puheiden pitäminen ei riitä. Kokeaksesi totuuden sinun on tehtävä sadhanaa ja löydettävä todellinen 'minä'. Tässä gurun apu on välttämätön."

Toimittaja: "Tällaista apuako Amma täällä antaa?"

Amma: "Äiti ei itse tee mitään. Paramatman (korkein sielu) laittaa hänet tekemään kaiken! Nämä ihmiset tarvitsevat Ammaa nyt, etsijä tarvitsee gurua. Miksi? Koska tässä vaiheessa heidän mielensä ei ole tarpeeksi vahva. Pienet lapset haluavat laittaa kätensä tuleen. Heidän äitinsä sanoo heille: 'Älä koske

Luku 1

siihen, poikani, se polttaa kätesi!' Jonkun täytyy sanoa se lapselle kääntääkseen hänen huomionsa pois tulesta. Siinä kaikki mitä Amma tekee. Jossakin vaiheessa tarvitsemme jonkun, joka osoittaa meille virheemme."

Toimittaja: "Eikö se orjuuta ihmistä, jos hän seuraa gurua sokeasti?"

Amma: "Poikani, tunteaksemme totuuden meidän pitää päästä eroon 'minä'-tunteesta. Se on vaikea saavuttaa tekemällä sadhanaa yksin. Egon poistamiseksi on tärkeää tehdä henkisiä harjoituksia gurun opastuksella. Kun kumarramme gurun edessä, emme kumarra yksilölle vaan ihanteelle hänessä. Teemme näin voidaksemme saavuttaa hänen tasonsa.

Me voimme edistyä vain nöyryyden avulla. Siemen pitää sisällään puun, mutta jos se tyytyy lepäämään varastohuoneessa, hiiri syö sen. Vain laittamalla sen maanpinnan alle saamme sen todellisen muodon esille. Kun painat sateenvarjon nuppia, sateenvarjo avautuu; silloin se kykenee suojaamaan sinua sateelta.

Koska kunnioitimme ja tottelimme isää ja äitiä, vanhempia ihmisiä ja opettajiamme, kasvoimme ja omaksuimme tietoa. He rikastivat meissä olevia hyviä ominaisuuksia ja oikeita käytöstapoja. Samalla tavoin, tottelevaisuus gurua kohtaan kohottaa opetuslapsen laajemmalle, korkeammalle tasolle.

Tullakseen myöhemmin kuninkaiden kuninkaaksi opetuslapsi omaksuu tässä vaiheessa palvelijan roolin. Me laitamme aidan pienen mangopuun ympärille, ravitsemme ja kasvatamme sitä, jotta saisimme makeita hedelmiä myöhemmin. Opetuslapsi osoittaa kunnioitusta gurulle ja tottelee häntä saavuttaakseen totuuden, jota guru edustaa.

Tultuamme lentokoneeseen meitä pyydetään kiinnittämään turvavyöt, ei siksi, että lentokoneen henkilökunta voisi osoittaa valtansa meitä kohtaan vaan oman turvallisuutemme tähden. Samalla tavoin guru pyytää opetuslasta tottelemaan tiettyjä sääntöjä ja harjoittamaan kieltäymystä vain hänet kohottaakseen. Hän tekee näin vain suojellakseen opetuslasta tietyiltä vaaroilta, jotka hän saattaa kohdata. Guru tietää, että opetuslapsen ego-vetoiset yllykkeet saattavat hänet ja toiset vaaraan. Tie on kulkuneuvoja varten, mutta jos ajat autoasi miten haluat, onnettomuuksia sattuu varmasti. Siksi meitä pyydetään noudattamaan tien sääntöjä. Emmekö tottele poliisia, joka ohjaa liikennettä risteyksissä? Voimme välttää monta onnettomuutta tekemällä niin.

Kun 'minä' ja 'minun'-tunne on vaarassa tuhota meidät, pelastumme seuraamalla satgurun ohjeita. Hän antaa meille koulutuksen, joka tarvitaan voidaksemme välttää tuollaisia olosuhteita myöhemmin. Gurun lähellä oleminen antaa meille voiman tähän.

Guru on epäitsekkyyden ruumiillistuma. Voimme oppia mitä totuus, dharma, luopuminen ja rakkaus merkitsevät, koska guru elää noiden periaatteitten mukaisesti. Guru on noiden ominaisuuksien ydinolemus. Tottelemalla ja jäljittelemällä häntä nuo ominaisuudet juurtuvat meihin. Gurun totteleminen ei ole orjuutta. Gurun päämääränä on ainoastaan opetuslapsen turvallisuus. Hän todella näyttää meille polun. Todellinen guru ei koskaan näe opetuslasta orjanaan. Hän on täynnä rakkautta häntä kohtaan. Hän haluaa nähdä opetuslapsen onnistuvan, vaikka se tietäisikin tälle itselleen vaikeuksia. Aito guru on todellakin kuin äiti."

Äidin sanat painuivat syvälle kuulijoiden mieleen hävittäen epäilyksiä juurineen ja istuttaen uskon siemeniä. Toimittaja lähti tyytyväisenä omaksuttuaan paljon sellaista, mitä ei ollut ennen tiennyt.

Luku 1

Lauantai 22. kesäkuuta 1985

Meditaatio

Amma ja brahmacharit istuivat meditaatiohuoneessa. Muutama perheellinen oppilas istui lähettyvillä. Hukkaamatta tilaisuutta, saadessaan olla Amman lähellä tänä aamuna, vastatullut brahmachari tahtoi tietää lisää meditaatiosta.

Brahmachari: "Amma, mitä tarkoitetaan meditaatiolla?"

Amma: "Sanokaamme, että aiomme tehdä payasamia (makeaa riisivanukasta). Jos joku kysyy, miksi kaadamme vettä kattilaan, sanomme että payasamia varten. Sitten ryhdymme lämmittämään vettä. Samoin ottaessamme riisiä ja jaggeria (palmusokeria) sanomme, että nämä tarvikkeet ovat riisivanukasta varten. Itse asiassa payasam on vasta tulollaan. Samoin, istuessamme silmät kiinni, me sanomme että meditoimme. Tosiasiassa se ei ole meditaatiota vaan harjoitus, jonka tarkoituksena on saavuttaa todellinen meditaatio. Todellinen meditaatio on mielentila, kokemus. Sitä ei voi sanoin kuvata.

Emmekö puhu sadhakamista laulamisen yhteydessä? Se tarkoittaa laulamisen harjoittelua. Laulaaksemme hyvin meidän on harjoiteltava jatkuvasti ja saavutettava tietty taitavuuden aste. Samoin on asianlaita henkisellä tiellä, sadhana on harjoitus ja meditaatio on tila, johon ihminen pääsee sen seurauksena.

Jatkuva Jumalaan suunnattu ajatus on meditaatiota, niin kuin joen virta. Saavutat meditaation tilan todellisen keskittyneisyyden avulla. Aluksi sinun pitäisi puhdistaa mieli ja tehdä siitä keskittynyt sekä sulauttaa se japan ja antaumuksellisen laulamisen avulla, ja sitten harjoittaa meditaatiota.

Jos emme tunne rakkautta Jumalaa kohtaan, emme voi kiinnittää mieltämme Häneen. Se jolla on tuo rakkaus, hänen mielensä ei harhaudu enää maallisiin kohteisiin. Hänelle maalliset nautinnot ovat kuin koiran ulostetta. Pienet lapset ottavat mutaa ja likaa käteensä ja laittavat sen suuhunsa. Houkuttaako heitä enää vähääkään tehdä näin, kun he ovat kasvaneet aikuisiksi ja heidän älynsä on kehittynyt?"

Maallisen elämän surut

Brahmachari toi muutamia vastasaapuneita kirjeitä, ja Amma ryhtyi lukemaan niitä. Lukiessaan kirjeitä hän sanoi oppilaille: "Pelkästään lukemalla näitä voi nähdä elämästä kaiken. Suurin osa näistä kirjeistä on tarinoita kärsimyksestä."

Brahmachari: "Eikö siellä ole kirjeitä, joissa tiedusteltaisiin vastauksia henkisiin kysymyksiin?"

Amma: "Kyllä, mutta suurin osa kertoo surun tarinaa. Niin kuin kirje, joka saapui muutamia päiviä sitten eräältä tyttäreltä. Hänen aviomiehensä tulee joka päivä päihtyneenä kotiin ja hakkaa hänet. Eräänä päivänä heidän kaksivuotias lapsensa meni heidän väliinsä. Joka on täydessä humalatilassa, onko hänelle olemassa mitään eroa aikuisen ja lapsen välillä? Vain yksi potku ja lapsen jalka murtui. Jalka on nyt kipsissä. Jopa senkin jälkeen mies juo aivan yhtä paljon kuin ennenkin. Vaimon täytyy pitää huolta lapsesta ja kaikesta muusta kotona. Hän kirjoitti saadakseen Amman siunauksen sille, että mies lopettaisi juomisen."

Oppilas: "Amma, luetko sinä todella itse kaikki nuo kirjeet? Pelkästään tämän päivän posti toi niitä ison kasan."

Amma: "Kun Amma ajattelee heidän kyyneleitään, kuinka hän voisi jättää lukematta niitä kaikkia? Hän kirjoittaa vastauksen itse joihinkin niistä. Jos kirjeitä on paljon, hän antaa ohjeet jollekulle mitä kirjoittaa vastaukseksi. On vaikea lukea ja vastata niihin kaikkiin. Hän lukee kirjeitä lähes aamun sarastukseen

Luku 1

asti. Hänellä on kirje kädessään jopa silloinkin, kun hän syö. Usein Amma sanelee vastausta pesytyessään."

Hän antoi kirjeet brahmacharille sanoen: "Laita kaikki nämä kirjeet Amman huoneeseen, poikani. Amma lukee ne myöhemmin."

Sadhanan yksityiskohdista

Amma kysyi hiljattain saapuneelta brahmacharilta: "Luetko nykyisin kirjoja, poikani?"

Brahmachari: "Kyllä, Amma. Mutta suurin osa kirjoista puhuu samasta asiasta. Ja paljon samaa toistetaan pitkin yhtä ja samaa kirjaa."

Amma: "Poikani, on olemassa vain yksi asia sanottavana. Mikä on ikuista, mikä katoavaista? Mikä on hyvää, mikä pahaa? Kuinka oivaltaa ikuinen? Gita ja Puranat (muinaisia pyhiä kirjoituksia) yrittävät kaikki selvittää tätä samaa asiaa. Avainkohdat selitetään yhä uudelleen ja uudelleen. Tämän tarkoituksena on osoittaa, kuinka tärkeitä ne ovat. Jos ihmiset kuulevat ne yhä uudelleen ja uudelleen, nämä periaatteet pysyvät heidän mielessään. Kirjojen kesken on vain joitakin näennäisiä eroavaisuuksia, siinä kaikki. Ramayana kertoo Raman ja Ravanan välisestä taistelusta, Mahabharata kertoo Kauravien ja Pandavien välisestä sodasta. Pääperiaate on kuitenkin sama. Kuinka ihminen voi pitäytyä näissä periaatteissa ja kulkea niitä kohti tilanteissa, joita elämä tuo tullessaan? Sitä mahatmat ja kaikki nuo kirjat yrittävät opettaa."

Toinen brahmachari: "Amma, minun kehoni tuntuu hyvin heikolta näinä päivinä. Näin kävi aloitettuani joogatunneilla käymisen."

Ikuinen Viisaus – Yhdistetty painos

Amma: "Poikani, kun alat harjoittaa joogaliikkeitä, tunnet väsymystä ensimmäisten kuukausien ajan. Sinun pitäisi syödä hyvin. Kun kehosi tottuu harjoituksiin, tunnet itsesi normaaliksi jälleen. Sitten ruokailutottumustesi pitäisi palata taas normaaleiksi." Amma nauroi.

"Älä anna minun saada sinua kiinni siitä, että täytät itsesi ruoalla sanoen: 'Amma on käskenyt minua syömään hyvin'."

Kaikki nauroivat.

Amma jatkoi: "Sadhakoiden pitäisi olla hyvin tarkkaavaisia ruokailutottumustensa suhteen. On parempi, ettei syö mitään aamuisin. Sinun pitäisi omistautua meditaatiolle noin kello yhteentoista asti aamupäivisin. Tamasinen energiasi lisääntyy, jos syöt liikaa ja mielesi täyttyy huonoilla pyrkimyksillä. Jos syöt jotakin aamulla, sen pitäisi olla jotakin kevyttä. Mieli tulisi keskittää meditaatioon."

Nuori mies istui lähellä meditaatiohallin ovea kuunnellen tarkkaavaisesti Amman sanoja. Hän oli koulutettu mies, jolla oli maisterin paperit, ja hän oli elänyt viimeiset neljä vuotta Rishikeshissä. Edeltävän kuukauden aikana hän oli kuullut Ammasta vieraillessaan ystävänsä luona Delhissä. Hän oli saapunut ashramiin pari päivää aiemmin voidakseen tavata Amman.

Nuori mies: "Amma, olen tehnyt sadhanaa muutaman viime vuoden ajan. Toistaiseksi se on ollut pettymys. Voimani katoavat kun ajattelenkin, etten ole voinut oivaltaa Jumalaa."

Amma: "Poikani, tiedätkö minkälaista takertumattomuutta tarvitaan Jumaloivalluksen saavuttamiseen? Kuvittele, että nukut sikeästi kotona. Yhtäkkiä heräät siihen, että sinun on todella kuuma. Havaitset, että tuli riehuu kaikkialla ympärilläsi. Etkö joutuisi mielettömän vimman valtaan yrittäessäsi paeta tulta? Ajattele, minkälaisen paineen vallassa huutaisit apua nähdessäsi kuoleman silmiesi edessä. Sinun on itkettävä

Luku 1

samanlaisella voimalla nähdäksesi Jumala. Ajattele jotakuta, joka ei osaa uida; jos hän putoaa syvään veteen, kuinka hän taistelisi saadakseen ilmaa. Samalla tavoin sinun pitäisi taistella sulautuaksesi korkeimpaan absoluuttiin. Sinun pitäisi jatkuvasti tuntea surua siitä, ettet ole saavuttanut näkyä Jumalasta. Sinun sydäntäsi tulisi särkeä kaiken aikaa tämän takia."

Amma vaikeni hetkeksi ja jatkoi sitten: "Et saavuta oivallusta Jumalasta vain asumalla ashramissa. Sinun on harjoitettava sadhanaa äärimmäisellä takertumattomuudella. Sinun pitää tuntea, että 'en halua mitään muuta kuin Jumalan'. Kenellä on kuume, hänelle jopa makeat ruoat maistuvat pahalta. Samoin, jos olet Jumalan rakastamisen kuumeen vallassa, mielesi ei suuntaudu mihinkään muuhun. Silmäsi eivät halua nähdä mitään muuta kuin Jumalan. Korvasi eivät halua kuulla mitään muuta kuin jumalallista nimeä, muut äänet ärsyttävät ja polttavat korviasi. Mielesi taistelee niin kuin kala, joka on joutunut kuivalle maalle, kunnes saavutat Jumalan!" Amma sulki silmänsä ja vaipui meditaatioon. Kaikki istuivat katsellen häntä intensiivisesti.

Useita minuutteja myöhemmin Amma nousi ylös, meni ulos ja käveli meditaatiohallin ulkoseinän vieritse. Toisella reunalla oli vesitankin seinämä, vain muutamia metrejä meditaatiohallista, väliin jäi kapea käytävä. Vesi pumpattiin tästä tankista ylempänä olevaan säiliöön, mistä se jaettiin eri puolille ashramia.

Amma katsahti vesitankin sisälle ennen kuin hän jatkoi kulkuaan majaan antaakseen darshania ihmisille, jotka odottivat siellä, hän sanoi brahmachareille: "Lapseni, tankin sisäpuolella on alkanut kasvaa sammalta. Se täytyy puhdistaa pian."

Aurinko oli laskenut. Amma istui majassaan jumalallisen mielentilan vallassa ja lauloi bhajania. Iltahämärissä sytytettyjen öljylamppujen liekit pysyivät liikkumattomina, aivan kuin sulautuneina hänen lauluunsa.

Agamanta porule jaganmayi:

Vedojen ydinolemus, joka läpäiset maailmankaikkeuden,
joka olet täynnä viisautta, tunteeko sinua kukaan?
Oi autuas Itse, ikuinen, surusta vapaa,
Oi perimmäinen korkein voima, suojele minua!

Sinä asustat kaikissa sydämissä, tietäen kaiken,
innokkaana tarjoamaan vapautuksen autuutta,
näkymättömänä pahoille, mutta aina loistaen
hyveellisten meditaatiossa.

Sinä säteilet ikuisen totuuden muodossa,
oi ikuinen Devi, osoita minulle tie pelastukseen;
loista minussa, hidasjärkisessä, ihmisten keskellä.

Kerron sinulle selkeästi, oi Äiti,
alennu astuaksesi sydämeeni ja loistaaksesi siellä.
Salli minun ylistää sinun tarinaasi
ja vapauta minut tästä mayasta.

Amman takana seinällä oli Devi Saraswatin kuva, missä hän soittaa vinaa (kielisoitinta). Alkoivatko Devin sormet soittaa vinaa, kun Amma ryhtyi laulamaan? Ennen kuin hänen laulunsa kaiku oli kokonaan vaimentunut, Amma otti kuvan seinältä ja suuteli Devin hahmoa yhä uudelleen ja uudelleen. Hän piti kuvaa sydäntään vasten ja istui hetkisen hiljaa.

Hän istui samassa asennossa liikahtamatta. Kun iltabhajanit alkoivat kalarissa, hän laittoi kuvan hellästi sängylle. Kaksi kyynelvanaa näkyi kuvassa. Hän nousi ylös ja ryhtyi kävelemään edestakaisin, edelleen jumalallisessa mielentilassa.

Luku 1

Bhajanit päättyivät ja arati (tulen heiluttaminen mestarin kuvan edessä) saatiin suoritetuksi. Amma meni ulos ja käveli pienellä pihalla meditaatiohallin edessä.

Neuvoja perheellisille

Muutamat oppilaat, jotka seisoivat etäällä, lähestyivät nyt Ammaa. Hän ohjasi heidät kalariin ja istuutui.

Oppilas: "Amma, minulla olisi kysymys koskien sitä mitä sanoit brahmacharille tänä aamuna."

Amma: "Minkälainen kysymys, poikani?"

Oppilas: "Amma, sanoit että maallinen elämä on samanlaista kuin koiran uloste. Pitäisikö meidän nähdä elämä noin huonona?"

Amma (nauraen): "Eikös Amma puhunut silloin brahmachareille? Heidän on omaksuttava sen kaltainen takertumattomuus pysyäkseen henkisellä tiellä. Brahmachari, jolla on vakaa näkemys päämäärästä, ei tunne vetoa maalliseen elämään lainkaan. Amman täytyy antaa hänelle alhainen kuva maallisesta elämästä, jotta hänellä olisi voimaa jatkaa päämääräänsä kohti. Muussa tapauksessa hän jää maallisten nautintojen ansaan ja menettää voimansa.

Sotilas saa työhönsä koulutuksen armeijassa, kun taas poliisi koulutetaan toisella tavoin omiin velvollisuuksiinsa. Samaten brahmacharin ja perheellisen tarvitsemat ohjeet eroavat toisistaan. Vaikka päämäärä onkin sama, intensiteetin tasossa on eroavaisuuksia. Brahmachari on jo luopunut suhteistaan ja omistanut itsensä kokonaan tälle polulle. Hän toistaa takertumattomuuden mantraa jokaisella askeleellaan.

Amma ei sanoisi ikinä, että grihastashrama (perheellinen) on alempiarvoinen. Eivätkö menneisyyden rishit olleet perheellisiä? Eivätkö Rama ja Krishna eläneet perheellisen elämää? Mutta se joka on vannonut brahmacharyan (selibaatissa elävän) valan, on nähtävä maallinen elämä samanarvoisena kuin koiran uloste. Silloin hän kykenee säilyttämään sellaisen takertumattomuuden tason, mikä tarvitaan tiellä pysymiseen.

Sen vuoksi brahmacharille pitäisi antaa neuvo, jonka hän tarvitsee täydelliseen takertumattomuuteen. Amma on hyvin onnellinen nähdessään takertumattomuuden tunteen heräävän perheellisissä lapsissaan. Heidän on vain valvottava sitä liekkiä, ettei se sammu, siten he voivat lopulta saavuttaa päämäärän. Amma ei pyydä ketään luopumaan kaikesta ja ryhtymään sanjaasiksi ennen kuin hän saavuttaa täyden takertumattomuuden tunteen.

Polku, jota Amma kuvaa, ei ole sellainen, jota kulkien menet Himalajalle ja istut silmät kiinni ajatellen vain mokshaa (vapautusta). On opittava elämään olosuhteiden mukaan. Shakaali ajattelee viidakossa istuessaan, ettei se ulisisi kohdatessaan koiran seuraavan kerran. Ja kuitenkin, heti kun se näkee koiran, se ei voi vanhasta tottumuksesta muuta kuin ulista. Todella rohkea ihminen on hän, joka ei ole takertunut eikä ole omistamisenhaluinen, vaikka hän eläisikin maallisten kokemusten keskellä. Todellisen grihastashramin (perheellisen) tulisi olla tällainen.

Niin kuin kukka, joka putoaa pois hedelmän muotoutuessa, maalliset halut katoavat, kun takertumattomuus kypsyy. Mikään halu ei voi sen jälkeen sitoa ihmistä, asui hän sitten kotona tai metsässä. Ken on ottanut Jumaloivalluksen päämääräkseen, ei anna merkitystä millekään muulle. Hän on jo ymmärtänyt, että mikään fyysinen ei ole pysyvää ja että todellinen autuus on sisässämme."

Oppilas: "Kuinka voimme palauttaa mielen takaisin, kun se lähtee etsimään ulkopuolella olevia nautintoja?"

Luku 1

Amma: "Kameli syö piikkipensaita ollessaan nälkäinen. Sen suu vuotaa verta piikkien takia. Oletetaan, että ollessasi nälkäinen syöt vain tulista pippuria, koska pidät pippurista. Suusi palaa, samoin vatsasi. Halusit tyydyttää nälkäsi, mutta nyt joudut sietämään tuskaa. Samaten, jos olet riippuvainen aineellisista asioista ollaksesi onnellinen, koet lopulta surua.

Ajatelkaamme esimerkiksi myskihärkää. Etsipä se sitten kuinka kauan hyvänsä myskin tuoksun lähdettä, se ei sitä löydä, koska tuoksu tulee sen itsensä sisältä. Autuus ei piile ulkoisissa asioissa, se asustaa sisällämme. Kun mietiskelemme tätä ja saavutamme riittävän määrän takertumattomuutta, mieli lakkaa juoksemasta ulkoisten nautintojen perässä.

Kun ymmärrämme, että mehu on hedelmän sisällä, kuorimme hedelmän ja heitämme kuoren pois. Tällainen tulee sadhakan asenteen olla. Sen jälkeen mieli ei suuntaudu enää ulkopuolelle. Me kykenemme arvostamaan kaiken ydinolemusta."

Oppilas: "Amma, eikö ole mahdollista nauttia henkistä autuutta, kun elää maallista elämää?"

Amma: "Kuinka voisit täydesti kokea hengellistä autuutta kiinnittämättä mieltäsi kokonaan Jumalaan? Jos sekoitat payasamia muiden ruokalajien kanssa, voitko nauttia täydesti sen mausta?

Vishnu-jumala kehotti Sanakaa ja muita pyhimyksiä useita kertoja menemään naimisiin. Mutta he vastasivat: 'Jokaisen hetken, jonka elämme avioliitossa, vietämme muistamatta sinua. Me tarvitsemme vain sinut, Herra! Emme mitään muuta.'

Koska mikään ei ole erillään Jumalasta, jotkut ihmiset väittävät, että maallisen elämän täytyy olla hyväksyttävää. Se on hyväksyttävää, jos voit muistaa Jumalan kaikissa tilanteissa. Mutta kykenemmekö toimimaan tällä tavoin? Kun syömme jotakin makeaa, nautimmeko sen mausta vai muistammeko

Ikuinen Viisaus – Yhdistetty painos

Jumalaa? Jos et ajattele mitään muuta kuin Jumalaa tuolla hetkellä, silloin ongelmaa ei ole; voit seurata tuota tietä."

Oppilas: "Eivätkö pyhät kirjoitukset kuvaa neljää eri elämänvaihetta: brahmacharyaa, grihastashramaa, vanaprasthaa (metsässä eläjän vaihetta) ja sannyasaa (maailmasta luopumisen vaihetta)? Elettyään grihastan (perheellisen) elämää yksilö etenee vanaprasthaan, kun hän alkaa kokea takertumattomuutta. Ja hänestä tulee sanjaasi (maailmasta luopunut), kun hän omaa täydellisen takertumattomuuden. Kaikki siteet on katkaistu, ja hän antautuu kokonaan Jumalalle. Tämä on todellakin elämän päämäärä."

Toinen oppilas: "Sanotaan myös, että brahmacharyasta voi siirtyä suoraan sannyasaan, mikäli omaa täyden takertumattomuuden."

Amma (nauraen): "Varmasti, mutta vanhemmat eivät salli sitä, siinä kaikki. Joidenkin ashramin lasten täytyi ylittää voimallinen vastarinta voidakseen jäädä tänne."

Oppilas. "Amma, ansaitsemmeko me oivallusta lainkaan? Olemme pahoillamme, että olemme niin maallisen elämän vankeja."

Amma: "Älkää ajatelko tuolla tavoin, rakkaat lapseni! Ajatelkaa, että tämä on tarkoitettu poistamaan kaikki esteet tiellänne Jumalaan. Kun lähdemme matkalle ja näemme jonkin sulkevan tiemme, poistamme esteen ja jatkamme kulkuamme. Jos emme tee näin, se jää sinne ja on aina esteenämme. Maallinen elämä auttaa meitä poistamaan sisällämme olevat halut ja vihan. Toisinaan Amma suosittelee avioliittoa niille lapsilleen, joiden vasanat ovat hyvin voimakkaita. Jos vasanat painetaan väkisin alas, ne työntyvät ennemmin tai myöhemmin esille. Meidän tulee ylittää ne. Perhe-elämä tarjoaa tähän mahdollisuuden.

Luku 1

Mielen voimaa tulee lisätä mietiskelyn avulla. Jos lapsukainen kaatuu opetellessaan kävelemään, se nousee ylös ja jatkaa kävelemistä. Jos se jää siihen makaamaan, se ei koskaan edisty. Perhe-elämän tarkoituksena ei ole viedä meitä kauemmaksi Jumalasta vaan lähemmäksi Häntä. Käyttäkää sitä tähän tarkoitukseen, lapset, älkää kantako turhaan huolta. Perhe-elämä sallii meidän voittaa vasanamme. Älkää hukkuko vasanoihinne; ymmärtäkää, mitä ne ovat ja menkää niiden tuolle puolen. Me pääsemme päämäärään vain, jos saavutamme täyden takertumattomuuden vasanoihimme nähden. Tunnemme tyytyväisyyttä saatuamme osuutemme payasamista, mutta hieman myöhemmin haluamme sitä kaksi kertaa enemmän. Kun olemme ymmärtäneet kaipuun todellisen luonteen, mieli ei enää mene tuohon suuntaan. Koskisiko kukaan enää payasamiin, kun sisilisko on pudonnut siihen?

Kun vasanat vetävät meitä puoleensa, mieli vastustaa niitä tietäessään, etteivät ne ole ilon todellinen lähde vaan että ne tuovat meille vain surua. Tämä tieto tulee kylvää voimallisesti mieleemme ja älyymme. Lapseni, älkää antako elämän mennä hukkaan olemalla mielen orjia! Älkää hylätkö mittaamattoman arvokasta jalokiveä karamellin takia. Mielemme hiljenee, jos emme anna aistinautinnoille niin paljon merkitystä kuin teemme nyt.

Älkää olko huolissanne, vaikka teillä ei olisikaan heti voimaa toimia näin. Istukaa päivittäin hetkinen yksinäisyydessä ja ajatelkaa tätä omaksuen tarkkailijan asenteen. Tehkää tästä säännöllinen tapa. Tulette varmasti saamaan voiman, jota tarvitsette. Teidän ei auta vain itkeä ja valittaa, että olette liian heikkoja. Kyllä te löydätte siihen tarvitsemanne voiman. Sitten kykenette kohtaamaan minkä tahansa haasteen epäröimättä.

Lapseni, älkää vuodattako kyyneleitä ajatellen, että olette arvottomia. Sellainen vie vain voimanne.

Poikani, älä kadu sitä, että sinusta ei tullut brahmacharia tai ettet voi olla Amman kanssa kaiken aikaa. Te lapseni olette kuin kasvin lehdet. Jotkut lehdistä ovat lähellä kukkaa ja toiset kaukana siitä, mutta kaikki lehdet kuuluvat samaan kasviin. Samalla tavoin kaikki ovat Amman lapsia, älkää epäilkö sitä hetkeäkään. Älkää olko pahoillanne siitä, ettette voi nauttia Amman fyysisestä läheisyydestä olemalla hänen kanssaan. Myös te voitte saavuttaa päämäärän jonakin päivänä."

Oppilas: "Eikö meidän elämämme ole silti mennyt hukkaan, olemalla kaikkien näiden maallisen halujen vankina?"

Amma: "Miksi sinun pitäisi olla pahoillasi menneestä? Etene tiellä uskoen vakaasti.

Olipa kerran puunhakkaaja. Hän oli hyvin köyhä. Joka päivä hän meni metsään, hakkasi polttopuita, teki siitä hiiltä ja toi sen sitten varastoon myytäväksi polttoaineena. Tällä tavoin hän ansaitsi itselleen hyvin pienen toimeentulon, joka ei alkuunkaan riittänyt edes hänen vatsansa täyttämiseen. Hänen asumuksensa oli vanha, mätänevä ja vuotava maja. Koska hänen terveytensä ei sallinut hänen työskennellä yhtään enempää, hän oli aina epätoivoinen. Eräänä päivänä kuningas sattui kulkemaan kylän poikki. Hän kuuli köyhän puunhakkaajan surullisesta tilanteesta. Kuningas sanoi hänelle: 'Tästä eteenpäin sinun ei tarvitse enää kamppailla. Annan sinulle santelipuumetsän. Voit elää mukavasti niillä tuloilla, jotka saat siitä.'

Seuraavana päivänä puunhakkaaja meni metsään kuten ennenkin. Koska hänellä oli nyt metsänsä, hänen ei tarvinnut kulkea enää ympäriinsä etsimässä puuta, jonka olisi voinut hakata polttopuuksi. Hän kaatoi muutamia santelipuita, teki

Luku 1

niistä hiiltä ja toi ne polttoainevarastoonsa niin kuin ennenkin. Hän ei kuitenkaan tienannyt tästä yhtään aiempaa enempää. Muutamia vuosia myöhemmin kuningas tuli jälleen kylään. Hän tiedusteli miestä, jolle oli antanut santelipuumetsän. Kuningas odotti tämän olevan nyt rikas mies. Hän oli hämmästynyt nähdessään puunhakkaajan. Jos mahdollista mies oli entistäkin köyhempi. Onnellisuus ei loistanut hänen kasvoiltaan, ja hän oli jopa unohtanut miten nauretaan. Kuningas kysyi häneltä tyrmistyneenä: 'Mitä sinulle on tapahtunut? Mitä teit metsälle, jonka sinulle annoin?' Mies vastasi: 'Kaadoin puut ja myin ne edelleen hiilenä.' Kuningas ei voinut uskoa, että mies oli luovuttanut arvokkaat puut asiakkailleen mitättömästä rahasummasta. 'Onko puita enää jäljellä?' hän tiedusteli. 'On niitä vielä yksi', mies vastasi. Kuningas sanoi: 'Voi sinua hullua! Minähän annon sinulle metsän, joka oli täynnä santelipuuta. Ei sitä ollut tarkoitettu käytettäväksi polttoaineena! Hyvä on, edes yksi puu on jäljellä. Kaada se, mutta älä tee siitä polttoainetta vaan myy se sellaisenaan. Saat siitä tarpeeksi rahaa elääksesi lopun elämääsi mukavasti.' Seuraten kuninkaan neuvoa puunhakkaaja eli mukavasti siitä eteenpäin.

Lapseni, te haluatte tuntea Jumalan. Se riittää. Elämänne saa täyttymyksensä. Riittää, että elätte kunnollista elämää tästä eteenpäin."

Eräs nainen tuli kahden pienen lapsensa kanssa Amman luo. Hän laittoi päänsä Äidin syliin ja alkoi katkerasti itkien kertoa surullista tarinaansa.

Hänen aviomiehensä oli aloittanut liiketoiminnan rahalla, jonka oli lainannut kohtuuttomalla korolla. Liiketoiminta ei kannattanut. He myivät maansa ja panttasivat naisen korut maksaakseen velkansa. Heillä ei ollut rahaa hakea koruja pois, minkä tähden ne myytiin huutokaupassa. Luotonantajien

Ikuinen Viisaus – Yhdistetty painos

painostuksesta he joutuivat myymään talonsa ja vuokrasivat toisen paikan. Nyt heillä ei ollut rahaa edes maksaa vuokraansa. Nainen oli päättänyt tehdä itsemurhan yhdessä lastensa kanssa, mutta sitten hän oli kuullut ystävältään Ammasta ja tuli tapaamaan häntä.

Hän sanoi silmät kyynelissä: "Amma, tiedätkö, kuinka mukavaa elämää me elimme? Mieheni on tuhonnut kaiken. En voi enää asua siellä, meillä ei ole rahaa vuokraan. Kaikilla sukulaisillani menee hyvin. Kuinka voin enää näyttää naamaani heille? Joten olen päättänyt lopettaa elämäni ja myös lasteni elämää."

Amma: "Tyttäreni, sinun ei tarvitse kuolla tämän takia. Onko kuolema meidän käsissämme muutenkaan? Ja onko sinulla oikeutta lopettaa lastesi elämä?

Lapseni, siellä missä on savua, on myös tulta. Siellä missä on haluja, on myös suru. Aivan niin kuin aurinko ja sen kuumuus. Te halusitte loistokkaan elämän, niinpä aloititte ison liiketoiminnan. Se aiheutti kärsimyksenne. Jos olisitte oppineet olemaan tyytyväisiä siihen mitä teillä oli, ongelmia ei nyt olisi. Elämä on täynnä onnellisuutta ja surua. Ei ole olemassa elämää, joka olisi vain täynnä onnea tai vain täynnä surua.

Kaikelle on aikansa. Tiettyinä aikoina elämässämme kaikki, mitä aloitamme epäonnistuu. Ei ole syytä romahtaa, kun niin käy. Turvaudu voimallisesti Jumalaan. Hän on meidän ainoa turvamme. Hän näyttää meille tien ulos vaikeuksistamme. Ainakin sinulla on terveytesi, voit tehdä työtä ansaitaksesi elantosi. Jumala järjestää asian. Ei ole syytä istua nurkassa itkemässä, se vain vie kaiken voimasi ja tuhoaa terveytesi. Älä murehdi sitä, mikä on ollutta ja mennyttä, tyttäreni! Menneen muisteleminen ja sureminen on kuin syleilisi kuollutta ruumista.

Luku 1

Mennyt ei koskaan enää palaa. Emme tiedä tulevaisuudestakaan mitään. Sen sijaan että hukkaisit aikasi ja terveytesi mennyttä surren ja tulevaa murehtien, sinun tulisi voimistaa nykyhetkeä. Tuhoat nykyhetken märehtimällä mennyttä ja tulevaa. Vain Paramatman (korkein tietoisuus) tuntee nuo kolme – menneen, nykyisen ja tulevan. Siksi sinun pitäisi antaa nuo kaikki kolme Hänen käsiinsä ja mennä elämässäsi eteenpäin Häntä jatkuvasti muistaen. Tällä tavoin kasvoillasi loistaa aina hymy.

Kuvittele, että joku syö jäätelöä. Syödessään hän ajattelee: 'Mennessäni eilen ravintolaan ruokaa ei ollut peitetty. Putosikohan torakka tai sisilisko ruokaan? Johtuikohan tämänaamuinen päänsärkyni siitä, että söin tuota ruokaa ravintolassa? Aamulla poikani pyysi jälleen uusia vaatteita. Miten voisin ostaa hänelle niitä? Eihän minulla ole rahaa. Olen unelmoinut pitkään paremmasta talosta. Mutta en ansaitse riittävästi. Tilanne parantuisi, jos saisin paremman työpaikan!' Tässä vaiheessa jäätelö oli syöty. Oltuaan uppoutuneena ajatuksiinsa mies ei ollut kyennyt nauttimaan sen mausta. Mennyt häiritsi hänen mieltään ja tulevaisuus huolestutti häntä; näin hän menetti miellyttävän nykyhetken. Jos hän sen sijaan olisi unohtanut menneen ja tulevan ja elänyt nykyhetkessä, hän olisi voinut nauttia jäätelön mausta. Siksi maistele jokaisesta hetkestä, kun kuljet eteenpäin elämässäsi, lapseni. Luovuta kaikki Jumalalle ja toivota hymyssä suin kaikki tilanteet tervetulleiksi. Unohda mennyt ja tuleva, ja käsittele tarkkaavaisesti sitä mikä tapahtuu tällä hetkellä.

Jos epäonnistut, nouse ylös ja jatka innostuksella eteenpäin. Ajattele, että epäonnistumisesi tarkoitus oli tehdä sinusta entistä tarkkaavaisempi. Ajattele, että menneisyys on kuin mitätöity sekki. Ei ole mitään järkeä murehtia sitä. On hyödytöntä vain istua aloillaan ja surra saamiaan haavoja; sinun on laitettava haavoihisi lääkettä niin pian kuin mahdollista.

Tyttäreni, kukaan ei tuo tullessaan tähän maailmaan mitään, eikä kukaan vie täältä mukanaan mitään. Me saamme kaiken täällä ollessamme ja menetämme sen sitten. Siinä kaikki. Oivallettuamme, että elämän luonne on tällainen, emme menetä voimaamme murehtimiseen. Mielenrauha on todellinen omaisuutemme, tyttäreni. Tuota omaisuutta meidän tulisi oppia vaalimaan.

Ole täällä kunnes miehesi saa töitä. Myös lapsesi voivat oleilla täällä. Lopeta huolehtiminen!"

Käsillään Amma pyyhki pois naisen kyyneleet ja kaikki hänen huolensa.

Toinen nainen sanoi: "Amma, olen hyvin suruissani tuntiessani kyvyttömyyteni liittää mieleni Jumalaan. Monet pahat ajatukset täyttävät mieleni ja häiritsevät minua."

Amma: "Tyttäreni, älä kiusaa itseäsi pahoilla ajatuksilla. Mieli on vain kasauma ajatuksia. Ajattele, että pahat ajatukset tulevat, koska niiden on aika kadota. Mutta ole varovainen, ettet samastu niihin.

Matkustaessamme bussilla näemme monia miellyttäviä asioita matkan varrella: mukavia taloja, sieviä kukkia, kauniita puutarhoja ja niin edelleen. Emme kuitenkaan kiinnity niihin, annamme niiden mennä ohitsemme, sillä ne eivät ole todellinen päämäärämme. Meidän on opittava näkemään samalla tavoin ajatukset, jotka kulkevat mielen poikki. Katsele niitä, mutta älä ole niihin yhteydessä. Älä kiinnity niihin. Voimme seistä rannalla ja katsella, kuinka joki virtaa. Jokea on mielenkiintoista katsella, mutta jos hyppäämme virtaan, menetämme voimamme. Kehitä itsellesi kyky seistä taka-alalla tarkkaillen, kun ajatukset kulkevat mielesi poikki. Se tekee mielestäsi vahvan."

Luku 1

Nainen, joka oli kuunnellut Äidin puhetta, sanoi: "Amma, kun joudumme perhe-elämän verkkoon, on vaikea pyristellä vapaaksi, yritimmepä kuinka paljon hyvänsä!"

Amma: "Lintu istuu puun kuivalla oksalla ja syö hedelmäpalaa, jonka se on löytänyt jostakin. Se tietää, että oksa saattaa katketa milloin hyvänsä, niinpä se on kaiken aikaa tarkkaavainen oksalla istuessaan. Sinun pitäisi ymmärtää, että tämä maailma on luonteeltaan tuollainen. Kaikki on mahdollista menettää millä hetkellä hyvänsä. Muista se, lapseni. Pidä huoli siitä, että pitäydyt siihen tosiasiaan, että ainoastaan Jumala on ikuinen. Silloin sinulla ei ole syytä suruun.

Jos olemme tietoisia siitä, että ympärillämme räjähtelee ilotulitusraketteja, seuraava voimakas räjähdys ei saa meitä säpsähtämään ja menettämään tasapainoamme. Samalla tavoin, jos ymmärrämme maailman todellisen luonteen, emme kadota mielenrauhaamme. Meidän pitäisi tehdä velvollisuutena kaikki, mikä on määrätty tehtäväksemme, ja edetä samastumatta mihinkään.

Katso pankinjohtajaa. Katso ihmisiä, jotka työskentelevät hänen alaisuudessaan. Pankinjohtajan on huomioitava heidät ja hänen on oltava tekemisissä myös kaikkien lainananojien kanssa, jotka tuovat hänelle suuren määrän hakemuksiin liittyviä asiakirjoja. Jos johtaja hurmaantuu hakijoitten hymystä ja kohteliaisuuksista, ja antaa kaikille lainan tutustumatta asiapapereihin huolellisesti, hän päätyy vankilaan. Hän tietää, että osa näistä ihmisistä on tullut hänen luokseen pyrkien saamaan rahat kaikin mahdollisin keinoin. Hän tietää, että pankin rahat eivät ole hänen omiaan, silti hän ei anna niitä kenelle hyvänsä, joka sattuu pyytämään. Hän ei ole vihainen kenellekään eikä hän epäröi antaa lainaa niille, jotka sen ansaitsevat. Hän yksinkertaisesti huolehtii velvollisuuksistaan kunnolla, siinä kaikki, ja sen jälkeen hänellä ei ole mitään syytä olla huolissaan. Meidän kaikkien pitäisi olla tuollaisia. Meidän pitäisi tehdä kaikki vilpittömästi ja innostuksella. Meidän ei pitäisi lannistua tai tulla laiskoiksi ajatellen, että mikään ei tule lopulta olemaan omaamme. Meidän pitäisi tehdä oma työmme velvollisuutenamme, shraddhalla. Emme saa tuntea vastenmielisyyttä sitä kohtaan. Näe kaikki Paramatmanin ilmentymänä. Kaikki on samaa Perimmäistä.

Etkö ole nähnyt karamelleja, jotka on kääritty erivärisiin käärepapereihin – punaisiin, valkoisiin, sinisiin ja vihreisiin? Ne näyttävät erilaisilta ulkoapäin tarkasteltuna. Lapset taistelevat suosikkivärinsä puolesta: 'Minä tahdon sinisen', 'Minä tahdon punaisen' ja niin edelleen. Lapsi joka haluaa punaisen, ei ole onnellinen, jos hänelle annetaan sininen. Hän itkee kunnes saa punaisen. Mutta kun käärepaperit otetaan pois, kaikki karamellit maistuvat samalta. Me olemme noiden lasten kaltaisia. Emme ajattele karamellia, hurmaannumme erilaisista kääreistä ja taistelemme niistä. Todellisuudessa kaikkien elävien olentojen sisällä oleva tekijä on sama. Vaikka ulkoinen muoto ja väri saattaa vaihdella, korkein tekijä ei vaihdu. Emme kykene ymmärtämään tätä, koska olemme menettäneet lapsenkaltaisen viattomuutemme ja sisäisen puhtautemme.

Sanokaamme, että joku on vihainen meille tai käyttäytyy vihamielisellä tavalla. Jos reagoimme häneen tai rankaisemme häntä, on se kuin sohaisisimme haavaa, joka hänellä on kädessään, ja suurentaisimme sitä, sen sijaan että laittaisimme siihen lääkettä ja parantaisimme sen. Haavan mätä tahrii myös oman kehomme ja saa sen haisemaan. Hänen egonsa voimistuu ja meidän tietämättömyytemme syvenee. Jos sen sijaan annamme hänelle anteeksi, on se kuin laittaisimme lääkettä hänen

Luku 1

haavaansa, mikä tekee samalla omasta mielestämme laaja-alaisemman. Sen tähden, lapseni, eläkää rakkauden ja anteeksiannon elämää. Tämä kaikki saattaa tuntua kovin vaikealta, mutta jos yritätte, onnistutte varmasti."

Oppilas: "Amma, kuinka voimme löytää aikaa meditaatiolle ja japalle perhe-elämän velvollisuuksien keskellä?"

Amma: "Mikään ei ole vaikeaa hänelle, joka todella haluaa sitä. Sinulla täytyy olla vilpitön halu toimia siten. Sinun pitäisi viettää ainakin yksi päivä viikosta yksinäisyydessä sadhanaa tehden. Sinulla saattaa olla velvollisuuksia ja työtehtäviä. Silloinkin tulisi varata yksi päivä tähän tarkoitukseen. Etkö otakin sairaslomaa, jos et voi hyvin, vaikka sinulla olisikin keskeneräisiä töitä? Etkö ota vapaapäivän voidaksesi osallistua sukulaisesi häihin? Kuinka paljon tärkeämpää tämä on! Joten mene ashramiin ainakin yhtenä päivänä viikossa ja harjoita sadhanaa ja sevaa. Tuo päivä opettaa sinua voimistamaan rakkautta ja yhteenkuuluvuuden tunnetta myös perhettäsi kohtaan.

Kun lapsenne tekevät tuhmuuksia, selittäkää heille asiat rakastavasti. Lapsuus on elämän perusta. Jos emme huomioi lapsiamme ja osoita heille rakkautta ja myötätuntoa, he saattavat joutua harhateille. Vanhempien pitäisi muistaa olla erityisen rakkaudellisia pieniä lapsiaan kohtaan, aivan kuin kastelisivat haurasta nuorta kasvia. Kun lapset kasvavat ja ovat löytäneet töitä, vanhempien pitäisi luovuttaa perhevelvollisuudet heille ja vetäytyä elämään ashramissa ja harjoittaa sadhanaa yksinäisyydessä. Puhdista mieli palvelutyön avulla. Sinun ei ole viisasta takertua kotiisi ja lapsiisi siihen saakka, kun henkäiset viimeisen kerran. Kun lapsesi ovat kasvaneet aikuisiksi, halu nähdä lapsenlapsesi ja auttaa heidän kasvattamisessaan tulee voimakkaaksi. Kaikki elävät olennot maan päällä onnistuvat kasvamaan ja säilymään hengissä. Eikö? Eivät ne odota apua.

Jätä lapsesi Jumalan käsiin. Niin rakastavien vanhempien tulee tehdä. Se on todellista rakkautta. Tähän asti me olemme raataneet 'oman itsemme ja lastemme hyväksi'. Tässä suhteessa meidän ja eläinten välillä ei ole eroa. Mikä sitten on tämän arvokkaan ihmiselämämme hedelmä? Tästä eteenpäin meidän pitäisi työskennellä 'sinun hyväksesi'. Silloin 'minä' hiljalleen katoaa aivan itsestään. Samalla katoavat meidän huolemme ja murheemme.

"Miksi me junaan noustuamme kantaisimme matkatavaroitamme edelleen ja valittaisimme miten painavia ne ovat? Voimme laskea laukut alas. Samalla tavoin opettele turvautumaan Korkeimpaan, luovuttamaan kaikki Hänelle.

Jos kerran viikossa ei sovi, niin ainakin kaksi kertaa kuukaudessa pitäisi viettää ashram -ympäristössä japalle, meditaatiolle ja palvelutyölle omistautuen. Jumalan muistaminen on elämän todellinen perusta. Ajan kuluessa on mahdollista vapautua kaikista siteistä, aivan kuin käärme joka kuoriutuu nahastaan, ja sulautua Jumalaan. Noudata säännöllistä itsekuria. Jotkut sanovat, että maailma ympärillämme on myös Brahmania, miksi siis vetäytyä siitä? Kyllä, kaikki on Brahmania, mutta olemmeko saavuttaneet tuon tason? Jumala ei näe vikaa kenessäkään. Hän näkee vain hyvää kaikessa. Kun omaksumme saman asenteen, silloin sillä, että sanomme 'kaikki on Brahmania', on jotakin merkitystä. Mikäli tuhannen virheen joukossa on vain yksi asia oikein, niin Jumala näkee vain tuon yhden asian.

Gurulla oli kaksi opetuslasta. Hänellä oli tapana antaa toiselle heistä enemmän tehtäviä ashramissaan. Toinen opetuslapsista ei pitänyt tästä, koska hän piti itseään ashramin parhaana opetuslapsena. Hän alkoi vieroksua ensimmäistä opetuslasta. Eräänä päivänä hän kysyi gurulta: 'Miksi et anna minun

Luku 1

hoitooni ashramin asioita. Voin hoitaa nämä asiat paremmin kuin hän.'

Guru kutsui molemmat opetuslapset luokseen ja pyysi heitä lähtemään ashramista ja tutkimaan ihmisten luonnetta. Kun ensimmäinen opetuslapsi oli kävelyllä, hän näki miehen, joka antoi makeisia ja lohdutti pientä lasta tien vierellä. Tiedusteltuaan asiaa hän sai tietää, että mies oli itse asiassa murhaaja. Silti opetuslapsi oli tyytyväinen miehen hyvään puoleen. Kävellessään eteenpäin hän näki jonkun antavan vettä vanhalle miehelle, joka makasi tien sivussa nälän ja janon heikentämänä. Opetuslapsi sai tietää, että mies joka toimi näin, oli varas. Hän oli iloinen siitä, että jopa varas tunsi myötätuntoa. Seuraavaksi hän näki naisen pyyhkivän toisen naisen kyyneleitä ja lohduttavan tätä. Ystävällinen nainen oli prostituoitu. Opetuslapsi ei voinut ylenkatsoa prostituoitua, sillä hän näki myötätuntoa myös hänen sydämessään. Opetuslapsi palasi gurun luo kertoen kaikesta, ylistäen erityisesti hyviä tekoja, jotka oli nähnyt.

Myös toinen opetuslapsi palasi samoihin aikoihin. Hän kertoi erään miehen hakkaavan lasta. Seuraavaksi hän oli nähnyt jonkun moittivan kerjäläistä. Ja sitten hän oli nähnyt erään sairaanhoitajan, joka oli ollut hyvin karkea potilasta kohtaan. Tämä kaikki synnytti opetuslapsen sydämessä vihaa näkemiään ihmisiä kohtaan. Miehellä, joka oli lyönyt lasta, oli itse asiassa suuri sydän. Hän oli ruokkinut ja vaatettanut monta köyhää lasta ja maksanut heidän koulutuksensa. Tällä nimenomaisella lapsella oli taipumus varastaa tavaroita. Puhuminen ei auttanut ja niinpä mies päätti lopulta kurittaa häntä, jotta hän huomaisi virheensä. Mutta opetuslapsi ei kyennyt näkemään sille oikeutusta. Hän ajatteli itsekseen: 'Onko kellään, olipa tämä sitten kuinka hyväsydäminen tahansa, oikeutta lyödä lasta? Hän on paha mies!'

Ikuinen Viisaus - Yhdistetty painos

Toinen mies, jonka hän oli kohdannut, antoi aina jalomielisesti toisille. Hän oli nähnyt terveen miehen kerjäävän, ja niinpä hän yritti taivutella tätä käyttämään Jumalan antamia lahjojaan työn tekemiseen oman toimeentulonsa hyväksi. Opetuslapsi ei hyväksynyt tätäkään. Hän ajatteli: 'Olipa joku kuinka jalomielinen hyvänsä, mikä oikeus hänellä oli sättiä toista? Jos hän ei halunnut antaa tälle mitään, olisi vain lähettänyt kerjäläisen matkoihinsa.'

Ja viimein sairaanhoitaja, jonka opetuslapsi oli nähnyt, rakasti potilaitaan hyvin paljon. Hän hoiti heitä yötä päivää. Tämä potilas tapasi ottaa siteensä pois. Se hidasti haavojen parantumista. Sairaanhoitaja moitti häntä rakkaudesta. Opetuslapsi ei kuitenkaan pitänyt tästäkään: 'Sairaanhoitajan oli täytynyt laittaa jotakin lääkettä, joka sai haavat haisemaan pahalle, siksi potilas varmaankin otti siteet pois. Ja hän vieläpä sätti potilasta sen vuoksi. Ilkeä nainen!'

Kuunneltuaan molempien opetuslastensa selityksiä guru sanoi: 'Tässä maailmassa kukaan ei ole kokonaan paha. Kuinka paha jonkun sanotaankin olevan, hänessä on silti jotakin hyvää. Toinen teistä kykeni näkemään hyvää murhaajassa, varkaassa ja prostituoidussa. Jos meissä on hyvyyttä, näemme sitä myös toisissa. Tuollaiset silmät me tarvitsemme.'

Sitten guru sanoi toiselle opetuslapselle: 'Poikani, sinä näit oman luonteesi toisissa. Sinä näit vain pahoja asioita, jopa heissä, joissa oli paljon hyvää. Sinä päivänä, jolloin oma luonteesi muuttuu, kykenet näkemään hyvää kaikessa.'

Tällä hetkellä mielemme on tuon toisen opetuslapsen kaltainen. Vaikka olisi tuhat hyvää asiaa, emme näe niitä, näemme vain yhden virheen. Mutta Jumala näkee vain sen, mikä on hyvää hänen lapsissaan. Vasta kun meillä on tällainen asenne, voimme sanoa, että kaikki on Brahmania tai kaikki on Jumalaa.

Luku 1

On ihmisiä, jotka sanovat: 'Eikö guru ole sisällämme? Eikö riitä, että seuraamme omaa mieltämme? Miksi meidän pitäisi turvautua johonkuhun toiseen? On totta, että guru on sisällämme, mutta tuo 'guru' on tällä hetkellä vasanoittemme orja. Mielemme ei ole hallinnassamme, vasanamme hallitsevat sitä. Niinpä on vaarallista seurata omaa mieltämme.

Amma kertoo teille tarinan miehestä, joka lähestyi useita eri guruja. He kaikki puhuivat hänelle nöyryydestä, uskosta ja antaumuksesta. Mies ei pitänyt tästä. 'En halua olla kenenkään orja', hän päätti. Hän istuutui tien vierelle ja sanoi itselleen: 'Yksikään näistä guruista, jotka olen tavannut, ei ole sopiva ohjaamaan minua.' Ajatellessaan näin hän katsahti ylös ja näki lähettyvillä laiduntavan kamelin nyökkäävän. Mies oli hämmästynyt siitä, että kameli ymmärsi mitä hän ajatteli. 'Tässä täytyy olla guru, jota olen etsinyt', hän ajatteli. Hän meni kamelin luo ja kysyi: 'Oletko sinä minun guruni?' Kameli nyökkäsi jälleen. Mies oli onnellinen.

Tämän jälkeen hän ei tehnyt enää mitään kysymättä ensin kameligurulta. Kameli antoi hyväksyntänsä kaikelle nyökyttämällä päätään. Eräänä päivänä hän kysyi kamelilta: 'Olen tavannut tytön. Voinko rakastaa häntä?' Kameli nyökkäsi. Muutaman päivän kuluttua hän palasi kamelin luo ja kysyi: 'Menenkö hänen kanssaan naimisiin?' Kameliguru antoi suostumuksensa myös tähän. Muutamia päiviä kului. Seuraava kysymys kuului: 'Sopiiko, että juon hieman?' Kameli nyökkäsi jälleen. Mies tuli kotiin joka päivä juovuksissa. Pian siitä tuli tapa. Hänen vaimonsa ei pitänyt siitä. Mies meni gurun luo ja kysyi, sopisiko hänen tapella vaimonsa kanssa. Jälleen guru antoi luvan. Pian mies tuli takaisin kysyäkseen: 'Vaimoni ei pidä juomisestani. Tapanko hänet?' Kameli nyökytti päätään jopa tässä tilanteessa. Mies kiirehti kotiin ja puukotti vaimoaan haavoittaen tätä vakavasti. Poliisi tuli ja pidätti hänet. Hänelle annettiin elinkautinen. Mielemme on kuin tämä kameliguru. Sille ei ole olemassa oikeaa eikä väärää. Se hyväksyy kaiken mikä vain miellyttää sitä. Eikä se ajattele seurauksia. Jos olemme riippuvaisia mielestä, joka on vasanoittemme orja, joudumme kokemaan ikuista vankeutta. Tällä hetkellä älymme ei omaa erottelukykyä, joten meidän on parasta seurata todellisen gurun ohjeita. Teemme tänä päivänä vääriä asioita sen tekosyyn varjolla, että Jumala saa meidät tekemään niitä. Ei ole oikein, että vaadimme gurun suostuvan kaikkeen mitä teemme. Vain hän, joka seuraa gurun neuvoja kysymättä, kykenee saavuttamaan päämäärän. Hän on todellinen opetuslapsi.

Siinä missä kilpikonna hautoo muniaan ajattelemalla niitä, gurun ajatus riittää viemään opetuslapsen päämäärään. Satguru on hän, joka on oivaltanut totuuden. Hänen ohjeidensa seuraaminen vie meidät korkeammalle, vaikka meistä tuntuisi epämukavalta toimia siten juuri tällä hetkellä. Ne 'gurut', jotka suostuvat kaikkiin opetuslastensa toiveisiin, eivät ole todellisia guruja. He osaavat vain nyökyttää päätään niin kuin tuo kameli. Eivät he ajattele opetuslastensa kehitystä."

Oppilas: "Amma, eivätkö pyhät kirjoitukset sano, että 'kaikki on Brahmania'?"

Amma: "Mutta me emme ole saavuttaneet tuota tasoa! Siksi meidän on toimittava erottelukykyisesti. Ei ole viisasta mennä lähelle raivotautista koiraa sanoen, että kaikki on Jumalaa. Ystävä, joka kehottaa sinua pysyttelemään kaukana koirasta, on myös Jumala. Jos sinulla ei ole erottelukykyä päättääksesi, mikä on oikeanlaisen toiminnan suunta tässä tilanteessa, elämäsi tuhoutuu.

Luku 1

Niin kauan kuin emme ole kokeneet sitä, mitä hyötyä on sanoa, että 'kaikki on Brahmania'? Ajattele kaikkia erilaisia tavaroita, jotka on valmistettu bamburuo'osta. Ruokoa on tuolissa, samoin pöydässä ja korissa. Samalla tavoin kultaa on sormuksessa, rannerenkaassa ja korvakoruissa. Meidät hurmaa kuitenkin yleensä esineitten ulkoinen muoto. Heitä, joita ei kiehdo muoto, näkevät kullan kaikessa. Meidän on kehitettävä itsellemme tällainen näkökyky. Meidän on käsitettävä, että kaikki pitää sisällään saman totuuden, Brahmanin. He, jotka ovat saavuttaneet tuon tason, eivät kykene tekemään mitään väärää. He, jotka vain puhuvat Brahmanista, mutta eivät ole kokeneet sitä, ovat niitä jotka tekevät virheitä.

Advaita (ei-kaksinaisuus) on tila, jossa on vain yksi. Se on tila, jossa spontaanisti näet kaiken olevan samaa kuin oma Itsesi. Se ei ole jotakin mistä puhutaan, se on tila joka pitää kokea.

Kerran eräs mies lainasi rahaa useilta ihmisiltä ja osti saaren. Hän rakennutti sinne itselleen palatsin. Kuka hyvänsä hänen luonaan vierailikin, hän puhui tälle vain palatsistaan ja omasta tärkeydestään. Eräänä päivänä sanjaasi saapui sinne pyytämään bhikshaa (almua). Rikkaasta miehestä tuntui, että sanjaasi ei osoittanut hänelle tarpeeksi arvonantoa, mikä ärsytti häntä kovasti. Hän sanoi sanjaasille: 'Tiedätkö, kuka omistaa tämän saaren, palatsin ja kaiken täällä? Kaikki tämä kuuluu minulle. Minä hallitsen kaikkea tätä. Kukaan ei osoita minulle tarpeeksi arvonantoa!"

Sanjaasi kuunteli kärsivällisesti ja kysyi sitten: 'Kuuluuko kaikki täällä sinulle?'

'Kyllä', kuului vastaus.

'Todellako?'

'Kyllä, todella.'

Sanjaasi sanoi: 'Kenen rahoilla ostit kaiken tämän? Esitä tämä kysymys omalletunnollesi!'

Rikas mies joutui hämilleen. Hän oivalsi virheensä, että tosiasiassa mikään ei kuulunut hänelle. Hän lankesi sadhun (vaeltavan kerjäläismunkin) jalkojen juureen.

'Tieto', joka meillä on nyt, ei ole saavutettu sadhanan avulla. Olemme vain lukeneet, mitä toiset ovat kirjoittaneet, ja sitten istuskelemme mutustelemassa: 'Minä olen Brahman.' Sanomme 'että minä olen Brahman', mutta emme osoita myötätuntoa, nöyryyttä tai anteeksiantoa ketään kohtaan. Tällaisilla ihmisillä ei ole oikeutta edes mainita sanaa 'Brahman.'

Jos koulutat papukaijan, myös se sanoo: 'Brahman, Brahman'. Mutta jos kissa sattuu paikalle, papukaija osaa vain kirkua kauhusta. Se kuolee kirkunaansa. Sen sijaan, että vain toistamme 'Brahman' -sanaa, meidän on omaksuttava tuo periaate. Meidän on istutettava se mieleemme jatkuvan mietiskelyn avulla. Tuo periaate on myötätunnon ja avaramielisyyden symboli. Se on koettava. Niiden jotka ovat kokeneet sen, ei tarvitse sanoa kaiken aikaa: 'Minä olen Brahman.' Me voimme tuntea tuon ominaislaadun heissä pelkästään tulemalla heidän lähelleen. Heidän hymynsä säilyy kaikissa tilanteissa.

Tällä hetkellä Jumala meissä on kuin puu siemenen sisällä. Miltä kuulostaa, jos siemen väittää: 'Minä olen puu?' Puu on siemenessä, mutta sen täytyy mennä maan pinnan alle, minkä jälkeen se kasvattaa ensin verson ja sitten kasvaa puuntaimeksi. Kun siitä tulee puu, voimme sitoa jopa elefantin siihen, mutta jos emme suojaa siementä, lintu syö sen. Korkein tekijä on todellakin meissä, mutta meidän täytyy tuoda se kokemuksen tasolle opiskelun ja jatkuvan meditaation avulla.

Kerran nuori mies lähestyi gurua ja pyysi, että hänet hyväksyttäisiin opetuslapseksi. Kyse oli ashramista, missä oli

Luku 1

paljon asukkaita. Guru sanoi nuorukaiselle: 'Henkinen elämä on erittäin kovaa. On parempi, että menet kotiin ja tulet takaisin myöhemmin.'

Nuori mies oli pettynyt. Nähtyään tämän guru sanoi: 'Hyvä on. Mitä työtä osaat tehdä?' Guru ehdotti erilaisia töitä, mutta nuorukainen ei ollut tottunut mihinkään niistä. Lopulta hän sanoi: 'Miksi et pitäisi huolta hevosistamme?'

Nuori mies sanoi: 'Kuten toivot.'

Hän sai vastata hevosista. Uusi opetuslapsi hoiti velvollisuutensa antautuneesti. Pian hevosista tuli vahvempia ja terveempiä.

Guru ei yleensä antanut opetuslapsilleen minkäänlaisia erityisohjeita. Joka aamu hän antoi heille säkeen pohdiskeltavaksi ja sovellettavaksi käytäntöön elämässään. Tällainen oli hänen opetusmetodinsa.

Eräänä aamuna guru aloitti myöhemmin kuin tavallista. Hän antoi opetuslapsilleen heidän päivittäiset säkeensä ja oli juuri lähtemässä matkalle yhdellä hevosista, kun nuori opetuslapsi tuli juosten noutamaan hänen ohjettaan. Hän oli ollut kiireinen töidensä takia, eikä ollut siksi päässyt aiemmin. 'Oi Mestari', hän sanoi, 'mikä on oppimateriaalini tänään?' Guru vastasi tiukasti: 'etkö tiedä, että olen menossa matkalle? Onko tämä sopiva aika tuollaiselle kysymykselle'? Hän nousi hevosen selkään ja ratsasti pois. Nuorukainen ei ollut pettynyt. Hän ryhtyi mietiskelemään gurun sanomaa: 'Etkö tiedä, että olen menossa matkalle? Onko tämä sopiva aika tuollaiselle kysymykselle?'

Guru palasi illalla. Hän ei nähnyt nuorta miestä muiden opetuslasten joukossa. Guru tiedusteli hänestä. Toiset sanoivat pilkallisesti: 'Se hassu veikko istuu jossakin mumisten jotakin sellaista, että 'Etkö tiedä, että olen menossa matkalle? Onko tämä sopiva aika tuollaiselle kysymykselle?' Kaikki alkoivat nauraa. Guru ymmärsi, mitä oli tapahtunut. Hän kutsui nuoren miehen luokseen ja kysyi, mitä tämä oikein teki. Hän sanoi: 'Mestari, olen mietiskellyt sitä, mitä sanoit tänä aamuna.' Mestarin silmät täyttyivät kyynelistä. Hän laittoi kätensä tämän päälle ja siunasi hänet. Toiset opetuslapset eivät pitäneet tästä lainkaan. He valittivat: 'Mestari, jätit huomiotta meidät, jotka olemme olleet täällä niin kauan. Miksi annat niin paljon rakkautta tuolle hullulle?'

Guru pyysi yhtä heistä hakemaan jotakin päihdyttävää ainetta. Kun päihdyttävä aine tuli, hän sekoitti sen veteen ja kaatoi sitä hieman jokaisen suuhun ja pyysi heitä sitten sylkäisemään sen ulos välittömästi. Sitten hän tiedusteli: 'Tunsiko kukaan teistä minkäänlaista päihtymystä?'

'Kuinka se olisi voinut olla mahdollista? Sinähän käskit meitä sylkäisemään sen heti ulos.'

Guru sanoi: 'Tuolla tavoin te otitte vastaan minun aamuohjeeni. Kuultuanne mitä olen sanonut, unohdatte sen välittömästi. Nuori mies, josta valitatte, ei ole lainkaan tuollainen. Hän hyväksyy kaiken mitä sanon hänelle, ilman epäilyksen häivääkään. Hänellä on sellaista vilpittömyyttä. Sitä paitsi kun hevoset olivat teidän vastuullanne, ne olivat pelkkää luuta ja nahkaa, koska ette syöttäneet niitä kunnolla. Te ette pesseet niitä, ne olivat niin ärsyyntyneitä, että potkaisivat heti, kun joku vain lähestyikin niitä. Kun annoin hänelle vastuun hevosista, niistä tuli terveitä ja niiden paino nousi. Jos joku lähestyy niitä nyt, ne tulevat lähemmäksi ja osoittavat rakkautta päänsä liikkeellä. Hän ei ole antanut niille ainoastaan ruokaa vaan myös rakkautta. Hän on suorittanut velvollisuutensa vilpittömästi ja säännöllisesti, tehden jokaisen toimen sen itsensä takia. Kaiken

Luku 1

lisäksi hän kykenee omaksumaan sanani kokonaisvaltaisesti, kyselemättä.'

Lapseni, meidän pitää olla tuollaisia. Meidän ei pitäisi nähdä yhtäkään gurun sanaa merkityksettömänä. Meidän pitäisi olla valmiita pohdiskelemaan hänen sanojaan ja omaksumaan ne kokonaan. Guru ei voi estää armoaan virtaamasta kenellekään, joka toimii tuolla tavoin."

Oppilaitten joukossa oleva nainen kysyi: "Amma, jos jostakusta tulee kiintymätön maailmaa kohtaan sen jälkeen kun hän on mennyt naimisiin, onko sopivaa, että hän jättää vaimonsa ja lapsensa?" Hänen miehensä, joka seisoi hänen vieressään nauroi kuullessaan vaimonsa kysymyksen. Muutkin nauroivat.

Amma (nauraen): "Älä ole peloissasi, tyttäreni. Mon (poikani) ei jätä sinua ja tule tänne. Jos hän tulee, laitamme hänet juoksemaan takaisin luoksesi." Kaikki nauroivat.

Amma jatkoi: "Kun olet mennyt naimisiin, et voi noin vain jättää kaikkea ja lähteä. Mutta jos olet saavuttanut voimallisen takertumattomuuden ja jos perheelläsi on riittävästi varallisuutta elää ilman sinua, silloin voit luopua kaikesta. Mutta takertumattomuuden pitää olla todellista, sellaista kuin Buddhalla ja Ramatirthalla oli.

Ei ole koskaan oikein ryhtyä sanjaasiksi paetakseen omia velvollisuuksiaan. Takertumattomuuden tunteen on täytynyt kypsyä. Muussa tapauksessa se olisi kuin haudotun munankuoren rikkominen ennenaikaisesti."

Oppilas: "Amma, en haluaisi lainkaan mennä työhöni. Siellä kun ei anneta lainkaan arvoa totuudelle tai dharmalle, ja työtoverini loukkaavat minua eri tavoin, jos en tanssi heidän pillinsä mukaan."

Amma: "Tämä ei ole yksin sinun ongelmasi, poikani. Monet tänne tulevat lapseni valittavat tätä. Näinä aikoina on vaikeaa tehdä työtään rehellisesti. Totuudella ja dharmalla ei ole arvoa, ja siksi me kärsimme sen seurausvaikutuksista. He, jotka menevät maailmaan työskentelemään, joutuvat ylittämään monenlaisia esteitä. He, jotka pitäytyvät totuudessa ja rehellisyydessä, saattavat joutua vaikeuksiin työtovereittensa teoista. Mutta mitä hyödyttää olla pahoillaan ja heikko? Poikani, älä kiinnitä huomiota siihen mitä muut tekevät. Toimi omatuntosi mukaan. Jumala ei hylkää heitä, jotka toimivat tällä tavoin. He, jotka tekevät väärin oman välittömän voittonsa nimissä, eivät ole tietoisia siitä kärsimyksestä, joka odottaa edessäpäin. He joutuvat kokemaan toimiensa seurausvaikutukset, jos ei tänään, niin huomenna."

Amma vaikeni hetkeksi ja kysyi sitten: "Mitä kello on, lapseni?"

Oppilas: "Hieman yli yksitoista."

Amma: "Menkää nukkumaan nyt, lapseni. Amma ei ole lukenut tänä aamuna tulleita kirjeitä. Sallikaa Amman mennä huoneeseensa."

Amma nousi, ja kun hän lähestyi rappuja, jotka johtivat hänen huoneeseensa, eräs oppilas lähestyi juosten ja kumarsi.

Amma: "Poikani, mikä on?"

Oppilas: "Lähden aikaisin aamulla, Amma. En näe sinua ennen sitä. Siksi häiritsen sinua nyt."

Amma (nauraen): "Kuinka tuollainen voisi olla häiriöksi Ammalle?"

Oppilas: "En saanut tilaisuutta kertoa syytä vierailuuni, Amma. Tyttäreni häät ovat ensi viikolla. Kaikki on mennyt hyvin, niin kuin sanoit. Minun ei tarvitse antaa paisakaan (yksi sadasosa Intian rupiasta) myötäjäisinä. Poika työskentelee Persianlahden alueella ja sanoo vievänsä tyttäreni sinne. Hänen perheensä tulee taloudellisesti hyvin toimeen."

Luku 1

Tämä mies oli yrittänyt järjestää tyttärensä häitä seitsemän vuoden ajan. Mars-planeetta oli nyt suosiollinen tyttären horoskoopissa. He olivat harkinneet monia avioliittotarjouksia, mutta useimmissa tapauksissa horoskoopit eivät olleet sopineet yhteen. Ja vaikka olisivat sopineetkin, niin avioliittotarjoukset eivät olleet kuitenkaan toteutuneet. Jo kauan isä oli ollut levoton asian suhteen. Sitten hän oli kuullut Ammasta ja tuonut tyttärensä tapaamaan häntä. Amma oli antanut tyttärelle mantran ja sanonut: "Ei ole tarpeen enää juosta ympäriinsä tämän asian takia. Toista tätä mantraa antaumuksella, tyttäreni, ja kaikki tulee menemään hyvin." Kolme viikkoa myöhemmin tuli avioliittotarjous kaukaisen sukulaisen kautta. Horoskoopit sopivat toisiinsa erinomaisesti ja häiden päivämäärästä sovittiin pikaisesti.

"Minulla on tässä vihkisormus poikaa varten. Amma, pyydän, siunaa se." Hän antoi pienen paketin Ammalle, joka kosketti sillä silmäkulmiaan ja ojensi sen sitten takaisin.

Amma meni huoneeseensa. Liilabai, perheellinen oppilas, odotti Amman huoneen ulkopuolella. Hän oli onneton, sillä hänen talinsa[3] oli kadonnut jonnekin.

Amma: "Tyttäreni, etkö tuonut sen mukanasi antaaksesi sen Ammalle? Ajattele, että Jumala on ottanut sen. Miksi surra sen takia?"

Liila oli Kottayamista. Hänen nuorin tyttärensä eli ashramissa ja kävi koulua sieltä käsin. Liilan isä ei pitänyt siitä, että hänen tyttärentyttärensä asui ashramissa.

Amma: "Miten isäsi voi?"

Leela: "Hän ei pidä lainkaan siitä, että tulemme tänne. Hän sättii meitä sen vuoksi kaiken aikaa."

---

[3] Pieni riipus, jota perinteisesti naimisissa olevat naiset käyttävät.

Amma: "Mutta sehän on normaalia! Kuka pitää siitä, että hänen tyttärensä perhe kulkee henkistä polkua?"

Leela: "Amma, etkö sinä ole se, joka aiheuttaa tämän kaiken paheksumisen?"

Amma: "Todellako? Kuka niin sanoo?" Hän nauroi.

Amma: "Kun astut henkiselle tielle, tulet kuulemaan monia vastaväitteitä. Vasta kun ylität ne ja menet niiden tuolle puolen, käy ilmi, miten voimakas siteesi Jumalaan on. Jos isäsi on vihainen sinulle, kyseessä on hänen samskaransa. Miksi murehtia sitä? Ashramiin tuleminen on sinun samskarasi mukaista.

Sanokaamme, että voimakas tuuli ja rankkasateet alkavat juuri, kun olet aikeissa lähteä jonnekin. Jos pelästymme ja pysyttelemme sisällä, emme voi saavuttaa määränpäätämme. Hänen, jolla on vilpitön halu saavuttaa päämäärä, täytyy olla välittämättä esteistä ja edetä. Jos pysyttelet sisällä, se osoittaa, ettet kaipaa päämäärää niin paljon.

Kamppaile päästäksesi päämäärään, ylittäen ne esteet, jotka tiellesi sattuu. Se on todellista rohkeutta. Jokainen sanoo tulee sanomaan oman mielipiteensä, kukin oman taustansa mukaisesti. Anna noille ihmisille vain se arvo, minkä he ansaitsevat, mutta älä vihaa heitä. Ei ole mitään syytä harmitella sitä, mitä he sanovat."

Amma meni huoneeseensa.

Keskiyö pilkisti huoneeseen ikkunanverhojen lävitse. Amma ryhtyi vastaamaan eri puolilla maailmaa olevien lastensa kirjeisiin, moni heistä oli täydessä unessa siihen aikaan. Hän kuivasi sanoillaan heidän kyyneleensä.

Kun hän huomasi brahmacharinin, joka oli kirjoittanut sanelun mukaisesti, nukahtaneen paperiin nojaten, Amma otti kynän omaan käteensä. Hän ryhtyi levittämään sanojensa lohduttavaa santelipuu-uutetta kaikkialla olevien lastensa

Luku 1

polttaviin mieliin. Ehkä hän astui heidän uniinsa samaan aikaan, saaden heidän kuivuneet huulensa syttymään hymyyn.

Toinen luku

Keskiviikko 26. kesäkuuta 1985

Antaumus

Amma ja brahmacharit istuivat meditaatiohuoneessa. Heidän seurassaan oli muutamia perheellisiä oppilaita, kuten Padmanabhan ja Divakaran. Padmanabhan, pankkivirkailija Kozhikodesta, mainitsi homeopaattisen lääkärin ja hänen perheensä taannoisen vierailun ashramiin.

Amma: "Äiti muistaa heidät. Hän piti itseään suurena advaitistina, mutta hänen vaimonsa oli täynnä antaumusta. Ehkä hän tuli darshaniin, koska hänen vaimonsa pyysi. Hän laittoi pystyyn suuren näytöksen tullessaan. 'Ramaa tai Krishnaa ei ole olemassa', hän sanoi. Amma vastasi sanoen: 'Jokainen saavuttaa lopulta saman paikan, mutta sinä tarvitset upadhin (instrumentin tai tukipylvään) sadhanaa varten. Kuinka voit sanoa, että Ramaa tai Krishnaa ei ole? Vaikka et näkisikään Ochiraa Intian kartalla, voitko väittää, että paikkaa nimeltä Ochira ei ole olemassa? Meidän tietämyksemme advaitasta rajoittuu pelkästään sanojen tasolle. Ei ole mahdollista tuoda sitä kokemuksen tasolle ilman antaumusta.' Tämän jälkeen mies ei sanonut enää mitään."

Amma otti kynän, joka lojui lähettyvillä, ja kirjoitti Om Namah Sivayah vasempaan käsivarteensa. Kirjoittaessaan mantran hän näytti vaipuvan jumalalliseen mielentilaan. Katsoen mantraa tarkkaavaisesti Amma sanoi Padmanabhalle: "Nuoruudessaan Ammalla oli tapana laittaa tyyny sydäntään vasten mennessään nukkumaan. Se ei ollut hänelle pelkkä tyyny vaan Devi. Toisinaan hän makasi huulet seinää vasten kuvitellen suutelevansa Jumalallista Äitiä. Tai hän kirjoitti Namah Shivaya tyynyyn tai mattoon ja suuteli nimeä. Eikä hän nukahtanut ennen kuin lähes kaatui tiedottomuuteen, kutsuen Deviä yhä uudelleen ja uudelleen ja itkien häntä."

Amma vaikeni ja istui hiljaa. Hänen silmänsä sulkeutuivat hitaasti. Saattoi nähdä, kuinka autuuden aallot nousivat syvältä hänen sisältään ja kuvastuivat hänen kasvoillaan. Kaikki istuivat meditoiden, silmät naulittuina Ammaan.

Yksi brahmachareista lauloi

Mouna ghanamrita santiniketam

Läpäisemättömän hiljaisuuden,
ikuisen kauneuden ja rauhan asumuksessa,
siellä missä Gautama Buddhan mieli katosi,
siinä loistokkuudessa, joka tuhoaa kaikki kahleet,
autuuden rannalla,
joka lepää ajatuksen tavoittamattomissa.

Tiedossa joka lahjoittaa ikuisen harmonian,
asumus jolla ei ole alkua eikä loppua,
autuus joka tunnetaan vain kun
mielen liikkeet lakkaavat;
voiman istuimella,
perimmäisen tietoisuuden alueella.

Luku 2

Päämäärässä joka lahjoittaa suloisen tilan,
ikuisen ei-kaksinaisuuden tilan,
jota kuvataan sanoilla 'sinä olet se';
se on paikka jonne haluan saapua.
Mutta voin saavuttaa sen vain
sinun armosi avulla.

Laulu päättyi ja vähän ajan kuluttua Amma avasi silmänsä.

Gurun luonne

Divakaran: "Minulla on ystävä. Hän asui swamin (vihitty munkki) kanssa ja sai tältä mantran. Eräänä päivänä swami nuhteli häntä, ja ystäväni lähti samana päivänä."

Amma: "Poikani, mikäli elät henkistä elämää ja hyväksyt jonkun guruksesi, sinulla pitää olla täysi usko ja antaumus häntä kohtaan. Toisinaan guru saattaa olla hyvin ankara, oppilaan parhaaksi, mutta opetuslapsi ei saisi koskaan nähdä gurussa mitään vikaa. Äiti saattaa läimäyttää lastaan estääkseen häntä työntämästä kättään tuleen. Tekeekö hän näin kiusatakseen lasta? Ei, hän tekee näin pelastaakseen lapsen vaaralta. Ystäväsi olisi pitänyt ymmärtää, että guru nuhteli häntä vain hänen omaksi parhaakseen."

Divakaran: "Hän sanoi lähteneensä, koska ei kyennyt jäljittelemään monia sellaisia asioita mitä guru teki."

Amma: "Opetuslapsen ei pitäisikään tehdä kaikkea sitä mitä guru tekee. Se estää hänen kasvuaan. Kukaan ei voi jäljitellä gurua kaikessa. Meidän pitäisi käyttää erottelukykyä ja arvioida, mitkä gurun toimista ovat sellaisia, joita meidän kannattaa jäljitellä. Ei pitäisi koskaan ajatella: 'Minun guruni teki näin, joten miksi en voisi tehdä samoin?' Mahatmat, jotka ovat saavuttaneet täydellisyyden, ovat vapaita kaikista kahleista.

He ovat kuin mahtava puu, johon jopa elefantit voidaan sitoa kiinni. Tällaisten puiden ympärillä ei tarvita aitoja. Mutta me olemme kuin pieniä kasveja, joiden täytyy pelätä lehmiä ja hanhia. Tarvitsemme aidan suojautuaksemme niiltä. Mahatmojen teot eivät ole samanlaisia kuin meidän. Meidän ei pitäisi yrittää jäljitellä kaikkia heidän toimiaan.

Tavallisen ihmisen toiminta lähtee käsityksestä: 'Minä olen tämä keho.' Mutta mahatma elää ymmärryksessä, että hän on puhdas tietoisuus. Sen tähden tavallisten ihmisten on vaikea ymmärtää monia hänen tekojaan.

Olipa kerran mahatma. Hän keitti joka aamu hieman öljyä ja kaatoi sen sitten päälleen. Sen jälkeen hän meni suihkuun. Yksi opetuslapsista näki tämän ja ajatteli, että tuon täytyi olla gurun voimien lähde. Seuraavana päivänä myös hän keitti öljyä ja kaatoi sen päälleen. Voitte arvata, minkälaisin seurauksin! (Kaikki nauroivat). Jos jäljittelemme kaikkea mitä guru tekee, meillekin saattaa käydä samalla tavoin. Siksi meidän pitäisi omaksua vain ne asiat, jotka ovat hyödyksi meille."

Henkiset harjoitukset ovat välttämättömiä

Divakaran: "En ole nähnyt missään vierailemassani ashramissa samanlaista päivärutiinia kuin täällä. Huomaan, että meditaatiota ja karmajoogaa (epäitsekästä työskentelyä) painotetaan täällä. Muissa paikoissa pyhien kirjojen opiskelulle annetaan suurin merkitys."

Amma: "Niin kauan kuin maallisia asioita koskevat ajatukset vaivaavat meitä, on meidän harjoitettava ahkeraa japan ja meditoimisen päivärutiinia noustaksemme ajatusten yläpuolelle. Alkuvaiheessa on tarpeen ponnistella ahkerasti näiden harjoitusten kanssa. Ajan myötä niistä tulee luonnollisia. Vain

Luku 2

sadhanan avulla me voimme kehittyä. Ilman sadhanaa ei ole mitään. Mitä hyötyä on kirjojen opiskelusta ja puheitten pitämisestä? Mitä eroa on puheen pitäjällä ja kasettinauhurilla? Hän päästää suustaan vain sen mitä on oppinut, siinä kaikki. Tulemmeko kylläisiksi lukemalla keittokirjoja? Meidän täytyy keittää jotakin ja syödä se. Tarvitsemme tapasia (itsekuriharjoituksia). Ne synnyttävät meissä hyviä vasanoita ja ominaisuuksia. Kaikkein tärkeintä on mielen puhtaus ja keskittyneisyys.

Amma ei sano, etteikö pyhien kirjojen opiskelua tarvittaisi, mutta opiskelun ohella tarvitaan sadhanaa. Henkiset harjoitukset ovat tärkein asia. Niiden suorittamisessa ei saa olla taukoja. Sadhanasta täytyy tulla osa elämäämme, aivan niin kuin hampaiden harjaamisesta ja kylpemisestä.

Saatuamme koulutuksen ashramissa menemme maailmaan pukeutuneina vaatteisiin, jotka ashram on meille antanut, tällöin tuhannet ihmiset tulevat rakastamaan ja kunnioittamaan meitä. Silti Amma sanoo lapsilleen, että ne, jotka nimittelevät teitä, ovat teidän suurimpia opettajianne. Vain tuollainen epämiellyttävä kohtelu saa meidät katsomaan itseämme tarkkaavaisesti. Kun ympärillämme on vain ihmisiä, jotka rakastavat meitä, emme tutki itseämme. Mutta kun toiset osoittavat meille vihamielisyyttä, meidän pitäisi kysyä itseltämme: 'Miksi he ovat vihamielisiä minua kohtaan? Minkä virheen olen tehnyt ansaitakseni tuollaisen kohtelun?' Sillä tavoin syytöksistä, joita saamme osaksemme, tulee askelmia jotka johtavat kasvuumme."

Padmanabhan: "Amma, mikä on parempi, ponnistella ensin oman vapautuksemme eteen vai työskentely toisten puolesta?"

Amma: "Itsekkyytemme on kadottava kokonaan, ennen kuin voimme ajatella vain toisten hyvää. Meidän pitäisi pyrkiä saavuttamaan ensin tuo tietoisuudentila. Rukouksemme ja tekomme, jotka teemme saavuttaaksemme sen, muodostaa polkumme vapauteen. Meidän on unohdettava itsemme kokonaan ja ajateltava vain toisten hyvää. Kun omistamme itsemme kokonaan toisten hyvinvoinnille, oma mielemme puhdistuu."

Brahmachari, joka oli kuunnellut keskustelua, kysyi gurun voimasta. Amma sanoi tähän vastauksena: "On erilaisia guruja. Satgurut voivat antaa vapautuksen pelkällä sankalpallaan (päätöksellään). Jopa heidän hengityksensä on hyödyksi ympäristölle."

Brahmachari: "On sanottu, että guru suojelee opetuslasta kaikilta vaaroilta. Jos vaara uhkaa opetuslasta, kun guru on samadhissa (Jumalaan sulautumisen tilassa), kuinka hän tietää siitä ja antaa suojeluksensa?"

Amma: "Kukaan ei lopulta ole erillinen Itsestä. Eivätkö kaikki sisälly Itseen? Vaikka joella onkin kaksi erillistä rantaa, joenpohja on kuitenkin yksi ja sama. Kun guru on samadhissa, hän on sulautunut Itseen. Hän tietää tilanteesta."

Antamuksen suuruus

Padmanabhan: "Amma, suuri osa ihmisistä ei ymmärrä antaumuksen suuruutta lainkaan. Ja monet ihmiset, jotka menevät temppeleihin ja rukoilevat päivittäin, eivät näytä elävän kovinkaan henkistä elämää."

Amma: "On olemassa uskomus, että antaumus tarkoittaa sitä, että menee moneen temppeliin ja palvoo sataa eri jumalaa. Tällaisten ihmisten antaumus on sokeaa uskoa, eikä se perustu henkisten periaatteiden ymmärtämiselle. Toiset, jotka havaitsevat tämän, saattavat ajatella, että antaumus on vain tätä, ja niinpä he arvostelevat kaikkea, millä on tekemistä antaumuksen kanssa. Henkiset ihmiset eivät vastusta tattvattile bhaktia (antaumusta joka pohjautuu henkiseen tietoon).

Luku 2

Meidän pitäisi ymmärtää, että jumaloivallus on elämän päämäärä. Palvo Jumalaa tuo päämäärä selkeänä mielessäsi. 'Ymmärrykseen perustuva antaumus' tarkoittaa, että havaitsemme yhden ja saman Jumalan, joka ilmenee kaikissa elävissä olennoissa ja kaikissa jumalissa, kaikkien nimien ja muotojen taustalla. Se tarkoittaa, että antaudut epäitsekkäästi Hänelle. Tuollaista antaumusta meidän tulisi omata.

On vaikeaa vakiintua jnanaan (henkiseen tietoon) ilman antaumusta. Emme voi rakentaa mitään pelkästään hiekan avulla, meidän on lisättävä joukkoon kipsiä voidaksemme valmistaa sementtiä. Emme voi rakentaa Jumalan luo johtavia askelmia ilman että lisäämme joukkoon rakkauden sitovan elementin.

Ruokalajeja voi olla monenlaisia, mutta ne, jotka kärsivät ruoansulatushäiriöistä tai muista sairauksista, eivät voi syödä mitä tahansa. Mutta kanji (riisivelli), joka on tehty kuoritusta riisistä, on hyväksi kaikkien terveydelle. Antaumuksen tie on tällainen. Se sopii kaikille.

Kun 'minä'-tunne jatkuu hellittämättä, tarvitsemme keskuksen (upadhin), johon keskittää mielemme, jotta voimme poistaa egon. Antaumus on rakkautta tuota keskusta kohtaan, se on voimallista innostuneisuutta oivaltaa päämäärä. Antaumusta voidaan myös verrata aineeseen, jolla haava puhdistetaan. Antaumus puhdistaa mielen.

Mielen pelto tulee huuhdella antaumuksen vedellä, jotta tiedon siemen voitaisiin kylvää. Sitten voimme niittää vapautuksen viljaa. Se joka on maistanut premabhaktia – antaumusta, johon liittyy korkein rakkaus – edes sekunninkaan ajan, ei enää koskaan hylkää sitä. Mutta tuollainen antaumus ei synny jokaisessa. Ei jokainen lottoon osallistuva voita päävoittoa. Sen saa vain yksi miljoonista. Todellinen rakkaudellinen antaumus on sellaista. Vain yksi miljoonasta kokee sen."

Kesken antaumuksen suuruuden ylistystään Amma hiljeni. Hänen mielensä jätti ulkoisen maailman ja kohosi jollekin korkeammalle tasolle. Hän istui silmät puoliksi suljettuina. Hänen liikkumaton olemuksensa toi mieleen Jumalallisen Äidin, joka on ominaisuuksien tuolla puolen ja tekee kaiken, samalla kun on itse liikkumaton.

Kaksinaisuuden syleileminen antaumuksen tähden on paljon kauniimpaa kuin ei-kaksinaisuus.

Jonkin ajan kuluttua Amma avasi silmänsä. Mutta hän ei ollut juttutuulella. Hänen kasvonsa osoittivat, että hän oli edelleen toisessa maailmassa. Oliko tämä se sama Amma, joka oli ollut hetkeä aiemmin niin kaunopuheinen?

Muutamia minuutteja kului. Amma meni erään lapsen luo ja antoi tälle kaksi makeista paketista, jonka oppilas oli lahjoittanut hänelle. Amma suukotti lasta päälaelle ja sanoi: "Tämä makeinen lahjoittaa suloisen maun nyt, mutta se tuhoaa myöhemmin hampaasi. Jos tunnet Jumalan, voit kokea makeutta kaiken aikaa. Eikä se ole pahaksi hampaillekaan!"

Amma meni meditaatiohuoneesta darshanmajaan. Siellä olevat oppilaat lähestyivät häntä yksi kerrallaan ja kumarsivat. Eräs nainen syleili Ammaa tiukasti ja alkoi itkeä. Hän oli ollut monta vuotta naimisissa eikä ollut saanut lapsia, tämä oli syynä hänen suruunsa.

Amma: "Tyttäreni, itketkö, koska sinulla ei ole lapsia? Mutta ne, joilla on lapsia, vuodattavat kyyneleitä lastensa käyttäytymisen takia!"

Amma kohotti naisen ylös ja pyyhki hänen kyyneleensä sanoen: "Älä ole huolissasi, tyttäreni. Rukoile Jumalaa. Amma tekee sankalpan puolestasi."

Odotuksen ja toivon säteet loistivat naisen kasvoilta.

Luku 2

Amman ohjeet

Amma kehotti lähellä istuvaa lasta laulamaan kirtanin (antaumuksellinen laulu). Suloinen laulu virtasi pehmeästi lapsesta, jossa ei näkynyt ujoutta eikä ylpeyttä. Amma piti rytmiä yllä taputtamalla käsiään, ja sai muut liittymään mukaan laulamaan. Jotkut oppilaista istuivat meditaatiossa.

> Devi devi devi jaganmohini
>
> *Oi Jumalatar, maailman lumoojatar,*
> *oi Chandika, demonien lyöjä,*
> *Chandan ja Mundan lyöjä,*
> *oi Chamundesvari, Jumalallinen Äiti,*
> *osoita meille oikea polku*
> *ylittääksemme sielunvaelluksen valtameren.*

Laulu päättyi. Amma alkoi jälleen puhua: "Teidän pitäisi kuulla Sugunaccahanin[1] harjoittavan japaa. Se on niin mielenkiintoista. Hän toistaa: Narayana, Narayana... erittäin suurella nopeudella, hengittämättä välillä. (Kaikki nauroivat Amman matkiessa tätä.) "Mieli ei vaella minnekään, jos toistat tuolla tavoin. Kukaan ei opettanut tätä hänelle, hän aloitti sen aivan itse."

Amma meni huoneeseensa, mutta ilmestyi jälleen hetken kuluttua ja ryhtyi kävelemään edestakaisin rakennusten ympäröimällä pihalla. Sitten hän tuli ashramin toimistoon ja istuutui. Kolme tai neljä brahmacharia oli hänen seurassaan.

Toimisto oli pieni huone. Amma otti muutamia kirjekuoria, jotka lojuivat pöydällä. Ne olivat vastauksia kirjeisiin, valmiina lähetettäviksi.

---

[1] Amman isä Sugunanandan

Amma: "Poikani, kuka kirjoitti osoitteet näihin kirjekuoriin? Onko tällainen sopiva tapa kirjoittaa mitään? Katso, kuinka huolimattomasti tämä on tehty. Eikö osoitteet pitäisi kirjoittaa nätisti, vaikka se veisikin hieman ylimääräistä aikaa? Tai hae joku, jolla on hyvä käsiala ja anna hänen tehdä se. Kuka kykenee lukemaan tällaista, ilman että kirjeet menevät keskenään sekaisin? Tämä pitää tehdä uudelleen. Sadhakan tulee tehdä kaikki shraddhalla.

Hän oli aikeissa antaa kirjekuoret brahmacharille, kun hän huomasi postimerkit.

Amma: "Mitä te lapseni oikein ajattelette, kun teette tällaista? Kaikki nämä postimerkit ovat ylösalaisin! Tämä on silkkaa huolimattomuutta. Voimme helposti päätellä henkilön lakshya bodhan (päättäväisyyden päämäärään) hänen toimistaan.

Te olette kaikki tulleet tänne Jumalan etsijöinä. Ette tule löytämään häntä ilman kärsivällisyyttä ja tarkkaavaisuutta. Kuinka voisitte saavuttaa keskittyneisyyden meditaatiossa, mikäli ette osoita shraddhaa näissä pienissä asioissa tällä karkealla tasolla? Meditaatio on hyvin hienosyistä. Shraddha ja kärsivällisyys, jota osoitamme pienissä asioissa, johtaa meidät suuriin saavutuksiin.

Kuunnelkaapa tätä tarinaa. Olipa kerran mahatma, joka pyysi vaimoaan laittamaan aina lasin vettä ja neulan vierelleen, kun hän ruokaili. Vaimo noudatti saamiaan ohjeita säännöllisesti, kysymättä syytä. Kun aviomies lopulta tuli vanhaksi ja lähestyi kuolemaa, hän tiedusteli vaimoltaan: 'Haluatko pyytää minulta jotain?' Vaimo vastasi: 'En tarvitse sinulta mitään, mutta on yksi asia, jonka haluaisin tietää. Kaikki nämä vuodet olen seurannut ohjeitasi tarkoin, ja laittanut lasin vettä ja neulan viereesi, kun syöt. En kuitenkaan koskaan ole ymmärtänyt mitä tarkoitusta varten.' Mahatma vastasi: 'Jos riisinjyvä olisi

Luku 2

pudonnut lattialle, kun tarjoilit minulle tai kun minä söin, olisin halunnut poimia sen neulalla, kastanut veteen ja syönyt sitten. Mutta kaikkina näinä vuosina yksikään riisinjyvä ei pudonnut lattialle sinun tarkkaavaisuutesi ansiosta. Sen tähden minun ei tarvinnut käyttää neulaa ja vettä.'

He olivat niin varovaisia koko elämänsä ajan, etteivät sylkäisseet yhtäkään riisinjyvää suustaan. Vain ne, jotka omaavat tuollaista shraddhaa voivat kasvaa mahatmoiksi."

Brahmachari: "Laitamme nämä kirjeet uusiin kirjekuoriin ja postitamme ne, Amma."

Amma: "Se tarkoittaisi, että tuhlaisimme nuo kuoret, poikani! Onko meillä rahaa tuollaiseen tuhlaukseen? Älä myöskään tuhlaa näitä postimerkkejä. Riittää, kun kirjoitat osoitteet nätisti paperisuikaleelle ja liimaat ne entisten osoitteiden päälle. Olet huolellinen tästä eteenpäin."

Amma meni toimiston vieressä olevaan kirjastoon ja istui lattialle, ennen kuin brahmacharit ehtivät levittää mattoa, jonka päälle hän olisi voinut istua. Hän otti kuvitetun kirjan, joka kertoi Krishnan jumalallisista leikeistä ja ryhtyi tutkimaan kuvia huolellisesti. Yhdessä kuvassa Krishna seisoi kannatellen Govardhana-kukkulaa pikkurillinsä varassa. Satoi kaatamalla ja kaikki lehmät ja karjapaimenet olivat sateensuojassa kukkulan alla.

Amman vieressä seisova brahmachari kysyi kuvaa katsoen: "Amma, kun Krishna nosti Govardhana-kukkulan ylös, eikö hän käyttänytkin silloin siddhiä?"

Amma: "Krishna ei nostanut kukkulaa vakuuttaakseen muut kyvyistään tai saadakseen osakseen heidän arvostustaan. Tuo teko oli tarpeen noissa olosuhteissa. Satoi rankasti. Ei ollut muuta keinoa suojella heitä, jotka olivat hänen kanssaan. Joten hän teki mitä hänen täytyi tehdä."

Hetken hiljaisuuden jälkeen Amma jatkoi: "Mahatman päämääränä on opastaa ihmiset oikeudenmukaisuuden polulle. Lukemattomien pahojen ihmisten sydän on muuttunut pelkästään sen seurauksena, että he ovat vastaanottaneet suuren sielun darshanin.

Kuullessaan lounaskellon soivan Amma sanoi: "Lapseni, menkää nyt syömään. Ammalla on töitä tehtävänä." Ja sitten hän lähti huoneeseensa.

Jumalanpalvelus sydämessä

Brahmachari odotti Ammaa tämän huoneessa. Hän luki Ammalle artikkelin, jonka oli kirjoittanut Matruvaniin, ashramin lehteen.

Amma: "Sujuuko meditaatiosi hyvin, poikani?"

Brahmachari: "En kykene keskittymään riittävän hyvin, Amma."

Amma: "Yritä harjoittaa manasa-pujaa (jumalanpalvelusta sydämessä), poikani. Mieli on kuin kissa. Voimme pitää kissasta hyvää huolta suurella rakkaudella, mutta kun tarkkaavaisuutemme harhautuu hetkeksikin, se pistää päänsä kattilaan ja varastaa ruokaa. Manasa-puja on menetelmä, jonka avulla harhaileva mieli voidaan keskittää Jumalaan.

Harjoita jumalanpalvelusta sydämessäsi itkien: 'Äiti, Äiti!'; kutsu häntä tällä tavoin rakkaudella ja antaumuksella ja voimallisella kaipauksella. Kuvittele, että pidät Jumalallista Äitiä kädestä kiinni ja että kaadat vettä hänen päälleen. Kuvittele veden valuvan hänen kehonsa eri osasia alas. Kutsu häntä kaiken aikaa: 'Äiti, Äiti!' Ja visualisoi hänen olemuksensa. Eläydy siihen, että teet abhishekan (pyhän kylvetyksen) maidolla, hunajalla, ghiillä (puhdistelulla voilla), santelipuutahnalla ja

Luku 2

ruusuvedellä, yksi toisensa jälkeen. Kun nämä ainekset valuvat hänen kehoaan pitkin alas, kuvittele hänen olemuksensa päästä jalkoihin. Puhu hänelle ja rukoile häntä. Kylvetettyäsi hänet tällä tavoin kuivaa hänet pyyhkeellä. Laita silkkinen sari hänen päälleen. Koristele hänet koruin. Laita kirkkaan punainen täplä hänen otsaansa."

Amma lopetti kuvauksensa ja istui meditaatiossa pitkän aikaa. Sitten hän avasi silmänsä ja jatkoi: "Laita hänelle nilkkakorut. Pujota kukkaseppele hänen kaulaansa ja nauti hänen kauneudestaan. Tee nyt archana kukilla. Ota kukka joka edustaa mieltäsi, ja kuvittele uhraavasi terälehdet yksi kerrallaan hänen jalkaterilleen. Tai eläydy siihen, että uhraat vasanasi tuleen, joka palaa hänen edessään. Archanan jälkeen uhraa hänelle rakkautesi payasamia. Kuvittele, että teet aratin hänelle, ja näe miten hänen kehonsa säteilee tulen loisteessa. Kuvittele lopuksi, että teet pyhän kierroksen Äidin ympärillä. Rukoile kaiken aikaa häntä.

Poikani, yritä tehdä kaikki nämä vaiheet premalla (puhtaalla rakkaudella). Silloin mielesi ei vaella minnekään."

Amman sanat antoivat uutta energiaa brahmacharille hänen henkisellä polullaan. Hän lähti huoneesta täyttymyksen tunteen vallassa, hän oli juuri nähnyt muutamia Amman lukemattomista olemuspuolista: kaikkitietävä guru, joka näyttää opetuslapselleen tien, rakastava äiti joka pitää aina huolta lastensa hyvinvoinnista ja kykenevä hallintojohtaja, joka johtaa ashramin asioita suurella taidolla.

Perjantai 5. heinäkuuta 1985

Opettaja ja hänen ystävänsä saapuivat Kozhencheristä kuuden aikaan illalla tavatakseen Amman. He pesivät kätensä ja jalkansa ja tulivat sitten kalariin, missä he kumarsivat. Soittimet bhajaneita varten olivat valmiina. Toinen vieraista sanoi brahmacharille, joka viritteli parhaillaan tablaa (rumpua): "Lähdimme kotoamme tänä aamuna, mutta olemme myöhässä, sillä emme olleet varmoja reitistä. Tahtoisimme nähdä Amman ja palata vielä tänään."

Brahmachari: "Amma meni juuri huoneeseensa. Hän oli täällä ja jutteli kaikkien kanssa aina tähän hetkeen asti. Ehkä voitte nähdä hänet, kun hän tulee alas bhajaneita varten."

Heidän kasvoiltaan paistoi pettymys, kun he olivat myöhästyneet Amman darshanista vain muutamia minuutteja.

Brahmachari: "Saattaa olla vaikea palata vielä tänä iltana, sillä ei ole helppoa löytää bussia enää näin myöhään. Te voitte nähdä Amman ja palata huomenna."

Opettaja: "Lupasin perheelleni, että palaan tänä iltana. He huolestuvat. Jos voisimme nähdä Amman edes hetkisen. Olen varma, että jos saamme hänen siunauksensa, se ei ole mikään ongelma."

Brahmachari: "Miten sait tietää Ammasta?"

Opettaja: "Erään oppilaani isä kertoi hänestä. Kun puhuimme Ammasta, hänen silmänsä täyttyivät kyynelistä. Hän kertoi, että hänen vaimonsa oli ollut vuoteenomana viimeiset neljä vuotta. He olivat yrittäneet erilaisia hoitoja, mutta mikään ei ollut auttanut. Viime vuonna he olivat tulleet tapaamaan Ammaa, ja saatuaan Amman siunauksen hänen vaimonsa oli parantunut täysin. Ystäväni kertoi minulle olleensa vaimonsa kanssa täällä Ammaa tapaamassa jälleen viime viikolla."

Luku 2

Brahmachari levitti kaislamaton vieraille ja sanoi: "Voitte istua tässä. Jos teidän täytyy todella palata vielä tänään, voitte kumartaa Ammalle, kun hän tulee bhajaneihin, ja lähteä sen jälkeen."

Opettaja: "Appiukkoni vieraili luonani muutama päivä sitten. Hän menee usein kuuntelemaan henkisiä luentoja. Kun kerroin hänelle Ammasta, hän uteli minulta, onko hän saavuttanut Itseoivalluksen. Mitä minun pitäisi sanoa hänelle?"

Brahmachari: "Kuulin jonkun esittävän Ammalle tuon saman kysymyksen muutamia päiviä sitten. Hän sanoi: 'Oi, Amma on vain hullu tyttö, joka ei tiedä mitään!' Mutta mies ei jättänyt asiaa siihen. Hän kysyi uudelleen. Lopulta Amma sanoi: 'Älä kysy kymmenen lapsen äidiltä, onko hän koskaan synnyttänyt lasta.'"

Oli bhajanien aika. Kaikki brahmacharit olivat valmiit. Amma tuli kalariin. Opettaja ja hänen ystävänsä lähestyivät ja kumarsivat.

Amma laittoi käsivartensa heidän olkapäilleen ja sanoi: "Tulitteko juuri, lapseni? Amma oli täällä alhaalla, kunnes hän meni vasta hetki sitten huoneeseensa vain pieneksi hetkeksi."

Opettaja: "Tulimme heti, kun olit mennyt huoneeseesi, Amma. Lupasimme palata vielä tänä iltana, muuten olisimme voineet jäädä vaikka huomiseen."

Amma: "Haluatteko kysyä minulta jotain, lapseni?"

Hän ohjasi heidät meditaatiohallin verannalle. Sinne he istuutuivat, samalla kun bhajanit alkoivat kalarissa.

Henkisen elämän periaatteet

Opettaja: "Minulla ei ole taloudellisia ongelmia, Amma, mutta olen hyvin huolissani lapsistani. Minulla ei ole mielenrauhaa."

Amma: "Poikani, kun mielesi on levoton, pyri toistamaan mantraa. Jos etsit lohtua jostakin muusta, menetät kaiken. Jos et saa mielenrauhaa yhdestä asiasta, alat etsiä sitä jostakin muusta. Kun sekin epäonnistuu, etsit jälleen jotakin muuta. Tällä tavoin et koe minkäänlaista rauhaa. Sen sijaan, jos ajattelet Jumalaa ja toistat mantraasi, tulet pian tyyneksi ja rauhalliseksi. Mielesi saa voimaa kohdata minkä tahansa tilanteen."

Opettaja: "Amma, toisinaan minä jopa mietin sanjaasiksi ryhtymistä."

Amma: "Se tulee päättää vasta pitkällisen harkinnan jälkeen, poikani. Sannyasaan ei voi paeta velvollisuuksiaan eikä silloin kun joutuu kohtaamaan surua. Sen täytyy olla seurausta siitä, että ymmärrät asiaan liittyvät ihanteet. Henkinen elämä on mahdollista vain hänelle, jolla on paljon kärsivällisyyttä. Muussa tapauksessa lopputuloksena on vain pettymys. Henkisessä elämässä tarvitset samanlaista itsekuria ja itsehillintää kuin vankilassa oleva. Myöhemmin tuosta vankilasta tulee polku vapauteen. Jos sadhaka katsoo aina kohden Jumalaa, hän kykenee saavuttamaan päämääränsä.

Monet ihmiset ovat kysyneet täällä asuvilta lapsiltani: 'Miksi asutte ashramissa? Ettekö kykene saamaan työpaikkaa ja elämään mukavaa elämää?' He vastaavat: 'Me olemme eläneet ulkopuolella, kaikkien mukavuuksien keskellä ja riittävän rahamäärän turvin, mutta emme saavuttaneet mielenrauhaa. Täällä koemme rauhaa ja tyyneyttä, ilman noita mukavuuksia. Japan ja meditaation avulla pyrimme pitämään alati yllä tuota rauhaa. Olemme oppineet, että voimme löytää todellisen rauhan vain ajattelemalla Jumalaa. Tämä kokemus synnyttää meissä halun pysytellä ashramissa.'"

Opettaja: "Vaikka tämä onkin meidän ensimmäinen vierailumme täällä, me olemme keskustelleet ihmisten kanssa,

Luku 2

jotka käyvät täällä usein. Jokainen heistä näkee sinut eri tavoin, Amma. Jotkut näkevät sinut Devinä, toiset Krishnana ja toiset gurunaan. Toisille sinä olet äiti, jossa rakkaus ja hellyys asustavat. Joidenkin silmissä sinä olet vain tavallinen nainen. Mikä näistä on todellinen sinä, Amma? Sen tahtoisimme tietää."

Amma: "Lapseni, jokainen näkee asian oman sankalpansa mukaisesti. Sama nainen on vaimo aviomiehelleen, äiti lapsilleen ja sisar veljelleen. Samalla tavoin eikö vaimo, äiti ja tytär katso yhtä ja samaa miestä eri tavoin? Saman henkilön käyttäytyminen on erilaista äitiään ja lapsiaan kohtaan. Eroavaisuus on siinä käsityksessä, sankalpassa, joka kullakin on. Ajatellaan kaunista kukkaa. Mehiläinen tulee sen luo nektarin takia; runoilija kirjoittaa siitä runon; maalari maalaa sen; toukalle se on ravintoa; tiedemies erottaa terälehdet, siitepölyn ja siemenet ja tekee niistä tieteellisen tutkimuksen; palvoja uhraa sen jumalalle. Jokainen näkee kukkasen kykynsä ja kulttuurinsa mukaisesti."

Pienen tauon jälkeen Amma jatkoi: "Poikani, toiset antavat nämä nimilaput. Amma ei sano, että hän on mahatma tai että hän on Jumala. Hänen päämääränään on yksinkertaisesti suojella ihmisiä maallisen elämän kuumuudelta tuomalla heidät Jumalan päivänvarjon alle. Jos mahdollista, tarkoituksena on saada aikaan muutos niiden mielessä, jotka aiheuttavat vahinkoa tai ovat heikkoja, ja auttaa heitä tekemään hyviä asioita, jotka hyödyttävät sekä heitä että maailmaa. Hänen mielessään ei ole eroa niiden välillä, jotka rakastavat häntä tai jotka vihaavat häntä."

Opettaja: "Jotkut ihmiset sanovat, että tämä paikka johdattaa nuoria ihmisiä harhaan."

Amma: "Poikani, ennen kuin lausumme käsityksemme jostakin asiasta, eikö meidän pitäisi ensin kysellä asiasta, tarkkailla sitä ja kokeilla sitä? Monilla ihmisillä on tapana lausua arvionsa asioista, vaikka eivät tiedä asiasta mitään tai ovat ilman minkäänlaista kokemusta siitä. Kuinka joku, joka etsii aidosti totuutta, voi hyväksyä tuollaisten ihmisten mielipiteen? Monet joilla oli vain huonoja tottumuksia ovat muuttuneet täysin tänne tulon jälkeen. Ne, jotka tapasivat juoda säännöllisesti, ovat luopuneet alkoholista. Joten kuinka voit sanoa, että tämä on paha paikka? Miksi antaa arvoa jollekin mikä on sanottu, tietämättä ja kokematta mitä tapahtuu?

On ihmisiä, jotka ovat valmiit ostamaan arvottoman sarin mihin hintaan hyvänsä, jos vain kerromme heille, että se on tuotu ulkomailta. He eivät arvosta mitään mikä on tehty kotona, riippumatta siitä, miten hyvä se on.

Joku kuuntelee radiosta laulua ja sanoo: 'Oi, miten suloinen laulu!' Jos hänen ystävänsä kertoo, että laulaja on naapurin nainen, hän muuttaa mielensä: 'Todellako? Se selittää asian. Minä itse asiassa ajattelin, että se oli kauheaa.' Tällainen on ihmisen luonto. Ihmiset ovat menettäneet kyvyn nähdä eron hyvän ja huonon välillä. He päättävät etukäteen, mitä he tulevat näkemään ja sanomaan."

Opettaja (osoittaen mukanaan olevaa miestä): "Tämä on hyvä ystäväni. Hänellä on vakavia ongelmia. Hänen liiketoimintansa ovat vaikeuksissa, minkä vuoksi hän on menettämässä rahaa."

Amma: "Ajankohta ei aina ole otollinen, poikani. Tietyt ajankohdat ovat huonoja. Mutta muista aina, että Jumala voi auttaa pienentämään ongelmia suuressa määrin."

Opettaja: "Hän ei usko temppeleihin ja sen sellaiseen."

Ystävä: "Amma, Jumala on kaikkialla. Eikö niin? Rajoittuuko Hän temppelin neljän seinän sisäpuolelle?"

Luku 2

Amma: "Älä katsele asiaa tuolla tavoin, poikani. Tuuli on kaikkialla, silti me käytämme tuulettimia. Emmekö me puun varjossa ollessamme koe aivan erityislaatuisen miellyttävyyden tunteen? Ilmapiiri ei ole kaikkialla samanlainen. Temppelin tunnelma ei ole sama kuin toimistosi tunnelma. Etkö tunne erityislaatuista rauhaa ja tyyneyttä temppeliympäristössä? Sellainen ilmapiiri vallitsee paikassa, missä Jumalaa ajatellaan jatkuvasti. Älä ajattele, että on ajanhukkaa mennä temppeliin. Ensimmäisellä luokalla olevat lapset tarvitsevat helmiä tai kuulia oppiakseen laskemaan. Opittuaan he eivät enää tarvitse niitä. Kelluvan tukin avulla opit helposti uimaan. Kun olet oppinut uimaan, voit luopua tukista.

Urheilija, joka on voittanut ensimmäisen palkinnon pituushypyssä, kykenee hyppäämään useita metrejä, mutta tarvitaan paljon harjoittelua, ennen kuin lapsi kykenee hyppäämään yhtä pitkälle. Kaikki eivät kykene sittenkään hyppäämään niin pitkälle vaikka harjoittelisivatkin. On muutamia mahatmoja, jotka näkevät Jumalan kaikessa, mutta he ovat sormin laskettavissa. Eivät he tarvitse temppeleitä. Meidän on ajateltava kaikkia muita, jotka voivat tavoittaa korkeimman totuuden vain tällaisten apukeinojen avulla."

Amma nousi ylös ja sanoi: "Lapseni, Amma menee nyt bhajaneihin. Odottakaa molemmat, kunnes bhajanit ovat ohi, ennen kuin lähdette kotiin."

Ennen kuin he ehtivät sanoa mitään, Amma käveli kalaria kohden ja liittyi mukaan laulamaan. Antaumuksen suloisuus täytti ilman, kun kaikki lauloivat

Kannunirillata kannukalenkilum

Vaikka silmissäni ei olekaan kyyneleitä,
sydämeni värisee silti tuskasta;

vaikka kieleni onkin hiljaa,
se on silti täynnä sinun mantraasi, oi Äiti!

Oi mystinen toiveet täyttävä puu,
minun mieleni viipyilee alati sinun kukissasi,
mutta julma metsästäjä Maya
on ottanut minut tähtäimeensä tuhotakseen minut!

Sinä olet itse hyvyys,
joka olet tullut levittämään
santelipuu-uutetta minun sieluuni,
rauhoittaaksesi minut rakkautesi kuunvalossa
ja tehdäksesi minusta täyden!

Kun arati oli ohi, eräs perhe lähestyi Ammaa ja kumarsi. He asuivat Kozhencherissä.

Amma: "Tulitteko tänään kotoanne, lapseni?"

Oppilas: "Tulimme vierailemaan sukulaisemme luo, tänne lähettyville, Kayamkulamiin. Ajattelimme tulla tänne ashramiin, ennen kuin palaamme kotiin."

Amma: "Eikö siitä ole kuukausi, kun olitte täällä viimeksi?"

Oppilas: "On. Emme voineet tulla sen jälkeen. Isäni on vuoteenomana reuman takia."

Amma: "Miten hän voi nyt?"

Oppilas: "Hän voi hyvin. Hän tulee tänne meidän kanssamme ensi viikolla."

Amma: "Äiti antaa teille hieman prasadia (jumalallisen lahjan) vietäväksi hänelle. Menettekö kotiin vielä tänään?"

Oppilas: "Menemme, Amma. Tyttäreni menee huomenna töihin."

Amma: "Mutta miten menette, kun on jo niin myöhä?"

Oppilas: "Tulimme jeepillä."

Luku 2

Amma: "Oi, täällä on kaksi muuta lastani, jotka tulevat samalta alueelta kuin te. He suunnittelivat aiemmin menevänsä bussilla, mutta Amma pyysi heitä jäämään bhajaneitten ajaksi."

Oppilas: "Se ei ole mikään ongelma. Jeepissä on runsaasti tilaa, meitä kun on vain kolme."

Amma esitteli opettajan ja tämän ystävän heille. Opettaja sanoi: "Me olimme aikeissa lähteä heti kun olimme tavanneet Amman. Kun hän pyysi meitä jäämään bhajaneitten ajaksi, pelkäsimme myöhästyvämme viimeisestä bussista. Nyt huomaamme, että kaikki ongelmamme päättyvät, jos asetamme luottamuksemme Ammaan."

Amma pyysti brahmacharia tuomaan vibhutia (pyhää tuhkaa). Hän antoi jokaiselle sitä hieman prasadina. Hän antoi oppilaan isälle vietäväksi erityisannoksen. Annettuaan ohjeet brahmacharille, että jokainen saisi illallista, Amma palasi huoneeseensa.

Maanantai 8. heinäkuuta 1985

Kello oli viisi iltapäivällä ja Amma istui kalarissa. Brahmachari, joka oli mennyt kaupunkiin ostamaan vihanneksia, palasi pakettien kanssa. Hän kantoi täyttä riisisäkkiä päänsä päällä ja tasapainotteli vihannespakettia olkapäillään. Hän kantoi selvästi enemmän kuin kykeni mukavasti hallitsemaan.

Kun Amma näki hänen vaikean tilanteensa, hän otti riisisäkin hänen päänsä päältä ja laittoi sen maahan. Hän tiedusteli: "Menitkö yksin, kun sinun piti ostaa kaikki tämä? Etkö voinut pyytää jotakuta mukaan?"

Brahmachari: "En ajatellut, että ostokset painaisivat näin paljon." Kaksi brahmacharia vei ostoskassit keittiöön.

Amma: "Tietenkin. Miten voisit tietää, kuinka painavia ostoksesi ovat, kun et ole koskaan tehnyt mitään työtä kotona, etkä ole tottunut kantamaan raskaita taakkoja? Kuinka sait nostettua riisisäkin pääsi päälle?"

Brahmachari: "Lauttamies auttoi."

Amma: "Poikaparka! Älä mene enää yksin markkinapaikalle." Amma kuljetti sormiaan hänen hiustensa lomassa. Poika seisoi siinä nauttien Amman rakkaudellisista hyväilyistä, unohtaen autuaallisesti kaiken muun.

Maallisen elämän ilot ja surut

Amma palasi kalariin ja istuutui. Nainen lähestyi häntä ja kumarsi. Amma halasi häntä ja piti häntä lähellään. Nainen laittoi päänsä Amman syliin ja alkoi nyyhkyttää. "Jos Amma vain tekee sankalpan, kaikki huoleni ovat ohi", hän toisteli.

Amma taputti häntä selkään ja lohdutti häntä. "Tyttäreni, riittääkö, että Amma tekee sankalpan? Sinun pitäisi olla valmis hyväksymään se. Jos Amma laittaa valot päälle, sinun täytyy avata ovi, jotta valo pääsee sisään. Jos kaikki ovet ovat tiukasti kiinni, kuinka voit vastaanottaa valon? Vaikka Amma tekisikin päätöksen, niin jotta se auttaisi sinua, sinun on ajateltava Jumalaa. Sinun olisi varattava aikaa Jumalan nimen toistamiseen joka päivä. Kuinka paljon aikaa hukkaammekaan joka päivä! Riittääkö, että sanot että Amman pitäisi laittaa kaikki kuntoon, kun et itse tee minkäänlaista ponnistusta?"

Nainen uskoi, että kaikki hänen vaikeutensa johtuivat naapurien aikaansaamasta kirouksesta, ja hän yritti vakuuttaa Ammaa tästä. Hän halusi Amman rankaisevan heitä ja suojelevan häntä. Hän oli toistanut tämän vaatimuksen useita kertoja. Amman ääni tuli ankaraksi, kun kävi ilmi, että nainen ei ottanut

Luku 2

lainkaan huomioon Amman suostuttelua. Naisen valittaminen loppui ja hän ryhtyi kuuntelemaan Ammaa pelon ja kunnioituksen vallassa.

Amma: "Nykyään on olemassa kahdenlaista onnellisuutta ja surua. Kun emme saa mitä haluamme, tunnemme surua, mutta kun toiset saavat mitä haluavat, on meidän surumme vielä suurempi. Samaten olemme onnellisia, kun onnistumme jossakin, ja olemme vielä onnellisempia, kun toiset epäonnistuvat. Unohdamme omat surumme ja iloitsemme nähdessämme toisten surun. Oma tyttäremme ei ehkä ole päässyt naimisiin, mutta olemme onnellisia, kun naapurinkin tytär on naimaton. Mutta sitten tulemme surullisiksi, kun hänen häitään vietetään. Lapseni, tällainen mielen turmelus on vakava sairaus, joka syö omaa rauhaamme. Tällainen on mielen syöpää.

Kerran naapurukset menivät ostamaan puutavaraa. Ensimmäinen heistä osti yhden tukin ja toinen kolme tukkia. Kun ensimmäinen sahasi tukkinsa, hän huomasi, että se oli ontto sisältä. Hän oli hyvin onneton menetettyään näin rahaa, ja kadotti sen takia ruokahalunsa. Sitten hänen vaimonsa tuli hänen luokseen tuoden mukanaan uutisen siitä, että naapurin tukit olivat olleet sisältä mätiä. Mies, joka oli ollut surun murtama tähän asti, tunsi yhtäkkiä ilon purkauksen. 'Todellako! Tuo minulle teetä', hän sanoi nauraen onnellisena. Hän ansaitsee sen! Hän kuvittelee olevansa niin rikas, kun osti kolme.'

Lapseni, aivan ensimmäiseksi meidän on muutettava tällainen asennoituminen. Kun mielemme on tällainen, mikään määrä japaa ei hyödytä meitä. Emme saa osaksemme Jumalan armoa emmekä minkäänlaista mielenrauhaa. Astia, jossa on ollut jotakin hapanta, täytyy ensin puhdistaa kunnolla, ennen kuin siihen voi kaataa maitoa, muussa tapauksessa maito happanee. Lapseni, meidän on ennen kaikkea muuta rukoiltava sydäntä, joka iloitsee toisten onnesta ja tuntee myötätuntoa toisten surun hetkellä.

Jos lähin naapurimme on mielenvikainen, myös meillä tulee olemaan ongelmia. Emme kykene nukkumaan sen melun tähden, jonka hän saa aikaan öisin. Voi olla, että rauhaa ei ole päivälläkään. Kuvittele sitä surua, jonka joutuisimme kokemaan, jos veljemme tulisi joka päivä humalassa kotiin ja ryhtyisi tappelemaan. Rauhamme olisi mennyttä. Toisaalta jos veljemme on hyväluontoinen, se vaikuttaa meihin myönteisellä tavalla. Jos toiset elävät hiljaista ja rauhallista elämää, meidän pitäisi oivaltaa, että me hyödymme siitä. Emme ainakaan saa heidän taholtaan ongelmia! Meidän pitäisi kyetä iloitsemaan heidän onnestaan ja tuntea myötätuntoa heidän surussaan. Näin kehitymme sisäisesti. Tällaisessa sydämessä Jumala haluaa asustaa. Jumalan todellisia lapsia ovat he, jotka näkevät toisten onnen ja surun omanaan."

Tässä vaiheessa nainen itki, ja Amma piti tauon pyyhkiäkseen hänen kyyneleensä. "Älä ole pahoillasi, tyttäreni. Toista säännöllisesti mantraasi, jonka Amma on sinulle antanut. Kaikki tulee olemaan hyvin."

Nainen oli tällä lohdutettu. Hän kumarsi ja nousi ylös. Hän sanoi näkemiin saatuaan purkaa surunsa lastin Ammalle, joka on kärsivien turva. Voimme olla varmoja siitä, että saamme lohtua kylpiessämme siinä rikkumattoman rauhan virrassa, joka suuntautuu kohti surevia sydämiä.

Luku 2

Lauantai 20. heinäkuuta 1985

Ei kompromissia itsekurin suhteen

Aamun ensimmäinen sarastus ei ollut vielä ilmaantunut itäiselle taivaalle. Brahmacharit harjoittivat archanaa meditaatiohallissa, Amman kävellessä kädet selän takana edestakaisin verannan pimeydessä. Hänen tavassaan kävellä oli jotakin vakavaa. Kaksi miestä, joilla oli taskulamput käsissään, ohitti ashramin eteläpuolelta kulkien kanavan törmällä. He olivat kalastajia, jotka valmistautuivat laskemaan verkkonsa veteen.

Samassa yksi brahmachareista tuli juosten liittyäkseen resitaatioharjoitukseen. Hänen oli täytynyt nousta hieman myöhässä. Kun hän avasi hiljaa meditaatiohallin oven mennäkseen sisään, Amma pysäytti hänet sulkemalla oven tiukasti. Brahmachari seisoi oven vieressä päätään riiputtaen.

Muutamien minuuttien kuluttua Amma sanoi: "Etkö tiedä, että archana alkaa viideltä aamulla? Jos ihmiset tulevat sisälle yksi kerrallaan, niin kaikki, jotka tekevät archanaa, menettävät keskittyneisyytensä. Joten nyt sinun on pysyteltävä ulkopuolella ja tehtävä archana täällä. Huomisesta lähtien sinun pitää olla meditaatiohallissa puoli viideltä. Sinulla pitäisi olla itsekuria sadhanassasi. Vain sillä tavoin voit kehittyä."

Brahmachari laittoi meditaatioalustansa verannalle ja istuutui. Mantrat värähtelivät meditaatiohallissa. Jokaisen mantran merkitys selkeni, kun verannalla istuva brahmachari keskitti mielensä Amman jalkoihin, jotka liikkuivat hänen edessään pehmein askelin.

Ikuinen Viisaus – Yhdistetty painos

Om nakhadhidisamchanna namajjana tamogunayai namaha.

Tervehdys hänelle, jonka säteilevät varpaankynnet poistavat tietämättömyyden oppilaasta, joka kumartaa hänen edessään!

Tervehdys hänelle, jonka jalat voittavat loistokkuudessaan lootuskukkienkin säteilyn!

Tervehdys hänelle, jonka hyväätekeviä lootusjalkoja kaunistavat suloisesti kimaltelevat, timantein koristellut kultaiset nilkkakorut!

Tervehdys hänelle, jonka käynti on hidas ja lempeä kuin joutsenen astunta!

Tullessaan archanan jälkeen meditaatiohallista brahmacharit yllättyivät iloisesti nähdessään Amman. He kumarsivat. Amma laittoi kätensä myöhään saapuneen poikansa päälaelle ja siunasi hänet.

Amma: "Poikani, olitko surullinen, kun Amma esti sinua liittymästä archanaan?"

Mitä surua sydämessä enää voisikaan olla, kun se katoaa Amman rakkaudessa, niin kuin chandrakanta-kivi, joka sulaa täydenkuun valossa?

Amma: "Tämä on ashram, poikani. Kun harjoitamme mantrojen toistoa brahma muhurtan (pyhät tunnit ennen aamun sarastusta) aikaan, kaikkien lasteni pitäisi osallistua siihen. Silloin kukaan ei saa olla nukkumassa, kylpemässä tai tekemässä mitään sen kaltaista. Jokaisen pitäisi olla istumassa paikoillaan viisi minuuttia ennen archanan alkamista."

Luku 2

Brahmachari: "Hanasta tuli vettä vain lorumalla. Niinpä olin myöhässä, kun lopetin aamupesuni."

Amma: "Jos sinulla on koe tai työhaastattelu, niin sanotko, että olet myöhässä, koska vettä tai sähköä ei tullut? Sinun pitäisi harjoittaa sadhanaa samanlaisella asenteella. Kun niin moni harjoittaa archanaa yhdessä, Jumalallinen Äiti on varmasti täällä läsnä. Sen takia Amma käski sinun tehdä archanan ulkona, sillä he olivat jo aloittaneet sisällä."

Amma hyväili kaikkia lapsiaan rakkaudellisilla silmillään ja meni huoneeseensa.

Hän tuli jälleen seitsemän aikaan ulos brahmacharinin kanssa ja käveli ashramin pohjoispäätyyn. Amma keräsi yhteen kaikki kookoslehvät, jotka olivat pudonneet sinne. Brahmachari vei ne keittiön sivulle. Hän ei hukannut mahdollisuutta poistaa epäilyksensä.

Brahmachari: "Amma, onko mielestä mahdollista päästä kokonaan eroon?"

Amma: "Mieli on joukko ajatuksia. Ajatukset ovat kuin valtameren aallot. Ne nousevat yksi toisensa perään. Aaltoja ei voi pysäyttää väkisin. Mutta kun valtameri on syvä, aallot tyyntyvät. Samalla tavoin pyri keskittämään mieli yhteen ajatukseen, sen sijaan että yrittäisit pysäyttää ajatukset väkisin. Siten mielen valtamerestä tulee syvempi, siitä tulee hiljainen. Vaikka pinnalla olisi pieniä aaltoja, se on alta rauhallinen."

Amma lehmien parissa

Amma saapui lehmikatoksen luo. Brahmachari pesi parhaillaan vastaostettua lehmää, jonka nimi oli Shantini, 'Rauhallinen'. Sen nimen ja käytöksen välillä ei tosin ollut minkäänlaista yhteyttä. Toistaiseksi kukaan, joka oli yrittänyt pestä sitä, ei ollut onnistunut suoriutumaan tehtävästä ilman vähintään yhtä hännän läiskäisyä. Sen lypsämiseen tarvittiin kolme ihmistä, ja sen jalat oli sidottava. Aivan kuin se olisi vannonut, että maito päätyisi maahan tai että ne, jotka yrittäisivät lypsämistä, saisivat maitokylvyn.

Tämä brahmachari, joka tunsi Shantinin luonteen hyvin, käytti kuppia kaataakseen vettä sen päälle. Hän kasteli sen kahteen kertaan ja kutsui sitä sitten kylvyksi. Likaa ja sontaa oli edelleen takertuneena sen kehoon. Amma ei pitänyt tällaisesta lehmän pesusta lainkaan. Hän otti vesiämpärin brahmacharilta, samalla kun tämä meni keittiöön hakemaan palasen karkeaa kookoksen kuorta (jota käytetään hankaamiseen). Amma näytti pojalleen miten lehmä pestään, hän irrotti hyvin varovaisesti sonnan sen vatsasta ja jaloista ja pesi sen sitten puhtaaksi.

Kaikki olivat yllättyneitä Shantinin yhtäkkisestä kesyydestä, jota kukaan ei ollut koskaan ennen havainnut. Se seisoi siinä kuin tottelevainen lapsi. Kenties se oli kaiken aikaa odottanut tällaista tilaisuutta.

Kun Amma kylvetti lehmää, hän sanoi: "Poikani, älä seiso lehmän takana, kun peset sitä. Se saattaa potkaista. Tämä on hieman kuriton, joten sinun pitää pestä se varovaisesti seisoen sen sivulla." Amma näytti myös, miten lehmä tulisi sitoa liekaan navetassa.

Kuultuaan, että Amma pesee lehmää kaksi oppilasta tuli katsomaan. Kun Amma tuli ulos navetasta, hän sanoi heille: "Lapseni eivät ole tottuneet tekemään tällaista työtä. He ovat tulleet tänne suoraan yliopistosta, ja ennen sitä heidän vanhempansa hemmottelivat heitä. He eivät osaa edes pestä omia vaatteitaan. Eilen Amma näki yhden heistä yrittävän käyttää 'Super white' valkaisuainetta pestessään vaatteitaan. Siitä olisi tullut hauska lopputulos, jos Amma ei olisi osunut ajoissa paikalle.

Luku 2

Hän oli juuri tyhjentänyt koko pullon 'Super white' valkaisuainetta puolikkaaseen vesiämpäriin. Kun Amma ilmestyi paikalle, hän oli aikeissa kastaa vaatteensa siihen. Kuvitelkaa, mitä olisi tapahtunut! (Kaikki nauroivat). Hän käytti koko kuukauden määrän valkaisuainetta yhteen pesuun. Amma näytti hänelle, miten ämpärissä veteen sekoitetaan hieman sinistä nestettä ja miten vaatteet kastetaan siinä."

Neuvoja perheellisille

Amma istui meditaatiohallin verannalla, ja oppilaat maassa kerääntyneinä hänen ympärilleen. Herra Menon Palakkadista aloitti keskustelun.

Menon: "Amma, harjoitan meditaatiota, mutta erilaisista ongelmista johtuen en ole koskaan suruton. Olen keskustellut monen perheellisen kanssa ja suurin osa heistä on tukalassa tilanteessa. Toisinaan jopa ihmettelen, miksi harjoitan japaa ja meditaatiota."

Amma: "Poikani, japan harjoittaminen ja meditaatio eivät yksinään riitä. Sinun pitäisi omaksua perusperiaatteet. Kun Amma oli nuori, hänen tapanaan oli leikata kampattipuun oksia. Hänen täytyi kiivetä korkealle puuhun ja ensimmäisen kerran kun hän teki näin, hänen koko kehonsa oli kuin tulessa. Hänen kasvonsa olivat turvoksissa eikä hän kyennyt näkemään mitään. Meni pari kolme päivää ennen kuin hän palautui normaaliksi. Sitten hän sai tietää, että kehoon pitää levittää ensin öljyä. Siitä lähtien kampattipuun oksia katkoessa hän käytti aina suojaavaa öljyä. Samaan tapaan sinulla pitäisi olla suojanasi rakkaus Jumalaan, ennen kuin etenet perhe-elämään. Sitten ei ole syytä suruun.

Sinun tulisi ymmärtää, että Jumala on ainoa todellinen sukulaisesi. Lapseni, teidän pitäisi tietää, että lopulta kaikki ihmissuhteet ja maalliset kohteet synnyttävät surua. Ylläpidä sisäistä suhdettasi vain Jumalaan. Tämä ei tarkoita, että sinun täytyisi hylätä vaimosi ja lapsesi, tai että sinun pitäisi nähdä heidät vieraina. Pidä heistä hyvää huolta, mutta tiedä, että ainoa kestävä sukulaisuussuhteesi on Jumala. Kaikki muut jättävät sinut tänään tai huomenna, turvaa sen tähden yksin Jumalaan. Ajattele, että elämän vaikeudet ovat vain sinun hyväksesi, sillä tavoin perheessäsi voi vallita rauha ja autuaallisuus."

Oppilas: "Voimmeko me elää niin kuin ne, jotka harjoittavat voimallista tapasia?"

Amma: "Äiti ei sano, että perheellisten tulisi ryhtyä elämään ankaran spartalaista elämää, mutta yritä toistaa pyhää nimeä tehdessäsi toimiasi. Ei ole tarpeen olla huolissaan kehon puhtaudesta toistaessanne pyhää nimeä. Jumala on kaikkialla. Hän on aina sydämessämme, me vain emme tiedä sitä. Timantilla on luonnollinen kirkkautensa, mutta kun se putoaa öljyastiaan se menettää loistonsa. Samalla tavoin me emme kykene havaitsemaan Jumalaa tietämättömyytemme takia.

Toista aamuisin pyhää nimeä ainakin kymmenen minuuttia suihkun jälkeen. Meditoi edes hetkinen. Tee samoin iltaisin. Riippumatta siitä kuka aiheuttaa sinulle huolta, vie huolesi puja-huoneeseen (rukoushuoneeseen), missä todellinen ystäväsi on. Aviomiehesi tai -vaimosi lisäksi sinulla tulisi olla ystävä – ja tuon ystävän tulisi olla Jumala. Jos miehesi tai vaimosi tekee sinusta onnettoman, kerro se Jumalalle, älä kenellekään muulle. Jos naapurisi ryhtyy riitelemään kanssasi, mene puja-huoneeseen ja valita siellä: 'Miksi annoit hänen kohdella minua tuolla tavoin? Etkö olekaan kanssani?' Avaa sydämesi ja kerro Jumalalle kaikki. Sillä tavoin siitä tulee satsangia.

Luku 2

Kun joku tekee sinut onnelliseksi, kerro myös siitä Jumalalle. Jumalan unohtaminen onnen hetkinä ja Hänen muistamisensa vain surun hetkinä ei ole merkki todellisesta antaumuksesta. Meidän olisi muistettava Jumalaa aina.

Kaikki vapaa-aika mikä jää työn jälkeen, pitäisi käyttää henkisten kirjojen, kuten Bhagavad-Gitan ja Ramayanan, tai mahatmojen elämäkertojen tai heidän opetustensa kokoelmien lukemiseen, sen sijaan että menemme elokuviin tai osallistuisimme muihin huvituksiin. Älä menetä yhtäkään mahdollisuutta osallistua satsangiin. Jaa ystäviesi kanssa asiat, joita kuulet satsangissa, siten tuot mielenrauhaa myös heille. Harjoita brahmacharyaa vähintään kahtena tai kolmena päivänä viikossa. Se on tarpeen, jos haluat saada kunnollisen hyödyn sadhanastasi. (Nauraen) Vaimoja ei ole vain yksi – silmät, nenä, kieli, korvat ja iho ovat kaikki meidän 'vaimojamme'. Meidän on hallitava riippuvuutemme myös niihin. Vain siten voimme tuntea todellisen ydinolemuksemme."

Naispuolinen oppilas: "Amma, miten löytää aikaa satsangiin ja lukemiseen, kun on ensin tehnyt kotityöt ja pitänyt huolta lapsista."

Amma: "Ne jotka tahtovat sitä, löytävät ajan. Jopa ne, jotka sanovat jatkuvasti, satoja kertoja, että aikaa ei ole, löytävät aikaa viedäkseen sairaan lapsensa kiireesti sairaalaan. Vaikka hoito veisi kolme tai neljä kuukautta, he eivät lähde sairaalasta ja mene töihin. Vaikka valittaisit ajan puutetta kuinka paljon hyvänsä, löydät aina aikaa, kun kyse on lapsesi terveydestä. Samoin kun olet vakuuttunut siitä, että Jumala on ainoa joka suojelee sinua, ja että elämässäsi ei ole rauhaa ilman turvautumista Häneen, löydät kyllä aikaa.

Jos et löydä vapaa-aikaa omistautuaksesi jumalanpalvelukselle, pyri olemaan niin kuin gopit. He eivät varanneet erikseen aikaa rukousta varten. He näkivät Jumalan työssään. He toistivat pyhää nimeä kirnutessaan maitoa, jauhaessaan jyviä ja tehdessään kaikkia muita töitään. Pippuri- ja korianteripurkit oli nimetty Krishnan eri nimillä. Kun he halusivat pippuria, he pyysivät Mukundaa. Kun he antoivat jollekulle korianteria, he antoivat Govindaa[2]. Ne, jotka tulivat heidän luokseen maitoa tai jogurttia hakemaan, kysyivät niitä käyttäen Krishnan nimiä. He toistivat Krishnan nimeä kaikkialla ja kaikkina aikoina. Tällä tavoin he muistivat herraansa alati, ilman erityistä ponnistusta. Niillä, joilla ei ole aikaa harjoittaa erikseen sadhanaa, voivat pitää yllä Jumalan muistamista tällä tavoin.

Anna mieleesi vakiintua voimallisesti ajatus siitä, että vain Jumala on todellinen ja ikuinen. Toista mantraa tehdessäsi työtä. Silloin et tarvitse erikseen aikaa Jumalan mietiskelyyn. Mielesi on aina keskittynyt Häneen."

Oppilas: "Eikö riitä, että meditoi Itseä? Onko tarpeen toistaa mantraa ja niin edelleen?"

Amma: "Koululaisia pyydetään toistamaan runoja ja kertotaulua, jotta ne jäisivät muistiin. Yksi lukukerta ei riitä kaikille tällaisten asioitten muistamiseksi. Samalla tavoin kaikki eivät kykene kiinnittämään mieltään korkeimpaan pelkän meditaation avulla. Japaa ja antaumuksellisten laulujen laulamista yksinäisyydessä tarvitaan myös. Jos joku kykenee tekemään näin pelkästään meditaation avulla, silloin se riittää hänelle; silloin muuta ei tarvita. Mutta kun toistat mantraa tai laulat kirtania, mielesi tulee nopeasti yhteen asiaan keskittyneeksi. Se ei karkaa ulkoisiin kohteisiin yhtä helposti kuin muina aikoina. Jokainen voi tehdä näin."

Oppilaita saapui kaiken aikaa ashramiin. He kokoontuivat Amman ympärille saadakseen juoda hänen puheensa nektaria.

---

[2] Mukunda ja Govinda ovat Krishnan lempinimiä.

Luku 2

Kun heidän määränsä tuli melko suureksi, Amma meni majaan ja ryhtyi antamaan darshania.

Nuori nainen, joka oli menettänyt mielensä tasapainon, tuotiin sisään vanhempiensa avustamana. Kun Amma näki heidän epätoivonsa, hän antoi heille luvan viipyä ashramissa muutamia päiviä. Jonkun täytyi olla tytön kanssa koko ajan, sillä muuten hän olisi juossut karkuun. Niinpä hänen luonaan oli kaiken aikaa joku pitämässä häntä kädestä kiinni. Amma antoi palasen santelipuuta tytön isälle ja käski häntä laittamaan aina aika ajoin santelipuutahnaa tytön otsaan.

Kun bhajanit olivat päättyneet, Amma istui oppilaiden ja brahmacharien kanssa kalarin edessä. Silloin sairas tyttö pääsi ulos huoneestaan ja juoksi karkuun. Hänen äitinsä ja sisarensa juoksivat hänen peräänsä. Brahmacharini ja toinen nainen onnistuivat saamaan tytön kiinni ja toivat hänet Amman luo, joka laittoi hänet istumaan viereensä. Tyttö esitti Ammalle jatkuvasti merkityksettömiä kysymyksiä. Amma kuunteli häntä suurella tarkkaavaisuudella ja rauhoitti häntä vastaamalla aina ajoittain.

Tyttö vietiin Amman ohjeen mukaisesti meditaatiohallin ulkopuolella olevan vesihanan luo. Amma täytti kauhun vedellä ja valutti siitä virtana vettä tytön päälaelle. Hän toisti tämän useita kertoja pitäen samalla tiukasti tyttöä kädestä kiinni ja estäen häntä siten juoksemasta pois. Näin jatkui puolisen tuntia, jolloin oli havaittavissa pieni muutos tytön käyttäytymisessä. Amma teki hieman santelipuutahnaa ja laittoi sitä tytön otsaan. Ennen kuin Amma lähetti hänet huoneeseensa äitinsä kanssa, hän ei unohtanut antaa rakkaudellista suukkoa tytön poskelle.

Amma tuli takaisin ja istuutui pihalle kalarin eteen. Hän kutsui Brahmachari Balua ja pyysi häntä laulamaan kirtanin.

Brahmachari Srikumar[3] soitti harmoniumia. Ashramin ilmanala täyttyi kappaleen autuaallisista soinnuista:

> **Sri chakram ennoru chakram**
>
> *Sri Chakran mystisessä pyörässä*
> *asustaa Sri Vidyan*[4] *jumalatar.*
> *Tuo Devi, jonka olemus on liike,*
> *voima joka liikuttaa maailmankaikkeuden pyörää.*
>
> *Toisinaan hän ratsastaa leijonalla,*
> *toisinaan hän istuu joutsenen selässä,*
> *ilmentäen Brahma-jumalan shaktia;*
> *Oi Äiti, joka johdat ja hallitset*
> *jumalallista kolminaisuutta,*
> *eikö Katyayani-jumalatar*
> *olekin yksi sinun ilmennyksistäsi?*
>
> *Palvojat kumartavat nöyrästi olemustasi,*
> *jotta heidän surunsa helpottuisi.*
> *Oi Äiti, ken ihmisten joukossa,*
> *mayan vallassa olevista,*
> *ymmärtäisi sen totuuden,*
> *että tämä ihmiskeho on kaikkein kurjin?*
>
> *Oi Äiti, sinä joka leikittelet ratsastamalla tiikerillä,*
> *kuinka tietämättömyydessä elävä voisikaan*
> *ylistää sinun ylevää majesteettisuuttasi?*

---

[3] Swami Purnamritananda Puri
[4] Sri Vidya tarkoittaa tiedon jumalaa.

Luku 2

Tiistai 6. elokuuta 1985

Amma asteli valkoisiin pukeutuneena portaat alas huoneestaan. Häntä odottavat oppilaat liittivät kätensä yhteen ja alkoivat toistaa pehmeästi: 'Amma, Amma...' Äiti käveli kalariin lastensa seuraamana. Koska sisällä ei ollut tarpeeksi tilaa kaikille, ne jotka eivät saaneet paikkaa sisältä, jäivät ulos odottamaan vuoroaan. Amman leveä hymy rauhoitti kaikkia. Hänen myötätuntoiset silmänsä toivat helpotusta kärsiviin sydämiin.

Nuori nainen laittoi päänsä Amman syliin ja nyyhkytti. Amma kohotti hänen päätään ja pyyhki hellästi hänen kyyneleensä. Hän lohdutti nuorta naista sanomalla: "Älä itke, tyttäreni! Amma on tässä sinua varten! Älä itke!" Nainen jatkoi silti itkuaan, hän ei kyennyt hallitsemaan suruaan. Amma veti hänet lähelleen ja hyväili häntä rakkaudellisesti, taputtaen kevyesti häntä selkään.

Nuori nainen tuli rikkaasta perheestä. Hän oli rakastunut yhteen veljensä ystävistä. Mutta koska nuori mies kuului eri kastiin, hänen perheensä vastusti heidän suhdettaan. Heidän rakkautensa oli kuitenkin kestänyt ja he olivat menneet naimisiin. He olivat aloittaneet yhteisen elämänsä vuokraamalla talon, ja hänen miehensä oli lainannut rahaa, minkä turvin hän oli aloittanut liiketoiminnan. Yritys oli kuitenkin epäonnistunut, jolloin paine hänen luotonantajiensa taholta oli kasvanut voimakkaaksi, ja hän oli lähtenyt kotoa kertomatta kenellekään.

"Hän on hylännyt minut ja lapset. Meillä ei ole ketään, joka huolehtisi meistä!" Nainen toisti tätä itkiessään Amman olkapäätä vasten.

Amma yritti lohduttaa häntä. "Älä ole huolissasi, tyttäreni. Hänelle ei ole tapahtunut mitään. Hän tulee takaisin."

Nuori nainen kohotti päänsä Amman olkapäältä ja kysyi: "Tuleeko minun mieheni takaisin, Amma?"

Amma: "Tulee aivan varmasti takaisin. Älä ole huolissasi, tyttäreni!" Pienen hiljaisuuden jälkeen Amma jatkoi: "Äiti antaa sinulle mantran. Pidä Devi kaiken aikaa mielessäsi ja toista mantraa säännöllisesti. Kaikki huolesi tulevat olemaan ohitse kuukaudessa."

Naisen kasvot kirkastuivat. Toiveikas odotus loisti hänen silmistään. Amma sulki silmänsä ja istui meditaatiossa hetkisen. Sitten hän avasi silmänsä jälleen toistaen: "Shiva, Shiva!"

Jumalallisen autuuden mielentila

Yksi kerrallaan oppilaat kumarsivat Amman edessä ja vetäytyivät. Herra Bhaskaran Nair Thissurista astui esiin ja kumarsi. Vaimonsa kuoleman jälkeen hän oli käyttänyt kaiken aikansa henkisiin harjoituksiin. Hän tuli usein ashramiin tapaamaan Ammaa. Rauha hänen kasvoillaan, hänen nöyryytensä ja tulasi (basilikakasvi ja Krishnan pyhä kasvi) helmistä tehty mala hänen kaulallaan kertoivat kaikki hänen sattvisesta (rauhallisesta) luonteestaan.

Amma avasi paketin, jonka herra Nair lahjoitti hänelle. Se piti sisällään Chaitanya Mahaprabhun[5] elämäkerran ja kuvan. Amma tutkaili kirjaa, avasi sen ja ojensi sen herra Nairille. "Lue hieman, poikani. Amma kuuntelee." Nair oli hyvin tyytyväinen ja ryhtyi lukemaan:

"Kun rakkaus Jumalaa kohtaan alkaa kukoistaa sydämessäsi, silloin ei muita ajatuksia enää synny. Kaipaako kieli, joka on saanut maistaa karamellitankoa, enää muita arvottomia asioita? Siunattu sielu, joka on kehittänyt rakkauden Jumalaan, on

---

[5] Bengalissa elänyt pyhimys ja suuri Krishnan palvoja.

Luku 2

jatkuvasti humaltunut siitä. Rakastaja kaihoaa joka sekunti saadakseen yhtyä rakastettuunsa. Hän ei ole lainkaan huolissaan siitä, rakastaako hänen rakastettunsa häntä vai ei. Jokainen hetki hän miettii vain rakastettuaan, eroa murehtien. Mahaprabhun rakkaus oli tällaista. Preman virta, joka tulvi hänen sydämensä järvestä, kasvoi vain voimakkaammaksi ja voimakkaammaksi. Rakkauden Ganges ei koskaan kuivu niin kuin pienemmät joet. Yhtenä hetkenä hän nauroi, toisena hän tanssi. Kaiken yötä hän kasteli vaatteensa kyynelillään, itkien, unta saamatta. Hän huokaili syvään kutsuen: 'Oi Krishna, oi Krishna!' Mahaprabhu tuli kykenemättömäksi suorittamaan tavallisia rutiinitoimia, kuten kylpemistä, syömistä tai hämäränajan rukouksia. Hän ei voinut puhua tai kuunnella mitään muuta kuin Krishnan urotöitä. Hän ei tuntenut ketään muuta kuin tämän ikuisen rakastettunsa Krishnan."

Herra Nair vilkaisi lukiessaan Ammaa, joka oli unohtanut tämän maailman kokonaan. Hänen silmänsä sulkeutuivat hitaasti. Hänen jumalallisten kasvojensa säteily näytti täyttävän ilmapiirin. Kyyneleet valuivat puoliväliin hänen poskiaan ja pysähtyivät. Amman jumalallisen bhaktin mielentila levisi ympärillä oleviin oppilaisiin ja kaikki istuivat liikkumattomina katsoen häntä silmää räpäyttämättä. Nainen itki kutsuen voimakkaasti: "Amma, Amma!" Herra Nair lopetti lukemisen ja istui kämmenet yhdessä katsoen intensiivisesti Amman kasvoja. Täynnä antaumusta nainen ryhtyi laulamaan

Ayi giri nandini nandita mohini

Oi vuoren tytär! Hurmaaja!
Kaikkien palvoma, Nandin ylistämä,
Sinä joka leikit maailmankaikkeuden kanssa,
Sinä joka asustat Vindhyan vuorella,

oi Jumalatar, Shivan vaimo,
Sinä jolla on laaja perhe,
joka olet tehnyt monia ihmeellisiä tekoja,
voitto Sinulle!
Oi demoni Mahishan lyöjä,
Shivan kaunis rakastettu,
Himavatin tytär!

Puolitoista tuntia kului, sitten Amma avasi silmänsä ja jatkoi darshanin antamista oppilailleen. Sen jälkeen hän meni ulos ja istuutui vedanta -koulun ja majan väliseen varjoon. Muutamia oppilaita ja brahmachareja kokoontui hänen ympärilleen. Yksi heistä oli Surendran, joka oli aiemmin elämänsä varrella myynyt alkoholia. Tavattuaan Amman hän oli lopettanut tuon työn ja pyöritti nyt sekatavarakauppaa kotitalonsa lähettyvillä.

Menneisyys on mitätöity shekki

Surendran: "Amma, olen tehnyt monia virheitä elämässäni, ja niiden muistot häiritsevät minua yhä suuresti."

Amma: "Poikani, miksi kannat huolta menneisyyden virheistä? Mikä on mennyttä, on mennyttä. Jos vaivaat itseäsi sillä, menetät voiman joka sinulla on nyt. Tee juuri nyt voimallinen päätös, ettet tee tuollaisia virheitä enää uudelleen. Se on tarpeen. Sitten puhtaat toimesi puhdistavat mielesi. Sinun halusi olla hyvä ajatuksissasi ja teoissasi ja sinun pyrkimyksesi siihen suuntaan kertovat mielesi puhtaudesta.

Aiempien tekojesi aikaan et tiennyt, että ne olivat väärin, mutta nyt kun tiedät, pyrit sellaisesta eroon. Se riittää. Kun pieni lapsi heittää pallolla äitiään, tämä vain hymyilee. Hän nostaa lapsen syliinsä ja antaa sille suukon. Mutta jos lapsi vanhempana ollessaan heittää jotakin äitiään kohden, hän ei ole

Luku 2

enää niin anteeksiantavainen. Olemme tehneet samalla tavoin monia vääriä tekoja, oivaltamatta sitä. Jumala antaa meille kaiken anteeksi. Mutta hän ei anna anteeksi virheitä, jotka teemme sen jälkeen, kun tiedämme niiden olevan väärin. Meidän pitäisi siksi välttää virheidemme toistamista.

Ei ole tarpeen olla pahoillaan tavasta, miten olemme eläneet tähän asti. Se on kuin mitätöity sekki. Tai se on kuin virheet, jotka olet tehnyt kirjoittaessasi lyijykynällä. Sinulla on pyyhekumi, jolla voit pyyhkiä virheesi, mutta voit tehdä näin vain muutamia kertoja. Jos yrität kumittaa liian monta kertaa samasta paikasta, paperi repeytyy. Jumala antaa anteeksi virheet, jotka teemme tietämättämme. Suurin rikkomus on, että toistamme jotakin, jonka tiedämme vääräksi. Sitä meidän ei pitäisi tehdä."

Oppilas: "Amma, ansaitsenko minä oikeuden rukoilla Jumalaa? Onko mieleni tarpeeksi puhdas sitä varten?"

Amma: "Älä ajattele tuolla tavoin, poikani. Älä ajattele, ettei sinulla ole mielen puhtautta rukoillaksesi, koska olet tehnyt paljon virheitä elämäsi aikana tai että rukoilet vasta, kun mielesi on tullut puhtaaksi. Jos ajattelet, että uit meressä vasta sitten, kun aallot ovat asettuneet, et ui koskaan. Et opi uimaan istumalla uima-altaan reunalla. Sinun on mentävä veteen. Mitä tapahtuu, jos lääkäri käskee potilasta tulemaan luokseen vasta, kun tämä on tervehtynyt? Jumala on se, joka puhdistaa mielemme. Sen tähden turvaudumme Häneen. Vain Hänen avullaan voimme puhdistua."

Surendran: "Amma, kun meillä on uskoa ja todellista antaumusta sinua kohtaan, emme voi tehdä mitään väärää. Siksi pyydämme vain sinun armoasi, että saisimme uskoa ja antaumusta."

Amma: "Lapseni, riittää jos uskotte Jumalaan. Jos uskotte vakaasti Häneen, ette tee virheitä. Silloin elämässänne on vain onnellisuutta."

Surendran: "Etkö sinä itse ole Jumala, Amma?"

Amma: "Äiti ei tykkää sanoa niin. Olettakaamme, että tuoksuva kukka kukkii kasvissa. Kasvin ei tule huudahtaa: 'Katsokaa minun kukkaani! Kuinka kaunis se on! Ja mikä ihana tuoksu? Se syntyy minun voimastani.' Jos se sanoo niin, on se egon kasvattamista. Kaikki voima kuuluu Jumalalle. Meidän ei pitäisi koskaan ajatella, että mikään on meidän. Mikään tästä ei johdu Amman voimasta. Amma kukkii Hänen voimastaan. Hän teki Ammasta tuoksuvan. Amma ei sano, että mikään olisi hänen omaansa."

Surun syy ja lääke

Oppilas: "Amma, mikä on syynä suruun?"

Amma: "'Minä' ja 'minun'-asenne on syynä kaikkeen suruun. Kerran olimme palaamassa Kozhikodesta. Bussissa oli perheellinen mies ja hänen lapsensa. Hän istui penkillä leikkien lapsensa kanssa. Jonkin ajan kuluttua hän nukahti ja myös lapsi uinahti isänsä syliin. Vähän myöhemmin lapsi liukui sylistä ja putosi lattialle. Isä ei heti huomannut tätä, vaan heräsi vasta, kun lapsi alkoi itkeä. Sitten hänkin alkoi itkeä sanoen: 'Oi poikani, minun poikani!' Hän ryhtyi tutkimaan, oliko lapsessa vahingoittumisen merkkejä. Hänen 'minä' ja 'minun' asenteensa kääntyi suruksi, heti kun hän heräsi. Jos tuota asennoitumista ei ole, ei ole suruakaan.

Kaksi nuorta poikaa leikki kepin kanssa. Kolmas lapsi näki tämän ja alkoi itkeä, koska hänkin halusi kepin. Hän sai

Luku 2

aikaiseksi metakan, jolloin hänen äitinsä tuli ja otti kepin toisilta pojilta ja antoi sen hänelle. Poika alkoi leikkiä sillä, mutta pian hän nukahti. Keppi liukui hänen käsistään, mutta hän oli täysin tietämätön siitä. Hän oli itkenyt sen perään hetkeä aiemmin, mutta unessaan hän menetti 'minä' ja 'minun' -asenteensa. Tämä tyynnytti hänet ja hän saattoi nukkua rauhallisesti, unohtaen kaiken muun. Samalla tavoin Itsessä asustava Brahman on autuutta. Jos luovumme 'minä' ja 'minun' -asenteesta, saamme nauttia autuutta. Sitten ei surua enää ole. Mutta meidän pitää luopua 'minä yksilö' -asenteesta.

Oppilas: "Amma, onko se kaikille niin helppoa?"

Amma: "Yritä, poikani! Emme ehkä kykene kiipeämään vuorelle, mutta emmekö voi ottaa siitä edes kourallisen hiekkaa? Jos otamme valtamerestä kourallisen vettä, siihen jää sen verran vähemmän. Ajattele tällä tavoin. Jos omistaudut asialle kokonaan ja yrität jatkuvasti, mikään ei ole mahdotonta. Jos kaadat jatkuvasti vettä mustepulloon, väri katoaa hiljalleen etkä kykene lopulta enää sanomaan, oliko siinä alun perin mustetta lainkaan. Samalla tavoin, kun mieli laajenee jatkuvan Jumalan ajattelemisen seurauksena, yksilöllisyyden tunne katoaa hiljalleen ja häviää lopulta kokonaan. Yksilöllisestä mielestä tulee universaali mieli."

Toinen oppilas: "Amma, moni vihaa minua vain sen takia, koska minulla on rahaa. Onko väärin olla varakas?"

Amma: "Lapseni, ei rahan omistamisessa ole mitään väärää. Mutta elämän tarkoituksena ei ole vain kerätä rahaa. Rahaa voi säästää tarpeita varten, mutta ei ylenpalttisesti.

Kerran eräässä kylässä oli sateenvarjon tekijä. Kun hän työskenteli, hän toisti Jumalan nimeä ja harjoitti satsangia niiden kanssa, jotka tulivat hänen luokseen. Hän eli onnellisena, tyytyväisenä siihen mitä ansaitsi, ja kaikki pitivät hänestä. Hän tienasi tarpeeksi huolehtiakseen päivittäisistä tarpeistaan. Eräänä päivänä maanomistaja osti häneltä sateenvarjon. Ilahtuneena sateenvarjon korkeasta laadusta ja kohtuullisesta hinnasta maanomistaja kiinnostui sateenvarjojen tekijästä, jonka hyvät ominaisuudet vetivät häntä puoleensa. Maanomistaja antoi hänelle hieman rahaa lahjaksi. Heti kun sateenvarjojen tekijä sai rahaa, hänen luonteensa muuttui. Hänen mielensä ei ollut enää työssä vaan hän ajatteli huolissaan: 'Miten voin suojella rahojani? Ovatkohan ne turvassa kotona? Entäpä jos joku varastaa ne?' Kun hänen ajatuksensa rahojen kohtalosta lisääntyivät, hän lakkasi toistamasta mantraansa. Hän ei saanut tehdyksi työtään ajoissa, sillä hänen ajatuksensa olivat tulevaisuuden suunnitelmissa: 'Pitäisikö minun rakentaa talo tai laajentaa liiketoimintaani?' Tällaisia olivat hänen ajatuksensa ja tämän vuoksi hän ei enää huomioinut työtään.

Hän ei enää iloinnut toisten kanssa keskustelemisesta, sillä hän oli unohtanut, miten puhutaan rakkaudella. Kun joku puhutteli häntä, se ärsytti häntä, sillä se häiritsi hänen ajatuksiaan. Yhä harvempi ihminen tuli hänen kauppaansa, jolloin hänen tulotasonsa putosi. Ajatus rahasta ryösti hänen mielenrauhansa. Kun hänen ahneutensa ja itsekkyytensä kasvoi, hän tuli masentuneeksi ja rauhattomaksi. Pian rahat, jotka hän oli saanut lahjaksi, oli käytetty. Eikä hänellä ollut enää töitä. Mies, joka oli ennen rahan saamista viettänyt tyytyväistä elämää, eli nyt piinassa.

Lapseni, kun menemme liiallisuuteen missä hyvänsä asiassa, se vie meiltä rauhan. Pyri siksi elämään aina yksinkertaista elämää. Yksin tämä tuo meille sisäisen rauhan. Emme tarvitse mitään liiallisessa määrin."

Luku 2

Amma käyttää yksinkertaisia keinoja poistaakseen lastensa epäilykset. Silti he haluavat aina kuulla vain lisää tällaista nektarinkaltaista puhetta, joka antaa tiedon jokapäiväisten tarinoiden ja esimerkkien avulla, ja joka pitää sisällään mittaamattoman arvokkaita viisauden jalokiviä. He rukoilevat niin kuin Arjuna rukoili Krishnaa: 'En ole kuullut riittävästi tätä nektaria. Salli minun kuulla yhä vain lisää!'

Kolmas luku

Keskiviikko 7. elokuuta 1985

Amma istui kasvot Arabianmeren suuntaan, kanaalin törmällä, joka kulki ashramin reunalla. Brahmacharit tulivat ja istuutuivat hänen ympärilleen meditaatiota varten. Tunnelma oli rauhallinen ja vaikuttava, se sai mielen kääntymään luonnollisella tavalla sisäänpäin. Jopa valtameren aallot tuntuivat rauhoittuneen. Kaikki yrittivät meditoida. Amma katsoi myötätuntoisesti jokaista vuorollaan ja alkoi hiljalleen puhua.

Meditaatio

"Lapseni, kun istutte meditoimaan, älkää ajatelko, että voitte rauhoittaa mielenne välittömästi. Ensimmäiseksi teidän pitäisi rentouttaa kehonne eri osaset. Löysätkää vaatteitanne, jos ne kiristävät. Pitäkää huoli siitä, että selkäranka on suorana. Sulkekaa silmät ja keskittäkää mielenne hengitykseenne. Teidän tulisi olla tietoisia sisäänhengityksestä ja uloshengityksestä. Yleensä hengitämme sisään ja ulos ilman, että olisimme tietoisia siitä, mutta sen ei pitäisi olla niin. Meidän pitäisi tulla tietoisiksi tuosta prosessista, silloin mieli on hereillä.

Kun istutte tuolla tavoin jonkin aikaa, mielenne tyyntyy. Voitte jatkaa meditaatiota keskittämällä huomionne hengitykseen. Tai voitte ryhtyä mietiskelemään teille rakkaan jumaluuden olemusta. Jos mielenne vaeltaa, tuokaa se takaisin. Jos ette kykene tekemään niin, riittää, että katsotte minne se menee. Mieltä pitää tarkkailla. Silloin se lakkaa kiiruhtamasta ympäriinsä ja on näin teidän hallinnassanne. Ryhtykää meditoimaan nyt, lapseni."

Hän joka poistaa kaikki vaarat

Kaikki brahmacharit uppoutuivat meditaatioon. Yhtäkkiä Amma kuitenkin lopetti meditaationsa. Nähdessään Amman äkillisen mielentilan muutoksen eräs brahmachareista tiedusteli häneltä syytä siihen.

Amma: "Jotakin on tapahtunut yhdelle lapsistani." Hän vaikeni hetkeksi, sitten hän jatkoi: "Se poikani, joka tulee tänne säännöllisesti Kozhencheristä - Amma näki hänet. Amma sanoi hänelle edellisviikolla, kun hän oli täällä, että hänen pitäisi olla varovainen matkustaessaan kulkuneuvoilla. Amma erityisesti varoitti häntä, että hän ei saisi ajaa mitään kulkuneuvoa kolmeen kuukauteen."

Amma näytti olevan erityisen huolestunut. Hän palasi kiireesti omaan huoneeseensa.

Se mitä Amma oli sanonut toi mieleen Haridasille tapahtuman, joka oli tapahtunut hänelle vuotta aiemmin. Haridas oli kotoisin Pattambista. Hän kuvaili nyt tapahtumasarjan toisille. "Tapanani oli tulla perheeni kanssa jeepillä katsomaan Ammaa. Eräänä päivänä, kun olin täällä, hän sanoi minulle: 'Älä aja autoa vähään aikaan, poikani. Amma näkee edessäpäin pimeyttä!' Niinpä laitoin paluumatkalla veljeni ajamaan jeeppiä.

Luku 3

Kaksi kuukautta myöhemmin minä ja veljeni menimme Sultan Batteryyn tapaamaan ystävää. Ollessamme siellä veljeni sai vatsataudin. Hän ei kyennyt ajamaan eikä edes matkustamaan. Minun piti olla seuraavana aamuna kotona taloudellisten syiden takia, joten en voinut jäädä sinne. Jätin veljeni ystävämme luo ja lähdin samana iltana.

Muistin Amman varoituksen ja ajoin hitaasti ja varovaisesti, samalla kun toistin mantraani. Matkalla tunsin itseni uneliaaksi. Pysähdyin juomaan kupillisen teetä, pesin kasvoni kylmällä vedellä ja jatkoin sitten matkaani. Mutta ajettuani pienen matkan, tunsin jälleen itseni väsyneeksi. Ponnistelin pysyäkseni hereillä, kun ajoin edelleen. Lopulta nukahdin hetkiseksi. Jeeppi lähti hallinnastani ja liukui oikealle.

Yhtäkkiä tunsin jonkun tarttuvan ohjauspyörään kääntäen sitä vasemmalle. Samalla hetkellä huusin: 'Amma!' ja painoin jarruja. Jeeppi pysähtyi melkein koskettaen suurta kiveä tien vasemmalla puolella. Pimeässä ei nähnyt kunnolla. Tie oli rakennettu vuoren reunalle. Vuori kohosi vasemmalla ja oikealla tien reunan jälkeen oli jyrkkä pudotus syvään laaksoon. Nähdessäni, että jeeppi oli pysähtynyt lähelle tien vasenta reunaa, olin vakuuttunut siitä, että näkymättömän auttajan apu ei ollut vain minun mielikuvitukseni tuotetta.

Tulin ashramiin viikkoa myöhemmin. Heti kun Amma näki minut, hän kysyi minulta: 'Poikani, ajoitko, vaikka Amma kielsi sinua?' Saatoin vain seistä siinä kyyneleet silmissä."

Amma suojelee lapsiaan, aivan kuin äiti, joka valvoo pienokaisiaan pitäen heitä kädestä kiinni, laskematta heitä pois sylistään. Amma on tietoinen jokaisesta lastensa ajatuksesta ja jokaisesta henkäyksestä, jonka he ottavat.

Onko tulevaisuus ennaltamäärätty?

Amma tuli huoneestaan bhajaneitten päätyttyä. Eräs perhe Bhopalista oli tullut tapaamaan häntä. He olivat lomalla ja vierailulla Keralassa synnyinkaupungissaan, missä he olivat saaneet kuulla Ammasta. He halusivat tavata hänet ennen kuin palaisivat Bhopaliin. Aviomies oli omaksunut henkisyyden perusperiaatteet isältään, joka oli Sri Ramakrishnan vankkumaton seuraaja. Hänen vaimonsa ja lapsensa uskoivat myös syvästi Jumalaan. Heillä oli aina aikaa sadhanalle kiireisestä elämästään huolimatta. He suunnittelivat palaavansa kotiin saatuaan ensin illalla Amman darshanin. Koska heillä oli auto, takaisin meneminen ei olisi mikään ongelma.

Kun aviomies sai tilaisuuden jutella Amman kanssa, hän sanoi: "Amma, ongelmat elämässäni ovat viime aikoina lisääntyneet kovasti. Vaimoni oli sairaalassa kuukauden. Kun hän palasi kotiin, poikamme sairastui ja hänen täytyi viettää viikko sairaalassa. Vaimoni sanoo, että ongelmamme katoavat, jos annamme horoskooppimme tutkittavaksi ja teemme ne parantavat toimenpiteet, joita meille suositellaan!"

Amma: "Onko läheisyydessänne joku, joka voisi tutkia horoskooppinne?"

Aviomies: "Vaimoni isä tuntee astrologiaa. Vaimoni touhottaa tästä joka päivä. Hän haluaa lähettää meidän kaikkien horoskoopit isälleen. Minä taas en usko horoskooppeihin ja sen sellaiseen. Joudumme läpikäymään sen mitä kohtalo tuo tullessaan, joten miksi nähdä vaivaa tuollaisen takia?"

Amma: "Ei ole oikein sanoa, että tuolla kaikella ei olisi mitään merkitystä. Voimme tuntea tulevaisuuttamme jossain määrin tutkimalla planetaarisia asetelmia. Jos tunnemme edessämme olevan tien, voimme välttää vaikeuksia. Emmekö

Luku 3

voikin välttää piikkistä aitaa tai edessäpäin olevaa kaivantoa, jos tiedämme niiden olevan siellä?"

Aviomies: "Voimmeko sitten muuttaa kohtalomme?"

Amma: "Kohtalo voidaan muuttaa tapasin ja sadhanan avulla. Jopa kuolema voidaan torjua. Etkö tunne pyhimys Markandeyan tarinaa? Eikö hänen kohtalonsa muuttunut, kun hän rukoili koko sydämestään hetkellä, jolloin hän joutui kohtaamaan kuoleman? Mikä hyvänsä kohtalossamme voidaan ylittää, jos toimimme antautumalla kokonaan Jumalalle. Mutta meidän täytyy olla valmiita toimimaan, sen sijaan että istumme vain aloillamme toimettomina ja syytämme kohtaloa. Se, ettemme tee mitään ja vain syytämme kohtaloa, on merkki laiskuudesta."

Aviomies: "Silloinhan horoskooppi, joka kertoo ennalta tulevaisuuden, osoittautuu vääräksi. Eikö?"

Amma: "Ponnistelumme saa varmuudella aikaan muutoksen. Amma kertoo teille tarinan. Kaksi ystävää antoivat laatia horoskooppinsa. Horoskooppien mukaan kumpikin tulisi kuolemaan käärmeenpuremaan. Toinen heistä oli tästä kaiken aikaa syvästi huolissaan. Hänen levottomuutensa sai hänen mielenterveytensä järkkymään. Myös hänen perheenjäsenensä menettivät mielenrauhansa. Toinen miehistä taas ei langennut levottomuuden valtaan. Hän ryhtyi miettimään mahdollista ratkaisua tilanteeseen. Tullessaan tietoiseksi rajallisista mahdollisuuksistaan välttää kuolema hän kääntyi Jumalan puoleen. Sen lisäksi hän käytti tervettä kehoaan ja älyään, jotka Jumala oli hänelle antanut, ottaen huomioon kaiken mahdollisen, millä tavoin voisi välttää sen ettei joutuisi käärmeen puremaksi. Hän pysytteli kotosalla ajatellen alati Jumalaa.

Eräänä iltana hän meni pimeään pujahuoneeseen, jolloin hänen jalkansa osui vahingossa johonkin. Huoneessa oli käärmeen hahmoinen jumalan patsas, sen kieli pisti esiin. Tähän hänen jalkansa osui ja tämä tapahtui juuri sillä tunnilla, kun käärmeen olisi horoskoopin mukaan pitänyt purra häntä. Vaikka kyseessä olikin eloton käärme, hän sai haavan, mutta siihen ei tullut myrkkyä. Ponnistus, jonka hän teki omistautuessaan Jumalalle, kantoi hedelmää. Hänen ystävänsä sen sijaan joutui ahdistuksen valtaan jo ennen kuin mitään oli tapahtunut ja tällä tavoin hän hukkasi elämänsä. Elä siis ponnistellen, poikani, äläkä syytä kohtaloasi. Kaikki esteet on mahdollista voittaa näin toimien."

Aviomies: "Amma, minulla olisi kysymys."

Amma: "Minkälainen, poikani?"

Aviomies: "Jos kohtalo voidaan muuttaa, eikö Krishna olisi voinut muuttaa Duryodhanan mielen ja näin sota olisi ollut mahdollista välttää? Olisiko Duryodhana ryhtynyt sotimaan, jos Krishna olisi paljastanut hänelle jumalallisen muotonsa?"[1]

Amma: "Krishna näytti korkeimman muotonsa sekä Pandaville että Kauraville. Koska Arjuna oli nöyrä, hän kykeni tunnistamaan Krishnan suuruuden, mutta egoistinen Duryodhana ei kyennyt tähän. Ei kannata näyttää mitään heille, joilla ei ole antaumuksellista asennetta. Henkiset periaatteet voidaan välittää vain niille, jotka ne ansaitsevat ja niille, joilla on

---

[1] Kysymys viittaa Mahabharata-eepokseen ja Bhagavad-Gitaan, jotka kuvaavat viisituhatta vuotta sitten Intiassa käytyä sotaa. Sodan osapuolet olivat Kauravat ja Pandavat, jotka olivat serkuksia keskenään. Sotaan osallistui myös molempia osapuolia tukevat sotajoukot. Kirjojen kirjoittaja Veda Vyasa kuvaa teoksessa historiallista tapahtumaa ja käyttää samalla tätä tapahtumaa itsekkäiden sekä epäitsekkäiden voimien taistelulle, joka riehuu alati ihmisen sisimmässä. Krishna opettaa tässä eepoksessa Arjunalle henkisen joogan salaisuuden: kuinka itsekkäiden ominaisuuksien valtaisa armeija on voitettavissa pienemmällä hyveitten armeijalla.

Luku 3

oikeanlainen luonteenlaatu. Duryodhana piti kehon palvomista tärkeänä. Hänellä ei ollut sellaista mielenlaatua, että olisi voinut omaksua Krishnan neuvot. Hänen asenteensa oli sellainen, että sanoi Krishna sitten mitä hyvänsä, niin se ei ollut hänen hyväkseen, vaan sen tarkoituksena oli vain auttaa Pandavia. Mitä hyvänsä Krishna sanoikin hänelle, hän omaksui päinvastaisen kannan. Vain sota saattoi tuhota tällaisten ihmisten egon."
Pyhän Äidin kasvot vakavoituivat. Hän nousi yhtäkkiä seisomaan. Hänen ajatuksensa olivat siirtyneet johonkin muuhun. Perhe kumarsi ja vetäytyi. Amma meni kookospuulehtoon ja käveli puiden keskellä. Hän lauloi bhajanin säkeitä hiljaisella äänellä. Hetken päästä hän nosti molemmat kätensä kohti taivasta ja lauloi saman säkeen yhä uudelleen ja uudelleen, syvällä tunteella, ääni murtuen ja värähdellen.
Vähän ajan kuluttua Amma istuutui hiekalle ja käänsi kasvonsa maata kohden. Vuodattiko hän kyyneleitä lastensa takia? Kukaan ei uskaltanut rikkoa tätä hänen yksinolonsa hetkeä. Kaikki lähtivät hiljaa pois. Amma makasi hiekalla ja oli tuossa asennossa monia tunteja. Ihmisen heiveröinen mieli joutuu tunnustamaan tappionsa yrittäessään ymmärtää Amman toimien käsittämätöntä luonnetta. Täydellinen antautuminen on ainoa mahdollisuus, joka jää jäljelle.

Lauantai 10. elokuuta 1985

Aamu oli sarastamassa. Keskellä yötä keski-ikäinen mies oli tullut ashramiin niin vahvassa humalatilassa, ettei hän kyennyt kävelemään kunnolla. Kaksi miestä kinasivat nyt hänen kanssaan rahasta, jonka hän oli heille velkaa. Hän oli vuokrannut heidän riksansa ja tullut sillä ashramiin. Matkan varrella hän oli pysähtynyt useisiin viinakauppoihin. Siinä vaiheessa, kun

Ikuinen Viisaus – Yhdistetty painos

he saapuivat ashramiin, miehellä ei ollut enää rahaa jäljellä. He pyysivät kuuttakymmentä rupiaa. Hänellä oli vain muutamia kolikoita. Lopulta hän antoi heille kalliin kellonsa ja lähetti heidät tiehensä.

Hän käveli epävakain askelin. Brahmacharit auttoivat hänet vedantakoulun verannalle ja asettivat hänet makaamaan. Erään oppilaan neuvosta hän joi hieman kirnupiimää. Joku auttoi häntä vaihtamaan vaatteensa.

Tuona päivänä pidettäisiin Kollamissa sijaitsevassa ashramissa tilaisuus, jossa tehtäisiin archana ja laulettaisiin bhajaneita Amman jumalallisessa seurassa. Kahdeksalta aamulla Amma laskeutui portaat huoneestaan, valmiina lähtemään matkalle. Mies, joka oli tullut juovuksissa, riensi nyt Ammaa kohden. Hän oli käynyt suihkussa ja levittänyt itseenä pyhää tuhkaa. Hän lankesi pitkin pituuttaan Amman eteen ja toisti ääneen Jumalalliselle Äidille omistettuja hymnejä. Hän myös kertoi Ammalle vaikeuksistaan. Vaikka Amma tiesikin hänen juomisestaan, hän lohdutti miestä lempeän äidillisellä rakkaudella. Hän sanoi: "Amma palaa illalla. Ole täällä yötä, voit sitten lähteä bhavadarshanin jälkeen huomenna."

Brahmacharit ja muutamat oppilaat lähtivät Amman mukaan matkalle Kollamiin. Amma nousi suurikokoiseen kanoottiin, joka toimi lauttana takavesien ylittämiseksi. Kaikki ryntäsivät samaan veneeseen innoissaan ajatuksesta, että saisivat olla Amman kanssa samassa veneessä, mutta heitä oli liikaa. Amma, joka ei halunnut nähdä yhdenkään lapsensa olevan onneton, ei pyytänyt ketään poistumaan. Jos kanoottia keikutettaisiin, se hörppäisi vettä. Jos moottorivene ohittaisi sen, kanootti uppoaisi kaikkine lasteineen. Mutta kaikki olivat vakuuttuneita siitä, että mitään ikävää ei sattuisi, olihan Amma heidän kanssaan.

Luku 3

"Lapseni, täällä on mukana ihmisiä, jotka eivät osaa uida. Joten olkaa kaikki hyvin varovaisia. Jos heilutatte venettä, se menee pohjaan", hän sanoi vakavana. Vene lipui pehmeästi rannasta.

Henkinen matka

Amma sanoi: "Lapseni, henkinen matka on juuri sellainen kuin tämä (vene)matkamme. Meillä täytyy veneessä istuessamme olla itsekuria, meidän on jopa pidettävä hengitystä, kunnes saavutamme toisen rannan. Vene voi vajota, jos meillä ei ole tuollaista itsehillintää. Samalla tavoin kunnes saavutamme samsaran toisen rannan, kunnes saavutamme purnamin (kokonaisuuden), meidän on otettava jokainen askel hyvin varovaisesti. Kun saavumme perille, huolia ei enää ole."

Amma istui veneen puisella penkillä katse veteen luotuna. Kun Amma on lastensa kanssa ja pitää heitä kädestä kiinni, mitä pelättävää silloin voisi olla? Eikä kukaan ollutkaan huolissaan.

Kun he saapuivat toiselle rannalle, he nousivat bussiin. Matkan aikana Brahmachari Venu[2] sanoi Ammalle: "Vähän aikaa sitten eräs oppilas sanoi minulle, ettei hän usko mahatmoihin, jotka elävät vaurauden keskellä kerättyään jopa miljoonia."

Amma: "Emme voi tuomita heitä tuollaisin perustein. Katso kaikkia koruja, jotka koristavat jumalia temppeleissä. Syytämmekö Jumalaa siitä? Ihmiset eivät ota huomioon kaikkia mahatmojen tekoja."

Venu: "Hänellä oli joitakin valituksen aiheita myös sinusta, Amma. Hän ajattelee, että Amma jättää naiset huomiotta."

Amma (nauraen): "Ai, onko näin?"

---

[2] Swami Pranavamritananda Puri

Ikuinen Viisaus – Yhdistetty painos

Venu: "Vaikka Amma onkin nainen, hän valittaa, että täällä ei ole tarpeeksi brahmacharineja (nunnia)."

Amma: "Ammako, joka on tahtonut tehdä tapasia poistaakseen naisten heikkoudet, jättäisi nyt naiset vaille huomiota? Sanjaasin elämä edellyttää suuren määrän miehekkyyttä. Vain ne tytöt, joilla on hyviä maskuliinisia ominaisuuksia tulisi hyväksyä ashramiin. Muussa tapauksessa he saavat lopulta aikaan vain enemmän vahinkoa kuin hyvää, vaikka ovatkin tulleet ashramiin toiveenaan maailman auttaminen. Jos pojat erehtyvät, maailma ei syytä heitä yhtä paljon. Vaikka he jättäisivätkin ashramin, he voivat aina löytää jotakin työtä ja ansaita elantonsa. Mutta toisin on tyttöjen laita. Tyttöjen pitää olla hyvin varovaisia. He tarvitsevat kyvyn itsensä elättämiseen, jos sattuisivat huomaamaan, etteivät sovi luostarielämään. Siksi Amma edellyttää, että kaikki tytöt täällä jatkavat kouluttautumistaan.

Tyttöjen pitää olla itsenäisiä. He ovat perusolemukseltaan myötätuntoisia ja kiintyvät helposti. Tämän vuoksi he joutuvat kärsimään ja heitä petetään. He kuitenkin pelastuvat, jos tämä kiintymys suunnataan Jumalaan. Jos naisella on miehen takertumattomuutta, saa hän kymmenen miehen voimat."

Brahmachari Pai: "Amma, kumpi on arvokkaampaa, epäitsekäs työ vai meditaatio?"

Amma: "Lapseni, mitä mieltä olette tästä?"

Jokainen kertoi näkemyksensä. Se johti kiivaaseen keskusteluun. Amma nautti siitä, kuunnellen hymy kasvoillaan. Lopulta kaikki hiljenivät ja katsoivat häneen. "Amma, sano sinä meille!"

Kun heidän vaatimuksensa kasvoivat voimakkaammiksi, Amma sanoi: "Tarvitsette molempia. Tapas ei yksin riitä, tarvitsette myös toimintaa. Pesuaine ei yksin riitä pesemään

Luku 3

vaatteitanne puhtaiksi, teidän täytyy myös ravistella, hakata tai hangata vaatteita puhtaiksi. Ylittääksemme olosuhteet karma (toiminta) on tarpeen. Meidän pitäisi muistaa Jumalaa jatkuvasti mitä hyvänsä teemmekin, eikä ainoastaan silloin kun istumme meditaatiossa. Epäitsekäs toiminta auttaa meitä kehittämään sitä puhtautta, mitä tarvitsemme meditaatiossa. Toimintaa tarvitaan myös tarkistaaksemme, missä määrin olemme kehittyneet meditaatiossa. Toisaalta ilman meditaatiota epäitsekäs toiminta ei ole mahdollista. Tapasia harjoittavan ihmisen teoilla on oma voimansa, ne hyödyttävät kaikkia."

Tuona iltana tohtori Sudhamsu Chaturvedi, yliopiston professori, saapui ashramiin tapaamaan Ammaa. Hän oli kotoisin pohjoisesta Uttar Pradeshista, mutta oli asunut Keralassa jo useita vuosia. Hän puhui malayalamia sujuvasti, ja odottaessaan Amman palaavan matkaltaan hän väitteli brahmacharien kanssa monista eri aiheista. Hänen mielestään kaikkein tärkeintä oli pyhien tekstien opiskeleminen.

Lopulta Amma palasi Kollamista. Hän istuutui kalarin kaakkoiskulmaukseen. Sudhamsu kumarsi ja istuutui hänen lähelleen. Ilman sen kummempia esittelyjä Amma ryhtyi puhumaan: "Poikani, sinä matkustat jatkuvasti. Kun olet asemalla, miten saat selville junien tai bussien aikataulut?"

Sudhamsu: "Tiedustelen tiskiltä tai katson asemalla olevasta aikataulusta."

Amma: "Luettuasi aikataulusta, mikä bussi menee minnekin, jäätkö seisomaan aikataulun eteen vai etsitkö bussin ja nouset siihen?"

Sudhamsu: "Saatuani tiedon menen tietenkin bussiin ja matkustan. Sehän on ainoa keino päästä päämäärääni."

Amma: "Samalla tavoin pyhät kirjoitukset ainoastaan osoittavat tien. Jos istut lukemassa kirjoituksia, et saavuta päämäärääsi. Kun halusit tulla tänne, otit selville sopivan bussin ja nousit siihen. Sillä tavoin pääsit tänne. Samaten vain harjoittamalla pyhissä teksteissä kuvattavaa sadhanaa voit ylipäätään saada henkisiä kokemuksia. Syömällä banaanin kuvan et voi tuntea hedelmän makua tai saada osaksesi sen ravitsevuutta. Pyhien tekstien lukeminen on tarpeen, mutta samanaikaisesti sinun pitää harjoittaa sadhanaa saadaksesi siitä hyödyn."

Professori oli ällistynyt, että Amma tiesi tarkalleen, mitä hän ja brahmacharit olivat jutelleet juuri ennen kuin hän oli tullut. Hän oli hetken vaiti ja esitti sitten toisen kysymyksen.

Sudhamsu: "Jos Kristus oli todellakin mahatma, eikö hän olisi voinut estää vihollisiaan ristiinnaulitsemasta häntä?"

Amma: "Kristus uhrasi itsensä opettaakseen ihmisille uhraamisen ja anteeksiannon suuruuden. Mahatmat voivat poistaa oman kärsimyksensä hetkessä, jos niin tahtovat. Mutta he haluavat antaa esimerkin koko maailmalle, vaikka se tarkoittaisikin, että he itse joutuvat kärsimään. Kukaan ei voi tehdä mahatmoille mitään. Et voi edes lähestyä heitä ilman heidän suostumustaan. Kukaan ei voi vastustaa heitä, jos he päättävät niin. He kärsivät vapaaehtoisesti opettaakseen maailmalle, miten kohdata vastustavia voimia ja vaikeita tilanteita."

Sudhamsu esitti uuden kysymyksen: "Kuinka nämä kaikki brahmacharit tulivat tänne pysyviksi asukkaiksi?"

Amma: "Poikani, kun kukka kukkii, ei ole tarpeen lähettää erityistä kutsua kenellekään tullakseen nauttimaan sen nektarista. Mehiläiset tulevat itsestään. Näillä lapsilla oli henkinen samskara jo alun pitäen. Amman tapaaminen herätti sen, siinä kaikki. Etkö muista unohtamasi laulun kokonaisuudessaan, kun kuulet sen ensimmäisen säkeen? Nämä lapseni olivat valmiit elämään elämänsä sen samskaran mukaisesti, joka oli jo heissä. Amma vain ohjaa heitä, siinä kaikki."

Luku 3

Sudhamsu: "Minä olen harjoittanut japaa ja meditaatiota kauan, mutta kehitystä ei ole ollut tarpeeksi."
Amma: "Sinun täytyy myös rakastaa Jumalaa. Ilman rakkautta mikään määrä japaa ja meditaatiota ei kanna hedelmää. Kun rakkautesi Jumalaa kohtaan tulee hyvin voimakkaaksi, kaikki sisälläsi olevat kielteiset vasanat putoavat automaattisesti pois. Veneen soutaminen vastavirtaan on vaikeaa, mutta jos veneessä on purje, se onnistuu helposti. Rakkaus Jumalaan on kuin purje, joka auttaa venettä etenemään.
Kun rakastavaiset istuvat yhdessä, he ärsyyntyvät jos toiset tulevat heidän lähelleen. Todellisella sadhakalla on samanlainen asenne. Hän ei pidä mistään, mikä ei ole tekemisissä Jumalan kanssa. Hän elää ajatellen kaiken aikaa Jumalaa, eikä hän voi sietää esteitä, jotka tulevat hänen ja Jumalan väliin. Verrattuna hänen rakkauteensa Jumalaa kohtaan kaikki muu on hänelle arvotonta.
Poikani, sinulla pitäisi olla todellista laksha bodhaa (pyrkimystä päämäärään). Vain sillä tavoin sadhanastasi tulee syvää. Kun joku todella haluaa päästä matkustamaansa paikkaan, mikään este ei voi pysäyttää häntä. Jos hän myöhästyy bussista, hän ottaa taksin. Mutta mikäli häneltä puuttuu kiinnostusta, hän saattaakin päättää mennä kotiin myöhästyttyään bussista, ajatellen että voihan hän mennä seuraavanakin päivänä. Lapseni, ilman sadhanan intensiteettiä on vaikea saavuttaa päämäärää.
Ennen kuin kylvät siemenen, sinun pitää käsitellä maaperää, poistaa heinät ja rikkaruohot. Muutoin siemenet eivät voi itää. Samalla tavoin voimme nauttia Itsen onnesta vain, jos puhdistamme kaikki ulkoiset asiat mielestämme ja suuntaamme mielen Jumalaan.

Söitkö jo, poikani? Amma unohti kaiken tuollaisen keskustelun lomassa."

"Kyllä, Amma."

Keskustelu kääntyi oppilaitten henkilökohtaisiin ongelmiin. Heidän sydämensä, joita samsaran liekit polttivat, saivat viilentävää nektaria Amman rakkaudesta.

Maanantai 12. elokuuta 1985

Bhavadarshan oli päättynyt myöhään edellisenä yönä. Mutta kun darshan oli ohi, Amma oli keskustellut ja lohduttanut oppilaitaan. Hän oli pyrkinyt erityisesti lohduttamaan naista, joka oli käynyt häntä tapaamassa vuoden ajan.

Ennen kuin nainen oli tavannut Amman, hänen tyttärensä oli ollut sairaalassa syövän takia. Monenlaisia hoitoja oli jo yritetty turhaan. Hän oli ollut äärimmäisessä ahdingossa sekä fyysisesti että psyykkisesti. Hän oli myös joutunut taloudelliseen ahdinkoon tilanteen takia. Kun nainen oli saanut kuulla ystävältään Ammasta, hän oli tullut tapaamaan häntä. Amma oli antanut hänelle pyhää tuhkaa vietäväksi sairaalle tyttärelleen. Kun tytär oli ottanut pyhää tuhkaa, hän oli alkanut parantua. Hänen tuskansa olivat kadonneet, ja hän oli tuntenut itsensä tarpeeksi vahvaksi kohtaamaan jälleen kaiken.

Lääkärit, jotka olivat luovuttaneet ajatellen, että tapaus oli toivoton, olivat tilanteesta ihmeissään. Pian nuori nainen pääsi sairaalasta. Äiti ja tytär tulivat tapaamaan Ammaa useita kertoja, mutta viimeisen vierailun aikana Amma oli sanonut, että pian leikkaus olisi jälleen tarpeen. Viikkoa myöhemmin tyttären tila huononi ja hänet otettiin uudelleen sairaalaan. Lääkärit suosittelivat uutta leikkausta, jonka oli määrä tapahtua parin päivän päästä. Nyt äiti oli tullut vastaanottamaan

Luku 3

Amman siunauksen ennen leikkausta. Hän palaisi kotiin aikaisin aamulla, niinpä Amma järjesti niin, että hän pääsi matkustamaan yhdessä erään oppilasperheen kanssa, jotka olivat tulleet Trissurista.

Pian Amma oli valmis palaamaan huoneeseensa. Varikset olivat alkaneet jo vaakkua ilmoittaen, että uusi päivä oli koittamassa.

Kello oli jo kolme iltapäivällä, kun Amma tuli alas darshanmajaan. Koska oli bhavadarshanin jälkeinen päivä, oppilaiden määrä oli suhteellisen pieni. Yksi brahmachareista meditoi majassa. Kun hän näki Amman, hän kumarsi ja käytti tilaisuuden hyväkseen esittäen hänelle kysymyksen, ennen kuin seuraajat saapuisivat:
"Amma, mikä on karman ja jälleensyntymän välinen yhteys? Sanotaan, että karma saa jälleensyntymisen aikaan."
Amma: "Poikani, kehomme ympärillä on aura. Siinä missä sanamme on mahdollista tallentaa nauhurille, meidän tekomme jättävät jälkensä auraamme. Aurasta tulee kultainen, jos teot ovat hyviä. Mitä hyvänsä tällaiset ihmiset ryhtyvätkin tekemään, esteet poistuvat ja kaikki kääntyy hyväksi. Mutta niiden aura, jotka tekevät pahoja tekoja, tummuu. Tällaiset ihmiset eivät ole koskaan vapaita esteistä ja ongelmista. Heidän auransa jää maan päälle heidän kuolemansa jälkeen, siitä tulee matojen ja hyönteisten ravintoa ja he syntyvät tänne uudelleen."
Kun oppilaat alkoivat saapua darshania varten, brahmachari kumarsi ja nousi ylös.
Amma ryhtyi tiedustelemaan oppilaidensa hyvinvointia. Yksi heistä laski hänen jalkojensa juureen lahjapaketin, joka oli kääritty kirkkaanväriseen paperiin.
Amma: "Mone[3], miten sinun poikasi voi?"

---

[3] Mone on malayalamin kieltä ja tarkoittaa poikaa.

Oppilas: "Sinun armostasi, Amma, hän sai työnsä takaisin. Saimme hänen vaimoltaan joitakin päiviä sitten kirjeen, jossa hän kertoi poikamme lopettaneen ganjan polttamisen. Hän käyttäytyy hyvin ja puhuu vain sinusta. Hän jopa lähetti ensimmäisen palkkashekkinsä minulle ja pyysi kertomaan sinulle nämä uutiset ja saamaan sinun siunauksesi. Sen takia tulin tänään."

Amma: "Äiti on onnellinen kuullessaan, että hän on lopettanut hashiksen polttamisen. Poikani, kerro hänelle, että Amma on enemmän tyytyväinen hänen käytöksensä muuttumiseen kuin lahjaan, jonka hän lähetti."

Tämän seuraajan poika työskenteli Bhilaissa. Hän oli menettänyt työnsä ryhtyessäänn polttamaan ylenmäärin hashista, ja hän oli joutunut elämään vuoden työttömänä kotonaan Keralassa. Tuossa vaiheessa hän oli tullut tapaamaan Ammaa. Äidin sydän oli sulanut nähtyään pojan vilpittömän halun vapautua tästä tottumuksesta. Amma oli antanut hänelle kasturi-yrttipillereitä jotka hän oli siunannut, ja kehottanut häntä ottamaan yhden pillerin aina, kun hänen teki mieli polttaa hasista. Hän kykeni vähentämään polttamista asteittain ja lopulta lopettamaan sen kokonaan. Muutamia kuukausia sitten hän oli saanut odottamatta vanhan työnsä takaisin.

Oppilas jatkoi: "Kaikki Amman antamat pillerit loppuivat ennen kuin hän lähti kotoa. Nyt hänellä on kasturipillereitä taskussaan. Hän sanoo, että niiden tuoksu riittää."

Amma: "Se johtuu hänen uskostaan. Mikäli uskoa on, ei vain yrtit, vaan jopa kivet tuovat tuloksen."

Amma ei väitä, että mikään tapahtuisi hänen voimiensa ansiosta. Hän, joka oleilee korkeimmassa mielentilassa, opettaa omien toimiensa kautta mitä täydellinen antautuminen korkeimmalle tarkoittaa.

Luku 3

Lauantai 24. elokuuta 1985

Amma saapui perjantaina Kodungalluuriin osallistuakseen iltabhajaneihin Devi-temppelissä. Amman mukana matkustavat opetuslapset yöpyivät erään seuraajan kotona. Aamulla brahmacharit vetivät Lalita Sahasranaman archanan, ja Amma teki aratin kamferilla. Vierailtuaan vielä kolmen oppilaan kotona Amma aloitti seurueineen kotimatkan ashramiin. Lounasaikaan he pysähtyivät tien vierelle. Perhe, joka oli toiminut heidän isäntänään edellisyönä, oli pakannut heille lounastarvikkeet mukaan. Kaikki istuivat ympyrässä, ja Amma jakoi heille ruoan banaanin lehdiltä. Resitoituaan Bhagavad-Gitan 15. luvun he lausuivat vielä brahmar panamin[4] ja söivät sitten lounasta. Joku haki naapuritalosta astian ja nouti sillä vettä läheisestä vesihanasta, jotta kaikki saisivat pestä kätensä. Tätä tapahtumaa katselevat ihmiset saattoivat ihmetellä mielessään, keitä nämä vaeltajat oikein olivat ja mistä he olivat tulossa. Amma matkustaa ympäri maata ajattelematta ruokaa tai unta, levittäen ikuisen rauhan valoa lastensa tielle, jotka kompuroivat pimeydessä. Kun hän kiirehtii lohduttamaan lapsiaan, jotka ovat mayan harhauttamia, ja antaa heille kaiken mitä hänellä on, niin kuinka he voisivatkaan tietää hänen tekemästään korkeimmasta uhrauksesta?

Brahmacharien epäilysten hälventäminen

Matkaseurue ei levännyt lounaan jälkeen vaan matka jatkui. Brahmachari Venulla oli paha korvasärky, joka oli alkanut edellisiltana, eikä hän ollut kyennyt nukkumaan. Amma laittoi

---

[4] Brahmar panam on niin sanottu yagnamantra, tuliuhrirukous, jota käytetään ruokarukouksena.

Ikuinen Viisaus – Yhdistetty painos

hänet pikkubussissa istumaan viereensä ja pyysi lähellä istuvia siirtymään, jotta Venu voisi käydä makuulle. Amma laittoi hänen päänsä syliinsä ja helli häntä. "Tämä päänsärky on seurausta siitä, että pidätit väkisin hengitystä tehdessäsi pranayamaa (hengitysharjoituksia)", Amma sanoi hänelle.

Venu: "Tarkoitatko, että on väärin tehdä pranayamaa?"

Amma: "Ei, ei se väärin ole. Mutta teillä lapsilla ei ole kärsivällisyyttä tehdä sitä oikein. Entisaikaan ihmiset olivat terveitä ja heillä oli kärsivällisyyttä. He kykenivät harjoittamaan näitä asioita oikein. Näinä aikoina ihmisillä ei ole sen enempää terveyttä kuin kärsivällisyyttäkään. On hyvin vaarallista harjoittaa pranayamaa ilman gurun ohjausta."

Ashramissa vierailevasta seuraajien suuresta määrästä johtuen brahmachareilla oli harvoin mahdollisuuksia keskustella Amman kanssa henkisistä asioista. Vain silloin kun he matkustivat hänen kanssaan, he saattoivat istua hänen lähellään ja kuunnella hänen jumalallisia sanojaan.

Brahmachari: "Amma, kumpi on suurempi, Jumala vai guru?"

Amma: "Periaatteessa Jumala ja guru ovat yhtä. Mutta voimme sanoa, että guru on korkeampi kuin Jumala. Gurun armo on ainutlaatuista. Jos guru haluaa, hän voi poistaa Jumalan tyytymättömyyden aikaansaaman vaikutuksen. Mutta Jumalakaan ei voi poistaa sitä syntiä, mikä seuraa siitä, ettei ihminen arvosta gurua. Kun oivallat Jumalan, voit sanoa, että Jumala ja sinä olette yhtä. Mutta silloinkaan et voi sanoa, että olet yhtä gurun kanssa. Guru vihki opetuslapsen mantran käyttöön, mikä johti itseoivallukseen. Gurun osoittama polku vei opetuslapsen päämäärään. Gurulla tulee aina olemaan erityinen asema. Jopa oivallettuaan totuuden opetuslapsi seisoo gurun edessä suuren nöyryyden vallassa."

Luku 3

Brahmachari: "Amma, kuinka monta kertaa meidän täytyy toistaa antamaasi mantraa ennen kuin saavutamme mantrasiddhin[5]?"

Amma: "Ei ole olennaista, kuinka monta kertaa toistatte sitä, vaan kuinka toistatte sitä. Jos vaikka toistatte sitä miljoonia kertoja, mutta elätte samaan aikaan huolettomasti, vailla shraddhaa, niin kuinka voisittekaan saada siitä mitään hyötyä? Se kuinka monta kertaa mantraa tulee toistaa, riippuu sen pituudesta. Japaa tulee harjoittaa keskittyneesti. Kun japaa harjoitetaan suurella keskittyneisyydellä, toistamisen lukumäärällä ei ole väliä. Jopa melko pieni määrä johtaa mantrasiddhiin. Sinun pitää keskittyä joko mantran ääneen tai muotoon. Toistaessasi voit myös keskittyä jokaiseen mantran kirjaimeen erikseen. Aina et saavuta mielen keskittyneisyyttä. Sen tähden sanotaan, että mantraa tulisi toistaa kymmenen miljoonaa kertaa. Mitä enemmän toistat sitä, sitä enemmän keskittyneisyyttä saavutat.

Kysyessäsi, kuinka monta kertaa mantraa pitäisi toistaa, on kuin kysyisit, kuinka paljon vettä tulee antaa kasville, jotta se kantaisi hedelmää. Kasteleminen on välttämätöntä, mutta veden määrä riippuu kasvista, ilmastosta, maaperästä ja niin edelleen. Vesi yksin ei riitä. Kasvi tarvitsee sen lisäksi auringonvaloa, lannoitetta, ilmaa ja suojaa tuholaisilta. Samalla tavoin mantran toistaminen on vain yksi puoli henkistä tietä. Hyvät teot, hyvät ajatukset ja hyveellisten ihmisten seura (satsang) ovat myös tarpeen. Kun kaikki nämä tekijät ovat läsnä, saat hyödyn Jumalan tahdon mukaan."

---

[5] Siddhi tarkoittaa yliluonnollista kykyä; tässä se tarkoittaa kykyä. Mantrasiddhi tarkoittaa täydellistä keskittymistä mantraan ja sen aikaansaamaa ylitietoista tajunnantilaa.

Brahmachari: "Onko mahdollista saavuttaa siddhejä mantran toistamisen avulla?"

Amma: "Siddhit riippuvat keskittymisesi suunnasta. Japa voi johtaa yliluonnollisiin kykyihin, mutta jos käytät siddhejä vailla erottelukykyä, voit joutua harhaan polulta, joka vie lopulliseen päämäärään. Älä ajattele, että voit elää minkälaista elämää hyvänsä, kun olet saanut vihkimyksen mantran käyttöön. Amma tarkkailee sinua. Oletetaan, että matkustat bussilla. Olet ostanut matkalipun, mutta jos tarkastajan tullessa tarkastamaan lippua sinulla ei olekaan sitä, niin sinua pyydetään poistumaan bussista. Asiaan ei ole olemassa lievennystä.

Kun saavutat itseoivalluksen, sinulla on kaikki siddhit. Oivallus on kaikkien siddhien tuolla puolen. Kun olet saavuttanut oivalluksen, koko maailma on käsissäsi. Jos oivalluksen haluamisen sijaan pyydätkin Jumalalta siddhejä, voi sitä verrata siihen, että olet ponnistellut päästäksesi kuninkaan hoviin ja kun lopulta tulet kuninkaan eteen, pyydätkin vain muutamia karviaismarjoja."

Brahmachari: "Kuinka kauan aikaa vie ennen kuin voi saavuttaa näyn Jumalasta?"

Amma: "Me emme voi ennustaa kuinka kauan menee ennen kuin näemme Jumalan. Se riippuu etsijän kaipuusta ja ponnistelun määrästä. Jos matkustamme tavallisella bussilla, emme voi olla varmoja, milloin saavutamme määränpään, sillä bussi pysähtyy monissa paikoissa matkan varrella. Pikavuoro sen sijaan pysähtyy vain muutamissa paikoissa, joten voimme ennustaa melko tarkasti sen perilletuloajan. Samalla tavoin, jos ajattelemme Jumalaa hukkaamatta hetkeäkään ja etenemme täydellisellä takertumattomuudella, niin voimme saavuttaa päämäärän lyhyessä ajassa. Jos sadhanamme ei ole voimallista, ei ole helppoa sanoa, milloin saavumme sinne.

Luku 3

Pyhät kirjoitukset sanovat toisinaan, ettei vie kuin hetken saavuttaa oivallus Jumalasta. Ja kuitenkin toisissa yhteyksissä sanotaan, että on vaikea saavuttaa oivallusta jopa sadankaan elämän jälkeen. Sadhanamme intensiteetti ja edellisissä elämissä saavuttamamme samskarat määrittävät sen ajan, mikä tarvitaan päämäärän saavuttamiseen. Sadhana ei tarkoita vain sitä, että istumme jossakin silmät suljettuina; tarvitsemme jatkuvaa tietoisuutta päämäärästä ja taukoamatonta ponnistelua. Tarvitsemme ennen kaikkea sydämen puhtautta. Jos sydän on puhdas, on helppo saada osakseen Jumalan armo."

Brahmachari: "Amma, tarkoittaako näky Jumalasta samaa kuin Jumaloivallus?"

Amma: "Jotkut ihmiset saavat tiettyjä näkyjä meditaation aikana. Meditaatiossa on olemassa tila, joka ei ole sen enempää hereilläoloa kuin untakaan; sitä voisi kutsua meditaation unitilaksi. Tällaisessa tilassa tavallisesti saadaan näkyjä erilaisista jumalallisista muodoista. Emme voi kutsua näitä näyiksi Jumalasta, eikä meidän tule hurmaantua niistä. Sen sijaan meidän pitää jatkaa eteenpäin."

Kaksi brahmacharia, jotka istuivat pikkubussin takaosassa, eivät kuunnelleet Ammaa. He väittelivät eräästä upanisadin kohdasta, jota opiskelivat parhaillaan. He katsoivat useita kertoja Ammaa, kuunteliko hän heitä. Lopulta Amma vaikeni ja kääntyi heidän puoleensa.

Amma: "Lapseni, älkää hukatko aikaanne yrittämällä päättää, onko puussa oleva hedelmä kypsä vai näyttääkö se vain kypsältä, tai onko se kenties tuholaisten vaivaama. Nouskaa ylös ja poimikaa hedelmä! Älkää tuhlatko aikaa väittelemällä tästä tai tuosta. Toistakaa mantraa jatkuvasti. Jos haluatte henkistä kehitystä, teidän on ponnisteltava jatkuvasti. Ei ole olemassa mitään oikotietä."

Ihmetystä herättäviä kokemuksia

Brahmachari Venun korvasärky oli tässä vaiheessa kadonnut, joko Amman maagisen kosketuksen ansiosta tai sen takia, että hän sai nauttia Amman sanojen nektaria. Kun pikkubussi saapui Alleppyyn, se pysähtyi yhtäkkiä ja kieltäytyi liikkumasta minnekään. Brahmachari Ramakrishnan[6], joka ajoi, huolestui sillä hän ei löytänyt minkäänlaista syytä siihen, miksi pikkubussi oli juuttunut paikoilleen. Hän katsoi Ammaa avuttomana. Amma ei sanonut mitään vaan nousi bussista hymyillen ja lähti kävelemään. Brahmacharit kävelivät hänen kanssaan. Myös Ramakrishnan seurasi häntä tiedustellen, pitäisikö heidän kutsua joku korjaamaan auto tai vuokrata toinen kulkuneuvo, jotta he eivät myöhästyisi. Amman oppilas Shekhar asui lähellä sitä paikkaa, mihin pikkubussi oli pysähtynyt, ja Amma meni suoraan hänen talolleen.

Perheenjäsenet olivat ylitsevuotavan iloisia nähdessään Amman. He olivat jo pitkään toivoneet, että Amma vierailisi heidän kotonaan. Ollessaan tietoisia siitä, että hän palaisi tänään Kodungalluurista, he olivat rukoilleet, että Amma vierailisi heidän luonaan tuona päivänä. He olivat itse asiassa juuri keskustelleet tuosta mahdollisuudesta, ja joku heistä oli ilmaissut epäilyksensä sen suhteen, että Amma tulisi ilman kutsua, kun Amma yhtäkkiä käveli sisään. He tuskin uskoivat silmiään. He toivottivat hänet kunnioittavasti tervetulleeksi ja ohjasivat hänet pujahuoneeseen, missä hän teki aratin kamferilla. Sitten hän kutsui jokaisen perheenjäsenen vuorollaan luokseen ja poisti heidän tuskansa suloisten sanojensa salvalla.

Pian Amma tuli talosta ulos. Ramakrishnan seisoi siellä murehtien vaitonaisena tilannetta. Kun Amma ryhtyi

---

[6] Swami Ramakrishnananda Puri

Luku 3

kävelemään takaisin pikkubussille, Ramakrishnan sanoi hänelle ystävällisesti: "Amma, bussia ei ole vielä korjattu." Päästyään bussiin hän istuutui alas ja sanoi: "Poikani, yritä vielä kerran käynnistää se." Ramakrishnan käynnisti bussin ja se liikkui jälleen ilman minkäänlaista ongelmaa. Hän katsoi säteilevästi hymyillen Ammaa, joka vain hymyili.

He vierailivat matkan aikana vielä parin muun oppilaan kotona, ja saapuivat ashramiin puoli kahdeksan aikaan illalla. Iltabhajanit olivat parhaillaan menossa. Brahmachari Anish[7], henkinen oppilas Swami Chinmayanandan ashramista, Bombaysta, odotteli saadakseen tavata Amman. Tämä oli hänen ensimmäinen vierailunsa tänne ja hänen ensimmäinen darshaninsa Amman kanssa. Amma istuutui vedantakoulun ja kalarin väliselle pihamaalle ja jutteli Anishin kanssa vähän aikaa. Amman mukana matkalla olleet brahmacharit liittyivät laulamaan bhajaneita. Lopulta myös Anish meni sisään. Hän seisoi bhajanien lumoamana unohtaen kaiken muun. Laulu, jota parhaillaan laulettiin, tuntui kertovan hänen oman elämänsä tarinan:

Akalatta kovilil

Kaukaisessa temppelissä paloi aina lampunsydän opastaen niitä, jotka haparoivat pimeydessä.
Tällä tavoin Äiti säteili myötätuntoaan.
Eräänä päivänä vaeltaessani polullani
tuo säteileväinen kutsui minua tulemaa kädellään viittoillen,
Hän avasi salaisen oven,
otti pyhää tuhkaa ja laittoi sitä otsaani.

---

[7] Swami Amritagitananda Puri

*Hän lauloi Jumalan lauluja,
ja omin käsin hän
valmisti minulle sijan missä nukkua.
Mainion unen minä näinkin,
unen, joka julisti totuutta:
Miksi sinä itket?
Etkö tiedä, että olet saapunut
Jumalan pyhien jalkojen juureen?
Heräsin huokaisten
ja näin selkeästi lootuskasvot,
näin ne niin selkeästi.*

Torstai 5. syyskuuta 1985

Väsymätön äiti

Ryhmä seuraajia saapui puolenyön jälkeen. Vaikka he olivatkin lähteneet Kollamista (35 kilometrin päästä) alkuillasta, heidän autossaan oli ollut ongelmia ja oli vienyt kauan aikaa korjata ne. He olivat olleet aikeissa palata kotiin, mutta olivat kuitenkin tulleet ashramiin yhden oppilaan vaatimuksesta. He eivät olleet odottaneet näkevänsä Ammaa yöaikaan, mutta kun he lähestyivät ashramia, he näkivät Amman seisovan yksin kookospalmulehdossa aivan kuin odottaen jotakuta. Kaikki ajatukset koetuista vaikeuksista katosivat hetkessä. Amma istui alas ja keskusteli heidän kanssaan neljään asti aamulla.

Amma kävi pesulla ja tuli jälleen alas kello viideltä. Brahmachari, joka näki tämän, pyysi Ammaa lepäämään. Hän ei ollut nukkunut yöllä lainkaan. Seuraavana yönä olisi bhavadarshan, mikä merkitsisi jälleen unetonta yötä. Amma vastasi: "Ei tulisi nukkua silloin kun archana on meneillään. Teemme tätä

Luku 3

kaikkea jumalallisella sankalpalla. Kaikkien pitäisi olla hereillä archanaa harjoittamassa. Nukkuminen tällaiseen aikaan johtaa laiminlyönteihin. Jos Amma nukkuu archanan aikaan tänään, te teette saman huomenna. Silloin ashramissa ei ole minkäänlaista kuria."

Brahmachari: "Mutta Amma, jos et saa lainkaan lepoa, eikö se vaikuta terveyteesi?"

Amma: "Jumala pitää siitä huolen. Amma ei ole tullut pitämään huolta tästä kehosta. Jos te noudatatte sääntöjä tunnollisesti, Amman terveydelle ei tapahdu mitään."

Tietäen, että vaatimusten jatkaminen ei kannattaisi, brahmachari vetäytyi. Amma meni meditaatiohalliin ja liittyi brahmacharien joukkoon resitoimaan. Archanan jälkeen Amma meni kookospalmulehtoon ja istui alas. Bri. Gayatri toi hänelle kupin teetä. Hän joi siitä puolet ja antoi kupin Gayatrille.

Amma kutsui Brahmachari Sarvatma Chaitanyan, joka oli yleensä Ranskassa levittämässä Amman opetuksia. Nyt hän oli täällä Ammaa tapaamassa. Sarvatma tuli, kumarsi ja istuutui hänen viereensä.

Sarvatma: "Amma, tiedän, ettet ole nukkunut lainkaan viime yönä. Siksi en tullut tapaamaan sinua. Tänään on jälleen bhavadarshan. Sinun pitäisi levätä ainakin vähän aikaa. Minä tulen tapaamaan sinua sen jälkeen."

Amma: "Poikani, eikö sinun pidä mennä takaisin? Ei sinun tarvitse olla huolissasi Amman mukavuudesta. Ei hän nuku useimpina öinä. Kuinka bhavadarshan-öinä olisi aikaa nukkua? Muina öinä Amma lukee kirjeitä ja on hyvin myöhä, kun hän lopettaa.

Koko yön valvomisesta on tullut tapa Ammalle. Eikä se ole alkanut viime aikoina, Amma on ollut tällainen lapsuudestaan alkaen. Hän ei nukkunut sen surun tähden, ettei ollut vielä nähnyt Jumalaa. Jos häntä väsytti, hän teki kehoonsa haavoja pysyäkseen hereillä. Päiväsaikaan hän touhusi ahkerasti taloustöiden parissa ja siinä vaiheessa, kun hän sai kaiken tehdyksi, oli jo yö ja toiset olivat nukkumassa. Vasta silloin hänellä oli aikaa rukoilla kenenkään häiritsemättä. Hän oli hereillä koko yön itkien Jumalaa.

Yö on parasta aikaa rukoilla. Luonto on hiljainen. Kukaan ei häiritse sinua. Kukaan ei tiedä, jos menet merenrantaan. Voit istua siellä yksinäisyydessä."

Sarvatman silmät täyttyivät kyynelistä, kun hän ajatteli Amman uhrausta ja voimallista tapasia. Amma vaihtoi puheenaihetta ja sanoi: "Poikani, mitä halusitkaan kysyä Ammalta?" Sarvatma ei voinut puhua, hän vai istui katsellen hiljaisena Ammaa silmiin.

Selostus lähetystyöstä

Amma sanoi Bri. Gayatrille, joka seisoi lähettyvillä: "Tämä poikani meni moniin paikkoihin pitämään puheita. Toisissa paikoissa oli paljon kuulijoita, mutta toisissa paikoissa hyvin vähän. Hän huolestui, kun yleisöä oli vähän. Hän ajatteli, että ehkä ihmiset eivät tulleet, koska hänen puheensa eivät olleet hyviä. (Kääntyen Sarvatman puoleen): Poikani, miksi olisit huolissasi siitä, kuinka monta ihmistä tulee kuuntelemaan sinua? Etkö tee sitä mitä Amma pyysi sinua tekemään? Ole varovainen vain yhden asian suhteen: osoita suurta nöyryyttä sekä puheissasi että teoissasi. Meidän pitäisi mennä ihmisten tasolle ja kohottaa heidät ylös.

Lapset ovat kiinnostuneita leikkimisestä. He eivät tule sisälle edes syömään ajoissa. Äidin tehtävänä on syöttää lapsi oikeaan aikaan, mutta huutaminen ja selkäsaunan antaminen

Luku 3

eivät toimi. Hänen täytyy kutsua lasta rakkaudella, puhua hänelle hänen tasoltaan. Sitten hän tulee syömään. Yhtä lailla ihmiset eivät välttämättä kiinnostu henkisistä ihanteista välittömästi. Meidän pitää saada heidät kiinnostumaan. Jokainen arvostaa sitä, että häntä lähestytään nöyrästi. Kaikki kaipaavat rakkautta. Meidän pitäisi lähestyä jokaista ihmistä hänen tasoltaan ja sitten kohottaa häntä."

Sarvatma: "Jotkut ihmiset kysyvät, onko sopivaa muodostaa järjestöjä mahatmojen nimissä."

Amma: "Poikani, voit välttää yksilön nimen, mutta jos muodostat jonkinlaisen liikkeen, sillä täytyy lopulta olla jokin nimi. Olkoon se Rakkauden tie tai Atmanin tie. Mikä hyvänsä se onkin, sillä täytyy olla nimi. Sitten sille tulee seuraajia ja siitä muodostuu ryhmä tai järjestö. Se tunnetaan järjestönä, joka edustaa esimerkiksi rakkautta tai uhrautumista. Jonkin ajan kuluttua esille nostetaan kuva henkilöstä, joka aloitti sen ja lopulta se tullaan tuntemaan sen henkilön mukaan tai kenties muutamien henkilöitten mukaan.

Tarvitsemme jonkinlaisen välineen, jotta voimme muuttaa itsekkään ihmismielen ja tehdä siitä laaja-alaisen. Meidän pitää kiinnittää mieli johonkin ihanteeseen. Aivan kuin laittaisimme hevosen aitaukseen ja sitten kesyttäisimme sen. Jotkut ihmiset menevät satgurun luo tätä varten. Gurun nimi symboloi niitä ihanteita, joita hän opettaa oman elämänsä esimerkillä. Toiset voivat omaksua toisenlaisen menetelmän. Jos vältät järjestön viitekehystä, on vaikea saattaa opetukset ihmisten tietoon. Miksi meidän pitäisi jättää käyttämättä järjestön tarjoamat suuret hyödyt vain muutaman haittapuolen takia?

Saatat ihmetellä, miksi maatilan peltojen ympärillä on aita, mutta aita selvästikin palvelee tarkoitustaan. Mitä hyvänsä aloitat, siihen liittyy joitakin rajoituksia. Älä ole huolissasi niistä.

Ikuinen Viisaus – Yhdistetty painos

Pyri näkemään kaikessa vain hyvää. Opeta ihmisiä toimimaan samoin. Sanotaan, että jos annat joutsenelle maidon ja veden sekoitusta, se kykenee ottamaan siitä pelkän maidon. Tarkastele kaikkea laaja-alaisesti. Näe vain se mikä on hyvää. Elä elämäsi tietoisena siitä, mikä on katoavaista ja mikä ikuista.

Tietyissä osissa Intiaa ihmiset käyttävät isänsä nimen ensimmäistä kirjainta oman nimensä nimikirjaimena. Voittaako isä tällä mitään? Kun instituutio muodostetaan, lukemattomat ihmiset tulevat ja hyötyvät siitä. Sanjaasi ei elä itselleen, hän elää opettaakseen toisille korkeimmat periaatteet. Opetuslapset levittävät gurunsa opetuksia juuri tätä tarkoitusta silmälläpitäen. Ashramit on tarkoitettu myös tätä tarkoitusta varten.

Älä näe mahatmoja yksilöinä. He edustavat ihannetta, perimmäistä olemusta. Tämä meidän tulisi nähdä. Guru on tuo Itse, joka läpäisee koko maailmankaikkeuden. Hän voi näyttää meistä yksilöltä. Ne, jotka elävät omalle perheelleen tai jotka toteuttavat omia halujaan, voidaan nähdä yksilöinä. Mutta ovatko mahatmat sellaisia? Eivät, vaan he hyödyttävät koko maailmaa. He tuovat rauhaa tuhansille ihmisille.

Poikani, suurin osa meistä on kasvanut tukeutuen eri yksilöihin. Vain harva meistä on kyennyt kasvamaan tukeutuen pelkästään sisäisiin periaatteisiin. Lapsuudessa olemme riippuvaisia vanhemmistamme. Myöhemmin tukeudumme ystäviimme tai puolisoihimme. Myöhemmin opimme rakastamaan ja palvelemaan vain yksilöitä. Yksin emme kykene elämään henkisten periaatteitten mukaisesti. Mahatmat sen sijaan ovat nimen ja muodon tuolla puolen. Vaikka näetkin heidän toimivan yksilöinä, heillä ei ole egoa. Heissä ei ole yksilön tuntua. Jos tukeudumme mahatmaan, kehitymme hyvin nopeasti ja mielestämme tulee laaja-alainen."

Luku 3

Amma nousi hitaasti ylös, ja Sarvatma Chaitanya kumarsi hänelle. Annettuaan suukon tälle pojalleen, joka oli lähdössä pois, Amma meni majaan antamaan darshania oppilailleen.

Darshanmajan ja vedantakoulun välisessä tilassa oli joitakin kukkapurkkeja, joissa kukat kukoistivat. Kaksi brahmacharia seisoskeli siellä ihastelemassa kukkien kauneutta. Nähdessään Amman tulevan he astuivat syrjään. Amma ohitti yhden ruukuista, jossa oli kuihtunut kasvi. Hän sanoi heille: "Tästä näkee miten tarkkaavaisia olette ulkoisten asioiden suhteen. Olisiko tämä kukka kuihtunut, jos teillä olisi shraddhaa? Eikö se kuivunut, koska kukaan ei antanut sille ajoissa vettä? Voi nähdä, paljonko brahmacharilla on shraddhaa maailmaa kohtaan katsomalla kasveja hänen ympärillään. Se joka rakastaa Jumalaa, rakastaa kaikkia eläviä olentoja ja välittää niistä niiden tarpeiden mukaisesti."

Amma meni majaan ja ryhtyi vastaanottamaan oppilaitaan.

Unniyappam

Naispuolinen oppilas oli tuonut brahmachareille unniyappamia (makeaa välipalaa, joka on tehty riisijauhoista ja raakasokerista ja paistettu öljyssä). Hän antoi ne Ammalle.

Amma: "Tyttäreni, jos tuot näille lapsille tällaisia asioita, niin mitä hyötyä on siitä, että he ovat jättäneet kotinsa? He ovat täällä harjoittamassa luopumista. Mitä Amma voi tehdä, jos kaikki tuovat jokaisen brahmacharin kotoa ruokaa?

Nainen: "Amma, tuomme näitä asioita vain silloin tällöin. Mitä vahinkoa siitä voisi olla?"

Amma: "Jos antaa heille sitä mitä he haluavat, on se heidän vahingoittamistaan, tyttäreni. Ei se ole rakkautta. Todellista rakkautta on pidättyä antamasta heille ruokaa, joka tyydyttää makuaistia. Todellista rakkautta on innostaa heitä hallitsemaan makuaistinsa ja mielensä ja rohkaista heitä siinä. Joka hallitsee mielensä kokonaan, saa maistaa aina nektaria. Mutta kun ruoka ohittaa kurkun, se muuttuu ulosteeksi. Et voi hallita mieltä ilman, että hallitset makuaistia. Jos nämä lapseni kaipaavat vanhempiensa lellimistä ja maukasta ruokaa, mitä hyötyä tänne tulemisesta on? He ovat luopuneet kodistaan ja naapurustostaan ja tulleet tänne aivan eri päämäärä mielessään."

Naisen silmät täyttyivät kyynelistä. "Amma, en tiennyt syyllistyväni noin suureen virheeseen. Näen kaikki täällä olevat lapsinani. En ajattele muuta kuin heidän hyvinvointiaan."

Amma veti naisen lähelleen ja halasi häntä.

Amma: "Tyttäreni, Amma ei halunnut tehdä sinusta onnetonta. Hän halusi vain nähdä, minkälainen mielesi on. Jonkun on täällä täytynyt haluta unniyappamia, ja siksi toit sitä tänne tänään!" Amma nauroi, ja kaikki majassa nauroivat mukana.

"Vaikka Amma sanookin näin, hän itse tekee toisinaan maukasta ruokaa. Hän ajattelee: 'Nämä lapset olivat tottuneet niin suureen mukavuuteen kotona! Ovatko he tyytyväisiä täällä olevaan ruokaan? Kuka muu kuin Amma tekee heille herkkupaloja.' Joten joinakin päivinä Amma itse valmista heille välipalaa.

Kun hän ajattelee tällä tavoin, jotkut seuraajat tuovat tänne välipalaa. Jumalan armosta näiltä lapsiltani ei ole puuttunut mitään. Toisinaan Amman asenne muuttuu ja hän antaa heille vain riisiä. Eikä sen mukana tarjota mitään muuta. Toisinaan hän luo tilanteita, jolloin lasten täytyy olla nälissään. Heidän täytyy tottua myös siihen. Ei tulisi olla makuhermojensa orja. Jos luopuu kielen tuottamasta mausta, saa iloita sydämen mausta."

Amma kutsui Bri. Gayatrin ja antoi hänen vastuulleen unniyappamin jakamisen ashramin asukkaille. Gayatri ei ollut

Luku 3

kuullut majassa käytyä keskustelua. Hän otti paketin Ammalta ja kuiskasi jotakin hänen korvaansa. Amma alkoi nauraa äänekkäästi ja kaikki katsoivat ihmeissään häneen, mistä oikein oli kysymys.

Amma: "Eikös Amma sanonut, että jonkun on täytynyt haluta sitä? Yksi pojistani on kertonut Gayatrille syöneensä sitä kotonaan, ja kuinka mukavaa olisi, jos saisi maistaa sitä jälleen." Kaikki nauroivat.

Darshan jatkui aina kahteen iltapäivällä. Ennen kuin Amma palasi huoneeseensa, hän meni ruokasaliin katsomaan, että kaikki saivat riittävästi ruokaa. Viiden aikaan Amma tulisi jälleen alas iltabhajaneita varten, jotka alkaisivat aiemmin, sillä oli bhavadarsan-päivä.

Perjantai 6. syyskuuta 1985

Brahmachari Neal Rosner[8] talletti videonauhalle ashramin päivittäisiä tapahtumia käyttäen videokameraa, jonka eräs amerikkalainen oppilas oli tuonut edellispäivänä. Hän oli jo kuvannut vedistä resitaatiota ja Sahasranama archanaa, joka tapahtui aikaisin aamulla. Jälki ei kuitenkaan ollut kovin hyvä, ehkä siksi, että Amma ei sallinut ylimääräisen valon käyttöä.

"Jos laitat voimakkaat valot päälle archanan aikana, kaikki menettävät keskittymisensä", Amma sanoi Nealulle. "Mieli pitäisi keskittää kokonaan sinulle rakkaaseen jumalaan tai mantraan. Jumalallinen Äiti on läsnä, kun harjoitamme archanaa. Harjoituksen tarkoituksena on keskittää mieli. Meidän pitäisi ymmärtää se."

Hän sanoo usein, että henkisten etsijöitten ei tulisi sallia itseään valokuvattavan. "Salamavalon välähdys vie etsijältä

---

[8] Swami Paramatmananda Puri

osan hänen voimastaan." Amma muistuttaa meitä jatkuvasti siitä, että on keskityttävä kokonaan siihen mitä teemme kunakin hetkenä.

Alun pitäen Amma ei sallinut videonauhoitusta, mutta Nealu oli seurannut häntä edellisenä iltana ympäriinsä sanoen: "Amma, saamme päivittäin ulkomailta kirjeitä, joissa pyydetään videokuvaa sinusta. Ulkomailla on niin paljon sinun lapsiasi, jotka eivät kykene tulemaan tänne. Eikö tämä ole heitä varten? Itse asiassa he lähettivät tämän kameran. Pyydän Amma, vain tämän kerran..." Lopulta Amma suostui. "Olkoon menneeksi, jos sinä kerran sitä vaadit. Mutta älä estä mitenkään lasteni meditaatiota tai mitään muutakaan. Äläkä seiso minun edessäni tuota pidellen!" Nealun täytyi suostua näihin ehtoihin.

Nealu seisoi kookospalmun takana ja odotti Amman tulevan darshanmajaan, mutta valoa ei ollut tarpeeksi puista johtuen eikä Amma sallinut lisävalaistusta. Lopulta Amma tuli. Hän käveli majaan kirkastaen varjoisat kohdat kookospuiden alla. Nealu seurasi häntä nauttien näkymästä kameransilmän lävitse.

Maailmasta luopunut ja sukulaiset

Erään brahmacharin biologinen äiti odotti Ammaa. Hänen tyttärensä oli myös mukana. Nainen kumarsi Ammalle ja selitti syyn suruunsa.

Nainen (osoittaen brahmacharia): "Amma, olemme aikeissa viettää hänen isänsä syntymäpäiviä. Pyydän, anna hänen tulla kotiimme muutamaksi päiväksi."

Amma: "Mutta Amma on kieltänyt ketään lähtemästä ashramista. Totta kai voit viedä hänet mukanasi, jos hän haluaa lähteä."

Nainen: "Hän ei suostu. Hän tottelee vain sinua, Amma."

Luku 3

Brahmachari seisoi pää painuksissa, kun hänen äitinsä ja sisarensa vetosivat Ammaan. Amma kääntyi hänen puoleensa. "Poikani, etkö mene heidän kanssaan?" Hän nyökkäsi puolinaisesti. Kaikki kolme kumarsivat Ammalle ja lähtivät darshanmajasta.

Iltapäivällä Amma tuli ulos majasta, kun viimeinenkin oppilas oli lähtenyt; häntä oli vastassa onnettoman näköinen brahmachari.

Amma: "Etkö mennytkään? Missä äitisi ja sisaresi ovat?"

Brahmachari: "He lähtivät. Onnistuin jotenkin lähettämään heidät pois."

Amma: "Etkö halua mennä kotiin isäsi syntymäpäiväjuhliin?"

Brahmachari: "En, Amma. Olen onnellinen, jos et painosta minua menemään. Ainoa surunaiheeni on, että en totellut sinua."

Amma oli ollut matkalla huoneeseensa, nyt hän pysähtyi. Hän ei hymyillyt. Hänen kasvonsa olivat vakavat, mutta samalla täynnä rakkautta. Hän istuutui rappusille, brahmachari istuutui hänen jalkojensa juureen, Amma katsoi häntä suoraan silmiin.

Amma: "Poikani, brahmacharin ei pitäisi ylläpitää siteitä perheeseensä. Se on sama kuin soutaisi venettä, joka on sidottu rantaan kiinni. Hän ei pääse edistymään sadhanassa. Tilanne on sama, kuin jos mielesi on täynnä ajatuksia. On kuin soutaisit venettä vedessä, joka on täynnä meriheinää. Otat sata aironvetoa, mutta etenet vain tuuman.

Kun keskustelet perheenjäsentesi kanssa tai luet heidän kirjeitään, kuulet kaikki kodin ja naapuruston uutiset. Joten mikä merkitys on sillä, että sanot jättäneesi kotisi? Mielesi viipyilee kotona ja naapurustossa. Kun kaikki nuo ajatukset ovat mielessäsi, miten kykenet keskittymään? Mielesi on täynnä ajatusaaltoja.

Alkuvaiheessa etsijän ei pitäisi lukea edes sanomalehteä. Kun luet sanomalehteä, uutiset eri puolilta maailmaa jättävät jälkensä mieleesi. Jotkut lapsistani lukevat sanomalehteä ja tulevat kertomaan Ammalle kaikki uutiset. Amma teeskentelee kuuntelevansa voidakseen tutkia heidän mieltään. Seuraavana päivänä he tulevat kertomaan lisää uutisia, mutta ei Amma odota sinun toimivan näin. Brahmacharilla pitäisi olla täydellinen Jumalalle antautumisen asenne. Hänen tulisi olla vakuuttunut siitä, että Jumala pitää huolen hänen perheestään. Jos hänellä on tällainen vakaa usko, Jumala todellakin pitää hyvää huolta hänen perheestään. Eikö Krishna itse tullut Koruur Amman[9] avuksi?

Poikani, jos kaadamme vettä puun juurelle, se tavoittaa oksistonkin. Mutta jos kaadamme vettä oksille, puu ei siitä hyödy ja näin ponnistelumme menee hukkaan. Jos rakastamme Jumalaa, se on sama kuin rakastaisimme kaikkia. Se hyödyttää kaikkia, sillä Jumala asustaa kaikkien sisällä. Hänen kauttaan rakastamme kaikkia. Mutta jos luomme riippuvuussiteen vain yksilöihin, se johtaa sen sijaan suruun.

Opetellessamme ajamaan meidän pitää mennä aluksi tyhjälle kentälle harjoittelemaan. Muussa tapauksessa voimme olla vaaraksi itsellemme ja toisille. Kun olemme oppineet ajamaan, hallitsemme auton helposti, jopa kovan ruuhkan keskellä. Samalla tavoin sadhakan pitäisi aluksi pysytellä erossa perheestä ja ystävistä ja harjoitella yksinäisyydessä. Muuten on vaikea kiinnittää mieltä Jumalaan. Mutta kun hän etenee sadhanassa,

---

[9] Koruur Amma oli papistoon kuuluva nainen ja suuri Krishnan seuraaja. Monet tarinat kertovat kuinka Krishna ilmestyi hänelle avun hetkellä.

Luku 3

hän kykenee näkemään jokaisen Jumalana ja rakastamaan ja palvelemaan heitä. Hänen henkinen voimansa ei mene hukkaan. Poikani, jos pidät yllä yhteyttä sukulaisiisi, menetät kaiken voiman mitä sinulla on. Riittää, jos kirjoitat äidillesi kirjeen. Kirjoita vain henkisistä asioista. Jos satut menemään kotiin, nuku vain pujahuoneessa, ja jos joku tulee puhumaan sinulle perheasioista, älä kallista heille korvaasi. Puhu vain henkisistä asioista."

Amman sanat saivat brahmacharin sydämen rauhoittumaan. Hän kumarsi ja lähti, Amma meni huoneeseensa.

Merenrannalla

Puoli kuuden aikaan illalla Amma laskeutui huoneestaan ja kutsui kaikki brahmacharit kanssaan menenrantaan. Kun he saapuivat hiekkarannalle, Amma oli jo syvässä meditaatiossa. Kaikki istuutuivat hänen ympärilleen ja sulkivat silmänsä. Amman läheisyys ja meren ääni hiljensivät kaikki ulkomaailmaa koskevat ajatukset.

Kahden tunnin kuluttua Amma avasi silmänsä, nousi ylös ja alkoi kävellä hiljalleen hiekkarantaa pitkin. Kun hän asteli lähelle vettä, valtameren aallot tuntuivat kilpailevan siitä, mikä niistä saisi suudella hänen jalkojaan; ne muutamat onnekkaat, jotka onnistuivat, sulautuivat takaisin mereen, täydellisen tyytyväisinä. Pimeys laskeutui ja Amman vaatteet loistivat pimeydessä omaa valoaan. Jatkaessaan kävelyä rantaviivaa pitkin Amma ryhtyi laulamaan pehmeästi silmät horisonttiin kiinnitettyinä. Hän näytti olevan sulautunut jumalalliseen mielentilaan. Hänen mukanaan kulkevat liittyivät mukaan laulamaan

Omkaramengum

'Om' värähtelee kaikkialla
kaikuen jokaisessa atomissa;
lausukaamme yhdessä
mieli rauhan tilassa: 'Om shakti.'

Surun kyyneleet vuotavat yli äyräiden,
ja nyt Äiti on minun ainoa tukeni ja turvani.
Siunaa minut kauniilla käsilläsi,
sillä minä olen luopunut
kaikista maallisista nautinnoista.

Kuoleman pelko on kadonnut,
en halua fyysistä kauneutta.
Haluan muistaa kaiken aikaa
sinun olemustasi, joka loistaa Shivan valoa.

Olen täynnä sisäistä valoa.
Se vuotaa yli äyräiden ja säteilee edessäni,
ja minä olen juopunut antaumuksesta,
sulaudun sinun hahmosi kauneuteen.

Kun laulu loppui, Amma käveli takaisin ashramiin, ja kaikki seurasivat häntä hiljaisuuden vallassa. Kun Amma saapui ashramiin, hän istuutui länsireunalla olevalle hiekalle. Nähdessään, että hän kaipasi yksinoloa, brahmacharit vetäytyivät yksi kerrallaan.

Ohjeita brahmachareille

Kun Amma oli lopettanut oppilaiden vastaanottamisen, hän ilmestyi darshanmajasta ja käveli kohti brahmacharien majoja.

Luku 3

Toisinaan hän tutki heidän huoneensa nähdäkseen, oliko kaikki järjestetty nätisti, säilyttikö kukaan tarpeettomia esineitä yksityiskäyttöään varten ja oliko huoneet lakaistu päivittäin. Hän ei halunnut nähdä enempää kuin yhden kirjaston kirjan kenenkään huoneessa, eikä yhtään ylimääräistä dhotia[10] tai paitaa kuin oli ehdottoman välttämätöntä. Ammaa oli mahdotonta yrittää huiputtaa.

Eräänä päivänä, kun Amma huomasi erään brahmacharin levittäneen kaislamaton maton päälle nukkuakseen siinä, Amma huomautti: "Meidän tapanamme oli nukkua paljaalla sementtilattialla tai maalattialla. Eikä meillä yleensä ollut edes mattoa tai lakanoita. Toisinaan koko perhe nukkui yhdessä matolla, joka oli levitetty lattialle, ja vauvat kastelivat maton. Niin me kasvoimme. Gayatri voi kertoa teille, että Amma nukkuu yhä paljaalla lattialla, vaikka hänellä onkin kenttäsänky ja patja. Te lapset olette kasvaneet kotonanne mukavuuksien keskellä. Teidän olisi vaikea nukkua maalattialla."

Brahmachari rullasi äkkiä maton lattialta.

Tuona päivänä Amma meni yhteen majoista ja poimi paketin kirjoituspöydän alta. Hän näytti tietävän tarkalleen, missä se oli, aivan kuin olisi itse laittanut sen sinne.

"Poikani, mikä tämä on?" hän tiedusteli brahmacharilta, joka asui siellä. Tämä kalpeni. Amma istui lattialle ja avasi paketin. Se sisälsi ariyundasia (makeita palloja, jotka on tehty riisijauhosta).

"Vanhempasi toivat nämä rakkaalle lapselleen. Eikö niin?" Brahmacharin pää painui riipuksiin. Se oli totta, hänen vanhempansa olivat tuoneet ne päivää aiemmin. Hän oli pyytänyt heitä antamaan paketin Gayatrille, jotta tämä olisi jakanut ne

---

[10] Dhoti on hamemainen vaatekappale, jota miehet pitävät Etelä-Intiassa.

kaikille, mutta he eivät olleet kuunnelleet. "Me toimme erillisen paketin Ammalle ja hänen muille lapsilleen. Tämä on yksin sinua varten", he olivat sanoneet. Kun he esittivät asian näin, hän ei enää vastustellut.

Muutamat brahmacharit olivat seuranneet Ammaa majaan. Hän antoi nyt jokaiselle yhden ariyundan.

Amma: "Poikani, Amma haluaisi nähdä sinun viipaloivan jopa banaanin sataan osaan ja antavan jokaiselle palasen. Useat ihmiset tuovat makeisia ja välipaloja Ammalle, mutta ei hän voi syödä mitään yksin. Hän säästää kaiken lapsilleen. Toisinaan hän laittaa hyppysellisen suuhunsa, vain tehdäkseen heidät iloisiksi. Tiedättekö, kuinka paljon vaivaa ihmiset näkevät tehdäkseen Ammalle jotakin, paketoivat sen ja tuovat tänne, käyttävät rahaa bussimatkoihin ja muuhun sellaiseen?" Hän vaikeni ja kysyi sitten brahmacharilta: "Poikani, tekikö Amma sinut onnettomaksi?"

Amma painoi brahmacharin pään syliinsä. Hän mursi yhden makeisen ja laitettuaan palasen omaan suuhunsa hän syötti loput pojalleen. Tämä vain lisäsi opetuslapsen surua. Amma sanoi: "Älä itke, poikani! Amma sanoo näin vain sen takia, ettet olisi riippuvainen perheestäsi. Ainakaan et syönyt kaikkea itse, vaan pidit loput tallessa. Jos kyseessä olisi ollut joku toinen, emme olisi nähneet edes käärepaperia, vai kuinka?" hän tiedusteli toisilta hymyssä suin.

Vaihtaakseen puheenaihetta Amma kurottautui ja otti käteensä kirjan. Kirja oli pölyn peitossa. Hän puhdisti pölyn pois. Se oli sanskritin kielen alkeiskirja.

Amma: "Etkö ole osallistunut sanskritin kielen kurssille?"

Brahmachari: "En mennyt kahdelle tai kolmelle viimeisimmälle tunnille, Amma. Kielioppi ei jää minun mieleeni lainkaan."

Luku 3

Amma: "Kun katsoo tätä kirjaa, näyttää siltä, ettet ole koskenut siihen ainakaan kuukauteen. Poikani, et saisi tällä tavoin laiminlyödä oppikirjojasi. Oppiminen on Devi Saraswatin muoto. Sinun pitäisi lähestyä oppimista shraddhalla ja antaumuksella. Milloin hyvänsä poimit käteesi tai lasket kädestäsi kirjan, sinun tulisi koskettaa sitä kunnioituksella ja kumartaa sille. Pidä kirjat siisteinä ja puhtaina. Tuon kaiken me saimme oppia.

Jos olet haluton oppimaan sanskritin kieltä, kuinka voit ymmärtää pyhiä kirjoituksiamme? Sanskrit on meidän äidinkielemme. Et voi oppia arvostamaan upanisadeja tai Gitaa ymmärtämättä sanskritin kieltä. Ymmärtääksesi mantroja ja resitatiiveja sinun pitäisi oppia ne tuolla kielellä. Se on meidän kulttuurimme kieli. Emme voi erottaa Intian kulttuuria sanskritin kielestä. On totta, että voimme ostaa pyhien tekstien käännöksiä toisilla kielillä, mutta eivät ne vastaa alkuperäistä. Jos haluat tietää hunajan maun, sinun on maistettava sitä sellaisenaan. Jos sekoitat sen jonkin muun kanssa, et maista sen alkuperäistä makua. Jopa sanskritinkielisten sanojen lausuminen on hyväksi henkiselle hyvinvoinnillemme.

Mutta lapseni, on tärkeää, ettette opiskele sanskritia vain osoittaaksenne oppineisuuttanne. Tehkää se edistääksenne vain henkistä puhdistumistanne. Tarkastelkaa sanskritin kieltä vain välineenä tähän. Kun löydätte sanomalehdestä ilmoituksen, mistä voitte ostaa mangoja, on fiksumpaa mennä ostamaan mangoja ja nauttia niistä, eikä vain katsoa niiden kuvaa lehdestä. Älä ole kuitenkaan huolissasi, poikani. Yritä täst'edes opiskella sanskritin kieltä ahkerasti.

On hyvä tuntea sanskritin kieltä. Mutta sinun ei tarvitse käyttää koko elämääsi kieliopin opiskelemiseen. Jos menet tänä päivänä ihmisten eteen esittelemään sanskritin kielen taitojasi, eivät he arvosta sitä paljoakaan. Kaikki pyhät kirjoitukset syntyivät viisaiden tietoisuudessa, viisaiden, jotka elivät tapasin täyttämää elämää. Tapas tekee kaikesta selkeää ja läpinäkyvää. Henkilö, joka harjoittaa tapasia, voi oppia päivässä sen, minkä oppimiseen tavalliselta ihmiseltä menee kymmenen päivää. Sen tähden tapas on tärkeää. Sanskrit ja vedanta ovat myös tärkeitä ja niitä on hyvä opiskella. Mutta opiskelemme niitä tietääksemme, mikä on elämämme päämäärä ja mitä tietä meidän tulee kulkea. Kun tiedämme sen, meidän pitäisi yrittää edetä tuolla tiellä.

Kun tulemme rautatieasemalle, katsomme juna-aikatauluja, ostamme lipun ja nousemme asianomaiseen junaan. Monia ihmisiä, jotka pitävät itseään oppineina, voisi verrata heihin, jotka seisovat asemalla opettelemassa juna-aikatauluja ulkoa. He eivät ota oppineisuuttaan käyttöön.

Jos meillä on laukullinen sokeria, täytyykö meidän syödä se kaikki tietääksemme, että se on makeaa? Kun olemme nälkäisiä, meidän pitäisi syödä vain sen verran, että tulemme kylläisiksi. Ei meidän tarvitse syödä kaikkea mitä keittiöstä löytyy. Niin sanotut oppineet eivät ajattele tällä tavoin. He näyttävät haluavan syödä kaiken ja hukkaavat näin elämänsä.

Suurimmalla osalla oppineista on vain tietoa, ei kokemuksia. Ja mikä on lopputulos? Opiskeltuaan jopa 90-vuotiaiksi saakka he eivät pääse surustaan. Suurin osa heistä istuu kotona muistelemassa mitä ovat oppineet. Jos he olisivat oppineet sen mikä on tarpeen ja harjoittaneet samanaikaisesti tapasia, heidän tiedostaan olisi ollut hyötyä heille ja maailmalle. Siksi Amma sanoo, että sinun tulisi opiskella pyhiä kirjoituksia tiettyyn rajaan asti, mutta sitten sinun pitäisi harjoittaa tapasia. Vain se kohottaa opiskelusi kokemuksen tasolle, tuo sinulle rauhan ja mahdollistaa sen, että voit tehdä maailmalle jotakin hyvää.

Luku 3

Kun olet opiskellut ja saavuttanut voimaa henkisen itsekurin ansiosta, palvele toisia ja pelasta sillä tavoin monia ihmisiä. Jotkut yksilöt istuvat temppelin edessä lukien Gitaa ja upanisadeja, mutta jos joku lähestyy heitä, he kavahtavat ja huutavat: 'Älä koske minua, älä koske minua!' Minkälaista on heidän antaumuksensa? Nauhuri toistaa sen, mitä muut ovat sanoneet. Samalla tavoin nämä ihmiset sylkevät suustaan viisauden sanoja, jotka joku toinen on sanonut, mutta he eivät kykene soveltamaan tietoaan omaan elämäänsä. He eivät osaa olla rakkaudellisia ketään kohtaan, sillä he eivät ole ikinä vapaita ylpeydestä ja kateudesta. Mitä hyötyä on sellaisesta oppineisuudesta? Lapseni, meidän täytyy rakastaa lähimmäisiämme ja olla myötätuntoisia niitä kohtaan, jotka kärsivät. Ilman sitä emme voi koskaan saavuttaa Jumalaa. Ilman rakkautta toisia kohtaan olemme vain itsekeskeisiä olentoja."

Ammaa kuunteleva brahmachari kysyi: "Jos meditaatio johtaa todelliseen tietoon, miksi emme voi vain meditoida kaiken aikaa? Mihin tarvitaan oppitunteja? Mihin tarvitaan karmajoogaa?"

Amma: "Sehän sopii. Mutta kuka kykenee meditoimaan päivän jokaisena tuntina? Jos istumme tunnin meditaatiossa, saavutammeko edes viiden minuutin keskittyneisyyttä? Siksi Amma sanoo, että meditoituamme meidän on työskenneltävä maailman hyväksi. Ei pidä torkkua meditaation nimissä ja olla rasitteeksi maailmalle. Olemme syntyneet ja meidän tulee olla hyödyksi maailmalle ennen kuin lähdemme täältä.

Jos joku kykenee meditoimaan 24 tuntia päivässä, se on oikein hyvä. Amma ei lähetä häntä minnekään. Amma järjestää hänelle kaiken tarvittavan. Mutta kun istut meditoimaan, sinun pitäisi todella meditoida. Se ei ole meditaatiota, jos mieli vaeltaa tuhannessa paikassa, kun itse istut yhdessä paikassa. Mieli pitää keskittää Jumalaan, silloin siitä tulee meditaatiota. Jos teet työsi Jumalaa muistaen ja mantraasi toistaen, silloin sekin on meditaatiota. Meditaatio ei ole vain sitä, että istut hiljaa.

Brahmachari: "Amma, mitä ehdotat? Miten meidän pitäisi palvella maailmaa?"

Amma: "Ihmiset ovat tänä päivänä hukassa, tietämättä mitä kulttuurimme merkitsee. Meidän pitäisi saada heidät ymmärtämään, mitä todellinen samskara tarkoittaa. Lukemattomat ihmiset kärsivät köyhyydestä, sekä aineellisesta että henkisestä. Meidän pitäisi pyrkiä poistamaan se. Jos meillä ei ole ruokaa mitä antaa nälkäisille, meidän pitäisi jopa lähteä kerjäämään sitä ruokkiaksemme heidät. Sitä on todellinen voima. Ei meidän pitäisi harjoittaa tapasia vain oman vapautuksemme tähden. Sitä tulisi harjoittaa saadaksemme voimaa palvella maailmaa. Kun mielestä tulee näin myötätuntoinen, jumaloivallus seuraa pian. Voimme saavuttaa päämäärämme nopeammin myötätuntoisen palvelemisen avulla kuin pelkästään tapasin avulla."

(Nauraen): "Mutta mitä hyötyä on hänestä, joka tapasin nimissä istuskelee puoliunessa siellä ja täällä, eikä palvele ketään?"

Brahmachari: "Amma, oppikaamme ensin keitä me olemme. Emmekö voi odottaa siihen asti alkaaksemme sitten palvella maailmaa? Tällä hetkellä niin moni ihminen väittää palvelevansa maailmaa. Maailma ei ole muuttunut siitä hiukkaakaan. Eikö toisaalta ole totta, että yksikin henkilö, joka on saavuttanut vapautuksen, voi muuttaa koko maailman?"

Amma sulki silmänsä. Hän katseli vähän aikaa sisälleen, sitten hän avasi hitaasti silmänsä.

Amma: "Lapseni, jos sanotte, ettette voi tehdä palvelutyötä, että haluatte vapautusta, osoittakaa siinä tapauksessa sellaista intensiteettiä! Kellä on sellainen kaipuu, ei hukkaa hetkeäkään ajattelematta Jumalaa. Syöminen ja nukkuminen eivät merkitse

Luku 3

hänelle mitään. Hänen sydämensä kaipaa kaiken aikaa suunnattomasti Jumalaa."

Muistoja Amman lapsuudesta

Kyyneleet täyttivät Amman silmät. Sitten hän puhui muistoistaan, oman lapsuutensa koskettavista tapahtumista.

Amma: "Kun Amma alkoi etsiä Jumalaa, hän riutui tuskasta siihen saakka, kunnes saavutti päämäärän. Kyyneleet eivät milloinkaan loppuneet. Uni ei tullut. Kun aurinko laski, hänen sydämensä oli levoton. Menikö tämäkin päivä hukkaan? Onko hän tuhlannut jälleen päivän tuntematta Herraa? Suru oli liikaa kestettäväksi. Hän oli koko yön hereillä ajatellen, että jos hän ei nukkuisi, päivä ei menisi hukkaan. Alati mielessä oli tämä kysymys: 'Missä sinä olet? Missä sinä olet?' Kykenemättä kestämään sitä tuskaa, ettei saanut nähdä Herraa, hän puri ja raapi omaa kehoaan. Toisinaan hän kieri lattialla, itki ääneen, kutsui Herraa hänen eri nimillään. Hän purskahti spontaanisti itkuun. Eikä hän halunnut nauraa. Mitä iloa on nauramisesta, kun et ole vieläkään saanut tuntea Jumalaa? 'Kuinka voin iloita tuntematta sinua? Miksi minun pitäisi syödä, kun en tunne sinua? Miksi kylpeä?' Amman päivät kuluivat tällä tavoin."

Amma vaikeni hetkeksi ja jatkoi sitten: "Kun koet voimallista takertumattomuutta, saattaa olla, ettet pidä maailmasta. Mutta sinun täytyy mennä myös tuon vaiheen yli. Sinun on nähtävä, että kaikki on Jumalaa.

Amma tunsi suurta rakkautta köyhiä kohtaan ollessaan nuori. Kun he näkivät nälkää, hän varasti ruokaa kotoa ja vei sen heille. Tuntiessaan myöhemmin sietämätöntä tuskaa, koska ei ollut nähnyt Jumalaa, hän kääntyi koko maailmaa vastaan. Hän oli vihainen luonnolle. Hän sanoi: 'En pidä sinusta lainkaan, luontoäiti, koska saat meidät tekemään asioita, jotka ovat väärin!' Hän sylki luontoäitiä ja huusi hänelle käyttäen kaikenlaisia sanoja, mitkä vain tulivat hänen mieleensä. Siitä tuli eräänlaista hulluutta. Kun ruokaa tuotiin hänen eteensä, hän sylkäisi siihen. Se oli hyvin vaikea tila. Hän oli vihainen kaikelle. Hän halusi heittää mutaa kaikkien päälle, jotka tulivat hänen lähelleen. Nähdessään jonkun kärsivän hän ajatteli sen johtuvan hänen itsekkyydestään, kun hän näin joutui vain kokemaan oman karmansa seurausvaikutuksia. Mutta tämä asenne muuttui pian. Hän alkoi ajatella: 'Ihmiset tekevät virheitä tietämättömyytensä takia. Jos annamme heille anteeksi ja rakastamme heitä, he lopettavat virheiden tekemisen. Jos suutumme heille, eivätkö he vain toista pahoja tekojaan?' Kun tällaiset ajatukset heräsivät, hänen sydämensä täyttyi myötätunnolla. Hänen vihansa katosi kokonaan."

Amma istui vaipuneena hetkiseksi meditaatioon. Jokainen loi mielessään kuvan Amman lapsuudesta oman mielikuvituksensa mukaisesti. Luontoäiti, joka oli todistanut nuo vertaansa vailla olevat tapahtumat, oli sekin hiljainen ja tyyni.

Amma sanoi syvällä äänellä: "Lapseni, sydämenne tulisi aina sykkiä kaipuuta Jumalaan. Vain ne, jotka ovat toimineet näin, ovat saavuttaneet vapautuksen."

Amman neuvot takertumattomuudesta ja kaipuusta vapautukseen koskettivat kuulijoitten sydäntä. He seisoivat hiljaa, ulkomaailman unohtaneina.

Luku 3

Neljäs luku

Perjantai 20. syyskuuta 1985

Brahmacharit ja perheelliset

Muutamia oppilaita seisoskeli meditaatiohallin edessä odottamassa Ammaa. Annettuaan brahmachareille meditaatio-ohjeita hän ilmestyi näkösälle ja tervehti oppilaitaan: "Mistä tulette, lapseni?"

Oppilas: "Kollamista, Amma."

Amma: "Oletko ollut täällä ennen, poikani?"

Oppilas: "Yritin tulla pari kolme kertaa aiemmin, mutta joka kerran matka peruuntui jonkin odottamattoman syyn takia. Eikö ole totta, että meidän halumme ei yksin riitä siihen, että saisimme mahatman darshanin? Matkustan usein Kanyakumariin liiketoimieni vuoksi, mutta toistaiseksi en ole kyennyt tapaamaan Mayiammaa siellä. En tiedä, miksi. Vierailen usein ashrameissa. Viime vuonna menin perheeni kanssa Rishikeshiin."

Amma: "Löydät aikaa kaikelle tälle kiireisen työsi keskellä, se itsessään on Jumalan siunausta."

Oppilas: "Se on ainoa asia, mikä saa minut pysymään tasapainoisena. Miten muuten kykenisin nukkumaan rauhallisesti kaikkien liiketoimieni keskellä? Se, että minulla on suhde ashrameihin ja sanjaaseihin, antaa minun kokea helpotusta elämän ongelmien keskellä ja se tuo minulle rauhan. Jos minulla ei olisi tätä elämääni, olisin jo kauan aikaa sitten turvautunut alkoholiin."

Amma: "Oi Shiva! Shiva!"

Oppilas: "Amma, vaikka olenkin vieraillut monissa ashrameissa, en ole koskaan aiemmin tuntenut ilmapiirin olevan näin täynnä jumalallisuutta kuin tässä paikassa. En ole myöskään nähnyt missään muualla näin monia nuoria ashramin asukkaita."

Amma: "Täällä olevat lapseni tapasivat Amman, kun he olivat yliopistossa tai työskentelivät erilaisissa työpaikoissa. He luopuivat kaikesta ja tulivat Amman luo, vaikka suurin osa heistä ei tuntenut henkisyyden merkitystä tai meditaatiota. He näyttivät joutuneen jonkinlaisen hulluuden valtaan, kun he näkivät Amman. Heidän kiinnostuksensa ei ollut enää opinnoissa tai työssä. He eivät enää syöneet oikeaan aikaan eivätkä pesseet vaatteitaan. He eivät huomioineet enää mitään eivätkä lähteneet Amman viereltä minnekään. Hän yritti ajaa heidät pois, mutta he eivät lähteneet. Lopulta Amman piti hyväksyä häviö, hänen täytyi pitää heidät täällä. Vaikka Amma on heille kaikki kaikessa, heidän täytyy silti harjoittaa sadhanaa. Tänä päivänä, Ammaa kohtaan tuntemansa rakkauden ansiosta, he eivät ole enää kiinnostuneita ulkomaailmasta. He eivät kuitenkaan kykene pitämään tätä asennetta yllä ilman sadhanan harjoittamista.

Eikö Amman täydy pitää kaikin tavoin huolta heistä, näistä lapsistaan, jotka ovat turvautuneet häneen? Aiemmin hänellä oli aikaa huomioida heitä, mutta nyt hän ei kykene antamaan heille tarpeeksi huomiota oppilaiden kasvavan määrän tähden. Sen vuoksi, milloin hyvänsä hänellä on aikaa, hän komentaa

Luku 4

heidät istumaan aloilleen ja meditoimaan, niin kuin hän teki juuri nyt. Sen lisäksi hän on sanonut heille, että he kertoisivat hänelle heti, jos heillä on ongelmia. Heidän ei tarvitse odottaa sopivaa ajankohtaa sille. Onhan hän, loppujen lopuksi, heidän ainoa äitinsä, isänsä ja gurunsa."

Oppilas: "Amma, minä kadun sitä, että olen perheellinen. Kykenenkö saavuttamaan itseoivalluksen?"

Amma: "Poikani, Jumalan silmissä ei ole olemassa perheellisiä ja brahmachareja. Hän katsoo ainoastaan mieltämme. Voit elää todella henkistä elämää ollessasi perheellinen. Kykenet nauttimaan Itsen autuutta, mutta mielesi täytyy olla Jumalassa kaiken aikaa. Silloin voit helposti saavuttaa autuuden. Emolintu ajattelee pesässä olevia pienokaisiaan, jopa silloin kun se etsii niille ruokaa. Samalla tavoin sinun täytyy pitää Jumala kaiken aikaa mielessäsi suorittaessasi maallisia toimiasi. Tärkeää on olla kokonaan antautunut Jumalalle tai gurulle. Kun omaat tällaisen antautumuksen, päämäärä ei ole enää kaukana.

Kerran guru saapui opetuslapsineen erääseen kylään pitämään henkisiä esitelmiä. Eräs liikemies perheineen tuli joka päivä kuuntelemaan hänen puheitaan. Kun satsangit olivat ohi, hänestä tuli gurun oppilas, ja hän ja hänen perheensä päättivät ryhtyä elämään gurun ashramissa.

Kun guru palasi ashramiinsa, hän näki liikemiehen odottavan perheineen. He kertoivat gurulle päätöksestään elää ashramissa. Guru kertoi heille ashram -elämän vaikeuksista, mutta koska hänen selostuksensa ei saanut oppilasta luopumaan ajatuksestaan, guru suostui lopulta. Ja niin liikemiehestä ja hänen vaimostaan tuli ashramin pysyviä asukkaita.

He osallistuivat ashramin töihin siinä missä muutkin asukkaat. Opetuslapset eivät kuitenkaan pitäneet siitä, että maallikko asui perheineen ashramissa. He alkoivat valittaa liikemiehestä ja hänen perheestään. Guru päätti osoittaa opetuslapsilleen uuden oppilaan antautumisen voiman. Hän kutsui oppilaan luokseen ja sanoi tälle: 'Olette luopuneet kodistanne ja omaisuudestanne, eikä teillä ole enää mitään. Valitettavasti täällä ashramissa ei kuitenkaan ole riittävästi varoja. Olemme pärjänneet jotenkin, koska brahmacharit ovat työskennelleet kovasti. Olisi ollut helppoa, jos olisit ollut yksin; on vaikea huolehtia sekä vaimosi että lastesi kustannuksista. Joten huomisesta lähtien sinun pitää mennä töihin ja ansaita riittävästi heidän ylläpitämisekseen.' Oppilas suostui.

Hän löysi seuraavana päivänä työpaikan läheisestä kaupungista, ja joka ilta hän toi gurulleen sen mitä oli ansainnut. Muutaman päivän kuluttua opetuslapset alkoivat valittaa jälleen. Niinpä guru kutsui jälleen oppilaan luokseen ja sanoi: 'Raha jonka tuot riittää sinun ylläpitämiseen, mutta se ei riitä vaimosi ja lastesi ylläpitämiseen. Koska ashram on vastannut näistä menoista tähän asti, sinun täytyy työskennellä kaksi kertaa enemmän maksaaksesi velkasi ashramille. Vasta sen jälkeen sinä ja perheesi voitte syödä ashramissa.'

Oppilas kutsui vaimonsa ja lapsensa luokseen ja selitti heille: 'Kunnes olemme maksaneet velkamme, meidän ei pitäisi syödä täällä. Olisimme taakaksi gurulle ja se olisi synti. Minä tuon teille ruokaa illalla. Olkaa kärsivällisiä siihen asti.' He suostuivat. Seuraavasta päivästä lähtien hän työskenteli aamusta myöhäiseen iltaan ja antoi kaikki ansionsa gurulle. Hän jakoi vaimonsa ja lastensa kanssa sen ravinnon, minkä sai työpaikaltaan. Joinakin päivinä heillä ei ollut lainkaan syötävää, ja silloin perhe joutui olemaan nälässä.

Toiset opetuslapset olivat hämmästyneitä nähdessään, että oppilas ja hänen perheensä eivät lähteneet ashramista näistä vaikeuksista huolimatta. He valittivat jälleen gurulle: 'Nykyisin

Luku 4

liikemies tulee takaisin myöhään illalla. Hän ansaitsee rahaa ulkopuolella, kun hänen vaimonsa ja lapsensa elävät mukavasti täällä ashramissa. Kuinka miellyttävä järjestely!'

Tuona iltana guru odotti oppilasta. Kun hän tuli ja kumartui gurun jalkojen juureen, tämä sanoi hänelle: 'Olet petturi! Älä kumarra minulle. Pidät perhettäsi täällä samalla kun keräät itsellesi omaisuutta työskentelemällä ulkopuolella, ja silti väität antavasi kaiken mitä ansaitset ashramille.' Oppilas ei sanonut mitään vastaukseksi. Hän kuunteli gurua yhteenliitetyin käsin. Sitten hän meni hiljaa omaan huoneeseensa.

Myöhään illalla guru kutsui kaikki opetuslapsensa ja sanoi: 'Huomenna vietämme ashramissa juhlia. Täällä ei ole lainkaan polttopuuta. Jonkun pitäisi mennä välittömästi metsään ja tuoda sieltä polttopuita. Tarvitsemme niitä ennen auringonnousua.' Sitten hän meni nukkumaan. Kuka lähtisi metsään näin myöhään? Opetuslapset herättivät perheellisen oppilaan. He kertoivat gurun kehotuksesta noutaa polttopuuta välittömästi seuraavan päivän juhlaa varten. Oppilas lähti mielihyvin metsään opetuslasten mennessä nukkumaan.

Kun guru ei nähnyt oppilasta auringonnousun aikaan, hän kutsui opetuslapset koolle ja tiedusteli hänestä. He sanoivat, että oppilas oli mennyt metsään keräämään polttopuuta. Guru ja opetuslapset lähtivät metsään etsimään häntä. He etsivät kaikkialta, mutta eivät löytäneet häntä. Lopulta he huusivat hänen nimeään ja kuulivat äänen vastaavan. Ääni tuli isosta kaivosta. Oppilas oli liukastunut ja pudonnut kaivoon ollessaan palaamassa pimeässä polttopuiden kanssa. Vaikka kaivo ei ollutkaan kovin syvä, siitä oli vaikea kiivetä ylös ilman apua. Ja koska miesparka ei ollut syönyt moneen päivään, hänellä ei ollut tarpeeksi voimaa päästä ylös polttopuiden kanssa.

Guru pyysi opetuslapsia auttamaan oppilaan kaivosta. Alhaalla oli pimeää. Kun he ojensivat kätensä kaivoon, he tunsivat vain kasan polttopuita. He pyysivät oppilasta kohottamaan kätensä, mutta hän vastasi: 'Jos päästän irti, polttopuut putoavat veteen. Pidän niitä ylhäällä, etteivät ne kastuisi. Antakaa nämä gurullemme niin pian kuin mahdollista, ne ovat aamun juhlia varten. Voitte hakea minut täältä sen jälkeen.' Gurun silmät täyttyivät kyynelistä, kun hän näki oppilaansa antaumuksen. Hän pyysi opetuslapsiaan nostamaan tämän heti ylös, mutta hän suostui tulemaan ylös vasta kun joku oli ottanut ensin polttopuut häneltä. Guru syleili oppilastaan, joka tärisi kylmästä oltuaan kaivossa niin kauan. Hän oli niin tyytyväinen oppilaansa epäitsekkääseen rakkauteen ja antaumukseen, että siunasi välittömästi oppilaan itseoivalluksella.

Lapseni, kukaan ei menetä itseoivalluksen mahdollisuutta sen takia, että on grihastashrami. Olitpa sitten brahmachari tai perheellinen, tärkeintä on usko ja antautuminen gurulle."

Muutamia hetkiä brahmacharien kanssa

Brahmachari Ramakrishnan toi Ammalle vettä juotavaksi. Tavasta jolla hänen huulensa liikkuivat saattoi päätellä, että hän toisti jatkuvasti mantraa.

Amma on hyvin tarkka sen suhteen, että kaikki toistavat mantraa kaiken aikaa, kun valmistavat tai tarjoilevat hänelle ruokaa. Eräänä päivänä Bri. Gayatri valmisti Ammalle teetä. Amma antoi teekupin takaisin Gayatrille ja sanoi: "Valmistaessasi teetä mielesi ei ollut siinä mitä teit eikä mantrassasi. Sinä ajattelit Australiaa, joten voit itse juoda tämän teen."

Gayatri lähti hiljaisena, muistaen miten oli teetä tehdessään kertoillut eräälle brahmacharille varhaisista ajoistaan

Luku 4

Australiassa. Hän teki teen nyt uudelleen, tällä kertaa shraddhalla ja toistaen mantraa jatkuvasti. Juodessaan sitä Amma sanoi: "Sinun sydämesi on tässä, se saa minut haluamaan juoda sitä, ei sen maku."

Ramakrishnan kumarsi Ammalle ja istuutui hänen lähelleen. Edellisenä päivänä joku oli puhunut veneessä pahaa ashramista. Ramakrishnan oli kuullut sen eikä ollut voinut kestää tilannetta. Hän oli reagoinut kovaäänisesti heihin. Kun hän kertoi tästä tapahtumasta, Amma sanoi:

"Poikani, kun ihmiset ylistävät Ammaa ja osoittavat rakkautta teille, olet onnellinen. Olet tyytyväinen, kun toiset nyökyttelevät hyväksyvästi sille mitä sanot. Imet sen sisääsi kuin nektarin. Mutta kun tuhansia ihmisiä kokoontuu, pari kolme heistä saattaa puhua meitä vastaan. Silloin meidän pitäisi katsoa sisällemme. Meidän pitäisi havainnoida, kuinka kärsivällisesti kykenemme toivottamaan tällaiset tilanteet tervetulleeksi. Meidän ei pitäisi suuttua heille. Jos suutumme ja sanomme, että he eivät saa enää tulla tänne, hyötyvätkö he mitenkään meidän elämästämme?

Jokaisen toimemme tulee hyödyttää maailmaa. Emmekö arvosta opettajan kyvykkyyttä eniten silloin, kun hänen huonoimmat oppilaansa, jotka eivät yleensä opi mitään, menestyvät kokeessa? Voimme sanoa elämämme olevan hyödyllinen vain silloin, kun kykenemme muokkaamaan heitteille jätettyä joutomaata, joka on täynnä roskia ja rikkaruohoa, ja korjaamaan siitä satoa.

Eilen kohtaamasi ihmiset matkaavat vain valtameren pinnalla, he haluavat pelkästään kalaa. Mutta me emme voi toimia heidän laillaan, sillä me etsimme helmiä. Vain sukeltamalla syvälle ja etsimällä tarkkaavaisesti voimme kenties löytää helmen.

He puhuivat tietämättömyydestään käsin, mutta jos reagoimme heitä kohtaan vihalla, kumpi meistä on tietämättömämpi? Jos meluamme heidän laillaan, mitä muut ajattelevatkaan meistä? Meidän pitäisi säilyttää tasapainomme vaikka toiset vastustaisivatkin meitä tai puhuisivat meistä pahaa. Se itsessään on sadhanaa. Tällainen tilanne tarjoaa meille mahdollisuuden havainnoida, minkä verran meillä on kärsivällisyyttä. Meidän pitäisi toivottaa tyynesti tuollaiset tilanteet tervetulleiksi."

Eräs brahmachari mainitsi Pohjois-Intiassa sijaitsevan ashramin kolmesta asukkaasta, jotka olivat tulleet tänne jonkin aikaa sitten ja halunneet asettua tänne asumaan.

Amma: "Joku heidän ashramissaan vieraillut oli antanut heille Amman elämäkerran. Kun he olivat lukeneet sen, he olivat halunneet heti olla hänen kanssaan. He olivat keksineet jonkin tekosyyn ja lähteneet ashramistaan ja tulleet tänne. Amman täytyi olla periksiantamaton ja lähettää heidät takaisin. Emme voi sallia niiden jäädä, jotka tulevat toisista ashrameista, ilman sikäläisten johtajien lupaa."

Ryhmä oppilaita oli tässä vaiheessa kerääntynyt Amman ympärille, ja hän johdatti heidät nyt darshanmajaan.

Lapsiaan syöttämässä

Amma puhuu usein henkisten lupausten ja ohjeitten seuraamisen tärkeydestä etsijän elämässä. Tällaiset harjoitukset ovat keino mielen voittamiseksi. Hän ei kuitenkaan hyväksy sitä, että kenestäkään tulisi jonkin tietyn lupauksen tai harjoituksen orja. Amma painottaa erityisesti paastoamista ja hiljaisuuden harjoittamista. Hän on kehottanut ashramin asukkaita paastoamaan ja mikäli mahdollista harjoittamaan hiljaisuutta aina lauantaisin.

Luku 4

Tätä periaatetta toteutettiinkin säännöllisesti. Jotkut asukkaat harjoittivat puhumattomuutta koko päivän, puhuen ainoastaan Ammalle. Toiset taas pitivät hiljaisuutta yllä kuuteen asti illalla. Kaikkien edellytettiin pysyttelevän meditaatiohuoneessa auringonlaskuun asti, kukaan ei saanut mennä ulos.

Eräänä lauantaina Amma kehotti kaikkia menemään meditaatiohalliin jo seitsemältä aamulla, ja sitten hän sulki oven ulkopuolelta käsin. Hän oli sanonut heille aiemmin, että hän toivoi kaikkien viettävän koko päivän japaa ja meditaatiota harjoittaen. Kuullessaan Amman äänen yhdeksän aikaan he avasivat silmänsä:

"Lapset..."

Kaikkien edessä oli lasillinen kahvia, makeutettua avalia (riisiä) ja kaksi banaania. Amma seisoi heidän edessään hymyillen.

"Lapseni, meditoikaa vasta kun olette syöneet tämän."

Hän sulki oven ja katosi. He söivät Amman prasadin suurella antaumuksella ja jatkoivat sitten japaa ja meditaatiota.

Kello soi. Brahmacharit katsoivat toisiaan hämmästyneinä, sillä se oli selvästikin lounaskello. Kello oli puoli yksi. Brahmachari, joka valmisti lounaan päivittäin, oli meditaatiohallissa, joten kysymys kuului: 'Kuka oli valmistanut lounaan? Minkälainen olikaan tämä Amman uusi liila?' Kaikkien miettiessä tätä eräs oppilas ilmestyi kertomaan, että Amma kutsui heitä lounaalle. He löysivät Amman ruokailuhallista, missä hän odotti heitä. Hän oli järjestänyt heidän lautasensa oikeille paikoilleen, annostellut riisin ja curryn valmiiksi ja asettanut lasillisen juomavettä jokaisen lautasen viereen. Heidän ei tarvinnut kuin syödä. Ja ruokalajeja oli yksi enemmän kuin normaalisti. Äidin erikoisuus! Hän itse palveli heitä, kun he söivät.

Ikuinen Viisaus - Yhdistetty painos

Amma kertoi perheellisille oppilailleen, jotka aterioivat brahmacharien kanssa: "Kun Amma oli lukinnut lapsensa meditaatiohalliin, hän ajatteli, kuinka julma hän olikaan pakottaessaan heidät näkemään nälkää. Mennessään keittiöön hän havaitsi, ettei siellä ollut ruokaa, niinpä hän valmisti makeaa avalia ja kahvia, ja löysi muutamia banaaneja. Hän laittoi kaiken tämän lastensa eteen. Heidän mielensä alkaisivat vaeltaa, jos he poistuisivat huoneesta. Hän halusi antaa heille samalla oppitunnin siitä, että jos me turvaamme Jumalaan kokonaan, hän tuo eteemme kaiken mitä tarvitsemme.

Sitten hän palasi keittiöön ja keitti riisin ja vihannekset. Koska Amma oli sanonut lapsilleen, että kukaan ei saisi oleskella meditaatiohallin ulkopuolella, kaikki pysyttelivät sisällä. Siitä on jo pitkä aika, kun Amma on viimeksi valmistanut ruokaa lapsilleen. Lopulta tänään Amma saattoi tehdä näin. Amma on valmis näkemään nälkää kuinka kauan hyvänsä, mutta hänellä ei ole voimia katsella, kun hänen lapsensa ovat nälissään. Kun yhä enemmän oppilaita saapuu, Ammalla ei ole enää yhtä paljon aikaa kuin aiemmin huolehtia ashramissa asuvista lapsistaan. Hän tietää, että Jumala huolehtii siitä, ettei heiltä puutu mitään."

Yksi brahmachareista oli pysähtynyt matkallaan meditaatiohalliin. Hän kuuli askelten ääntä ja katsahti taakseen. Amma tuli hymyillen häntä kohti. Brahmachari Rao[1] oli hänen seurassaan.

"Mitä sinä ajattelit?" Amma kysyi.

"Satuin muistamaan, miten sinä laitoit meidät paastoamaan eräänä lauantaina joitakin aikoja sitten."

Amma: "Miksi muistit sen tänään?"

Brahmachari: "Tänäänhän on lauantai. Eikö?"

---

[1] Nykyään Swami Amritatmananda Puri

Luku 4

Amma: "Älä kuluta aikaasi seisoskelemalla siinä, on aika meditoida." Amma meni heidän kanssaan meditaatiohalliin.

Hän sanoi meditaatiohallissa odotteleville brahmachareille: "Lapseni, älkää yrittäkö hiljentää mieltänne väkipakolla, kun istuudutte meditoimaan. Jos teette niin, ajatukset nousevat kymmenkertaisella voimalla. Se on sama kuin jos yrittäisitte tukahduttaa lähdettä. Yrittäkää selvittää, mistä ajatukset nousevat, ja hallitkaa niitä tuolla tiedolla. Älkää saattako mieltä minkäänlaiseen jännitystilaan. Jos jokin kehonne kohta on jännittynyt tai siinä tuntuu kipua, mielenne pysyttelee siinä. Rentouttakaa kehonne jokainen osa ja havainnoikaa ajatuksianne täydellisellä tarkkaavaisuudella. Silloin mieli asettuu itsestään.

Älkää ryhtykö seurailemaan ajatuksianne. Jos kuljette niiden matkassa, vain kehonne on täällä ja mielenne jossakin muualla. Oletteko nähneet autojen liikkuvan pölyisellä tiellä? Ne nostattavat kiitäessään suuren määrän pölyä, ja lopulta et näe autoja lainkaan. Jos seuraat tällaista autoa, tulet aivan pölyiseksi. Jos seisot vaikkapa vain tien varressa, tulet silti pölyiseksi. Joten kun näet auton lähestyvän, sinun täytyy seisoa matkan päässä. Samaan tapaan meidän pitäisi tarkkailla ajatuksiamme etäisyyden päästä. Jos menemme liian lähelle niitä, ne vetävät tietämättämme meidät mukaansa; mutta jos tarkkailemme niitä etäisyyden päästä, voimme nähdä pölyn laskeutuvan ja rauhan palaavan."

Amma Ottuurin seurassa

Krishnan suuri palvoja ja juhlittu runoilija Ottuur Unni Nambuudiripad oli asettunut asumaan ashramiin. Hän oli 82-vuotias ja hyvin huonossa kunnossa. Hänen ainoa toiveensa oli saada

kuolla Amman sylissä. Hänelle annettiin huone kalarin takaa, talosta, joka oli rakennettu meditaatioluolan yläpuolelle.
Amma meni yhdeksän aikaan illalla Ottuurin huoneeseen. Muutamat brahmacharit olivat myös siellä. Amman estelyistä huolimatta Ottuur kävi suurin ponnistuksin lattialle ja kumarsi hänelle. Amma auttoi hänet ylös ja istutti hänet sängylle, ja asettui hänen viereensä istumaan. Mikäli Amma olisi seisonut, Ottuur olisi kieltäytynyt istumasta.

Ottuur: "Amma, sano jotakin! Anna minun kuulla sinun puhettasi!"

Amma: "Mutta sinä tiedät jo kaiken, poikani!"

Ottuur: "Eikö tämä poikasi ole tuottanut näille brahmachareille paljon vaivaa?"

Brahmachari: "Ei, ei suinkaan! On meidän hyvää onneamme, että saamme tilaisuuden palvella sinua. Missä muualla, tässä maailmassa, saisimmekaan kuulla yhtä hyvää satsangia?"

Amma: "Teidän pitäisikin rukoilla nimenomaan sitä, että saisitte osaksemme hyvän onnen saada palvella Jumalan opetuslapsia. Vain sillä tavoin voimme löytää Jumalan."

Seva ja sadhana

Brahmachari: "Mutta Amma, eikö ole totta, että palveleminen, olipa se sitten kuinka suurta hyvänsä, on vain karmajoogaa? Shankaracharya on sanonut, että vaikka mieli puhdistettaisiinkin karmajoogan avulla, niin itseoivallus saavutetaan kuitenkin vain jnanan avulla."

Amma: "Itse ei rajoitu vain sinun sisällesi, vaan se läpäisee koko maailmankaikkeuden. Voimme saavuttaa itseoivalluksen vain havaitsemalla, että kaikki on yhtä ja samaa. Meitä ei hyväksytä Jumalan valtakuntaan ilman pienimmänkään muurahaisen

Luku 4

allekirjoitusta anomuspaperissamme. Sen tähden ensimmäinen edellytys, Jumalan muistamisen lisäksi, on rakastaa kaikkia ja kaikkea, sekä elollista että elotonta. Jos meillä on sydämen suuruutta, vapautus ei ole kaukana.

Menemme temppeliin, teemme pyhän kierroksen kolme kertaa ja kumarramme Jumalalle, mutta mennessämme ulos potkaisemme ovella olevaa kerjäläistä! Tällainen on asenteemme vielä tässä vaiheessa. Ansaitsemme oivalluksen vain nähdessämme jopa tuossa kerjäläisessä hänet, jolle juuri kumarsimme. Tällä tavoin meistä tulee nöyriä ja kunnioittavia. Meitä ei auta lainkaan, jos alamme tuntea: 'Minä palvelen maailmaa!' Mitä hyvänsä teemmekin tuollaisella asenteella, sillä ei ole mitään tekemistä sevan kanssa. Todellinen seva tarkoittaa, että sanamme, hymymme ja toimemme ovat täynnä rakkautta ja asennetta että 'minä en ole mitään'.

Ihmiset eivät ole tietoisia todellisesta olemuksestaan. Katsokaa lammikossa eläviä pikkulintuja. Ne eivät tajua, että niillä on siivet. Ne eivät halua lentää korkealle ja nauttia lammikon ympärillä olevien puiden kukkien nektarista. Ne elävät vain lammikon liassa. Jos ne kohoaisivat korkealle ilmaan ja maistaisivat nektaria, ne eivät enää koskaan palaisi alhaalla olevaan likaan. Samalla tavoin ihmiset elävät elämänsä tietämättöminä autuudesta ja Jumalan puhtaasta rakkaudesta. Päämääränämme on tehdä heidät tietoisiksi siitä ja auttaa heitä oivaltamaan oma olemuksensa. Se on velvollisuutemme ashramia kohtaan."

Brahmachari: "Kuinka voimme harjoittaa epäitsekästä palvelutyötä tuntematta totuutta Itsestä?"

Amma: "Lapseni, palvelutyö on myös yksi sadhanan muodoista. Jos väität saavuttaneesi täydellisyyden tekemällä sadhanaa istumalla yhdessä paikassa, Amma ei hyväksy tätä. Maailmaan meneminen ja palvelutyön tekeminen on erittäin tärkeä osa sadhanaa. Jos haluamme poistaa sydämemme syvimmässä piileksivät vihollisemme, meidän on paleltava maailmaa. Vain silloin voimme nähdä, kuinka tehokasta meditaatiomme on ollut. Vain silloin kun joku suuttuu meille, voimme havaita, onko sisällämme vielä vihaa.

Istuessaan yksin metsässä shakaali ajattelee: 'Nyt minä olen vahva, enkä enää hauku nähdessäni seuraavan kerran koiran.' Mutta heti kun se näkee koiran, se unohtaa kaiken muun ja alkaa haukkua vimmatusti. Ollessamme tekemisissä ihmisten kanssa meidän on pysyteltävä vihan yläpuolella silloin, kun he ovat vihaisia. Vasta silloin kykenemme ymmärtämään, missä määrin olemme kehittyneet.

Saatat saada korkean arvosanan oppilaitoksesi kokeissa, mutta se ei välttämättä takaa sinulle työpaikkaa. Ansaitaksesi työpaikan sinun pitää onnistua myös erittäin hyvin kokeissa, joihin tuhannet työpaikkaa hakevat osallistuvat. Samaten kun meditaatiosi on kohottanut sinut tietylle tasolle, sinun pitäisi työskennellä yhteiskunnan hyväksi. Vasta sitten kun sinulla on voimaa kestää minkälaista pilkkaa ja sättimistä hyvänsä, Amma sanoo että olet valmis.

Jopa kokematon kuljettaja kykenee ajamaan autoa tyhjällä niityllä. Todellinen testi kuljettajan ajotaidon suhteen on kyky ajaa turvallisesti ruuhkaisilla kaduilla. Samaten et voi sanoa, että joku on rohkea vain sen takia, että hän istuu yksinäisyydessä ja tekee henkisiä harjoituksia. Todella rohkea on hän, joka huolehtii moninaisista tehtävistä ja kykenee etenemään epäröimättä vihamielisyyden keskellä. Häntä voimme kutsua todella viisaaksi. Minkäänlainen tilanne ei voi tuhota hänen mielenrauhaansa.

Niinpä palvelu pitäisi nähdä sadhanana ja sen tulisi olla uhrilahjamme Jumalalle. Jos joku sitten vastustaa meitä, saatamme

Luku 4

tuntea hieman vihamielisyyttä, mutta voimme vapautua siitä mietiskelemällä: 'Kuka hänessä on minun suuttumukseni kohde? Enkö minä suuttunutkin hänelle, koska uskoin olevani tämä keho? Mitä olen oppinut pyhistä kirjoista? Mihin maailmaan olen matkalla (henkiseen vai materiaaliseen)? Kuinka saatoinkaan tuntea minkäänasteista pahaa tahtoa häntä kohtaan julistettuani, etten ole keho enkä mieli, vaan sielu?' Meidän pitäisi harjoittaa jatkuvasti tällaista itsetutkiskelua. Lopulta emme enää tunne suuttumusta ketään kohtaan. Me tunnemme katumusta ja se johdattaa meidät oikealle polulle."

Brahmachari: "Jos emme sano sanaakaan, kun toiset osoittavat vihaansa, emmekö anna heille tilaisuuden toimia väärin ja käyttää rumaa kieltä? Onko oikein sellaisina hetkinä vain pysytellä vaiti ja kuvitella, että me olemme Atman? Eivätkö he pidä kärsivällisyyttämme vain heikkouden osoituksena?"

Ei-kaksinaisuus päivittäisessä elämässä

Amma: "Meidän pitäisi nähdä kaikki Brahmanina, mutta meidän tulee myös käyttää erottelukykyämme toimiaksemme oikein jokaisessa tilanteessa. Olettakaamme, että seisomme kadun varrella ja koira juoksee meitä kohti perässään ihmisjoukko, joka huutaa: 'Varokaa hullua koiraa!' Vesikauhuisella koiralla ei ole erottelukykyä ja niinpä se puree meitä, jos seisomme sen tiellä. Joten meidän on astuttava syrjään ja otettava kenties keppi käteemme. Amma ei neuvo sulkemaan silmiämme tältä vaaralta. Silti meidän ei pitäisi lyödä koiraa tarpeettomasti, sillä se ei kykene erottamaan oikeaa väärästä. Meidän sen sijaan pitäisi viedä siltä mahdollisuus purra meitä siirtymällä syrjään sen tieltä.

Meidän ei toisin sanoen tule nähdä vain koiraa, vaan myös varoituksen antaneet ihmiset Jumalana. Jos jätämme huomioimatta varoituksen siirtyä syrjään ja yksinkertaisesti vain seisomme siinä, ajatellen että koira on Brahman, saamme varmasti pureman. Eikä meidän hyödytä olla enää jälkikäteen pahoillamme. Lapseni, meidän pitäisi käyttää erottelukykyämme kaikissa tilanteissa. Henkisen etsijän ei pitäisi koskaan olla heikko. Ajatelkaapa esimerkiksi pientä poikaa, meidän Shivaniamme (Amman sisarenpoika). Hän tekee monia virheitä, ja me torumme häntä, mutta emme tunne minkäänlaista vihamielisyyttä häntä kohtaan. Emme toru häntä kostaaksemme. Hän on pieni poika ja tiedämme, että hän tekee virheitä tietämättömyytensä takia. Jos rankaisemme häntä tänään, huomenna hän on varovainen, siksi teeskentelemme olevamme vihaisia. Näin meidän pitäisi asennoitua. Meidän pitäisi toki opastaa niitä, jotka toimivat vailla erottelukykyä, mutta tehdessämme niin meidän ei kuitenkaan pitäisi menettää omaa tasapainoamme. Vaikka osoitammekin tyytymättömyytemme ulkoisesti, meidän pitäisi rakastaa heitä ja toivoa, että heistä tulee hyviä. Vain näin voimme itse kehittyä.

Ulkoisesti kuin leijona mutta sisäisesti kuin kukka. Sellainen pitäisi sadhakan olla. Hänen sydämensä pitäisi olla kukoistava kukka, joka ei koskaan kuihdu. Mutta ulkoisesti hänen pitäisi olla rohkea ja voimakas kuin leijona. Näin hän kykenee opastamaan maailmaa. Harjoittaessaan sadhanaa hänen pitäisi kuitenkin olla kuin alhaisin palvelija. Hän pyytää ruokaa, mutta kävelee pois suuttumatta, vaikka saisi osakseen vain sättimistä. Henkisen etsijän omaksuessa tällaisen asenteen hän kehittyy. Lapseni, vain rohkea ihminen voi olla kärsivällinen. Tällainen kerjäläisen asenne sadhanan aikana voimistaa hänen

Luku 4

rohkeuttaan; rohkeuden siemen itää vain kärsivällisyyden maaperässä."

Iäkäs "Unnikannan" (lapsi-Krishna, niin kuin Amma tapasi kutsua Ottuuria) istui sängyllään, kumartui eteenpäin kasvot ilosta säteillen, imien sisäänsä Ammasta virtaavia jumalallisia sanoja. Nähdessään Äidin nousevan ylös valmiina lähtöön, Ottuur kumarsi hänelle istualtaan ja ojensi hänelle paketin jossa oli sokeria, jota oli uhrattu Jumalalle Guruvayuurin temppelissä. (Ottuur oli ollut tekemisissä Guruvayuurin temppelin kanssa koko elämänsä ajan, ja hänellä oli aina hiukan prasadia sieltä mukanaan). Amma antoi hänen nauttia ensimmäisenä prasadia paketista, asettaen huolellisesti hieman siunattua sokeria hänen kielelleen, joka oli siunattu vuosikausien ajan toistetulla Jumalan nimellä.

Tiistai 24. syyskuuta 1985

Oppitunti keittiössä

Kello oli hieman yli viisi iltapäivällä. Brahmacharini pilkkoi vihanneksia illallista varten. Muutaman minuutin väliajoin hän nousi ylös kohentaakseen keittotulta. Kun Amma saapui keittiöön ja näki tämän, hän sanoi: "Tyttäreni, huolehdi sinä keittotulesta. Amma tekee tämän." Kun Amma oli lähettänyt brahmacharinin huolehtimaan keittotulesta, hän ryhtyi itse pilkkomaan vihanneksia. Nähdessään Amman työn touhussa moni liittyi hänen seuraansa työskentelemään.

Amma: "Lapseni, tämä tyttäreni ponnisteli täällä yksin. Hän joutui sekä pilkkomaan vihanneksia että huolehtimaan samaan aikaan liedestä. Kukaan ei tullut auttamaan häntä, mutta heti kun Amma saapui, kaikki ryntäsivät avuksi. Lapseni, sadhana ei tarkoita sitä, että istutte jossakin toimettomana. Teidän pitäisi tuntea myötätuntoa nähdessänne toisten ponnistelevan, teidän tulisi tuntea halua auttaa. Harjoitamme sadhanaa kehittääksemme itsellemme myötätuntoisen mielenlaadun. Kun olette tavoittaneet sen, teillä on kaikki. Kun Amma on näyttämöllä, kaikki tulevat juosten. Sellainen ei ole todellista antaumusta. Kuka rakastaa kaikkia tasa-arvoisesti, rakastaa Ammaa."

Brahmachari: "Amma, tässä eräänä päivänä tulin tänne keittiöön auttaakseni, mutta sain osakseni vain syyttelyä."

Amma: "Sinun on täytynyt tehdä jotakin väärää."

Brahmachari: "Taisin pilkkoa vihannekset liian suuriksi paloiksi."

Amma ja muut nauroivat. Amma kutsui brahmacharinin luokseen.

Amma (edelleen nauraen): "Sätitkö tätä poikaani tässä eräänä päivänä, vaikka hän tuli tänne auttamaan?"

Bri.: "On totta, että hän tuli auttamaan, mutta sen seurauksena minun työni vain kaksinkertaistui. Sanoin hänelle, että hänen pitäisi pilkkoa vihannekset pieniksi paloiksi. Hän teki sen sijaan isoja paloja, ja minun piti leikata kaikki uudelleen, se vei kaksinkertaisen ajan. Sanoin hänelle, että mikäli hän toimisi tällä tavoin, hänen ei tarvitsisi enää tulla auttamaan."

Amma: "Mutta hän ei ole tottunut tällaiseen. Eikö hän toiminutkin siksi noin? Eikö sinun olisi pitänyt näyttää hänelle, miten halusit sen tehtävän? Hän ei ole tottunut vihannesten pilkkomiseen, sillä hän ei ole tehnyt mitään työtä kotonaan."

Amma selitti kaikille, kuinka vihannekset tuli pilkkoa oikealla tavalla. Siinä vaiheessa kun oppitunti keittiössä oli ohi, kaikki vihannekset oli jo pilkottu. Brahmacharini toi hieman vettä ja Amma pesi kätensä, ja lähti sitten keittiöstä.

Luku 4

Amma siunaa lehmän

Amma käveli navettaan. Hänen perässään tulevat näkivät hämmästyttävän näyn. Amma kumartui lehmän vierelle ja ryhtyi juomaan maitoa suoraan sen utareista! Lehmä antoi maidon virrata anteliaasti, sillä kun Amma laski yhden nisän vapaaksi ja ryhtyi juomaan toisesta, maitoa pirskottui hänen kasvoilleen. Lehmä, joka oli onnekas saadessaan imettää Maailman Äitiä, tuntui sanovan silmillään: "Tein kaiken tapasini tätä hetkeä varten. Nyt minun elämäni on täyttynyt."
Amma tuli ulos pyyhkien kasvojaan sarin kankaallaan. Nähdessään paikalle kokoontuneet lapsensa hän sanoi: "Tuo lehmä oli jo pitkään halunnut antaa Ammalle maitoa."
Amma täyttää jopa lehmän hiljaisen toivomuksen, sen täytyi olla siunattu sielu.

Amma jatkoi: "Kauan sitten kun Amman perhe ja naapurit vastustivat häntä, linnut ja eläimet tulivat hänen avukseen. Omasta kokemuksestaan Amma voi sanoa, että jos antaudut kokonaan Jumalalle, hän pitää huolen ettei sinulta puutu mitään. Kun kukaan ei antanut hänelle ruokaa, koira toi riisipaketin pitäen sitä hampaissaan. Toisinaan Amma ei ollut syönyt moneen päivään. Hän makasi meditaation jälkeen tiedottomana hiekalla. Kun hän avasi silmänsä, hän huomasi yhden lehmistä seisovan vierellään utareet täynnä maitoa, valmiina antamaan hänen juoda. Amma joi niin paljon kuin halusi. Tuo lehmä tuli ja tarjosi maitoaan aina kun Amma vain tunsi itsensä väsyneeksi."

Oppilaat, jotka surivat sitä, etteivät olleet paikan päällä todistamassa noita jumalallisia leikkejä, saivat ainakin osakseen sen hyvän onnen, että saattoivat tänään todistaa tällaisen kohtauksen.

Jumalien ja gurun palvominen

Amman kävellessä takaisin ashramiin yksi brahmachareista kysyi: "Amma, ovatko jumalat todella olemassa?"

Amma: "He ovat olemassa hienosyisellä tasolla. Jokainen jumalista edustaa ominaisuutta, joka on olemassa piilevänä meissä. Mutta sinun pitäisi nähdä valitsemasi jumala erottamattomana korkeimmasta Itsestä. Jumala voi omaksua minkä haluamansa muodon tahansa. Hän omaksuu erilaisia hahmoja riippuen palvojiensa toiveista. Eikö valtameri nousekin kuun aikaansaaman vetovoiman seurauksena?"

Brahmachari: "Amma, sen sijaan että palvoisimme jumalia joita emme ole koskaan nähneet, eikö olisi parempi turvautua mahatmaan, joka elää keskuudessamme?"

Amma: "Kyllä. Todellisella tapasvilla on voima ottaa kantaakseen meidän prarabdhamme. Jos turvaudumme mahatmaan, prarabdhamme päättyy pian. Joudumme ponnistelemaan enemmän hyötyäksemme jumalien palvomisesta tai temppelipalvonnasta.

Jos palvomme valitsemaamme jumalaa asennoituen siten, että hän on korkein Itse, voimme toki saavuttaa itseoivalluksen. Muoto on kuin tikapuut. Varjot katoavat keskipäivän aikaan, niin myös muodot sulautuvat lopulta muotoa vailla olevaan. Mutta jos turvaudumme satguruun, tiestämme tulee helpompi. Gurun apu on tarpeen sadhanan esteiden poistamiseksi ja oikean tien osoittamiseksi. Guru kykenee auttamaan meitä poistamalla epäilyksemme kriisin hetkellä, näin tiestämme tulee helpompi. Lapsi voi tehdä mitä vain, jos hänen äitinsä pitää häntä kädestä kiinni. Hän ei kaadu vaikka irrottaisi molemmat jalkansa maasta. Lapsen ei pitäisi yrittää vapauttaa itseään äitinsä

Luku 4

kädestä, hänen tulisi antaa äidin ohjata itseään, tai muuten hän kaatuu. Samalla tavoin guru tulee aina opetuslapsen avuksi."

Oppilas: "Onko mahatman meditoiminen samanarvoista kuin Itsen meditoiminen?"

Amma: "Jos näemme mahatman oikealla tavalla, voimme saavuttaa Brahmanin. Todellisuudessa mahatma on muodon tuolla puolen. Jos muovaamme suklaasta kirpeän melonin, se on silti edelleen makea. Täydellisen tiedon Itsestä saavuttaneet mahatmat ovat yhtä kuin Brahman, joka on omaksunut muodon. Heidän muotonsa ja kaikki heidän mielentilansa ovat suloisia."

Brahmachari: "Jokut meditoivat Ammaa, toiset Kalia[2]. Onko näiden kahden välillä eroa?"

Amma: "Jos tarkastelet ydinsisältöä, missä on ero? Mitä hyvänsä muotoa meditoitkin, merkityksellistä on sankalpasi, jolla suhtaudut tuohon muotoon. Saat itsellesi tuloksen, joka vastaa sitä. Jotkut meditoivat tiettyjä jumalia ja saavuttavat siddhejä, he toimivat näin saavuttaakseen tietyn tuloksen. Heidän käsityksensä jumalan olemuksesta on hyvin rajoittunut. Meidän pitäisi ymmärtää (valitsemamme) jumalan ydinolemus. Vain sillä tavoin voimme ylittää muodon, mennä rajoitusten tuolle puolen. Meidän pitää ymmärtää, että kaikki on kaikenläpäisevää Itseä. Kyse on vain erilaisesta sankalpasta. Toisinaan ihmiset palvovat jotakin jumalaa tiettyjen harjoitusten tai rituaalien yhteydessä. Tällaisessa tilanteessa on kyse vain tuota jumalaa koskevasta mielikuvasta, ei Jumalasta.

Kaikki muodot ovat rajallisia. Mikään puu ei kosketa taivasta eikä yksikään juuri ulotu alamaailmaan. Me pyrimme saavuttamaan korkeimman Itsen. Nousuamme bussiin

---

[2] Kali on Jumalallisen Äidin tuhoava olemuspuoli, Kali tuhoaa oppilaan tietämättömyyden ja hänen kielteiset ominaisuutensa.

tarkoituksenamme ei ole asettua sinne asumaan. Eikö totta? Päämääränämme on päästä kotiin. Bussi vie meidät kotiportille ja meidän tehtävänämme on kävellä portilta taloomme. Jumalat vievät meidät korkeimman sat-chit-anandan porteille, siitä ei olekaan enää pitkä matka itseoivallukseen. Jopa he, jotka ovat ylittäneet kaikki rajoitukset, eivät hylkää (jumalallista) muotoa. Sanotaan, että jopa jivanmuktat (tässä elämässä vapautuksen saaneet sielut) haluavat kuunnella Jumalan nimeä."

Amman puhe paljasti hienosyisiä yksityiskohtia sadhanasta levittäen uutta valoa kuuntelijoiden mieliin. Kaikki kumarsivat hänelle täyttymyksen tunteen vallassa ja palasivat tavallisiin toimiinsa.

Sunnuntai 13. lokakuuta 1985

Ken näkee kaiken itsessään ja itsensä kaikessa, ei enää joudu vastenmielisyyden kutistamaksi.

– Isavasya Upanisadit

Amma valmistautui tyhjentämään ja puhdistamaan vierastalon wc:n sakokaivoa, sillä se oli täyttynyt. Hän oli juuri palannut päivän pituiselta matkaltaan, jonka aikana hän oli laulanut bhajaneita ja antanut darshania. Heti kun hän oli jälleen ashramissa, hän ryhtyi työhön. Ei ollut kyse siitä, etteivätkö hänen lapsensa olisi olleet halukkaita tekemään tuota työtä – itse asiassa he olivat pyytäneet Ammaa seisomaan sivussa – mutta hän halusi antaa esimerkin. Näin hän tapasi toimia, harvoin hän pyysi ketään tekemään työn.

Amma: "Äidistä ei ole vastenmielistä puhdistaa vauvansa ulosteita, sillä hän tuntee lasta kohtaan 'minun'-tunnetta. Meillä tulisi olla samanlaista rakkautta kaikkia kohtaan, silloin emme tunne minkäänlaista vastenmielisyyttä tai torjuntaa."

Luku 4

Amman kanssa työskentelemisen synnyttämä innostuneisuus on ainutlaatuista, se on huumaannuttavaa ja niinpä nytkin kaikki halusivat työskennellä hänen rinnallaan, vaikka kyse oli raskaasta työstä. Kukaan ei asettanut kyseenalaiseksi tätä, oli sitten kyse hiekan, sementin tai ulosteiden parissa työskentelystä.

Amma jatkoi: "Alkuaikoina meillä ei ollut saniteettitiloja niitä varten, jotka tulivat darshaniin. Se merkitsi sitä, että Amman vanhimpien oppilaiden ensimmäinen tehtävä heti aamulla oli puhdistaa ashramin ympäristö. Ja koska minkäänlaista aitaa ei ollut erottamassa ashramia naapuritonteista, jouduimme puhdistamaan myös naapuritontit."

Yksi brahmachareista käsitteli erittäin varovaisesti ämpäreitä, jotka olivat täynnä sakokaivon sisältöä, ettei olisi läikyttänyt sitä minnekään. Kun ämpäreitä alettiin liikuttaa nopeasti, hänen keskittyneisyytensä pääsi kuitenkin herpaantumaan ja niin yksi ämpäreistä pääsi putoamaan maahan, ulosteen roiskuessa eri puolille hänen kehoaan.

Amma: "Älä ole huolissasi, poikani. Me kannamme lopulta tätä kaikkea sisällämme. Sen saa pestyä pois. Todellinen lika, mitä hyvänsä työtä teemmekin, oli sitten kyse pujasta tai loan puhdistamisesta, piilee 'minä olen tekijä' asenteessamme. Tuota asennetta on vaikea pestä pois. Lapseni, teidän pitäisi oppia pitämään kaikkea tekemäänne uhrilahjana Jumalalle, silloin puhdistutte sisäisesti. Sen tähden Amma laittaa teidät tekemään tätä kaikkea. Amma ei halua rakkaiden lastensa seisovan syrjässä komentamassa muita tekemään tällaista työtä. Brahmacharin tulisi olla valmis tekemään minkälaista työtä hyvänsä."

Ei ainoastaan brahmacharit, vaan myös jotkut perheelliset oppilaat ottivat osaa työhön. Eräs oppilas, joka oli herännyt meluun ja valoon, ja tullut ulos, havaitsi nyt mitä oli tapahtumassa. Nähdessään, mitä Amma oli tekemässä, hän ei kyennyt seisomaan syrjässä. Otettuaan paitansa pois ja käärittyään dhotinsa hän ryhtyi kiipeämään sakosäiliöön. Amma: "Ei, poikani. Työ on lähes tehty. Sinun ei tarvitse kylpeä enää tänään."

Oppilaan huulet värisivät hänen tunnetilansa tähden: "Antaisitko minulle tuon ämpärin ja astuisitko syrjään, Amma?" Amma hymyili kuullessaan hänen äänessään rakkaudesta nousevan auktoriteetin.

Amma: "Poikani, Amma ei tunne minkäänlaista vastenmielisyyttä puhdistaessaan oppilaidensa ulosteita. Se on nautinto."

Oppilas: "Älä tavoittele nyt sitä nautintoa, Amma. Annatko tämän minulle?" oppilas sanoi hengästyneellä äänellä yrittäen ottaa astian Amman kädestä.

Näemme usein oppilaiden ottavan sellaisia vapauksia Amman kanssa, joihin ashramin asukkaat epäröisivät ryhtyä. Mutta Amma antautuu puhtaan, tahrattoman antaumuksen edessä.

Hyväenteisellä hetkellä, tuntia ennen auringonnousua, työ saatiin valmiiksi. Ashramin elämää tarkkailevien mieleen nousi ajatus, että Bhagavad-Gitan tekstiä voisi hieman parannella: 'Silloin kun on yö kaikille eläville olennoille, joogi valvoo.' Täällä yö oli päivä, jopa niille, jotka olivat tehneet valinnan viettää aikansa jooginin seurassa.

Luku 4

Lauantai 19. lokakuuta 1985

Elä rituaalien periaatteiden mukaisesti

Amma tuli alas kalariin myöhään iltapäivällä vaikkei ollutkaan vielä bhajaneitten aika. Brahmacharit ja muutamat perheelliset oppilaat olivat hänen seurassaan. Ottuurin sukulainen, joka oleskeli ashramissa pitääkseen huolta vanhasta miehestä, oli sairaana. Tämän vuoksi jotkut brahmachareista huolehtivat Ottuurista. Hän oli hyvin tarkka rituaalien suhteen, joten häntä oli vaikea miellyttää. Kun keskustelu kääntyi tähän, Amma sanoi:

"Amma ei tunne acharoita[3]. Hän ei kasvanut niitä noudattaen. Siitä huolimatta Damayantiamma (Amman äiti) oli hyvin tarkka. Hän ei sallinut meidän luoda minkäänlaisia ystävyyssuhteita. Mutta tästä oli yksi hyöty: ollessasi yksin saatoit laulaa Jumalan ylistystä. Saatoit puhua hänelle. Kun joku toinen on kanssasi, aika hukkaantuu tarpeettomaan keskusteluun. Pölyhiukkanen yhdessäkin pestyssä astiassa riitti siihen, että Damayantiamma läimäytti Ammaa. Ja jos pihalta löytyi vähänkin likaa sen jälkeen kun Amma oli lakaissut sen, Damayantiamma löi häntä harjalla kunnes se meni rikki. (Nauraen): Ehkäpä tällainen kasvatus saa Amman olemaan niin tarkka lastensa suhteen. Hän on nykyisin kauhu. Eikö totta?

Noina päivinä kun Amma oli lakaissut pihan, hän seisoi nurkkauksessa kuvitellen, että Jumala käveli hänen edessään. Hän kuvitteli näkevänsä jokaisen hänen jalanjälkensä hiekalla, missä hän käveli. Mitä hyvänsä Amma tekikin hän ajatteli vain Jumalaa.

---

[3] Perinteiset juhlamenot tai rituaalit.

Ikuinen Viisaus – Yhdistetty painos

Lapseni, mitä hyvänsä teettekin teidän pitäisi ajatella vain Jumalaa. Tässä on rituaalien tarkoitus. Rituaalit auttavat ylläpitämään hyviä tottumuksia ja näin elämään tulee järjestystä. Mutta meidän pitäisi mennä rituaalien tuolle puolen, meidän ei pitäisi olla sidoksissa niihin kuolemaamme asti."

Brahmachari: "Eikö ole totta, että rituaalit saavat mielen suuntautumaan ulospäin eikä kohti Jumalaa?"

Amma: "Kaikki rituaalit on luotu apukeinoksi pitämään rikkumatonta Jumalan muistamista yllä. Mutta pikkuhiljaa ne muuttuivat pelkiksi rutiineiksi. Ettekö ole kuulleet tätä tarinaa? Oli pappi, jonka kissa tapasi häiritä häntä, kun hän suoritti pujan. Hän oli tästä sen verran harmissaan, että laittoi eräänä päivänä kissan koriin ennen jumalanpalveluksen alkamista, ja vapautti sen vasta kun puja oli ohi. Pian tästä tuli tapa. Hänen poikansa auttoi häntä. Ajan myötä vanha pappi kuoli ja hänen poikansa otti vastuun pujan suorittamisesta. Hän ei koskaan unohtanut laittaa kissaa koriin ennen palvontamenojen alkamista. Jonkin ajan kuluttua myös kissa kuoli. Seuraavana päivänä, kun oli aika aloittaa puja, poika oli huolissaan. Kuinka hän saattoi aloittaa pujan laittamatta ensin kissaa koriin? Hän juoksi ulos ja nappasi naapurin kissan kiinni ja laittoi sen koriin ja meni eteenpäin. Koska aina ei ollut mahdollista löytää naapurin kissaa ajoissa jokaista pujaa varten, hän hankki lopulta uuden kissan.

Poika ei tiennyt, miksi hänen isänsä oli aina laittanut kissan koriin eikä hän ollut koskaan kysynyt. Hän oli vain tehnyt kaiken niin kuin isänsä. Rituaalien ei tulisi olla tällaisia, meidän pitäisi harjoittaa acharaa vasta ymmärrettyämme niiden takana olevan periaatteen. Vain sillä tavoin voimme hyötyä niistä, muussa tapauksessa ne taantuvat pelkiksi rutiineiksi.

Luku 4

Meidän pitäisi kyetä pitämään yllä ajatusta Jumalasta kaikissa toimissamme. Meidän tulisi esimerkiksi ennen istuutumista koskettaa istuinta ja kumartaa sille kuvitellen, että rakas Jumalamme on edessämme. Meidän pitäisi tehdä samoin noustessamme ylös. Kun poimimme jotakin käteemme, olisi meidän osoitettava kunnioituksemme kuvitellen jumaluuden tuon esineen sisälle. Pitäessämme näin yllä tarkkaavaisuutta mielemme pysyy jumaluudessa eikä vaella maallisiin seikkoihin. Oletteko tarkkailleet äitiä, joka työskentelee naapuritalossa jätettyään lapsensa kotiin? Mitä hyvänsä hän tekeekin, hänen ajatuksensa ovat kaiken aikaa lapsessa. Meneekö hän liian lähelle kaivoa? Vahingoittavatko toiset lapset häntä jollakin tavoin? Meneekö hän navettaan ja ryömii lehmien alle? Meneekö hän lähelle keittiön tulta? Hän ajattelee kaiken aikaa tähän tapaan. Sadhakan tulisi olla tällainen ja ajatella jatkuvasti Jumalaa.

Täällä olevat brahmacharit eivät ole oppineet lainkaan rituaaleja. Palvellessaan hänen kaltaisiaan ihmisiä (tarkoittaen Ottuuria) he oppivat jotakin. (Kääntyen brahmacharin puoleen) Poikani, jos hän moittii sinua et saisi tuntea minkäänlaista suuttumusta. Jos vihastut, kaikki mitä olet tehnyt, menee hukkaan. Sinun täytyisi pitää jokaista tilaisuutta palvella sadhua suurena siunauksena."

Kuinka kohdata moite ja ylistys

Yksi brahmachareista valitti Ammalle erään perheellisen oppilaan luonteesta. Hän sanoi, että tämä oppilas näki brahmacharien pienimmätkin virheet suurina eikä epäröinyt arvostella heitä armottomasti, näkemättä heidän hyviä puoliaan.

Amma: "Poikani, on helppoa pitää heistä, jotka ylistävät meitä, mutta meidän tulisi pitää vielä enemmän heistä, jotka osoittavat virheemme ja puutteemme. Voi sanoa, että he rakastavat meitä enemmän. Kun havaitsemme virheemme, voimme korjata ne ja edistyä. Meidän tulisi pitää heitä, jotka ylistävät meitä, vihollisinamme ja heitä, jotka arvostelevat meitä, ystävinämme. Mutta pitäkäämme tämä asenne omana tietonamme, meidän ei tarvitse paljastaa sitä kenellekään. On totta, että tällaista asennetta on hyvin vaikea kehittää itsessään. Olkoon kuinka hyvänsä, me olemme lähteneet Itsen oivaltamisen tielle, eikä kehon oivaltamisen tielle. Älkää unohtako sitä.

Ylistys ja kritiikki ovat fyysisellä tasolla, eivät Itsen tasolla. Meidän pitäisi kyetä näkemään ylistys ja haukkuminen samanarvoisina. Meidän olisi parasta oppia mielen tasapainon säilyttäminen, riippumatta saammeko osaksemme rakkautta vai vihaa, ylistystä vai syytöstä. Se on todellista sadhanaa. Voimme edistyä vain, jos onnistumme tässä."

Brahmachari: "Amma, miksi sinä sanoit, että meidän tulisi nähdä heidät, jotka ylistävät meitä, vihollisinamme?"

Amma: "Koska he vieraannuttavat meidät päämäärästämme. Meidän pitää ymmärtää tämä ja edetä erottelukykyisesti, se ei kuitenkaan tarkoita, että meidän tulisi olla välittämättä jostakusta.

Kaikki elävät olennot etsivät rakkautta. Niin kauan kuin etsimme maallista rakkautta, tulemme kärsimään kuin tulikärpänen, joka tuhoutuu tulessa. Kaikki maallisen rakkauden etsintä päättyy kyyneliin. Tällainen on elämämme tarina tällä hetkellä. Todellista rakkautta ei löydy mistään, on vain pinnallista rakkautta. Se on kalastajien käyttämän valon kaltaista. He laskevat verkkonsa veteen, laittavat kirkkaan valon päälle ja odottavat. Kala tulee valon houkuttelemana. Pian verkko on täynnä ja kalastaja täyttää laukkunsa. Kaikki rakastavat toista itsekkään syyn vuoksi.

Luku 4

Kun toiset rakastavat meitä, menemme heidän lähelleen ja uskomme, että he antavat meille rauhan, mutta emme näe, että hunaja jota he tarjoavat on kuin pisara neulankärjessä. Jos yritämme nauttia hunajasta, neula pistää kielemme lävitse. Siksi tunne tämä totuus ja kulje eteenpäin. Tiedä, että meillä ei ole muuta ystävää kuin Jumala, silloin meidän ei enää tarvitse olla pahoillamme."

Taivas ja maa kylpivät ilta-auringon kultaisessa valossa, ja pian läntinen taivas muuttui syvän punaiseksi.

"Merelle lähtevät kalastajat olisivat tänään onnellisia", Amma sanoi osoittaen loistavan punaista väriä. "He sanovat, että tuo tarkoittaa suurta saalista."

Joku ryhtyi soittamaan harmoniumia, ja Amma istuutui paikalleen kalarissa. Pian hän oli täydellisesti vetäytynyt ulkoisesta maailmasta. Hän omaksui yksin oleilevan etsijän puhtaan antaumuksellisen mielentilan. Bhajanit alkoivat laululla

Kumbhodara varada

Oi sinä jolla on suuri vatsa
ja elefantin kasvot,
armolahjojen antaja, Shivan poika,
Ganasin Herra.

Oi sinä viisikätinen armolahjojen antaja,
surun tuhoaja,
Shivan poika, siunaa meidät vapautuksella,
anna suopean katseesi langeta minuun!

Oi alkuperäinen Herra, joka viet meidät
samsaran joen tuolle puolen,
armon asuinsija, hyväenteisyyden antaja,
oi Hari, autuuden nektari,

*kahleitten poistaja,
osoita myötätuntosi.*

Ashram ja sen ympäristö kylpivät suloisen, antaumuksellisen musiikin virrassa. Kaikki sulautuivat bhaktin ekstaasiin.

Sunnuntai 20. lokakuuta 1985

Koiran aiheuttama vahinko

"Lapseni, meidän pitäisi rakastaa kaikkia eläviä olentoja, mutta tuon rakkauden ei tulisi koskaan vahingoittaa ketään. Meidän täytyy mennä maailmaan ja palvella ihmisiä, mutta sen rakkauden jota me osoitamme yhtä kohtaan ei tulisi vahingoittaa toista. Jos elämme eristyneessä paikassa, voimme pitää kissoja ja koiria tai mitä tahansa. Tämä on paikka, minne tulee paljon ihmisiä oleskelemaan. Jos pidämme koiraa täällä, pienet lapset pyrkivät leikkimään sen kanssa, ja he saattavat saada pureman. On parempi, ettemme pidä koiraa ashramin alueella."

Kuullessaan Amman äänen lukuisia ihmisiä ilmestyi paikalle ja kerääntyi hänen ympärilleen. Hän tuli huoneestaan aamulla kuultuaan voimakasta ääntä alhaalta. Amman isoäiti (Achamma, mikä tarkoittaa isänäitiä) oli mennyt majan taakse hakemaan pitkää sauvaa pudotellakseen sen avulla kukkasia puista. Koira oli vastikään synnyttänyt pentuja ja nyt se imetti niitä majan takana, mutta Achamma parka ei tiennyt tätä. Koira puri ärsyyntyneenä Achammaa, joka ryhtyi kovaäänisesti parkumaan. Brahmacharit ja oppilaat olivat kokoontuneet hänen ympärilleen siinä vaiheessa, kun Amma oli tullut alas huoneestaan.

Luku 4

Amma: "Raukkaparka, kuinka hän nyt voi poimia kukkasia? Koira on purrut häntä syvälle."

Achamma tapasi kerätä naapurustosta kukkia päivittäistä, kalarissa pidettävää pujaa varten. Hän ei koskaan luopunut tästä tavastaan riippumatta siitä, kuinka heikoksi hän tunsi itsensä. Kesäisin, kun oli vaikeaa löytää tuoreita kukkia, hän näki usein unissaan paikan josta löytäisi tuoreita kukkia, eivätkä hänen unensa olleet koskaan väärässä. Hän löysi paljon kukkia noista paikoista, ja naapurit vastustivat harvoin hänen toivettaan saada poimia kukkia heidän tontiltaan.

Ashramin asukkaat keskustelivat siitä mitä oli tapahtunut.

Brahmachari Rao: "Unni ryhtyi pitämään koiraa täällä. Hän alkoi syöttää sille riisiä päivittäin, siksi se ei halua lähteä ashramista."

Amma: "Missä on Unni? Kutsukaa hänet tänne." Sitten hän huomasi Unnin seisovan takanaan. "Onko tämä koira sinun, poikani? Tulitko tänne kasvattamaan koiria?"

Unni: "Amma, pestessäni monena päivänä käsiäni ruokailun jälkeen näin koiran odottavan vesihanan lähettyvillä. Olin kovin pahoillani nähdessäni millä tavoin se seisoi siinä."

Amma: "Kauanko olet syöttänyt sitä?"

Unni: "Olen syöttänyt sitä vain silloin tällöin. En ajatellut, että se synnyttäisi tänne pentuja."

Amma: "Tarvitseeko koira lupasi synnyttääkseen pentunsa?"

Unni (yrittäen tukahduttaa nauruaan): "Amma, tunsin sääliä nähdessäni sen nälkäisen katseen."

Amma: "Jos vaadit saada syöttää sitä, vie se jonnekin kauas ja syötä sitä siellä. Jos olisit toiminut näin, meillä ei nyt olisi tätä ongelmaa."

Hän jatkoi vakavaan äänensävyyn: "Olit pahoillasi nälkäisen koiran takia. Etkö ole pahoillasi tämän vanhan isoäidin vuoksi, joka seisoo nyt täällä vertavuotavana koiran purtua häntä? Meidän pitäisi nähdä Jumala kaikessa ja tarjota palveluksiamme, se on totta. Se on sadhanaa. Meidän pitäisi osoittaa myötätuntoa jokaiselle elävälle olennolle. Mutta kaikelle on oikea ympäristönsä. Tämä ei ole sopiva paikka pitää kissoja ja koiria. Ymmärtääkö eläinparka, että tämä on ashram tai että Achamma yritti vain ottaa sauvan? Sinulle pitäisi antaa selkäsauna, koska olet pitänyt koiraa täällä ja syöttänyt sitä."

Amma otti Unnin kädet ja piti niitä yhdessä.

Unni: "Amma, en syöttänyt sitä päivittäin, ainoastaan silloin tällöin."

Amma: "Ei, älä sano mitään. Minä sidon sinut kiinni tänään!"

Päästämättä häntä vapaaksi Amma käveli ruokahalliin. Seisoen tukipilarin luona hän pyysi oppilaita tuomaan köyden. Oppilaat tiesivät, että tämä oli hänen liilaansa ja toivat pienen köydenpätkän. Kun Amma näki köyden, hänen mielentilansa muuttui. Hän sanoi: "Tämä köysi ei ole hyvä. Jos Amma käyttää sitä, häneen sattuu. Joten ehkä annamme hänen mennä tällä kertaa." Niinpä hän vapautti brahmacharin.

Tohtori Liila[4] toi Achamman Amman luo ja sanoi: "Amma, minä en tiedä, onko koira vesikauhuinen tai jotakin muuta sellaista. Pitäisikö minun antaa hänelle rokote?"

Amma: "Koira ei ole vesikauhuinen eikä mitään muutakaan. Laita vain jotakin lääkettä Achamman haavaan, siinä kaikki."

Koska oli sunnuntai, oppilaita oli saapunut paljon. Kun Amma saapui darshanmajaan, he parveilivat hänen ympärillään. Eräs nainen kuiskasi Amman korvaan: "Minä olin peloissani Amman mielentilan tähden tänä aamuna."

---

[4] Swamini Atmaprana

Luku 4

Amma nauroi ääneen ja suukotti rakkaudellisesti hänen poskiaan. Ne, jotka eivät ole aiemmin nähneet Amman kurittavan brahmachareja, kokevat väistämättä hämmennystä tuollaisessa tilanteessa. Amman kasvot tulevat hyvin vakaviksi; mutta oppilaat hämmästyvät seuraavassa hetkessä yhtä suuresti nähdessään rakkauden ja myötätunnon nektarin virtaavan Ammasta. Amma on itse rakkaus. Hän ei osaa olla vihainen, hän osaa vain rakastaa.

Äiti joka lahjoittaa näkymättömiä siunauksiaan

Amma kysyi naisoppilaaltaan: "Tyttäreni, Amma etsi sinua muutamia päiviä sitten. Miksi lähdit niin aikaisin?"

Pari päivää aiemmin, Amman tullessa huoneestaan, hänen ovensa edessä oli ollut paketti keitettyä kachilia[5] höysteineen. Amma oli maistanut sitä hieman ja pyytänyt brahmacharinia etsimään henkilö, joka oli tuonut paketin. Koska ketään ei ollut löydetty, paketin lahjoittaja oli ilmiselvästi lähtenyt. Kukaan ei tiennyt, kuka oli laittanut paketin ovelle.

Oppilas: "Olin hyvin huolissani tuona päivänä, Amma. Kiinteistökauppa, johon olimme ryhtymässä, piti saattaa päätökseen sinä päivänä. Olin luvannut olla oikeudessa rahojen kanssa puoleenpäivään mennessä. Pantattuamme kaikki nilkkakorumme ja ketjumme emme siltikään olleet saaneet kasaan riittävästi käteistä. Pyysimme apua monelta ihmiseltä, mutta kukaan ei auttanut meitä. Jos kauppaa ei olisi rekisteröity puoleenpäivään mennessä, olisimme menettäneet maksamamme ennakkomaksun. Ajattelin näkeväni Amman aamulla ja siksi toin mukanani keitettyä kachilia. Ehdin tänne puoli kymmeneltä ja minulle kerrottiin, että Amma tulisi huoneestaan vasta myöhemmin.

---

[5] Kachil on perunan kaltainen eteläintialainen juurikasvi.

Jos menisin tuomioistuimeen ennen puoltapäivää, voisin pyytää ainakin puolet ennakkomaksusta takaisin siinä tapauksessa, että kauppa peruuntuisi. Niinpä jätin paketin Amman ovelle ja lähdin. Itkin paljon. Olin toivonut, että Amman siunauksella olisin voinut saada puolet ennakkomaksusta takaisin.

Kun tulin Ochiraan, näin pitkäaikaisen ystäväni bussia odottamassa. Hänen aviomiehensä työskenteli Saudi-Arabiassa. Nähdessäni hänet ajattelin, että voisin yhtä hyvin pyytää häneltäkin apua. Niinpä selostin hänelle tilanteeni: 'Jos minulla ei ole kymmentätuhatta rupiaa ennen puoltapäivää, kauppa peruuntuu.' Amman armosta hänellä oli juuri sen verran rahaa mukanaan! Hänelle oli näet juuri maksettu velka takaisin ja hän oli palaamassa kotiinsa noudettuaan rahat. Hän antoi minulle rahan mukisematta, ja minä purskahdin itkuun. Kauppa toteutui Amman armosta!"

Naisen silmät kimmelsivät kyyneleistä. Amma syleili häntä tiukasti ja pyyhki sarillaan hänen kyyneleensä.

Sisäinen aarre

Erään oppilaan talossa oli määrä pitää puja. Rituaalin suorittava brahmachari tuli Amman luo saadakseen siunauksen ennen lähtöään.

Amma siunasi hänet ja sanoi: "Poikani, heidän paikassaan on muurahaispesä. He noudattavat jonkun ohjetta, jonka mukaan pesää ei saisi tuhota, ja niinpä he suojelevat sitä. Amman mukaan tuo ei ole kovin tärkeää. Vaikka tekisimmekin kaiken oikein, mutta jos oppilailla ei ole oikeanlaista uskoa ja antaumusta, eivät he saa tällaisesta paljoakaan ansioita. Jotkut ihmiset saattavat uskoa sokeasti johonkin, eivätkä luovu uskostaan, selitimmepä heille asioita kuinka paljon hyvänsä.

Luku 4

Niinpä meidän täytyy laskeutua heidän tasolleen ja tehdä se mikä on tarpeen. Tässä vaiheessa tarpeen on se mikä antaa heille rauhan.

Se ei kuitenkaan tarkoita, että jätämme heidät sokean uskonsa varaan. Joten sano heille: 'Tämän muurahaiskeon poistaminen ei aiheuta teille minkäänlaista vahinkoa, joten ei ole tarpeen jättää sitä tähän. Pitäkää pieni osanen siitä pujahuoneessanne. Loput voitte tuhota. Jos pesä kasvaa tässä, menetätte tilaa.' Ota pujan loputtua hieman hiekkaa muurahaispesästä ja anna se heille, että he pitäisivät sitä pujahuoneessaan."

Amma kertoi ympärillään oleville oppilaille: "Kerran eräs vierailija puhui samaan tapaan. Hänen talonsa lähettyvillä oli nimittäin muurahaiskeko. Astrologi oli saanut hänet uskomaan, että sen alla olisi aarre ja että hän löytäisi sen tehtyään tietyt pujat. Mies konsultoi useita astrologeja ja vastaavia löytääkseen aarteen. Moni lupasi auttaa häntä ja he veivät häneltä paljon rahaa, mutta aarretta ei löytynyt. Lopulta mies tuli tänne. Hänen ainoa kysymyksensä oli, milloin hän löytäisi aarteen, eikä, oliko aarretta lainkaan olemassa? Mitä Amma saattoi sanoa? Mies oli vihainen Ammalle, kun hän sanoi, ettei mitään aarretta ollut olemassakaan. 'Kaikki astrologit kertoivat minulle, että aarre oli olemassa. Jos sinä et näe sitä, miksi tulisin tänne?' Sen sanottuaan mies lähti. Hänen mielensä oli aarretta koskevan unelman täyttämä. Mitä me saatoimme tehdä? Amma sanoi hänelle, että mitään aarretta ei ollut, mutta hän ei kyennyt hyväksymään sitä.

Pian hän palasi. Hän oli kokenut jotakin, joka toi hänet takaisin." Amma nauroi. "Nyt hän oli kiinnostunut sisäisestä aarteesta, ei enää ulkopuolellaan olevasta aarteesta. Jos Amma olisi torjunut hänet alun pitäen, hänen tulevaisuutensa olisi ollut synkkä. Sen tähden, kun tällaiset ihmiset tulevat luoksemme, meidän pitäisi ensin selvittää heidän ymmärryksensä taso ja mennä sitten heidän tasolleen. Aste asteelta voimme esitellä heille henkisiä ajatuksia ja näkökulmia. Kaikki haluavat ulkopuolella olevan aarteen. Sen vuoksi he ovat valmiit näkemään kuinka paljon vaivaa hyvänsä. Kukaan ei halua sisäistä aarretta. Sisällämme on aarre, jota emme koskaan menetä ja jota kukaan ei voi meiltä varastaa, mutta emme löydä sitä etsiessämme sitä ulkopuoleltamme. Meidän on katsottava sisällemme. Meidän täytyy uhrata sydämemme kukkanen Jumalalle."

Amma kiipesi portaat huoneeseensa ja lahjoitti mennessään suloisen hymyn, jonka he voisivat sulkea sydämiinsä. Jotkut heistä pohtivat mielessään, minkälainen olisi se sydämen kukkanen, joka olisi sopiva uhrattavaksi hänelle. Helliessään Amman suloista hymyä sydämessään he muistivat laulun, Pakalonte karavalli thazhukatha pushpamin, jota Amma lauloi usein - se kertoo kukkasesta joka uhrataan Jumalalliselle Äidille:

Kukkanen jota auringon säteet eivät hyväile,
kukkanen jota tuuli ei voi varastaa,
mieli on tuo kukkanen - se on täydessä kukassaan.

Mieli jota halu ei tahraa,
mieli jossa vihan liekit eivät loimua,
kukkanen jota ei uhrata rakkaudesta neitsyeelle,
sellaisessa mielessä Jumalallinen Valtiatar asustaa.

Mieli joka antaa elämällesi sen täyden merkityksen,
mieli joka haluaa toisten parasta,
mieli joka on tahratonta rakkautta täynnä,
sellaista mieltä Äiti pitää kukkaseppeleenään!

Luku 4

*Voima jota etsit on sisälläsi,
luovu kompuroivasta etsinnästäsi, oi mieli!
Etene urheasti elämän päämäärään,
siellä missä itsekkyys katoaa, Äiti säteilee.*

*Kun kaikesta luovutaan, siellä on sielu,
vapaana väärästä ylpeydestä, rauhan läpäisemänä.
Tuota rauhaa ei voi sanoin ilmaista,
siellä Jumalallinen Äiti tanssii ikuisesti!*

Keskiviikko 23. lokakuuta 1985

Oppimisen jumalattaren vihkimys

Tuona päivänä, Vijaya Dashamin päivänä, oppilaita alkoi saapua aikaisin aamulla mukanaan pieniä lapsia, jotka tulisivat saamaan ensimmäisen oppituntinsa itse oppimisen Jumalattarelta. Useimmat näistä oppilaista olivat äitejä läheisiltä ranta-alueilta. Ihmisiä oli saapunut kaukaa jo kahta päivää aiemmin ja he olivat yöpyneet ashramissa. Amma tuli meditaatiohalliin muutamien lasten kanssa, jotka olivat jo laittaneet oppikirjansa pinoon paikkaan, jossa Saraswatin, Oppimisen Jumalattaren, oli määrä suorittaa puja. Monet oppilaista olivat jo asettuneet istumaan huoneeseen. Koko ashram oli juhlatunnelman vallassa.

Meditaatiohallissa ei ollut tarpeeksi tilaa kaikille samaan aikaan. "Pienet lapset, tulkaa ensin!" Amma kutsui heitä.

Lapset kerääntyivät kirjapinon ympärille pitäen tulasin lehteä käsissään.

*Om mushaka vahana modaka hasta
Chamarakarna vilambita sutra*

Ikuinen Viisaus – Yhdistetty painos

Vamanarupa maheswara putra
Viswa vinayaka pahi namaste

Oi Herra Ganesha joka ratsastat hiirellä,
jolla on suloinen modaka käsissään,
jonka korvat ovat kuin viuhkat,
joka poistaa kaikki esteet,
suojele minua!
minä kumarran sinulle.

Saraswati namstubyam
Varade Kamarupini
Vidyarambham karishyami
Siddhir Bharata me sada

Oi Saraswati (Viisauden Jumalatar),
aloittaessani opintoni
minä kumarran Sinulle,
joka olet armolahjojen antaja,
kenen olemus on lumoava.
Salli minun menestyä aina!

Padma putra vishalakshi
Padma Kesara varnini
Nityam padmalaya Devi
Sam mam pata Saraswati.

Tervehdys Saraswatille,
jonka silmät ovat suuret
niin kuin lootuksen lehdet,
jonka iho on sahraminkeltainen
niin kuin lootuksen heteet
ja ken ratsastaa kaiken aikaa lootuksella.

Luku 4

Monet pehmeät äänet toistivat kaikuna Amman lausumia mantroja rivi riviltä, ylistäen Ganesha-jumalaa ja Devi Saraswatia.
Amma: "Ja nyt kaikki lapset, kuvitelkaa näkevänne edessänne jumala, josta pidätte eniten. Suukottakaa noita jumalallisia jalkoja ja kumartakaa."
Amma kumarsi ensin, ja sitten lapset seurasivat hänen esimerkkiään. Moni lapsi odotti ulkopuolella.
Brahmacharit istuutuivat huoneen eteläpäätyyn aloittaakseen bhajanit. Amma istuutui pohjoispäätyyn sylissään riisiä täynnä oleva astia, johon odottavien lasten sormet tulisivat piirtämään aakkosten kirjaimia. Vuorollaan vanhemmat toivat lapsensa Amman luo, jotta hän voisi ohjata heidän ensimmäisiä askeleitaan oppimisen maailmassa. Yksitellen hän otti lapset syliinsä ja rauhoitti heidät karamellillä. Kaikki huoneessa olijat katsoivat Ammaa haltioituneina, kun hän ohjasi lasten sormia laittaen heidät näin kirjoittamaan muutamia kirjaimia riisin joukkoon.
"Hari!" Amma sanoi. Hänen sylissään istuva pieni lapsi, joka oli puettu uuteen munduun (hamemaiseen kankaaseen) jossa oli kullatut reunukset, ja jolla oli santelipuutahnaa otsassaan, katsoi hänen kasvojaan ihmetellen, mitä oikein oli tapahtumassa.
Amma kehoitti häntä: "Hari! Sano: 'Hari!'"
Lapsi toisti uskollisesti: "Hari! Sano: Hari!" Kaikki purskahtivat nauruun, niin Ammakin.
Moni lapsi alkoi itkeä tullessaan hänen luokseen, mutta hän ei päästänyt ketään lähtemään ennen kuin oli laittanut heidät kirjoittamaan riisiin. Samanaikaisesti bhajanit, jotka ylistivät oppimisen jumalatarta, saivat vanhempien sydämet värisemään tunteen vallassa:

Oi Saraswati, kaiken oppimisen Jumalatar,
suo meille siunauksesi!

*Emme ole oppineita,
vaan hitaita oppimaan,
nukkeja sinun käsissäsi.*

Amma ei halunnut lasten antavan dakshinaa (perinteistä uhrilahjaa hänelle, joka suorittaa jumalanpalveluksen tai seremonian). Siitä huolimatta vanhemmat halusivat lastensa antavan hänelle jotakin tässä tilanteessa. Monet rannikon köyhät vanhemmat olivat tuoneet lapsensa, eivätkä he kyenneet antamaan mitään siihen verrattavaa mitä toiset. Jotta heistä ei tuntuisi pahalta, Amma oli päättänyt, että riitti kun jokainen antaisi yhden rupian vanhan perinteen kunnioittamiseksi, ja tuo kolikko oli määrä laittaa Saraswatin kuvan eteen. Hän ei halunnut, että kukaan äideistä olisi pahoillaan lastensa puolesta, jotka eivät voisi antaa samanlaista dakshinaa kuin toiset. Kello oli yksitoista siinä vaiheessa, kun kaikki lapset oli vihitty aakkosiin.

Myöhemmin Amma tuli ulos pihalle. Perheelliset ja brahmacharit istuivat siellä riveissä. Amma istui heidän seuraansa ja lausui: "Om." Kaikki toistivat tämän alkutavun ja kirjoittivat sen hiekkaan:

"Om."

Oppitunti jatkui: "Hari Shrii Ganapatayee Namaha!"

Lopulta kaikki oppilaat saivat prasadia Amman kädestä sen merkiksi, että oppiminen maistuu makealta.

Puolenpäivän aikaan moni vierailija lähti kotiin. Kaikki olivat onnellisia saatuaan Ammalta oppimista koskevia ohjeita. Brahmacharit istuskelivat siellä täällä toistaen oppimaansa tai resitoiden vedisia mantroja. Moni oppilas, joka ei ollut saanut tilaisuutta juhlallisuuksien takia purkaa surunsa taakkaa Amman sylissä, odotti kärsimättömänä. Väsymätön Amma keräsi heidät kaikki yhteen ja meni darshanmajaan.

Luku 4

Anna tarvitseville

Pandalamin kaupungista kotoisin oleva Janaki keskusteli Amman kanssa. Tämä eläkkeellä oleva nainen tuli usein tapaamaan Ammaa. Hän oli huolissaan vanhimman poikansa käytöksestä.

Amma: "Kuinka poikasi voi nyt?"

Janaki: "Sinun täytyy ojentaa häntä, Amma. Minä en kykene. Mitä minä voin tehdä, jos hänen ikäisensä ei huolehdi omasta elämästään?"

Amma: "Näin käy, jos osoitat liiaksi huolenpitoa lapsia kohtaan."

Janaki: "Hänellä on runsaasti aikaa ystävilleen ja naapureille. Jos joku puhuu hänelle rahavaikeuksistaan, hän on valmis auttamaan, vaikka se tarkoittaisi meidän talomme ryöstämistä. Minä olen nyt eläkkeellä. On surullista, jos hän ei kykene huolehtimaan itsestään tästä eteenpäin. Mitä hän saa siitä, että antaa rahaa tuolla tavoin? Huomenna kukaan näistä ihmisistä ei edes tunne meitä, jos menemme heidän luokseen saadaksemme apua."

Amma: "Kun annamme, meidän pitää tietää, kenelle annamme. Meidän pitäisi antaa niille, jotka tarvitsevat, ja ilman että toivomme saavamme mitään takaisin. Jos annamme saadaksemme jotakin, eikö se ole eräänlaista kaupankäyntiä?

Meidän pitäisi tunnistaa tarvitsevat ja auttaa heitä. Meidän pitäisi antaa niille, jotka ovat menettäneet terveytensä eivätkä voi enää tehdä työtä, niille, jotka ovat vammaisia, lapsille, joiden vanhemmat ovat hylänneet heidät, niille, jotka ovat sairaita eikä heillä ole varaa hoitoon, niille, jotka ovat vanhoja ja joilla ei ole perhettä, joka heitä auttaisi. Se on dharmamme, eikä meidän pitäisi odottaa mitään apumme vastineeksi. Mutta meidän pitäisi ajatella kaksi kertaa ennen kuin annamme terveille ja työhön kykeneville. Jos annamme heille rahaa, heistä tulee vain laiskempia. Ja jos monet ihmiset antavat heille, heillä on paljon rahaa. Eikö totta? He käyttävät sen alkoholiin ja huumeisiin. Jos näin tapahtuu, keräämme itsellemme syntitaakkaa heidän toimistaan, sillä jos emme olisi antaneet heille rahaa, he eivät olisi tehneet noita virheitä.

Voimme antaa osan ruoastamme niille, jotka ovat nälkäisiä. Voimme antaa lääkkeitä sairaille. Voimme antaa vaatteita niille, jotka tarvitsevat suojaa kylmyydeltä. Jos joku ei löydä itselleen säännöllistä työtä, voimme tarjota hänelle jotakin työtä ja antaa hänelle siten taloudellista apua. Jos köyhdymme antamalla ajattelemattomasti rahaa toisille, emme voi syyttää siitä Jumalaa.

On oikein antaa rahaa ashrameille ja muille järjestöille, jotka palvelevat maailmaa. He eivät hukkaa tuota rahaa. Ashramien kaltaiset laitokset käyttävät rahan hyväntekeväisyyshankkeisiin, mutta tässäkään tilanteessa meidän ei tulisi antaa vain sen takia, että saavuttaisimme kuuluisuutta anteliaisuudellamme. Meidän pitäisi nähdä se tilaisuutena palvella Jumalaa. Ansio siitä, että annamme lahjan, tulee joka tapauksessa osaksemme. Kun annamme lahjan, vain meidän tulee tietää siitä. Eikö olekin olemassa sanonta, että vasemman käden ei pitäsi tietää mitä oikea antaa?"

Amma pyyhki naisen kyyneleet, syleili häntä ja lohdutti häntä sanoen: "Älä ole huolissasi, tyttäreni. Amma on tässä sinua varten!"

Janaki: "Amma, antakoon poikani kaiken pois kenelle hyvänsä hän haluaa. Minä en valita. Mutta minulla ei ole voimia katsoa jonakin päivänä, kun hän kerjää kolikoita. Sinun pitäisi ottaa minut pois ennen sitä, Amma."

Luku 4

Amma: "Älä itke, tyttäreni. Sinun ei koskaan tarvitse nähdä sitä. Sinulta ei koskaan puutu mitään. Eikö Amma ole aina sinun kanssasi?" Amma syleili häntä jälleen ja antoi hänelle suukon.

Tosi oppilas ei joudu kärsimään köyhyyttä

Heti kun nainen vetäytyi Amman luota, kasvoillaan rauhallinen hymy, jonka Amman suukko oli saanut aikaan, seuraava oppilas, mies nimeltä Divakaran, oli hänen sylissään.

Amma: "Milloin tulit, poikani? Amma ei nähnyt sinua antaessaan prasadia kaikille."

Divakaran: "Tahdoin tulla jo aamulla, Amma, mutta bussi oli myöhässä ja pääsin tänne vasta nyt."

Amma: "Viime kerralla matkassasi oli toinen poikani."

Divakaran: "Kyllä, se oli Bhaskaran. Hän on aina vaikeuksissa, Amma. Hän on vieraillut Sabarimalan temppelissä viimeiset 17 vuotta. On harvoja temppeleitä, joissa hän ei vieraile, silti köyhyys ja monenlaiset ongelmat kiusaavat häntä yhtä paljon kuin ennenkin. Nähdessäni hänen tilanteensa minä jopa ihmettelen, minkä takia meidän pitäisi rukoilla Jumalaa."

Amma: "Poikani, jos turvaudumme Jumalaan kokonaan, vain hyviä asioita tapahtuu meille, sekä materiaalisessa että henkisessä mielessä. Yhdenkään mahatman ei tiedetä koskaan kuolleen nälkään. Koko maailma laskeutuu polvilleen heidän edessään. Joka turvautuu voimallisesti Jumalaan, ei joudu kärsimään köyhyydestä. Suurin syy nykyiselle kärsimyksellemme on siinä, että me emme antaudu kokonaan Jumalalle. Antaumuksemme ei ole antaumusta sen itsensä takia, vaan sen tähden että saisimme toiveemme täytetyiksi. Mutta halut johtavat suruun."

Toinen oppilas: "Eikö Kuchelalla[6] ollutkin voimakas antaumus Herraansa kohtaan? Ja silti hän joutui kärsimään köyhyyttä."

Amma: "Ei ole oikein sanoa, että Kuchela kärsi köyhyytensä tähden. Kuinka hänellä olisi voinut olla aikaa kärsiä surua, sillä hän oli uppoutunut jatkuvasti Jumalaa koskeviin ajatuksiin? Hänen puhdas antaumuksensa lahjoitti hänelle kyvyn olla autuaallinen jopa köyhyytensä keskellä. Hänen Jumalaa kohtaan kokemansa antaumuksen tähden jopa köyhyys, joka oli osa hänen prarabhaansa, katosi. Kuchela ei romahtanut köyhyyden painon alla eikä hän unohtanut Jumalaa ylitsevuotavan ilon hetkellä, kun kaikki rikkaudet tulivat hänen luokseen.

Jos turvaudumme Jumalaan, vapaana haluista, hän antaa meille kaiken mitä tarvitsemme, silloin kun sen tarvitsemme. Kun antaudumme hänelle sillä asenteella, että hän pitää huolen kaikesta, silloin meidän ei tarvitse pelätä mitään. Vauraus ja onnellisuus tulevat vallitsemaan kaikkialla. Varallisuuden Jumalatar toimii hänen palvelijanaan, jolla on puhdasta antaumusta. Mutta minkälaista antaumusta meillä on nyt? Sanomme menevämme temppeliin, mutta kukaan ei mene vain sen takia, että kohtaisi Jumalan. Jopa hänen pyhässä seurassaan juttelemme vain maallisista asioista. Mitä hyödyttää mennä temppeliin, jos puhumme vain perheestämme ja naapureistamme? Silloin kun olemme temppelissä meidän pitäisi mietiskellä vain Jumalaa, luovuttaa kaikki taakkamme hänelle ja oivaltaa että Hän on tietoinen ongelmistamme, vaikka emme olisikaan kertoneet niistä hänelle. Meidän ei pitäisi mennä temppeliin vain valittaaksemme, vaan palvomaan ja voimistamaan Jumalan muistamista itsessämme."

---

[6] Kuchela oli Krishnan oppilas ja koulutoveri.

Luku 4

Tässä vaiheessa keskustelua jotkut oppilaista, jotka olivat pysytelleet vaiti siihen asti, ryhtyivät esittämään kysymyksiä.

Muunna uskosi toiminnaksi

Oppilas: "Mutta Amma, sinä olet itse sanonut, että meidän tulisi avata sydämemme Jumalalle ja kertoa Hänelle kaikki."

Amma: "Emmekö saa helpotusta siitä, että uskomme ongelmamme niille, jotka ovat meille rakkaita? Meidän pitäisi tuntea samanlaista rakkautta ja läheisyyttä Jumalaa kohtaan. Meidän pitää tuntea, että hän on meidän omamme. Meidän ei tarvitse salata häneltä mitään. Tässä mielessä Amma sanoo, että meidän pitäisi kertoa hänelle kaikki. On hyvä keventää sydämemme taakkaa kertomalla kaikki surumme Jumalalle. Meidän pitäisi olla vaikeuksiemme keskellä riippuvaisia ainoastaan hänestä. Tosi oppilas ei koskaan kerro kenellekään muulle vaikeuksistaan, Jumala on ainoa todellinen suhteemme. Ei silti hyödytä mennä Jumalan luo sydän täynnä vain haluja ja perheongelmia.

Meidän pitää kertoa tarinamme taustat lakimiehelle, vain sillä tavoin hän voi taistella puolestamme. Samalla tavoin meidän on kerrottava lääkärille oireemme, vain sen jälkeen hän voi hoitaa meitä. Mutta meidän ei tarvitse mennä yksityiskohtiin kertoessamme ongelmistamme Jumalalle. Hän tietää kaiken. Hän asuu sisällämme katsoen jokaista tekoamme. Hänen voimansa mahdollistaa sen, että näemme, kuulemme ja toimimme. Hänen voimansa avulla voimme tuntea hänet. Voimme nähdä auringon vain Hänen valonsa ansiosta. Sen tähden meidän on luovutettava kaikki Hänelle ja muistettava Häntä jatkuvasti.

Voimakkain suhteemme pitäisi olla Jumalaan. Jos päätämme kertoa Hänelle suruistamme, sen pitäisi tapahtua vain sen tähden, että pääsemme lähemmäksi Häntä. Meidän uskomme ja antautumisemme Jumalalle tai gurulle poistaa surumme, pelkkä vaikeuksiemme kuvaileminen ei auta."

Lähellä istuva brahmachari esitti epäilyksen: "Amma, onko mahdollista saavuttaa itseoivallus pelkästään uskomalla Jumalaan?"

Amma: "Jos uskosi on täydellinen, se itsessään on oivallus, mutta meillä ei ole sitä. Joten meidän on todella ponnisteltava sen eteen ja tehtävä sadhanaa. Ei riitä, että uskot lääkäriin, sinun tulee myös ottaa lääkettä parantuaksesi. Samalla tavoin tarvitaan sekä uskoa että ponnistelua. Jos istutat siemenen, se itää, mutta jotta se kasvaisi kunnolla, se tarvitsee vettä ja ravinteita. Usko tekee meidät tietoisiksi todellisesta olemuksestamme, mutta jotta voisimme kokea sen suoraan, meidän täytyy ponnistella.

Tarina kertoo isästä ja pojasta. Pojalla oli sairaus ja tohtori määräsi lääkkeeksi tietystä kasvista valmistettavaa uutetta. He etsivät kasvia kaikkialta, mutta eivät kyenneet löytämään sitä mistään. He kävelivät pitkään ja tulivat hyvin väsyneiksi ja janoisiksi. Nähdessään kaivon he lähestyivät sitä ja löysivät köyden ja ämpärin kaivon viereltä. Monia villejä kasveja kasvoi lähettyvillä. Kun isä laittoi ämpärin kaivoon ottaakseen vettä, hän huomasi kaivon pohjalla sen lääkekasvin, jota he olivat etsineet kaikkialta. Hän yritti päästä kaivoon mutta ei onnistunut. Portaita ei ollut ja kaivo oli hyvin syvä.

Isä tiesi, mitä nyt piti tehdä. Hän sitoi köyden poikansa vyötäisille ja laski tämän varovaisesti kaivoon. 'Poimi kasvi kun pääset alas', hän sanoi pojalleen. Muutama ohikulkija sattui kävelemään juuri tuolla hetkellä heidän ohitseen. Miehen toiminta hämmästytti heitä. 'Minkälainen mies sinä oikein olet laittaessasi pienen pojan köyden varassa kaivoon?' he kysyivät. Isä oli hiljaa. Poika tavoitti kaivon pohjan ja poimi kukat

Luku 4

varovasti. Isä veti hänet hitaasti ylös, ja kun poika pääsi ylös, toiset kysyivät häneltä: 'Miten rohkenit mennä alas kaivoon köyden varassa?' Poika vastasi epäröimättä: 'Isänihän piteli köyttä.'

Poijalla oli syvä uskon isäänsä, mutta vasta sitten kun hän sovelsi uskonsa toiminnaksi ja meni alas kaivoon saadakseen lääkkeen, hän sai uskostaan hyötyä. Lapseni, tällaista uskoa me tarvitsemme Jumalaa kohtaan. Meidän pitäisi ajatella: 'Jumala suojelee minua, joten miksi olisin huolissani? En ole edes huolissani itseoivalluksen saavuttamisesta.' Meidän tulee olla tällainen luottamus. Sellaisen ihmisen antaumus, jota epäilykset vaivaavat kaiken aikaa, ei ole todellista antaumusta, sellainen usko ei ole todellista uskoa."

Usko Jumalaan ja Itseen

Nuori mies: "Amma, miksi meidän pitäisi olla riippuvaisia Jumalasta? Eikö riitä, että turvaudumme omaan ponnisteluumme? Meillähän on lopulta kaikki voimat sisällämme. Eivätkö jumalat ole ihmisten luomuksia?"

Amma: "Poikani, elämme nykyisin 'minä' ja 'minun'-asenteen varassa. Niin kauan kuin olemme tällaisen asenteen vallassa, emme kykene löytämään tuota voimaa sisältämme. Jos ikkunan edessä on verho, emme voi nähdä taivasta. Vedä verho syrjään ja taivas tulee näkyviin. Samalla tavoin, jos poistamme 'minä' -tunteen mielestämme, kykenemme näkemään valon sisällämme. Tuota tunnetta ei voi poistaa ilman nöyryyttä ja omistautumista.

Kanoottia rakennettaessa puuta lämmitetään tulessa, jotta se voidaan taivuttaa oikeaan muotoon. Voimme sanoa, että tämä muokkaa puun todelliseen muotoonsa. Samalla tavoin nöyryys paljastaa todellisen olemuksemme.

Jos lanka on paksu tai päästä levinnyt, sitä ei voi pujottaa neulansilmään. Se täytyy puristaa ohueksi ennen kuin se menee neulansilmän läpi. Langan antautuminen mahdollistaa sen, että voimme ommella monia kangaspaloja yhteen. Samalla tavoin antautuminen on tekijä, joka tuo yksilöllisen Itsen (jivatman) korkeimman Itsen (Paramatmanin) luo. Kaikki tämä on sisällämme, mutta saadaksemme sen ilmenemään, meidän on ponnisteltava jatkuvasti.

Saatamme olla musikaalisesti lahjakkaita, mutta ainoastaan jos harjoittelemme säännöllisesti, kykenemme laulamaan tavalla mikä tuottaa nautintoa kuulijoille. Se mikä on sisällämme, täytyy tuoda kokemuksen tasolle. Ei hyödytä sanoa, että 'kaikki on minun sisälläni'. Ylpeilemme statuksellamme, asemallamme ja kyvyillämme, mutta kun joudumme vaikeisiin tilanteisiin, horjumme. Menetämme uskon itseemme. Tarvitaan jatkuvaa ponnistelua, jotta tämä voitaisiin muuttaa.

Me uskomme, että kaikki toimii meidän voimiemme ansiosta. Silti, ilman Jumalan voimaa, olemme vain kuolleita kehoja. Ylpeilemme sillä, että voimme polttaa koko maailman poroksi vain yhtä nappulaa painamalla. Eikö meidän pidäkin liikuttaa sormeamme voidaksemme painaa tuota nappulaa? Mistä me saamme tuon voiman?

Liikennemerkit maalataan heijastavalla maalilla. Kun lähestyvien ajoneuvojen valot osuvat niihin, ne loistavat. Tämä auttaa kuljettajia saamaan tietoa ajoreitistä ja tiestä. Mutta kuvittele liikennemerkin ajattelevan: 'Nuo autot pääsevät ajamaan minun valoni avulla. Löytäisivätkö ne tietään ilman minua?' Kun sanomme 'minun voimani' tai 'minun kykyni', tilanne on samanlainen. Liikennemerkit loistavat vain, kun

Luku 4

auton valot osuvat niihin. Samalla tavoin kykenemme liikkumaan ja toimimaan vain Korkeimman Voiman armon ja Hänen voimansa ansiosta. Hän suojelee meitä aina. Jos antaudumme Hänelle, Hän ohjaa meitä aina. Tällaisen uskon avulla me emme koskaan horju."

Oli jo keskipäivä eikä Amma ollut syönyt mitään. Hän oli ollut lastensa kanssa aikaisesta aamusta lähtien. Näin käy joka päivä. Kumarruksia yhä uudelleen tälle epäitsekkyyden ruumiillistumalle, joka näkee koko maailman lapsinaan ja jonka rakkaus säteilee jatkuvasti kaikille.

Viides luku

Perjantai 25. lokakuuta 1985

Äiti antaa siunauksensa

Sethurman, joka työskenteli Assamissa, ja hänen perheensä lähestyivät Ammaa ja kumarsivat hänelle. Valmistuttuaan yliopistosta Sethu ei ollut löytänyt töitä moneen vuoteen. Hän oli tullut yhä epätoivoisemmaksi ja oli lopulta tullut tapaamaan Ammaa. Äiti oli antanut hänelle mantran ja kehottanut häntä toistamaan sitä 108 kertaa päivittäin ja harjoittamaan archanaa. Hän oli noudattanut Amman ohjeita kirjaimellisesti. Kolme viikkoa myöhemmin hänen setänsä, joka työskenteli Assamissa, oli tullut lomalle. Hän oli luvannut järjestää veljenpojalleen työpaikan. Sethu oli lähtenyt pian tämän jälkeen Assamiin ja palannut nyt kotiin lomille. Hänellä oli vaimonsa mukanaan. Vaimo oli hänen työtoverinsa, jonka kanssa hän oli avioitunut perheensä ja Amman siunauksella. Amma oli itse suorittanut nimenantoseremonian heidän ensimmäiselle lapselleen, Saumyalle. Amma toivotti Sethun vaimon vauvoineen tervetulleeksi ottamalla heidät syliinsä. Hänen kasvonsa säteilivät matriarkan onnellisuutta, joka toivottaa nuoren miniänsä perheeseensä. Sethu seisoi vieressä onnen kyynelten täyttäessä hänen silmänsä.

Amma: "Jäättekö tänne huomiseen, lapseni?"

Sethu: "Ajattelimme lähteä tavattuamme sinut, Amma, mutta olemmekin päättäneet jäädä huomiseen." Amma (vieressä seisovalle brahmacharille): "Anna heille oma huoneesi, poikani." Sethulle hän sanoi: "Amma tapaa teidät bhajaneitten jälkeen."

Brahmacharit olivat jo asettuneet paikoilleen ja niin bhajanit alkoivat

Prapanchamengum

Oi harhainen ilmentymä,
joka täyttää koko maailmankaikkeuden;
oi loistokkuus, etkö voisi kohota sydämeni taivaanrannalle ja oleilla siellä
antaen ikuisesti valoasi?

Tahdon juoda sydämeni täyteen
äidillistä rakkauttasi,
tulla lähellesi ja
sulautua jumalalliseen loistoosi
niin että kaikki huoleni kaikkoavat!

Kuinka pitkään olenkaan vaeltanut
etsien sinua, kaiken alkulähdettä;
oi Äiti, etkö tulisi eteeni ja
soisi minulle Itsen autuutta?
Etkö tulisi?

Tähdet loistivat kirkkaasti. Amma ryhtyi kaivamaan chembu-kasvien alta löytääkseen syötäväksi kelpaavia juurimukuloita, mutta ei löytänyt. Hän oli useasti aiemminkin etsinyt näitä syötäviä juurimukuloita. Antaumuksellinen musiikki virtasi kalarista ilmojen halki. Amma oli aluksi laulanut muiden

Luku 5

mukana ja tullut sitten kirtanin lopuksi kalarista ja mennyt ashramin pohjoispuolelle. Aika ajoin hän teki näin. Jos hän sulautui laulamiseen liiaksi, hänestä alkoi tuntua, ettei kykenisi enää pitämään itseään tällä tasolla. Tällöin hän yritti vetää mielensä takaisin keskittymällä johonkin työhön. Hän on usein sanonut: "Amma ei voi laulaa edes yhtä riviä ilman täydellistä huomiota. Tällöin hän menettää otteensa! Joten kun hän laulaa yhtä riviä, hän yrittää tietoisesti muistaa seuraavan rivin. Hän ihmettelee, miten hänen lapsensa kykenevät laulamaan bhajaneita itkemättä!"

Kaivettuaan monen chembu-kasvin alta hän löysi kourallisen juurimukuloita. Hän pesi ne, laittoi ne kattilaan veden kanssa, sytytti tulen ja ryhtyi keittämään niitä. Ne olivat vasta puoliksi keitettyjä, kun Amma laittoi kuuman palasen suuhunsa. Loput hän antoi opetuslapsilleen ja meni sitten huoneeseensa.

Amman prasad oli tällä kertaa puoliksi keitettyjä, suolaamattomia chembuja, jotka muistuttavat hieman varpusen munia! Kun hänen lapsensa kävelivät kalariin pitäen prasadia käsissään, he saapuivat sinne parahiksi bhajanien lopuksi laulettavaan aratiin. Se mitä Amma oli aiemmin sanonut, avautui heidän mielessään kuin yöllä kukkiva kukkanen: "Lapseni, tiedättekö kuinka paljon Amman täytyy ponnistella voidakseen pysytellä teidän maailmassanne?"

Tunti puolenyön jälkeen Amma tuli alas huoneestaan. Yksi brahmachareista harjoitti japaa kalarissa. Nähdessään Amman äkkiarvaamatta edessään hän kumarsi tämän jalkojen juuressa. Amma kehotti häntä kutsumaan kaikki paikalle. Brahmacharit olivat hetkessä hereillä kuullessaan, että Amma kutsuu heitä, ja he kiiruhtivat hänen luokseen ymmärtämättä, miksi hän kutsui heitä. Amma kehoitti heitä hakemaan istuinalustansa ja ryhtyi kävelemään kohti merenrantaa.

Kaikki ymmärsivät, että oli aika meditoida. Amma vei heidät aina aika ajoin merenrantaan meditoimaan. Tätä tarkoitusta varten ei ollut olemassa mitään tiettyä ajankohtaa, niin saattoi tapahtua mihin kellonaikaan hyvänsä. Kaikki istuutuivat hiekkarannalle Amman ympärille. Oli hiljaista lukuun ottamatta meren syvää om-ääntä aaltojen lyödessä rantaan. Kalastusalusten valot tuikkivat kaukana merellä. Amma toisti kolme kertaa "om", ja kaikki vastasivat kuorossa "om". Hän sanoi: "Jos joku tuntee itsensä väsyneeksi, nouskoon seisomaan ja toistakoon mantraansa. Jos joku vielä senkin jälkeen on väsynyt, juoskoon hetken hiekkarannalla ja istuutukoon jälleen. Tämä ajankohta, jolloin luonto on hiljainen, on parasta aikaa meditaatiolle."

Kaksi tuntia meni nopeasti. Lopuksi Amma lausui jälleen "om", jonka kaikki toistivat. Seuraten hänen ohjeitaan he kuvittelivat rakkaan jumaluuden eteensä ja kumarsivat hänelle. Amma lauloi Jumalallista Äitiä ylistävän hymnin Sri chakra ennorun.

Kuunvalo valaisi meren. Horisontti oli osittain peitossa ohuen sumuverhon takana, muutamia yksittäisiä tähtiä loisti sen yläpuolella. Näytti siltä, kuin jopa aallot olisivat yrittäneet olla hiljaa. Valkoasuiset laulajat hiekkarannalla olivat kuin lauma joutsenia, jotka olivat laskeutuneet hetkiseksi rannalle, aivan kuin joltakin muinaiselta aikakaudelta. Amman hahmo loisti heidän mielessään kuin valkoinen vuori, jonka kuvajainen heijastuu Manasa[1] järveen.

---

[1] Manasa on myyttinen järvi Kailasa vuorella Himalajalla, jonka nimi viittaa mieleen (manas). Uskotaan, että Brahmanin mieli on luonut järven, jota kutsutaan joutsenten synnyinpaikaksi.

Luku 5

Tiistai 29. lokakuuta 1985

Amma juo myrkytettyä maitoa

Iltapäivällä Amma kutsui brahmacharit huoneeseensa. Hän istui keskellä huonetta ja hänen edessään oli paketteja, joissa oli erilaisia makeisia.

Amma: "Äiti on jo jonkin aikaa halunnut antaa lapsilleen nämä, mutta hänellä ei ole ollut siihen aikaa ennen kuin vasta nyt."

Hän antoi jokaiselle muutamia makeisia. Havaitessaan, että jotkut ashramilaiset eivät olleet tulleet, hän tiedusteli: "Missä toiset ovat?"

Brahmachari: "Kahdella on silmätulehdus ja he lepäävät."

Amma: "Ovatko he makuulla? Eivätkö he kykene edes kävelemään?"

Brahmachari: "Ei heillä ole vaikeuksia kävelyn suhteen, mutta he pelkäävät tartuttavansa tulehduksen sinuun, Amma."

Amma: "Heidän ei tarvitse olla huolissaan sen suhteen. Riippumatta siitä mikä sairaus teillä lapsilla on, voitte silti aina tulla Amman luo. Poikani, ihmiset, joilla on erilaisia tarttuvia tauteja, tulevat hänen luokseen darshaniin. Kuinka moni ihminen, jolla on ollut silmätulehdus, vesirokko ja ihosairauksia, onkaan tullut hänen luokseen. Tähän mennessä hänen ei ole koskaan tarvinnut keskeyttää darshanin säännöllisyyttä. Jumala on aina suojellut häntä. Hän uskoo, että näin tulee jatkumaankin.

Kerran eräs naisoppilas toi maitolasillisen. Amma joi sen kokonaan. Vähän myöhemmin hän alkoi oksentaa. Hän tuli hyvin heikoksi kehon nestehukan vuoksi. Silti hän ajatteli oppilasjoukkoa, joka odotti darshania. Heidän joukossaan oli hyvin köyhiä ihmisiä, jotka olivat työskennelleet monia päiviä ja säästäneet joka päivä muutaman paisan[2] bussimatkaa varten voidakseen tulla tapaamaan Ammaa. Jos heidän täytyisi lähteä näkemättä Ammaa, milloin he saisivat seuraavan tilaisuuden? Ammasta tuntui pahalta ajatellessaan heitä. Hän rukoili ja istui alas. Hän kutsui oppilaat luokseen, lohdutti heitä ja antoi heille ohjeita, mikäli he tarvitsivat niitä. Tässä vaiheessa hän alkoi jälleen oksentaa, joten hän sulki ovet, istui lattialle ja oksensi. Vähän myöhemmin hän vaihtoi vaatteensa ja jatkoi darshanin antamista. Kohdattuaan kymmenen ihmistä hän antoi jälleen ylen. Kun hän oli liian heikkona noustakseen ylös, hän kuvitteli laulavansa kirtania ja tanssivansa. Se antoi hänelle energiaa, mutta hieman myöhemmin hän antoi jälleen ylen, ja jälleen hän jatkoi darshanin antamista.

Näin jatkui aamuun asti. Lopulta hän oli hyvin heikkona, vaikka hän jatkoikin aina siihen asti kunnes oli kohdannut viimeisenkin oppilaan. Heti kun hän oli antanut darshanin viimeiselle ihmiselle, hän romahti. Ihmiset kantoivat hänet huoneeseensa. Kaikki olivat hyvin huolissaan, peläten että hän saattaisi kuolla. Jos Amma olisi ajatellut vain omaa mukavuuttaan, ei olisi ollut mitään tarvetta tällaiseen. Hän olisi vain mennyt huoneeseensa ja käynyt makuulle, ja olisi saattanut tuntea olonsa paremmaksi hyvin nopeasti. Mutta kun hän ajatteli kaikkien niiden ihmisten surua, jotka olivat tulleet tapaamaan häntä, hän ei voinut toimia näin. Hän oli valmis kuolemaan, jos hänen täytyisi.

Ammalle annettu maito sisälsi myrkkyä. Perhe, joka oli suhtautunut Ammaan vihamielisesti, oli antanut maidon oppilaalle, jotta hän olisi tuonut sen tänne. Oppilas ei ollut tiennyt, että maito oli ollut myrkytettyä, eikä hän ollut tiennyt, että perhe joka oli antanut maidon, oli vastustanut Ammaa."

---

[2] Yksi rupia on sata paisaa.

Luku 5

Jonkin ajan kuluttua Amma jakoi makeisia kaikille ja meni alas rappusia. Hän istuutui vesitankin lähettyville, meditaatiohallin eteläpuolelle. Lähellä tuota paikkaa, takavesien penkereellä, kasvoi joitakin sokeriruokoja. Yksi ruo'oista oli murtunut ja brahmachari leikkasi sen ja toi sen Ammalle. Äiti leikkasi sen pieniksi palasiksi ja antoi palaset brahmachareille. Koska sokerijuurikas kasvoi lähellä suolavettä sen makeudessa oli kevyt suolainen vivahde. Amma pureskeli muutamia palasia.

Sylkäistyään jäännökset pois hän sanoi: "Lapseni, kun opiskelette pyhiä kirjoituksia, teidän pitäisi muistaa nämä jäännökset. Me syljemme kuidun pois nautittuamme sitä ennen sokeriruo'on mehun. Samalla tavoin meidän pitäisi omaksua pyhien kirjoitusten ydinolemus ja hylätä loput. Olisi tyhmää takertua pyhiin kirjoituksiin kuolemaan saakka. Samalla tavoin pitäisi menetellä mahatman puheiden suhteen. Meidän pitäisi hyväksyä vain se minkä kykenemme sulattamaan ja hyödyntämään omassa elämässämme. Kaikki heidän ohjeensa eivät ole samalla tavoin soveltuvia kaikille. He ottavat huomioon tietyt olosuhteet ja sen ihmisen ymmärryskyvyn, jota neuvovat."

Amma käveli kalaria kohti. Odottavat oppilaat syöksyivät hänen luokseen. Hän vei heidät kaikki kalariin ja istuutui.

Amman todellinen muoto

Naisoppilas kumarsi Ammalle ja alkoi sitten nyyhkyttää voimakkaasti asettuessaan hänen syliinsä. Naisen surun aiheutti pilkka, jonka ihmiset olivat kohdistaneet häneen veneessä, kun hän oli tullut tänne. Amma pyyhki hänen kyyneleensä ja lohdutti häntä. Hän sanoi oppilaille:

"Jos nipistät puun kylkeä, ei se tunne sitä; mutta jos nipistät hentoa nuppua, se tuntee kivun. Amma kykenee sietämään kaiken mitä kuka hyvänsä sanoo hänestä, mutta jos joku vahingoittaa oppilaita jollakin tavoin, jos he sanovat kauheita asioita hänen oppilaistaan, sitä hän ei voi sietää. Vaikka kaikki ovatkin yhtä ja samaa atmania, Amma ei voi seistä syrjässä, kun hänen oppilaansa kärsivät. Hän näkee lastensa kärsimyksen. Krishna ei perääntynyt, kun Bhisma ampui sata nuolta häntä kohden. Mutta kun nuolet lensivät kohti Arjunaa, kun hänen oppilaansa oli vaarassa, Krishna rynnisti kohti Bhismaa chakraansa (kiekon muotoista asettaan) käyttäen. Oppilaan suojeleminen on tärkeämpää kuin oman lupauksen pitäminen. Tuon Krishna näytti meille."

Oppilas: "Amma, eikö ole mahdollista vapautua heistä, jotka parjaavat Jumalaa ja sättivät henkisen tien kulkijoita?"

Amma: "Poikani, jos otamme tuollaisen asenteen, olemme vahingollisempia kuin he. Henkisen ihmisen ei pitäisi koskaan ajatella toisten vahingoittamista. Hänen tulisi rukoilla Jumalaa tekemään noista ihmisistä hyväsydämisiä ja tekemään heistä hyviä ihmisiä. Antaumuksen ja rukouksen tavoitteena on kehittää rakkautta kaikkia kohtaan. Älä elättele minkäänlaisia pahoja ajatuksia, jos joku puhuu sinusta pahaa. Sinun pitää ajatella, että myös tämä on sinun parhaaksesi. Onko olemassa maailmaa ilman vastakohtia? Koska on olemassa pimeyttä, emmekö me sen takia tajua valon suuruuden?"

Oppilas: "Kuinka onnekkaita me olemmekaan kun olemme saaneet tulla luoksesi, Amma! Kun olemme kanssasi koemme vain autuutta!"

Amma: (nauraen) Älkää olo siitä niin varmoja, lapseni. Olette kaikki sairaita nyt. Teillä kaikilla on tulehtuneita haavoja. Amma puristaa noita haavoja saadakseen mädän tulemaan ulos. Hän saa teidän pienet virheenne näyttämään isoilta. Se sattuu hieman.

Luku 5

Amma sanoo lapsilleen, että Amma pitää Kuoleman Jumalasta enemmän kuin Shivasta. Eivätkö ihmiset huuda kuolemanpelossaan Shivaa apuun? Kuka muuten turvautuisi Shivaan? Amman pelossanne te kutsutte Jumalaa apuun." Amma nauroi. "Aiemmin brahmacharilapset tapasivat laulaa Amme, snehamayi...('Äiti joka on täynnä rakkautta'). Nyt he laulavat Amme, kruramayi...! ('Äiti joka on täynnä julmuutta!')"
Amma nauroi ja lauloi Amme kruramayi... hitaasti, oikeaan rytmiin. Kaikki nauroivat katketakseen.

Amma jatkoi: "Toisinaan Amma sanoo, että hänen lapsensa ovat väärässä, vaikka he olisivatkin oikeassa. Miksi? Koska heillä täytyy olla shraddhaa. Siten he ovat tarkkaavaisia jokaisella askeleellaan. Jos Amma potkaisee heitä tai läiskäisee heitä, sillä ei ole minkäänlaista vaikutusta, he vain seisovat hymyillen. He sanovat usein: 'Meistä on mukavaa, kun Amma sättii meitä hieman. Silloin me ainakin voimme seisoa siinä ja katsella Ammaa, kun hän tekee niin. On jopa parempi, jos hän läimäyttää meitä muutamia kertoja.' Kuinka paljon hyvänsä Amma kurittaakaan heitä, he tietävät ettei hän voi kuin hymyillä heille seuraavassa hetkessä. Niinpä ainoa asia mikä toimii, on kun Amma ryhtyy nälkälakkoon. He eivät voi sietää katsella, kun Amma joutuu olemaan ilman ruokaa."

Kukaan ei sanonut hetkeen mitään. He kaikki ihmettelivät sitä huolenpidon ja rakkauden määrää, minkä Amma antoi lapsilleen, mikä ominaisuus olisi harvinainen jopa äidille joka oli heidät synnyttänyt.

Jumalalle antautuminen

Naisoppilas esitti kysymyksen: "Amma, sanot että meidän pitää nähdä Jumala kaikessa, mutta kuinka se on mahdollista?"

Amma: "Lapseni, teidän täytyy päästä vapaaksi teissä olevista vasanoista. Jumalasta pitää tulla ainoa turvanne. Teidän tulee kehittää itsessänne tottumusta muistaa Jumala, riippumatta siitä mitä teette. Sitten hiljalleen alatte nähdä ykseyttä moninaisuudessa."

Tyttö astui esiin ja halasi Ammaa. Laitettuaan päänsä Amman olkapäätä vasten hän alkoi nyyhkyttää. Hän oli rekkakuskin tytär ja hänen isänsä ei ollut tavallisesti kotona. Hänen äitipuolensa työnsi häntä moraalitonta elämää kohti. Hän oli päättänyt lukion, mutta kukaan ei halunnut hänen menevän yliopistoon.

Tyttö: "Amma, minulla ei ole ketään! Minä jään tänne ja teen jotakin työtä täällä."

Amman silmät olivat täynnä myötätuntoa, hän sanoi: "Tyttäreni, Jumala on aina läsnä pitämässä meistä huolta. Hän on myötätunnon lähde. Hän on meidän todellinen isämme ja äitimme. Ihmiset joita pidämme vanhempinamme, ovat vain kasvattaneet meidät. Jos he olisivat todelliset vanhempamme, heidän pitäisi voida pelastaa meidät kuolemalta. Mutta eivät he kykene siihen. Me olimme olemassa jo ennen kuin meistä tuli heidän lapsiaan. Jumala on meidän todellinen isämme ja äitimme ja suojelijamme."

Amma lohdutti tyttöä ja valoi häneen luottamusta: "Mene kotiin, tyttäreni, ja kerro isällesi vakaasti, että tahdot mennä yliopistoon. Hän suostuu siihen. Amma sanoo sinulle tämän. Älä ole huolissasi, tyttäreni, älä ole huolissasi!"

Naisoppilas: "Haluan tulla tapaamaan sinua joka päivä, Amma, mutta minä olen yksin kotona. Kuinka voin tulla tänne ja jättää kodin vartioimatta? Tänään lukitsin taloni ja jätin avaimen naapurilleni."

Luku 5

Amma: "On hyvä pyytää jotakuta pitämään taloa silmällä, kun tulet tänne. Meidän pitää kiinnittää huomiota ulkoisiin asioihin. Siitä huolimatta, eikö varkauksia satu silloinkin, kun käytämme kaikkein turvallisimpia lukkoja ja palkkaamme vartijoita valvomaan kotiamme? Miten voimme selittää tämän? Todellinen vartijamme on Jumala. Jos asetamme kaiken Hänen käsiinsä, Hän pysyy hereillä ja suojelee meitä aina. Muut vartijat nukahtavat, ja sillä hetkellä varkaat eivät jätä tilaisuutta käyttämättä ja varastavat omaisuutemme. Mutta kun Jumala on vartijanamme, meillä ei ole mitään pelättävää!

Kuvittele, että nousemme veneeseen. Kannamme raskasta taakkaa ja jatkamme sen kannattelemista, sen sijaan että laskisimme sen alas. Nähdessään ponnistelumme venemies sanoo: 'Olet nyt laivassa. Etkö laittaisi laukkuasi alas?' Emme kuitenkaan ole valmiita laittamaan laukkua alas, vaan itkemme ja valitamme, että laukku on liian painava. Onko tällaiseen tarvetta? Samalla tavoin, miksi me kannamme kaikkia näitä taakkojamme? Laske kaikki Jumalan jalkojen juureen! Hän pitää huolen kaikista taakoistamme."

Ei aikaa sadhanalle

Samaan aikaan Soman, joka oli opettaja ammatiltaan, lähestyi Ammaa kysymyksensä kanssa: "Amma, kun koulu päättyy, kotona on sata asiaa mitä pitäisi tehdä. Miten voisin löytää aikaa japaa varten?"

Amma: "Poikani, löydät kyllä aikaa, jos todella tahdot. Sinulla täytyy olla näkemys, ettei ole mitään suurempaa kuin Jumalan muistaminen. Silloin löydät aikaa siihen jopa kaiken työsi keskellä. Kerran rikas mies meni gurunsa luo ja valitti:

Ikuinen Viisaus - Yhdistetty painos

'Mestari, mieleni ei ole rauhassa. Olen aina huolestunut. Mitä voin tehdä?'

Guru sanoi: 'Minä annan sinulle mantran. Toista sitä säännöllisesti.' Rikas mies vastasi: 'Mutta minulla on niin monia velvollisuuksia päivän aikana. Mistä voisin löytää aikaa toistaa mantraa?'

Guru kysyi: 'Missä kylvet?' 'Joessa.' 'Kauanko sinulla vie aikaa mennä sinne?' 'Kolme minuuttia.' Guru sanoi: 'Voit toistaa mantraa siitä hetkestä, kun lähdet kotoasi ja saavut joelle. Yritä sitä.'

Muutamien kuukausien kuluttua mies tuli jälleen tapaamaan gurua hyvin innostuneena. Hän kumarsi ja sanoi: 'Levottomuuteni on poissa, mieleni on rauhassa. Toistan antamaasi mantraa säännöllisesti. Nyt minun on mahdotonta olla toistamatta! Ensin ryhdyin toistamaan sitä matkallani joelle. Sitten toistin mantraa palatessani ja myös kylpiessäni. Sitten ryhdyin toistamaan sitä matkallani töihin. Jopa aina kun mantraa koskeva ajatus tuli mieleeni toimistolla, ryhdyin toistamaan sitä. Toistan kun menen sänkyyn, nukahdan toistaessani sitä. Nyt haluan toistaa sitä yhä enemmän ja enemmän joka päivä. Olen onneton, jos en toista sitä.'"

Amma jatkoi: "Jatkuvan harjoittelun avulla mantran toistamisesta tuli hänen tottumuksensa. Sinun pitäisi ryhtyä heräämään aikaisin. Heti kun nouset, meditoi kymmenen minuuttia. Kylvyn jälkeen meditoi jälleen puoli tuntia. Aluksi riittää, kun meditoit vähän aikaa. Sen jälkeen voit huolehtia tehtävistäsi. Ennen kuin menet kouluun, meditoi jälleen puoli tuntia. Mikäli aikaa jää meditaation jälkeen, käytä se japaan kävellessäsi tai istuessasi, tai mitä hyvänsä teetkin. Poikani, Amma suosittaa tällaista itsekuria, koska pidät henkisestä elämästä. Aloittelijoiden

Luku 5

tulee meditoida vain puoli tuntia tai tunti. Loppuaika voidaan käyttää japaan tai kirtanien laulamiseen."

Soman: "Amma, kuinka voin pitää mieleni Jumalassa? Olen ollut naimisissa nyt muutamia vuosia. Minun pitää maksaa takaisin rahat, jotka lainasin talomme rakentamista varten. Vaimoni ei voi hyvin. Kun kaikki nämä ongelmat vaivaavat mieltäni, miten on mahdollista harjoittaa japaa ja meditaatiota?"

Amma: "Tuo on totta. Mutta mitä huolehtiminen auttaa, poikani? Auttaako huolehtiminen sinua saamaan rahaa lainan maksuun? Niinpä sinun pitää keskittyä työn tekemiseen. Älä hukkaa aikaa. Yritä toistaa mantraa kaiken aikaa. Jos toisinaan unohdat, jatka mantran toistamista niin pian kuin muistat.

Jos kastelet puun juuria, ulottuu vesi myös oksistoon ja lehvästöön. Mutta jos kaadat vettä puun latvaan, siitä ei ole mitään hyötyä. Huolehtimisella ei saavuta mitään. Anna vain mielesi Jumalalle, turvaudu Häneen, eikä elämästäsi tule puuttumaan mitään. Sinulle annetaan kaikki mitä tarvitset. Ongelmasi ratkeavat jollakin tavoin ja löydät rauhan. Ne, jotka rukoilevat Jumalaa ja meditoivat Häntä vilpittömästi, heiltä ei tule puuttumaan mitään välttämätöntä. Sellainen on Jumalan tahto. Tämä on Amman oma kokemus. Jos et tee mitään muuta, niin toista Lalita Sahasranamaa joka päivä rakkaudella ja antaumuksella. Silloin sinulta ei tule puuttumaan mitään. Rakkaat lapseni, oli teillä sitten mitä muuta hyvänsä, mutta ilman sadhanaa te ette löydä mielenrauhaa. Olittepa kuinka rikkaita hyvänsä, jos haluatte nukkua rauhassa, teidän on turvauduttava Jumalaan. Alkää unohtako ajatella Häntä, vaikka unohtaisitte syödä"

Täydellinen antautuminen Jumalalle on Amman opetusten ydin. Olivatpa murheemme minkälaisia hyvänsä, niin jos luovutamme ne Hänelle, niiden paino ei murra meitä. Oman kokemuksensa valossa Amma vakuuttaa meille, että Jumala pitää meistä kaikin tavoin huolen. Hänen vastauksensa kaikkiin maallisiin kysymyksiin kohottaa meidät antaumuksen ja henkisyyden tasolle. Kun hänen autuaallinen olemuksensa yhdistyy hänen rakkaudellisen puheensa suloisuuteen, on kokemus unohtumaton.

Kun Amma kohottautui istuimeltaan, oppilaat kumarsivat hänelle ja nousivat seisomaan.

Lauantai 2. marraskuuta 1985

Amma Ernakulamissa

Amma ja hänen ryhmänsä oli majoittunut erään oppilaan, Gandharan Vaidyarin, taloon lähelle Ernakulamia. Seuraavana aamuna he lähtivät kohden toisen oppilaan taloa Eloorissa. Matkalla he vierailivat vielä kolmessa muussa talossa.

Paljon ihmisiä oli kokoontunut Eluurissa sijaitsevaan taloon nähdäkseen Amman, useat heistä ensimmäistä kertaa. Mukana oli vanhempia kehitysvammaisine lapsineen, ihmisiä, jotka olivat jotenkin rampautuneita, ihmisiä, jotka olivat etsineet työtä vuosia, henkisiä etsijöitä, jotka tarvitsivat tietoa sopivasta sadhanasta ja niitä, jotka halusivat elää sanjaasin elämää ashramissa Amman kanssa.

Oppilas astui esiin poikansa kanssa, joka näytti olevan noin 12-vuotias. Hän kumarsi ja työnsi poikansa Amman lähelle sanoen: "Amma, poikani on hyvin tuhma. Hän käy parasta koulua, mutta käyttää kykyjään vain kepposten tekemiseen eikä opiskeluun. Hän on vasta lapsi, mutta hän menee ja pyytää oman luokkansa tyttöä menemään kanssaan naimisiin. Eikä siinä kaikki, hän hakkasi pojan, joka kertoi tästä opettajalle. Amma, siunaa hänet ja ojenna häntä."

Luku 5

Amma (halaten poikaa): "Mitä tämä on, poikani? Puhuuko isäsi totta?" Amma piti sormeaan nenänsä edessä (mikä Intiassa tarkoittaa häpeää). Poika oli kovasti häpeissään ja olisi halunnut karata Amman otteesta. Amma ei kuitenkaan päästänyt häntä. Hän laittoi pojan istumaan syliinsä, antoi tälle omenan ja suukotti hänen poskeaan. Amma ei voinut puhua hänen isälleen kauaa, sillä hän vieraili talossa vain hetkisen. Hän antoi isälle luvan tulla tapaamaan häntä myöhemmin. Isä kumarsi ja lähti.

Amma oli jo myöhässä, sillä hänen piti mennä läheiseen Krishna-temppeliin johtaakseen siellä bhajaneitten laulua. Hän ei kuitenkaan noussut ylös ennen kuin oli antanut darshanin kaikille.

Bhajaneitten jälkeen Amman piti mennä vielä muutamien oppilaitten kotiin. Oli jo hyvin myöhä hänen palatessaan takaisin Vaidyarin taloon Ernakulamissa. Vaikka hän olikin suunnitellut palaavansa takaisin ashramiin, hän antoi periksi oppilaiden toivomukselle ja päätti jäädä yöksi.

Oppilas, joka oli tuonut poikansa Amman luo aiemmin päivällä, oli odottamassa tavatakseen hänet uudelleen, mutta oli menettämässä toivonsa nähdä häntä enää sinä päivänä, sillä oli jo niin myöhä. Yhtäkkiä hän näki brahmacharin, joka sanoi hänelle että Amma kutsui häntä, joten hän meni Amman luo ja kumarsi.

Oppilas: "En uskonut enää tapaavani Ammaa tänä iltana."

Amma: "Amma oli suunnitellut lähtevänsä tänään, mutta päätti jäädä, koska kaikki hänen lapsensa sitä vaativat. Toiset lapset odottavat häntä Haripadissa. Me näemme heidät huomenna, matkallamme takaisin. Kun Amma tuli tänne, hän tunsi että olit onneton. Poikani, älä ole huolissasi pojastasi. Kaikki hänen kujeensa katoavat, kun hän kasvaa vanhemmaksi."

Oppilas: "Amma, mutta tämän päivän lapset tekevät asioita, joista emme voineet uneksiakaan silloin kun minä olin nuori. En voi ymmärtää syytä tähän, kuinka paljon hyvänsä sitä ajattelenkin."

Aloita dharma jo nuorella iällä

Amma: "Poikani, entisaikaan lapset kasvoivat gurukulassa gurun suorassa ohjauksessa. He elivät gurun kanssa, ja heille opetettiin, kuinka gurua tulee kunnioittaa, kuinka käyttäytyä vanhempia kohtaan ja kuinka elää maailmassa. Heille opetettiin, minkälainen on Jumalan ydinolemus. Eikä heille ainoastaan opetettu näitä asioita, vaan pidettiin myös huolta siitä, että he noudattivat näitä periaatteita. Gurun palveleminen, tapas ja pyhien kirjoitusten opiskeleminen olivat heidän koulutuksensa perusta. Tästä johtuen tuo aikakausi loi Harischandran kaltaisia ihmisiä.

Minkälainen oli kuningas Harischandra? Hän osoitti, että hänen sanansa merkitsi hänelle enemmän kuin hänen omaisuutensa, vaimonsa ja lapsensa. Tällainen oli ihanne, jonka entisajan ihmiset antoivat meille. Se oli seurausta koulutuksesta, jonka he olivat saaneet. Kun lapset palasivat gurukulasta opintojensa jälkeen, he etenivät grihastashramaan, jolloin heidän vanhempansa luovuttivat heille kaiken vastuun taloudenpidosta ja siirtyivät itse vanaprasthaan (metsässa asuva erakko). Jopa kuninkaalla oli vain yksi vaatekappale ja hän meni metsään harjoittamaan tapasia. Hän ei pitänyt itsellään minkäänlaisia kuninkaallisuuteen kuuluvia houkutuksia. He elivät pitäen mielessään sanjaasan päämäärän. Tuohon aikaan suurimmalla osalla ihmisistä oli halu luopua jollakin tavoin kaikesta ja edetä sanjaasan elämään. Tällaisen kulttuurin ansiosta

Luku 5

lapset vakiintuivat dharmaan ja he olivat täynnä rohkeutta kun he kasvoivat. He kykenivät menemään epäröimättä elämässä eteenpäin, olivatpa elämän olosuhteet minkälaiset tahansa."

Oppilas: "Amma, mutta tänä päivänä tilanne on aivan päinvastainen. Päivä päivältä meidän kulttuurimme taantuu."

Amma: "Kuinka hyvät ominaisuudet voisivatkaan kehittyä lapsissa näinä päivinä? Hyvin harvat perheelliset noudattavat oman elämänvaiheensa periaatteita. Kuinka he näin ollen voisivatkaan istuttaa hyviä ominaisuuksia lapsiinsa? Menneinä aikoina perheelliset elivät todellisen grihastashramin elämää. Heillä oli aikaa harjoittaa tapasia jopa kaikkien työtehtäviensä keskellä. He eivät ajatelleet, että elämä on vain syömistä ja juomista. He söivät vain elääkseen. He antoivat lapsilleen hyviä neuvoja ja tarjosivat näille hyvän esimerkin elämällä antamiensa neuvojen mukaisesti. Mutta kuka toimii näin tänä päivänä? Missä ovat gurukulat? Jopa sairaanhoito-opistossa nuoret huutavat poliittisia iskulauseita. Politiikkaa ja lakkoja on jopa kouluissa. Voit nähdä jopa lapsissa valmiuden tuhota vastakkaisen puolueen jäseniä. Niinpä heidät kasvatetaan hyvin tuhoavalla tavalla.

Poika, jonka pitäisi huolehtia ja lohduttaa vanhaa ja sairasta isäänsä, vaatii sen sijaan osuuttaan tämän omaisuudesta. Kun kotitila jaetaan ja hänen veljensä osuudessa on muutama kookospuu enemmän, hän ottaa puukon iskeäkseen isäänsä. Poika on valmis tappamaan isänsä pienen omaisuuslisän vuoksi!

Mutta mitä Rama ja muut näyttivätkään meille? Kunnioittaakseen isänsä lupausta Rama oli valmis luopumaan kuningaskunnasta. Eikä hänen isänsäkään, Dasaratha, pettänyt sanaansa. Hän piti lupauksen, jonka oli antanut vaimolleen Kaikeyille. Tuon lupauksen hän oli antanut, kun hänen vaimonsa oli tehnyt suuren uhrauksen. Dasarathaan ei ollut niinkään tehnyt vaikutusta hänen vaimonsa kauneus tai rakkaudenosoitukset vaan tämän epäitsekkyys taistelutantereella, missä tämä oli vaarantanut oman henkensä pelastaakseen hänet. Niinpä Dasaratha ei luopunut lupauksestaan minkään itsekkään syyn varjolla, ja Rama hyväksyi ehdoitta oman isänsä lupauksen. Entä Sita? Nostiko hän suuren metelin, kun Rama päätti lähteä metsään? Hän ei sanonut miehelleen: 'Sinä olet kuningaskunnan oikeutettu perijä. Sinun pitäisi ottaa se itsellesi keinolla millä hyvänsä.' Kun hänen aviomiehensä lähti metsään, vaimo seurasi häntä ääneti. Hänen veljensä, Lakshmana, lähti myös heidän matkaansa. Ja mitä Bharata osoittikaan meille? Hän ei sanonut: 'He ovat menneet. Nyt minä voin hallita kuningaskuntaa.' Sen sijaan hän meni ja etsi veljensä. Hän nouti Raman sandaalit, toi ne mukanaan ja laittoi ne valtaistuimelle merkiksi siitä, että hän hallitsi maata ainoastaan veljensä puolesta. Näin asiat olivat vanhoina aikoina. Tuossa on ihanne, jonka eteen meidän on kilvoiteltava omassa elämässämme. Mutta kuka kiinnittää huomiota tuollaisiin arvoihin näinä päivinä tai harjoittaa niitä käytännössä?

Menneisyyden ihmiset opettivat meille todellisia elämänarvoja, mutta me emme kiinnitä heihin huomiota. Nyt näemme, mihin tämä torjunta on johtanut. Minkälaisen kulttuurin lapset saavatkaan osakseen tänä päivänä? Näet vain televisioita ja elokuvia kaikkialla. Ne käsittelevät voittopuolisesti romansseja, seksiä ja naimisiinmenoa. Lehdet ja kirjat käsittelevät pääsääntöisesti maallisia asioita. Lapset näkevät ja lukevat tällaisista asioista. Tällaisen kulttuurin lapset omaksuvat itselleen nykyaikana. Tämä auttaa luomaan vain Kamsan[3] kaltaisia ihmisiä. Tulemme harvoin tulevaisuudessa näkemään Harischandran kaltaisia ihmisiä.

---

[3] Kamsa oli demoninen, äärimmäisen itsekäs ja tuhoava ihminen.

Luku 5

Mikäli haluamme muutoksen tähän, meidän on annettava lapsillemme erityistä huomiota. Meidän pitää olla varovaisia sen suhteen, mitä annamme heidän lukea. Meidän pitäisi antaa heille vain sellaista luettavaa, mikä auttaa heitä opinnoissaan tai selventää henkisiä asioita. Meidän pitäisi jopa erityisesti painottaa, että he lukisivat tällaisia tekstejä. Sellainen kulttuuri (joka painottaa henkisiä arvoja) tulee säilymään heidän matkassaan, kun he kasvavat. Jopa silloin kun he tekevät jotakin väärää, he tietävät sen syvällä sisimmässään, ja tulevat katumaan toimiaan. Tämä muuttaa heidät.

Monet lapset katsovat televisiota ja elokuvia ja unelmoivat sellaisesta avioelämästä, jota elokuvissa kuvataan. Kuinka moni ihminen voi elää noiden tarinoiden onnellista luksuselämää? Kun he kasvavat ja menevät naimisiin, ja huomaavat, etteivät voi saada tuollaista, he pettyvät, ja tämä synnyttää vaimon ja miehen välille etäisyyttä. Kerran nuori nainen tuli tapaamaan Ammaa. Hän oli mennyt nuorena naimisiin ja oli jo eronnut. Kun Amma tiedusteli syytä tähän, hän kertoi tarinan. Hän oli nähnyt elokuvan rikkaasta pariskunnasta, jolla oli suuri talo, auto ja kalliita vaatteita. Elokuvassa he ajoivat aina iltaisin hiekkarannalle, eikä heidän elämässään ollut koskaan hetkeä, jolloin he eivät olisi olleet onnellisia. Nähtyään elokuvan tyttö alkoi unelmoida kaikesta tästä.

Pian hän oli naimisissa, mutta hänen miehellään oli vain pienipalkkainen toimi. Rahaa ei ollut riittävästi eikä hän kyennyt kustantamaan sellaista elämää, josta vaimo unelmoi. Vaimo halusi auton, enemmän sareja, päivittäisiä elokuvareissuja ja niin edelleen. Hän oli aina pettynyt. Mitä miesparka saattoi tehdä? Lopulta he alkoivat riidellä, mikä johti jopa lyönteihin. He olivat molemmat onnettomia. Niinpä avioliitto purettiin ja se johti heidät yhä syvempään epätoivoon. He katuivat kaikkea mitä oli tapahtunut. Mitä he saattoivat tehdä? Ajattele entisaikoja. Siihen aikaan mies ja vaimo olivat valmiit kuolemaan toistensa puolesta. He todella rakastivat toisiaan. Vaikka he olivat kehollisesti erillisiä, heidän sydämensä olivat yhtä. Lapseni, rakkaus ja epäitsekkyys ovat avioliiton siivet. Ne auttavat teitä kohoamaan ilon ja täyttymyksen taivaaseen."

Amma antaa huomiota jopa sellaisille asioille, joita muut pitävät merkityksettöminä. Hän jättää huomiotta oman mukavuutensa ja antaa lapsilleen täyden huomionsa, ehdottaen ratkaisuja heidän ongelmiinsa.

Oppilas, joka oli kuunnellut tarkkaavaisesti Amman puhetta, sanoi: "Kun minä menen kotiin, haluan toteuttaa käytännössä kaiken mitä olet sanonut. Anna minulle siunauksesi, Amma!"

Amma: "Poikani, puhe tai teko johon ryhdytään tarkkaavaisuudella, ei mene koskaan hukkaan. Jos ei tänään, niin huomenna tulet saamaan siitä hyödyn.

Amma kylvää siemenet ja auttaa siitä eteenpäin. Jotkut niistä itävät huomenna ja toiset päivää myöhemmin. Jotkut itävät vasta vuosia myöhemmin. Vaikka kukaan ei kuuntelisikaan, luontoäiti tallentaa vilpittömät rukouksemme. Ponnistelkaa, lapseni, Amma on aina kanssanne!"

Sunnuntai 3. marraskuuta 1985

Kehitysvammaiset lapset – kenen karma aiheuttaa heidän vammaisuutensa?

Amma ja brahmacharit lähtivät Gangadharan Vaidyarin talosta puoli seitsemältä aamulla. Matkalla brahmacharit ryhtyivät

Luku 5

puhumaan vammaisista lapsista, jotka olivat tulleet tapaamaan Ammaa päivää aiemmin.

"Noiden lasten tila on valitettava. Heidän kehonsa on kasvanut, mutta heidän mielensä ei ole kehittynyt lainkaan. Minkälaista elämää!" "Heidän vanhempiensa tilanne on vielä valitettavampi. Heillä ei ole lainkaan vapautta omassa elämässään. Voivatko he jättää lapsia ja mennä minnekään ilman että olisivat kaiken aikaa huolissaan?"

"Kenen prarabdhasta tämä johtuu, lasten vai vanhempien?" Lopulta he päättivät kysyä asiaa Ammalta. Hän oli kuunnellut huolella heidän keskusteluaan.

Amma: "Nuo lapset elävät enemmän tai vähemmän kuin unessa. He eivät ole tietoisia kärsimyksestä, jonka me näemme heissä. Jos he olisivat tietoisia siitä, he olisivat pahoillaan tilanteestaan ja ajattelisivat: 'Voi, miksi olen tässä maailmassa tällaisessa tilassa?' Heillä ei ole tuota tietoisuutta. Heidän perheensä sen sijaan kärsii, he joutuvat kohtaamaan vaikeudet. Niinpä meidän pitää ajatella, että kyse on lähinnä vanhempien prarabdhasta."

Brahmachari: "Sääli vanhempia! Mitä he voivat odottaa elämältään! Mitä voimme tehdä heidän hyväkseen?"

Neuvoja brahmachareille

Amma: "Lapseni, tämä myötätunto itsessään, jota tunnette heitä kohtaan tuo heille rauhan, ja se laajentaa myös teidän sydäntänne. Meidän täytyy tuntea sympatiaa niitä kohtaan, jotka kärsivät. Mitä syvempi kaivo on, sitä enemmän vettä se pitää sisällään. Lapset, vain myötätunto saa Paramatmanin lähteen pulppuamaan. Tuo korkein periaate herää meissä myötätuntomme ansiosta.

Jopa silloin kun jotkut istuutuvat meditoimaan, he ajattelevat vain kuinka kostaisivat jonkin asian. Lapseni, ette voi rakentaa taloa pelkästään kasaamalla tiilejä päällekkäin, tarvitsette sementtiä sitoaksenne tiilet yhteen. Tuo sementti on rakkaus. Ette voi hopeoida astiaa, joka ei ole puhdas. Se pitää ensin puhdistaa. Samalla tavoin vain silloin kun mieli on puhdas, voi antaumuksellinen rakkaus juurtua siihen siten, että voimme tuntea Jumalan läsnäolon. Ajattele Kuchelaa. Hänen lapsensa näkivät nälkää ja hän lähti kerjäämään ruokaa. Kun hän oli tulossa takaisin, joku toinen piti kättään ojennettuna, itkien, että hänen perheensä näki nälkää. Kuchela antoi hänelle kaiken ruoan minkä olikaan saanut.

Tunnetteko pyhimys Durvasasin ja kuningas Ambarishan tarinan? Pyhimys meni Ambarishan luo yrittäen rikkoa pyhän valan, jonka kuningas oli antanut. Jos hän onnistuisi tässä, hän kiroaisi kuninkaan. Mutta Ambarisha oli vilpitön oppilas. Vaikka Durvasas raivostui hänelle suuresti, Ambarisha ei reagoinut millään tavoin, vaan säilytti palvelijan asenteensa pyhimystä kohtaan. Hän oli tietoinen vallastaan, mutta ei millään tavoin ilmaissut vastustusta pyhimystä kohtaan. Yhteen liitetyin käsin hän rukoili Durvasia: 'Pyydän anteeksi, jos olen tehnyt jonkin virheen. Yritän vain pitää pyhän lupaukseni. Anna minulle anteeksi tietämättömyyteni.' Durvasas ei kuitenkaan antanut hänelle anteeksi. Sen sijaan hän päätti tappaa hänet, mutta ennen kuin näin tapahtui, Vishnu-jumalan sudarshana chakra[4] tuli Ambarishan avuksi.

---

[4] Sudarshana chakra kuvataan pyhissä kuvissa kiekkomaiseksi jumalalliseksi aseeksi.

Luku 5

Sudarshana-aseen kauhistuttama Durvasas juoksi hakemaan apua jumalilta. Kun pyhimys oli lähtenyt, Ambarisha ei ajatellut: 'Hyvä, hän on mennyt. Nyt voin syödä rauhassa jotakin.' Kykenemättä saamaan devoilta apua Durvasasin ei auttanut kuin turvautua Ambarishaan. Jopa silloinkin kun pyhimys tuli ja pyysi anteeksiantoa, kuningas halusi vain pestä hänen jalkansa ja juoda tuon veden. Jumala on kokonaan tällaisten ihmisten kanssa. Hän tulee sellaisten tueksi, joilla on tuollaista nöyryyttä. Ihmiset, jotka ajattelevat: 'Minä haluan olla onnellinen, haluan olla rikas, haluan vapautuksen!', eivät tule saamaan Jumalaa puolelleen."

Amma lopetti puhumisen ja istui hiljaa katsellen auton oikeanpuoleisesta ikkunasta ulos. He kiitivät puiden ja talojen ohi. Kuorma-auto ohitti heidät torvea soittaen. Kaikkien katseet olivat Ammassa. Brahmachari rikkoi hiljaisuuden ja sanoi: "Amma!"

"Niin, mitä haluat?" Amma vastasi takertumattomalla äänensävyllä.

Brahmachari alensi ääntään ja sanoi: "Olen pahoillani, että sain Amman suuttumaan joitakin päiviä sitten."

Amma: "Se on ollutta ja mennyttä. Miksi olisit siitä huolissasi nyt? Amma unohti sen saman tien. Eikö Amma puhunut sinulle niin tiukasti rakkautensa tähden, poikani?"

Kyyneleet alkoivat vuotaa brahmacharin silmistä. Amma pyyhki ne sarinsa kulmalla ja sanoi: "Älä ole pahoillasi, rakkaani."

Tuona päivänä Amma oli pyytänyt häntä puhdistamaan kalarin verannan ennen kuin he lähtisivät ashramista, mutta kiireessään hän oli unohtanut tehdä sen. Amma oli huomannut verannan valmistautuessaan lähtemään. Se oli ollut edelleen likainen, joten hän oli kutsunut brahmacharin luokseen ja nuhdellut tätä ankarasti, minkä jälkeen hän oli itse ryhtynyt puhdistamaan paikkaa. Nähdessään tämän toiset olivat ryhtyneet auttamaan häntä, brahmacharin seistessä sillä aikaa häpeissään, päätään roikottaen. Amma oli lähtenyt vasta siivottuaan koko alueen.

Amma jatkoi: "Kun Amma sanoo jotakin ankarasti teille lapseni, se ei johdu siitä, että hän olisi todella vihainen. Sen tarkoituksena on vain estää, ettei teistä tulisi itsekkäitä. Amma haluaisi tehdä kaiken työn itse. Hän haluaisi tehdä näin niin kauan kuin on terve, mutta hänen mielensä on usein tämän tason tuolla puolen, joten hän tapaa unohtaa asioita. Vain tämän vuoksi hän pyytää teitä kiinnittämään huomiota tiettyihin asioihin. Amma haluaisi itse pestä vaatteensa. Jopa nytkin Amma yrittää tehdä niin, mutta Gayatri ei anna hänen toimia tällä tavoin. Amma ei halua aiheuttaa vaivaa kenellekään. Hän tahtoo palvella, ei olla kenenkään palveltavana. Hän ei tarvitse mitään palveluja. Siitä huolimatta hänen täytyy toisinaan hyväksyä palvelu tehdäkseen toiset onnellisiksi. Jopa silloinkin Amma ajattelee vain sitä, mikä on teille hyväksi.

Te lapset olette onnekkaampia kuin suurin osa ihmisistä. Teidän ei tarvitse huolehtia mistään. Amma on täällä huolehtiakseen kaikista ongelmistanne. Hän kuuntelee surujanne ja lohduttaa teitä. On olemassa sanonta, että tulisi mennä maailmaan vasta sitten kun on saavuttanut oivalluksen, mutta tämä ei päde niihin, jotka ovat löytäneet satgurun. Opetuslapsen, jonka satguru on lähettänyt maailmaan, ei tarvitse pelätä mitään. Guru suojelee häntä."

Brahmachari, joka kuunteli tätä kaikkea, kysyi: "Amma, olet usein sanonut, että ihminen voi oivaltaa Itsen jopa kolmessa vuodessa. Minkälaista sadhanaa määräät tätä tarkoitusta varten?"

Luku 5

Kypsyys oivallusta varten

Amma: "Etsijä jolla on voimakas kaipuu, ei tarvitse kolmea vuotta. Miksi? Hän ei tarvitse edes aikaa, joka kuluu neulan lävistäessä lootuksen lehden. Mutta tuon kaipauksen pitää olla valtavan voimakas. Jokaisella hengityksellä hänen pitäisi itkeä Jumalaa: 'Missä olet?' Hänen pitäisi kohota tilaan, jossa hän ei voi enää elää ilman Jumalan saavuttamista.

Jotkut ihmiset eivät saavuta mitään, vaikka olisivat tehneet tapasia 50-60 vuotta. Jos toteutat sen mitä Amma sanoo, voit ilman muuta saavuttaa päämääräsi kolmessa vuodessa. Mutta tarvitset tähän shraddhaa. Tarvitset todellista lakshya bodhaa ja todellista omistautumista. Amma puhuu tällaisista ihmisistä. Jos nouset tavalliseen bussiin, et voi olla varma, milloin se saavuttaa määränpäänsä, koska se pysähtelee joka paikassa. Mutta jos nouset pikabussiin, voit sanoa, milloin se saavuttaa määränpäänsä, sillä se ei pysähdy sinne tänne matkan varrella. Me emme voi olla varmoja heistä, joiden takertumattomuus kestää vain kaksi päivää.

Poikani, kun ajatus että olet syntynyt kuolee, on se itseoivallus. Kun olet tietoinen siitä, että olet puhdas olemassaolo, vapaa syntymisestä, kasvamisesta ja kuolemasta, on se oivallus. Et saavuta sitä mistään ulkopuolelta. Sinun on saatava oma mielesi hallintaasi –siinä on se mitä tarvitaan.

Tiedätkö, millaista Amman elämä oli? Hän ei jättänyt edes jalanjälkiään, kun hän lakaisi etupihan. Jos hänen jalanjälkensä olivat yhä siellä, hän lakaisi ne pois. Sillä kun kaikki oli puhdasta, Jumalan jalanjälkien tuli näkyä siellä ensimmäisenä! Hän oli vakuuttunut siitä, että Jumala kävelisi siellä. Jos hän sattui hengittämään kerrankin muistamatta Jumalaa, peitti hän sieraimensa lopettaakseen hengityksen, ajatteli sen jälkeen Jumalaa, ja jatkoi vasta sitten hengittämistä. Kun hän käveli, otti hän jokaisen askeleen vain muistettuaan ensin Jumalan. Jos hän ei tehnyt näin jonkin askeleen kohdalla, hän otti askeleen taaksepäin, ajatteli Jumalaa, ja jatkoi vasta sen jälkeen matkaansa. Tunnetko tarinan miehestä, joka meni etsimään Tambran leijonaa? Meidän on saavutettava tuon kaltainen intensiteetti[5]. Meidän pitäisi etsiä jatkuvasti: 'Missä sinä olet? Missä sinä olet?' Etsintämme voiman tähden kaikkialla alkaa olla niin kuuma, ettei Jumala voi enää istua rauhassa. Hänen täytyy ilmestyä eteemme.

Ennen kuin Amma ryhtyi meditoimaan, hän päätti kuinka monta tuntia hän istuisi. Hän ei noussut ylös ennen sitä. Jos hän ei kyennyt istumaan niin kauan, hän syytti luontoäitiä, huusi ja oli valmis lyömään häntä. Öisin hän ei nukkunut lainkaan. Jos hän tunsi väsymystä, hän istui ja itki. Yleensä hän ei tuntenut väsymystä. Kun tuli aika nukkua, hän suri sitä, että jälleen oli

---

[5] Tambra on kunnioittava termi, jota alemman kastin jäsenet käyttivät puhuessaan ylemmän kastin väestä.tarina johon Amma tässä viittaa on seuraava: Kerran eräs lukutaidoton metsän asukki ystävystyi joogin kanssa, joka vietti suurimman osan ajastaan meditoiden Narasimha-jumalaa (Vishnu-jumalan inkarnaatio ihmisleijonan muodossa). Nähdessään joogin suuren kaipauksen, tunsi metsän asukki sääliä joogia kohtaan ja päätti itse lähteä etsimään ihmisleijonaa. Hänen etsinnästään tuli todella intensiivistä. Hän luopui ruoasta, unesta ja levosta ja jatkoi väsymättä ihmisleijonan etsimistä ystävälleen. Hänen viaton ja palava kaipuunsa lopulta pakotti Vishnu-Jumalan ilmestymään Narasimhan muodossa hänelle. Ilman pienintäkään aavistusta siitä, että hänen saaliinsa oli korkein Jumala, mies sitoi köyden Jumalan kaulan ympärille ja talutti hänet joogin luokse. Sillä hetkellä Jumala antoi vapautuksen metsän asukille, kun taas äimistynyt joogi sai lupauksen vapautuksesta tämän syntymänsä aikana.

Luku 5

yksi päivä mennyt hukkaan. Amma ei voi edes kestää tuota muistoa, niin vaikeaa se oli."

Brahmachari: "Mutta jos tavallinen ihminen ei nuku, eikö se häiritse hänen meditaatiotaan?"

Amma: "Se joka riutuu saavuttaakseen tiedon Jumalasta, ei lopeta hänen ajattelemistaan edes hetkeksi. Hän ei tunne väsymystä eikä hän käy makuulle. Vaikka hän kävisikin makuulle, hänen surunsa pitää hänet hereillä. Amma puhuu tällaisista ihmisistä. He, joilla on takertumattomuutta ja halua tuntea Jumala, heille tapas on todellista lepoa. Ei ole olemassa tapasia suurempaa lepoa. He, jotka toimivat näin, eivät todellakaan tarvitse unta. Me tähtäämme tuohon tilaan."

Brahmachari: "Eikö Gita sano, että ne, jotka nukkuvat liikaa tai jotka eivät nuku lainkaan, eivät saavuta joogaa?"

Amma: "Amma ei sano, että sinun pitäisi luopua unesta kokonaan. Sinun pitäisi nukkua riittävästi, mutta vain riittävästi. Sadhaka ei voi nukkua, kun hän muistaa päämääränsä. Hän ei käy makuulle nukkuakseen, hän jatkaa japaa ja nukahtaa tietämättään. Opiskelijat, jotka haluavat läpäistä kokeen, eivät tunne väsymystä. He valvovat koko yön ja opiskelevat. Opiskelusta tulee heidän toinen luontonsa. Tällainen asennoituminen tulee sadhakalle luonnostaan.

Lasten, jotka todella rakastavat Ammaa, tulisi omaksua periaatteet, joita hän opettaa. Heidän pitäisi olla valmiita uhraamaan mitä hyvänsä elääkseen noiden periaatteiden mukaisesti. He todella rakastavat Ammaa. Tällaisen ihmisen tavoitteena on pitäytyä poikkeuksetta näissä periaatteissa, vaikka se merkitsisi kuolemaa. Sen sijaan hän, joka vain sanoo: 'Amma, minä rakastan sinua', ei todella rakasta häntä.

Kuninkaalla oli kaksi palvelijaa. Toinen heistä oli aina kuninkaan lähettyvillä huolehtimatta tehtävistään. Toinen käytti kaikki päivän tunnit tehden niitä asioita, joita kuningas oli pyytänyt häntä tekemään. Hän raatoi ilman ruokaa ja lepoa. Hän ei välittänyt siitä, näkikö kuningas sen tai tiesikö kuningas siitä. Kumpi näistä kahdesta oli parempi? Kumpaa kuningas arvosti enemmän?"

Amman todellinen olemus

Amma jatkoi puhumista ryhtyen selittämään omaa todellista olemustaan: "Joki virtaa itsestään. Se puhdistaa kaiken minkä kanssa joutuu tekemisiin. Se ei tarvitse vettä lammikosta. Teidän ei tarvitse rakastaa Ammaa hänen takiaan. Amma rakastaa teitä jokaista. Siitä huolimatta teidän parhaaksenne Amma ei aina näytä rakkauttaan. Amma ei osoita ulkoisesti rakkauttaan Gayatrille lainkaan, mutta kun Gayatri ei ole paikalla, Amman silmät täyttyvät kyynelistä pelkästään kun hän ajatteleekin Gayatria ja sitä, miten paljon työtä hän tekee ja miten hän kärsii. Amma rakastaa tuon tyttärensä mieltä ja hänen toimiaan, ja tuo rakkaus tulee itsestään. Amma ei tuo sitä tietoisesti esiin. Silti hän ei ilmennä tuota rakkauttaan sekuntiakaan. Hän löytää vikaa kaikesta, mihin Gayatri koskee ja mitä hän tekee. Useimmiten hän ei edes kutsu häntä sanalla 'mol' (tyttäreni).

Usein Amma ajattelee: 'Olenko minä todella niin julma, etten voi ilmaista Gayatrille myötätuntoani? Minä laitan hänet aina vain kärsimään!' Vaikka Amma päättää illalla, että osoittaa seuraavana päivänä rakkautta Gayatrille, hän päätyy sättimään häntä yhdestä tai toisesta asiasta. Hän on herättänyt Gayatrin unesta ja laittanut hänet seisomaan. Hän on pannut hänet ulos ja sulkenut oven. Hän on rankaissut häntä monin eri tavoin, mutta tämä ei johdu siitä ettei Amma rakastaisi häntä riittävästi. Amman rakkaus häntä kohtaan on täysinäistä. Amma vain tavoittelee hänen mieltään. Gayatri ei ole koskaan epäröinyt hiukkaakaan. Se on todellista premaa.'"

Säännöt palvelemista varten

Brahmachari Pai esitti tässä vaiheessa kysymyksen: "Amma, sanot usein, että sadhakalla ei pitäisi olla läheisiä suhteita maallisiin ihmisiin ja että hänen ei pitäisi käyttää heidän vaatteitaan ja muita tavaroitaan eikä mennä heidän makuuhuoneiseensa. Voiko hän näin ollen palvella heitä?"

Amma: "Palvelemisesta ei ole mitään haittaa, mutta koskaan ei pitäisi menettää shraddhaa. On totta, että kaikki on samaa Itseä, että kaikki on Jumalaa ja että Jumala on jokaisessa ja kaikessa, mutta meidän pitäisi toimia erottelukykyisesti olosuhteiden edellyttämällä tavalla. Kun sadhaka vierailee jonkun kodissa, hänen pitäisi välttää menemästä makuuhuoneeseen. Jos menet paikkaan, missä käsitellään hiiltä, vaikka et koskisikaan siihen, silti hiiltä tarttuu sinuun. Sanotaan, että jos menet Kurukshetraan[6], voit edelleen kuulla tuon muinaisen taistelun ääniä, joka käytiin siellä. Maallisten ihmisten ajatusten värähtelyt ovat heidän huoneissaan läsnä. Jos vietät vähänkään aikaa noissa huoneissa, värähtelyt tarttuvat alitajuntaasi ja ennemmin tai myöhemmin joudut kärsimään niiden huonoista vaikutuksista. Joten jos vierailet jonkun kotona, oleile pujahuoneessa niin paljon kuin mahdollista ja juttele perheenjäsenten kanssa siellä.

Vältä keskustelussasi maallisia asioita. On parempi olla puhumatta mistään mikä ei ole henkisesti hyödyllistä.

---

[6] Kurukshetra on tanner, missä Bhagavad-Gitassa kuvattu muinainen sota käytiin viisituhatta vuotta sitten. Tanner sijaitsee Intian nykyisen pääkaupungin New Delhin pohjoispuolella.

Ikuinen Viisaus – Yhdistetty painos

Keskustelu tarpeettomista aiheista on kuin pyörre, joka vetää mielen alas ilman että huomaat sitä. Toisten pitämissä vaatteissa on heidän ajatustensa värähtelyt. Siksi sadhakan ei tulisi käyttää maallisten ihmisten pitämiä vaatteita. Ei ole myöskään hyvä käyttää heidän saippuaansa; jos annat saippuasi jollekulle, on parempi ettet ota sitä enää takaisin. Ota mukaasi tarvitsemasi vaatteet ja asanasi minne hyvänsä menetkin.

Sadhakan ei pitäisi ylläpitää katkeamatonta suhdetta keheenkään, erityisesti perheellisiin, mutta silti meidän käytöksemme ei pitäisi myöskään loukata ketään. Jos he vaativat jotakin, selosta hymyillen näkökantasi muutamalla sanalla. Tietyssä vaiheessa sadhanaa tällaiset asiat eivät paljoakaan vaikuta etsijään. Etsijä oleilee silloin vaikutuksista vapaana kuin lootuksen lehti veden tippuessa sen päälle. Jopa silloinkin pitäisi pysyä tarkkaavaisena."

Vierailtuaan muutamien oppilaiden kotona ja sivuashramissaan Ernakulamissa Amma saapui Haripadiin keskipäivän aikaan. Professori NMC Warrier perheineen oli odottanut Ammaa koko yön nukkumatta, sillä Amma oli sanonut saapuvansa illalla tai yöllä. Koska he olivat päättäneet, etteivät söisi ennen kuin hän saapuisi, kukaan perheenjäsenistä ei ollut syönyt mitään. Näin Amma oli antanut heille hyvän mahdollisuuden meditaatioon. Mitä Jumala ei tekisikään pitääkseen oppilaiden mielen vakaasti sidottuna Itseensä?

Toivottaakseen Amman tervetulleeksi isännän poika oli tehnyt kalamin lattiaan – perinteisen kuvion, joka tehdään riisi- ja kurkumajauheella – ja sytyttänyt öljylampun sen keskustaan. Amma katsoi kuviota tarkkaavaisesti ja sanoi: "Tuossa on pieni virhe. Sinun ei pitäisi tehdä pienintäkään virhettä valmistaessasi kalamia. Sanotaan, että jos teet virheen, perheen sisälle syntyy kiistaa. Piirrämme tällaiset kuviot tietynlaisella sankalpalla.

Luku 5

Poikani, sinun pitäisi ensin harjoitella tätä hiekalla. Mittaa ja varmista, että kaikki on oikein. Vasta harjoiteltuasi riittävästi voit tehdä kalamin. Mutta se mitä olet tehnyt nyt, on oikein, sillä olet tehnyt sen puhtaalla sydämellä, täynnä rakkautta ja antaumusta Ammaa kohtaan. Mutta seuraavalla kerralla sinun pitäisi olla tarkkaavainen."

Amma vieraili viidessä eri kodissa Haripadissa. Kun hän menee jonkun kotiin, naapurit kutsuvat hänet vierailemaan myös heidän luonaan. Riippumatta siitä kuinka väsynyt hän on, ja riippumatta siitä miten paljon muut painostavat häntä lepäämään, Amma menee kaikkiin koteihin. Siinä autuudessa minkä oppilaat saavat siitä, että hänen pyhien jalkojensa tomu pyhittää heidän kotinsa, oppilaat tapaavat unohtaa Amman vaikeudet.

Kun Amma saapui ashramiin, hän havaitsi, että monet oppilaat olivat odottaneet häntä aamusta alkaen. Vaikka hän olikin fyysisesti hyvin väsynyt, hän ei silti luopunut bhavadarshanista.

Maanantai 4. marraskuuta 1985

Kolmen aikaan iltapäivällä Amma oli Brahmachari Srikumarin huoneessa istuen hänen sänkynsä reunalla. Srikumar oli kärsinyt kuumeesta viimeisen kahden päivän ajan. Yksi brahmachareista toi astian kuumaa vettä, jotta Srikumar voisi ottaa höyrykylvyn. Astia oli suljettu tiiviisti banaaninlehdellä, joka oli sidottu tiukasti aukon ympärille.

Amma: "Käy lattialle, poikani. Ota hieman höyryä, ja sen jälkeen tunnet olosi paremmaksi."

Lattialle laitettiin olkimatto ja Amma auttoi Srikumarin istumaan sängyllään. Hän piti Srikumaria kädestä kiinni ja auttoi häntä laskeutumaan matolle. Srikumar peitettiin paksulla lakanalla.

Amma: "Poikani, murra nyt astian kansi. Höyrytä itseäsi kunnes hikoilet oikein kunnolla, niin kuume lähtee."

Muutamat oppilaat, jotka olivat saapuneet Amman darshaniin, tulivat majaan kuultuaan, että hän oli siellä.

Amma: "Sri mon (poikani Sri) on kärsinyt kuumeesta pari päivää. Amma ajatteli antaa hänelle höyryhoitoa. Milloin te lapset tulitte?"

Nainen: "Hetki sitten, mutta vasta nyt meille selvisi, että Amma istuukin täällä."

Amma poisti peitteen Srikumarin päältä, hän oli hikoillut riittävästi. Amma auttoi hänet takaisin sänkyyn ja makuulle. Hän puhui oppilaille ja muutaman alkutervehdyksen jälkeen keskustelu kääntyi vakavampiin asioihin.

Todellinen ja väärä vedanta

Oppilas: "Amma, tässä eräänä päivänä minun ystäväni vieraili luonani. Hän on rakastunut ystävänsä vaimoon. Puhuessaan tästä hän sanoi: 'Kabirdas antoi vaimonsa, kun joku pyysi tätä häneltä. Eikö totta? Joten mitä väärää tässä voisi olla?'"

Amma: "Mutta eikö Kabirdas antanut vaimonsa onnellisena vasta kun joku oli sitä häneltä pyytänyt? Ei hän pettänyt ystäväänsä ja varastanut hänen vaimoaan. Kysyköön tämä ihminen, joka puhuu vedantasta, ystävältään, onko tämä valmis antamaan hänelle vaimonsa. Hän ei ehkä ole lähettyvillä enää kauan." Amma nauroi.

"Kabir oli oikeudenmukainen ihminen. Hänelle dharma oli suurempi asia kuin hänen vaimonsa tai hän itse. Siksi hän ei epäröinyt. Hänen tapanaan oli antaa mitä hyvänsä häneltä

Luku 5

pyydettiin. Hän ei luopunut dharmastaan, ei vaikka joku pyysi häneltä hänen vaimoaan. Mutta hänen vaimollaan oli oma dharmansa. Vaimo, joka todella on omistautunut miehelleen, ei edes katso toisen miehen kasvoja. Ravana ryösti Sitan. Hän yritti vietellä tätä monin eri tavoin, mutta Sita ei horjunut. Hän ajatteli vain Ramaa. Hän päätti, ettei antautuisi toiselle miehelle, vaikka se tarkoittaisi hänen omaa kuolemaansa. Sellainen on vaimon dharma.

Kabirissa näemme vapautuneen olennon. Hän oli luopunut kokonaan 'minä' ja 'minun' -käsityksestä. Kaikki oli hänelle Itseä tai Jumalaa. Tällainen asenne henkisellä ihmisellä pitäisi olla. Hänen pitäisi nähdä kaikki Jumalana, joten hän ei tunne raivoa tai vihaa ketään kohtaan, hänelle kaikki on pelkkää ylistystä. Toisesta näkökulmasta katsottuna mikään ei ole erillinen Itsestä, toista ihmistä ei ole. Poista raja kahden pellon väliltä ja jäljelle jää vain yksi pelto. Näemme Itsemme kaikessa. Aivan kuten oikea käsi sitoo vasemman käden haavan, näemme toisen ihmisen surun omanamme ja tulemme hänen avukseen."

Yksi brahmachareista oli menossa Ernakulamiin muutamaksi päiväksi ostoksille. Hän otti sateenvarjon majasta. Siinä ei ollut kädensijaa ja sen kangas oli hieman repeytynyt, joten hän laittoi sen takaisin. Oven takana roikkui uusi sateenvarjo. Brahmachari otti sen sijaan sen. Hän kumarsi Ammalle ja lähti majasta, valmiina aloittamaan matkansa.

Amma kutsui hänet takaisin. Hän otti uuden sateenvarjon häneltä ja pyysi häntä ottamaan vanhan, jota oli tutkaillut. Brahmachari teki näin epäröimättä ja lähti. Kaikki tilannetta seuraavat olivat hämmentyneitä. Kun Ammalta kysyttiin tästä, hän sanoi: "Hän ei tahtonut vanhaa sateenvarjoa, vaan ainoastaan uuden. Brahmacharin mieli ei saisi joutua ulkonaisen loiston ansaan. Elämme ashramissa vapautuaksemme ulkoisista ylellisyyksistä."

Muutamia hetkiä myöhemmin Amma pyysi jotakuta kutsumaan brahmacharin takaisin. Hän otti vanhan sateenvarjon ja antoi hänelle uuden. Brahmachari kumarsi Ammalle jälleen ja nousi sitten seisomaan.

Amma: "Poikani, henkisen etsijän ei pitäisi kulkea ulkoisen kauneuden perässä. Se on katoavaa. Se tuhoaa hänet. Hänen pitäisi katsoa sisäistä kauneutta, joka on ikuista. Se saa hänet kasvamaan. Vain jos hän luopuu kokonaan ulkoisista houkutuksista, voi hän kehittyä. Amma antaa sinulle uuden sateenvarjon takaisin, koska hän näkee sinussa antautumisen asenteen, joka sallii sinun hyväksyvän hyvän ja huonon yhtäläisesti. Sinä valitsit paremman sateenvarjon saadaksesi osaksesi toisten hyväksynnän. Eikö? Älä tunne houkutusta toisten ylistystä kohtaan. Jos odotat saavasi toisten hyväksynnästä todistuksen, et saa todistusta Jumalalta. Me tarvitsemme Jumalan todistuksen. Saadaksesi sen sinun täytyy vetää mielesi ulkoisesta ja kääntää se sisäänpäin. Sinun täytyy etsiä ja löytää se mikä on sisälläsi.

Huomioin lasteni elämän jokaisen olemuspuolen. Katson jopa pienimpiä asioita. Kuka muu kuin Amma korjaa lasteni jopa kaikkein pienimmät virheet? Mutta teidän huomionne ei pitäisi olla ulkoisessa loistossa. Teidän mielenne pitäisi keskittyä Jumalaan."

Kun Amma kiinnittää tarkan huomionsa lastensa elämän jopa näennäisesti merkityksettömiinkin asioihin, miksi heidän tulisi kiinnittää huomiota ulkoisiin asioihin? Tällainen oli Amman asenne tuohon kysymykseen.

Luku 5

Amman bhakti bhava

Amma: "Amman ääni on hävinnyt kahden kolmen matkapäivän aikana. Lepoa ei ollut. Nyt on vaikea laulaa bhajaneita. Ammalla ei ole ollut näin vaikeaa milloinkaan näinä vuosina. Mitä hyötyä on kielestä, jos ei voi laulaa bhajaneita?"

Brahmachari: "Sinä otit itsellesi niiden ihmisten prarabdhan, jotka tulivat luoksesi Eluurissa, Amma. Se sai tämän aikaan. Monia sairaita tuli sinne, eivätkä he olleet enää samoja ihmisiä kun lähtivät sieltä. He lähtivät hymy huulillaan."

Amma: "Jos minun kipuni on seurausta heidän prarabdhastaan, jos kärsin nyt jotakin sellaista mikä heidän oli määrä kärsiä, en ole onneton. Silloinhan joku toinen on parantunut. Mutta siitä huolimatta en voi viettää päivääkään toistamatta Jumalan nimeä."

Amma alkoi yhtäkkiä itkeä, kyyneleet valuivat hänen kasvojaan pitkin. Hän ilmensi yhtäkkiä uskovaista, joka sydän kipua täynnä suri kyvyttömyyttään laulaa Jumalan nimeä. Ympäristö, joka kylpi auringonlaskun karmiininpunaisessa värisävyssä, tuntui heijastelevan hänen mielentilaansa. Amman korkein antaumus lisäsi hänen kasvojensa loistoa, nyyhkytys vaimeni vähitellen. Amma vaipui samadhiin, joka kesti tunnin ajan.

Kaikki läsnäolijat olivat näin saaneet Ammalta opetuksen, kuinka kutsua ja itkeä Jumalaa. Vähän ajan kuluttua siitä, kun hän oli palannut samadhista normaaliin tietoisuudentilaan, Amma lähti kalariin ja liittyi laulamaan bhajaneita.

Kannante kalocha

Kuulen Kannan askeleet,
tänä hopeisen kuunvalon yönä.
Kuulen hänen huilunsa sulosointuja,

*ja minun mieleni sulautuu
kultaiseen uneen.
Oi talven tuoksu,
hopeisen kuunvalon kukinto!
Minun mieleni tanssii autuaallisesti
tuossa hunajaisen suloisessa hymyssä!
Oi Kanna,
minulla on lukemattomia tarinoita kerrottavanani.
Kanna, pyydän, älä lähde!
Jää kylpemään
minun mieleni autuaalliseen järveen!*

Kun Amma palasi huoneeseensa, eräs brahmachareista odotti häntä. Hänen silmänsä olivat turvonneet ja kasvot muuttuneet.

Amma: "Mitä on tapahtunut, poikani?"

Brahmachari: "Tämä alkoi aamulla, kasvoni turpoavat."

Amma: "Ei ole mitään pelättävää. Turpoaminen johtuu siitä, että pölyä on joutunut silmiisi."

Amma pyysi brahmacharinia tuomaan ruusuvettä. Kun hän toi sitä, Amma kehotti brahmacharia asettumaan makuulle lattialle. Amma antoi hänelle tyynyn pään alle, mutta hän epäröi laskea päätään siihen.

Amma: "Todellinen kunnioitus Ammaa kohtaan ei ole siinä, että kieltäydyt käyttämästä tavaroita sen takia, että ne kuuluvat hänelle. Amma ei näe asiaa siten. Merkki kunnioituksesta on tottelevaisuudessasi häntä kohtaan."

Amma laittoi vastahankaisen brahmacharin pään tyynylle ja kaatoi ruusuvettä hänen silmiinsä. Amma kehotti häntä makaamaan hetken hiljaa.

Luku 5

Perjantai 8. marraskuuta 1985

Brahma muhurta

Aamutähti nousi. Kun brahmacharit heräilivät, valot alkoivat loistaa heidän lehtimajojensa rakosista. Amma käveli jokaisen majan ohi taskulamppu kädessään tarkistaakseen, olivatko hänen lapsensa heränneet. Suurin osa brahmachareista oli jo käynyt pesulla ja pian vediset mantrat kaikuivat ilmassa.

Yhdessä majassa ei näkynyt valoa, joten Amma valaisi taskulampulla sisälle. Brahmachari oli syvässä unessa. Amma vetäisi lakanaa, joka peitti hänet. Brahmachari kääntyi toiselle kyljelleen, veti lakanaa päälleen ja peitti itsensä jälleen. Amma nautti tilanteesta. Hän nykäisi lakanaa uudelleen. Brahmachari työnsi hänen kättään pois ja kääriytyi lakanaan. Amma haki hieman vettä kuppiin ja lähestyi poikaansa uudelleen pirskotellen vettä tämän naamalle.

Brahmachari hyppäsi pystyyn ja katsoi ympärilleen ärsyyntyneenä, kuka oli keskeyttänyt hänen aamu-unensa. Hänen edessään oli kaksi läpitunkevaa silmää. Puoliunessakaan häneltä ei mennyt hetkeäkään tuon valkoisiin puetun hahmon tunnistamiseen. Hän nousi ylös vapisten. Kun Amma näki, että hän oli hereillä, hymy kaikkosi hänen kasvoiltaan. Hän omaksui nyt vakavan ilmeen.

Amma: "Archanan aikana jumalat tulevat tänne. Makaatko täällä saadaksesi heidän kirouksen osaksesi? Jos et edes kykene nousemaan aamulla ylös, miksi tulet ashramiin asumaan? Miksi et menisi, etsisi itsellesi jotakuta tyttöä ja eläisi onnellisesti? Kun lapset sitten itkevät yöt ja päivät, voit laulaa heille ja nukuttaa heitä olkapäätäsi vasten. Vain siten sinunlaisesi ihmiset oppivat."

Amma ei ollut valmis lopettamaan sanatulvaansa: "Kuinka monta päivää siitä on, kun viimeksi osallistuit archanaan? Brahmachari sanoi änkyttäen: "Kaksi päivää." Hän ei kyennyt kohottamaan päätään ja katsomaan Ammaa. "Sinun pitäisi hävetä sanoessasi tuon. Jopa Achamma, joka on yli 70-vuotias, herää puoli viideltä."
Brahmacharit, jotka palailivat tässä vaiheessa archanasta, näkivät nyt pilkahduksen Amman Kali-olemuksesta. He kumarsivat Amman edessä. Kun Amma tuli ulos majasta, hänen mielentilansa muuttui täydellisesti. Hän ilmensi nyt kasvoillaan miellyttävää, hymyilevää ja hyväntahtoista olemustaan. Hän istuutui brahmacharilastensa kanssa darshanmajan edustalle. Minne oli kadonnut muutamia sekunteja sitten ilmennyt hurja mielentila? Hetkessä hänen lootuskasvonsa kukkivat lempeän rakkaudellisessa hymyssä.

Amma: "Kysyin häneltä, miksi hän oleskelee täällä, jos hän ei voi noudattaa ashramin sääntöjä ja harjoittaa sadhanaa. Sen täytyi satuttaa häntä. Amma tuntee kipua, kun hänen täytyy sättiä lapsiaan, mutta Amman nuhteet poistavat epäpuhtaudet teistä paremmin kuin hänen rakkautensa. Jos Amma osoittaa vain rakkautta, ette katso lainkaan sisällenne. Amman nuhteet eivät ole mitään muuta kuin hänen rakkauttaan teitä kohtaan. Se on hänen myötätuntoaan. Se on todellista rakkautta, lapseni. Saatatte masentua, kun Amma moittii teitä, mutta hän tekee niin heikentääkseen teidän vasanoitanne ja herättääkseen todellisen Itsenne. Vasanoita ei ole mahdollista poistaa ilman pientä kipua.

Kuvanveistäjä poistaa kivenpalasia taltallaan, ei siksi että hän olisi vihainen kivelle, vaan tuodakseen esille sen todellisen muodon, joka on sisällä. Seppä kuumentaa metallia ja takoo sitten sitä voidakseen siten antaa sille halutun muodon.

Luku 5

Samalla tavoin, jotta tulehtunut märkäpesäke parantuisi, sitä pitää puristaa niin että mätä saadaan ulos. Toisinaan lääkäri viiltää paiseen auki. Vierestä katselevat saattavat ajatella, että lääkäri on julma. Mutta jos lääkäri säälistä potilasta kohtaan laittaa vain jotakin lääkettä siihen, eikä satuta potilasta avaamalla märkäpaisetta, se ei parane. Samaan tapaan gurun moitteet ja kuritus saattavat tuottaa opetuslapselle kipua, mutta hänen tavoitteenaan on vain poistaa opetuslapsensa vasanat.

Lapseni, kun lehmä syö nuoria kookostaimia, ei hyödytä sanoa sille pehmeästi: 'Älä syö sitä, rakkaani.' Mutta jos huudat lehmälle: 'Hoo! Mene pois!', niin lehmä lopettaa kasvin syömisen ja menee tiehensä. Amman sanojen on saatava aikaan teissä haluttu muutos. Siksi Amma omaksuu niin vakavan mielentilan."

Kukapa muu ashramin asukkaita rakastaisi ja moittisi kuin Amma, joka käyttäisi jopa ruokokeppiä ja antaisi heidän maistaa sitä, mikäli tarpeen olisi?

Amma oli hetken vaiti ja jatkoi sitten: "Lapseni, jos olette allapäin, Amma lopettaa teidän torumisenne. Amma haluaa nähdä teidät onnellisina. Hän ei halua satuttaa teitä."

Kuultuaan nämä sanat brahmacharien sydämet sulivat. Joka kerran kun Amma otti heidät koulutukseensa, heidän rakkautensa häneen vain syveni entisestään, ja heidän siteensä häneen tuli entistä voimakkaammaksi.

Amma nousi ylös ja käveli ruokahuoneeseen. Hän jatkoi puhumista brahmachareille, jotka seurasivat häntä varjon lailla.

Amma: "Amma ei puhu tälläisella vakavalla sävyllä aikoakseen loukata teitä. Tämä antaa teille mahdollisuuden nähdä kuinka voimakas teidän siteenne Ammaan on. Vain ne kehittyvät, jotka ovat valmiita jäämään, siitäkin huolimatta että heitä

lyödään ja heidät tapetaan[7]. Brahmacharin pitää kantaa koko maailmaa olkapäillään, joten hän ei saa antaa pienten asioiden heikentää itseään. Amma todella ravistelee lapsiaan. Ne, jotka haluavat vain itseoivalluksen jäävät, muut lähtevät."
Kyllä, onnekkaita ovat he, jotka pysyvät hänen jalkojensa juuressa, silloinkin kun myotätuntoinen Devi näyttää hurjan muotonsa.

Amma muistelee vanhoja aikoja

Iltabhajanit olivat parhaillaan meneillään kalarissa.
Jo useita päiviä Ottuur oli toivonut saavansa viettää aikaa Amman kanssa. Nyt hän käveli hitaasti Amman huoneeseen. Hän tuli hyvin onnelliseksi nähdessään Amman. Amma otti häntä kädestä kiinni laittaakseen hänet istumaan vierelleen. Ottuur kumarsi hänelle ja laittoi päänsä hänen syliinsä leväten siinä kuin pieni vauva. Amma hyväili hänen päätään rakkaudella. Ottuurin veljenpoika Narayanan ja yksi brahmachareista olivat myös huoneessa.

Nostaen päätään Amman sylistä Ottuur sanoi: "Brahmacharit tulevat ja kertovat minulle tarinoita vanhoilta ajoilta. Minua kaduttaa vain se, etten ollut tarpeeksi onnekas nähdäkseni nuo asiat omin silmin. Amma, minulle riittäisi, jos saisin kuulla sinun muistelevan noita tarinoita. He kertoivat, että perheesi sitoi sinut kiinni ja hakkasi sinua. Kun kuulin tuosta, pieni Ambadi Kanna[8] tuli mieleeni. Miksi he löivät sinua?"

---

[7] Amma puhuu tässä kuvaannollisessa mielessä. Mestari tappaa oppilaan vasanat, kielteiset ominaisuudet ja lopulta hän tappaa tämän egon.

[8] Ambadi Kanna on yksi Krishnan lempinimistä.

Luku 5

Amma nauroi ja alkoi muistella: "Tuohon aikaan Amman tapana oli viedä ruokaa tässä lähettyvillä asuville köyhille, silloinkin kun hänen täytyi varastaa ruokaa kotoaan. Siksi he löivät häntä. Amma meni eri taloihin keräämään tapiokan kuoria ja kadia (riisivettä) ruokkiakseen lehmiä. Suurimmassa osassa taloista ihmiset näkivät nälkää, ja Amman kävi heitä sääliksi. Kun kukaan ei ollut näkemässä, hän laittoi kotonaan keitettyä riisiä kattilaan. Teeskennellen lähtevänsä hakemaan kadia hän veikin riisin nälkää näkeville naapureille. Joissakin perheissä isoäideille ei annettu saippuaa tai muita välttämättömyyksiä, niinpä Amma toi heille saippuaa kotoaan. Hän myös pesi heidän vaatteensa."

Ottuur: "Oi, heidän oli täytynyt kerätä paljon ansioita, kun saattoivat osallistua Amman liiloihin!"

Amma: "Amma teki kaikkea tällaista, mutta myöhemmin hän tunsi voimakasta takertumattomuutta kaikkea kohtaan. Hän ei tahtonut kenenkään tulevan lähelleen ja estävän meditoimistaan. Hän tunsi vastenmielisyyttä kaikkea kohtaan. Hän ei voinut sietää edes luontoäitiä. Hän vihasi omaa kehoaan, niinpä hän puri ja haavoitti sitä. Hän jopa repi omia hiuksiaan. Vasta myöhemmin hän muisti tehneensä tuollaisia asioita itselleen."

Ottuur (hämmästyneenä): "Näkivätkö vanhempasi tämän kaiken?"

Amma: "Kun Amman isä näki hänet itkemässä kovaäänisesti, hän tuli ja nosti Amman ylös ja piti häntä olkapäätään vasten. Hän ei ymmärtänyt, miksi Amma teki tällaisia asioita tai itki. Eräänä päivänä Amma sanoi hänelle: 'Vie minut johonkin syrjäiseen paikkaan. Vie minut Himalajalle!', Ja hän alkoi itkeä. Amma oli silloin hyvin nuori. Hänen isänsä laittoi hänet olkaansa vasten saadakseen hänet lopettamaan itkun ja sanoi: 'Vien sinut sinne pian. Nukuhan nyt, lapseni!'"

Yhtäkkiä Amma vaipui samadhiin. Hänen kätensä olivat paikoillaan, lukittuina mystiseen mudraan. Vain bhajanien suloinen rytmi ja harmoniumin ääni rikkoivat hiljaisuuden.

Amba mata jaganmata

Jumalallinen Äiti, maailmankaikkeuden äiti,
äideistä rohkein,
totuuden ja jumalallisen rakkauden antaja!

Oi Sinä, joka itse olet maailmankaikkeus,
joka olet itse rohkeus,
totuus ja jumalallinen rakkaus!

Kun bhajan saavutti huipennuksensa, brahmacharit olivat täysin uppoutuneet laulamiseen unohtaen kaiken muun. Amma oleili edelleen samadhissa. Hiljalleen laulu päättyi. Musiikki-instrumentit vaikenivat, samalla kun harmoniumia viriteltiin jo seuraavaan kirtaniin. Amma palasi hiljalleen ylevöittyneestä tietoisuudentilastaan ja omaksui tavallisen olotilansa. Keskustelu jatkui:

Ottuur: "Minkä ikäinen olit tuolloin?"

Amma: "Seitsemän tai kahdeksan. Amman isä piti häntä olkapäätään vasten ja käveli ympäriinsä. Eikö hän ollutkin luvannut viedä Amman Himalajalle? Amma uskoi häneen täydellisesti, niin kuin kuka hyvänsä lapsi uskoo, ja hän nukahti tämän olkapäätä vasten. Kun hän heräsi, hän alkoi itkeä uudelleen nähdessään, ettei isä ollutkaan vienyt häntä Himalajalle. Tuohon aikaan isäni joutui kestämään monenlaisia vaikeuksia. Amma meditoi, istui pihalla yöaikaan nukkumatta. Myös isä valvoi vartioiden Ammaa. Hän pelkäsi jättää tytärtään yksin yöllä.

Amman tapana oli kerätä oksia vuohien syöttämiseksi. Suuri puu taipui veden ylle. Hän kiipesi puuhun ja istui siellä.

Luku 5

Yhtäkkiä hänestä tuntui, että hän oli Krishna, ja hän istui siellä jalkojaan heilutellen. Spontaanisti hän ryhtyi ääntelemään, kuin hänellä olisi ollut huilu. Kun hän katkoi oksia puusta ja pudotteli niitä maahan, toiset tytöt keräsivät niitä, ja Amma kuvitteli heidän olevan gopeja. Tällaiset ajatukset tulivat luonnostaan hänen mieleensä. Hän ihmetteli, oliko hän tullut hulluksi.

Koska hänen perheensä ei halunnut hänen kulkevan toisten seurassa, Amma meni yleensä yksin hakemaan vettä. Eräänä päivänä hän kiipesi yhtäkkiä banyanpuuhun ja makasi oksalla niin kuin Vishnu-jumala joka makaa Ananta-käärmeen[9] päällä. Oksa oli hyvin ohut, mutta se ei katkennut. Tuo puu on yhä merenrannassa."

Ottuur: "Sinä kiipesit puuhun ja makasit ohuella oksalla?"

Amma: "Niin. Aivan niin kuin Vishnu, minä lepäsin Anantan päällä. Ne, jotka näkivät tämän, sanoivat asioita kuten, että Amman kehossa näkyi erilaisia värejä. Amma ei tiedä. Kenties tuo oli heidän uskoaan. Amma ei voi edes ajatella tuota maailmaa nyt."

Ottuur: "Haluaisin kuulla tarinan siitä, kuinka Amma muutti veden panchamritamiksi[10]."

Amma: "Äiti laittoi heidät, jotka eivät uskoneet häneen, tekemään tuon itse. Hän ei itse koskettanut mitään.

Tuohon aikaan oli monia ihmisiä, jotka eivät uskoneet Ammaan. Se oli siihen aikaan, kun bhavadarshan oli juuri alkanut. Amma pyysi muutamia ihmisiä, jotka vastustivat häntä, tuomaan vettä, niinpä he toivat vettä kannussa, ja hän pyysi

---

[9] Ananta-käärme, jonka päällä Vishnu lepää, symboloi aikaa.
[10] Panchamritam on uskonnollisissa tilaisuuksissa käytettävä uhriruoka, vanukas, joka tehdään maidosta, puhdistetusta voista, sokerista, banaanista ja kuivatuista hedelmistä.

heitä kuvittelemaan, että vesi muuttuisi. Juuri sillä hetkellä kun he pitivät kannua käsissään, vesi muuttui panchamritamiksi." Bhajanit loppuivat kalarissa. Rauhan mantrat soivat kaikkialla:

> *Om purnamadah purnamidam*
> *purnat purnamudachyate*
> *purnasya purnam adaaya*
> *purnam evavashishyate*
> *Om shanti shanti shantihi*
> *Om shri gurubhyo namaha*
> *Harihi Om!*
>
> *Tämä on kokonainen, tuo on kokonainen,*
> *kokonaisuudesta syntyy kokonainen,*
> *kun kokonaisuudesta poistetaan kokonaisuus,*
> *kokonaisuus jää jäljelle.*
> *Jumalallista rauhaa rauhaa rauhaa!*
> *Tervehdys guruille!*
> *Kunnioitus Jumalalle!*

Hetkisen aikaa oli hiljaista. Sitten aratin kello alkoi soida. Narayanan auttoi Ottuuria nousemaan, ja he kävelivät yhdessä kalariin katsomaan aratia. Brahmachari käveli takaisin huoneeseensa ihmetyksen ja kiitollisuuden tunteen vallassa saatuaan todistaa tilaisuutta, jossa toisaalta rakkaudellinen antaumus ja toisaalta syvä äidillinen rakkaus oppilasta kohtaan olivat yhdistyneet niin kauniilla tavalla.

Luku 5

Amma kuuntelee Bhagavatamia

Kavyakaustubham[11] Ottuur luennoi parhaillaan kalarin edessä Srimad Bhagavatamista. Nektarin kaltainen antaumus virtasi ja oli ylittämässä kaikki raja-aidat. Ihmiset istuivat lumoutuneina. Amma oli yleisön joukossa kuuntelemassa tarinaa Krishnan lapsuuden leikeistä. Ottuur, joka oli jo lähes 80-vuotias ja jonka mieli keskittyi alati Krishnaan, kertoi tarinaa niin kuin hän olisi itse nähnyt nuo tapahtumat silmiensä edessä:

"Mitähän kepposta Krishna nyt suunnittelee? Kukapa tietää? Hän rikkoi ruukun ja jogurtti virtaa nyt kaikkialle – myös hänen itsensä päälle. On helppo nähdä mihin suuntaan hän on mennyt, jogurtista muodostuneet jalanjäljet kertovat sen, mutta muutaman askeleen päässä ei näy enää mitään – ei minkäänlaisia jalanjälkiä! Me olemme samanlaisessa tilanteessa. Voimme ottaa muutamia askeleita Herraa kohden Upanishadien ja Puranoiden auttamana – siinä kaikki. Sen jälkeen meidän on yritettävä löytää hänet oman etsintämme avulla. Yasoda etsii nyt häntä. Hän tietää varsin hyvin mistä Krishnaa tulee etsiä. On etsittävä sieltä, minne on varastoitu voita ja maitoa. Et voi olla löytämättä häntä. Mikä siunaus olisikaan, jos voisimme nähdä Herran yhtä helposti! Mutta näin oli tuohon aikaan, tarvitsi vain mennä ja katsoa."

"Niinpä Yasoda etsii ja löytääkin hänet, hän kun on kiivennyt jauhinkiven päälle, joka on käännetty ylösalaisin, ja hänen

---

[11] Kaustubha tarkoittaa jalokiveä runoilijoiden joukossa. Kaustubha on arvokas jalokivi, jota Vishnu piti rintakehällään. Tämän arvonimen Ottuur oli saanut taitavana runoilijana. Hän oli kuuluisa runoilija ja sanskritin kielen oppinut. Hän on myös Ammalle omistettujen 108 mantran luoja. Hän vietti viimeiset vuotensa Amritapurin ashramissa.

ympärillään on kokonainen armeija – Raman armeija.[12] He kurkottavat käsiään saadakseen häneltä herkkupaloja. Krishna katuu, että jätti nelikätisen hahmonsa vankilaan, missä hän syntyi, sillä tuhatkaan kättä ei riittäisi nyt syöttämään kaikkia noita apinoita.[13] 'Nopeasti, nopeasti!' hän sanoo. 'Teidän tulee syödä ne ennen kuin äiti tulee!' Tuo kaikesta tietoinen olento katsoo aina silloin tällöin viekkaasti ympärilleen ja samassa hän näkee äitinsä. Sanotaan, että tuuli ja varis tunkeutuvat tilaan vain, jos kaksi kulkureittiä on avoinna, nimittäin sisääntulo ja poistumisreitti. Krishna on pitänyt myös siitä huolen. Hän on varmistanut, että pako-ovi on avoinna ja juuri kun hänen äitinsä on saamassa hänestä otteen, hän pakenee.

Minne hän juoksee? Yasoda pitää keppiä käsissään ja Krishna tietää, että äiti ei ole vielä niin vanha, että tarvitsisi kävelykeppiä. Hän tietää, että keppi on tarkoitettu hänen kurittamisekseen, niinpä hän pakenee."

ja hänen äitinsä seuraa häntä, jota ei edes joogin mieli,
joka on henkisten harjoitusten ja itsekurin koulima, kykene
seuraamaan ilman hänen armoaan.

Srimad Bhagavatam 10:9

---

[12] Ottuur tarkoittaa Raman armeijalla gopeja, lehmityttöjä, jotka olivat Krishnan leikkitovereita ja myöhemmin hänen oppilaitaan.

[13] Kun Krishna syntyi, hänen vanhempansa, Devaki ja Vasudeva, olivat vankilassa, minne heidän setänsä Kamsa oli heidät teljennyt. Krishna salli synnyttyään vanhempiensa nähdä hänet Vishnun nelikätisessä hahmossa, minkä jälkeen hän palasi jälleen inhimilliseen hahmoonsa vastasyntyneenä lapsena. Mayan, illuusion, voima sai hänen vanhempansa unohtamaan välittömästi tuon näyn, jonka he olivat saaneet nähdä.

Luku 5

Kun satsang, luento, jatkui, Amma nousi ylös ja käveli ashramin länsipuolelle. Hän pysähtyi kalarin ja Vedanta-koulun väliin, palkista roikkuvien ruukkukasvien eteen. Hän hyväili jokaista köynnöskasvia yksitellen, piteli niitä käsissään suukotellen niitä. Hän kosketti kasveja yhtä rakkaudellisesti kuin äiti, joka hyväilee vastasyntynyttä lastaan.

Eräs tyttö lähestyi häntä kysymyksen kanssa, mutta Amma viittasi häntä olemaan hiljaa. Kun tyttö ojensi kätensä koskettaakseen kasvia, Amma pysäytti hänet niin kuin olisi pelännyt, että tytön kosketus saattaisi vahingoittaa kasvia. Amma jatkoi vuoropuheluaan kasvien kanssa jonkin aikaa. Ehkäpä niille oli tärkeää saada jakaa surunsa Äidin kanssa, niin kuin hänen ihmislapsensakin tekevät. Kuka muu kuin Amma voisikaan lohduttaa heitä?

Tässä vaiheessa esitelmä oli päättynyt, jolloin Amma palasi kalarin mandapamille, temppelin verannalle ja istuutui.

Tyaga

Perheellinen oppilas: "Amma, puhut aina tyagan tärkeydestä. Mitä tyaga oikein on?"

Amma: "Poikani, jokainen teko, joka tehdään ajattelematta omaa mukavuuttamme ja etujamme, on tyagaa. Amma kutsuu kaikkia niitä tekoja tyagaksi, jotka tehdään uhrilahjana Jumalalle, maailman hyödyksi, vapaana 'minä' tai 'minun' -ajatuksesta tavoittelematta omaa etuamme. Kun ihminen ponnistelee omaksi edukseen, sitä ei voi kutsua tyagaksi."

Oppilas: "Voisitko selventää tuota hieman enemmän, Amma?"

Amma: "Kun lapsesi on sairaana, viet hänet sairaalaan. Kävelet sairaalaan vaikka se olisi kaukana. Olet valmis lankeamaan vaikka kuinka monen ihmisen jalkojen juureen, jotta lapsesi otettaisiin sairaalaan, ja jos huoneet ovat täynnä, olet valmis nukkumaan lapsesi kanssa likaisella lattialla. Olet valmis olemaan poissa työpaikaltasi useita päiviä ollaksesi lapsesi kanssa. Mutta koska teet kaiken tämän ponnistelun oman lapsesi hyväksi, niin sitä ei voi kutsua tyagaksi.

Ihmiset ovat valmiita kiipeämään oikeustalon portaita lukemattomia kertoja ylös alas taistellakseen pienen maatilkun vuoksi. Mutta he tekevät sen itsensä takia. Ihmiset tekevät myöhään ylitöitä ja luopuvat unestaan ansaitakseen rahaa. Tämä ei ole tyagaa. Mutta jos uhraat oman mukavuutesi ja autat toisia, sitä voi kutsua tyagaksi. Jos autat ihmisparkaa rahalla, jonka olet ansainnut kovalla työllä, kyse on tyagasta. Sanokaamme, että naapurisi lapsi on sairas eikä ole ketään, joka voisi olla hänen seuranaan sairaalassa, ja jos olet lapsen seurana odottamatta keneltäkään mitään vastalahjaa, et edes hymyä, kyse on tyagasta. Jos vähennät menojasi ja luovut omasta mukavuudenhalustasi ja käytät säästämäsi rahat hyväntekeväisyyteen, se on tyagaa.

Tällaisten uhrausten avulla sinä koputat ovelle, joka vie sinut Itsen valtakuntaan. Tällaisten tekojen avulla saavutat oikeuden astua tuohon maailmaan. Tämä on karmajoogaa. Muut teot vievät sinut vain lähemmäksi kuolemaa. Teot, jotka teet 'minä' ja 'minun' -asenteella, eivät hyödytä sinua.

Kun menet katsomaan ystävääsi, jota et ole nähnyt pitkään aikaan, saatat viedä hänelle kukkakimpun. Saat itse nauttia ensimmäisenä noiden kukkien tuoksusta ja saat myös kokea antamisen lahjoittaman ilon. Samalla tavoin saat kokea onnen ja täyttymyksen tunnetta toimiessasi epäitsekkäästi tyagan hengessä."

Luku 5

"Lapseni, jos joku toimii epäitsekkäästi tyagan hengessä eikä hänellä ole aikaa harjoittaa japaa, mantran toistamista, hän saavuttaa silti kuolemattomuuden. Hänen elämänsä hyödyttää toisia nektarin lailla. Tyagan täyttämä elämä on suurin satsangin muoto, koska toiset voivat ottaa siitä oppia.

Japaa koskeva neuvo

Brahmachari: "Amma, onko hyödyllistä olla nukkumatta ja harjoittaa mantran toistamista yöaikaan?"

Amma: "Olet vuosien ajan tottunut nukkumaan. Jos luovut tuosta tavasta yhtäkkiä, se aiheuttaa sinulle ongelmia. Nuku vähintään neljä tai viisi tuntia, ei vähempää kuin neljä tuntia. Älä vähennä unta äkisti, vaan asteittain."

Brahmachari: "Menetän usein keskittymiseni, kun toistan mantraa."

Amma: "Mantraa tulee toistaa keskittyen voimallisesti. Keskity joko mantran sointuun tai merkitykseen, tai voit visualisoida mantran jokaisen tavun toistaessasi sitä. Voit myös ajatella rakkaan Jumalasi hahmoa toistaessasi. Päätä etukäteen kuinka monta kertaa tulet toistamaan mantraa kunakin päivänä. Tämä auttaa sinua harjoittamaan japaa päättäväisesti. Mutta älä toista huolimattomasti, vain saavuttaaksesi tietyn määrän toistoja. Tärkeintä on se, että mielesi on keskittynyt. Malan käyttö auttaa sinua laskemaan ja ylläpitämään keskittyneisyyttä.

Keskittyneisyyttä ei ole helppo saavuttaa aluksi, niinpä sinun tulee liikuttaa huuliasi toistaessasi. Ajan myötä opit toistamaan mantraa hiljaa mielessäsi liikuttamatta huuliasi tai kieltäsi. Harjoita japaa tarkkaavaisesti, älä tee niin mekaanisesti. Jokaisen toiston tulee olla kuin söisit makeisia. Lopulta saavutat tilan, jossa mantra ei jätä sinua vaikka sinä jättäisitkin mantran toistamisen. Eikö Yasoda sitonutkin Krishnan jauhinkiveen? Kuvittele samalla tavoin, että sidot jumalhahmosi rakkauden köysin ja vapautat hänet sitten. Kuvittele mielessäsi niin kuin tuo kaikki tapahtuisi elokuvissa, että leikit hänen kanssaan, keskustelet hänen kanssaan ja juokset hänen perässään tavoittaaksesi hänet. Kun olet täynnä rakkautta, kenenkään ei tarvitse kertoa millä tavoin sinun tulee kuvitella tällaisia asioita, sillä silloin rakkaintasi koskevat ajatukset olevat ainoita asioita, jotka itsestään täyttävät mielesi. Lapseni, pyrkikää kehittämään itsessänne rakkautta. Omaksukaa asenne, että Jumala on minun kaikkeni."

Kuudes luku

Perjantai, 15. marraskuuta 1985

Oli aikainen ilta. Amma ja hänen opetuslapsensa olivat juuri saapuneet erään oppilaan kotiin Kayamkulamiin. Hän oli pyytänyt useita kertoja Ammaa tulemaan, mutta vasta nyt Amma oli ottanut kutsun vastaan.

Pienikokoinen katos oli pystytetty talon eteen bhajaneita varten. Paikalle oli kerääntynyt paljon ihmisiä, joista suurin osa oli kouluttamattomia, eikä heillä ollut paljoakaan henkistä ymmärrystä. Alkoholin haju leijui ilmassa, eikä perhe yrittänyt juurikaan hallita väkijoukkoa. Tällaisessa ilmapiirissä brahmachareista tuntui vaikealta laulaa kirtaneita. Ehkäpä tästä johtuen Amma oli ennakoinut, että näin tulisi tapahtumaan, eikä hän siksi ollut ottanut kutsua aikaisemmin vastaan. Amma sanoo usein: "Amma on valmis menemään minne tahansa ja ottamaan vastaan minkälaisia loukkauksia tahansa, se ei ole hänelle ongelma. Eikö Amma laulakin Jumalan nimeä? Mitä häpeämistä siinä on? Mutta Amman opetuslapset eivät hyväksy sitä, että kukaan sanoo mitään kielteistä hänestä. Joukossa on myös muutamia tyttöjä. Eivät he voi mennä minne tahansa laulamaan. He tarvitsevat suojelua. Sen tähden Amma ei voi ottaa vastaan umpimähkään mitä tahansa kutsua."

Karman salaisuus

Paluumatka ashramiin tarjosi mahdollisuuden satsangiin Amman kanssa. Yksi brahmachareista kysyi:

"Onko väistämätöntä, että me joudumme kärsimään jokaisesta virheestä, jonka olemme tehneet?"

Amma: "Me joudumme ottamaan vastaan rangaistuksen jopa kaikkein pienimmistäkin virheistä. Jopa Bhishma[1] joutui kärsimään tekemänsä virheen seuraukset."

Brahmachari: "Mitä hän teki väärin? Millä tavoin häntä rangaistiin?"

Amma: "Hän vain seisoi ja katseli, kun Draupadi yritettiin riisua alasti. Vaikka hän tiesikin, että Duryodhana ja hänen veljensä eivät kuuntelisi järjen ääntä, hänen olisi silti pitänyt muistuttaa heitä heidän dharmastaan. Mutta hän ei tehnyt niin, vaan vaikeni. Hänen olisi pitänyt neuvoa noita pahantekijöitä heidän dharmastaan, riippumatta siitä, olisiko se otettu vakavasti vai ei. Koska hän ei sanonut sanaakaan heitä vastaan, hänestä tuli osallinen heidän pahaan tekoonsa. Tästä johtuen hän joutui myöhemmin makaamaan lävistettynä nuolipedissä.

Epäoikeudenmukaisen teon todistaminen ja siitä samaan aikaan vaikeneminen, vaikka tietää teon olevan vastoin dharmaa, on suurinta epäoikeudenmukaisuutta. Niin toimii pelkuri, ei rohkea ihminen. Tietäköön jokainen, joka syyllistyy sellaiseen syntiin, että hän ei voi paeta sen seurausta. Helvetti on tarkoitettu sellaisia ihmisiä varten."

Brahmachari: "Missä on helvetti?"

---

[1] Bhishma oli Pandavien ja Kauravien isoisä Mahabharata-eepoksessa. Hän oli rohkea taistelija, jolla oli suurta viisautta. Vaikka hänen myötätuntonsa olikin Pandavien puolella, hän taisteli silti Kauravien joukoissa Mahabharatan sodassa johtuen valasta, jonka oli vannonut.

Luku 6

Amma: "Maan päällä."

Brahmachari: "Eikö Jumala saa meidät tekemään oikeita ja vääriä tekoja?"

Amma: "Poikani, se on totta hänelle, joka on vakuuttunut kaikkialla läsnäolevasta Jumalasta. Siinä tapauksessa meidän tulee kyetä näkemään kaikki Jumalan lahjana; nautiessamme hyvien tekojemme hedelmistä sekä kärsiessämme virheittemme rangaistusta.

Jumala ei ole vastuussa meidän virheistämme – me itse kannamme niistä vastuun. Sanokaamme, että lääkäri määrää meille lääkettä, joka parantaa kehomme. Hän kertoo meille kuinka paljon tätä nestemäistä lääkettä tulee juoda kerralla. Jos emme noudata hänen ohjeitaan vaan juomme koko pullon kerralla ja jos terveytemme tuhoutuu sen seurauksena, mitä hyötyä on silloin lääkärin syyttämisestä? Samoin, jos ajamme huolimattomasti ja joudumme sen tähden onnettomuuteen, voimmeko syyttää siitä polttoainetta? Kuinka siis voisimme syyttää Jumalaa ongelmistamme, jotka oma tietämättömyytemme on synnyttänyt? Jumala on tehnyt meille täysin selväksi, millä tavoin meidän tulisi elää täällä maan päällä. Ei ole hyötyä syyttää häntä aiheutuneista seuraamuksista, jos emme ole seuranneet hänen ohjeitaan."

Brahmachari: "Bhagavad-Gita opettaa meitä toimimaan toivomatta tekojemme hedelmiä. Amma, miten ihmeessä voisimme toimia sillä tavoin?"

Amma: "Herra kertoi sen vapauttaakseen meidät kärsimyksestä. Meidän tulee toimia harjoittaen shraddhaa, huolehtimatta tai ajattelematta lopputulosta. Silloin tulemme saamaan sen tuloksen, jonka toimintamme ansaitsee. Jos esimerkiksi olet opiskelija, opettele läksysi huolella kantamatta huolta siitä, läpäisetkö kokeen vai et. Jos rakennat taloa, rakenna huolellisesti noudattaen rakennuspiirustuksia kantamatta huolta siitä, kestääkö rakennus vai romahtaako se."

"Hyvät teot tuovat hyvän lopputuloksen. Jos maanviljelijä myy hyvälaatuista riisiä, ihmiset tulevat ostamaan sitä ja näin hän saa ansaitsemansa palkkion työstään. Mutta jos hän myy pilaantuneita tuotteita toivoen saavansa ylimääräisiä ansioita, hän tulee saamaan siitä rangaistuksen joko tänään tai huomenna, ja näin hän menettää mielenrauhansa. Tee sen tähden jokainen tekosi tarkkaavaisena ja Jumalalle antautuen. Jokaista tekoa seuraa aina ansaittu lopputulos, kannoit siitä sitten huolta tai et. Miksi siis kantaisit huolta tekojesi hedelmistä? Miksi et käyttäisi aikaasi ajatellen Jumalaa?"

Brahmachari: "Jos Itse on kaikkialla läsnäoleva, eikö sen pitäisi olla silloin myös kuolleessa ruumiissa? Miten siinä tapauksessa kuolema voi yllättää meidät?"

Amma: "Kun sähkölamppu palaa tai tuuletin lakkaa pyörimästä, niin se ei tarkoita sitä että sähköä ei enää ole. Kun lakkaamme käyttämästä viuhkaa, tuulenvire kasvoillamme lakkaa, mutta se ei tarkoita sitä, että ilmaa ei enää ole. Tai kun ilmapallo räjähtää, se ei tarkoita, että ilma joka täytti pallon olisi lakannut olemasta. Se on edelleen olemassa. Samalla tavoin Itse on kaikkialla. Jumala on kaikkialla. Kuolema tarkoittaa sitä, että ruumiillinen käyttövälineemme tuhoutuu. Kuoleman hetkellä ruumis lakkaa ilmentämästä Itsen tietoisuutta. Niinpä kuolema merkitsee käyttövälineen tuhoutumista, ei Itsen epätäydellisyyttä."

Amma ryhtyi nyt opettamaan kahdelle brahmacharille bhajania, henkistä laulua. Hän lauloi jakeen kerrallaan ja he toistivat sen hänen perässään.

Luku 6

Bhagavane bhagavane

Oi Herra, oi Herra!
Oi Herra, jolle palvojat ovat rakkaita,
oi puhtain, syntien tuhoaja,
tässä maailmassa näyttää olevan vain syntisiä.

Onko olemassa ketään, joka voisi osoittaa meille oikean tien?
Oi Narayana, hyveellisyys on kadonnut,
ihminen on menettänyt ymmärryksen totuudesta ja hyveistä.

Henkiset totuudet ovat enää kirjojen sivuilla.
Nyt saamme nähdä vain tekopyhyyttä,
uudista ja suojele dharmaa,
Oi Krishna!

Amme kannu turakkule

Oi Äiti, etkö avaisi silmäsi ja tulisi?
Poista tämä pimeys.
Minä toistan sinun lukemattomia nimiäsi,
yhä uudelleen ja uudelleen,
suurella antaumuksella.

Tässä tietämättömyyden maailmassa,
kuka muu kuin sinä
voisi poistaa tietämättömyyteni?
Sinä olet viisauden ydinolemus,
maailmankaikkeuden taustalla oleva voima.

Oi Äiti, sinä joka jumaloit oppilaitasi,
olet meidän elinvoimamme.
Kun kumarrumme sinun jalkojesi juureen,

etkö katsahtaisi meitä armollisesti?
Seitsemän tietäjää laulaa alati
sinun ylistystäsi.
Nyt me onnettomat kutsumme sinua,
oi sinä suurista suurin, etkö tulisi luoksemme?

Auto pysähtyi Vallickavun venelaiturin kohdalle. Aika oli mennyt niin nopeasti, että kaikki olivat ihmeissään huomatessaan heidän jo lähes saapuneen ashramiin.

Ashramin portilla yksi oppilaista odotti innolla Ammaa. Hänen seurassaan oli nuori mies. Oppilas kumartui maahan asti nähdessään Amman. Nuori mies seisoi rennosti vierellä. Amma johdatti heidät molemmat kalariin ja istuutui pienen temppelin avoimelle verannalle.

Amma: "Lapseni, milloin tulitte?"

Oppilas: "Muutamia tunteja sitten. Olimme Oachirassa linja-autossa, kun näimme autosi menevän vastakkaiseen suuntaan. Pelkäsimme, ettemme näkisi sinua tänään lainkaan. Mutta kun saavuimme tänne, meille kerrottiin, että sinä palaisit vielä tänä iltana. Sen jälkeen tunsimme olomme paremmaksi."

Amma: "Äiti meni erään poikansa kotiin Kayamkulamiin. Tämä köyhä perhe on kutsunut Ammaa monia kertoja. Nähtyään kuinka surullisia he olivat, Amma lupasi lopulta vierailla heidän luonaan tänään. Miten sinun sadhanasi, henkinen harjoituksesi, edistyy, poikani?"

Oppilas: "Amman armosta kaikki edistyy lupaavasti. Voinko esittää kysymyksen?"

Amma: "Ilman muuta, poikani."

Luku 6

Mantravihkimyksen saaminen gurulta

Oppilas: "Amma, ystäväni sai mantran sanjaasilta. Vähän aikaa sitten hän yritti houkutella myös minut ottamaan mantran vastaan tältä munkilta. Hän jatkoi ehdotteluaan vaikka kerroinkin hänelle, että olen saanut jo mantran sinulta. Lopulta pääsin hänestä eroon. Amma, kun on saanut mantran gurulta, onko oikein ottaa vastaan mantra joltakulta toiselta?"

Amma: "Jos lähestyt toista gurunasi sen jälkeen, kun olet valinnut itsellesi gurun, se on kuin jos olisit naimisissa ja pettäisit puolisoasi. Mutta jos et ole saanut mantraa gurulta, siinä tapauksessa siinä ei ole ongelmaa.

Saatuasi mantran satgurulta sinun ei tarvitse mennä enää kenenkään muun luokse. Gurusi huolehtii sinusta kaikin tavoin. Voit kunnioittaa toisia guruja, siinä ei ole mitään ongelmaa, mutta et hyödy mitään, jos et pitäydy mihinkään. Toisen gurun lähestyminen silloin kun satguru, joka on antanut sinulle mantravihkimyksen, on yhä elossa, on sama kuin että nainen pettäisi aviomiestään tapaamalla toista miestä. Otit vastaan mantran gurultasi, koska uskoit häneen täysin. Kun hyväksyt itsellesi toisen gurun, se tarkoittaa sitä, että olet menettänyt uskosi."

Oppilas: "Mitä tulisi tehdä, jos on menettänyt uskonsa guruun, jolta on saanut mantran?"

Amma: "Silloin tulisi pyrkiä ylläpitämään uskoaan mahdollisimman hyvin, mutta jos se on mahdotonta, silloin on hyödytöntä jatkaa tuon gurun kanssa olemista. Yritys uudistaa menetetty usko on kuin yrittäisi kasvattaa hiuksia kaljuun päälakeen. Kun olet menettänyt uskosi, sitä on erittäin vaikea saada enää takaisin. Joten ennen kuin hyväksyt jonkun guruksesi, sinun tulisi tarkkailla häntä huolellisesti. On paras ottaa vastaan mantra satgurulta, valaistuneelta opettajalta."

Oppilas: "Mitä hyödymme siitä, että saamme mantran satgurulta?"

Amma: "Sankalpansa avulla satguru voi herättää henkisen voiman sisälläsi. Jos kaadat maitoa maidon joukkoon, et voi valmistaa sillä tavoin jogurttia. Mutta jos laitat pienen määrän jogurttia maitoastiaan, maito muuttuu jogurtiksi. Kun mahatma antaa sinulle mantran, hänen sankalpansa, jumalallinen voimansa, laskeutuu sinuun."

Oppilas: "Moni omaksuu gurun roolin jakaen mantroja oikealle ja vasemmalle. Onko heidän antamistaan mantroista mitään hyötyä?"

Amma: "Jotkut pitävät luentoja kirjatiedon pohjalta tai lukevat Bhagavatamia tai Ramayanaa ääneen ansaitakseen elantonsa. Tällaiset ihmiset eivät voi pelastaa itseään. Kuinka he siis voisivat pelastaa toisia? Jos olet saanut mantran tällaiselta ihmiseltä ja tapaat sen jälkeen satgurun, sinun tulisi ilman muuta pyytää, että satguru vihkisi sinut uudelleen."

"Vain he, jotka ovat tehneet henkisiä harjoituksia ja oivaltaneet Itsen, ovat päteviä antamaan mantroja toisille. He, jotka teeskentelevät olevansa guruja, ovat kuin pesusienistä tehtyjä veneitä. He eivät voi kuljettaa ketään toiselle rannalle. Jos joku astuu tällaiseen veneeseen, se uppoaa, ja matkustajat vajoavat sen mukana. Satguru taas on kuin valtavan kokoinen laiva, mihin voi astua kuinka monta ihmistä tahansa ja se kuljettaa heidät toiselle rannalle. Se joka hyväksyy itselleen oppilaita ja vihkii heitä, ilman, että olisi ensin itse kerännyt riittävää voimaa sadhanan avulla, on kuin pienikokoinen käärme joka yrittää niellä suurta sammakkoa. Käärme ei kykene nielemään sammakkoa, eikä sammakko pääse pois."

Nuori mies: "Pyhät kirjoitukset kehottavat viettämään aikaa viisaiden seurassa. Mitä hyötyä on mahatman satsangista?"

Luku 6

Amma: "Poikani, jos kuljemme hajuvesitehtaan poikki, tuoksu säilyy meissä jälkikäteen. Meidän ei tarvitse työskennellä siellä eikä ostaa suitsukkeita tai koskettaa mihinkään – meidän tulee vain mennä sinne ja tuoksu tarttuu meihin ilman että ponnistelisimme millään tavoin. Samalla tavalla ollessasi mahatman seurassa sisälläsi tapahtuu muutos, vaikka et olisikaan tietoinen siitä. Aika, jonka vietät mahatman seurassa, on mittaamattoman arvokasta. Suuren sielun seura luo meissä myönteisiä vasanoita, ominaisuuksia ja samskaroita. Sellaisten ihmisten seura, jolla on synkkä mielenlaadu, on kuin huone täynnä hiiltä. Vaikka huoneessa ollessamme emme koskisi hiileen, vaatteemme ovat silti mustuneita, kun tulemme ulos."

"Voimme helposti löytää mahdollisuuden harjoittaa tapasia monia vuosia, mutta mahdollisuus mahatman seuraan on erittäin harvinaista ja vaikea saavuttaa. Sellaista mahdollisuutta ei tulisi heittää hukkaan. Meidän tulisi olla äärimmäisen kärsivällisiä ja pyrkiä saamaan kaikki mahdollinen hyöty irti tilanteesta. Pelkkä mahatman kosketus tai katse voi hyödyttää meitä paljon enemmän kuin kymmenen vuoden tapas. Mutta voidaksemme kokea tuon hyödyn meidän tulee vapautua egosta ja uskoa riittävästi."

On tärkeää tehdä henkisiä harjoituksia yksinäisyydessä

Nuori mies: "Kuljimme tänään ashramin alueella katsellen ympärillemme."
Amma: "Mitä nähtävää täällä on, poikani?"
Nuori mies: "En ymmärrä miksi kalarin takana on luola?"
Amma: "Alkuvaiheessa yksinolo on tarpeen etsijälle. Näin mieltä estetään häiriintymästä, silloin mieli voidaan suunnata

sisäänpäin. Jos seuraat gurun neuvoja, opit näkemään Jumalan kaikessa.

Tällä alueella ei ole vuoria, kaikkialla on vain taloja. Yksinäistä paikkaa ei ole mahdollista löytää. Emme voi edes kaivaa kovin syvälle rakentaaksemme meditaatioluolan, sillä täällä on niin paljon vettä. Niinpä luola on rakennettu vain metrin verran maanpinnan alapuolelle, ei sitä voi edes oikein kutsua luolaksi. Ennen kuin kylvämme siemenet, meidän tulee valmistaa maaperä. Meidän on poistettava rikkaruohot, kyntää maa, tehdä siitä pehmeää ja tasaista, ja sen jälkeen voimme lopulta kylvää siemenet. Sadon itäessä, meidän on jatkettava rikkaruohojen kitkemistä. Kun kasvit ovat kasvaneet riittävästi, ei meidän tarvitse enää kantaa huolta tuhoisista rikkaruohoista, sillä kasvit ovat nyt tarpeeksi vahvoja. Alkuvaiheessa kun kasvit ovat vielä nuoria ja hentoja, rikkaruohot voivat helposti tuhota ne. Sen tähden meidän tulee alkuvaiheessa tehdä henkisiä harjoituksia yksinäisyydessä. Meidän tulee antautua harjoittamaan japaa ja meditaatiota, eikä viettää liikaa aikaa toisten seurassa. Peltomme on oltava vapaa haitallisista rikkaruohoista. Myöhemmässä vaiheessa, kun olemme harjoittaneet sadhanaa jo jonkin aikaa, olemme riittävän vahvoja ulkoisten esteiden ylittämiseksi.

Jos yrität pumpata vettä ylemmäksi, se ei onnistu, jos järjestelmän pohjalla on vuoto. Samalla tavoin meidän on pysäytettävä keräämämme henkisen voiman vuoto, ja luovuttava ulkoisista kiinnostuksen kohteista. Meidän tulee viettää aikaa yksinäisyydessä, puhdistaa mieltämme ja vapautua niistä kielteisistä vasanoista, joita olemme keränneet itsellemme menneisyydessä. Tässä vaiheessa meidän tulisi välttää liiallista kanssakäymistä.

Opiskelijan ei ole helppo opiskella meluisalla tai ruuhkaisella rautatieasemalla. Hän tarvitsee ympäristön, joka on otollinen

Luku 6

opiskelelulle. Samoin sadhaka tarvitsee aluksi yksinoloa. Riittävään harjoittelun jälkeen hän kykenee meditoimaan minkälaisissa olosuhteissa tahansa. Mutta tässä vaiheessa tällaiset erityiset olosuhteet ovat tarvittavia.

Lisäksi luolassa meditoimiselle on olemassa toinenkin syy. Maanpinnan alapuolella, samoin kuin vuoristossa, on erityinen värähtely, joka lisää henkisten harjoitusten voimaa. Mahatmat sanovat, että maanalaiset luolat ovat erityisen hyviä meditointipaikkoja. Heidän sanansa ovat kuin Veda-kirjallisuutta. Me menemme tapaamaan lääkäriä, kun olemme sairastuneet ja hyväksymme sen mitä hän sanoo. Samalla tavoin meidän tulee kunnioittaa mahatman arvovaltaa henkisellä polulla.

Entisaikaan oli olemassa paljon metsiä ja luolia, minne etsijät vetäytyivät tekemään itsekuriharjoituksia. He elivät hedelmillä ja juurilla, ja keskittyivät tapasin harjoittamiseen. Tänä päivänä ympäristö on kovin erilainen. Jos kaipaamme luolaa, meidän tulee rakentaa sellainen. Vaikka tämä luola onkin käsin tehty, se on riittävän hyvä yksinoloa ja meditointia varten."

Nuori mies: "Mutta tarvitseeko etsijä luolaa harjoittaakseen tapasia? Emmekö eristäydy silloin maailmasta? Eikö sellainen ole heikkoutta?"

Amma: "Vaikka vesiastiassa olisikin laineita, ei vesi pääse karkaamaan. Mutta jos astia rikkoutuu, kaikki vesi pakenee. Samalla tavalla sadhaka menettää hienosyisen energiansa ollessaan tekemisissä ja keskustellessaan toisten kanssa. Tästä johtuen on hyvä olla alkuvaiheessa yksin. Tässä on kyse sadhakan harjoitusvaiheesta. Kun haluat opetella ajamaan polkupyörällä, menet avoimeen, tyhjään paikkaan, missä voit harjoitella häiritsemättä ketään. Et pidä sitä heikkoutena. Ashramin opetuslapset tarvitsevat tätä luolaa ja yksinoloa, jonka se tarjoaa. Myöhemmin he saavat lähteä palvelemaan maailmaa."

Nuori mies: "Mutta minkä tähden he eivät mene Mookambikaan tai Himalajalle harjoittamaan tapasia? Siellä he olisivat oikeanlaisessa ympäristössä?"

Amma: "Poikani, gurun läheisyydessä oleminen on sama kuin Mookambikassa ja Himalajalla oleminen. Pyhissä kirjoituksissa sanotaan, että gurun jalkojen juuressa on kaikkien pyhien vesien kohtaamispaikka. Täällä olevat opetuslapset ovat sadhakoita, jotka tarvitsevat gurun läheisyyttä voidakseen saada häneltä tarvittaessa ohjeita. Opetuslapsen ei tule koskaan mennä kauaksi gurun luota ilman hänen lupaansa.

Lääkäri ei anna vakavasti sairaalle potilaalle vain lääkkeitä ja lähetä häntä sitten kotiin. Hän määrää potilaan olemaan sairaalassa, missä hän voi saada hoitoa. Hän tutkii potilaan kunnon säännöllisesti ja muuttaa lääkityksen annostusta sairauden kehityksen myötä. Sama pätee opetuslapseen, joka harjoittaa sadhanaa. Hänen tulee olla aina gurun valvovan katseen alla. Gurun tulee olla lähettyvillä, jotta hän voi hälventää oppilaan epäilykset, jotka nousevat hänessä pintaan, ja jotta hän voi ohjata opetuslasta eteenpäin sopivalla tavalla sadhanan eri vaiheissa. Lisäksi gurun tulee olla henkilö, joka on jo kulkenut vastaavan matkan.

Jos sadhakaa ei opasteta oikealla tavalla, hänestä voi tulla mieleltään epävakaa. Keho kuumentuu meditaation aikana. Jos näin tapahtuu, oppilaalle tulee antaa ohjeita siitä, miten keho voidaan viilentää. Siinä vaiheessa hänen ruokavaliotaan tulee muuttaa, hän tarvitsee yksinäisyyttä eikä hän saa meditoida liikaa. Jos ihminen, joka ei ole tarpeeksi voimakas nostaakseen neljäkymmentä kiloa, nostaakin yhtäkkiä sata kiloa, niin hän horjahtaa ja kaatuu. Samalla tavalla, jos meditoit enemmän kuin kehosi kestää, se voi aiheuttaa monenlaisia ongelmia. Sen

Luku 6

tähden gurun tulee olla lähettyvillä, jotta hän voi antaa opetuslapselle ohjeita, joita tämä tarvitsee.

Jos jokin menee vikaan meditaatiosi kanssa, et voi syyttää siitä Jumalaa tai meditaatiota. Vika on silloin siinä meditaatiotekniikassa, jota olet käyttänyt. Tässä kehitysvaiheessa opetuslapset täällä tarvitsevat Amman läsnäoloa, jotta he voisivat harjoittaa meditaatiota oikealla tavalla ja kehittyä. Aika ei ole vielä kypsä sadhanan yksin harjoittamiseen, ja siksi heidän ei tulisi poistua täältä. Myöhemmässä vaiheessa tämä ei ole ongelmaksi."

Nuori mies: "Mitä me saavutamme harjoittamalla tapasia?"

Amma: "Tavallista ihmistä voi verrata pieneen kynttilään, kun taas hän joka harjoittaa tapasia, on kuin sähkömuuntaja, joka kykenee jakamaan sähköä suurelle alueelle. Tapas lahjoittaa sadhakalle valtavan voiman. Kun hän kohtaa vaikeuksia, hän ei koe itseään heikoksi. Hän on äärimmäisen tehokas kaikessa siinä mitä hän tekee. Tapas herättää hänessä takertumattomuutta, minkä johdosta sadhaka ei odota toimistaan hedelmiä. Tapasin avulla hän oppii kohtaamaan jokaisen tasa-arvoisesti. Hän ei koe erityistä kiintymystä ketään kohtaan eikä kohtele ketään vihamielisesti. Nämä luonteenpiirteet hyödyttävät sekä sadhakaa että maailmaa.

On helppo sanoa, että 'Minä olen Brahman', jopa silloin kun mieli on täynnä kateutta ja vihamielisyyttä. Tapas tarkoittaa niitä harjoituksia, joita teet muuttaaksesi epäpuhtaan mielesi jumalalliseksi mieleksi.

Voidaksesi läpäistä tutkinnon sinun tulee ensin opiskella. Et voi olettaa läpäiseväsi tutkintoa opiskelematta laisinkaan. Ennen kuin voit ryhtyä ajamaan autoa, sinun tulee opetella autolla ajamista. Tätä voi verrata tapasin harjoittamiseen. Kun olet saanut mielesi hallintaan, voit tehdä mitä tahansa, missä tahansa, ilman että koet itsesi heikoksi. Et voi saavuttaa tätä pelkällä kirjojen lukemisella, tarvitaan tapasia. Sitä, mitä tapas lahjoittaa meille, voisi verrata siihen, että auringonvalo alkaisi tuoksua suloisesti. He jotka harjoittavat tapasia, etenevät kohti kokonaisuuden tilaa. Heidän sanansa värähtelevät elämää. Ihmiset kokevat autuutta heidän lähellään. Tapas hyödyttää koko maailmaa, sillä tapasin avulla he ovat saavuttaneet voiman, jolla he kykenevä kohottamaan toisia."

Nuori mies: "Mitä tarkoitetaan Itse-oivalluksella tai heräämisellä korkeimpaan tietoisuuteen?"

Amma: "Oivallus tarkoittaa sitä, että näet Jumalan kaikessa, näet kaiken yhtenä, näet kaikki olennot omana Itsenäsi. Kun kaikki ajatukset ovat päättyneet eikä mitään haluja enää ole, kun mieli on täydellisessä hiljaisuudessa, silloin koet samadhin. Siinä tilassa 'minä' ja 'minun'-tunto ovat kadonneet. Silloin palvelet kaikkia, etkä ole taakka kenellekään. Tavallista ihmistä voi verrata pieneen vesilätäkköön, missä vesi seisoo, kun taas oivalluksen saavuttanut sielu on kuin joki tai puu, joka tarjoaa viileyttä kaikille, jotka tulevat sen luokse."

Oli jo myöhäinen iltahetki. Amma nousi ylös lähteäkseen. Hän sanoi nuorelle miehelle:

"Miksi et jäisi tänne huomiseen, poikani? Jos Amma jää istumaan tänne, myös nämä opetuslapset jäävät tänne istumaan, jolloin he eivät jaksa nousta suorittamaan aamuohjelmaansa. Amma tapaa sinut uudelleen huomenna."

Lauantaina, 16. marraskuuta 1985

Seuraavana aamuna useat brahmacharit jäivät pois archanasta koska olivat valvoneet ollessaan Amman seurassa. Kun

Luku 6

meditaatio oli sitten sen jälkeen alkamassa, Amma kysyi, miksi he eivät olleet tulleet archanaan. Hän sanoi: "Se jolla on vairagyaa ei luovu koskaan päivittäisestä ohjelmastaan, riippumatta siitä kuinka väsynyt hän on. Lapseni, älkää jättäkö archanaa väliin. Jos se jää teiltä väliin, aloittakaa meditaationne vasta sen jälkeen, kun olette tehneet archanan itseksenne."

Kaikki keskeyttivät nyt meditaationsa ja ryhtyivät toistamaan Lalita Sahasranamaa Amman seurassa. Kun archana oli ohi, Amma nousi ylös ja käveli pihan poikki ashramin pohjoisreunalle. Muutama brahmachari seurasi häntä ja pari nuorta miestä, jotka olivat saapuneet päivää aikaisemmin.

Brahmacharya

Nuori mies: "Onko seksuaalinen pidättäytyminen täällä välttämätöntä?"

Amma: "Amma on kehottanut täällä asuvia opetuslapsiaan muuntamaan seksuaalienergiansa ojas-energiaksi, sillä siten he tulevat tuntemaan oman todellisen olemuksensa, joka on puhdasta onnea. Tämä on heidän elintapansa. Vain he, jotka kykenevät siihen, voivat jäädä tänne. Muiden tulee lähteä ja astua grihasthashramaan. Tänne tuleville opetuslapsille kerrotaan, että heidän tulee elää selibaatissa. Joka kokee, ettei kykene tähän, voi lähteä milloin haluaa.

Poliisiosastolla on omat sääntönsä, samoin armeijalla. Samalla tavoin ashramin brahmacharien ja brahmacharinien tulee noudattaa brahmacharyan sääntöjä. Selibaatin harjoittaminen on tärkeää heille, jotka ovat tehneet sen valinnan että haluavat asua täällä, eikä siinä ole kyse yksinomaan seksuaalisuudesta. Heidän tulee rajoittaa kaikkia aistejaan: silmiään, nenäänsä, kieltään ja korviaan. Amma ei pakota heitä. Hän vain kertoo heille, että tämä on polku.

Itse asiassa Amma on kehottanut heitä menemään naimisiin, mutta he eivät ota sitä kuuleviin korviinsa. Niinpä Amma on sanonut heille, että heidän on elettävä täällä tietyllä tavalla ja seurattava tiettyjä sääntöjä, ja jos he eivät kykene siihen, he ovat vapaita lähtemään. Ketään ei pakoteta elämään tällä tavalla. Kaikki eivät kykene pitäytymään tällaisella pollulla. Amma on sanonut heille, että älkää pakottako itseänne. Voitte yrittää tätä elämäntapaa, ja jos se ei toimi teidän kohdallanne, menkää naimisiin.

Jos pukeudut jotakin tiettyä roolia varten, sinun tulee näytellä se hyvin, muussa tapauksessa sinun ei pitäisi edes ryhtyä näyttelemään kyseistä roolia. Jos haluat saavuttaa korkeimman päämäärän, brahmacharya on välttämätöntä. Mitä meidän mahatmamme sanoivatkaan siitä?"

Nuori mies: "Kehen viittaat?"

Amma: "Buddhaan, Ramakrishnaan, Vivekanandaan, Ramanaan, Ramatirthaan, Chattampi Swamiin, Narayana Guruun. Mitä jokainen heistä sanoikaan? Minkä takia Buddha, Ramatirtha, Tulsidas ja muut mahatmat jättivät vaimonsa ja kotinsa? Minkä takia Shankaracharya ryhtyi sanjaasaan niin nuorella iällä? Tarkoittaako heidän tekonsa sitä, ettei brahmacharya olisi tarpeen? Jopa sen jälkeen kun Ramakrishna meni naimisiin, eikö hän harjoittanutkin brahmacharyaa asettaakseen toisille esimerkin jota seurata?"

"Brahmacharya ei ole vain ulkoinen toimi, se ei tarkoita ainoastaan sitä, ettei mene naimisiin. Jokainen askel tulee ottaa korkeimpien periaatteiden mukaisesti. Edes ajatusten ei tule olla tämän periaatteen vastaisia. Brahmacharya tarkoittaa myös sitä, ettei vahingoita toisia millään tavalla, ettei kuuntele

Luku 6

eikä katso mitään tarpeettomasti, ja että puhuu vain silloin kun on tarpeen. Vain silloin voi todella sanoa harjoittavansa brahmacharyaa. Henkisellä tiellä brahmacharya on ehdottomasti tarpeen.

Koska alkuvaiheessa sinun voi olla vaikea hallita ajatuksiasi, voit aloittaa harjoittamalla brahmacharyaa ulkoisesti. Jos et harjoita brahmacharyaa, menetät sen voiman, minkä olet saavuttanut sadhanallasi. Amma ei tarkoita, että sinun tulisi pakottaa itseäsi. Heille, jotka pitävät kaiken aikaa lakshya bodhan mielessään, itsensä hallitseminen ei ole niin vaikeaa. Ihmiset, jotka menevät töihin Lähi-itään, palaavat usein vasta monen vuoden jälkeen.[2] Ulkomailla he elävät kaukana vaimostaan ja lapsistaan. Kun kyse on työpaikan löytämisestä, et anna kiintymyksesi kotimaatasi ja perhettäsi kohtaan olla esteenä. Jos päämääräsi on saavuttaa Itse-oivallus, et ajattele mitään muuta. Muut ajatukset poistuvat mielestäsi itsestään, ilman että sinun tarvitsisi yrittää hallita niitä.

Ihmiset uskovat, että onnellisuus voisi löytyä ulkoisista aistikohteista, niinpä he työskentelevät ahkerasti tällaisten asioiden eteen kuluttaen kaiken energiansa. Sinun olisi mietiskeltävä tätä ja ymmärtää totuus. Rakastaessamme Jumalaa ja harjoittaessamme keskittyneesti tapasia me kasvamme voimakkaiksi. Se ei ole vaikeaa heille, jotka ymmärtävät hukkaavansa energiansa etsiessään onnea ulkopuoleltaan.

Tietyt kasvit eivät kanna hedelmää, jos niissä on liikaa lehtiä. Vain jos lehtiä karsitaan, ne kukkivat ja kantavat hedelmää. Samalla tavalla jos sallimme ulkoisten nautintojen viedä meidät mennessään, emme kykene löytämään sisäistä totuutta.

---

[2] Monet intialaiset, erityisesti Keralasta, ovat matkustaneet Lähi-itään töihin aina 1970-luvulta alkaen.

Meidän on vapauduttava halustamme maallisiin nautintoihin, jos haluamme poimia Itse-oivalluksen hedelmän."

Nuori mies: "Kieltääkö Intian henkinen kulttuuri kokonaan maallisen elämän?"

Amma: "Ei, ei todellakaan. Se vain sanoo, että todellinen onnellisuus ei löydy sillä tavoin."

Nuori mies: "Miksi emme voi saavuttaa päämäärää samalla kun nautimme maallisesta elämästä?"

Amma: "Joku, joka todella haluaa oivallusta, ei edes ajattele maallista elämää tai maallisia nautintoja. He, jotka elävät perhe-elämää, voivat myös saavuttaa päämäärän, mikäli he oivaltavat maallisen elämän rajoitteet ja ovat täysin takertumattomia omistautuen japalle, meditaatiolle ja luopumiselle."

Nuori mies: "Eikö tämä tarkoita sitä, että on hyvin vaikeaa saavuttaa Itse-oivallus, kun elää maallista elämää?"

Amma: "Yritit sitten kuinka paljon tahansa, niin ei ole mahdollista tuntea Itse-oivalluksen autuutta jos samaan aikaan tavoittelee maallista onnea. Jos syöt payasamia astiasta, jossa on pidetty tamarindia, miten voisit maistaa, miltä tuo makea riisivanukas todella maistuu?"

Nuori mies: "Voisitko selittää tätä hieman perusteellisemmin?"

Amma: "Kun antaudut maallisille nautinnoille, saat kokea jossakin määrin onnen tunnetta. Eikö totta? Mutta jos et hallitse tätä taipumusta itsessäsi, et voi kohota henkiseen autuuteen. Voit mennä naimisiin ja elää vaimosi ja lastesi kanssa. Siinä ei ole mitään ongelmaa, jos kykenet pitämään mielesi kaiken aikaa korkeimpaan Itseen keskittyneenä. Miten kukaan, joka etsii onnea maallisista asioista, voisi löytää ilon, joka ei kuulu tähän maailmaan?"

Luku 6

Nuori mies: "Mutta eivätkö maalliset nautinnot ole osa elämää? Me esimeriksi istumme nyt tässä sen takia, että toiset ovat antautuneet fyysiseen yhteyteen keskenään. Jos miehet ja naiset eivät yhtyisi toisiinsa, mikä olisikaan maailman tilanne? Joten miten me voimme kieltää sen? Jääkö joku vaille lopullista autuutta sen takia, että hänellä on fyysinen suhde?"

Amma: "Amma ei sano, että maalliset nautinnot tulisi kokonaan torjua, mutta sinun tulisi ymmärtää, että todellinen onni ei löydy tämänkaltaisista nautinnoista. Hedelmän makeus ei ole sen kuoressa vaan sen sisällä. Ymmärtäessäsi tämän et anna kuorelle enempää merkitystä kuin mitä se ansaitsee. Kun ymmärrät, että aistinautinnot eivät ole elämän todellinen päämäärä, tunnet kiintymystä vain Paramatmania kohtaan. On mahdollista saavuttaa päämäärä eläessäsi perhe-elämää, jos olet täysin takertumaton kuin kala mudassa.[3]

Entisaikaan ihmiset seurasivat eri yhteiskuntaluokille annettuja ohjeita. He elivät pyhien kirjoitusten suositusten mukaisesti. He eivät tavoitelleet yksinomaan aistinautintoja, sillä Jumala oli heidän elämänsä todellinen päämäärä. Sen jälkeen kun lapsi oli syntynyt, mies asennoitui vaimoonsa – joka oli synnyttänyt hänen kuvajaisensa lapsen hahmossa – kuin äitiinsä. Kun heidän poikansa aikuistui, he siirsivät kaiken vastuun hänelle ja vetäytyivät elämään metsään. Tuossa vaiheessa pariskunta oli saavuttanut tietyn määrän kypsyyttä elettyään perheellistä elämää. Työ, jota he olivat tehneet, lasten kasvatus ja erilaisten esteiden kohtaaminen, oli kypsyttänyt heidän luonnettaan. Vanaprasthan aikana vaimo eli edelleen miehensä kanssa. Mutta lopulta myös tuo side katkaistiin, kun heistä tuli sanjaaseja – maailmasta luopuneita. Ja näin he saavuttivat

---

[3] Intiassa on kaloja, jotka elävät pohjamudassa. Ne ovat kuin teflon-pannuja, muta ei tartu niihin.

lopulta päämäärän. Tällä tavoin elettiin siihen aikaan. Mutta tänä päivänä tilanne on toinen. Ihmiset ovat niin takertuneita omaisuuteensa ja perheeseensä, ja niin itsekkäitä, ettei kukaan enää elä tällä tavoin. Tämän on muututtava. Meidän on tärkeää tulla tietoisiksi elämän todellisesta tarkoituksesta ja elää sen mukaisesti."

Nuori mies: "Eivätkö jotkut ihmiset sano, että miehen ja naisen yhtyminen on syvin onnen muoto? Ja että jopa äidin rakkaus lapsiinsa on alunperin luonteeltaan eroottista?"

Amma: "Noin rajoittunut on heidän käsityskykynsä. Siinä kaikki mitä he kykenevät näkemään. Avioliitossa ei himon pitäisi olla tärkein asia. Miehen ja naisen suhteen tulee perustua todelliseen rakkauteen. Rakkaus kannattelee kaikkea. Rakkaus on maailmankaikkeuden perusta. Jos rakkautta ei olisi, ei mitään voisi luoda. Rakkauden todellinen lähde on Jumala, ei seksuaalinen halu.

Jotkut pariskunnat sanovat Ammalle: 'Seksuaalinen halu heikentää mieltämme. Emme kykene ylläpitämään asennetta, että olemme veli ja sisar. Emme tiedä mitä meidän pitäisi tehdä.'

Mikä on syynä tällaiselle tilanteelle? Ihminen on nykyisin himonsa orja. Jos tätä kehityssuuntaa voimistetaan edelleen, minkälainen tulee olemaan maailman tilanne? Sen tähden Amma opastaa ihmisiä katsomaan sisälleen ja etsimään siten todellisen autuuden lähdettä. Mitä meidän pitäisi tehdä? Pitäisikö meidän rohkaista ihmisiä jatkamaan virheellistä toimintatapaansa ja seurata harkitsemattomasti viettejään vai tulisiko meidän ohjata heidät erheiden polulta erottelukyvyn tielle?

Moni on tehnyt lukemattomia virheitä menneisyydessään ja silti he ovat oppineet hallitsemaan mielensä harjoittamalla sadhanaa, ja näin he ovat oppineet olemaan hyödyksi

Luku 6

maailmalle. Hän joka on jopa katsonut omaa sisartaan himoiten, on oppinut näkemään kaikki naiset sisarinaan."

"Sanokaamme, että perheessä on viisi veljestä. Yksi heistä on alkoholisti, toinen veli juoksee ylellisyyksien perässä, kolmas riitelee kaikkien kanssa ja neljäs varastaa kaiken minkä vain kykenee. Mutta viides veli on erilainen. Hän elää yksinkertaista elämää. Hänellä on hyvä luonne, hän on myötätuntoinen ja nauttii antamisen ilosta. Hän on todellinen karmajoogi. Tämä veli ylläpitää perheessä rauhaa. Joten ketä näistä viidestä meidän tulisi pyrkiä seuraamaan toimissamme?

Amma ei voi nähdä asiaa muulla tavoin. Ei hän silti käännä selkäänsä ihmisille. Amma rukoilee, että myös he tulevat tälle polulle, sillä vain sillä tavalla maailmassa tulee vallitsemaan rauha ja tyytyväisyys."

Nuori mies: "Amma, voisitko kuvailla hieman Itsen autuutta, josta olet puhunut?"

Amma: "Se pitää itse kokea. Voitko kuvailla kukan kauneutta tai hunajan makeutta? Jos joku lyö sinua, voit sanoa että sinuun sattuu, mutta voitko kuvailla sanoilla tarkalleen kuinka paljon kipua tunnet? Onko siis mahdollista kuvailla äärettömyyden kauneutta?

Äly ei voi kokea henkistä autuutta. Siihen tarvitaan sydäntä. Äly leikkaa asiat erilleen niin kuin sakset, mutta sydän yhdistää kaiken niin kuin ompeluneula. Amma ei sano, ettemme tarvitse älyä: sekä sydän että äly ovat tarpeellisia. Aivan niin kuin linnun kaksi siipeä, kumpaakin tarvitaan. Esimerkiksi, jos joessa oleva pato on murtumaisillaan ja kylä on vaarassa jäädä tulvan alle. Tällaisissa tilanteissa tarvitaan älyä ja on oltava voimakas. Jotkut ihmiset murtuvat ja itkevät, kun he kohtaavat pienenkin ongelman. Meidän olisi kyettävä kohtaamaan maan mikä tahansa ongelma ilman heikkomielisyyttä. Meidän on löydettävä sisäinen voimamme. Tämä on mahdollista, kun teemme henkisiä harjoituksia." Lempeän tuulen lailla Amman sanat veivät tietämättömyyden pilvet mennessään pienen etsijäjoukon mielestä sallien heidän paistatella hänen sanojensa viisauden valossa.

Tiistai, 7. tammikuuta 1986

Amma liittyi brahmacharien seuraan varttia vaille kymmenen aamulla ashramin meditaatiohallissa.

Amma: "Lapseni, jos takerrutte Ammaan tässä muodossa, ette kehity. Teidän pitäisi rakastaa Maailmankaikkeuden Äitiä, ei tätä kehoa. Teidän olisi kyettävä tunnistamaan Amman hahmon taustalla oleva todellinen tekijä ja oppia näkemään Amma sisällänne, jokaisessa elävässä olennossa ja jokaisessa kohteessa. Kun matkustatte bussilla, ette kiinny kulkuneuvoon. Bussi on vain apuväline, jolla matkustatte päämääräänne."

Nuorukainen nimeltä Jayachandra Babu lähestyi Ammaa ja kumarsi. Hän asui Thiruvananthapuramissa ja oli saapunut ensimmäistä kertaa Amman darshaniin, halaukseen, edellisenä päivänä. Nyt hän oli tullut jälleen jättäen viestin perheelleen, että hän muuttaisi pysyvästi ashramiin.

Amma sanoi hänelle: "Poikani, jos jäät nyt tänne, perheesi nostaa metelin ja syyttää Ammaa. He sanovat, että Amma pitää sinut täällä ilman heidän suostumustaan. Joten sinun on palattava tässä vaiheessa kotiin."

Babu ei tahtonut lähteä, mutta kun Amma edellytti sitä, hän suostui lopulta. Hän kumarsi Ammalle uudelleen ja nousi ylös.

"Poikani, onko sinulla rahaa bussimatkaa varten?" Amma kysyi.

Luku 6

"Ei ole, en ottanut rahaa mukaan tarpeeksi, sillä en suunnitellut palaavani." Amma pyysi nyt brahmachari Kunjumonia antamaan hänelle hieman rahaa bussimatkaa varten. Sen jälkeen Babu lähti Kunjumonin seurassa, ja Amma jatkoi puhettaan brahmachareille.[4]

Muodon palvominen

Amma: "Jotkut sanovat, että älä mietiskele muotoa. Brahmanilla ei ole muotoa, joten sinun tulisi mietiskellä muodon tuolla puolen olevaa. Mikä on tällaisen ajattelun johdonmukaisuus? Yleensä kuvittelemme meditaation kohteen. Eikö totta? Jos mietiskelemme jopa tulta tai sointua, kyse on silti mielikuvien käytöstä. Mitä eroa siis on tällaisella meditaatiolla ja muodon meditoimisella? He, jotka mietiskelevät muotoa vailla olevaa, käyttävät silti mielikuvitustaan. Jotkut ajattelevat Brahmania puhtaana rakkautena, äärettömyytenä tai kaikkialla läsnäolevuutena. Jotkut toistavat mielessään: 'Minä olen Brahman' tai tutkivat: 'Kuka minä olen?' Nämä ovat silti mielen käsitteitä. Niinpä kyse ei ole todella Brahmanin mietiskelemisestä. Mitä eroa niillä siis on muodon mietiskelyyn nähden? Jotta voisit antaa janoiselle vettä, tarvitset astian. Voidaksesi oivaltaa muotojen tuolla puolen olevan Brahmanin tarvitset apuvälineen tai jonkin tuen. Jos siis haluamme mietiskellä muotojen tuolla puolen olevaa Brahmania, miten voisimme tehdä niin, jos emme kasvata itsessämme rakkautta Brahmania kohtaan? Kyse on siis bhaktista. Jumalan persoonallinen olemuspuoli on brahmanin, absoluutin, henkilöitymä."

---

[4] Pian tämän jälkeen Babu muutti ashramiin ja hänestä tuli brahmachari.

Brahmachari Rao:[5] "Tuon Jumalan me näemme edessämme Ammana."

Amma (nauraen): "Kuvittele Brahmanille pää, kaksi silmää, nenä ja muut kehonosat. Miltä hän näyttäisi?"

Brahmachari: "Mitä hyötyä on tällaisen olennon kuvittelemisesta?"

Amma: "Palvonnasta tulee helppoa, kun kuvittelemme Brahmanille muodon. Sen jälkeen meidän on helppo oivaltaa preman avulla ikuinen olemus. Säiliössä oleva vesi valuu hanan kautta ulos, jolloin meidän on helpompi sammuttaa janomme."

Brahmachari Venu[6] esitti erilaisen kysymyksen: "Amma, sanotaan, että Jarasandha sai jopa Krishnan pakenemaan taistelua. Miten tämä on mahdollista?"

Amma: "Krishnan kaltainen avataara ei pakene taistelua pelon takia vaan opettaakseen jotakin meille."

Venu: "Jarasandhan kohtalossa ei ollut sitä hyvää onnea, että hän olisi kuollut Jumalan käsissä, siksi Krishna pakeni. Onko tämä totta, Amma?"

Amma: "Kyllä se on totta. Krishna poistaisi toisen ylpeyden vain annettuaan sen ensin ilmentyä täydessä mittakaavassaan. Kun lapsi näyttelee pelottavaa, isä osallistuu leikkiin teeskennellen pelästynyttä, mutta tosiasiassa hän ei tietenkään pelkää lastaan."

Toinen brahmachari kysyi: "Amma, olen tuntenut itseni viime aikoina väsyneeksi meditaation aikana. Mitä minun tulisi tehdä?"

Amma: "Juokse vähän aikaa aamulla tai tee jotakin fyysistä työtä. Anna rajaksen, aktiivisuuden ajaa tamas, velttous pois.

---

[5] Brahmachari Rao sai muutamia vuosia myöhemmin sanjaasivihkimyksen, jolloin hänen nimekseen tuli Swami Amritatmananda Puri.
[6] Swami Pranavamritananda Puri

Luku 6

Jos et tee mitään fyysistä työtä, vata, pitta ja kapha menettävät tasapainonsa, jolloin tunnet itsesi liian väsyneeksi meditaation aikana." Nauraen Amma lisäsi vielä: "Jumala antaa lopulta paljon vaikeuksia heille, jotka ovat liian laiskoja työskentelemään."

Amma kohtaa oppineen

Amma tuli meditaatiohallista ja näki shastrin, uskonnollisen oppineen, joka oli odottanut häntä. Nähdessään Amman tämä vanhempi mies sitoi puuvillahuivinsa lanteilleen ja heittäytyi kunnioituksesta maahan asettaen sitten tuomiaan hedelmiä Amman jalkojen juureen. Hän piti käsissään Brahma Sutria, joita hän oli kantanut mukanaan viimeiset neljäkymmentä vuotta minne hyvänsä hän oli mennytkin. Hän oli tutkinut niitä päivittäin. Amma istuutui hänen kanssaan meditaatiohallin verannalle.

Amma: "Milloin saavuit, poikani?"

Shastri: "En ole ollut täällä pitkään. Olen paluumatkalla Thiruvananthapuramista. Poikani kävi täällä viime kuussa ja kertoi minulle Ammasta. Niinpä päätin pysähtyä täällä paluumatkani aikana."

Amma sulki silmänsä ja istui hetken meditaatioon vaipuneena. Kun hän avasi silmänsä, shastri jatkoi sanoen:

"Amma, olen opiskellut ja luennoinut vedantasta viimeiset neljäkymmentä vuotta, mutta en ole silti saavuttanut tähän päivään mennessä mielenrauhaa."

Amma: "Poikani, vedantalla ei ole paljoakaan tekemistä lukemisen ja esitelmien pitämisen kanssa. Vedanta on jotakin, joka meidän tulisi omaksua omaan elämäämme. Voit piirtää kauniin, värillisen kuvan talosta paperille, mutta et voi asua siinä. Jos haluat itsellesi vaikkapa vain pienen paikan, joka

Ikuinen Viisaus – Yhdistetty painos

suojelisi sinua sateelta ja auringolta, sinun tulee kuljettaa tiiliä ja puutavaraa paikan päälle ja rakentaa suoja itsellesi. Samalla tavoin et voi kokea korkeinta harjoittamatta sadhanaa, henkisiä harjoituksia. Jos et ole oppinut hallitsemaan mieltäsi, ei auta toistaa Brahma Sutria. Papukaija tai magnetofoni voi tehdä saman."

Oppinut ei ollut kertonut Ammalle, että hän toisti Brahma Sutria ja Panchadashia päivittäin. Hän oli ihmeissään kuullessaan Amman viittaavan tähän. Hän vuodatti nyt kaikki ongelmansa Ammalle, joka hyväili ja lohdutti häntä myötätuntoisin sanoin. Amma kehotti häntä istumaan viereensä ja sitten hän ryhtyi antamaan darshania paikalla olijoille. Vanha mies istui ja katseli Ammaa hyvin keskittyneesti. Yhtäkkiä kyyneleet täyttivät hänen silmänsä ja hän alkoi itkeä. Amma kääntyi hänen puoleensa ja lohdutti häntä.

Shastri: "Amma, tunnen sellaista rauhaa, mitä en ole löytänyt neljäänkymmeneen vuoteen! En tarvitse enää opiskeluani enkä oppineisuuttani. Toivon vain, että siunaat minut, että en menetä tätä rauhaa."

Amma: "Namah Shivayah! Ei riitä, että lukee vedantaa ja yrittää omaksua sen mielensä avulla. Se tulee omaksua sydämellä. Vain sillä tavoin voimme kokea vedantan periaatteen. Kuultuasi, että hunaja on makeaa, saatat ottaa sitä hieman käteesi, mutta jos et maista sitä kielelläsi, et voi kokea sen makeutta. Tieto, jonka olet kerännyt älylläsi, tulisi tuoda sydämeesi, sillä vain siellä sen voi kokea. Tulee aika, jolloin sydämesi ja älysi yhdistyvät. Tuota tilaa ei voi kuvata sanoilla. Se on suora kokemus, suora havainto. Vaikka lukisit kaikki kirjat, jotka ovat olemassa, et silti saisi tätä kokemusta. Sinun tulee olla vakuuttunut siitä, että vain Jumala on todellinen ja muistaa häntä kaiken aikaa. Puhdista sydämesi. Näe Jumala kaikessa ja

Luku 6

rakasta kaikkia olentoja. Sinun ei tarvitse tehdä muuta. Sinulle annetaan kaikki mitä tarvitset."

Shastri: "Amma, olen kohdannut monia mahatmoja ja ollut monissa ashrameissa, mutta vasta tänään sydämeni on avautunut. Sen tiedän."

Amma pyyhki hellästi hänen kyyneleensä ja mies jatkoi: "Sinun armosi on viimein tuonut minut luoksesi. Jos Amma suostuu, haluaisin oleilla täällä muutamia päiviä."

"Niin kuin haluat, poikani."

Amma kehotti brahmacharia järjestämään shastrille paikan, mihin hän voisi majoittua, sitten Amma meni huoneeseensa.

Abhyasa-jooga – joogan harjoittaminen

Amma lopetti darshanin kolmen aikaan iltapäivällä. Hän meni ashramin pohjoisreunalla olevan navetan lähettyville ja istuutui sinne yhdessä shastrin ja muutaman brahmacharin kanssa.

Brahmachari: "Amma, kuinka voimme pitää aina Jumalan mielessämme?"

Amma: "Se vaatii jatkuvaa harjoittelua. Jumalan jatkuva muistaminen ei ole luonnollinen tottumuksesi, joten joudut harjoittelemaan sitä. Japa on tässä lääkemääräys. Älä lopeta japaa hetkeksikään, edes silloin kun syöt tai nukut.

Pienet lapset, jotka opettelevat matematiikkaa, toistavat 'yksi plus yksi on kaksi, yksi plus kaksi on kolme' ja niin edelleen – istuessaan, kävellessään ja mennessään kylpyhuoneeseen. He pelkäävät, että jos he eivät muista lukuja, heitä rangaistaan luokkahuoneessa. Joten riippumatta siitä mitä he tekevät, he jatkavat näiden lukujen toistamista mielessään. Näin sinunkin tulee tehdä.

Ikuinen Viisaus – Yhdistetty painos

Tiedä, että maailmassa ei ole mitään muuta kuin Jumala, että mikään ei voi toimia ilman häntä. Sinun tulee nähdä Jumala kaikessa mitä kosketat. Kun otat käteesi vaatteet, jotka aiot pukea päällesi, kuvittele, että ne ovat Jumala. Ja kun otat käteesi kamman, näe se Jumalana.

Ajattele Jumalaa kaikkien toimiesi keskellä ja rukoile: 'Sinä olet minun ainoa turvani. Mikään muu ei ole ikuista. Kenenkään muun rakkaus ei kestä. Maallinen rakkaus voi tuntua hetken aikaa hyvältä, mutta lopulta sekin vain satuttaa minua. On kuin joku syleilisi meitä myrkyllisillä käsillä, sillä lopulta sellainen rakkaus lahjoittaa meille vain kärsimystä. Se ei voi pelastaa meitä. Jumala, vain sinä voit täyttää minun kaipaukseni.' Meidän tulee rukoilla jatkuvasti tähän tapaan. Ilman tällaista takertumattomuutta emme voi kasvaa henkisesti, emmekä auttaa toisia. Meidän tulisi olla vakuuttuneita siitä, että vain Jumala on ikuinen.

Meidän on vapauduttava kaikista vasanoista, joita olemme keränneet itsellemme. Mutta niistä ei ole helppo vapautua hetkessä. Tarvitsemme jatkuvaa harjoittelua. Meidän on toistettava mantraa jatkuvasti – istuessamme, kävellessämme ja käydessämme makuulle. Toistaessamme mantraa ja ajatellessamme Jumalan hahmoa muut ajatukset kaikkoavat ja mielemme puhdistuu. Voidaksemme pestä mielestämme 'minän' tarvitsemme 'sinä'-saippuaa. Kun havaitsemme, että kaikki on Jumalaa, silloin 'minä', toisin sanoen ego, katoaa ja korkein minä loistaa sisällämme."

Brahmachari: "Eikö ole vaikeaa kuvitella rakkaan jumaluutensa olemusta, kun toistaa mantraa?"

Amma: "Poikani, puhut parhaillaan Ammalle. Onko Amman näkeminen vaikeaa samalla kun puhut hänelle? Voit samaan aikaan nähdä hänet ja puhua hänelle. Eikö totta? Samalla tavoin

Luku 6

voimme visualisoida rakkaan Jumalamme hahmon ja toistaa mantraa samaan aikaan. Mutta edes sitä ei tarvita, jos voit itkeä ja rukoilla, 'Oi Äiti, anna minulle voimaa! Tuhoa minun tietämättömyyteni! Nosta minut syliisi! Sinun sylisi on ainoa turvani, vain siten löydän rauhan. Äiti, miksi työnnät minut tähän maailmaan? En halua olla hetkeäkään ilman sinua. Etkö sinä lahjoita kaikille turvan? Ole siis omani! Tee minun mielestäni sinun omasi!' Itke tähän tapaan."

Brahmachari: "Mutta minä en tunne lainkaan antaumusta. Voidakseni rukoilla tuolla tavoin minulla on oltava antaumusta. Eikö totta? Amma, sanot että meidän tulee kutsua Jumalaa itkien, mutta eikö minun tule ensin tuntea itseni itkuiseksi?"

Amma: "Jos et voi ensi alkuun itkeä, toista näitä sanoja yhä uudelleen ja saata itsesi itkemään. Lapsi painostaa äitiään niin kauan, että tämä lopulta ostaa sen mitä lapsi haluaa. Hän seuraa äitiään eikä lopeta itkemistä ennen kuin hänellä on kädessään se mitä hän on halunnut. Meidän tulee rukoilla Jumalallista Äitiä tähän tapaan. Meidän tulee istua ja itkeä. Älä anna hänelle hetken rauhaa! Meidän tulee itkien vaatia: 'Näytä itsesi minulle! Näyttäydy minulle!' Poikani, sanoessasi ettet osaa itkeä, se tarkoittaa sitä, ettei sinulla ole todellista kaipuuta. Jokainen itkee kun kaipuu täyttää hänet. Jos et kykene itkemään, laita itsesi itkemään vaikka se vaatisi ponnistelua.

Sanokaamme, että olet nälkäinen eikä sinulla ole ruokaa eikä rahaa. Menet silloin jonnekin tai teet jotakin, että saisit ruokaa. Itke Jumalallista Äitiä sanoen: 'Miksi et anna minulle kyyneleitä?' Kysy häneltä: 'Miksi et salli minun itkeä? Tarkoittaako se, että et rakasta minua? Kuinka voin elää, jos et rakasta minua?' Silloin hän antaa sinulle kyvyn itkeä. Lapseni, tällä tavoin Amma tapasi tehdä. Te voitte tehdä samalla tavoin.

Tällaiset kyyneleet eivät ole surun kyyneleitä. Ne ovat sisäisen autuuden ilmennystä. Tällaiset kyyneleet virtaavat kun jivatman sulautuu Paramatmaniin. Meidän kyyneleemme ilmentävät Jumalaan yhdistymisen hetkeä. He, jotka katsovat meitä, saattavat tulkita sen suruksi. Meille se merkitsee kuitenkin autuutta. Mutta sinun tulee harjoittaa luovaa mielikuvitusta saavuttaaksesi tämän. Yritä, poikani!"

Brahmachari: "Tapasin mietiskellä Bhagavanin, Krishnan, hahmoa. Mutta tavattuani Amman se ei ollut enää mahdollista, sillä en voinut olla ajattelematta Ammaa. Nyt en kykene tekemään enää niinkään. Amma, kun ajattelen sinua, Krishnan hahmo ilmestyy ja kun ajattelen häntä, sinun hahmosi ilmestyy. Olen onneton, kun en kykene päättämään, ketä minun tulisi mietiskellä. Niinpä en mietiskele mitään hahmoa. Mietiskelen mantran sointua."

Amma: "Keskitä mielesi siihen mistä pidät. Ymmärrä, että kaikki sisältyy siihen ja ettei se ole sinusta erillinen. Mitä tai ketä hyvänsä mietiskelet, ymmärrä, että kaikki ovat saman olemuksen eri puolia."

Rakkaus on tärkeintä

Shastri: "Amma, mitä meidän tulisi tehdä, jotta meille rakkaan Jumaluuden hahmosta tulisi selkeä ja kirkas meditaatiossa?"

Amma: "Hahmosta tulee selkeä, kun meissä kehittyy puhdas rakkaus Jumalaa kohtaan. Niin kauan kuin et näe Jumalaa, sinun tulisi tuntea ahdistusta. Sadhakalla tulisi olla samanlainen asenne Jumalaa kohtaan kuin rakastuneella on rakastettuaan kohtaan. Hän rakkautensa tulisi olla sellaista, että hän ei kestä olla hetkeäkään erossa Jumalasta. Jos rakastunut näki rakastettunsa viimeksi sinisessä asussa ja sitten hän näkee vilauksen sinistä

Luku 6

jossakin, hän muistaa heti rakastettunsa ja hänen ulkoisen olemuksensa. Kun hän syö tai nukkuu, hänen mielensä lepää alati rakastetussa. Kun hän herää aamulla ja harjaa hampaitaan tai juo kahvia, hän ajattelee, mitä hänen rakastettunsa mahtaa parhaillaan tehdä. Tällaista meidän rakkautemme tulisi olla rakasta jumalhahmoamme kohtaan. Meidän ei tulisi kyetä ajattelemaan mitään muuta kuin rakkaan Jumalamme hahmoa. Jopa kitkerästä melonista tulee makeaa, kun sitä pidetään sokeriliemessä jonkin aikaa. Samalla tavoin, kielteinen mielesi puhdistuu, kun antaudut Jumalalle ja ajattelet häntä jatkuvasti.

Kerran eräs gopi näki jalanjäljen puun alla. Hän ajatteli: 'Krishnan on täytynyt kulkea tästä! Hänen seurassaan olleen gopin on täytynyt pyytää häneltä kukkaa puusta ja Krishnan on täytynyt ottaa hänen olkapäästään tukea kiivetessään puuhun. Tämän maassa olevan painautuman on täytynyt syntyä siitä, kun hän on noussut puuhun.' Gopi kutsui toisia gopeja katsomaan Herran jalanjälkeä. Ajatellessaan Krishnaa he unohtivat kaiken muun."

"Tämä gopi näki kaiken Krishnana. Jos joku kosketti häntä olkapäähän, hän eläytyi siihen, että kyse oli Krishnasta, ja voimallisessa antaumuksen tunteessaan hän unohti tietoisuuden ulkopuolisesta maailmasta. Milloin hyvänsä gopit muistivat Krishnan, he unohtivat ulkomaailman ja vuodattivat autuuden kyyneleitä. Meidän tulisi myös pyrkiä saavuttamaan tuo tila, jossa näemme kaiken Jumalana. Meillä ei tulisi olla muuta maailmaa kuin Jumalan maailma. Silloin meidän ei tarvitse ponnistella kokeaksemme jatkuvasti Jumala meditaatiossa, sillä silloin mielemme ei ole koskaan erossa Jumalasta.

Meidän tulisi itkeä hiljaa mielessämme katsoessamme kaikkea edessämme olevaa: 'Rakkaat puut ja kasvit, missä on Äitini? Oi linnut ja eläimet, oletteko nähneet häntä? Oi valtameri, missä on kaikkivoipa Äiti, joka lahjoittaa sinulle voiman liikkua?' Me voimme käyttää mielikuvitusta tähän tapaan. Kun kilvoittelemme tällä tavoin, mielemme ylittää kaikki esteet, jolloin saavumme korkeimman jalkojen juureen ja pysymme siinä. Käytä mielikuvitustasi tällä tavoin, silloin hänen hahmostaan tulee voimallinen mielessäsi."

Brahmachari: "Toisinaan minusta tuntuu, että toiset toimivat väärin, ja se tuhoaa mielenrauhani. Kuinka voimme oppia antamaan toisille anteeksi?"

Amma: "Jos sormesi osuu vahingossa silmääsi, toinen kätesi ei lyö sormeasi, joka on osunut silmääsi. Rankaisu ei tule edes mieleesi. Annat sormellesi anteeksi. Jos satutat jalkasi kompuroidessasi tai jos leikkaat haavan sormeesi, kestät sen kärsivällisesti. Olet aina kärsivällinen silmiesi, käsiesi ja jalkojesi suhteen, sillä tiedät, että ne kuuluvat omaan ruumiiseesi. Riippumatta siitä kuinka paljon joudut kärsimään, kestät kaiken kärsivällisesti. Meidän tulisi nähdä samalla tavalla toiset osana itseämme. Meidän tulisi ymmärtää: 'Minä olen kaiken alkusyy. Minä olen kaikki. Kukaan ei ole minusta erillinen.' Silloin emme kiinnitä huomiota toisten tekemiin virheisiin, ja vaikka olisimmekin tietoisia heidän virheistään, pidämme niitä omina virheinämme ja annamme ne anteeksi.

Voimme omaksua samanlaisen antaumuksellisen asenteen kuin Kuchela:[7] Mitä hyvänsä tapahtui, kyse oli Jumalan

---

[7] Kuchela oli nuoren Krishnan rakastettu ystävä ja oppilastoveri. Myöhemmin Kuchela meni naimisiin ja eli brahmiinin yksinkertaista ja kurinalaista elämää. Eräänä päivänä Kuchelan vaimo, joka oli heidän köyhyytensä uuvuttama, pyysi Kuchelaa menemään vanhaa ystäväänsä Krishnaa tapaamaan, jotta hän voisi pyytää tältä taloudellista apua. Kuchela päätti mennä Krishnan luo, ei apua pyytääkseen, vaan saadakseen tavata rakkaan ystävänsä. Krishna otti hänet rakkaudella

Luku 6

tahdosta. Meidän pitäisi ajatella, että olemme Jumalan palvelijoita. Silloin emme ole vihaisia kenellekään ja näin meissä kasvaa nöyryys.

Voit myös ajatella, että jokainen on sinun oma Itsesi. Toinen tapa on kokea jokainen Jumalana ja palvella heitä. Elä jokainen hetki harjoittaen shraddhaa, tarkkaavaisuutta. Syö ruokasi vasta toistettuasi mantran ja rukoiltuasi: 'Oi Jumala, ovatko kaikki saaneet jo syödäkseen? Ovatko he saaneet kaiken mitä he tarvitsevat?' Meidän tulee tuntea myötätuntoa heitä kohtaan, jotka joutuvat kamppailemaan elämässään. Näin meidän mielemme puhdistuu. Myötätuntomme kohottaa meidät Jumalan läheisyyteen."

Painottaen näin universaalia rakkautta Amma päätti opetuspuheensa antaumuksen harjoittamisesta. Kuunneltuaan hänen nektarin kaltaisia sanojaan shastri ja brahmachari tunsivat sydämensä avautuvan.

---

vastaan. Kuchela oli täynnä iloa ja rauhaa, eikä maininnut sanallakaan ahdingostaan Krishnalle. Krishna, joka näki ystävänsä sydämeen, päätti yllättää hänet lahjoittamalla hänelle suuren omaisuuden. Tästä tietämättömänä Kuchela aloitti paluumatkansa. Hänen ainoa huolensa oli se, että hänen täytyisi kertoa vaimolleen, ettei ollut pyytänyt Krishnalta apua. Kun hän saapui kotiinsa, hän hämmästyi huomatessaan, että siellä missä hänen köyhä kotinsa oli sijainnut, oli nyt palatsi, jota ympäröi kaunis puutarha, ja hänen vaimollaan oli arvokkaita jalokiviä ja vaatteita yllään sekä useita palvelijoita ympärillään. Kuchela rukoili, että hän ei koskaan kiintyisi omaisuuteen, joka oli annettu hänelle vaan että hän rakastaisi Herraansa vain rakkauden itsensä takia.

Keskiviikkona, 15. tammikuuta 1986

Amma oppilaittensa seurassa

Kello oli hieman yli kahdeksan aamulla. Amma istui meditaatiohallissa brahmacharien kanssa.

Amma: "Lapseni, jos istuudutte paikollenne ja ajattelette, että nyt ryhdyn harjoittamaan meditaatiota, niin (Jumalan) hahmo ei noin vain ilmesty mieleenne. Istutte paikoillanne silmät suljettuina ja hetken päästä muistatte, että 'minunhan piti nyt meditoida'! Niinpä kun istut alas harjoittaaksesi meditaatiota, itke Jumalalle: 'Oi Jumalani, etkö asettuisi sydämeeni? En voi nähdä sinua ilman, että autat minua. Sinä olet minun ainoa turvani!' Eläydy siihen, että näet rakkaan Jumalasi seisomassa edessäsi. Jonkin ajan kuluttua kykenetkin näkemään hänen hahmonsa loistavan kirkkaana mielessäsi."

Amma astui ulos meditaatiohallista puoli kymmenen aikaan. Hän kohtasi naimisissa olevan naisoppilaan, joka oli ollut ashramissa muutamia päiviä, mutta joka kieltäytyi palaamasta kotiin. Amma yritti suostutella häntä, mutta hän ei halunnut lähteä Amman luota. Amma kääntyi lähellään olevien puoleen sanoen:

"Amma on sanonut hänelle, että hän voi jäädä tänne, jos tuo kirjeen mieheltään. Ilman hänen suostumustaan ei ole oikein antaa hänen jäädä tänne. Jos mies ilmestyisi tänne ja esittäisi valituksensa, niin mitä Amma voisi sanoa hänelle? Toiset saattaisivat myös ryhtyä seuraamaan hänen esimerkkiään. Hän on sanonut jo usean päivän ajan, että hänen miehensä tulee tänne päivän tai kahden kuluttua, mutta ei häntä ole kuulunut. Hänellä on myös tytär kotona." Kääntyen naisen puoleen hän sanoi: "Amma ei voi odottaa enää. Sinun on lähdettävä huomenna."

Luku 6

Nainen kyynelehti sanoen:

"Amma, jos hän ei tule sunnuntaina, minä lähden maanantaina."

Amman sydän heltyi hänen kyyneleittensä ja pyyntönsä edessä ja hän salli naisen jäädä. Kun Amma käveli darshan-majaa kohden, hän kurkisti sisään havaiten, että vedanta-tunti oli meneillään. Nähdessään brahmacharin nojaavan seinään, kun hän kuunteli opetusta, hän sanoi tälle:

"Poikani, henkisen oppilaan ei tule nojata seinään paikassa, missä annetaan opetusta. Hänen tulee istua selkä suorana, tarkkaavaisena nojaamatta mihinkään, liikuttamatta käsiään ja jalkojaan, muussa tapauksessa tamas, velttous, lisääntyy hänessä. Sadhakan pitäisi tukeutua itseensä, sisäisesti, eikä olla riippuvainen mistään ulkoisesta tuesta. Henkinen elämä ei tarkoita sitä, että istumme tekemättä mitään, antamatta tamasisten ominaisuuksien lisääntyä. Riippumatta siitä, miten vaikeaa se on, sinun tulee pyrkiä istumaan selkä suorana."

Amma jatkoi matkaansa darshan-majaan. Hän istuutui yksinkertaiselle puualustalle, joka oli peitetty puunkuoresta punotulla matolla. Ihmiset, jotka olivat odottaneet häntä, tulivat nyt yksitellen – kumartaen – hänen luokseen. Yksi heistä oli loukannut niskansa. Tämä oli toinen kerta, kun hän tuli tapaamaan Ammaa. Ensimmäisellä kerralla hän ei ollut kyennyt kannattelemaan päätään ja hänen olkapäänsä oli halvaantunut. Hän oli läpikäynyt leikkauksen, mutta siitä ei ollut ollut apua. Amma oli antanut hänelle bhasmaa ja pyytänyt häntä tuomaan ruumiin polttorovion tuhkaa.

Amma: "Kuinka voit, poikani?"

Oppilas: "Paljon paremmin, kykenen kannattelemaan päätäni. Ja kykenen matkustamaan ilman vaikeuksia. En kyennyt tähän aiemmin, jouduin makaamaan kaiken aikaa pitkälläni.

Minun oli vaikeaa tulla viime kerralla tapaamaan sinua, mutta tällä kertaa se ei tuottanut minulle vaikeuksia. Toin mukanani polttorovion tuhkaa."
Hän ojensi paketin Ammalle, joka avasi sen ja ojensi hänelle hieman pyhää tuhkaa.
"Poikani, tässä tuhkassa on paljon maa-ainesta. Sinun tulisi tuoda sellaista pyhää tuhkaa, jossa ei ole lainkaan maa-ainesta. Ole tämän suhteen varovainen ensi kerralla. Amma antaa sinulle nyt tavallista tuhkaa."
Amma otti pyhää tuhkaa lautaselta ja siveli sitä hänen niskaansa. Hän pyysi brahmacharia hakemaan paperia, johon se voitaisiin kääriä. Tämä toi paperinpalasen, jonka hän oli repäissyt puhtaan paperiarkin kulmasta.
Amma: "Poikani, kuinka saatoit repiä noin siistin paperin? Käytetty sanomalehti olisi riittänyt tuhkan käärimiseen. Tätä valkoista paperia olisi voinut käyttää kirjoittamiseen. Amma ajattelee kaiken hyödyllisyyttä. Älä tuhlaa mitään. Kun et tuhlaa mitään, se on shraddhaa, ja vain jos sinulla on shraddhaa, voit kehittyä."
Eräs Sveitsiläinen nainen istui Amman lähellä. Hän oli juuri saapunut ashramiin ja tapasi nyt Amman ensimmäistä kertaa. Hän oli tuonut mukanaan joitakin lahjoja, jotka hän nyt avasi ja näytti Ammalle.
Nainen: "Käytin paljon aikaa näiden valitsemiseen. En tiennyt, mistä Amma pitäisi."
Amma: "Äiti tietää kuinka paljon aikaa käytit valitessasi näitä tavaroita, mutta Amma ei tarvitse mitään tällaista. Hän haluaa mielesi. Sinä toit nämä lahjat rakkautesi tähden, mutta et voi kuitenkaan aina tuoda tällaisia lahjoja. Jos et joskus voi tuoda mitään, etkö tunne silloin surua? Älä kuitenkaan jätä tulematta Amman luo sen tähden, että sinulla ei ole mitään

Luku 6

antaa hänelle. Kaikki tällaiset esineet ovat katoavaisia. Mutta jos uhraat mielesi, niin sen hyöty on ikuinen, sinun mielesi palautetaan sinulle puhtaassa tilassaan."
Naisoppilas: "Eikö sanota, että oppilaan ei pitäisi tulla gurun luokse tyhjin käsin, että hänen tulisi aina tuoda jotakin."
Amma: "Kyllä, mutta ei sen tähden, että guru tarvitsisi jotakin. Oppilaat tuovat jotakin sen vertauskuvana, että he uhraavat oman mielensä. Tällä tavoin he uhraavat oman prarabdhansa gurun jalkojen juureen. Jos sinulla ei ole mitään mitä antaa, niin sitruuna riittää. Jos sinulla ei ole sitäkään, hieman polttopuuta riittää."
Kun Amma puhui, nainen tuli hänen luokseen, laittoi päänsä Amman syliin ja purskahti itkuun. Itkunsa lomassa nainen sanoi:
"Amma, anna minulle antaumusta! Sinä olet petkuttanut minua tähän asti, mutta se ei onnistu enää!" Amma lohdutti häntä myötätuntoisesti, jolloin nainen jatkoi: "Tällainen kepponen ei onnistu enää. Amma, joka tietää kaiken, esittää minulle ystävällisiä kysymyksiä huijatakseen minua. Amma, älä esitä minulle tuollaisia kysymyksiä! Mitä minä voin sanoa sinulle? Sinä tunnet minut paremmin kuin minä itse!"
Nainen halusi lahjoittaa talonsa ashramille, mutta Amma ei ottanut sitä vastaan. Nainen itki, koska hän halusi Amman ottavan sen vastaan. Amma ei siitä huolimatta hyväksynyt hänen lahjaansa.
Amma palasi huoneeseensa lounaalle vasta puoli neljältä. Kaksi brahmacharia odotti häntä huoneessa. Hän puhui heille syödessään:
"Lapseni, teidän tulisi tervehtiä ihmisiä, jotka tulevat tänne, ja antaa heille mitä he tarvitsevat, mutta älkää kuluttako paljon aikaa keskustelemalla heidän kanssaan. Ei ole hyötyä yrittää

voimistaa heidän uskoaan puhumalla. Kun istutatte kasvin, siinä saattaa olla muutamia lehtiä, mutta vasta sitten voitte arvioida sen kasvua, kun kasvi on levittänyt juurensa maahan ja uusia lehtiä on ilmestynyt. Vain usko, joka syntyy omista kokemuksista, on pysyvää samalla tavoin kuin uudet lehdet, jotka ilmestyvät sen jälkeen kun kasvin juuret ovat työntyneet maahan. Käyttäkää enemmän aikaa puhumalla heidän kanssaan, jotka haluavat todella tietää."

Päivää aiemmin yksi brahmachareista oli käyttänyt paljon aikaa puhuen erään oppilaan kanssa, joka oli tullut darshaniin. Kuultuaan Amman sanat tuo brahmachari oivalsi nyt, että Amma, joka asustaa meidän kaikkien sisällä, oli tietoinen tästä.

Brahmachari: "Amma, mitä meidän tulisi tehdä, jos ihmiset seuraavat meitä esittäen kysymyksiään?"

Amma: "Kerro heille sen verran, että heidän epäilyksensä katoavat."

Myötätuntoisen huolenaiheet

Kello oli viisi iltapäivällä. Teini-ikäinen poika oli oleillut ashramissa muutamia päiviä. Hänen sukulaisensa olivat tulleet nyt hakemaan häntä kotiin. He seisoivat ashramin pohjoispuolella olevan rakennuksen edessä keskustellen hänen kanssaan pitkään, mutta hän ei halunnut lähteä. Hänen äitinsä oli pahoillaan. Lopulta Amma tuli paikalle. Hän ohjasi naisen rakennuksen verannalle, istuutui hänen kanssaan ja puhui hänelle jonkin aikaa. Nainen itki ja pyysi Ammaa lähettämään hänen poikansa kotiin. Amma suostui. Nuorukainen hyväksyi Amman päätöksen ja lähti perheensä kanssa. Amma istui sen jälkeen rakennuksen portailla brahmacharien kanssa.

Luku 6

Amma: "Mitä Amma voi tehdä? Kuinka monta äitiä, jotka vuodattavat katkeria kyyneleitä, Amma joutuukaan vielä näkemään? Amma voi nähdä ennalta, että tänne tulee monia brahmachareja. Merkeistä päätellen näyttää siltä, että he saapuvat pian. Muutamia päiviä sitten nuorukainen saapui Nagercoilista, mutta hänet lähetettiin takaisin hakemaan isänsä suostumus. Viimeksi saapui tämä poika, joka lähti juuri. Amma sanoi hänelle, että hänen tulisi palata ashramiin vasta jonkin ajan kuluttua, vasta sitten, kun hän olisi saanut vanhempiensa suostumuksen, mutta ei hän kuunnellut. Missä kaikki tulevat asumaan täällä? Amma pohtii sääntöjen asettamista sille, millä perusteella brahmachareja hyväksytään."

Keskustelu kääntyi nyt toiseen aiheeseen.

Amma: "Eräs tytär saapui Pandalamista bhava-darshaniin. Hän ei ottanut vastaan tirthamia, pyhää vettä, jota Amma tarjosi hänelle. Hän on kärsinyt aika tavalla, mutta hänen vaikeutensa eivät ole päättyneet. Amma tarjosi hänelle tirthamia täydellä myötätunnolla, mutta mitä Amma voi tehdä, jos sitä ei oteta vastaan? Tyttö ei usko Ammaan, mutta poika, joka aikoo solmia avioliiton hänen kanssaan, on seuraaja. Hän toi tytön tänne toivoen, että hänen tuleva vaimonsa tuntisi jonkin verran antaumusta Ammaa kohtaan.

Amma tunsi sääliä heitä kohtaan. Onhan tuo tyttö menossa naimisiin Amman pojan kanssa. Amman myötätunto virtasi heille tirthamin ja prasadin välityksellä, jotka heille annettiin. Kun he olivat lähteneet, Amma kutsui pojan veljen, joka sattui olemaan ashramissa, luokseen ja sanoi hänelle: 'Amma näkee, että he joutuvat kärsimään paljon tulevaisuudessa. Kauhistuttava vaara odottaa heitä. Pyydä heitä rukoilemaan vilpittömästi. Kun he eivät vastaanottaneet tirthamia, Amma ei ottanut sitä takaisin. Sen sijaan Amma kaatoi sen maahan. Tämän takia he eivät joudu kärsimään niin paljon.' Tuo tytär tulee varmuudella takaisin. Tuleehan hänestä lopulta Amman pojan vaimo. Amma ei anna hänen etääntyä. Mutta vain työskentelemällä lujasti hän voi välttää prarabhansa. Jos hän olisi ottanut tirthamin vastaan, hän ei olisi joutunut kärsimään niin paljon."

Onnekkaita ovat todellakin he, jotka saavat vastaanottaa Amman armon ja pysyvät siinä, sillä Amma on myötätunnon ruumiillistuma. Mutta miten voisimme vastaanottaa hänen armonsa säteet, jos emme avaa sydäntämme? Sen tähden Amma neuvoo meitä seuraamaan hänen ohjeitaan kirjaimellisesti – ei hänen takiaan vaan itsemme takia.

Perjantai, 17. tammikuuta 1986

Amma, myötätunnon joki

Amma ja brahmacharit lähtivät aamulla Ampalapparaan, Pohjois-Keralaan. Kun he saapuivat Bharatajoen rannalle, Amma päätti pysähtyä uimaan. Vedenpinta oli alhaalla ja joenpohja loisti monin paikoin kuivana. Vettä oli vain kapeana virtana lähellä vastarantaa. Minibussi oli juuri lähtenyt ylittämään siltaa, kun Amma pyysi kuljettajaa pysäyttämään auton, kääntymään takaisin ja ohjaamaan auton kapealle tielle, joka alkoi juuri ennen siltaa. Pieni tie johti suurikokoisen talon kuistin edustalle. Amma kehotti kuljettajaa pysäyttämään auton pienen matkan päähän talosta. Kaikki ihmettelivät, miksi Amma oli johdattanut heidät tähän paikkaan, sillä joelle ei päässyt kovinkaan helposti täältä.

Luku 6

Heti kun auto pysähtyi, Amma pyysi kanjia juodakseen. Mutta autossa oli vain kylmää vettä. Brahmachari tiedusteli, voisiko hän hakea Ammalle juotavaa läheisestä talosta. Amma suostui oitis tähän. Tämä oli yllättävää, sillä yleensä Amma ei ottanut vastaan mitään lähitaloista tällaisten matkojen aikana, he tapasivat juoda vain sitä minkä olivat ottaneet mukaansa. Brahmachari kiirehti taloon. Muutamia minuutteja myöhemmin vanha nainen juoksi talosta pienen pojan kanssa kohti ajoneuvoa. Brahmachari seurasi heitä kädessään lasi kanjia. Kun nainen lähestyi autoa, Amma kurkotti kätensä avoimesta ikkunasta ja otti kiinni naisen käsistä. Vanha nainen itki ja toisteli: 'Narayana, Narayana!' uudelleen ja uudelleen. Hän oli kuitenkin niin hengästynyt juoksustaan, ettei kyennyt sanomaan jumalallista nimeä oikealla tavalla. Hänen antaumuksensa oli näkemisen arvoinen.

Kun hän kykeni lopulta puhumaan, hän sanoi vavahtelevalla äänellä:

"Ottuur Unni Nambuudiripad kertoi minulle Ammasta. Siitä lähtien olen kaivannut saada nähdä sinut. Mutta olen jo vanha, niinpä minun on vaikea matkustaa. Olen ollut hyvin surullinen siitä, että en ole voinut tulla tapaamaan sinua. Päivääkään ei kulu ilman, etten ajattelisi sinua. Kuulin, että sinä olit vieraillut Tripunitturan kovilakamissa.[8] Minä olen tuon perheen jäsen. Minä toivoin, että saisin tavata sinut jollakin tavoin sinun armostasi. Tämä toive on täytetty tänään. En olisi koskaan uskonut, että saisin nähdä sinut näin pian! Se johtuu yksin sinun armostasi. Nuori mies tuli tänne ja pyysi hieman kanjia. Hän sanoi, että se on Ammaa varten. Ketä Ammaa (Äitiä) varten, kysyin. Kun kuulin nimesi, tiesin, että kyse oli samasta

---

[8] Kovilakam on asuinrakennus, joka kuuluu kuninkaalliselle perheelle.

Ikuinen Viisaus – Yhdistetty painos

Äidistä, jonka olin halunnut nähdä. Annoin hänelle hieman kanjia ja mangopikkelsiä ja juoksin sitten tänne pojanpoikani kanssa." Sitten hänen äänensä murtui. "Minulla ei ole mitään muuta tarjottavana kuin tämä riisivesi! Anna minulle anteeksi, Amma!"

Kyyneleet valuivat naisen kasvoja pitkin. Amma pyyhki hänen kyyneleensä pyhillä käsillään ja sanoi pehmeästi: "Tyttäreni, Amma ei tarvitse mitään. Hän haluaa vain sydämesi."

Amma joi lähes kaiken kanji-veden ja söi hieman mangopikkelsiä. Vanha nainen kertoi nyt Ammalle miten joelle pääsisi ja kun Amma lähti kävelemään toisten seurassa polkua pitkin, nainen sanoi:

"Amma, kun olet uinut, pyydän että siunaisit kotini tulemalla vieraakseni!"

Kun Amma palasi joelta, hän täytti naisen toiveen astumalla taloon, missä nainen ja hänen aviomiehensä odottivat. Nainen ohjasi Amman verannalla olevaan tuoliin ja oli niin ylitsevuotavan iloinen, että unohti kaiken muun. Hänen miehensä meni sisälle taloon noutamaan vettä. Yhdessä he pesivät Amman jalat. Vastauksena heidän puhtaaseen antaumukseensa Amma vaipui samadhiin. Koska olisi vienyt aikaa mennä sisälle taloon hakemaan sopivaa kangasta, nainen kuivasi Amman jalat päällään olevan sarinsa kulmalla. Samalla kyyneleet valuivat hänen silmistään Amman jaloille.

Vietettyään vielä hetkisen heidän seurassaan Amma ja hänen opetuslapsensa jatkoivat matkaansa. Kun he ylittivät sillan, Shashi, yksi Amman perheellisistä oppilaista, odotti häntä autonsa kanssa. Shashin toivomuksesta Amma matkusti hänen autossaan loppumatkan.

Luku 6

Puoli kahden aikaan iltapäivällä Amma ja hänen opetuslapsensa saapuivat Narayanan Nairin taloon Ampalapparan kylässä, joka sijaitsee 250 kilometriä ashramista pohjoiseen. Keralan maaseudun luonnollinen kauneus, joka on tuhottu monin paikoin, oli vielä nähtävissä täällä. Metsäisten kukkuloiden välissä oleva kylä koostui kookoslehdillä katetuista majoista, joita ympäröi rehevä trooppinen puutarha palmupuineen, kukkivine puineen ja pensaineen. Useita ihmisiä oli odottamassa Ammaa. Kun Amma saapui taloon, perheenjäsenet jotka olivat Ammalle antautuneita, ohjasivat hänet istumaan peethamille. He pesivät hänen jalkansa ja koristelivat ne punaisella kumkumilla ja santelipuutahnalla. Sen jälkeen he tekivät aratin polttaen kamferia. Huone täyttyi vedisillä mantroilla, joita brahmacharit toistivat. He olivat kaikki syvästi liikuttuneita samalla kun heidän silmänsä lepäsivät Amman jumalallisessa olemuksessa. Kun pada-puja oli ohi, Amma meni viereiseen huoneeseen, missä hän ryhtyi vastaanottamaan seuraajiaan darshanissa.

Perheenjäsenet antoivat brahmachareille kupin jappyä. Kaikki olivat mielissään saadessaan juoda tuota kuumaa, makeaa maitoa.

Amma huomasi, kuinka naisoppilas auttoi munkkia pesemään kätensä kaatamalla vettä hänen käsilleen. Hän huomautti myöhemmin: "Sadhakana, henkisenä oppilaana, sinun ei tule pyytää keneltäkään apua, sillä silloin menetät sen voiman, minkä olet kerännyt tapas-harjoitustesi avulla. Meidän ei tulisi sallia kenenkään poimia edes puun lehteä meille. Meidän tulisi sen sijaan palvella toisia niin paljon kuin mahdollista."

Brahmachari järjesteli öljylamppuja ja muita tarvikkeita paikalla, missä bhajaneitten, henkisten laulujen, oli määrä

alkaa. Kun hän oli aikeissa sytyttää tulen lamppuihin, Amma keskeytti hänen aikomuksensa sanoen:
"Poikani, käännä kasvosi pohjoisen suuntaan, kun sytytät lamput."
Kun brahmachari ei ymmärtänyt mitä hän tarkoitti, Amma otti pienen lampun, jota hän piteli käsissään ja sytytti sillä öljylamput. Amma järjesteli lamput huolellisesti ja peitti lehdellä kindin, joka oli täynnä vettä. Sitten hän laittoi kindin lamppujen eteen, asetteli kukkien terälehtiä lehdelle ja sytytti lamput. Hän sanoi brahmacharille:
"Älä käänny etelän suuntaan sytyttäessäsi lamppuja. Ja kun sytytät lampun sydämet, etene lampun ympäri myötäpäivään samalla tavalla kuin harjoittaessasi pradakshinaa temppelissä."
Amma pitää tällaisia yksityiskohtia hyvin tärkeinä, erityisesti neuvoessaan brahmachareja. Hän sanoo: 'Huomenna heidän tulee mennä maailmaan, niinpä heidän tulee olla silloin erittäin tarkkaavaisia kaikessa siinä mitä tekevät.'
Bhajanit, henkiset laulut, alkoivat. Jonkin ajan kuluttua pieni lapsi tuli kontaten Amman luo. Amma nosti lapsen syliinsä ja ojensi hänen käteensä kellon. Ja kun hän jatkoi kirtanien laulamista, hän auttoi lapsen pientä kättä soittamaan kelloa musiikin tahdissa.

Gopivallabha Gopalakrishna

Oi Lapsi-Krishna,
Gopien rakastettu,
Govardhana-kukkulan kohottaja,
lootussilmäinen,
sinä joka elät Radhan mielessä,
jonka iho on sinisen lootuksen värinen.

Oi Krishna,

Luku 6

*sinä joka liikut Vrindavanissa,
jonka silmät ovat kuin punaisen lootuksen terälehdet,
oi Nandan poika,
vapauta minut kaikista kahleista.*

*Oi kaunis lapsi,
oi Krishna,
sinä joka lahjoitat vapautuksen.*

Keskiviikkona, 22. tammikuuta 1986

Kaksi länsimaalaista naista istui meditaatioon vaipuneena meditaatiohallissa. Pieni tyttö, joka oli toisen tytär, väritti lähettyvillä kuvakirjaa. Hänen äitinsä oli antanut sen hänelle tehtäväksi, jottei hän häiritsisi äitinsä hiljentymistä. Amma tuli halliin muutaman opetuslapsensa kanssa ja katseli miten tyttö väritti hiljaa kuvia.

Kun meditaatio oli päättynyt, Amma osoitti tyttöä ja sanoi: "Meidän tulisi ohjata lasten huomio hyviin harrastuksiin kuten piirtämiseen ja laulamiseen, kun he ovat vielä nuoria. Voisiko tämä lapsi piirtää kuvia, ellei hänellä olisi runsaasti kärsivällisyyttä? Piirtämien ja laulaminen opettavat hänelle kärsivällisyyttä ja samalla hänen keskittymiskykynsä kehittyy. Jos jätämme lapset yksin, he juoksentelevat ympäriinsä, hukkaavat aikaansa ja tekevät kaikenlaisia kepposia. Sen jälkeen heille on vaikeaa opettaa enää itsekuria."

Ashramissa ei juurikaan ollut vierailijoita tuona päivänä, paitsi pieni ryhmä länsimaalaisia, jotka olivat saapuneet muutamia päiviä aiemmin. He käyttivät aikansa ashramin päivittäisissä työtehtävissä ja lukien kirjaston kirjoja. Totuuden kaipuu eli voimakkaana näissä oppilaissa, jotka olivat jo saaneet maistaa maailman mukavuuksia ja nautintoja. Väsyttyään vihamieliseen, kilpailuhenkiseen maailmaan he saivat nyt kokea Amman puhtaan, pyyteettömän rakkauden ja sen tähden he olivat ylittäneet valtameren saadakseen sammuttaa janonsa tuolla rakkaudella.

Brahmachari kertoi Ammalle, että intialainen nuorukainen toivoi saavansa nähdä hänet. Niinpä Amma pyysi häntä noutamaan nuorukaisen. Amma istuutui meditaatiohallin länsireunalle ja viittasi nuorukaista istuutumaan lähelleen.

Amma: "Oletko ollut täällä pitkään, poikani?"
Nuorukainen: "En, saavuin vasta."
Amma: "Miten sait kuulla ashramista?"
Nuorukainen: "Olen vieraillut eri ashrameissa jo jonkin aikaa. Viime kuussa eräs ystäväni vieraili täällä. Hän sanoi, että minun pitäisi ehdottomasti tulla tänne tapaamaan Ammaa."
Amma: "Oletko jo saattanut opintosi päätökseen?"
Nuorukainen: "Minulla on maisterin tutkinto ja olen yrittänyt löytää töitä. Minulla on nyt väliaikainen työ yksityisessä oppilaitoksessa, ja siten ansaitsen toimeentuloni. Olen kuitenkin nyt päättänyt, etten etsi uutta työtä. Minulla on sisar. Kun hän on avioitunut, haluan liittyä johonkin ashramiin."[9]
Amma: "Eivätkö vanhempasi vastusta sitä?"
Nuorukainen: "Minkä tähden?"
Amma: "Eikö se vaikeuta heidän tilannettaan?"
Nuorukainen: "He tulevat toimeen eläkkeellään ja sen lisäksi he omistavat maata."
Amma: "Kuka huolehtii heistä, kun he vanhenevat? Eikö sinun tulisi huolehtia heistä?"

---

[9] Intiassa on tapana, että vanhempien ja vanhempien veljien velvollisuus on huolehtia siitä, että perheen tytöt avioituvat ja että heidän tulevaisuutensa on näin turvattu.

Luku 6

Nuorukainen: "Mitä takeita on siitä, että olen lähettyvillä, kun he ovat vanhoja? Saattaisin olla siinä vaiheessa ulkomailla työskentelemässä, jolloin en voisi kiirehtiä heidän avukseen. Ja entäpä jos kuolen ennen heitä?"

Amma nauroi ja sanoi: "Älykäs nuorukainen!"

Nuorukainen: "Ystäväni toivoi, että pyytäisin Ammaa järjestämään minulle töitä, mutta sanoin hänelle, että pyydän häntä vain auttamaan henkistä kehitystäni."

Sadhaka ja tiedemies

Nuorukainen: "Amma, millä tavoin sadhakan, henkisen oppilaan, elämä on parempaa kuin tiedemiehen? Jotta sadhaka voisi saavuttaa päämääränsä ja jotta tiedemies voisi menestyä tutkimustyössään, molemmilla tulee olla keskittymiskykyä. Mitä eroa on näin ollen heidän välillään? Eikö tiedemiehen elämäkin ole eräänlaista sadhanaa, henkistä harjoitusta?"

Amma: "Kyllä, se on sadhanaa, henkistä harjoitusta. Mutta tiedemies ajattelee jotakin kohdetta. Jos hän tutkii esimerkiksi tietokoneita, hänen meditaationsa kohde on yksin tietokone. Hän ajattelee sitä paljon ja tulee näin tuntemaan sen. Hänen mielensä on keskittynyt vain niin kauan kun hän on uppoutunut tutkimustyöhönsä. Muina aikoina hänen mielensä suuntautuu eri tahoille ja hän uppoutuu tavallisiin asioihin. Tämän vuoksi ääretön voima ei herää hänessä. Tapasvi on tässä suhteessa erilainen. Paneutuessaan henkisiin harjoituksiin hän alkaa nähdä kaiken yhtenä. Sadhaka pyrkii oivaltamaan sen mikä on piilevänä läsnä kaikessa. Saavutettuaan oivalluksen kaikki voimat heräävät hänessä. Hänelle ei ole olemassa enää mitään mikä pitäisi oivaltaa.

Ajattele lampea, missä on suolapitoista vettä. Jos kaadat makeaa vettä lammen yhdelle laidalle, vähennät veden suolaisuutta vähäksi aikaa. Jos taas sataa, se vaikuttaa koko lampeen. Samalla tavoin kun sadhaka tekee henkisiä harjoituksia avarakatseisella asenteella, ääretön voima herää hänessä ja hän oivaltaa kaiken. Näin ei tapahdu tiedemiehelle, sillä hänen lähestymistapansa on toisenlainen."

Nuorukainen: "Pyhät tekstit sanovat, että kaikki on samaa Itseä. Kun yksi saavuttaa oivalluksen, niin eikö kaikkien tulisi näin ollen saavuttaa se samalla hetkellä?"

Amma: "Poikani, jos käännät pääkatkaisimesta, sähkö on saatavilla kaikkialla talossa. Mutta jotta omassa huoneessasi voisi olla valoa, sinun tulee kääntää valokatkaisijaa tuossa huoneessa. Kun laitat valon päälle yhdessä huoneessa, se ei tarkoita sitä, että kaikkiin huoneisiin syttyisi valo. Kaikki on samaa Itseä, mutta vain hän, joka puhdistaa mielensä sadhanalla, oivaltaa Itsen.

Ajattele lampea, joka on levän peittämä. Jos poistat levää lammen yhdeltä laidalta, se puhdistaa veden ja voit nähdä nyt vedenpinnan, mutta se ei tarkoita, että koko lammesta olisi tullut näin puhdas."

Sadhanaa koskevia kysymyksiä

Nuorukainen: "Moni sanoo, että totuudenetsijän tulisi noudattaa tiukasti yamaa ja niyamaa. Onko se todella tärkeää? Eikö riitä, että tietää periaatteet? Eikö tärkeintä ole se, että keräämme tietoa?"

Amma: "Poikani, maa vetää kaiken itseensä. Jos nukut mustalla hiekalla, tunnet itsesi väsyneeksi aamulla, sillä hiekka imee

Luku 6

itseensä voimasi.[10] Tässä vaiheessa olet vielä luonnonvoimien alainen, joten sinun tulee noudattaa tiettyjä lainalaisuuksia ja rajoituksia. Nuo säännöt ja rajoitukset ovat nyt tarpeen. Mutta kun saavutat tason, jossa olet luonnon vaikutuksen tuolla puolen, ongelmaa ei enää ole. Silloin et voi enää menettää voimaasi, sillä silloin luonto tulee olemaan sinun hallinnassasi. Siihen asti tietyt rajoitukset ja säännöt ovat kuitenkin tarpeen.

Kun kylvät siemenen, sinun on laitettava aita sen ympärille suojellaksesi sitä, jotta sen päälle ei astuta eikä kana syö sitä. Myöhemmin, kun siemen on kasvanut puuksi, se tulee antamaan suojan linnuille, ihmisille ja kaikille muillekin. Alkuvaiheessa sitä tulee kuitenkin suojella jopa pieneltä kanalta. Samalla tavoin, koska mielemme on alkuvaiheessa heikko, me tarvitsemme sääntöjä ja rajoituksia kunnes olemme saavuttaneet riittävästi mielen voimaa."

Nuorukainen: "Voidaksemme kehittää tuota voimaa onko mielemme altistaminen vakavalle, itsekuria lisäävälle sadhanalle välttämätöntä?"

Amma: "Kyllä, sinun tulee rakastaa itsekuria yhtä paljon kuin Jumalaa. Hän joka rakastaa Jumalaa, hän rakastaa myös itsekuria. Meidän tulee rakastaa itsekuria enemmän kuin mitään muuta.

Ken tapaa juoda aina säännölliseen aikaan teetä, saa päänsärkyä ja tuntee olonsa epämiellyttäväksi, jos hän ei saa teetä. Joka polttaa ganjaa, hashista, säännöllisesti, tuntee olonsa levottomaksi, jos hän ei polta sitä tavalliseen aikaan. Tapa, jota hän noudatti eilen, ilmoittaa itsestään tänään. Samalla tavoin, jos luomme itsellemme aikataulun ja noudatamme sitä tarkasti, siitä tulee meille tapa, joka ilmoittaa meille oikeaan aikaan, mitä

---

[10] Jossain päin Keralaa, kuten sillä alueella, missä ashram sijaitsee, rannan hiekka on mustaa, sillä se sisältää metalleja.

meidän tulee milloinkin tehdä. On todella arvokasta noudattaa tällaista rutiinia sadhanassa."

Perheellinen oppilas, joka oli kuunnellut Ammaa, sanoi: "Olen meditoinut joka päivä, mutta en näytä edistyväni lainkaan."

Amma: "Poikani, monenlaiset asiat sitovat sinun mieltäsi. Henkinen elämä edellyttää paljon itsekuria ja itsensä hallintaa, jota ilman on vaikea hyötyä sadhanasta niin paljon kuin toivoisit. Saattaa olla totta, että harjoitat sadhanaa, mutta tiedätkö mihin sitä voi verrata? Se on kuin ottaisit hieman öljyä ja kaataisit sitä vuorotellen sataan eri astiaan. Lopulta öljyä ei ole enää lainkaan jäljellä – vain ohut kalvo jokaisen astian pinnalla. Poikani, teet henkisiä harjoituksia ja sitten ryhdyt tekemään kaikenlaisia asioita. Kaikki voima, jonka olet kerännyt keskittymisen avulla, häviää erilaisiin kohteisiin. Jos kykenet näkemään moninaisuuden takana olevan ykseyden, et menetä niin paljon voimaasi. Jos kykenet näkemään kaiken taustalla olevan Jumalan, et menetä henkistä voimaasi."

Oppilas: "Kaikki pelkäävät minua kotona. Suutun kovasti, jos toiset eivät elä minun käskyjeni mukaan."

Amma: "Poikani, et todellakaan hyödy sadhanastasi, jos tunnet samaan aikaan vihaa ja ylpeyttä. On kuin laittaisit sokeria astiassa yhteen kohtaan ja muurahaisia toiseen, jolloin muurahaiset syövät sokerin. Etkä edes huomaa mitä tapahtuu! Mitä hyvänsä olet saavuttanut sadhanasi avulla, menetät sen suuttuessasi. Taskulamppu, joka toimii pattereilla, menettää voimansa sen jälkeen kun se on laitettu päälle useita kertoja. Samalla tavoin käy kun suutut – menetät energiasi silmiesi, nenäsi, suusi, korviesi ja kehosi huokosten kautta. Vain harjoittamalla mielenhallintaa, voit säilyttää itselläsi sen energian, minkä olet saavuttanut sadhanan avulla."

Luku 6

Oppilas: "Tarkoitatko, että jos suuttuu, ei voi kokea sadhanan synnyttämää autuutta?"

Amma: "Jos lasket reikiä täynnä olevan ämpärin kaivoon saadaksesi vettä ja vedät sitten sen suurella vaivalla ylös, niin siinä vaiheessa kun ämpäri on ylhäällä, ei siinä ole enää lainkaan vettä. Kaikki vesi on valunut rei'istä ulos. Poikani, sadhanasi on samanlaista. Mielesi on vihan ja halujen vallassa. Aika ajoin kaikki se mitä olet saavuttanut sadhanasi avulla valuu hukkaan. Vaikka teetkin henkisiä harjoituksia, et nauti niiden hyödystä, etkä tunne niiden todellista arvoa. Vietä silloin tällöin aikaa yksinäisyydessä, anna mielesi rauhoittua ja yritä harjoittaa sadhanaa. Pyri pysyttäytymään erossa tilanteista, jotka herättävät sinussa halua ja vihaa. Sillä tavalla tulet varmuudella tuntemaan kaiken voiman alkulähteen."

Oppilas: "Amma, en kykene toisinaan hallitsemaan halujani. Jos yritän hillitä niitä, ne vain voimistuvat."

Amma: "Haluja on vaikea hallita. Siitä huolimatta tiettyjä rajoituksia tulee noudattaa, muuten mieltä ei ole mahdollista hallita. Sellaiset ruoka-aineet, kuten liha, kananmuna ja kala synnyttävät lisää siemennestettä, mikä vuorostaan lisää seksuaalista halua. Aistit toimivat silloin tietyllä tavalla voidakseen toteuttaa nuo halut ja näin menetät energiasi. Kun syöt sattvista[11] ruokaa kohtuullisessa määrin, vahinkoa ei synny. Ruokavalion noudattaminen on tärkeää, kun harjoitamme sadhanaa erityisesti heidän kohdallaan, joiden mieli ei ole vahva, sillä he joutuvat helposti vaikutuksille alttiiksi. Mutta kenellä on suuri määrä mielen voimaa, häneen ruokavalion muutoksilla ei ole suurta vaikutusta."

Nuorukainen: "Eikö ihmisen luonne muutu hänen ruokavalionsa mukaisesti?"

---

[11] Sattvinen ruoka tarkoittaa puhdasta, kasvisravintoa.

Amma: "Kyllä, ehdottomasti. Jokaisella eri ruokavaliolla on oma ominaislaatunsa ja jokaisella maulla, kuten mausteisella, happamalla ja makealla ravinnolla, on oma vaikutuksensa. Jopa sattvista ravintoa tulee syödä vain kohtuullinen määrä. Maito ja ghee, puhdistettu voi, ovat sattvisia, puhtaita, mutta niitäkään ei tule syödä liikaa. Jokaisella ruokalajilla on erilainen vaikutus meihin. Lihan syöminen tekee mielestä epävakaan. Itsekurin harjoittaminen ravinnon suhteen on alkuvaiheessa ehdottoman välttämätöntä hänelle, joka harjoittaa sadhanaa ja jolla on voimakas halu varastoida itselleen voimaa Itse-oivallusta varten."

"Kun istutat siemenen, sinun tulee suojata se auringolta. Mutta kun siemen kasvaa puuksi, se kestää auringonvaloa. Samalla tavoin kuin sairaudesta toipuvan tulee noudattaa terveellistä, sopivaa ruokavaliota, niin myös hänen, joka tekee henkisiä harjoituksia, tulee olla varovainen sen suhteen, mitä hän syö. Myöhemmin kun olet edistynyt henkisissä harjoituksissasi, ruokavaliota koskevat rajoitukset eivät enää olen niin välttämättömiä."

Nuorukainen: "Usein sanotaan, että sadhakan, henkisen oppilaan, tulee olla vaatimaton ja nöyrä, mutta minusta tuntuu siltä, että nuo ominaisuudet ovat merkkejä heikkoudesta."

Amma: "Poikani, jos haluat kehittää itsessäsi hyviä samskaroita, luonteenpiirteitä, sinun tulee olla nöyrä suhteessa toisiin. Nöyryys ei ole heikkoutta. Jos ylimielisyydessäsi suutut tai toimit ylemmyydentuntoisesti toisia kohtaan, menetät voimasi ja tietoisuuden Jumalasta.

Lähes kukaan ei halua olla nöyrä. Ihmisillä ei ole nöyryyttä, koska he ovat ylpeitä siitä, mikä ei ole todellista. Ruumis[12] on muoto, jonka ego, minä-tunne, täyttää. Ruumis on egon, vihan

---

[12] Kun Amma viittaa tässä ruumiiseen, niin siihen sisältyy samalla mieli.

ja halun saastuttama. Voidaksesi puhdistua sinun tulee kehittää itsessäsi sellaisia ominaisuuksia kuten nöyryys ja vaatimattomuus. Voimistamalla egoasi ylpeytesi ruumiistasi lisääntyy.

Jotta egosi voisi poistua, sinun tulee olla halukas asennoitumaan nöyrästi ja kumartamaan toisille.

Ei kannata kaataa vettä likaiseen astiaan, sillä siten vedestäkin tulee likaista. Jos sekoitat jotakin kitkerää payasamiin, et voi nauttia sen mausta. Samalla tavoin, jos pidät yllä egoasi harjoittaessasi sadhanaa, et voi turvautua kokonaan Jumalaan ja kokea sadhanasi täyttä hyötyä. Kun tuhoat minä-tunteen nöyryydelläsi, hyvät ominaisuutesi pääsevät esiin ja jivatman, sielusi, kohoaa Paramatmaniin.

Tässä vaiheessa sinä olet kuin pieni pöytälamppu, joka antaa valoa juuri sen verran, että voit lukea kirjaa, jos pidät sitä lähellä lamppua. Mutta jos harjoitat tapasia, itsekuria ja poistat egosi, tulet loistamaan kuin aurinko."

Gurulle antautuminen

Nuorukainen: "Moni tuntuu olevan nykyään sitä mieltä, että gurulle antautuminen on heikkouden merkki. He ovat sitä mieltä, että suurelle sielulle kumartaminen ei sovi heidän arvolleen."

Amma: "Entisaikaan talon etuovi oli matala. Yksi syy tähän oli se, että tahdottiin kehittää nöyryyttä. Välttääkseen iskemästä päätään ovenkamaraan ihmiset joutuivat kumartamaan astuessaan sisään. Samalla tavalla, kun kumarramme gurun edessä, vältämme egon vaarat ja mahdollistamme näin sen, että Itse voi herätä.

Tänä päivänä me ilmennämme kahdeksanlaista ylpeyttä tai minä-tunnetta. Jos haluamme muuttua ja tuoda esiin todellisen olemuksemme, meidän on omaksuttava opetuslapsen asenne ja noudatettava nöyrästi gurun ohjeita. Jos elämme gurun ohjeiden mukaisesti tänään, voimme antaa turvaa huomenna koko maailmalle. Gurun läheisyys herättää shaktin, jumalallisen voiman, sisällämme ja henkiset harjoituksemme saavat sen kukoistamaan."

Nuorukainen: "Amma, eivätkö pyhät kirjoitukset sano, että Jumala on sisällämme eikä erillinen meistä? Mihin näin ollen tarvitaan gurua?"

Amma: "Kyllä poikani, Jumala on todellakin sisälläsi. Aarrearkku täynnä timantteja on sisälläsi. Mutta et ole tietoinen tästä, olet etsinyt sitä ulkopuoleltasi. Aarrearkun avain on hallussasi, mutta sitä ei ole käytetty pitkään aikaan, se on ruostunut. Sinun tulee puhdistaa se poistamalla ruoste ja avata aarrearkku. Tämän takia lähestymme gurua. Jos haluat oppia tuntemaan Jumalan, sinun tulee poistaa egosi lähestymällä gurua ja tottelemalla häntä nöyrästi ja antautuen.

Puu voi lahjoittaa hedelmiä lukemattomille ihmisille. Tässä vaiheessa sinä olet kuitenkin kuin siemen, et ole vielä kasvanut puuksi. Tehtyään tapasia, gurusta on tullut pūrṇam (täysi, täydellinen). Siksi sinun on mentävä gurun luo ja tehtävä sadhanaa hänen ohjeittensa mukaisesti.

Jos kaivat vettä vuorenhuipulta, et välttämättä löydä sitä vaikka kaivaisit kolmekymmentä metriä. Mutta jos kaivat pienen kuopan joen lähelle, löydät pian vettä. Samalla tavoin läheisyytesi satguruun tuo hyvät ominaisuutesi esiin ja henkiset harjoituksesi tuottavat pian tulosta. Tällä hetkellä olet aistiesi orja, mutta jos elät gurun ohjeiden mukaisesti, aisteistasi tulee sinun orjiasi.

Heidän, jotka ovat gurunsa seurassa, tarvitsee vain pyrkiä saamaan osakseen gurunsa armo. Tuon armon avulla gurun

Luku 6

tapasin voima virtaa heihin. Jos kosketat jotakin, mikä kuljettaa sähkövirtaa, sähkö virtaa sinuun. Samoin, jos turvaudut guruun, hänen voimansa tulee sinuun. Guru on epäitsekäs. Hän ilmentää sellaisia hyviä ominaisuuksia kuin totuutta, dharmaa, rakkautta ja myötätuntoa. Sellaiset sanat kuten 'totuus' ja 'dharma' eivät itsessään ole eläviä, mutta satguru on tällaisten ominaisuuksien ruumiillistuma. Maailma saa ainoastaan hyvyyttä tällaisilta yksilöiltä. Jos pidämme yllä ystävyyttä huonoja luonteenpiirteitä kantavan ihmisen kanssa, on hänellä meihin huono vaikutus, mutta jos pidämme yllä ystävyyttä hyviä luonteenpiirteitä kantavan ihmisen kanssa, luonteemme muuttuu sen mukaisesti. Samalla tavoin he, jotka ovat gurun seurassa, muokkaantuvat hedelmälliseksi maaperäksi, jossa hyvät ominaisuudet kehittyvät.

Jos et kitke rikkaruhoja pellosta, niin ne tuhoavat kylvämäsi siemenet. Jos teet henkisiä harjoituksia poistamatta egoasi, sadhanastasi tulee olemattoman hedelmätöntä. Kun betonia valmistetaan, murskatut kivet on ensin pestävä. Samalla tavoin Jumalaa koskeva ajatus vakiintuu vain puhtaaseen mieleen. Kun harjoitat sadhanaa epäitsekkäästi – egosta vapautuen – tulet kokemaan totuuden: sinä olet Jumala."

Amman nektarin kaltaiset viisauden sanat lakkasivat virtaamasta. Hän kääntyi erään vierailijan puoleen sanoen:

"Keittiön ympäristö on likainen. Amma tuli alas siivotakseen sen, mutta matkalla hän näki tämän pienen tytön, joka piirteli kuvia ja pysähtyi katsomaan häntä. Sitten tämä poikani tuli tänne, ja Amma istuutui keskustelemaan hänen kanssaan. Te lapsethan ette lähde ennen huomista darshania? Amma tapaa teidät myöhemmin."

Tämän jälkeen hän käveli kohti keittiötä.

Seitsemäs luku

Perjantaina, 7. helmikuuta 1986

Kalarissa suoritetun aamuisen pujan ja aratin jälkeen brahmachari Unnikrishnan[1] toi palavan kamferin odottavien oppilaiden luokse. He koskettivat tulta ja sen jälkeen otsaansa. Jotkut heistä ottivat myös hieman bhasmaa, pyhää tuhkaa, ja laittoivat sitä otsaansa. Muutamia minuutteja myöhemmin Amma tuli kalariin, ja kaikki kumarsivat hänelle. Meditaation jälkeen myös Rao ja Kunjumon tulivat paikan päälle. He kumarsivat Ammalle ja istuutuivat hänen viereensä.

Epäilysten poistaja

Rao: "Sinä sanot, että meidän tulisi surra kaivatessamme Jumalaa. Mutta sinä olet täällä meidän kanssamme, joten kun mietiskelemme sinun hahmoasi, kuinka voisimme olla surullisia?"

Amma: "Teidän tulisi tuntea tuskaa siitä, että olette erossa Jumalasta. Tällaista surua teidän tulisi kokea!"

Rao: "Jos meillä on todellinen mestari gurunamme, eikö hän lahjoita meille tällaisen surun?"

---

[1] Swami Turyamritananda Puri

Amma: "Namah Shivayah! Ei riitä, että sinulla on guru, joka täyttää korkeimmat laatuvaatimukset – myös oppilaalla on oltava oikeat luonteenpiirteet."

Kunjumon: "Me olemme tulleet Amman luokse, joten meillä ei ole mitään aihetta huoleen. Meidät on pelastettu!"

Amma: "Tuo usko on hyvä, lapseni. Mutta älkää rajoittuko vain ulkonaiseen Ammaan, jonka näette tässä aineellisessa kehossa. Jos teette niin, menetätte voimanne ja alatte epäröidä. Pyrkikää näkemään todellinen Amma, todellinen olemus. Pyrkikää näkemään tämä Amma jokaisessa. Amma on tullut auttamaan teitä lapsia toteuttamaan tämän."

Kunjumon: "Eilen eräs kysyi, mikä on Amman päämäärä perustettuaan ashraminsa."

Amma: "Voimistaaksemme ihmisten uskoa Jumalaan, innostaaksemme heitä hyviin tekoihin ja astumaan totuuden ja oikeudenmukaisuuden polulle. Se on päämäärämme."

Naisoppilas: "Amma, he jotka kutsuvat Jumalaa avukseen näyttävät kärsivän paljon elämässään."

Amma: "Lapseni, kyyneleet joita vuodattaa hän, joka rukoilee rakkaudella Jumalaa, eivät ole surun kyyneleitä vaan autuuden kyyneleitä. Nykyisin ihmiset rukoilevat Jumalaa vain vaikeuksien hetkellä. Jos rukoilet Jumalaa sekä onnen että surun hetkellä, et joudu enää kokemaan minkäänlaista kärsimystä. Vaikka joutuisitkin kohtaamaan kärsimystä, et koe sitä kärsimyksenä. Jumala huolehtii sinusta. Jos voit rukoilla häntä sydän avoinna ja vuodattaa muutaman kyyneleen rakkaudesta häneen, silloin olet pelastettu."

Kun Amma puhui Jumalasta, hän vaipui syvään antaumuksen tilaan. Hän ryhtyi kuvaamaan päiviä, jotka hän oli viettänyt prema-bhaktissa.

Luku 7

"Oi, minkälaisia vaikeuksia Amma joutuikaan kohtaamaan noina päivinä! Hän ei voinut astua kadulle ilman, että ihmiset olisivat ilkeilleet hänelle. Hän oli jatkuvan pilkan kohde. Kukaan ei antanut hänelle edes ruokaa. Hän toivoi, että hänellä olisi ollut edes yksi henkinen kirja, jota hän olisi voinut lukea, mutta ei hänellä ollut ainuttakaan. Eikä hänellä ollut gurua. Lapseni, elämä ilman gurua on kuin lapsen elämä ilman äitiä. Amma kasvoi kuin äiditön lapsi. Ihmiset hänen ympärillään eivät tienneet mitään henkisyydestä. Kun hän istuutui meditoimaan, joku tuli ja kaatoi kylmää vettä hänen päälleen tai löi häntä. He ajoivat hänet pois kotoa. Tällaista kohtelua Amma sai osakseen! Mutta siitä huolimatta hän ei asennoitunut siihen kärsimyksenä, sillä hän uskoi, että Jumala ei koskaan hylkäisi häntä. Huolimatta kaikesta siitä mitä hän joutui kokemaan, hän unohti sen seuraavassa hetkessä kun hän toisti Devin nimeä. Kokiessaan itsensä surulliseksi hän kertoi surunsa yksin Jumalalliselle Äidille. Kyyneltensä kautta hän oli yhteydessä Deviin."

Amma istui hetken hiljaa. Sitten hän lauloi värisevällä äänellä:

Oru tulli sneham

Oi Äiti, lahjoita hieman rakkauttasi
korventuvaan sydämeeni,
jotta elämäni saavuttaisi täyttymyksensä.
Miksi annat tulen
polttaa tätä kuivunutta kasvia?

Minä purskahdan kyyneliin.
Kuinka monta kuumaa kyyneltä minun tulee vuodattaa
uhrilahjana sinulle?
Etkö tunne kuinka sydämeni hakkaa,
kuinka raskaita ovat tuskaiset huokaukseni?

Ethän anna tulen levitä tanssimaan
santelipuumetsässä.
Ethän salli surun näyttää voimaansa
ja murtaa sydämeni muuria.

Oi Jumalallinen Äiti,
toistaessani 'Durga', 'Durga',
unohdan kaikki muut polut.
En etsi taivasta enkä vapautusta,
kaipaan vain puhdasta antaumusta sinulle.
En etsi taivasta enkä vapautusta,
kaipaan vain puhdasta antaumusta sinulle.

Amma lauloi kaksi viimeistä säettä yhä uudelleen ja uudelleen. Kyyneleet täyttivät hänen silmänsä. Sitten hän pyyhki kyyneleensä sanoen:

"Surun täyttäessä Amman mielen hän tapasi laulaa spontaanisti näitä säkeitä ja itkeä laulaessaan. Toisinaan, kun hän toisti Jumalan nimeä, hän purskahti yhä uudelleen nauruun. Katsellessaan tätä Sugunandan ajatteli: 'Kaikki on lopussa. Tämä lapseni on tullut hulluksi!' Sitten hän juoksi tyttärensä luokse ja löi häntä päälaelle. Ihmiset ajattelivat, että jos he löivät häntä päälaelle tällaisina hetkinä, hänen mielensä asettuisi. Kun hänessä ei tapahtunut minkäänlaista muutosta, isä kutsui hänen äitiään:

'Damayanti, tyttäremme on tullut hulluksi! Hae vettä ja kaada sitä hänen päälleen. Nopeasti!'

Ja sitten dhara alkoi ja he kaatoivat vettä astia toisensa jälkeen Amman päälle. Ja kun hän itki Jumalaa, he toivat hänelle lääkettä ajatellen, että hän oli sairas.

Nuoremmat lapset tulivat hänen luokseen ja kysyivät: 'Miksi itket, chechi? Onko sinulla päänsärkyä?'

Luku 7

He istuutuivat hänen lähelleen ja alkoivat hekin itkeä. Jonkin ajan kuluttua he ymmärsivät, miksi chechi itki. Se johtui siitä, että chechi ei nähnyt Äiti Deviä. Silloin pienet tytöt pukivat sarin päälleen ja tulivat hänen luokseen teeskennellen, että he olivat Devi. Amma syleili heitä nähdessään heidät pukeutuneina tällä tavoin. Amma ei kokenut heitä lapsina, sillä hänelle he olivat Itse Jumalatar.

Toisinaan kun Amma itki valtoimenaan, isä nosti hänet ylös ja piteli häntä olkapäätään vasten lohduttaen häntä sanoen:
'Älä itke, rakkaani, minä näytän sinulle Devin aivan kohta.'
Hän oli niin viaton, että uskoi isäänsä ja lopetti itkunsa.
Noina päivinä Amma ei halunnut puhua kenenkään kanssa. Kun joku tuli juttelemaan hänen kanssaan, hän piirsi maahan kolmion ja eläytyi siihen, että Devi istui sen sisäpuolella. Toinen ymmärsi pian, että hän oli toisessa maailmassa. Niinpä hän nousi ylös ja meni matkoihinsa. Hän eläytyi siihen, että jokainen oli Devi. Tästä johtuen sattui toisinaan niin, että kun kylän tytöt kulkivat hänen ohitseen, hän yritti syleillä heitä."

Rao: "Minkä tähden me emme koe tuollaista viatonta antaumuksellista rakkautta?"

Amma: "Ettekö te ole tulleet tänne antaumuksellisen rakkauden tähden – hyläten perheenne ja kotinne?"

Rao: "Amma, kun me näemme sinut edessämme, ketä meidän tulisi kutsua, ketä meidän tulisi itkeä?"

Amma nauroi ja vaihtoi aihetta:
"Eikö nyt ole teidän henkisen luentonne aika? Älkää hukatko aikaanne istumalla Amman seurassa. Menkää!"

Amma nosti lähellään istuvan lapsen syliinsä ja nousi ylös. Sitten hän käveli lapsi käsivarsillaan darshan-hallia kohden ja sanoi:
"Tulkaa, lapseni!"

Oppilaat seurasivat häntä sisälle.

Pyhien kirjoitusten ruumiillistuma

Amma seisoi Ottuurin huoneen ulkopuolella. Hän kuunteli hetken aikaa kätkeytyen samalla oven taakse. Pimeästä huoneesta kantautui Krishnan nimi, jota lausuttiin antaumuksellisella äänellä:

"Narayana, Narayana, Narayana!"

Lopulta Amma astui Ottuurin huoneeseen. Nähdessään Amman vanha mies hypähti ylös ja kumarsi Amman vastusteluista huolimatta. Ennen kuin Amma oli istuutunut, Ottuur oli jo kumartunut ja laittanut päänsä hänen syliinsä pienen lapsen vapaudella.

Amma: "Poikani, Amma ei voinut olla seisomatta ovesi takana kuullessaan sinun toistavan Herran nimeä suurella antaumuksella!"

Ottuur: "En usko, että minulla on lainkaan antaumusta, sillä eikö myötätuntoinen Herra olisi jo siinä tapauksessa antanut minulle darshaninsa!"

Brahmachari, joka oli kuunnellut vieressä, sanoi: "Etkö juuri nyt näe Ammaa edessäsi?"

Ottuur: "Sharada Devi ymmärtääkseni sanoi kerran Ramakrishnalle, 'Tiedäthän että minulla ei ole niin paljon kärsivällisyyttä odottaa kuin sinulla. En voi katsoa kun lapseni kärsivät.' Uskon, että sama henkilö on antanut minulle darshanin tänään. Amma puhuu aina antaumuksesta samalla tavoin kuin Sharada Devi."

Amma: "Tiedätkö, miksi Amma puhuu antaumuksesta? Koska hän puhuu omasta kokemuksestaan. Oppineita ja sanjaaseja on tänä päivänä niin paljon. He puhuvat advaitasta, mutta eivät

Luku 7

elä sen mukaisesti. Heidän mielensä on täynnä vihaa ja haluja. Advaita ei ole jotakin mistä puhutaan vaan joka koetaan.

Upanishadeissa on tarina, joka kertoo isästä, joka lähetti poikansa oppimaan pyhiä kirjoituksia. Kun poika palasi, isä näki miten ylpeä pojasta oli tullut. Niinpä hän ymmärsi, että poika ei ollut sisäistänyt oppimaansa. Hän päätti antaa pojalleen oppitunnin opetuksen todellisesta sisällöstä. Niinpä hän pyysi tätä tuomaan sokeria ja maitoa. Sitten hän kehotti poikaansa sekoittamaan sokerin maitoon. Sen jälkeen hän syötti pojalleen maitoa astiasta ja kysyi, miltä se maistui. 'Makealta', poika vastasi. 'Kuinka makealta', kysyi isä, mutta poika ei kyennyt kuvaamaan sitä. Hän seisoi hiljaa aloillaan. Sitten hän ymmärsi totuuden. Poika, joka oli pitänyt meteliä Itsestä, oppi, että Itse on koettava ja että sitä ei voi kuvata sanoilla.

Kukaan ei voi kuvata Brahmania. Brahmania ei voi tuntea älyn avulla. Kyse on kokemuksesta. Kuka tahansa voi sanoa, 'Minä olen Brahman', mutta siitä huolimatta he kokevat vain elämän nautinnot ja kärsimyksen. He, jotka ovat kokeneet Brahmanin, ovat erilaisia. Vesi ja tuli eivät kykene vahingoittamaan heitä. Vahingoittuiko Sita, kun hän hyppäsi tuleen? Ei lainkaan. Jotkut ihmiset sanovat, että he ovat Brahman, mutta jos pitäisit näitä 'Brahmaneita' veden alla, he haukkoisivat henkeään ja olisivat epätoivoisen pelokkaita omasta elämästään. Ja jos heidät heitettäisiin tuleen, he palaisivat. Heillä ei ole kokemusta Brahmanista, joka on nautinnon ja kärsimyksen tuolla puolen. Harjoittamatta kurinalaista sadhanaa et voi kokea sitä, että sinä olet Brahman."

Osoittaen lehmää, joka söi lähettyvillä ruohoa, Amma sanoi: "Katsohan tuota lehmää. Tuleeko siitä maitoa, jos puristat sitä korvista? Onko sen jokaisessa kehon osassa maitoa? Vain sen utareissa on maitoa, jota voimme juoda ja sitä me saamme vain lypsämällä lehmän.

On totta, että Jumala on kaikkialla, mutta me voimme kokea hänet vain tekemällä keskittyneesti ja päämäärätietoisesti henkisiä harjoituksia gurun ohjauksessa."

Brahmachari: "Amma sanoo, että hän ei ole lukenut pyhiä kirjoituksia ja silti kaikki mitä hän sanoo ilmentää suoraan henkisiä kirjoituksia!"

Amma: "Poikani, pyhät kirjoitukset kirjoitettiin kokemuksen pohjalta. Eikö totta? Amma puhuu asioista, jotka hän on nähnyt, kuullut ja kokenut, niinpä niiden täytyy olla myös pyhissä kirjoituksissa."

Brahmachari: "Palaako Ramarajya koskaan?"

Amma: "Ramarajya palaa, mutta siellä tulee olemaan ainakin yksi Ravana. Myös Dvaraka palaa, mutta myös Kamsa ja Jarasandha olevat siellä."

Brahmachari: "Ihmiset puhuvat jälleensyntymisestä. Onko se totta?"

Amma: "Viime kuussa me opettelimme laulua yhdessä. Jos emme kykene muistamaan tuota laulua nyt, voimmeko sanoa, että emme opetelleet tuota laulua? On olemassa monia todistajia sille, että opettelimme tuota laulua. Sinun voi olla mahdotonta muistaa aiempia elämiäsi, mutta tapasvi muistaa ne. Tämä on mahdollista, kun mielestä tehdään hienosyinen sadhanan avulla."

Myöhemmin iltapäivällä Puthumana Damodaran Nambuudiri, kuuluisa tantrinen pappi Keralasta, saapui pienen ryhmän kanssa Amman darshaniin. Tämä oli Puthumanan ensimmäinen vierailu Amman luona. Amma ei sanonut paljoakaan, suurimman osan aikaa hän istui silmät suljettuina katsellen sisälleen. Hän näytti olevan meditaatissa.

Luku 7

Puthumana luki ääneen kirjoittamansa runon, jonka hän sitten ojensi Ammalle. Hän sanoi:

"Tiedän, että on väärin toivoa omaisuutta, mutta silti mieli halajaa sitä. Tiedän, että on väärin toivoa tekojensa hedelmiä, mutta jos emme kykene saavuttamaan halusta vapaata tilaa, mitä meidän tulisi tehdä?" Amma ei vastannut. Hän vain katsoi miestä ja hymyili. Hänen hiljaisuutensa ilmaisee toisinaan enemmän kuin hänen sanansa. Puthumana sanoi (viitaten Ammaan ja Ottuuriin, joka istui hänen vierellään):

"Olen iloinen saadessani nähdä teidät kaksi yhdessä niin kuin Krishna ja Kuchela!"

Ottuur: "Totta! Mutta toisaalta tällaista näkyä ei ole koskaan aiemmin nähty. Pimeys katoaa, kun aurinko ilmestyy, mutta täällä voit nähdä pimeyden kiinteässä muodossa!" Hän osoitti samalla itseään.

Kaikki nauroivat. Onnekas on oppilas, joka ilmentää avuttomuutta maailmankaikkeuden Äidin läheisyydessä, joka on myötätunnon ruumiillistuma! Mikä voisikaan silloin estää hänen armonsa virtaa?

Sunnuntaina 16. helmikuuta 1986

Hänen sankalpansa on totuus

Amma palasi aamulla Alappuzhasta, missä hän oli viettänyt kaksi päivää opetuslastensa kanssa. Siellä oli näet vietetty Ramayana yajnaa.[2] Suurin osa brahmachareista saapuisi vasta

---

[2] Ramayana yajnan aikana opetetaan useiden päivien ajan Raman, muinoin eläneen valaistuneen kuninkaan, opettavaista elämäntarinaa, Ramayanaa.

illalla, sen jälkeen kun he olisivat osallistuneet valoseremoniaan yajnan päättymisen kunniaksi.

Paluumatkan aikana Amma oli sanonut eräälle brahmacharinille:

"Tyttäreni, keitä riisiä heti kun saavut takaisin ashramiin!" Mutta kun he saapuivat perille, riisi ja vihannekset oli jo keitetty. Brahmacharini ei tiennyt mitä hänen tulisi nyt tehdä. Niinpä hän sanoi toisille:

"Minkä tähden Amma pyysi minua keittämään riisiä? Kaikki on jo keitetty. Jos keitän lisää ruokaa, joudumme heittämään sen huomenna pois. Täällä ei ole tänään tavanomaista väkimäärää. Mutta toisaalta, jos en keitä, olen tottelematon Ammaa kohtaan."

Vaikka toiset sanoivatkin, että hänen ei tulisi ryhtyä keittämään, sillä ruoka menisi hukkaan, hän päätti jättää heidän neuvonsa huomioimatta ja yksinkertaisesti vain seurata Amman ohjeita. Niinpä hän keitti riisiä ajatellen, että ruoka, joka jäisi yli, voitaisiin syödä illallisella.

Siinä vaiheessa kun lounas oli tarjoiltu, kävi ilmi, että kaikkien arvio oli ollut virheellinen – paitsi Amman. Oppilaita oli tullutkin huomattavasti enemmän. Ja kun lounas oli syöty, mitään ei jäänyt jäljelle. Ruokaa oli juuri oikea määrä. Jos tuo nuori nainen ei olisi seurannut Amman antamia ohjeita, heistä kaikista olisi tuntunut pahalta, sillä he eivät olisi kyenneet tarjoamaan ruokaa kaikille halukkaille. Amman jokainen sana on merkityksellinen. Aluksi ne saattavat tuntua merkityksettömiltä tai vähemmän tärkeiltä, mutta se johtuu ainoastaan meidän kyvyttömyydestämme ymmärtää niiden syvempää merkitystä.

Kun Amma käveli illalla kalariin bhajaneihin ja bhava-darshaniin, brahmachari kysyi häneltä:

Luku 7

"Koska ashramilla ei ole rahaa jatkaa uuden rakennuksen rakentamista, miksi emme laittaisi avunpyyntöä Matruvaniin?"[3]

Amma vastasi vakavalla äänensävyllä:

"Sanotko sinä todellakin näin, poikani? Näyttää siltä, että et ole oppinut mitään tähänastisista kokemuksistasi. Hänen joka on antautunut Jumalalle, ei tarvitse huolehtia mistään. Meidän ei tule koskaan lähestyä ketään mielessämme pyyntö, sillä sellainen tuottaa meille vain kärsimystä. Turvautukaamme yksin Jumalaan. Hän antaa meille kaiken mitä tarvitsemme. Siellä missä on tapasvi, siellä ei ole puutetta mistään, kaikki tulee itsestään silloin kun on tarvetta.

Ryhdyimmekö tähän rakennustyöhön, kun meillä oli rahaa? Ryhdyimmekö siihen niin, että meillä oli tarpeeksi auttajia? Emme todellakaan. Olemme turvautuneet yksin Jumalaan tähän asti ja sen tähden hän on sallinut asioiden edetä niin, ettei työllemme ole ilmennyt esteitä – ja hän tulee huolehtimaan meistä jatkossakin."

Kun peruskivi oli muurattu suurelle rakennukselle, jota parhaillaan rakennettiin, kaikki olivat olleet ihmeissään. Ashramilla ei näet ollut mainittavaa varallisuutta. Ashram oli kuitenkin omistanut kaksi rakennusta Tiruvannamalaissa, lähellä Ramanashramia, ja niiden myymistä oli harkittu. Mutta kun Amma oli vieraillut paikan päällä, suuri määrä oppilaita oli tullut hänen darshaniinsa, eivätkä jotkut oppilaista olleet pitäneet ajatuksesta, että rakennukset olisivat myyty. Kun Amma oli kotiin palattuaan kuullut tästä, hän oli sanonut:

"Jos olemme niin lähellä toista ashramia, jonkinasteista kilpailua niiden välillä tulee ilmenemään. Joten meidän ei tule ylläpitää ashramia niin lähellä Ramanashramia. Myykäämme

---

[3] Matruvani on ashramin kuukausittain ilmestyvä lehti.

siis siellä olevat talot ja tehkäämme sen sijaan jotakin täällä. Ashramin tulee aina olla sellaisessa paikassa, missä se voi palvella toisia. Meidän ashramillemme ei ole tarvetta tuossa paikassa, koska Ramana Bhagavanin ashram on jo siellä."
Niinpä kaksi Tiruvannamalaissa sijaitsevaa taloa oli myyty ja päivämäärä oli asetettu ashramin rakennuksen peruskiven muuraamiselle Amritapurissa. Samaan aikaan ashramin reunamilla sijaitsevan tontin omistajat olivat laittaneet maa-alueensa myyntiin. Ashram oli ostanut tuon maa-alueen sillä rahalla, mikä oli korvamerkitty uutta rakennusta varten. Siinä vaiheessa yksi brahmachareista oli sanonut, ettei ollut mitään järkeä muurata ashramin päärakennuksen peruskiveä tilanteessa, jossa meillä ei ollut rahaa rakennustyötä varten. Silloin Amma oli sanonut:
"Edetkäämme siitä huolimatta suunnitelmamme kanssa. Jumala huolehtii kaikesta. Hän saa sen toteutumaan."
Peruskivi oli muurattu aikataulun mukaisesti ja työ oli alkanut. Siitä lähtien rakennustyö oli edennyt ilman vaikeuksia. Tavalla tai toisella se mitä kulloinkin tarvittiin oli ilmestynyt oikeaan aikaan. Ja Amma oli korostanut sitä, ettei heidän tulisi pyytää apua hetkellä, jolloin jotakin tarvittiin rakennusta varten.
Kävellessään nyt kalariin Amma sanoi:
"Kun hyväksymme kaiken Jumalan tahtona, kaikki taakkamme otetaan pois, emme joudu kokemaan minkäänlaisia vaikeuksia missään asiassa. Eräs pieni tytär rakastaa Ammaa paljon. Hän kutsuu Ammaa Matajiksi. Eräänä päivänä hän putosi keinusta, mutta ei kuitenkaan loukannut itseään. Hän nousi ylös maasta ja sanoi: 'Matajin voiman ansiosta istuin keinussa, sitten Mataji työnsi minut keinusta pois ja Mataji myös huolehti siitä, että en loukannut itseäni.' Meidän tulisi olla kuin hän. Siinä

Luku 7

missä toiset kokevat ilonsa ja surunsa prarabdha (karmanaan), siinä meidän tulisi hyväksyä ilomme ja surumme Jumalan tahdon mukaisena."

Amma kääntyi nuoren miehen puoleen, joka oli ilmaissut halunsa elää ashramissa, ja sanoi:

"Henkinen elämä on kuin seisoisi keskellä tulta, ilman että saamme palovammoja."

Amma saapui nyt kalariin ja istuutui laulamaan bhajaneita. Pyhä musiikki alkoi virrata, täynnä antaumusta.

Gajanana he gajanana

Oi elefanttikasvoinen,
oi Parvatin poika,
myötätunnon ruumiillistuma,
alkuperäinen syy.

Tiistaina 25. helmikuuta 1986

Näkymättömien lankojen liikuttaja

Keski-ikäinen nainen Bombaysta ja nuori nainen Saksasta olivat juuri saapuneet yhtä matkaa Amman luokse, kumartaneet ja uhranneet hedelmälautasen hänen jakojensa juureen. Amma syleili heitä. Tämä oli nuoren naisen ensimmäinen vierailu ashramiin. Hänen silmänsä olivat täynnä kyyneleitä.

Amma: "Mistä tulet, tyttäreni?"

Nuori nainen itki niin paljon, että ei kyennyt vastaamaan. Amma syleili häntä ja silitti hänen selkäänsä. Hänen matkaseuralaisensa kertoi lopulta Ammalle elämäntilanteesta, mikä oli tuonut nuoren naisen ashramiin.

Hän oli tullut Saksasta ja oli Sharada Devin seuraaja. Hän oli lukenut monta kirjaa Sharada Devistä ja hänen antaumuksensa oli kasvanut tasaista tahtia. Hän ei kestänyt sitä surua, ettei voisi koskaan tavata jumalatarta, joka oli hänen antaumuksensa kohde. Eräänä aamuna hän oli meditoimassa, jolloin hän oli nähnyt hymyilevän naisen, joka oli pukeutunut valkoiseen vaatteeseen ja jonka pää oli peitetty hänen asunsa liepeellä. Nuori nainen oli ihmetellyt, kenestä saattoi olla kysymys, sillä hän ei ollut koskaan nähnyt tätä naista aiemmin, ei edes valokuvissa. Hän oli ollut vakuuttunut siitä, että naisen täytyi olla Sharada Devi toisenlaisessa hahmossa, jota hän rakasti niin suuresti. Hänestä oli tuntunut siltä, että hän oli nähnyt Sharada Devin ja se oli täyttänyt hänet autuudella.

Kolme päivää myöhemmin hän oli saanut kirjeen ystävältään. Kirjeen sisällä oli ollut valokuva samasta naisesta, jonka hän oli nähnyt meditaatiossa. Hänen ilollaan ei ollut ollut rajoja. Hän oli kirjoittanut ystävälleen ja kysynyt lisää tietoja naisesta, jota valokuva oli esittänyt. Mutta hänen ystävänsä ei ollut osannut vastata hänelle. Ystävä oli matkustanut Intiaan ja lähettänyt hänelle kuvan sieltä. Hänen ystävänsä ei ollut itse suuntautunut henkisyyteen, vaan oli lähettänyt kuvan naiselle tietoisena tämän kiinnostuksesta henkisiä asioita kohtaan. Ainoa vihje siitä, mistä nainen saattaisi löytää tuon naisen, oli kuvan takapuolella ollut osoite.

Hän ei ollut hukannut aikaa. Hän oli suorittanut välittömästi järjestelyt voidakseen matkustaa Intiaan, ja niin hän oli lentänyt Bombayhin. Bombayssa hän oli vaihtanut konetta ja lentänyt Cochiniin pitäen valokuvaa käsissään. Jopa lentokoneessa hän oli katsellut kuvaa. Vanhempi intialainen nainen oli huomannut tämän ja kysynyt valokuvasta. Nuori nainen oli alkanut puhua hänelle. Hän oli näyttänyt naiselle valokuvan

Luku 7

takapuolella olevaa osoitetta ja kertonut saapuneensa juuri Intiaan ensimmäistä kertaa, ja ettei hän tuntenut entuudestaan reittiä tuohon paikkaan. Nuoren naisen suureksi hämmästykseksi nainen oli kertonut, että hän oli itse matkalla samaiseen ashramiin ja että hän veisi nuoren naisen mukanaan sinne! Tämä intialainen nainen oli ollut yksi Amman oppilaista! Niinpä nuori nainen oli päässyt ashramiin ilman vaikeuksia.

On huomionarvoista, että mahatma auttaa etsijöitä henkisellä polulla, tavalla joka sopii kunkin samskaraan, ja ohjaa heitä sitten heidän omalla tiellään. Moni uskoo, että Amma on Krishna, Shiva, Ramakrishna Paramahansa, Kali, Durga, Mookambika tai Ramana Maharshi. Amma on jopa antanut ihmisille darshania heidän hahmossaan. Mutta on mahdotonta yrittää arvata, mikä on ollut Amman edellinen inkarnaatio.

Amma antoi ohjeita brahmacharinille noiden kahden naisen majoittamisen järjestämiseksi ashramissa. Sitten Amma meni brahmacharien majojen taakse, missä lojui runsaasti roskia maassa ja ryhtyi siivoamaan aluetta. Brahmacharit tunsivat olonsa noloksi ja juoksivat auttamaan. Muitakin seuraajia liittyi mukaan auttamaan Ammaa. Työskennellessään Amma puhui oppilaille ehdottaen ratkaisuja heidän ongelmiinsa.

Lasten kasvattamisesta

Pohjois-Keralasta saapunut perhe, joka työskenteli Amman vierellä, oli saapunut edellisenä päivänä ashramiin. Isä käytti tilaisuutta hyväkseen kertoakseen Ammalle tyttärensä opinnoista:

"Amma, hän ei opiskele lainkaan. Ole ystävällinen ja puhu hänelle järkeä. Minun vaimoni hemmottelee hänet pilalle."

Vaimo: "Mutta Amma, hän on vielä lapsi! Minä en anna hänelle piiskaa, sillä minun mieheni rankaisee häntä ja se riittää. En halua, että me molemmat rankaisemme häntä!"

Oppilas: "Näinä päivinä yleensä äiti hemmottelee lapsen piloille."

Amma: "Miksi syyttää vain äitejä? Myös isillä on roolinsa lasten kasvattamisessa. Tänä päivänä vanhemmat ajattelevat vain sitä, että haluavat lähettää lapsensa mahdollisimman nuorina kouluun, jotta he opiskelisivat mahdollisimman paljon, ja he saisivat järjestettyä heille hyvän työpaikan. He eivät kiinnitä huomiota lastensa henkiseen kehitykseen tai heidän luonteensa puhtauteen. Ensimmäinen asia, johon vanhempien tulisi kiinnittää huomiota, on heidän lastensa luonne. Vanhempien tulisi opettaa heille hyvää käytöstä, joka tarkoittaa henkisten asioiden opettamista. Vanhempien tulisi kertoa lapsilleen henkisiä tarinoita, joista he voivat oppia eettisiä periaatteita. Heidän tulisi opettaa lapset harjoittamaan japaa ja meditaatiota. Kun lapset harjoittavat sadhanaa, heidän älynsä ja muistinsa kehittyvät suuresti. Vain vilkaisemalla kirjaa he kykenevät muistamaan kaiken mitä he ovat opiskelleet vuoden aikana. Ja kun he kuulevat kysymyksen, vastaus ilmestyy heidän mieleensä kuin tietokoneen ruudulle. Heistä tulee myös hyvin käyttäytyviä. He kehittyvät henkisesti ja menestyvät elämässään myös aineellisesti."

Kun työ oli saatu päätökseen, Amma istuutui lähellä olevan kookospuun alle. Oppilaat kerääntyivät hänen ympärilleen. Yksi heistä esitteli nuoren miehen, joka oli uusi ashramissa.

Oppilas: "Hän on Malappuramista. Hän käyttää kaiken aikansa työskentelemällä luonnonsuojelun hyväksi. Hän ja hänen ystävänsä pyrkivät suojelemaan temppeleitä ja temppeleiden vesialtaita."

Luku 7

Nuori mies hymyili ujosti ja kumarsi yhteenliitetyin käsin Ammalle.

Amma: "Kaikki ashramin maa-alueet on valloitettu takavesiltä. Opetuslapseni ovat istuttaneet tänne kookospalmuja, banaanipuita ja kukkivia kasveja aina kun he ovat voineet." Amma pesi kätensä ja käveli kalarille oppilaat perässään.

Mistä etsiä onnea

Amma istuutui kalarin kuistille. Oppilaat kumarsivat ja istuutuivat hänen lähettyvilleen. Uusi tulokas kysyi:
"Vaikka monia aineellisia mukavuuksia on saatavilla, moni on silti onneton. Mistä tämä johtuu, Amma?"
Amma: "Kyllä, tuo on totta. Tänä päivänä monikaan ihminen ei saavuta onnea ja täyttymyksen tunnetta. He rakentavat suuria, palatsimaisia koteja ja päätyvät lopulta itsemurhaan niiden sisällä. Jos luksuskodit, rikkaudet, aineelliset mukavuudet ja alkoholi olisivat onnenlähteitä, olisiko tarvetta kuolla tuolla tavoin masennuksen vallassa? Niinpä onnea ei voi löytää tuollaisista asioista. Rauha ja täyttymyksen tunne riippuvat kokonaan mielestä.

Mitä on mieli? Mistä se nousee? Ja mikä on elämän tarkoitus? Kuinka meidän tulisi elää elämämme? Miksi emme pyrkisi ymmärtämään tällaisia asioita? Jos ymmärtäisimme ja eläisimme sen mukaisesti, meillä ei olisi tarvetta vaeltaa ympäriinsä etsimässä mielenrauhaa. Mutta sen sijaan kaikki etsivät rauhaa itsensä ulkopuolelta.

Tämä saa Amman muistamaan tarinan. Vanha nainen etsi kovasti jotakin talon edustalta. Ohikulkija kysyi:
'Mitä etsit, vanha nainen?'
'Etsin korvakoruani, jonka olen hukannut', hän vastasi.

Mies ryhtyi auttamaan häntä etsimisessä. He etsivät ja etsivät, mutta eivät löytäneet korvakorua. Lopulta mies sanoi vanhalle naiselle:

'Yritä muistaa minne tarkalleen hukkasit sen.'

'Itse asiassa se putosi jonnekin talon sisällä', hän vastasi.

Vastaus ärsytti miestä ja hän sanoi:

'Miksi etsit sitä sitten täältä, kun tiesit koko ajan, että hukkasit sen talon sisäpuolella?'

'Koska sisällä on niin pimeää. Ajattelin, että etsin sitä täältä, kun täällä katulamppu antaa valoa,' vanha nainen vastasi.

Lapseni, me olemme kuin tuo vanha nainen. Jos haluamme nauttia rauhasta elämässämme, meidän tulee löytää sen todellinen lähde ja etsiä sitä sieltä. Emme tule koskaan saamaan todellista rauhaa tai onnea ulkoisesta maailmasta."

Yagnan hyödyt

Nuori mies sanoi: "Jokin aika sitten suoritettiin yagna, veedinen palvontameno. Moni vastusti sitä valittaen, että sillä tavoin tuhlattiin rahaa tarpeettomasti."

Amma: "Totta, esitettiin kysymys, miksi meidän pitäisi kuluttaa rahaa Jumalan tähden. Poikani, Jumala ei tarvitse yagnoja, ihminen kuitenkin hyötyy niistä. Yagnat puhdistavat ilmapiiriä. Samalla tavoin kuin me poistamme limaa kehostamme nasyamin avulla, savu joka nousee homasta, uhritulesta, puhdistaa ympäristöä. Amma ei kuitenkaan suosittele, että käyttäisimme liian suuria summia homaan, yagnaan tai vastaaviin. Ei ole tarpeen uhrata kultaa tai hopeaa tuleen. Näiden palvontamenojen taustalla on kuitenkin henkinen periaate. Kun uhraamme tuleen jotakin, johon olemme kiintyneet, irrottaudumme tuosta riippuvuudestamme. Suurin yagna on

Luku 7

siinä, kun uhraamme egomme Jumalan rakastamisen tähden. Sitä on todellinen jnana, viisaus. Meidän tulisi luopua 'minä'- ja 'minun'-ajatuksesta ja nähdä kaikki samana totuutena, Jumalana. Meidän tulisi ymmärtää, että mikään ei ole meistä erillinen. Uhraamalla egomme homan tuleen, meistä tulee ehjiä.

Homat eivät hyödytä vain heitä, jotka suorittavat niitä vaan myös heitä, jotka oleilevat lähialueilla. Jos emme voi suorittaa tällaisia seremonioita, meidän tulisi kasvattaa paljon puita ja lääkekasveja, koska myös ne puhdistavat ilmaa. Moni sairaus tulee estetyksi, jos hengitämme ilmaa, joka on ollut yhteydessä lääkekasveihin.

Ihmisestä on tullut hyvin maallinen. Hän kiirehtii kaatamaan puita ansaitakseen sillä tavoin rahaa. Hän tuhoaa metsät tehdäkseen niistä maatiloja. Tällaiset toimet ovat muuttaneet luontoa. Niinpä aurinko ei paista eikä sade lankea enää oikeaan aikaan, ja ympäristömme on saastunut kauhistuttavalla tavalla. Ihminen elää tuntematta itseään. Hän elää vain ruumiinsa tähden unohtaen atmanin, tietoisuuden, joka lahjoittaa ruumiille elämän.

Ihmiset kysyvät: 'Miksi meidän tulisi tuhlata rahaa yagnaan ja homaan? Eihän Jumala tarvitse tällaista?' Mutta samaan aikaan ihmiset eivät valita siitä, että miljoonia käytetään siihen, että kuusta tuodaan kourallinen maa-ainesta. Ihmiset itse asiassa hyötyvät yagnan ja homan rituaaleista.

Näinä aikoina ihmiset nauravat sille, että kotona sytytetään öljylamppu. Mutta öljylampusta nouseva savu puhdistaa ilmapiirin. Iltahämärän aikaan epäpyhät värähtelyt täyttävät ilmapiirin. Tämän takia me toistamme jumalallisia nimiä tai laulamme henkisiä lauluja tuohon aikaan. Jos emme harjoita japaa, maalliset taipumukset voimistuvat meissä. Meidän ei myöskään tulisi syödä auringonlaskun aikaan. Ruokailu tuohon aikaan päivästä sairastuttaa meidät, sillä iltahämärän aikaan ilma on myrkyllinen. Kerrotaan, että demonikuningas Hiranyakasipu tapettiin sandhyan, iltahämärän, aikaan. Siihen aikaan ego on voimakkaimmillaan. Vain turvautumalla Jumalaan voimme tuhota egon. Mutta tämän päivän ihmiset katsovat tuohon aikaan televisiota tai kuuntelevat elokuvamusiikkia."

"Kuinka monessa kodissa on huone pujaa, jumalanpalvelusta, varten? Menneinä aikoina puja-huonetta pidettiin kaikkein tärkeimpänä, kun talon rakentamista suunniteltiin. Tänä päivänä Jumala on pudotettu portaiden alapuolelle. Jumala, joka asustaa sydämessämme, tulee sijoittaa myös kotimme sydämeen. Sillä tavoin ilmaisemme suhdettamme häneen. Jumala ei silti tarvitse mitään.

Jumala ei tarvitse meiltä mitään. Eihän aurinko kaipaa kynttilänvaloa. Sen sijaan me, jotka elämme pimeydessä, olemme valon tarpeessa. Onko meidän tarpeen antaa vettä joelle, jotta se voisi sammuttaa janonsa? Kun turvaudumme Jumalaan, meidän sydämemme puhdistuu, ja saamme iloita jatkuvasti autuuden tilasta. Antautuessamme Jumalalle me koemme rauhan. Tästä huolimatta palvomme Jumalaa asenteella niin kuin hän tarvitsisi jotakin meiltä!

Jumala on ääretön kaiken läpäisevä voima. Kuitenkin vain he, joiden sydän on puhdas, voivat nähdä hänet. Auringon heijastusta on vaikea havaita mutaisen lammikon pinnalta, sen sijaan puhdasvetisen lammen pinnalta se on helppo nähdä.

Kun Jumalasta tulee olennainen osa elämäämme, meidän ja samalla myös toisten elämä pyhittyy. Alamme kokea rauhaa ja täyttymystä. Ajattele jokea, joka on puhdas ja täynnä. Me hyödymme siitä. Voimme puhdistaa joen vedellä likaiset räystäskourumme ja kanaalimme. Seisovan, mädäntyneen lammikon vesi voidaan puhdistaa yhdistämällä se jokeen. Jumala on kuin

Luku 7

puhdas joki. Kun kasvatamme suhdettamme Jumalaan, meidän mielestämme tulee lopulta niin avara, että se kattaa koko maailman. Tällä tavoin me tulemme lähemmäksi Itseä ja olemme samalla hyödyksi toisille."

Lisää kysymyksiä oppilailta

Naisoppilas: "Amma, muuttivatko ashramin asukkaat tänne, koska pyysit heitä?"

Amma: "Amma ei ole pyytänyt ketään jäämään tänne. Perheellinen huolehtii vain yhdestä perheestä, mutta sanjaasin tulee kantaa koko maailman taakkaa. Jos sallimme kaikkien, jotka tahtovat ryhtyä sanjaaseiksi jäädä tänne, meidän on otettava huomioon kaikki mahdolliset ongelmat, sillä suurin osa heistä ei kykene pitämään alkuvaiheessa ilmenevää takertumattomuuttaan yllä. Itse asiassa Amma ilmaisi kaikille lapsilleen, ettei hän halunnut heidän jäävän tänne, mutta he eivät tahtoneet lähteä. Lopulta Amma sanoi heille, että hän sallisi heidän jäädä, jos he toisivat suostumuskirjeen kotoaan. Moni heistä palasikin perheensä suostumuksen kanssa takaisin. Sillä tavoin suuri osa opetuslapsista ryhtyi pysyviksi asukkaiksi. Heistä näkee, että heillä on todellista takertumattomuutta.

Jotkut heistä eivät saaneet suostumusta, mutta siitä huolimatta he jäivät, koska heidän kaipauksensa ja takertumattomuutensa olivat niin voimakkaita. Suuria ongelmia syntyi kodeissa. Heidän vanhempansa yrittivät estää heitä viemällä asian oikeuteen. He palasivat poliisi mukanaan ja raahasivat lapsensa pois ja veivät heidät jopa mielisairaalaan. (Nauraen) Tiedätkö minkä tähden? Koska jotkut lapsista, jotka olivat juoneet alkoholia, lopettivat juomisen tavattuaan Amman! Heidän vanhempansa kielsivät lapsiaan ryhtymästä sanjaaseiksi ja palvelemasta maailmaa, vaikka se olisi merkinnyt heidän lähettämistään hautaan."[4]

Nuori mies: "Onko kukaan katunut sitä, että on valinnut elämän ashramissa?"

Amma: "Yksikään heistä, jotka ymmärsi oikein päämääränsä, ei ole katunut tämän elämäntavan valitsemista. He ovat valinneet suuren autuuden polun. He eivät pelkää edes kuolemaa. Jos sähkölamppu palaa, se ei tarkoita sitä, että sähköä ei enää ole. Vaikka ruumis kuolee, atman (sielu) ei katoa. He tietävät tämän. He ovat omistaneet elämänsä Jumalalle. He eivät ajattele mennyttä tai tulevaa, eivätkä kanna siitä huolta. He eivät ole niin kuin hän, joka menee työhaastatteluun, vaan niin kuin hän, joka on jo löytänyt sopivan työpaikan. Hän, joka menee työhaastatteluun, on huolissaan sen suhteen, että saako hän työn vai ei. Mutta hän, joka on saanut työpaikan, lähtee rauhassa. Suurin osa lapsista täällä luottaa ehdottomasti siihen, että heidän gurunsa johdattaa heidät päämäärään."

Nuori mies: "Amma, millä tavoin henkisten ihmisten tulisi rukoilla?"

Amma: "Heidän tulisi rukoilla: 'Oi Jumala, lukemattomat ihmiset kärsivät. Anna minulle voimaa rakastaa heitä! Salli minun rakastaa heitä epäitsekkäästi!' Tämän tulisi olla henkisen ihmisen päämäärä. Tapasia tulisi harjoittaa jotta saisimme voimaa palvella toisia. Todellinen tapasvi on kuin suitsuke, joka sallii itsensä poltettavan lahjoittaessaan tuoksunsa toisille. Henkinen ihminen löytää onnen siitä, että hän on rakkaudellinen ja myötätuntoinen kaikkia kohtaan, jopa heitä kohtaan, jotka

---

[4] Amman armosta ja heidän päättäväisyytensä avulla nämä nuorukaiset onnistuivat lopulta tulemaan ashramiin ja asettumaan asumaan sinne.

Luku 7

vastustavat häntä. Hän on kuin puu, joka suojelee jopa heitä, jotka aikovat kaataa sen.

Todellinen tapasvi haluaa palvella toisia uhraamalla itsensä samaan tapaan kuin kynttilä, joka antaa valoa toisille palaessaan ja sulaessaan. Heidän päämääränsä on lahjoittaa onnea unohtaen samalla omat ponnistuksensa. Tätä he rukoilevat. Tällainen asenne herättää heidän sisimmässään rakkauden Jumalaa kohtaan. Amma odottaa tällaisia yksilöitä. Vapautus tulee, etsii ja odottaa heitä kuin palvelustyttö. Vapautus tulee heidän luokseen kuin pyörremyrskyn lennättämät lehdet. Toiset, joiden mieli ei ole näin avara, eivät saavuta oivallusta riippumatta siitä, miten kauan he harjoittavat tapasia. Tämä paikka ei ole ainoastaan heitä varten, jotka etsivät vain omaa vapautustaan.

Lapseni, sadhana ei koostu vain rukoilemisesta ja japan harjoittamisesta. Todellinen rukous pitää sisällään sen, että on myötätuntoinen ja nöyrä toisia kohtaan, hymyilee ja sanoo ystävällisen sanan. Meidän tulisi oppia antamaan anteeksi toisten virheet ja olemaan syvästi myötätuntoisia – aivan niin kuin kätemme, joka automaattisesti hyväilee toista kättä, johon sattuu. Kehittämällä rakkautta, ymmärtämystä ja avarakatseisuutta me voimme helpottaa monien kärsimystä. Meidän epäitsekkyytemme antaa meidän samaan aikaan nauttia rauhasta ja autuudesta, joka on sisällämme.

Kun Amma oli nuori, hän tapasi rukoilla: 'Oi Jumala, anna minulle vain sinun sydämesi! Salli minun rakastaa koko maailmaa samalla epäitsekkäällä tavalla kuin sinä!' Amma kehottaa nyt lapsiaan toimimaan samoin, heidän tulisi kaivata Jumalaa tällä tavoin."

Amma vaikeni ja istui hetkisen silmät suljettuina. Sitten hän avasi silmänsä ja pyysi erästä brahmacharia laulamaan kirtanin, henkisen laulun. Kun hän lauloi kaikki toistivat hänen perässään perinteen mukaisesti:

Vannalum ambike, taye manohari

Tule, oi Äiti, mielen lumoojatar!
Oi Ambika, salli minun nähdä sinut!
Loistakoon kaunis hahmosi
minun sydämeni lootuksessa.
Milloin se siunattu päivä valkenee,
jolloin minun sydämeni täyttyy antaumuksella sinua
kohtaan?

Amma kohotti molemmat kätensä haltioituneessa mielentilassa ja jatkoi laulamista:

Namam japichu samtruptanayennu

Milloin saan kylpeä ilon kyynelissä,
jotka jumalallisten nimien toistaminen synnyttää?
Valkeneeko koskaan se päivä,
jolloin mielestäni ja sydämestäni tulee puhtaita?
Koittaako milloinkaan se päivä,
jolloin minä luovun ylpeydestä ja häpeästä,
ponnistelujeni ja rituaalieni tähden?

Milloin saan juoda päihdyttävää antaumusta
ja menettää mieleni rakkaudelle?
Milloin saan vuodattaa kyyneleitä
autuaallisen naurun tähden?

Amma lauloi nämä säkeet yhä uudelleen ja uudelleen. Kun laulu päättyi, hän oleili ylevöityneessä mielentilassa kyynelten valuessa hänen poskiaan pitkin. Jokainen läsnäolija kumarsi hänelle hiljaa sydämessään.

Oli bhajaneitten aika. Amma meni yhdessä toisten kanssa kalariin, missä laulaminen jatkui.

Kezhunnen manasam amma

Oi Äiti, minun mieleni itkee.
Oi Äitini, minun Äitini, kuuletko minua?
Olen vaeltanut kaikkialla maailmassa sydän särkyneenä etsien sinua.
Mitä minun tulee nyt tehdä, oi Äiti?

Mihin syntiin tämä avuton on syyllistynyt,
koska olet niin välinpitämätön hänen suhteensa?
Oi Äiti, minä pesen sinun kukkien kaltaiset jalkasi kuumilla kyyneleilläni.

Oi Äiti, vaellan täällä
menneitten tekojen raskas taakka olkapäilläni.
Oi Äiti, älä viivyttele enää
vaan tarjoa suojaa nöyrälle palvelijallesi,
joka on tyystin uupunut.

Amma, joka oli hetkeä aikaisemmin kuvaillut sitä, miten toisten palveleminen oli samaa kuin antaumus, itki nyt rakkauttaan maailmankaikkeuden Äitiä kohtaan. Katsellessamme tätä mielentilojen vaihtelun leikkiä emme voineet kuin ihmetellä Amman selittämättömiä ja nopeasti vaihtuvia bhavoja, mielentiloja.

Keskiviikkona 26. helmikuuta 1986

Amma joka kurittaa vitsalla

Manju, tyttö, joka asui ashramissa ja joka ei ollut voinut viettää aikaa Amman seurassa useaan päivään, oli jättänyt tänään menemättä kouluun toivoen saavansa viettää aikaa Amman seurassa. Kun Ammalle selvisi syy, miksi Manju oli pinnannut koulusta, hän uhkasi tyttöä vitsalla ja vei hänet lautalle. Kun Amma palasi majalle antaakseen darshania pieni poika ja hänen isänsä tervehtivät Ammaa.

Pojan isä: "Poikani vaati saada nähdä sinut, Amma. Niinpä minun täytyi tuoda hänet tänne. Minä jopa sallin hänen jäädä pois koulusta. Hän ei suostunut, kun kehotin häntä odottamaan sunnuntaihin, jolloin ei ole koulua."

Amma (nauraen): "Hetki sitten Amma lähetti tytön vitsan voimalla kouluun! Etkö sinä halua mennä kouluun, poikani!"

Poika: "En, minä haluan olla Amman kanssa!"

Amma (nauraen): "Jos jäät tänne, Amman mieliala muuttuu yhtäkkiä. Tiedätkö tuolla ulkona olevan puun, jossa on monia oksia? Me kasvatamme tuota puuta sitä varten, että voimme antaa selkäsaunan lapsille! Joten älä jätä koulua väliin voidaksesi tulla tänne, poikani. Sinä olet Amman lapsi. Eikö niin? Mene sen tähden kouluun ja läpäise kokeesi, ja sen jälkeen Amma sallii sinun olla täällä."

Poika suli Amman myötätunnon edessä, erityisesti koska Amman suukko hänen poskellaan sinetöi hänen rakkautensa.

Luku 7

Sanjaasa on vain rohkeita varten

Eräs seuraaja astui esiin ja kumarsi Ammalle. Hän kertoi Ammalle, että yksi hänen ystävistään, joka oli naimisissa ja jolla oli kaksi lasta, oli juuri jättänyt perheensä. Hän oli elänyt ylellistä elämää, vaikka hänellä ei ollutkaan säännöllistä toimeentuloa, niinpä hän oli velkaantunut suuresti. Kun lainanantajat olivat ahdistelleet häntä kotona ja kun hän ei ollut löytänyt tilanteestaan ulospääsyä, hän oli lopulta lähtenyt kotoaan ja sanonut ryhtyvänsä sanjaasiksi, munkiksi.

Oppilas kysyi nyt Ammalta: "Eikö elämä ashramissa ole monen kohdalla pakoa todellisesta elämästä? Kun he kohtaavat sietämättömiä vaikeuksia ja vastuksia, niin moni päättää luopua maailmasta ja ryhtyvänsä sanjaasiksi."

Amma: "Sellaiset ihmiset eivät kykene pysyttelemään siinä. He eivät kykene pysymään henkisellä polulla. Henkinen elämä on heitä varten, jotka ovat rohkeita ja voimakkaita. Jotkut ihmiset pukevat oranssin kaavun päälle hetken mielijohteesta ajattelematta asiaa huolellisesti. Heidän elämänsä tulee olemaan täynnä pettymystä.

Perheellinen huolehtii vain vaimostaan ja lapsistaan, hänen tulee kuunnella vain heidän ongelmiaan. Mutta henkisen ihmisen tulee kantaa koko maailman taakkaa. Hän ei saa kompastella missään tilanteessa. Hänen tulee olla vakaa uskossaan ja henkisessä viisaudessaan. Hän ei voi olla heikko. Jos joku lyö häntä tai jos nainen koskettaa häntä, hän ei saa horjua tuumaakaan. Hänen elämäänsä ei tule vaikuttaa kenenkään toisen sanat tai teot."

"Mutta tämän päivän ihmiset eivät ole tällaisia. Jos joku lausuu loukkaavia sanoja vihastuksissaan, he ovat valmiit tappamaan hänet siihen paikkaan. Jos he eivät kykene kostamaan välittömästi, he miettivät jatkuvasti keinoa iskeä takaisin. Heidän elämänsä tasapaino on riippuvainen muutamasta sanasta, jotka joku on lausunut huulillaan. Todellinen henkinen ihminen ei ole lainkaan tällainen. Hän opettelee oleilemaan vakaasti omassa keskuksessaan. Hän oppii mitä elämä todella on. Henkinen elämä on mahdotonta ilman todellista erottelukykyä ja takertumattomuutta.

Olipa kerran vaimo, joka ei ollut koskaan tyytyväinen siihen, mitä hänen miehensä ansaitsi. Hän moitti miestään jatkuvasti. Mies sai kuulla vaimonsa vain itkevän yhä uudelleen ja uudelleen, kunnes lopulta mies väsyi itse elämään. Hän ajatteli tekevänsä itsemurhan, muttei kyennyt siihen. Hän päätti jättää kotinsa ryhtyäkseen sanjaasiksi. Hän matkusti aikansa, kunnes löysi gurun. Ennen kuin guru hyväksyi hänet opetuslapseksi, hän tiedusteli: 'Lähditkö kotoa sen tähden, että perhe-elämässäsi oli ongelmia vai todellisen takertumattomuuden tähden?'

Mies sanoi: 'Minä lähdin kotoa toivoen tulevani sanjaasiksi.'
'Eikö sinulla ole mitään haluja?'
'Ei, minulla ei ole mitään haluja.'
'Et siis halua omaisuutta tai valtaa?'
'En, en halua mitään. En ole kiinnostunut mistään.'

Kysyttyään muutamia lisäkysymyksiä guru hyväksyi hänet opetuslapsekseen ja antoi hänelle kamandalun ja sauvan.

Muutamia päiviä myöhemmin guru ja opetuslapsi lähtivät pyhiinvaellusmatkalle. Kun he tunsivat itsensä väsyneiksi, he lepäsivät joenrannalla. Opetuslapsi laittoi kamandalunsa ja keppinsä rannalle ja meni kylpemään. Kun hän palasi, hän ei löytänyt enää kamandaluaan mistään. Hän etsi kaikkialta ja kun hän ei löytänyt sitä, hän masentui.

Luku 7

Guru sanoi: 'Sinä sanoit, että et ole kiintynyt mihinkään. Minkä tähden siis vouhotat niin kovasti yhden kamandalun takia? Anna sen mennä. Jatkakaamme matkaa.'

Opetuslapsi sanoi: 'Mutta ilman sitä en voi juoda mitään! Minulla ei ole astiaa, jossa pitää vettä!'

Guru sanoi: 'Sinun tulisi olla haluista vapaa ja kuitenkin takerrut tuollaiseen pieneen mielitekoon. Näkisit kaiken Jumalan tahdon ilmauksena.'

Opetuslapsi oli kuitenkin suunniltaan. Nähdessään tämän guru antoi hänelle hänen kamandalunsa takaisin. Guru oli piilottanut sen koetellakseen häntä.

He jatkoivat matkaansa. Lounasaika lähestyi, opetuslapsi oli todella nälkäinen, mutta guru ei antanut hänelle mitään syötävää. Kun opetuslapsi valitti, guru sanoi:

'Henkisen ihmisen tulee olla kärsivällinen ja sitkeä. Hänen tulee olla horjumaton vaikka hän ei olisi saanut ruokaa koko päivänä. Kuinka voit olla jo nyt noin heikkona nälästä? On vasta puolipäivä! Ruoalla nautiskelemisen tulisi olla ensimmäisiä asioita, joista henkinen etsijä luopuu. Vatsan tulisi kutistua kaikkein ensimmäiseksi henkisessä elämässä.'

Guru antoi opetuslapselle yrttipulveria, joka tuli sekoittaa veteen, sillä se pitäisi näläntunteen poissa. Opetuslapsi ei kestänyt sen kitkerää makua vaan oksensi. Sen jälkeen hän päätti, että hän oli saanut tarpeekseen, niinpä hän päätti kärsiä mieluummin vaimonsa vuodatuksia kotona kun jatkaa elämää sanjaasina. Hän pyysi gurulta lupaa saada palata takaisin kotiinsa.

Guru sanoi: 'Mitä ajattelit, kun lähdit ryhtyäksesi sanjaasiksi?'

Opetuslapsi vastasi: 'En koskaan kuvitellut, että se voisi olla tällaista. Ajattelin, että minun tulisi vain kylpeä päivittäin, laittaa otsaani pyhää tuhkaa ja istua jossakin silmät suljettuina.

Ikuinen Viisaus – Yhdistetty painos

Luulin, että ihmiset tulisivat luokseni, kumartaisivat ja antaisivat minulle bhikshaa (almuja), ja että minulla olisi runsaasti syötävää säännöllisin ruoka-ajoin, eikä minun tarvitsisi tehdä mitään työtä.'

Ja niin hän palasi kotiin vaimonsa luo.

Näin tapahtuu, jos joku ryhtyy sanjaasiksi sen jälkeen kun hän on riidellyt tai joku on kiusannut häntä tai jos hän haluaa yksinkertaisesti vain paeta elämää, ilman että hänessä olisi kehittynyt todellinen vairagya (takertumattomuus).

Meidän ei tule pyrkiä elämään maailmasta luopuneen elämää ennen kun olemme oppineet näkemään eron ikuisen ja väliaikaisen välillä ja ennen kun meissä on kehittynyt todellista takertumattomuutta. Päämäärämme henkisellä polulla tulee olla myötätunnon omaksuminen sairaita, köyhiä tai muita kärsiviä kohtaan, sekä epäitsekkään palvelun elämän eläminen omistautuen toisten hyvinvoinnille. Henkisen ihmisen tulisi hengittää myötätuntoa jokaisella henkäyksellään heille, jotka kärsivät tässä maailmassa, ei oman mukavuutensa tähden.

Samaan aikaan hänen olisi kasvattettava sisäistä voimaansa rukoillen jatkuvasti: 'Oi Jumala, missä sinä olet? Missä sinä olet?'

Siinä missä tavallinen ihminen on kuin kynttilä, sanjaasi loistaa kuin aurinko lahjoittaen valonsa tuhansille. Häntä ei huoleta edes hänen oma vapautuksensa. Maailmasta luopumisen tarkoitus on siinä, että lahjoitat maailmalle sen voiman, minkä olet saavuttanut sadhanasi avulla. Tämä on sanjaasin ainoa tavoite. Hän on henkinen persoona, joka ei halua mitään muuta kuin elää todellisen luopumisen elämää."

Vasta koeteltuaan heitä eri tavoin Amma salli lastensa jäädä tänne. Hän antoi heille vain kerran päivässä mautonta ruokaa, jossa ei ollut suolaa eikä mausteita. Mutta he hyväksyivät sen iloiten. Heillä oli itsekuria. Amma koetteli heitä nähdäkseen,

Luku 7

yrittäisivätkö he saada itselleen maukasta ruokaa sen jälkeen, kun he olivat astuneet palvelun elämään. Hän tarkkaili myös sitä, istuisivatko he vain meditoimassa tekemättä työtä. Riippumatta siitä kuinka paljon tapasia he tekevät, heidän tulee myös auttaa ashramin töiden tekemisessä. Jos he eivät ole valmiita tekemään työtä, heistä tulee laiskoja ja silloin he ovat vain yhteiskunnalle harmiksi.

Amma sanoi heille, että jos heillä ei ollut mitään muuta tekemistä, he voisivat muokata maata kookospalmujen ympärillä. He tekivät kaikenlaista työtä ja ovat edelleen täällä, vaikka ovatkin joutuneet läpikäymään erilaisia koettelemuksia.

Amma on saanut havaita samanlaisen tarkkaavaisuuden kaikissa lapsissaan, jotka ovat tulleet tänne tähän mennessä. Ne joilla sitä ei ole, eivät kykene jäämään tänne ja niinpä he joutuvat lopulta palaamaan takaisin maalliseen elämään.

Kello oli nyt kolme ja Amma meni huoneeseensa.

Perjantaina, 28. helmikuuta 1986

Ahimsan periaate

Matruvani-lehti olisi postitettava seuraavana päivänä. Paljon työtä oli vielä jäljellä ja oli jo myöhäinen iltapäivä. Amma ja brahmacharit istuivat meditaatiohuoneen ulkopuolella verannalla ja laittoivat lehtiä kirjekuoriin liimaten niihin postimerkkejä. Peter, joka oli kotoisin Hollannista, lähestyi verantaa. Hän kysyi vihaisella äänellä brahmachari Nealulta[5]:

"Kuka päätti, että hyönteismyrkkyä laitetaan ruusupensaisiin? Noita suojattomia hyönteisiä ei tulisi tappaa tuolla tavoin!"

---

[5] Swami Paramatmananda Puri

Nealu käänsi hänen sanansa Ammalle, joka jatkoi työskentelyä huomauttamatta mitään. Hän vain katsahti Peteriä. Surullinen ilme kasvoillaan Peter seisoi yksinään hieman etäällä ryhmästä. Hetken päästä Amma kutsui häntä sanoen: "Peter, poikani, hae Gayatrilta hieman vettä, jotta Amma voisi juoda."

Peter näytti yhä surulliselta tuodessaan vettä Ammalle. Amma otti lasin vastaan ja sanoi: "Tämä on keitettyä vettä. Eikö totta? Tuore vesi riittää Ammalle."

Peter: "Minä tuon suodatettua vettä, Amma. Vai haluatko kookosvettä?"

Amma: "Amma tahtoo tavallista keittämätöntä vettä."

Peter: "Parempi on, ettet juo keittämätöntä vettä, Amma. Voit sairastua."

Amma: "Mutta niin moni elävä olento kuolee, kun me keitämme veden. Eikö se ole synti, poikani?"

Peter ei tiennyt mitä vastata.

Amma: "Ajattele kuinka moni elämä tuhoutuu jalkoihimme, kun me kävelemme. Kuinka moni eliö kuolee, kun hengitämme. Kuinka sen voisi estää!"

Peter: "Myönnän, että se on meidän hallintamme ulottumattomissa, mutta me voimme ainakin välttää ruiskuttamasta kasveja."

Amma: "Hyvä on. Sanokaamme, että joko sinun lapsesi tai Amma sairastuu. Etkö vaatisi, että silloin tulee syödä lääkettä?"

Peter: "Kyllä, totta kai. Tärkeintä on, että paranet."

Amma: "Mutta ajattele, kuinka moni bakteeri tuhoutuu kun otamme lääkettä."

Peter ei taaskaan tiennyt mitä hän olisi vastannut.

Luku 7

Amma: "Niinpä ei auta tuntea myötätuntoa sairauden aiheuttaneita bakteereita kohtaan. Kenelle ruusu voi kertoa kärsimyksestään kun madot hyökkäävät sen kimppuun? Eikö meidän tule suojella sitä, sillä olemme sen vartijoita?" Peterin kasvoilla ollut varjo poistui.

Merkki muistamisesta

Joukko nuoria miehiä tuli tapaamaan Ammaa. Seisoessaan vähän matkan päässä he tarkkailivat häntä hetken ennen kuin liittyivät mukaan työntekoon. Näytti siltä, että he halusivat esittää Ammalle joitakin kysymyksiä, mutta jokin tuntui estävän heitä. Yhdellä heistä oli bhasmaa, pyhää tuhkaa, otsallaan, hän oli sen lisäksi laittanut santelipuutahnaa kulmakarvojensa väliin, joiden keskellä oli hieman kumkumia. Hän kosketti vieressään olevaa ja sanoi:

"Katsohan, myös Amma pitää bhasmaa."

"Mistä te lapset puhutte?" Amma kysyi.

Nuori mies: "Amma, ystäväni ajattelevat, että olen höpsö kun pidän näitä merkkejä kasvoillani. He pilkkaavat minua sanoen, että minä näytän aivan maalatulta tiikeriltä."

Toiset nuoret olivat hämillään. Yksi heistä kysyi:

"Miksi ihmiset laittavat tuhkaa ja santelipuutahnaa otsaansa? Mistä se johtuu?"

Amma: "Lapset, me pidämme santelipuutahnaa ja pyhää tuhkaa, mutta ajattelemmeko mikä merkitys sillä on? Ottaessamme pyhää tuhkaa käsiimme meidän olisi ajateltava tämän elämän katoavaista luonnetta. Tänään tai huomenna me muutumme kouralliseksi tuhkaa. Lisätäksemme tietoisuuttamme tästä me käytämme bhasmaa. Kun rakastunut näkee rakastettunsa sarista vilauksen, hän muistaa hänet. Samalla tavoin, pyhän tuhkan, santelipuutahnan ja rudhraksha-siemenien tarkoitus on muistuttaa meitä Jumalasta, sytyttää meissä tietoisuus Itsestä. Riippumatta siitä kuinka tärkeitä tai tavallisia olemme, me voimme kuolla millä hetkellä hyvänsä. Sen tähden meidän tulisi elää niin, ettemme takerru kehenkään muuhun kuin Jumalaan. Ihmiset, joihin olemme kiintyneet, eivät seuraa meitä kun lopun hetki koittaa."

Nuorukainen: "Entäpä santelipuutahna sitten?"

"Santelipuutahnassa on erinomaisia lääkinnällisiä ominaisuuksia. Laittaessamme santelipuutahnaa tiettyihin kehomme osiin kehomme hermot viilenevät ja niistä tulee terveempiä. Santelipuutahnan käyttämisellä on myös vertauskuvallinen merkitys. Santelipuu on tuoksuvaa. Tuo tuoksu on vain puussa, ei missään muualla. Samalla tavoin, meidän tulisi oivaltaa, että ääretön autuus löytyy sisältämme ja meidän tulisi elää tämän totuuden mukaisesti.

Jos santelipuun palanen on pudonnut mutaan, sen uloin osa mädäntyy ja alkaa haista pahalle. Mutta kuinka ihastuttavan tuoksun saammekaan kokea, kun puhdistamme tuon puunpalasen ja hieromme sitä kiveä vasten! Samalla tavoin, niin kauan kuin elämme uppoutuneina maallisuuteen, me emme kykene nauttimaan sisäisen Itsen tuoksusta. Me tuhoamme sisällämme olevan tietoisuuden tavoitellessamme vähäpätöisiä aistinautintoja, jotka kestävät vain hetkisen. Tästä santelipuutahna muistuttaa meitä. Jos käytämme tämän elämän oppiaksemme tuntemaan Itsen, me voimme elää autuudessa ikuisesti."

Nuorukainen: "Minkä tähden ihmiset pitävät rudraksha-helmiä?"

Amma: "Rudrakshan siemen on vertauskuva täydellisestä antautumisesta. Helmet on sidottu yhteen langalla, joka muodostaa malan, rukousnauhan. Jokainen meistä on helmi, joka

Luku 7

on solmittu Itsen langalla. Rudraksha-mala muistuttaa meitä tästä totuudesta ja opettaa meitä antautumaan täydellisesti Jumalalle."

Temppelipalvonta

Nuorukainen: "Amma, jos kerromme ihmisille, että menemme ashramiin, he pilkkaavat meitä. He sanovat, että temppelit ja ashramit on tarkoitettu vanhoille ihmisille."

Amma: "Tänä päivänä ihmiset arvostelevat temppeleitä, mutta temppeleiden tarkoitus on edistää ihmisissä henkistä ajattelua ja kehittää heissä hyviä ominaisuuksia.

Näemme, miten politiikan piirissä työskentelevät marssivat lippujensa kanssa. Jos joku repii yhden noista lipuista, polttaa sen tai sylkee sen päälle, hänet hakataan hengiltä! Mitä erikoista lipussa voi olla? Sehän on vain palanen kangasta. Jos menetät sen, voit ostaa tilalle kuinka monta uutta lippua tahansa. Mutta lippu onkin enemmän kuin vain palanen kangasta. Se ilmentää ihannetta, ja siksi ihmiset eivät hyväksy sen kohtelemista epäkunnioittavasti. Samalla tavoin, temppeli kuvastaa Jumalaa. Me näemme Jumalan sen patsaissa ja kuvissa. Kun astumme temppeliin ja vastaanotamme darshanin, siunauksen, hyvät ajatukset alkavat kukoistaa mielessämme ja muistamme todellisen ihanteen. Temppelin ilmapiiri on hyvin erilainen kuin tunnelma lihakaupassa tai baarissa. Lukemattomien palvojien pyhät ajatukset ovat puhdistaneet sen ilmapiiriä. Tällaiset antaumukselliset paikat lahjoittavat kärsiville lohtua samalla tavoin kuin puun varjo suojaa kuumalta auringonpoltteelta tai niin kuin huopa suojaa meitä kylmyydeltä. Me edistymme henkisesti palvoessamme Jumalaa temppelissä ja saadessamme osaksemme tällaisten paikkojen hyvät samskarat, ajatukset.

Jokaisessa kylässä pitäisi olla vähintään yksi temppeli. Tänä päivänä ihmisten mielet ovat täynnä itsekkäitä ajatuksia. Temppelit poistavat tällaisten ajatusten synnyttämät huonot värähtelyt. Ilmapiiri puhdistuu, kun koemme esimerkiksi vain kahden sekunnin syvän keskittymisen temppeli palvontamme aikana. Ihmiset ihmettelevät, että 'miten Jumala voi asua patsaassa? Eikö meidän tulisi palvoa sen sijaan kuvanveistäjää, joka loi patsaan'? Mutta jos katsot isääsi esittävää maalausta, näetkö silloin isäsi vai maalarin? Jumala on kaikkialla. Et voi nähdä häntä silmilläsi, mutta kun näet patsaan temppelissä, muistat Jumalan. Tuo muistaminen siunaa sinut ja puhdistaa mielesi."

Nuori mies: "Amma, sinä olet poistanut epäilyksemme. Minä pidän yleensä otsassani santelipuutahna täplää, mutta en ole silti ymmärtänyt sen merkitystä. Vanhempani ovat aina pitäneet sellaista, niinpä minä aloin toimia samalla tavalla. Mutta kun ystäväni kysyivät sen merkityksestä, en osannut vastata heille. Moni ihminen, joka on uskonut Jumalaan pienenä lapsena, on menettänyt uskonsa. Heistä on tullut alkoholin ja tupakan orjia. Jos heillä olisi ollut joku, joka olisi selittänyt johdonmukaisesti nämä asiat, he eivät olisi alkaneet tuhota itseään. Minäkin olisin saattanut ajautua tuollaiselle tielle, mutta en voinut pelkoni vuoksi kääntää selkääni kokonaan Jumalalle. Amma, palaan tänne muutamien ystävieni kanssa. Yksin sinä voit johdattaa heidät oikealle tielle."

Amma (nauraen): "Namah Shivaya! Poikani, ihminen joka uskoo Jumalaan ja pitää jumalallisia periaatteita ihanteinaan ja toteuttaa niitä, ei voi ajautua pahojen tapojen orjaksi. Hän keskittyy sisäisyyteen ja hän etsii onnea sisältään, ei ulkopuoleltaan. Hänen autuutensa lähde on Jumalassa, joka asuu hänen sisimmässään. Mikään ulkopuolella oleva ei voi sitoa häntä.

Luku 7

Amma ei vaadi, että kaikkien tulisi hyväksyä Jumala elämäänsä, mutta miksi tulla pahojen tapojen orjaksi? Miksi muodostua rasitteeksi perheelleen ja yhteiskunnalle? Tänä päivänä on muodikasta juoda, polttaa ja tuhlata rahaa. On sääli, että poliitikot ja muut vaikutusvaltaiset ihmiset eivät pyri kääntämään nuoria ihmisiä pois tällaisista asioista. Jos he epäonnistuvat esimerkkeinä olemisessa, kuinka toiset voisivat oppia ja omaksua henkisiä ihanteita?"

Amma avasi Matruvanin. Nähdessään, että yhtä sivua ei oltu painettu kunnolla, koska sivu oli taittunut, hän sanoi: "Lapseni, ennen kuin laitatte lehden kirjekuoreen, teidän tulee tarkistaa lehden sivut yksi kerrallaan. Eikö teidän mielestänne ashramin asukkaiden tule olla hereillä ja tehdä kaikki toimensa tarkkaavaisesti?"

Brahmachari toi tarjottimella bhasmaa, pyhää tuhkaa ja makeisia. Amma viittasi nuoria vierailijoita tulemaan lähemmäksi.

"Tulkaa, lapseni!" hän sanoi.

Nuoret miehet, jotka tapasivat hänet ensimmäistä kertaa, saivat nyt prasadin, armolahjan, Amman omista pyhistä käsistä. Sen jälkeen nuoret miehet hyvästelivät hänet iloiten siitä, että muutamat heitä vaivanneet epäilykset oli nyt selvitetty.

Maanantaina 10. maaliskuuta 1986

Sadhanan harjoittaminen gurun seurassa

Ashramiin vettä tuova putki oli mennyt rikki. Veisi muutamia päiviä ennen kun se saataisiin korjattua. Viimeisten öiden aikana ashramin asukkaat olivat tuoneet vettä toiselta puolelta takavesiä, missä oli vain yksi yleinen vesipiste. Paikalliset asukkaat tapasivat käyttää tuota vesipistettä päiväsaikaan omiin tarpeisiinsa, niinpä ashramin asukkaat käyttivät sitä yöaikaan. Ylitettyään takavedet veneellä brahmacharit täyttivät astiansa ja palasivat sitten ashramin laiturille, missä Amma ja muut brahmacharit tulivat heidän avukseen kantamaan vettä veneeltä ashramiin. Työ jatkui yleensä neljään asti aamulla. Kello oli nyt puolenyön tietämillä. Yksi lastillinen oli juuri tuotu ashramiin. Brahmacharit olivat ylittäneet kanaalin hakeakseen seuraavan lastin. Amma makasi hiekalla takaveden rannalla. Joku oli levittänyt alustan, jolla hän saattoi maata, mutta hän oli kierähtänyt hiekalle. Läheisellä nuotiolla poltettiin kuivia lehtiä ja roskia, jotta ne ajaisivat hyttysparvet tiehensä.

Odottaessaan seuraavaa vesilastia brahmacharit istuivat Amman vierellä meditoimassa. Veden virta hanasta, toisella puolella kanaalia, oli niin hidasta, että veisi ainakin kaksi tuntia ennen kuin vene palaisi seuraavan lastin kanssa. Jonkun ajan kuluttua Amma nousi hiekalta ylös ja heitti lisää lehtiä tuleen, joka leimahti hehkuviin liekkeihin.

Amma: "Lapseni, kuvitelkaa rakastettu Jumalanne tähän tuleen ja meditoikaa sitä!"

Yksi brahmachareista huolehti tulesta. Ympäröivä maisema ja tyynet takavedet loistivat kuunvalossa, mikä sai maan ja vedet näyttämään siltä kuin ne olisi peitetty hopealangoista kudotulla peitolla. Syvä rauha läpäisi yön. Hiljaisuuden rikkoi ainoastaan muutaman koiran ulvonta toisella rannalla. Hetken päästä Amman suloinen ääni täytti ilman, kun hän ryhtyi laulamaan:

Ambike devi jagannayike namaskaram

Oi Äiti, maailmankaikkeuden jumalatar,

Luku 7

*minä kumarran sinua,
ilon antajaa,
sinua minä kumarran.*

*Oi Äiti, jonka olemus on rauhaa
ja joka olet kaikkivoipa,
Harhan synnyttäjä,
ilman alkua ja loppua –
Oi Äiti, sinä joka olet sisäinen Itsemme,
sinua minä kumarran.*

*Tieto, puhe ja äly –
yksin sinä olet kaikki nämä.
Oi Devi, sinä hallitset minun mieltäni.
Koska näin on, sinä hyväntahtoinen,
kuinka voisin koskaan kuvata sinun suuruuttasi?
En tunne juurimantroja, joita tarvitsisin
voidakseni palvoa sinua –
niinpä voin vain kumartua edessäsi.*

*Oi Äiti, sinä ilmennät suurta myötätuntoa
palvojalle, joka muistaa alati sinua –
sinun loistokkuutesi on kaiken kuvittelun
tuolla puolen.*

Kun kirtan päättyi, Amma lausui kolme kertaa om mantran. Läsnäolijat toistivat soinnun perässä.

Amma: "Lapseni, eläytykää siihen, että tällainen vakaa, loistava valo on sydämessänne tai kulmakarvojenne välissä. Yö on ihanteellinen ajankohta meditoida."

Vene palasi vesilastin kanssa ja työ alkoi jälleen. Kun vene lähti taas tyhjien astioiden kanssa hakemaan lisää vettä, Amma kehotti kaikkia jatkamaan jälleen meditoimista. Näin yö kului työn ja meditaation vuorotellessa aina viiteen asti aamulla. Koska oli darshan-päivä, oppilaiden virta alkaisi pian. Milloin Amma saisi levätä hetkisen? Hänen elämässään ei näyttänyt olevan lepoa lainkaan.

Kahdeksas luku

Keskiviikkona 12. maaliskuuta 1986

Tarkkaavaisesti tehty työ on meditaatiota

Asukkaat tekivät kaikki ashramin työt ja heidän työtehtävänsä muuttuivat jatkuvasti. Niin kuin Amma usein sanoi: "Brahmachareilta ei pitäisi puuttua mitään taitoa. Heidän on kyettävä tekemään kaikenlaista työtä."

Amma ryhtyi kiertämään ashramia seitsemän aikaan aamulla keräten roskia ja karamellien käärepapereita, joita lojui siellä täällä maassa. Kun hän saapui navettaan ashramin pohjoispuolella, lehmät kohottivat päätään ja katsoivat häntä. Hän hyväili niiden päitä sellaisella äidinrakkaudella, jolla äiti koskettaa lapsiaan. Yhden lehmän edessä lattialla oli veteen sekoitettua pinnakia. Lehmä oli puskenut ämpärin nurin juodessaan siitä. Amma pesi ämpärin, haki sitten vettä ja pesi sen jälkeen lattian. Brahmachari, joka oli hänen seurassaan, halusi auttaa, mutta Amma ei sallinut.

Amman kasvoilla oleva ilme kertoi siitä, että hän tunsi kipua, koska lehmä ei ollut saanut juomaansa oikealla tavalla. Kun Amma oli lopettanut lattian puhdistamisen, hän meni suoraan majaan, missä asui se brahmachari, joka oli vastuussa lehmistä.

"Poikani", Amma sanoi hänelle, "etkö sinä ole vastuussa siitä, että lehmät saavat juomansa joka aamu?" Amman kysymyksestä brahmachari tiesi, että hän oli tehnyt jonkin virheen, mutta hän ei ymmärtänyt, mistä oli kyse. Niinpä hän seisoi hiljaa.

Amma jatkoi sanoen:

"Poikani, sadhakan ensimmäisen ominaisuuden tulee olla sraddha (tarkkaavaisuus). Tällä tavallako sinä annat lehmille juotavaa? Yksi lehmistä kaatoi kaiken lattialle. Eikö se johtunut sinun tarkkaavaisuuden puutteestasi? Sinulle on kerrottu, että sinun tulee olla lehmien luona siihen asti kunnes ne ovat juoneet juomansa. Lehmä kaatoi pinnak-sekoituksen sen tähden, koska sinä et noudattanut saamiasi ohjeita. Eikö totta? Jos et voi olla työsi ääressä niin pitkään, että se on tullut tehdyksi, Amma tekee sen itse. Sinun olisi suhtauduttava lehmään kuin omaan äitiisi. Lehmistä huolehtiminen on sekin Jumalan palvomista. Poikani, tuo lehmä joutui olemaan nyt syömättä sinun huolimattomuutesi tähden. Ja koska jätit sen vaille huomiota, paljon pinnakia meni sen takia hukkaan."

Brahmachari ymmärsi virheensä. Hän yritti selittää miksi hän oli lähtenyt navetasta.

"Lähdin aikaisemmin, koska meditaatioaika oli käsillä."

Hänen vastauksensa ei tyydyttänyt Ammaa.

"Jos olisit todella antautunut meditoimiselle, olisit syöttänyt lehmät aiemmin, jotta olisit ollut valmis meditaatioaikaan. On synti antaa lehmien jäädä nälkäisiksi meditaation vuoksi. Mitä meditaatio on? Tarkoittaako se vain sitä, että istut silmät kiinni eikä mitään muuta? Mikä tahansa työ, jonka teet harjoittaen japaa ja muistaen kaiken aikaa Jumalaa, on meditaatiota."

Brahmachari: "Amma, muutama päivä sitten sinä paastosit etkä juonut edes vettä, koska kaksi brahmacharia oli myöhässä

Luku 8

meditaatiosta. En tahtonut, että niin tapahtuisi jälleen minun takiani." Hänen silmänsä täyttyivät kyyneleistä kun hän puhui.

Amma pyyhki hänen kyyneleensä ja sanoi lohduttavasti: "Sanoiko Amma jotakin sellaista mikä masensi sinua tällä tavoin, poikani? Amma haluaa vain, että olet tarkkaavaisempi tästä lähtien. Amma oli vakavissaan muutama päivä sitten, koska nuo poikani välttivät tarkoituksella meditoimista. He olisivat voineet lukea ja kirjoittaa myöhemmin. Sinun tilanteesi on toisenlainen. Olit suorittamassa tehtävää, jonka Amma on sinulle antanut. Se ei eroa meditaatiosta, koska työlle omistautuminen on meditaatiota. Se kuinka omistautunut olet työlle, joka on uskottu sinulle, osoittaa kuinka antautunut olet ja kuinka voimallisesti pyrit päämäärään. Työn tekeminen sen tähden, että voisit vältellä meditaatiota ja meditoiminen sen tähden, että voisit vältellä työntekoa – kumpaankaan ei tule syyllistyä."

Amma ei sallinut mitään poikkeuksia ashramin sääntöihin. Kaikki tuli tehdä oikeaan aikaan. Ei saanut jättää väliin tai myöhästyä meditaatiosta, vedantan tai sanskritin oppitunnilta. Hän nuhteli brahmachareja muutaman kerran. Jos se ei auttanut, hän otti kärsiäkseen itse rangaistuksen – paastoten tai kieltäytyen jopa juomavedestä. Ankarin rangaistus brahmachareille oli se kun he tiesivät, että Amma paastosi heidän takiaan.

Amma ja brahmachari kävelivät kalarin mandapadamille (kuistille), missä kaikki meditoivat. Amma istuutui lootusasentoon, lähelle seinää, kasvot idän suuntaan. Brahmachari, joka oli tullut hänen kanssaan, istuutui hänen lähelleen. Meditaation jälkeen kaikki tulivat Amman luokse, kumarsivat ja kokoontuivat hänen ympärilleen.

Keskittyneisyys

Yksi brahmachareista käytti tilaisuutta hyväkseen kertoakseen Ammalle ongelmasta, joka parhaillaan vaivasi häntä.

"Amma, en kykene keskittymään harjoittaessani meditaatiota. Se tuntuu minusta hyvin pahalta", hän sanoi.

Amma hymyili ja sanoi:

"Lapseni, et saavuta ekagrataa hetkessä. Se vaatii jatkuvaa ponnistelua. Älä luovu sadhanan säännöllisyydestä vain sen takia, että et saavuta keskittyneisyyttä. Harjoita sadhanaa tiukan säännöllisesti. Sinulla pitää olla horjumaton innostuneisuus. Muista joka hetki, että olet henkinen oppilas.

Kerran eräs mies meni takavesille kalastamaan. Hän näki lähellä rantaa parven suuria kaloja. Hän päätti rakentaa mutapadon tuon paikan ympärille ja tyhjentää sen sitten vedestä saadakseen sillä tavalla kalat. Niinpä hän rakensi padon, ja koska hänellä ei ollut astiaa, hän ryhtyi tyhjentämään vettä paljain käsin. Pato murtui aika ajoin, mutta hän ei suostunut antamaan periksi. Hän jatkoi työskentelyä suurella kärsivällisyydellä uskoen syvästi siihen, mitä oli tekemässä – ajattelematta mitään muuta. Iltaan mennessä hän oli tyhjentänyt padon ja saanut paljon kalaa. Hän meni kotiin onnellisena, runsaskätisesti palkittuna siitä kovasta työstä minkä hän oli tehnyt vakuuttuneena, kärsivällisesti ja rikkoutumattomalla antaumuksella.

Lapseni, älä menetä uskoasi, vaikka et näekään minkäänlaisia tuloksia kaikista yrityksistäsi huolimatta. Jokaisella mantran toistolla on vaikutuksensa, et vain ole siitä tietoinen. Ja vaikka et saavuttaisikaan yksihuippuista keskittyneisyyttä, niin hyödyt silti siitä, että harjoitat meditaatiota säännöllisesti. Jatkuvan japan avulla mielesi epäpuhtaudet poistuvat, vaikka et

Luku 8

olisikaan tietoinen siitä, sinun keskittyneisyytesi meditaation aikana lisääntyy.

Sinun ei ole vaikeaa ajatella vanhempiasi, sukulaisiasi, ystäviäsi tai lempiruokaasi. Näet ne sielusi silmin samalla hetkellä kun ne tulevat mieleesi ja voit pitää ne mielessäsi niin kauan kuin haluat. Sinun ei tarvitse opettaa tai kouluttaa mieltäsi ajattelemaan maallisia asioita, koska mielesi on tottunut siihen. Sinun pitää rakentaa samanlainen riippuvuus Jumalaan. Se on japan, meditaation ja satsangin tarkoitus. Jatkuva ponnistelu on tarpeen. Tuo ponnistelu tuo rakkaan Jumalasi hahmon sekä mantran, joka liittyy tuohon hahmoon, mieleesi yhtä luonnollisella tavalla kuin maalliset ajatukset tulevat nyt mieleesi. Riippumatta siitä, mitä ajattelet tai näet, tulet säilyttämään silloin tietoisuutesi jatkuvasti Jumalassa. Silloin sinulle ei ole enää olemassa maailmaa erossa Jumalasta.

Lapseni, älä lannistu vaikka et saavuttaisikaan todellista keskittymistä alkuvaiheessa. Jos yrität jatkuvasti, onnistut varmasti. Sinulla on oltava jatkuvasti asenne: 'Vain Jumala on todellinen. Jos en saa tuntea häntä, elämäni on hedelmätön. Minun tulee nähdä hänet mahdollisimman pian!' Silloin tulet automaattisesti saavuttamaan keskittyneisyyden. Lapseni, sellaisen ihmisen tiellä ei ole esteitä, joka on jatkuvasti tietoinen päämäärästä. Hän kokee kaikki tilanteet suosiollisina."

Brahmachari: "En kykene meditoimaan aamuisin, koska koen itseni niin uniseksi."

Amma: "Poikani, jos tunnet itsesi väsyneeksi meditaation aikana, toista mantraasi liikuttaen samaan aikaan huuliasi. Jos sinulla on mala (rukousnauha), pidä sitä lähellä sydäntäsi ja toista mantraasi. Tämä tekee sinusta tarkkaavaisemman. Laiskuus saa sinut uuvahtamaan. Jos tunnet väsymystä kaikesta tästä huolimatta, nouse seisomaan ja toista mantraasi.

Äläkä nojaa mihinkään seisoessasi. Kun nojaat johonkin, mielesi kiintyy tuohon mukavuuden tunteeseen. Jos et vieläkään pääse eroon väsymyksen tunteesta, juokse hetken aikaa ja jatka sen jälkeen meditoimista. Aja tamas pois rajaksella. Hathajoogan harjoittaminen on myös hyödyllistä. Vain jos sinulla on todellista lakshya bodhaa (päämäärätietoisuutta), väsymyksesi kaikkoaa. Jotkut ihmiset, jotka työskentelevät tehtaassa yövuoron aikaan eivät toisinaan nuku kahteen tai kolmeen yöhön peräjälkeen. Silti he eivät nukahda tehtaassa koneen ääreen, sillä jos heidän keskittyneisyytensä raukeaa hetkeksikään, kone saattaa nielaista heidän kätensä – näin he voivat menettää sekä kätensä että työpaikkansa. Tietäen tämän he onnistuvat ajamaan uneliaisuutensa pois, olipa se kuinka syvää hyvänsä. Meillä pitäisi olla samanlainen valppaus ja tarkkaavaisuus istuessamme meditaatiossa. Meidän olisi ymmärretävä, että hukkaamme elämämme, jos antaudumme unelle ja menetämme meditaatiolle varatun ajan. Silloin emme antaudu unen valtaan."

Itsekkyys maallisissa ihmissuhteissa

Amma tuli meditaatiohallista ja huomasi, että muutamat oppilaat odottivat mahdollisuutta tavata häntä. He kumarsivat hänelle. Amma ohjasi heidät kalarin mandapadamille (vanhan temppelin kuistille) ja istuutui heidän seuraansa. Yksi oppilaista ojensi Ammalle hedelmälautasen.

Amma: "Kuinka voit, poikani?"

Mies laski päänsä sanaakaan sanomatta. Hänen vaimonsa oli jättänyt hänet toisen miehen takia, ja hän oli ryhtynyt epätoivoissaan juomaan. Neljä kuukautta sitten ystävä oli tuonut hänet Amman luo. Kun hän oli mennyt Amman darshaniin,

Luku 8

hän oli ollut niin juovuksissa, ettei ollut ymmärtänyt mistään mitään. Amma ei ollut antanut hänen lähteä heti vaan oli pitänyt miehen ashramissa kolme päivää, minkä jälkeen mies ei ollut koskenutkaan alkoholiin. Siitä lähtien hän oli tullut tapaamaan Ammaa aina kun hänellä oli ollut hiemankin vapaa-aikaa. Hän kärsi kuitenkin selvästi yhä siitä, että vaimo oli jättänyt hänet.

Amma: "Poikani, kukaan ei rakasta toista enempää kuin hän rakastaa itseään. Kaikkien rakkauden taustalla on heidän oma itsekäs pyrkimyksensä löytää itselleen onnea. Kun me emme saa toivomaamme onnea ystävältämme, hänestä tulee vihollisemme. Tämä on nähtävissä maailmassa. Vain Jumala rakastaa meitä pyyteettömästi. Ja vain rakastamalla häntä me voimme rakastaa ja palvella toisia pyyteettömästi. Vain Jumalan maailmassa ei ole itsekkyyttä. Meidän olisi keskitettävä kaikki rakkautemme ja kiintymyksemme yksin häneen. Silloin emme vajoa epätoivoon, kun joku hylkää meidät tai tekee jotakin väärää. Kiinnittäydy Jumalaan. Hän on kaikki mitä tarvitset. Miksi ajatella mennyttä ja surra?"

Oppilas: "En ole enää niin suurissa vaikeuksissa kun aiemmin, koska nyt minulla on Amma suojelemassa minua kaikin tavoin. Amma, sinun mantrasi on minun tukeni ja turvani aina kun tunnen olevani vaikeuksissa."

Amma antoi hänelle hieman bhasmaa (pyhää tuhkaa) ja niin hän nousi ylös lähteäkseen. Kun hän oli mennyt, Amma sanoi toisille:

"Katsokaa, minkälaisia kokemuksia ihmiset joutuvat kohtaamaan! Ne ovat oppitunteja meille. Rakastaako mies todella vaimoaan? Ja onko vaimon rakkaus miestä kohtaan todellista? Entä miksi vanhemmat rakastavat lapsiaan? He rakastavat heitä vain siksi, että he ovat syntyneet heidän omasta verestään ja siemenestään! Eivätkö he muuten rakastaisi kaikkia lapsia samalla tavoin? Kuinka moni ihminen on valmis kuolemaan lastensa tai puolisonsa tähden? Vaikka tuo poikani oli valmis kuolemaan, koska vaimonsa oli jättänyt hänet, se ei johtunut rakkaudesta vaimoa kohtaan vaan hänestä itsestään. Se johtui pettymyksestä, mitä hän tunsi menetettyään oman onnensa. Jos hän olisi todella rakastanut vaimoaan, hän olisi hyväksynyt sen, että vaimo oli onnellisempi jonkun toisen kanssa. Hänen onnensa olisi ollut miehelle tärkeämpi kuin mikään muu. Sellaista on epäitsekäs rakkaus. Ja jos hänen vaimonsa olisi todella rakastanut häntä, hän ei olisi edes vilkaissut toisen miehen kasvoja.

Me sanomme, että rakastamme lapsiamme, mutta kuinka moni on valmis antamaan oman elämänsä pelastaakseen lapsensa hukkumasta? Eräs tyttäreni tuli luokseni kertoen tarinansa. Hänen lapsensa oli pudonnut syvään kaivoon. Hän näki lapsensa putoavan mutta ei kyennyt tekemään mitään. Siinä vaiheessa kun sukeltajat saapuivat, lapsi oli kuollut. Minkä tähden äiti ei ajatellut, että olisi voinut hypätä kaivoon pelastaakseen lapsensa? Yhdeksänkymmentäyhdeksän prosenttia ihmisistä on tällaisia. Hyvin harvoin kukaan vaarantaa oman henkensä pelastaakseen toisen. Sen tähden Amma sanookin, että kukaan muu ei rakasta meitä pyyteettömästi kuin Jumala. Kiinnity häneen lujasti. Tämä ei tarkoita sitä, että sinun ei tulisi rakastaa toisia. Näe Jumala kaikissa ja rakasta tuota Jumalaa. Silloin et vaivu kärsimykseen, jos toisen rakkaus katoaa."

Nuori mies, joka vieraili ashramissa ensimmäistä kertaa, istui toisten takana kuunnellen Ammaa. Mutta hän kuunteli ilman että vähäisinkään kunnioitus olisi heijastunut hänen kasvoiltaan. Kun Amma lopetti puhumisen, hän osoitti Amman valokuvaa, joka oli otettu Krishna-bhavan aikana, ja kysyi:

"Eikös tuo esitä sinua, kruunu, riikinkukon sulka ja muuta, ylläsi? Miksi olet pukeutunut tuolla tavalla? Onko kysymys jonkinlaisesta näytelmästä?" Kuultuaan tällaisen odottamattoman kysymyksen kaikki oppilaat kääntyivät ympäri ja tuijottivat häntä.

Roolin näytteleminen yhteiskunnalle

Amma: "Poikani, mistä tiedät, ettei tämä koko maailma ole näytelmää? Jokainen näyttelee näytelmässä oivaltamatta sitä. Tässä on kyse näytelmästä, jonka tarkoituksena on herättää ihmiset toisesta näytelmästä, näytelmästä, jonka tarkoituksena on poistaa heidän tietämättömyytensä.

Poikani, sinä synnyit alastomana. Minkä tähden pidät vaatteita vaikka tiedätkin, että todellinen olemuksesi on alaston?"

Nuori mies: "Olen sosiaalinen olento. Minun tulee noudattaa yhteiskunnan arvoja, muuten yhteiskunta arvostelisi minua."

Amma: "Pidät siis vaatteita yhteiskunnan takia. Amman vaatetus on myös samaa yhteiskuntaa varten. Heidät, jotka voivat saavuttaa päämäärän jnanan (tiedon) polkua kulkien, voidaan laskea kätesi sormin. Amma ei voi jättää huomioimatta kaikkia muita, jotka kykenevät edistymään polulla vain antaumuksen tietä kulkien. Sri Shankaracharya, joka julisti advaitaa (ykseysfilosofiaa), perusti temppeleitä. Hän sanoi, että Jumala on tietoisuus, mutta eikö hän osoittanut, että pelkkä kivikin on Jumala? Ja eikö hän kirjoittanut Saundarya Laharin kuvaten Jumalallisen Äidin hahmoa? Sama Vyasa, joka kirjoitti Brahma Sutrat, kirjoitti myös Srimad Bhagavatamin. Oivaltaen, että tavallisen mielenlaadun omaavat ihmiset eivät kykene sulattamaan ei-kaksinaisuuden filosofiaa ja vedantaa, he pyrkivät voimistamaan ihmisissä antaumusta.

Poikani, Amma tuntee oman todellisen olemuksensa ja oman todellisen hahmonsa oikein hyvin, mutta tämän päivän ihmiset tarvitsevat joitakin apuvälineitä oivaltaakseen tuon korkeimman tekijän. Jumalan kuvia tarvitaan voimistamaan ihmisissä uskoa ja antaumusta. On helpompi saada kana kiinni tarjoamalla sille ruokaa kuin ajamalla sitä takaa. Kun se näkee ruoan, se tulee lähelle, jolloin voit ottaa sen kiinni. Voidaksemme kohottaa tavallisia ihmisiä henkisyyden tasolle meidän on ensin laskeuduttava heidän tasolleen. Heidän mielensä kykenee ymmärtämään vain nimiä ja muotoja, niinpä me voimme auttaa heitä ylevöitymään vain nimien ja muotojen avulla. Ajattele tuomarin tai poliisin virka-asua. Kun poliisi ilmestyy univormussa, kuri ja järjestys vallitsevat. Ihmiset asennoituvat kovin eri tavoin, jos hän pitää päällään vapaa-ajan vaatteita. Tämä osoittaa, minkälainen merkitys vaatteilla ja koristeilla on.

He, jotka kykenevät näkemään kiven patsaassa, kullan korvakoruissa, korren tuolissa – perustan kaikessa, kaiken todellisen olemuksen – eivät tarvitse mitään tuollaista. He ovat jo saavuttaneet oivalluksen advaitasta (ykseydestä). Mutta suurin osa ihmisistä ei ole saavuttanut tuota tasoa. Siksi he tarvitsevat kaikkea tällaista."

Nuori mies ei esittänyt uusia kysymyksiä. Amma sulki silmänsä ja meditoi hetkisen.

Karmajoogan salaisuus

Kun Amma avasi jälleen silmänsä, yksi oppilaista kysyi:
"Päättyykö maailmaa palvelevan karmajoogin toiminta, kun hän kehittyy henkisesti?"

Luku 8

Amma: "Ei välttämättä. Toiminta voi jatkua loppuun asti."
Oppilas: "Amma, kumpi on korkeampi, bhakti- vai karmajooga?"

Amma: "Emme voi todella sanoa, että bhakti- ja karmajooga eroaisivat toisistaan, sillä todellinen karmajoogi on todellinen palvoja ja todellinen palvoja on todellinen karmajoogi. Kaikki toiminta ei välttämättä ole karmajoogaa. Vain niitä tekoja, jotka tehdään pyyteettömästi, uhrauksena Jumalalle, voidaan kutsua karmajoogaksi. Toisaalta neljää pyhää kierrosta, käsien kohottamista ja tervehdysten tekemistä voi aina kutsua bhaktiksi. Meidän mielemme pitäisi olla keskittynyt Jumalaan ja meidän kaikkien tekojemme pitäisi olla uhrausta. Meidän tulee nähdä rakkaan Jumalamme hahmo kaikissa ja lahjoittaa heille rakkautta ja apua. Meidän tulee antautua Jumalalle koko sydämellämme. Vain silloin voimme sanoa, että meillä on bhaktia.

Todellisen karmajoogin tulee keskittää mielensä Jumalaan tehdessään kaikki toimensa. Meidän tulee omaksua asenne, että kaikki on Jumalaa. Silloin kyse on bhaktista. Toisaalta, jos ajattelemme muita asioita tehdessämme pujaa (ritualistista jumalanpalvelusta), silloin pujaa ei voi pitää bhaktijoogana, sillä silloin kyse on vain ulkokohtaisesta toiminnasta, ei todellisesta jumalanpalveluksesta. Mutta jos tehtävämme on puhdistaa käymälöitä, toistamme mantraa työskennellessämme ja asennoidumme niin, että kyse on Jumalan antamasta työstä, niin silloin on kyse samaan aikaan sekä bhaktijoogasta että karmajoogasta.

Eräs köyhä nainen tapasi aina toistaa sanat Krishnarpanam astu (Olkoon tämä uhraus Krishnalle) ennen kuin hän teki mitään. Lakaisi hän sitten etupihaansa tai kylvetti lastaan hän sanoi aina: Krishnarpanam astu. Hänen kotinsa lähettyvillä oli temppeli. Temppelin pappi ei pitänyt naisen rukouksesta. Hän ei sietänyt ajatusta siitä, että nainen sanoi Krishnarpanam astu, kun hän heitti roskia pois. Hän nuhteli naista tästä, mutta nainen ei vastannut tähän mitään.

Kerran nainen poimi lehmänlantaa, jota oli hänen etupihallaan ja heitti sen pois. Kuten tavallista, hän ei unohtanut sanoa Krishnarpanam astu. Lehmänlanta lensi temppelin eteen. Pappi näki tämän ja tärisi raivosta. Hän raahasi naisen temppelille ja pakotti hänet poistamaan lehmänlannan. Sitten hän pieksi naisen ja ajoi hänet tiehensä.

Seuraavana päivänä pappi ei kyennyt liikuttamaan käsivarttaan, se oli halvaantunut. Hän itki Jumalalle. Seuraavana yönä Jumala ilmestyi hänelle unessa sanoen:

'Minä iloitsin palvojani uhraamasta lehmänlannasta paljon enemmän kuin makeasta payasamista, jota sinä annoit minulle. Se mitä sinä teet, sitä ei voi kutsua jumalanpalvelukseksi, sen sijaan kaikki hänen toimensa ovat jumalanpalvelusta. En salli sinun vahingoittavan tällaista palvojaani. Vain jos kosketat hänen jalkojaan ja pyydät anteeksi, sinä paranet.'

Pappi oivalsi virheensä. Hän pyysi naista antamaan hänelle anteeksi ja niin hän parani pian."

Käänny jumalan puoleen juuri nyt

Oppilas: "Olen hyvin kiireinen työni kanssa eikä minulla ole aikaa meditoida. Ja kun yritän harjoittaa japaa, en kykene keskittymään. Amma, olisiko parempi, että odottaisin japan ja meditaation hetkeen, jossa en ole enää niin kiireinen ja minulla on hieman mielenrauhaa?"

Amma: "Poikani, saatat ajatella että käännyt Jumalan puoleen, kun työmääräsi on pienempi tai kun olet saanut tarpeeksi nauttia maallisista nautinnoista – mutta niin ei tapahdu. Sinun

Luku 8

pitäisi kääntyä hänen puoleensa juuri nyt, kaikkien vaikeuksiesi keskellä. Hän tulee varmuudella osoittamaan sinulle tien. Amma kertoo sinulle esimerkin. Sanokaamme, että nuorella naisella on mielenterveysongelmia. Nuori mies tulee hänen luokseen ehdottaen hänelle naimisiinmenoa, mutta saatuaan kuulla hänen sairaudestaan mies sanoo, että menisi naisen kanssa naimisiin vasta, kun hän on tervehtynyt. Lääkärin näkemys on kuitenkin se, että hän toipuu sairaudestaan vain menemällä naimisiin. Niinpä naiselle ehdotus toipumisesta ennen naimisiin menoa on hyödytön!

Tai kuvittele, että vesi sanoo sinulle: 'Voit tulla luokseni vasta sitten kun olet oppinut uimaan.' Kuinka se olisi mahdollista? Sinun tulee mennä veteen voidaksesi oppia uimaan! Samalla tavoin, vain Jumalan avulla voit puhdistaa mielesi. Jos muistat Jumalaa työtä tehdessäsi, kykenet tekemään työsi hyvin. Kaikki esteet katoavat ja ennen kaikkea sinun mielesi puhdistuu.

Jos ajattelet, että ryhdyt keskittämään mielesi Jumalaan vasta kun vaikeutesi ovat päättyneet ja mielesi rauhoittunut, erehdyt, koska näin ei tapahdu koskaan. Et tule koskaan löytämään Jumalaa tuolla tavalla. On hyödytöntä odottaa, että mielesi kehittyisi. Sinnikäs yrittäminen on ainoa tie kehittää itseäsi. Saatat menettää terveytesi tai henkisen kyvykkyytesi milloin tahansa, ja niin elämäsi on valunut hukkaan. Seuratkaamme siksi juuri nyt polkua, joka vie Jumalan luo. Tätä me tarvitsemme."

Vierailija: "Amma, joukko nuoria ihmisiä on jättänyt kotinsa ja tullut tänne etsimään Jumalaa. Mutta eivätkö he ole siinä iässä, jolloin heidän on tarkoitus nauttia elämästä? Eivätkö he voi ajatella Jumalaa ja ryhtyä sanjaaseiksi myöhemmin?"

Amma: "Poikani, meille on annettu tämä ihmiskeho, jotta oivaltaisimme Jumalan. Olemme joka päivä lähempänä kuolemaa. Menetämme voimamme maallisiin nautintoihin, mutta muistamalla jatkuvasti Jumalaa meidän mielestämme tulee voimakkaampi. Tämä vahvistaa myönteisiä samskaroitamme (ominaisuuksiamme) ja kykenemme jopa ylittämään kuoleman. Sen tähden meidän on yritettävä voittaa heikkoutemme, kun olemme vielä terveitä ja täynnä elinvoimaa. Silloin meidän ei tarvitse huolehtia huomisesta.

Amma muistaa tarinan. Eräässä maassa kenestä tahansa saattoi tulla kuningas, mutta jokainen kuningas sai hallita vain viisi vuotta. Sen jälkeen hänet vietiin autiolle saarelle, minne hänet jätettiin kuolemaan. Saarella ei ollut lainkaan ihmisiä, vain petoeläimiä, jotka tappoivat ja söivät saman tien kuninkaan. Vaikka ihmiset tiesivätkin tästä, moni ilmoittautui silti kuninkaan tehtävään, sillä he halusivat nauttia kuninkaan asemasta ja nautinnoista. Kun heidät nimitettiin tehtävään, he olivat riemuissaan. Mutta sen jälkeen he kokivat vain surua, sillä he pelkäsivät päivää, jolloin pedot repisivät heidät ja söisivät heidät saarella. Tästä syystä jokainen kuninkaista eli kaoottisessa mielentilassa eivätkä he koskaan hymyilleet. Vaikka kaikki mahdollinen kuviteltavissa oleva mukavuus oli heidän ulottuvillaan – maukas ruoka, palvelijat, tanssi ja musiikki – ne eivät kiinnostaneet heitä. He eivät kyenneet nauttimaan niistä. Siitä hetkestä lähtien, jona he nousivat valtaan, he näkivät vain kuoleman häämöttävän edessään. He olivat etsineet onnea, mutta yksikään hetki ei ollut suruton.

Kymmenes kuningas vietiin saarelle, kun hänen aikansa oli päättynyt. Ja kuten aiemmatkin kuninkaat, villieläimet söivät hänet. Seuraava henkilö, joka astui esiin tullakseen kruunatuksi kuninkaaksi, oli nuori mies. Mutta hän ei ollut samanlainen kuin aikaisemmat kuninkaat. Hän ei ollut hetkeäkään onneton noustuaan valtaan. Hän nauroi kaikkien kanssa, tanssi ja

Luku 8

lähti metsästysmatkoille ja kiersi usein ratsain tiedustelemassa ihmisten hyvinvointia. Kaikki huomasivat, että hän oli aina iloinen.

Lopulta hänen päivänsä valtaistuimella olivat lopussa, mutta hänen käytöksessään ei tapahtunut muutosta. Kaikki olivat ihmeissään. He sanoivat hänelle:
'Teidän majesteettinne, teidän aikanne lähteä saarelle lähenee, mutta ette näytä olevan lainkaan surullinen. Yleensä ahdistus alkaa kun joku nousee valtaistuimelle, mutta te olette iloinen jopa nyt!'
Kuningas vastasi:
'Miksi olisin surullinen? Olen valmis menemään saarelle. Siellä ei ole enää vaarallisia eläimiä. Kun tulin kuninkaaksi, opettelin metsästämään. Menin sitten joukkoineni saarelle ja me metsästimme ja tapoimme kaikki petoeläimet. Kaadoin saaren metsän ja muutin sen viljelysalueeksi. Rakennutin kaivoja ja rakensin muutamia taloja. Nyt menen sinne ja elän siellä. Kun luovun tästä valtaistuimesta, jatkan elämääni niin kuin kuningas, koska kaikki mitä tarvitsen, on tuolla saarella.'

Meidän tulisi olla tuon kuninkaan kaltaisia. Meidän olisi löydettävä autuuden maailma, kun vielä elämme tässä aineellisessa maailmassa. Sen sijaan lähes kaikkia voi verrata noihin edeltäviin kuninkaisiin. He eivät ole hetkeäkään vapaita levottomuudesta ja huomista koskevista huolista. Tästä johtuen he eivät kykene tekemään edes tämän päivän töitä kunnolla. Tällä päivällä on omat murheensa ja huomisella omansa. Emme voi välttyä kyyneliltä viimeiseen hetkeemme asti. Mutta jos harjoitamme jokaisena hetkenä shraddhaa (tarkkaavaisuutta), emme joudu kärsimään huomenna – kaikki huomiset tulevat olemaan autuuden päiviä.

Lapseni, älkää ajatelko että voitte nauttia aistimaailmasta nyt ja ajatella Jumalaa myöhemmin. Aistimaailma ei voi koskaan lahjoittaa meille todellista tyytyväisyyttä. Syötyämme payasamia voimme tuntea tyytyväisyyttä hetken ajan, mutta jo seuraavassa hetkessä haluamme kaksi kertaa enemmän! Joten älkää ajatelko koskaan nauttivanne aineellisesta maailmasta ensin ja etsivänne Jumalaa myöhemmin! Emme voi koskaan tyydyttää aistejamme. Halut eivät kuole niin helposti. Vain hän, joka on hylännyt kaikki halut, on täydellinen. Lapseni, suorita toimesi luovuttaen mielesi Jumalalle. Silloin kykenet ylittämään jopa kuoleman ja autuus on oleva ikuisesti sinun."

Keskiviikkona, 16. huhtikuuta 1986

"Silti minä toimin"[1]

Aamulla alkoi työ, jonka aikana kannettiin sementtiä uuden talon rakentamista varten. Koska kyse oli raskaasta työstä, kaikki pyysivät, että Amma ei osallistuisi siihen.

Brahmachari Balu:[2] "Amma, me valmistamme betonia. Sementtiä ja soraa roiskuu päällesi ja sementti aiheuttaa palovammoja."

Amma: "Polttaako se ainoastaan Amman kehoa, mutta ei teidän lasten?"

Balu: "Mutta sinun ei tarvitse auttaa. Me olemme täällä tehdäksemme työn."

Amma: "Poikani, Ammaa ei haittaa työnteko. Ei hän kasvanut huoneessaan istuen. Hän on tottunut kovaan työhön."

---

[1] Jae Bhagavad-Gitasta III:22.
[2] Swami Amritaswarupananda Puri

Luku 8

Kun Amma sanoi tämän, kaikki tiesivät, että heidät oli voitettu. Amma liittyi jonoon, ihmisten joukkoon, jotka kantoivat sementtiastioita.

Astia, joka oli täynnä sementtisekoitusta, lipesi brahmacharin käsistä ja putosi maahan. Hän astahti taaksepäin, ettei astia olisi pudonnut hänen jalalleen, mutta siitä roiskahti hieman Amman kasvoille. Amma puhdisti kasvonsa pyyhkeellä, jonka brahmachari ojensi hänelle, ja sitoi sitten huivin päänsä ympärille ottaen huvittavan asennon, joka sai aikaan naurunremahduksia keskellä kovaa työtä.

Kun auringon paahde tuli kuumemmaksi, hikipisaroita ilmestyi Amman kasvoille. Nähdessään hänen työskentelevän kuuman auringon alla eräs oppilas tuli hänen luokseen pitääkseen sateenvarjoa hänen päänsä yläpuolella. Mutta Amma ei sallinut sitä avattavan:

"Kun niin moni Amman lapsi ponnistelee auringon kuumuudessa, tulisiko Amman itse hakea mukavuutta sateenvarjon alta?"

Kun työ jatkui, Amma muistutti lapsiaan:

"Kuvittele, että vieressäsi oleva henkilö on rakastettu Jumalasi ja eläydy siihen, että ojennat astian hänelle. Silloin aikasi ei mene hukkaan."

Eläytyen Amman sanoihin ja hänen nauruunsa kukaan ei kokenut työtä vaikeaksi, eivätkä he olleet tietoisia ajan kulumisesta. Huomatessaan, että mantra oli unohtumassa hänen lastensa mielestä, Amma ryhtyi laulamaan jumalallisia nimiä: Om Namah Shivaya, Om Namah Shivaya.

Työ jatkui iltaan asti. Monet brahmachareista olivat tottumattomia näin kovaan fyysiseen työhön, niinpä he saivat rakkuloita käsiinsä. Mutta kun työ oli ohi, ei ollut aikaa levätä. He kävivät pesulla ja valmistautuivat lähtemään

Thiruvananthapuramiin, missä pidettäisiin bhajanien, henkisten laulujen, tilaisuus. Yksi brahmachareista ei ollut osallistunut työhön. Hän oli käyttänyt koko päivän sanskritin kielen opiskeluun. Nähdessään hänet lautalla Amma meni hänen luokseen ja sanoi: "Poikani, henkilö, joka ei tunne myötätuntoa toisten kärsimystä kohtaan, ei ole lainkaan henkinen. Sellainen ihminen näe koskaan Jumalaa. Amma ei voi seistä sivussa katselemassa, miten hänen lapsensa työskentelevät. Hänen kehonsa heikkenee, jos hän vain ajatteleekin, että hänen lapsensa työskentelevät yksin. Mutta heti kun hän liittyy heidän seuraansa, hän unohtaa kaiken. Jos Amma on liian heikko työskennelläkseen, hän menee ja pitää heille seuraa ajatellen, että hän voi ainakin ottaa heidän uupumuksensa itselleen. Kuinka saatoit olla niin tyystin vailla myötätuntoa, poikani? Kun niin moni työskenteli, mistä sait mielen voimaa pysytellä poissa?"

Brahmachari ei kyennyt vastaamaan. Nähdessään hänen seisovan pää kumarassa katumuksesta Amma sanoi:

"Amma ei sanonut tätä saadakseen sinut tuntemaan katumusta, poikani. Sen tarkoituksena oli huolehtia siitä, että olisit ensi kerralla tarkkaavaisempi. Ei ole mitään hyötyä ruokkia älyä vain tiedolla– sinun on tultava rakastavaksi ja myötätuntoiseksi. Sydämesi on laajennuttava samaan aikaan älysi kanssa. Sitä varten sadhana on olemassa. Kukaan ei voi kokea Itseä ennen kuin hänen sydämensä on täynnä myötätuntoa."

Lautta saapui perille. Siinä vaiheessa kun Amma ja brahmacharit saapuivat toiselle rannalle, Brahmachari Ramakrishnan[3] oli odottamassa heitä minibussin kanssa. Hän oli mennyt aamulla Kollamiin korjauttamaan autoa ja oli saapunut juuri ajoissa ajaakseen Amman ja toiset ohjelmaan. Tästä johtuen

---

[3] Swami Ramakrishnananda Puri

Luku 8

hän ei ollut ehtinyt syömään mitään koko päivänä. Amma nousi autoon ja kutsui hänet istumaan viereensä.

Ramakrishnan: "Minun vaatteeni ovat likaiset ja minä haisen hielle. Jos istun viereesi, myös sinun vaatteesi likaantuvat ja sinäkin alat haista, Amma."

Amma: "Se ei ole mikään ongelma Ammalle. Tule tänne, poikani! Amma kutsuu sinua. Kyse on yhden lapseni hiestä, jonka kova työskentely on tuottanut. Se on kuin ruusuvettä!"

Amman vaatimuksesta Ramakrishnan lopulta tuli ja istuutui hänen viereensä samalla kun Brahmachari Pai ajoi autoa. Matkalla Amma kehotti heitä pysähtymään, jotta he hakisivat Ramakrishnanille ruokaa erään oppilaan talosta.

Satsang matkan aikana

Amman mukana matkustavassa ryhmässä oli nuori mies, joka oli suurin piirtein samanikäinen kuin brahmacharit. Hän oli saapunut tuona päivänä ensimmäistä kertaa ashramiin. Hänen silmänsä olivat täynnä ihmetystä, kun hän istui katsellen miten Amma ja hänen opetuslapsensa matkustivat yhdessä nauraen ja saaden aikaan paljon iloista melua.

"Tule tänne, poikani", Amma kutsui tehden tilaa hänelle vierellään. "Onko sinun vaikea matkustaa, kun joudut ahtautumaan tällä tavoin?"

Nuori mies: "Ei, Amma. Kun olin yliopistossa, matkustin usein seisoen bussin rappusilla, sillä bussit olivat niin täynnä. Joten tämä ei ole mikään ongelma minulle."

Amma: "Aluksi Amma tapasi matkustaa bussilla pitämään bhajaneita ja vierailemaan oppilaiden kotona. Sitten opetuslasten määrä lisääntyi, eikä meidän ollut aina mahdollista nousta samaan bussiin.[4] Oli myös vaikea kantaa tablaa ja harmoniumia bussissa eivätkä kaikki kyenneet tällä tavalla saapumaan samaan aikaan määränpäähän. Niinpä kaikki kehottivat Ammaa hankkimaan minibussin ja lopulta hän suostui. Mutta tähän mennessä korjauskustannukset ovat vieneet enemmän rahaa kuin mitä auto on maksanut! Eikö totta, Ramakrishnan?"

Kaikki nauroivat. Äänekäs keskustelu oli käynnissä auton takaosassa. Amma kääntyi ympäri ja sanoi:

"Balu, poikani!"

"Niin, Amma!"

"Laula bhajan!"

Brahmachari Srikumar nosti harmoniumin syliinsä.

Manasa bhajare guru charanam

Amma ja muut lauloivat useita lauluja. Sen jälkeen kaikki olivat hiljaa useita minuutteja maistellen pyhien nimien suloisuutta, jota oli juuri lauluissa juhlistettu. Amma nojasi Gayatrin olkapäähän pitäen silmiään puoleksi kiinni.

Kun uusi tulokas näki, että Amma hymyili hänelle, hän päätti esittää kysymyksen.

"Amma, eikö sanota, että sadhakoiden ei tulisi olla tekemisissä naisten kanssa? Kuinka nainen näin ollen voi ohjata heitä heidän gurunaan?"

Amma: "Poikani, onko totuuden tasolla olemassa miestä tai naista? Miehelle on paljon parempi, että hänellä on nainen gurunaan kuin mies. Lapseni ovat hyvin onnekkaita tässä mielessä. Heidän, joilla on mies gurunaan, tulee ylittää kaikki naiset, mutta he, joiden guru on nainen, voivat ylittää kaikki maailman naiset ylittämällä vain yhden naisen gurussaan."

---

[4] Intian bussit ovat usein hyvin täysiä.

Luku 8

Nuori mies: "Eikö Ramakrishna Deva määrännyt tiukat säännöt koskien naisia ja kultaa?"

Amma: "Kyllä, se mitä hän sanoi on varmuudella totta, sadhakan ei tule edes katsoa naisen kuvaa. Mutta he, joilla on guru, on joku joka osoittaa heille oikean polun ja ohjaa heitä sitä pitkin. Heidän on vain seurattava guruaan. Käärmeen myrkky voi tappaa sinut ja silti vastalääke tehdään samasta myrkystä. Todellinen guru laittaa kaikenlaisia esteitä opetuslapsen polun varrelle, sillä vain sillä tavoin opetuslapsessa kehittyy voima ylittää kaikki esteet. Mutta heidän, jotka eivät ole gurun suorassa ohjauksessa, tulee olla hyvin varovaisia.

"Pai, poikani, katso suoraan eteenpäin, kun ajat!" Amma sanoi nauraen. "Hän katsoo Ammaa peilin kautta samalla kun hän ajaa!"

Nuori mies: "Amma, sinä et vaikuta väsyneeltä vaikka olet tehnyt töitä koko päivän ilman hetkenkään lepoa. Meistä muista tuntuu siltä, että tämä keho on varsinainen kärsimyskeho!"

Amma: "Kyllä, kehosta sanotaan, että se on kärsimyskeho. Ja silti pyhimykset, jotka ovat kokeneet totuuden, sanovat että tämä on autuuden maailma. Heille, jotka elävät tietämättömyydessä, tämä keho on todellakin kärsimyskeho. Mutta jatkuvan ponnistelun avulla ratkaisu on löydettävissä. Kärsimys voidaan poistaa tuntemalla se, mikä on ikuista ja se mikä on väliaikaista.

Katso mustaa varista, joka istuu valkoisten kurkien keskellä. Sen musta väri korostaa valkoisen kauneutta. Mustuuden vuoksi voimme arvostaa valkoisen kauneutta enemmän. Samalla tavoin kärsimys opettaa meille ilon arvon. Koettuamme kärsimystä olemme varovaisempia.

Mies käveli ulkona, kun hän sai jalkaansa piikin. Sen jälkeen hän asteli hyvin varovasti ja vältti siten syvään kuoppaan putoamista. Jos hän ei olisi saanut piikkiä jalkaansa, hän ei olisi ollut niin tarkkaavainen vaan pudonnut kuoppaan. Niinpä pieni määrä kärsimystä voi pelastaa meidät suurelta vaaralta. He, jotka etenevät täydellisen tarkkaavaisina ylittävät kaiken kärsimyksen ja saavuttavat ikuisen autuuden. He, jotka tuntevat äärettömyyden, jotka ovat oivaltaneet totuuden, eivät kärsi – he kokevat vain autuutta. Kärsimys johtuu siitä, että ajattelet olevasi keho, mutta jos näet saman kehon kulkuvälineenä, jonka avulla saavutat ikuisen autuuden, silloin ongelmaa ei ole."

Nuori mies: "Väitetäänpä tätä elämää kuinka iloiseksi hyvänsä, niin se näyttää olevan täynnä surua kokemisen tasolla."

Amma: "Poikani, miksi putoaisit kuoppaan tietoisesti? Miksi jatkaisit kärsimistä, kun on olemassa tie, jonka avulla se voidaan ylittää? Aivan niin kuin auringon lämpö ja veden viileys, ilo ja suru ovat elämän luonne. Miksi siis menettäisit kaiken voimasi suremalla? Miksi työskentelisit ilman palkkaa? Mutta jos uskot hyötyväsi siitä, että olet surullinen, niin ole siinä tapauksessa surullinen kaikin mokomin!

Jos kehossasi on haava, et vain istu kärsimässä – laitat lääkettä ja siteen haavaasi, muussa tapauksessa se saattaa tulehtua ja viedä voimasi. Ymmärrettyäsi henkisen elämän ytimen toisarvoiset asiat eivät enää heikennä sinua. Jos tiedät, että ilotulitusraketti tulee räjähtämään milloin tahansa, et säikähdä, kun se räjähtää. Mutta jos olet valmistautumaton, räjähdyksen ääni saattaa pelästyttää sinut jopa siinä määrin, että se vaikuttaa terveydentilaasi. Suru voidaan välttää pitämällä mieli Itsessä. On totta, että mieltä ei ole helppo oppia hallitsemaan. Valtamerta on vaikea ylittää, mutta se joka yrittää ja oppii tarvittavan taidon, kykenee ylittämään sen.

Luku 8

Mahatmat ovat kertoneet kuinka samsaran valtameri voidaan ylittää. He ovat antaneet ohjeensa pyhissä kirjoituksissa. Meidän on vain seurattava niitä. Meidän on omaksuttava keskeiset periaatteet opiskelemalla pyhiä kirjoituksia ja kuuntelemalla satsangia. Meidän ei koskaan pitäsi hukata mahdollisuutta olla lähellä mahatmaa. Meidän tulee soveltaa heidän ohjeitaan omaan elämäämme ja harjoittaa sadhanaa säännöllisesti. Me tarvitsemme suurten sielujen seuraa. Meidän tulee omaksua gurulle antautumisen asenne. Jos etenemme shraddhaa harjoittaen, vapaudumme surusta."

Auto heilahti rajusti. Pai oli nipin napin välttänyt törmäämästä kuorma-autoon, joka oli ollut tulossa suoraan kohti.

"Poikani, aja varovaisesti!"

"Amma, tuo kuorma-auto oli väärällä puolella tietä!"

Amma huomasi, että yhden brahmacharin kädet olivat siteillä sidotut. Hän otti suurella hellyydellä hänen kätensä omiinsa.

"Oi, sinun kätesi ovat haavoilla! Sattuuko niihin, poikani?"

Brahmachari: "Ei, Amma. Iho vain lähti irti. Laitoin siteen, jotta lika ei pääsisi siihen, siinä kaikki."

Amma suukotti rakkaudella hänen käsiään, joita kova työ oli vahingoittanut.

Ohjelma päättyi myöhään ja he ajoivat takaisin keskellä yötä. Minibussin sisällä väsyneet päät kolahtelivat toisiinsa. Amma makasi pitäen päätään Gayatrin sylissä. Avoimesta ikkunasta puhaltava tuuli hyväili Amman hiuksia, jotka kerääntyivät hänen otsalleen, joka oli kuin puolikuu. Ohi vilahtelevat katulamput saivat hänen nenäkorunsa säkenöimään säihkyvän tähden lailla.

Lauantaina 19. huhtikuuta 1986

Ratkaisua etsivät lakimiehet

Kello oli neljä iltapäivällä, eikä Amma ollut vielä lopettanut darshanin antamista oppilailleen. Lakimies, joka oli ashramin vakituisia kävijöitä, meni darshan-majaan ystävänsä kanssa, joka ei ollut koskaan aikaisemmin tavannut Ammaa. Kumarrettuaan Ammalle nämä nuoret miehet istuutuivat kaislamatolle.

Lakimies: "Amma, tässä on ystäväni, joka työskentelee kanssani. Hänellä on perheongelmia, niinpä hän on päättänyt erota vaimostaan. Mutta vaimo ei halua heidän eroavan. Hän on päättänyt haastaa miehensä oikeuteen, jotta tämä tulisi tukemaan taloudellisesti häntä ja heidän lastaan."

Amma: "Poikani, miksi harkitset eroa hänestä?"

Ystävä: "Hänen käytöksensä ei ole hyvää. Olen nähnyt hänen tekevän useita kertoja todella pahoja asioita."

Amma: "Näitkö sen itse, poikani?"

Ystävä: "Kyllä."

Amma: "Sinun ei tulisi tehdä mitään ilman, että olet itse nähnyt sen, poikani. Sillä se olisi suuri synti. Se, että aiheuttaa viattomalle ihmiselle kyyneleitä, on suurempi synti kuin mikään muu paha teko. Jos hylkäät hänet, lapsesi joutuu kasvamaan ilman isää ja jos vaimosi menee uusiin naimisiin, niin lapsella ei tule olemaan myöskään todellista äitiä.[5] Saatuasi lapsen tähän maailmaan eikö olisi suuri häpeä tehdä tuon viattoman lapsen elämästä päättymätön surun aihe? Jos vaimosi huono käytös on sellaista mitä voit sietää, eikö olisi parempi elää hänen kanssaan tasapainoisesti?"

---

[5] On syytä huomioida, että Amma puhuu tässä nimenomaan tästä naisesta eikä kaikista naisista, jotka ovat samanlaisessa tilanteessa.

Luku 8

Ystävä: "Ei Amma, se ei ole mahdollista – ei tässä elämässä ainakaan. Hänen pelkkä ajattelemisensa saa minut tuntemaan vihaa. Luottamukseni on täysin kadonnut."

Amma: "Vakaus tulee luottamuksesta. Jos se on mennyt, kaikki on mennyt. Amma toteaa näin, koska itse sanot, että sinä olet todistanut hänen huonoa käytöstään, ja ettet siksi enää kykene olemaan hänen kanssaan. Olisi parempi, jos kykenisit jotenkin sovittelemaan. Mutta Amma ei yritä pakottaa sinua olemaan vaimosi kanssa. Ajattele asiaa vielä, ja tee sitten päätöksesi poikani. Vaikka päättäisit lopettaa suhteen vaimoosi, sinun on joka tapauksessa annettava vaimollesi rahaa elinkustannuksia varten. Moni on tullut tänne samanlaisten ongelmien kanssa ja suurimmassa osassa tapauksista vaimo on ollut viaton. Kyse on ollut aviomiehen epäluuloista, jotka ovat synnyttäneet kaikki ongelmat."

Ystävä: "Minä olen antanut hänelle anteeksi monta kertaa, Amma. Se ei ole enää mahdollista. Olen ajatellut jopa tehdä itsemurhan."

Amma: "Sinun ei pitäisi ajatella sillä tavoin. Onko sinun elämäsi jonkun toisen sanojen ja toimien varassa? Kaikki sinun ongelmasi lähtevät siitä, ettet ole vakaasti omassa itsessäsi. Poikani, älä hukkaa aikaasi murehtimalla tätä. Milloin hyvänsä voit lukea sen sijaan henkisiä kirjoja. Voit välttää ongelmasi, jos sinulla on hieman henkistä ymmärryskykyä."

Ystävä: "Kysyimme astrologilta neuvoa. Hän sanoi, että voisin harjoittaa japaa, mutta minun ei kannattaisi meditoida, sillä se aiheuttaisi minulle paljon harmia."

Amma (nauraen): "Sepä mielenkiintoista! Ei meditoimista? On tietenkin olemassa eräs seikka: Kun ostat uuden auton, sinun ei pidä ajaa sillä aluksi liian lujaa. Ajettuasi jonkin aikaa sinun tulee antaa sen levätä hetken verran, muutoin moottori voi ylikuumentua. Samalla tavalla sinun ei pitäisi meditoida aluksi liian pitkään tai muussa tapauksessa kehosi voi kuumentua liikaa. Jotkut ihmiset meditoivat alussa liikaa vairagyan (takertumattomuuden) puuskassaan, eikä se ole hyvä. Kun harjoitat japaa, pyri tekemään se keskittyneesti. Kun toistat mantraa, visualisoi rakkaan jumaluutesi hahmo eteesi tai keskity mantrasi kirjaimiin. Meditaatio ei aiheuta minkäänlaista vahinkoa, poikani. Kun näet rakkaan Jumalasi hahmon, keskity siihen. Ilman keskittymistä ei hyötyä synny."

Ystävä: "Astrologi suositti, että pitäisin sormuksia, joissa olisi tiettyjä kiviä, sillä ne poistavat joidenkin planeettojen haitalliset vaikutukset."

Amma: "On totta, että tietynlaisia kiviä määrätään tietyille planeetoille, mutta mikään ei voi tuoda sinulle niin paljon hyvää kuin meditaatio. Poikani, mantran toistaminen suojelee sinua kaikenlaisilta vaaroilta, aivan niin kuin haarniska."

Nuo kaksi nuorta miestä kumarsivat ja nousivat ylös. Lakimies pyysi ystäväänsä odottamaan ulkopuolella hetkisen. Sitten hän sanoi Ammalle kahden kesken:

"Hän tuli vain, koska vaatimalla vaadin sitä. Kun ajattelen heidän pientä tytärtään, rukoilen että heidän perheensä ei hajoaisi. Amma, ole hyvä ja auta heitä tulemaan järkiinsä."

Amma: "Tuon pojan sydämessä on vain vihaa vaimoaan kohtaan. Sanommepa mitä hyvänsä se ei tässä vaiheessa läpäise hänen sydäntään. Mutta Amma tekee joka tapauksessa sankalpan."

Lakimies tiesi kokemuksesta hänen sanojensa merkityksen: 'Amma tekee sankalpan.' Hänen kasvonsa kirkastuivat helpotuksesta. Hän tunsi, että suuri taakka oli otettu häneltä pois. Amman myötätuntoinen katse seurasi ystävyksiä, kun he kävelivät pois.

Luku 8

Lauantaina, 10. toukokuuta 1986

Odottamattomia koettelemuksia

Kello oli kaksi aamuyöstä. Hiekkaa kannettiin maan täytteeksi ashramin päärakennuksen perustusta varten. Brahmacharien lisäksi muutamat muut oppilaat olivat liittyneet Amman seuraan suorittamaan tätä myöhäisen yön tehtävää. Kaikki halusivat hyötyä tästä harvinaisesta mahdollisuudesta työskennellä Amman vierellä ja saada myöhemmin hänen prasadinsa.[6]

Moni oli turhaan yrittänyt estää Ammaa liittymästä työhön bhajaneitten jälkeen, kun hän oli ryhtynyt kuljettamaan hiekkaa. Hän oli vastannut:

"Voiko Amma vain istua katselemassa, kun hänen lapsensa työskentelevät? Se olisi kaksinkertainen taakka Ammalle! Amman rukous menneinä aikoina oli se, että hän saisi mahdollisuuden palvella Jumalan palvojia. Jumala on heidän palvelijansa, jotka työskentelevät epäitsekkäästi."

Lopulta hän sanoi:

"Mutta lopettakaamme nyt, lapseni. Olette työskennelleet aamusta asti."

Amma kutsui Gayatria ja kysyi:

"Tyttäreni, onko meillä vadaa, jota voisimme jakaa opetuslapsille?"

Gayatri katsoi ylös tähtiin. Ne tuntuivat hymyilevän ja sanovan: 'On silkkaa hyvää onnea, jos voit löytää vadaa tähän aikaan yöstä.'

Amma sanoi:

---

[6] Yleensä kun Amma lopettaa työskentelyn opetuslastensa ja oppilaittensa kanssa, hän tapaa jakaa pientä purtavaa ja kuumaa juomaa jokaiselle prasadina, uhrilahjana.

Ikuinen Viisaus - Yhdistetty painos

"Mene ja jauha herneitä. Teemme vadaa hetkessä."

Gayatri meni tekemään taikinaa ja samaan aikaan tuli sytytettiin. Kun Gayatri palasi hetkeä myöhemmin, Amma ryhtyi paistamaan vadoja. Hän laittoi paistetut väliapalat astiaan ja antoi ne brahmacharille sanoen:

"Mene, poikani ja jaa ne tasan kaikkien kesken."

Hän jakoi kaikille, jotka istuivat lähettyvillä ja käveli sitten kauemmas antaakseen niitä heillekin, jotka olivat toisessa osassa ashramia. Amma jakoi vielä yhden vadan jokaiselle, joka oli hänen ympärillään. Pian brahmahari palasi. Otettuaan yhden vadan itselleen jäljelle jäi vielä yksi.

Amma: "Eikö Amma pyytänyt sinua jakamaan ne tasan kaikille?"

Brahmachari: "Minä annoin yhden jokaiselle. Yksi jäi jäljelle. Voimme murtaa sen ja antaa palasen jokaiselle."

Amma: "Ei, ota sinä se. Amma antoi jokaiselle toisen ja sinä sait vain yhden. Amma tarkkaili vain, söisitkö sinä viimeisen tuomatta sitä takaisin.

Sadhakan hyvyys on nähtävissä hänen halukkuudestaan antaa epäitsekkäästi toisille se mitä hänellä on. Se osoittaa myös hänen kypsyytensä, kun hän läpäisee kokeen, joka tulee odottamatta hänen eteensä. Koulussa järjestetään kokeita ilman, että niistä kerrotaan etukäteen. Saat kuulla siitä vasta, kun saavut aamulla kouluun. Tällaisen kokeen läpäiseminen osoittaa oppilaan todellisen kyvykkyyden. Jokainen tietää muiden kokeiden ajankohdan ja voi opiskella niitä varten. Mitä hyötyä siitä olisi, jos Amma kertoisi etukäteen, että hän aikoo koetella sinun luonnettasi? Jos hän varoittaa sinua etukäteen, että hän aikoo koetella sinua, niin sitä voisi verrata siihen, että ensin harjoittelet roolia varten ja sitten esität roolin. Ei, sinun tulee sen sijaan läpäistä yllätystesti. Se osoittaa kuinka tarkkaavainen sinä olet.

Luku 8

Todellisen etsijän jokainen sana ja teko tulee suorittaa suurella tarkkaavaisuudella ja erottelukyvyllä. Etsijä ei sano yhtäkään sanaa tarpeettomasti. Hän suorittaa iloiten gurun jokaisen käskyn, koska hän tietää, että hänen gurunsa jokainen sana koituu hänen hyödykseen. Sinun tulee olla valmis tekemään kaikenlaista työtä tiedostaen, että se vie sinut päämäärään."

Jokainen päätti silloin mielessään noudattaa Amman sanoja omassa elämässään.

Brahmacharini Liila[7] esitti nyt kysymyksen:
"Amma, oliko Ravana todellinen henkilö vai edustaako hän vain tiettyä toimintaperitaatetta?"

Brahmachari: "Jos Ravana ei ollut todellinen henkilö, silloin meidän tulisi sanoa myös, että Rama oli hänkin vain vertauskuva."

Amma: "Rama ja Ravana olivat molemmat todellisia henkilöitä, jotka todella elivät. Mutta kuvaus siitä, että Ravanalla olisi ollut kymmenen päätä, kuvaa ihmistä, joka on kaikkien kymmenen aistinsa orja."[8]

Brahmachari Shakti Prasad: "Jos hanhet ja ihmislapset voivat syntyä niin, että heillä on kaksi päätä, eikö Ravanallakin voisi olla kymmenen päätä?"

Amma: "Jos Jumala tahtoo niin, mikään ei ole mahdotonta. Lapseni, menkää nyt nukkumaan. Teidän pitää nousta aamulla."

---

[7] Swamini Atmaprana
[8] Tämä viittaa viiteen aistielimeen: silmät, nenä, korvat, iho ja kieli, ja viiteen toimintaelimeen: käsiin, jalkoihin, suuhun, sukupuolielimiin ja ulostuselimiin.

Sunnuntaina, 18. toukokuuta 1986

Sunnuntaisin ashramissa on yleensä suuri joukko vierailijoita, varsinkin jos viikonloppuun sattuu pyhäpäivä. Tämä oli juuri sellainen sunnuntai, niinpä darshan-maja oli täynnä ihmisiä. Sähkö ei toiminut, joten maja oli todella kuuma. Siitä huolimatta suuri ihmisjoukko näytti tekevän Ammasta vain entistä iloisemman. Hän vaati, että käsissä pidettäviä viuhkoja käytettäisiin oppilaiden olon helpottamiseen, ei häneen ja hän neuvoi brahmachareja tuomaan tuoleja sairaille ja vanhuksille ja vettä janoisille. Hän oli erityisen huolissaan heistä, jotka odottivat ulkopuolella auringon paahteessa. Koska väkeä oli niin paljon, Amman oli vaikeaa kuulla kaikkea yksityiskohtaisesti tai vastata oppilaiden valituksiin ja surunaiheisiin. Joten ennen kuin moni heistä ryhtyi puhumaan, Amma, joka kykeni lukemaan heidän ajatuksensa, ehdotti jo ratkaisuja ja lohdutti heitä vakuuttaen heille siunaustaan.

"Lapseni, tulkaa pian! Älkää kantako huolta kumartamisesta tai muusta!" hän sanoi. Sillä vain kun ihmiset lähtivät majasta, saattoivat ulkopuolella odottavat tulla sisälle ja istuutua alas.

Myötätunto köyhiä kohtaan

Naispuolinen oppilas, jonka kasvoilla valuivat kyyneleet, kertoi Ammalle ongelmistaan:

"Amma, kaikki kanat meidän alueellamme ovat sairaita. Meidän kanamme on myös sairastumassa. Amma, voitko pelastaa sen?"

Brahmachari, joka seisoi lähettyvillä, tunsi ylenkatsetta tätä naista kohtaan, joka ei lähtenyt nopeasti saatuaan Amman darshanin, vaan häiritsi Ammaa tällaisella mitättömällä asialla näin ruuhkaisena päivänä. Mutta seuraavassa hetkessä Amma

Luku 8

katsahti häntä niin ankarasti, että se sai hänet kiemurtelemaan. Amma lohdutti rakkaudella naista ja antoi hänelle bhasmaa, pyhää tuhkaa, jotta hän voisi laittaa sitä kanaansa. Nainen lähti onnellisena.

Kun nainen lähti, Amma kutsui brahmacharin luokseen. "Poikani, et ymmärrä hänen kärsimystään. Tiedätkö kuinka paljon kärsimystä on tässä maailmassa? Jos tietäisit, et ylenkatsoisi häntä. Jumalan armosta sinulla on kaikki mitä tarvitset. Voit elää vailla huolia. Ainoa tulonlähde mitä tuolla naisella on, on hänen kanansa tuottamat munat. Hänen perheensä näkee nälkää, jos kana kuolee. Kun Amma ajattelee tuon naisen elämää, hän ei näe hänen kärsimystään turhanpäiväisenä. Tuo nainen käyttää osan niukoista säästöistään, joita hän on saanut myymällä kananmunia, tullakseen tänne. Tietäen hänen vaikeutensa, Amma antaa aina silloin tällöin hänelle rahaa bussimatkaa varten. Katso hänen antaumuksellista asennettaan jopa näin suuren surun keskellä! Amman silmiin tulee kyyneleet, kun hän ajatteleekin vain tätä! Hän, joka saa syödäkseen sydämensä kyllyydestä, ei tunne nälästä kärsivän tuskaa. Sinun pitää itse kokea nälkiintyminen tunteaksesi siihen liittyvän tuskan.

Kuuntele hyvin tarkkaan mitä jokaisella on sanottavanaan. Älä vertaa yhtä ihmistä toiseen. Meidän tulisi ajatella asioita heidän tasoltaan käsin, vain siten voimme ymmärtää heidän murheensa, vastata oikealla tavalla ja lohduttaa heitä."

Nuori mies oli katsellut Ammaa tarkkaavaisesti siitä lähtien, kun hän oli astunut majaan. Hän oli yliopisto-opettaja Nagpurista ja oli saapunut jo useita päiviä aiemmin. Päivänä, jolloin hän oli saapunut, hän oli sanonut, että hänen pitäisi lähteä heti Amman tavattuaan, sillä hänen pitäisi palata kiireesti kotikaupunkiinsa. Mutta siitä oli jo useita päiviä eikä hän ollut vieläkään lähtenyt. Amma sanoi nyt ympärillään oleville:

"Tämä poikani on ollut täällä muutamia päiviä. Amma on kehottanut häntä useita kertoja lähtemään kotiinsa ja palaamaan myöhemmin, mutta hän ei halua kuunnella. Hän ei ole toistaiseksi lähtenyt."

Nuori mies ei tiennyt, mitä Amma sanoi, sillä hän ei ymmärtänyt malayalamia. Mutta kun kaikki kääntyivät ympäri ja katsoivat häntä, hän tiesi, että Amma puhui hänestä. Mies, joka istui hänen vierellään, käänsi hänelle Amman sanat. Nuori mies vastasi:

"Minä en aio lähteä, joten miksi puhua palaamisesta?"

Amma (nauraen): "Amma tietää millä keinolla sinut saadaan lähtemään juosten!"

Kaikki nauroivat.

Kerjäten opetuslastensa tähden

Oi Annapurna, joka olet aina täynnä
elämää ylläpitäviä aineksia,
Oi rakas Shankara,
anna minulle viisauden ja luopumisen almuja!

–Sri Shankaracharya

Kello oli soinut jo jonkin aikaa sitten merkiksi lounaasta, mutta monet eivät olleet vielä syöneet, koska he eivät kyenneet irrottautumaan Amman seurasta. Alkoi olla myöhä ja ashramin asukas tuli kertomaan Ammalle, että he, jotka jakoivat lounasta, odottivat. Hieman lisää ihmisiä meni syömään Amman kehotuksesta. Mutta useat oppilaat eivät halunneet nousta ylös ennen kuin Amma oli valmis lähtemään darshan-majasta. He eivät olleet huolissaan ruoasta. Heidän täyttymyksensä oli siinä, että he eivät menettäisi hetkeäkään Amman seurasta. Ashramin asukkaat joutuivat kokemaan tämän takia epämukavuutta, sillä

Luku 8

heidän oli odotettava kolmeen tai neljään asti iltapäivällä, jotta he voisivat lopulta tarjoilla heille lounaan. Kello oli hieman yli kolme, kun Amma lopulta nousi ylös. Oppilaat tungeksivat hänen ympärillään kumartuen hänen jalkojensa juureen ja estäen siten tahattomasti hänen kulkunsa. Hän otti heistä kiinni, nosti heidät pystyyn, taputteli ja helli heitä kulkiessaan kohti keittiötä.

Keittiössä Amma huomasi, että ruoan jakajat olivat vaikeuksissa. Niin kuin useimpina bhava-darshan-päivinä oli tapana, ruokaa oli keitetty enemmän kuin mikä oli näyttänyt olevan tarpeen, silti ruoka oli loppunut nopeasti. Niinpä riisiä oli keitetty lisää, mutta sekin oli syöty nopeasti. Koko iltapäivän ajan ihmisiä oli odottamatta saapunut lisää. Jo kolmannen kerran oli keitetty lisää riisiä ja sekin oli melkein lopussa, silti moni nälkäinen odotti vielä saavansa ruokaa. Riisiä keitettiin parhaillaan kattilassa, jonka alla paloi tuli, mutta vihanneksia ei enää ollut. Keittiön työntekijät ihmettelivät parhaillaan mitä tehdä, kun Amma käveli paikalle.

Tyynesti Amma ryhtyi avaamaan purnukoita, joissa oli tamarindia, sinapinsiemeniä ja curryn lehtiä. Muutamassa minuutissa valmistui rasamia. Naisoppilas oli tuonut aamulla astian, joka oli täynnä jogurttia. Hieman sipulia, tomaatteja ja chiliä lisättiin jogurttiin. Pian kaikki, mukaan lukien riisi, oli valmiina. Amma jakoi itse lapsilleen tämän lounaaksi. Oppilaat, jotka saivat tämän prasadin Amman pyhistä käsistä, söivät sitä suuremmalla ilolla kuin jos kyseessä olisi ollut ylellinen juhla-ateria.

Viimeinen ryhmä oppilaita tuli nyt lounaalle ja Amma jakoi ruokaa myös heille. Ashramin asukkaat varmistivat, että kaikki perheelliset oppilaat olivat istuutuneet nyt syömään. Vain riisiä ja rasamia oli enää jäljellä. Kolme brahmacharia jakoi ruokaa

Ikuinen Viisaus – Yhdistetty painos

toisille ja siinä vaiheessa, kun he olivat saaneet annettua kaikille lounasta, ruoka oli loppunut. Amma ei voinut sietää ajatusta siitä, että hänen lapsensa joutuisivat jäämään nälkäisiksi työskenneltyään keskeytyksettä useita tunteja. Keittiössä ei ollut enää mitään muuta kuin keittämätöntä riisiä ja sen keittäminen veisi aikaa.

Nähdessään, että Amma oli huolissaan heistä, kolme brahmacharia sanoi vakaasti, etteivät he olleet nälkäisiä eivätkä tahtoneet mitään. Mutta Amma ei ollut samaa mieltä. "Lapseni, odottakaa kymmenen minuuttia", Amma sanoi. "Amma palaa pian!"

Ja sitten hän lähti astiaa kantaen. Oliko hän menossa Sugunanda-isänsä taloon? Tai ehkä hän meni omaan huoneeseensa katsomaan, oliko siellä ruokaa, jota oppilaat olivat tuoneet edellisenä iltana. Odottaessaan brahmacharit tiskasivat astiat ja siivosivat keittiön.

Pian Amma palasi kasvoillaan säteilevä hymy, joka oli kirkas kuin täysikuu. Hänen oli täytynyt löytää ruokaa opetuslapsilleen. Brahmacharit eivät voineet kätkeä uteliaisuuttaan. Katsoessaan astiaan he näkivät, että se oli täynnä erilaisia riisejä, jotka oli sekoitettu keskenään. Brahmacharien silmät täyttyivät kyyneleistä.

"Amma!" yksi heistä itki.

Amma oli rientänyt ympäri naapurien majoja kerjäten ruokaa lapsilleen. Hän oli nyt palannut bhikshan kanssa. Tämän johdosta hänen kasvonsa säteilivät ilosta. Naapurit olivat köyhää kalastajakansaa, joilla oli hädin tuskin tarpeeksi syötävää itsellään. Tämän vuoksi Amma oli ottanut jokaiselta vain kourallisen riisiä.

Brahmacharit katsoivat seinällä olevaa kerjäläisenä esiintyvän Shivan kuvaa. Tämä pyysi ruokaa valtaistuimella istuvalta

412

Luku 8

Devi Annapurneshwarilta. Nyt Devi itse oli kolkuttanut kalastajien ovia saadakseen bhikshaa, almuja, lapsilleen. Amma istuutui lattialle ja nojasi oveen samaan aikaan kun brahmacharit istuutuivat hänen ympärilleen. Hän teki riisistä ja astiassa olevasta sambarista palloja, joita hän sitten syötti omin käsin lapsilleen.

"Vielä yksi pallo!" Amma sanoi.

"Ei, Amma, muuten sinulle ei jää mitään."

"Lapseni, kun te olette saaneet tarpeeksi ruokaa, Amman nälkä on kadonnut!"

Hän syötti yhdelle heistä vielä yhden riisipallon. Jäljellä oli hädin tuskin kaksi kourallista riisiä ja yksi tomaatinpalanen sambarista. Amma söi sen ja nousi ylös täysin tyytyväisenä.

Torstaina, 25. toukokuuta 1986

Ramakrishnan makasi vuoteellaan kuumeen kourissa. Amma istui hänen vierellään. Brahmachari astui Ramakrishnan majaan tuoden mukanaan kahvia, johon oli sekoitettu basilikan lehtiä, mustapippuria ja inkivääriä. Seinällä oli vanha kuva, joka esitti Ammaa värikäs sari ja paita päällään. Havaitessaan kuvan Amma sanoi:

"Tuohon aikaan Damayantin piti pakottaa Ammaa pitämään saria. Kerran kun Amma valmistautui menemään jonnekin, hän sai kuulla kunnon läksytyksen, koska hänellä ei ollut saria päällään. Niinpä Amma puki sarin ylleen, mutta heti kun hän oli veneessä, hän otti sen pois päältään pitäen sitä kerällä kainalossaan."

Amma nauroi.

Ensimmäinen ruokinta

Nainen oli tuonut vauvansa Amman darshaniin. Vuosien ajan hän oli toivonut lasta, muttei ollut tullut raskaaksi. Tavattuaan Amman hän oli lopulta saanut hänen sankalpansa ja synnyttänyt pojan. Nyt hän oli saapunut sukulaistensa kanssa lapsen anna prasanaan, ensimmäisen kiinteän ravinnon syöttämisseremoniaan. He kiirehtivät seremoniaan, jotta voisivat palata pian takaisin kotiin. Nainen sanoi:

"Ammachi, ole hyvä ja anna lapselleni ruoka heti. Emme voi jäädä tänne yöksi lapsen kanssa, sillä hän ei nuku ilman omaa kehtoaan. En ole myöskään tuonut mukanani maitoa häntä varten. Jos lähdemme nyt, ehdimme kotiin ennen iltaa."

Amma: "Tyttäreni, älä puhu tuolla tavoin! Sinä olet saanut tämän lapsen Jumalan siunauksen avulla. Olet saapunut nyt Jumalan paikkaan. Kun ihmiset tulevat tällaiseen paikkaan, he kokevat yhtäkkiä olevansa kovassa kiireessä! He haluavat rynnätä takaisin heti, kun he ovat saapuneet temppeliin tai gurukulaan. Kun viet sairaan lapsesi sairaalaan, sanotko lääkärille: 'Minulla on kova kiire! Päästätkö meidät lähtemään pian?' Sanotko: 'Hyvä lääkäri, en ottanut mukaani lapsen kehtoa tai hänen maitoaan, ja hän on unelias, joten sinun on tutkittava hänet saman tien?' Kun tulemme temppeliin tai ashramiin, meidän tulisi omaksua antautumisen asenne. Tyttäreni, tehdessämme hyviä tekoja, mennessämme temppeliin tai ashramiin ja ajatellessamme Jumalaa meidän prarabdhamme (karmamme) kevenee. Etkö ymmärrä tätä?

Jos ryntäät täältä pois saman tien ja jos bussi hajoaa matkan aikana, kenelle silloin voit valittaa asiasta? Amma tuntee surua, kun sinä, joka olet käynyt täällä vuosia, puhut tällä tavoin. Sinun ei tulisi koskaan puhua noin, tyttäreni. Jätä se Jumalan

Luku 8

tahdon varaan. Miksi et sen sijaan ajatellut: 'Amma syöttää vauvani silloin kun hän haluaa?' Se on antautumista. Jos menet nyt, sinulla on paljon vaikeuksia matkan aikana, joten Amma ei anna sinun lähteä vielä."

Nainen kuuli ensimmäisen kerran Amman puhuvan näin vakavasti ja hänen kasvonsa kalpenivat. Nähdessään tämän Amma viittoi häntä tulemaan lähemmäksi ja sanoi:

"Amma puhui siitä vapauden tunteesta käsin, mitä hän tuntee seurassasi, tyttäreni. Älä koe tätä pahalla!"

Naisen kasvot kirkastuivat kun hän kuuli tämän.

Vaikka Amma oli ensin vastustellut, niin hän antoi nyt vauvalle ensimmäisen kiinteän ravinnon, joka oli tehty riisistä ja lähetti heidät sitten pois, jotta he ehtisivät kotiin ennen illan tuloa.

Perjantaina, 30. toukokuuta 1986

Oli lähes puolipäivä. Amma puhui oppilailleen darshan-majassa. Heidän joukossaan oli brahmachari, joka oli vierailulla Kidagoorissa sijaitsevasta ashramista. Amma sanoi hänelle:

"Poikani, on eri asia, meneekö ostamaan lääkettä omassa kädessään olevaa haavaa varten vai lievittääkseen toisten kärsimystä. Jälkimmäinen on osoitus rakastavasta sydämestä. Sellainen henkisen oppilaan tulee olla. Sitä varten henkiset harjoitukset ovat olemassa. Sadhanaa ei pitäisi harjoittaa oman vapautuksensa tähden, vaan jotta voisi tulla rakastavaksi ja myötätuntoiseksi sekä saadakseen tarpeeksi ymmärrystä voidakseen poistaa maailman kärsimystä. Siitä ei ole hyötyä, jos istuu jossakin silmät suljettuina muttei tee mitään muuta. Meidän on kasvettava avarasydämisiksi, jotta voimme kokea toisten kärsimyksen omanamme ja työskennellä helpottaaksemme heidän kärsimystään."

Lääkärin apu ammalle

Amma oli yskinyt voimakkaasti aamusta lähtien. Brahmachari meni soittamaan tohtori Liilalle. Edellisellä viikolla ashramiin oli tullut oppilas, joka oli kärsinyt pahasta yskästä. Hänen yskimisensä ääni oli kaikunut koko ashramissa. Hän oli rykinyt ja yskinyt, kun hän oli astunut kalariin ja kumartanut Ammalle. Mutta kun hän oli tullut ulos pienestä temppelistä saatuaan Amman halauksen, hänen yskänsä oli kadonnut. Se oli kaikonnut hetkenä, jolloin hän oli juonut pyhää vettä, jota Amma oli hänelle antanut. Hän oli ollut sen jälkeen ashramissa kokonaisen viikon ja palannut sitten kotiinsa tänä aamuna.

Kerran kun Amma oli ollut Tiruvannamalaissa, hän oli ollut kipeänä. Nealu oli tullut siihen tulokseen, että Amman pitäisi tavata viipymättä lääkäri. Vaikka Tiruvannamalaissa olikin ollut muutamia lääkäreitä, jotka olivat Amman oppilaita, hänet oli viety tapaamaan uutta lääkäriä. Odottamatta kenenkään lupaa Amma oli kävellyt viattomasti suoraan lääkärin vastaanottohuoneeseen. Lääkäri oli ollut raivoissaan ja käskenyt häntä poistumaan välittömästi. Amma tapasi muistella tätä tapahtumaa nauraen ja sanoa:

"Ei ole mitään syytä moittia lääkäriä. Hän oli juuri tutkimassa jotakuta, kun Amma yhtäkkiä rynnisti sisään! Hän menetti varmasti keskittymisensä!"

Kun Amma käveli ulos lääkärin toimistosta, sekä lääkäri että sairaanhoitaja kutsuivat hänet takaisin. Heillä ei ollut mitään

Luku 8

käsitystä siitä, kuka hän oli ja mitä varten hän oli tullut. Amma sanoi myöhemmin:

"Amma ei mene enää koskaan tapaamaan lääkäriä. Jos hänen pitää tavata lääkäri, jonkun hänen lääkärioppilaistaan täytyy tulla ashramiin."

Amman sanat osoittautuivat tosiksi. Ensimmäinen lääkäri, joka muutti pysyvästi ashramiin, oli brahmacharini Liila. Kun hän tapasi Amman, hän työskenteli Sri Ramakrishna Mathin sairaalassa Thiruvananthapuramissa. Liila koki Ammassa elämänsä lopullisen päämäärän. Pian tämän jälkeen hän luopui työpaikastaan ja muutti ashramiin asumaan. Nyt hän oli vastuussa siitä, jos Amma tarvitsi jonkinlaista lääketieteellistä hoitoa.

Koska Liila tiesi, että Amman sairastumisia ei voinut parantaa pelkästään lääkkeillä, hän ei ollut lainkaan huolissaan, kun Amma sairastui – ei edes silloin, kun hän näytti olevan hyvin heikkona. Hän koki Amman sairastumiset liilana, Shiva-jumalan puolison leikkinä, joka kerran sai aikaan itse kuoleman jumalan tuhoutumisen. Liila toisin sanoen näki Amman sairastumiset pelkkänä Jumalallisen Äidin leikkinä.

"Pitäisikö minun tuoda sinulle jotakin lääkettä, Amma?" Liila kysyi. Hän laittoi kätensä Amman otsalle ja sanoi: "Ei sinulla ole kuumetta. Ei se ole mitään vakavaa. Tulet olemaan hetken päästä terve jälleen."

Amma nauroi ja sanoi: "Vaikka Amma olisi kuollut, niin tyttäreni Liila tutkisi ruumiini ja sanoisi: 'Ei se ole mitään vakavaa. Tulet olemaan hetken päästä kunnossa!'"

Kaikki yhtyivät nauruun.

Lauantaina, 31. toukokuuta 1986

Sadhanan pitää tulla sydämestä

Brahmachari tuli Amman luo ja kysyi sadhanaa koskevia ohjeita. Amma antoi hänelle meditaatiota koskevia neuvoja: "Poikani, keskity kulmakarvojen väliin. Eläydy siihen, että rakkaan Jumalasi hahmo on siellä, aivan kuin katsoisit omaa kuvaasi pelistä." Amma laittoi sormensa hänen kulmakarvojensa väliin ja lisäsi: "Kuvittele, että täällä on pyhättö, ja että rakas Jumalasi istuu siellä. He, jotka mietiskelevät vain aikataulun mukaan, niin kuin se olisi jokin velvollisuus, eivät koskaan näe Jumalaa. Sinun tulee itkeä Jumalaa päivät ja yöt ajattelematta ruokaa tai unta. Vain he, jotka ovat tehneet näin, ovat oivaltaneet Jumalan. Tällaisen takertumattomuuden tulee kehittyä sinussa. Ajattele, jos joku levittäisi chilitahnaa joka puolelle kehoasi, miten yrittäisit vapautua siitä! Sinun on kaivattava Jumalaa samanlaisella voimalla. Sinun tulee itkeä tämän näyn vuoksi hukkaamatta hetkeäkään. Vain silloin kaikki muut ajatukset katoavat, niin kuin syvässä unessa tapahtuu, ja näin saavutat jumalallisen kokemuksen tason.

Kun kalastajat lähtevät veneellä merelle, he sulkevat silmänsä ja huutavat kovaan ääneen työntäen samalla kaikin voimin venettään ylittääkseen rantaan vyöryvän aallon. He melovat minkä ehtivät pitäen samaan aikaan kovaa melua kunnes pääsevät maininkien tuolle puolen. Sen jälkeen he voivat antaa airojen levätä. Kyse on samasta valtamerestä, joka on yhtäällä täynnä aaltoja ja toisaalla tyyni. Aloitettuamme meidän ei tulisi levätä hetkeäkään. Meidän tulee olla tarkkaavaisia. Vain siten voimme saavuttaa sen hiljaisuuden, mikä on tuolla puolen."

Luku 8

"Totapuri vakiintui advaitaan (ykseyteen). Siitä huolimatta hän seisoi keskellä tulirengasta ja harjoitti tapasia. Ramakrishna Deva saavutti oivalluksen ajattelemalla jatkuvasti Jumalaa. Saavuttaaksesi oivalluksen sinun tulee ajatella jatkuvasti Jumalaa. Todellinen sadhaka ei harjoita japaa ja meditaatiota vain tietyn aikataulun mukaan. Hänen rakkautensa Jumalaa kohtaan on kaikkien sääntöjen tuolla puolen. Alkuvaiheessa sadhakan tulee noudattaa tiettyjä sääntöjä, mutta henkisiä harjoituksia ei tulisi kokea pelkkänä velvollisuutena. Meidän tulisi itkeä ja rukoilla Jumalaa. Jumalan itkeminen ei ole heikkoutta. Meidän tulisi itkeä vain Jumalaa, eikä mitään muuta. Eikö Ramakrishna tehnyt juuri niin? Entä mitä Mira teki?"

Sama totuus eri nimien taustalla

Brahmachari: "Onko väärin, että joku, joka mietiskelee Krishnaa, toistaa Devin mantraa tai Devin tuhatta nimeä?"

Amma: "Ei siinä ole mitään ongelmaa. Mitä hyvänsä mantraa tai pyhää nimeä toistatkin, niin ajatustesi tulee suuntautua kohti rakkainta Jumalaasi."

Brahmachari: "Miten tämä on mahdollista? Eikö jokaiselle jumaluudelle ole olemassa omat bijaksharansa (juurisointunsa)? Kuinka voisi näin ollen olla sopivaa toistaa aivan eri sointua?"

Amma: "Kutsuitpa sitä millä nimellä tahansa, jumalallinen voima on aina sama. Kutsutpa kookosta 'tengaksi' tai 'kookokseksi', sen olemus ei siitä muutu. Samalla tavalla ihmiset vaalivat sydämessään erilaisia mielikuvia Jumalasta oman samskaransa (taipumuksensa) mukaisesti. He kutsuvat Jumalaa eri nimin, mutta kaiken läpäisevä tietoisuus on nimien tuolla puolen. Jumala ei vastaa ainoastaan silloin, kun hän kuulee itseään kutsuttavan vain jollakin tietyllä tavalla tai äänteellä.

Hän asuu sydämessämme ja tuntee sydämemme. Jumalalla on ääretön määrä nimiä. Jokainen nimi on hänen.

Kun suoritat pujaa (ritualistista jumalanpalvelusta), se on kohdistettava jumalalle, jolle puja on omistettu, ja toistaa asianomaisia mantroja. Mutta kun päämääräsi on oivaltaa Itse, ei ole väliä, jos se hahmo, jota mietiskelet, on eri kuin mantrat, joita toistat, sillä meidän tulee nähdä kaikki korkeimman Itsen muotoina. Meidän tulee ymmärtää, että kaikki sisältyy siihen, että yksi ja sama tekijä on olemassa meidän kaikkien sisällä. Sama tietoisuus läpäisee kaiken, kaikki muodot, mukaan lukien meidät. Vaikka alkuvaiheessa onkin parempi keskittää mieli tiettyyn nimeen ja muotoon, kun etenet polullasi, sinun on nähtävä sama korkein tekijä kaikissa nimissä ja muodoissa.

Mantra-japan tarkoituksena on ohjata meidät Itsen lopulliseen hiljaisuuteen, josta kaikki äänet ja muodot nousevat. Kun harjoitamme mantra-japaa ymmärtäen tämän periaatteen, se johdattaa meidät lopulta alkulähteelle, jossa etsijä oivaltaa, että se hahmo, jota hän on mietiskellyt, on olemassa hänen sisällään. Samoin ovat kaikki muutkin muodot yhden ja saman Itsen eri ilmenemismuotoja.

Kun Krishna eli gopien kanssa Vrindavanissa, lehmitytöt halusivat nähdä hänet ja olla hänen seurassaan kaiken aikaa. He jumaloivat häntä niin paljon, että kutsuivat häntä Hridayeshaksi, sydämensä herraksi. Eräänä päivänä Krishna lähti kuitenkin Mathuraan eikä tullut enää koskaan takaisin. Jotkut ihmiset menivät gopien luokse kiusoitellen heitä ja sanoivat:

'Missä Hridayeshanne on nyt? Näyttää siltä, että Krishna ei ole Hridayesha vaan hridayasunya (sydämetön).'

Gopit vastasivat:

'Ei, hän on yhä Hridayeshamme. Aiemmin näimme Krishnan vain hänen aineellisessa hahmossaan ja kuulimme hänen

Luku 8

äänensä vain korvillamme. Mutta nyt näemme hänet kaikissa muodoissa: meidän silmistämme on tullut Krishna. Itse asiassa meistä on tullut Krishna!' Samalla tavoin, vaikka näemmekin ensin Jumalan vain tietyssä jumaluuden hahmossa ja kutsumme häntä tietyllä nimellä, kun antaumuksemme kypsyy ja puhkeaa kukkaan, näemme Jumalan kaikissa hahmoissa ja nimissä sekä sisällämme."

Illan bhajanit olivat päättyneet. Illalliseksi jaettiin doshia. Suuri joukko ihmisiä oli saapunut odottamatta ja niinpä doshien valmistaminen jatkui puoli yhteentoista asti illalla. Jokainen tuore pannukakku tarjoiltiin heti kun se oli valmistunut. Amma meni keittiöön ja lähetti brahmacharin hakemaan toista pannua vanhempiensa luota. Heti kun se oli tuotu, Amma asetti sen toiselle liedelle ja ryhtyi valmistamaan doshia. Eikö sanota, että Jumala ilmestyy leivän muodossa heidän eteensä, jotka ovat nälkäisiä, oli tuo nälkä sitten aineellista tai henkistä laatua?

Kaikki toiminta jumalanpalveluksena

Kun illallinen oli syöty, Amma liittyi brahmacharien seuraan kantamaan soraa, jota tarvittiin sementin valmistamiseen. He muodostivat ketjun ja siirsivät soraa pyöreissä metallivadeissa ihmiseltä toiselle. He, jotka olivat olleet vastahakoisia jopa pesemään omia vaatteitaan ennen kuin olivat muuttaneet ashramiin, osallistuivat nyt kovan työn juhlaan Amman kanssa. Näin he saivat vastaanottaa henkisyyden käytännöllisiä oppitunteja.

Kesken työn Amma sanoi:

"Lapseni, myös tämä on sadhanaa. Jopa silloin kun työskentelette, teidän ajatustenne tulee keskittyä Jumalaan. Mikä tahansa työ, jonka teette keskittäen mielenne Jumalaan, on karmajoogaa. Kun ojennatte soraa toiselle, eläytykää siihen,

että ojennatte sen rakkaalle Jumalallenne ja kun otatte vastaan
astian, eläytykää siihen, että saatte sen Jumalaltanne."
Amma lauloi kirtanin, ja kaikki yhtyivät lauluun jatkaessaan
samalla työntekoa.

Tirukathakal patam

Oi Durga-jumalatar, oi Kali,
poista onneton kohtaloni.
Jokaisena päivänä minä rukoilen
saadakseni nähdä sinut näyssä.

Anna minulle armolahja.
Salli minun laulaen ylistää sinun pyhiä tekojasi
ja kun laulan sinun ylistystäsi,
asetu minun sydämeeni.

Oi Vedojen ydinolemus,
en tiedä millä tavoin minun tulisi mietiskellä,
eikä minun musiikissani ole oikeanlaista melodiaa.
Anna armosi virrata,
salli minun sulautua autuuteen.

Sinä olet Gayatri,
sinä olet kunnia ja vapautus,
Kartyayani, Haimavati ja Dakshayani,
sinä olet oivalluksen sielu,
ainut turvani.

Oi Devi,
Anna minulle voimaa puhua
ydinasioista,
ymmärrän että ilman sinua,
joka olet maailmankaikkeuden ydinolemus,

Luku 8

*Shiva, kaiken alkusyykään
ei olisi olemassa.*

Kello oli jo yli puolenyön. Kuu kutoi kookospalmujen ylle hopeisen verkon. Noina yön hiljaisina tunteina Äiti ja hänen lapsensa olivat uppoutuneet rakentamaan rauhan linnaketta, joka tulisi myöhemmin palvelemaan tuhansia heidän henkisenä turvapaikkanaan. Näkymä toi mieleen Bhagavad-Gitan nektarin kaltaisen viisauden: "Se mikä on yö kaikille olennoille, on se viisaalle päivä."[9] Tämä toteutui täällä. Kun koko maailma nukkui, maailmankaikkeuden Äiti työskenteli lepäämättä rakentaakseen ikuisen valon maailmaa. Nämä hetket uuden ajan suuren arkkitehdin kanssa olivat arvokkaita jalokiviä, jotka hänen lapsensa kätkivät sydämensä aarrearkkuun, jotta voisivat muistella niitä myöhemmin rikastaen elämäänsä mittaamattomalla tavalla.

---

[9] Bhagavad-Gita, jae II:69.

Yhdeksäs luku

Maanantaina, 9. kesäkuuta 1986

Perinteiset menot, joiden myötä Anish oli tarkoitus vihkiä brahmacharyaan, olivat alkaneet aamulla. Pappi oli saapunut Alleppysta suorittamaan homaa ja muita vihkimykseen kuuluvia menoja. Pyhä tuli leiskui kalarissa ja vedisten mantrojen resitaatio kaikui ilmassa samaan aikaan kun Amman jumalallinen läsnäolo täytti heidät autuudella.

Amma oli lapsenkaltaisessa tilassa. Hänen sanansa ja tekonsa levittivät iloa kaikille. Häntä huvitti katsellessaan Anishia, joka oli ajanut hiuksensa lukuun ottamatta perinteistä pään takaosaan jätettävää tupsua, samalla kun hän valmistautui ottamaan vastaan keltaisen kaavun. Amma otti kiinanruusun kukan ja sitoi sen hänen hiustupsuunsa. Katselijat eivät voineet pidättää nauruaan.

Samassa hetkessä Amman mielentila muuttui ja hänen kasvoilleen ilmestyi vakava ilme. Ilmapiiri muuttui hetkessä hiljaiseksi. Hiljaisuuden rikkoi vain vedisten mantrojen lausunta ja homan tulesta kantautuva rätinä. Tuleen lisättiin aika ajoin intianleipäpuun palasia. Kaikkien kasvojen ilmeistä näkyi, että he siirtyivät mielentilaan, joka oli tämän maailman tuolla puolen.

Amma antoi pojalleen uuden nimen: Brahmachari Satyatma Chaitanya.¹ Otettuaan vastaan vihkimyksensä Satyatma kumarsi ja meni ulos noutaakseen perinteisen bhikshan.² Muslimiperhe, jonka jäsenet olivat Amman oppilaita, oli saapunut ashramiin voidakseen vastaanottaa häneltä darshanin. Tänään oli islamilaisten pyhä päivä, niinpä he olivat tulleet voidakseen viettää päivän Amman seurassa. Vihkimysseremonioiden jälkeen Amma meni perheen kanssa majaan, missä hän keskusteli heidän kanssaan pitkään ennen kuin vetäytyi omaan huoneeseensa.

Myöhemmin iltapäivällä Amma istui huoneensa yläpuolella olevalla kattotasanteella muutamien brahmacharien seurassa. Brahmacharit olivat yrittäneet jo usean päivän ajan saada Ammalta luvan ottaa ryhmävalokuva, joka liitettäisiin hänen elämäkertaansa. Amma oli torjunut toistuvasti pyynnön. Yksi brahmachareista otti asian jälleen puheeksi:

"Amma, olemme kuulleet monista mahatmoista, mutta useimmista heistä ei ole olemassa valokuvaa. Olemme olleet kovin pahoillamme siitä, ettemme ole tienneet, miltä he ovat näyttäneet. Jos emme saa ottaa sinusta valokuvaa, petämme myöhemmät sukupolvet. Amma, ainakin sen tähden sinun tulisi sallia valokuvaus."

Amma: "Jos Amma suostuu siihen, teidän huomionne keskittyy tästä lähtien vain tällaisiin seikkoihin ja se vahingoittaa teidän sadhanaanne. Sitä paitsi minä en voi pukeutua sillä

---

¹ Myöhemmin hän vastaanotti sanjaasivihkimyksen, jolloin hänen nimekseen tuli Swami Amritagitananda Puri. Tällä nimellä hänet tunnetaan yhä.

² Brahmacharien ja swamien tulee perinteisesti syödä vain ruokaa, jonka he ovat saaneet kerjäämällä. Nykyisin vain tuona päivänä, jolloin heidät vihitään.

Luku 9

tavoin kuin te toivotte, se ei ole minun tapani. En voi istua valokuvaa varten."

Hänen vakava äänensävynsä hiljensi brahmacharit ja teki heistä surullisia. Mutta kuinka pitkään Äiti voi katsella lastensa surua?

"Mene ja kutsu kaikki paikalle!" hän sanoi lopulta.

Kaikkien kasvot kirkastuivat ja he juoksivat alakertaan. Kaikki ashramin asukkaat kokoontuivat kattoterassille valokuvaa varten. Kunnioitettu Ottuur Unni Nambuudiripad, Amman vanhin brahmacharioppilas, oli myös paikalla. Kun valokuva oli otettu, Amma pyysi Ottuuria pitämään satsangin. Pian katkeamaton kuvaus Krishnan liiloista, leikeistä, virtasi tämän lempeän oppilaan huulilta, hänen, jonka sisin oli antautunut jo kauan sitten Ambadin lapselle.[3] Amma kuunteli lumoutuneena toisten kanssa ikuisesti tuoreita kuvauksia Krishnan, pienen voivarkaan, kepposista. Kun hänen puheensa oli päättynyt, Ottuur sanoi:

"Nyt me haluamme kuulla Amman satsangin!"

Amma: "Amma ei tiedä, millä tavoin satsangia pidetään. Kun ihmiset esittävät hänelle kysymyksiä, se hulluus tulvii ulos, mikä sattuu tulemaan hänen mieleensä. Siinä kaikki."

Ottuur: "Se voi olla hulluutta, mutta juuri sitä me haluamme kuulla. Amma, meillä ei ole sellaista antaumuksen voimaa, josta sinä puhut. Mitä meidän pitäisi tehdä?"

Amma katsoi Ottuuria ja laittoi hänen päänsä syliinsä, syleili häntä suurella rakkaudella ja sanoi:

"Unni Kanna!" (Lapsi-Krishna.)

---

[3] Ambadi on sen kylän nimi, missä Krishna kasvoi.

Sadhana omaksi hyödyksemme ei riitä

Amma katsahti brahmacharia, joka istui hänen takanaan. Brahmachari laski katseensa vältellen hänen katsettaan. Tietäen hänen ajatuksensa Amma sanoi:

"Lapset, tiedättekö mitä Amma odottaa teiltä? Teidän tulisi olla niin kuin aurinko, ei niin kuin tulikärpänen. Tulikärpänen loistaa vain omaksi ilokseen. Älkää olko sellaisia. Epäitsekkyys on ainoa asia, mitä teidän tulisi toivoa. Teidän tulisi olla aina valmiita kohottamaan auttava kätenne voidaksenne auttaa toisia, jopa kuoleman hetkellä."

Tämä lause osui erityisesti tämän brahmacharin sydämeen, joka istui Amman takana. Päivää aikaisemmin oli ollut bhava-darshan, johon oli osallistunut suuri joukko oppilaita. Brahmachari, joka oli ollut vastuussa lounaan jakamisesta, oli etsinyt epätoivoisesti apua ja pyytänyt kyseisen brahmacharin apua, jonka kanssa hän jakoi yhteisen majan. Mutta tämä oli vain jatkanut meditoimista kohottamatta sormeakaan auttaakseen. Amma oli saanut kuulla tästä, minkä jälkeen brahmachari oli vältellyt Ammaa koko aamun.

Amma jatkoi: "Lapset, meidän tulee varmistaa, että kaikki meidän toimemme ovat avuksi muille ja edistävät heidän onneaan. Jos se ei ole mahdollista, meidän on pidettävä huoli siitä, etteivät tekomme ainakaan aiheuta heille surua tai hankaluuksia. Jumalan rukoileminen, jotta ajatuksemme, sanamme ja tekomme eivät vahingoittaisi ketään vaan hyödyttäisivät muita, on todellista rukoilemista. Meidän tulee rukoilla toisten puolesta, sen sijaan että rukoilisimme vain oman kehityksemme puolesta. Lapseni, tällaisen epäitsekkään rakkauden kehittyminen merkitsee suurinta mahdollista kehitystä. Todellinen jumalanpalvelus tarkoittaa sitä, että näemme toisten kärsimyksen

Luku 9

omana kärsimyksenämme ja heidän onnensa omana onnenamme. Todelliset oppilaat näkevät itsensä toisissa. Heidän maailmansa täyttyy rauhalla ja täyttymyksen tunteella."
Amma lakkasi puhumasta. Hänen katseensa lepäsi kaukaisuudessa.
Pian oli bhajaneitten, henkisten laulujen aika. Amma johdatti kaikki kalariin. Kun hän istuutui, yksi brahmachareista asetti tamburan hänen eteensä. Amma ryhtyi lyömään rumpua rytmittäen siten ensimmäisen laulun. Hän lauloi kirtanin, jonka yksi hänen perheellisistä oppilaistaan, Krishnan Nair, oli omistanut hänelle. Kaikki lauloivat yhdessä hänen kanssaan unohtaen hänen läheisyydessään kaiken muun.

Katinnu katayi kanninnu kannayi

Oi Äiti, sinä, joka loistat korvan korvana,
silmän silmänä,
joka olet elämän elämä,
ja elävien elämä.

Se mitä valtameri on aalloille,
sitä sinä olet sielulle.
Sinä olet sielujen sielu,
viisauden nektarin nektari.

Oi Äiti, sinä olet kuolemattoman Itsen helmi,
autuuden ydinolemus,
sinä olet suuri maya, harha.
Sinä olet absoluutti.

Silmä ei voi sinua nähdä
eikä mieli voi sinua ymmärtää.
Sanat menettävät merkityksensä läheisyydessäsi, oi Äiti.

*Kun joku sanoo nähneensä sinut,
hän ei ole nähnyt sinua –
sillä sinä, oi suuri Jumalatar,
olet älyn tuolla puolen.*

*Aurinko, kuu ja tähdet
eivät itsessään loista,
sinun loistosi valaisee ne.
Vain erottelukyvyn avulla
rohkea voi kulkea ikuiseen rauhaan,
korkeimpaan totuuteen.*

Bhajaneitten jälkeen jokainen meditoi hetkisen ennen illallista. Amman sormien synnyttämä tamburan suloinen rummutuksen ääni ja hänen laulunsa kaikuivat yhä autuaallisesti heidän mielessään.

*Vain erottelukyvyn avulla,
rohkea voi kulkea ikuiseen rauhaan,
korkeimpaan totuuteen.*

Keskiviikkona 11. kesäkuuta 1986

Suojellen aina heitä, jotka turvautuvat häneen

Kello oli vähän yli kaksi yöllä. Yksi brahmachareista palasi rannalta, missä hän oli ollut meditoimassa. Hän käveli tyhjään kalariin, sammutti valon ja laittoi asanansa ja hartiahuivinsa verannalle. Sitten hän herätti Pain, joka nukkui kalarin verannalla, sillä hän oli pyytänyt, että hänet herätettäisiin kahden aikaan meditaatiota varten. Pain tehtävänä oli myös soittaa kelloa neljän aikaan aamulla, jotta kaikki heräisivät archanaan.

Luku 9

Kun brahmachari käveli majaansa kohden mennäkseen nukkumaan, hän näki miehen ja naisen istuvan Vedanta-koulun edessä.

"Me olemme tulleet tänne nähdäksemme Amman", he sanoivat nöyrästi nousten samalla ylös.

Brahmachari: "Amma meni huoneeseensa keskiyön aikaan. Hän asteli portaita huoneeseensa, kun menin rannalle."

Vierailijat: "Me saavuimme heti puolenyön aikaan."

Yhtäkkiä he kuulivat lähestyvien askelten äänen. Amma tuli hymyillen heidän luokseen. Vierailijat kumartuivat hänen jalkojensa juureen kunnioituksesta ja ilahtuneen yllättyneinä.

Amma: "Lapseni, milloin te tulitte?"

Oppilas: "Me tulimme heti kun sinä olit mennyt huoneeseesi, Amma. Istuimme täällä pettyneinä, ettemme voisi tavata sinua tänä yönä."

Amma: "Amma oli juuri sulkenut silmänsä, kun hänestä tuntui yhtäkkiä siltä, että te seisoitte hänen edessään. Poikani, miten tyttäresi voi?"

Oppilas: "Hänet leikataan ylihuomenna. Lääkäri sanoo, että hänen tilanteensa on monimutkainen. Meidän ainoa toivomme on sinun siunauksesi, Amma! Siksi olemme tulleet."

Amma: "Miksi tulitte niin myöhään, lapseni? Menikö autonne rikki?"

Oppilas: "Kyllä, Amma. Lähdimme puolenpäivän aikaan matkaan, mutta autossamme oli ongelmia matkan aikana. Vei tuntikausia ennen kuin se saatiin korjattua. Siksi tulimme niin myöhään. Muussa tapauksessa olisimme saapuneet tänne kahdeksan aikaan."

Amma: "Älä ole huolissasi, poikani. Tulkaa, istutaan alas."

Amma otti heitä kädestä kiinni ja johdatti heidät kalarin verannalle, minne he istuutuivat. Hän keskusteli heidän kanssaan pitkään. Sitten hän otti bhasmaa kalarista ja antoi sitä heille prasadina.

"Kertokaa tyttärelleni, että hänen ei tule olla huolissaan. Amma on hänen kanssaan."

He kumarsivat hänelle jälleen samalla kun kello löi neljä. Amma antoi brahmacharille ohjeen viedä heidät veneellä takavesien yli, minkä jälkeen hän meni huoneeseensa. Kun vierailijat olivat lähdössä, he kääntyivät ympäri ja katsoivat taakseen. Samalla hetkellä Amma, joka oli nousemassa portaita huoneeseensa, kääntyi ympäri ja katsoi heitä hymyillen – ilmiselvänä merkkinä suojeluksestaan.

Viileä tuuli puhalsi. Nauttien miellyttävästä ulkoisesta viileydestä ja Amman armon sisäisestä viileydestä vierailijat nousivat veneeseen ja lähtivät. Aamun tähti loisti kirkkaana heijastuen takavesien pinnasta.

Perjantaina 13. kesäkuuta 1986

Amma istui toimiston portailla muutamien ihmisten ympäröimänä. Eräs brahmachari yritti selittää hänelle, että olisi tärkeää erottaa tehtävistään joitakin henkilöitä, jotka olivat vastuussa sivuashrameista ja antaa tehtävät uusille ihmisille. Amma kuunteli kaiken, mitä hänellä oli sanottavanaan. Lopulta hän sanoi: "Amman päämääränä on muuttaa rauta ja ruoste kullaksi. Ei ole tarpeen muuttaa kultaa uudelleen kullaksi!"

Brahmachari yritti tuoda uudelleen näkökantansa esiin.

Amma: "Poikani, kuuntele kärsivällisesti. Amma nimesi heidät toimikuntaan. Eikö totta? Ymmärrä, että Ammalla on ollut jotakin mielessään. Ensin Amma oppi itsestään, sitten hän oppi koko maailmasta, vasta sen jälkeen Amma omaksui tämän roolin. Amma tietää millä tavoin ohjata noita ihmisiä. Amma on

Luku 9

nähnyt satojen tuhansien ihmisten kärsimyksen ja taistelun. Kenellä toisella on ollut vastaavanlainen mahdollisuus? Amma on myös nähnyt, miten lukemattomat ihmiset muuttuvat. Jos siirrämme komitean jäsenet syrjään, he tulevat elämään elämänsä olematta hyödyksi kenellekään. Mutta jos annamme heidän jatkaa, silloin he huolehtivat ainakin joistakin ashramin asioista voiden palvella pienessä mittakaavassa ja näin he tulevat saamaan hyviä ansioita siitä. Eikö se ole parempi kuin se, että antaisimme heidän istua toimettomina? Amma tietää kuinka saada heidät noudattamaan ohjeita.

Kun he tekevät työnsä, heidän mielensä puhdistuu ja se johdattaa heidät vapautukseen. Emme voi noin vain hylätä heitä. Meidän velvollisuutemme on pelastaa heidät. Meidän tarkoituksemme on auttaa toisia kehittämään antaumusta Jumalaa kohtaan, jotta he voisivat nauttia sisäisestä rauhasta. Jos tällainen toiveemme on vilpitön, annamme anteeksi virheet, joita he ovat tehneet ja yritämme ohjata heidät oikealle polulle.

Emme voi odottaa kaikkien olevan hyviä. Jotkut eivät ole. Mutta jos heitämme heidät ulos ja hylkäämme heidät, he tulevat tekemään enemmän virheitä maailmassa. Joten meidän, jotka tiedämme enemmän kuin he, tulee laskeutua heidän tasolleen. Silloin he voivat kehittyä henkisesti. Älä ajattele, että jotkut ovat pahoja ja tulisi poistaa sen takia, että ovat tehneet yhden tai kaksi virhettä.

Amma ei tarkoita, että se mitä sinä sanot, olisi täysin väärin. Monet ihmiset keräävät rahaa ashramin nimissä, ja jotkut heistä antavat vain neljäsosan siitä ashramille. Amma tietää tämän, mutta käyttäytyy kuin ei olisi tietääkseenkään. Hän antaa heille toisen mahdollisuuden korjata virheensä. Jos he eivät opi tai eivät halua muuttaa käytöstään, he yleensä lähtevät omasta tahdostaan. Amman ei tarvitse pakottaa ketään lähtemään. He lähtevät itse.

He, jotka erehtyvät, ovat myös meidän veljiämme ja siskojamme. Eikö totta? He eivät ole ehkä saavuttaneet vielä riittävästi viisautta, mutta me voimme rukoilla Jumalaa, että niin tapahtuisi. Se hyödyttää myös meitä, sillä se laajentaa mieltämme."

Brahmachari kumarsi ja poistui.

Oppitunti sraddhasta

Amma huomasi brahmacharin istuvan ajatuksiinsa vaipuneena, viiksiään hypistellen.

Amma: "Laske kätesi alas. Tuollaiset tavat eivät sovi brahmacharille. Kun istuudut jonnekin, sinun ei tule liikuttaa kehoasi tai raajojasi tarpeettomasti. Sellaiset tottumukset, kuten jalan tai käden heiluttaminen tai viiksien hypisteleminen, eivät sovi sadhakalle. Sinun pitäisi pyrkiä olemaan hiljaa aloillasi."

Brahmachari tuli Amman luo ja kertoi hänelle, että monia lautasia ja mukeja oli kadonnut ashramista. Amma sanoi:

"Tuokaa kaikki lautaset ja mukit tänne. Älkää jättäkö yhtäkään lojumaan minnekään. Tuokaa kaikki tänne."

Jokaiselle ashramin asukkaalle oli annettu lautanen ja muki, joita he pitivät omissa majoissaan. Amma sanoi nyt heille, jotka olivat paikalla:

"Lapseni, teidän pitää olla tarkkaavaisempia tällaisten asioiden suhteen. Monia lautasia ja mukeja katosi, koska ihmiset jättivät ne lojumaan sinne tänne. Sen jälkeen jokaiselle annettiin lautanen ja muki, joihin kirjoitettiin kunkin nimi. Ja nyt on moni näistäkin kadonnut. Kun joku huomaa lautasensa kadonneeksi, hän ottaa lautasen seuraavasta huoneesta ottamatta

Luku 9

huomioon sitä tosiasiaa, että tuon huoneen asukas tarvitsee sitä. Kuinka tuo toinen tulee toimeen ilman lautasta? Lopulta Amma joutuu selvittämään heidän välistään kiistaa." Amma nauroi.

"Nämä lapseni ovat pahempia kuin pienet vauvat!" Brahmacharit tulivat lautastensa ja mukiensa kanssa ja Amma omaksui vakavan ilmeen.

Amma: "Tästä lähtien kukaan ei saa enää käyttää toisen lautasta. Jos olet hukannut lautasesi, sinun täytyy tunnustaa se. Älkää koskaan valehdelko omaksi hyödyksenne, vaikka menettäisitte henkenne. Jos hukkaatte vielä lautasenne tai muita tarvikkeitanne huolimattomuutenne takia, Amma ei syö mitään. Muistakaa se, lapset!"

Muutamassa minuutissa kaikki lautaset ja mukit asetettiin Amman eteen ja hän laski ne. Useita niistä puuttui.

Amma: "Lapseni, eikö se johdu teidän huolimattomuudestanne, että niin monia lautasia ja mukeja puuttuu? Tänne tulee kaikenlaisia ihmisiä. Jos jätätte astianne lojumaan sinne tänne sen jälkeen, kun olette käyttäneet niitä, niin he, jotka tarvitsevat niitä, yksinkertaisesti vain ottavat ne. Miksi syyttää toisia, kun olette itse antaneet heille mahdollisuuden varastaa? Teitä tässä tulee syyttää. Jos olisitte olleet varovaisempia, noita lautasia ei olisi hukattu. Kukaan teistä ei ymmärrä rahan arvoa, joten mitä väliä sillä on teille, jos tavaroita katoaa?

Amma kasvoi oppien tuntemaan niukkuuden. Hän tietää jokaisen paisan[4] arvon. Hän joutui ponnistelemaan saadakseen tarpeeksi polttopuuta voidakseen keittää teetä. Koska hän tietää kuinka kovaa köyhän elämä on, hän ei anna edes yhden ruoan murusen mennä hukkaan. Kun hän näkee palasen puuta, hän ajattelee sen arvoa ja sitä miten sen voisi käyttää hyödyllisesti. Mutta jos te lapset näette puunpalasen makaavan polullanne,

---
[4] Yhdessä Intian rupiassa on sata paisaa.

te vain potkaisette sen syrjään. Tai jos te näette sen makaavan sateessa, niin te ette ajattele koskaan, että poimisitte sen, kuivaisitte ja säästäisitte sen. Mutta Amma ei hylkää sitä hyödyttömänä. Lapset, heittäisimmekö viiden paisan kolikon pois? Emme, koska kyse on viidestä paisasta. Kuinka voisimme keittää mitään ilman polttopuuta? Vaikka meillä olisi sadan rupian seteli käsissämme, tarvitsisimme silti polttopuuta voidaksemme sytyttää tulen. Meidän pitäisi olla tietoisia kaiken arvosta ja hyödystä. Silloin emme heitä mitään hukkaan.

Katsokaa, mitä sairaaloissa tapahtuu. Heillä ei ole puhdasta vettä ruiskeita varten. Puhdistetun veden ostaminen ulkopuolelta maksaa yhden tai kaksi rupiaa. Moni potilas joutuu kärsimään tuntikausia, koska heillä ei ole niin paljon rahaa. Ruiske lievittäisi heidän tuskaansa, mutta heillä ei ole varaa siihen, ja niin tuska raastaa heitä. Heille kaksi rupiaa merkitsee paljon. Lapseni, Amma on nähnyt monien ihmisten kierivän tuskasta sen tähden, että heillä ei ole ollut rahaa ostaa yhtä tablettia särkylääkettä. Teidän tulisi muistaa noita ihmisiä toimissanne.

Jumala on meissä kaikissa. He, jotka kärsivät sietämätöntä kipua ovat myös Jumalan lapsia. He ovat veljiämme ja siskojamme. Ajatellessanne heitä teissä kehittyy todellinen sraddha (tarkkaavaisuus). Kun tuhlaatte tarpeettomasti yhden rupian, muistakaa, että joku kärsii sen tähden tarpeettomasti kymmenen tuntia. Te aiheutatte tuon ihmisparan kärsimyksen. Teidän huolimattomuuttanne voi verrata siihen, että heitätte mutaa yhteiseen juomaveteen. Teidän käyttäytymisenne saa Amman ajattelemaan noita sairaita ihmisiä. Sillä rahalla jonka te heitätte hukkaan, voisitte ostaa heille lääkkeitä. Ja ennen kaikkea te tuhlaatte sen mahdollisuuden, että arvokas jalokivi voisi syntyä sisimmässänne."

Luku 9

Amma kutsui sen brahmacharin luokseen, joka oli kertonut hänelle puuttuvista astioista.

Amma: "Tästä päivästä lähtien sinä olet vastuussa keittiötarvikkeista. Aamuisin sinun tulee antaa tarvittava määrä lautasia ja mukeja heille, jotka jakavat ruoan ja iltaisin sinun tulee kerätä sama määrä astioita takaisin, mitä jaoit aamulla. Se mitä on hukattu tähän mennessä, on mennyttä. Mutta jos hukkaamme vielä lisää, sinä saat vastata niistä.

Tarkkaavaisuus, minkä suuntaamme yksityiskohtiin voi viedä meidät lähemmäksi Jumalaa. Se sraddha mitä osoitamme ulkoisesti paljastaa sisällemme kätketyn aarteen. Niinpä rakkaat lapseni, kiinnittäkää huomiota kaikkeen edetessänne polullanne. Tarkkailtuaan pieniä asioita Amma on tullut tietämään suuria asioita."

Amma käveli nyt keittiöstä ashramin pohjoisosaan. Jossakin vaiheessa hän sylkäisi sivulleen, jolloin sylki sattui osumaan pinaatin taimen päälle. Hänen tarkoituksenaan oli sylkäistä sinne, missä ei ollut kasveja, mutta tuuli sai aikaan sen, että hänen sylkensä osui pinaatin lehtiin. Amma täytti mukin vedellä ja pesi huolellisesti lehdet. Sen jälkeen hän pesi kätensä kasvien yläpuolella niin, että vettä ei mennyt yhtään hukkaan.

Amma oli aina huolellinen siinä että ei tuhlannut vettä. Vaikka lähettyvillä olisi ollut vesihana, hän pesi siitä huolimatta aina kätensä ja kasvonsa astiassa olevalla vedellä. Hän sanoi, että kun avaamme hanan, käytämme yleensä enemmän vettä kuin on tarpeen. Kaikki tarpeeton toiminta on adharmaa, väärää. Myös se, jos jättää tarpeellisen teon tekemättä, on adharmaa. Jos Ammalta kysytään, mitä dharma on, hän sanoo: "Se on sitä, että tekee oikean teon oikeaan aikaan, oikealla tavalla."

Brahmachari, joka käveli Amman vierellä, ajatteli tähän tapaan arvostaen hänen antamaansa esimerkkiä. Siitä huolimatta epäilys nousi hänen mieleensä ja hän ajatteli: 'Oliko Amman tarpeellista pestä kasvin lehdet sen takia, että hieman sylkeä putosi niiden päälle?'

Kun Amma käveli eteenpäin, hän sanoi vastauksena brahmacharin kysymykseen, jota ei oltu sanottu ääneen:

"Nuo kasvit ovat myös eläviä. Eikö totta?"

Amma katsoi hetken ympärilleen ja meni sitten ruokasaliin. Muutamat brahmacharit kuorivat ja paloittelivat maniokkien juuria illallista varten. Hän istuutui heidän keskelleen ja liittyi työhön.

Brahmacharit ja perhesiteet

Brahmachari aloitti keskustelun:

"Kotoani on tullut useita kirjeitä. En ole vastannut niihin. Pitäisikö minun kirjoittaa heille, Amma?"

Amma: "Poikani, alkuvaiheessa sinun ei tule kirjoittaa perheellesi kirjeitä. Jos kirjoitat, he vastaavat ja sitten sinä kirjoitat jälleen heille. Jos todella haluat kirjoittaa heille – jos vanhempasi ovat esimerkiksi sairaina – kirjoita siinä tapauksessa muutamia rivejä lohduttaaksesi heitä. Luovuta vanhempasi Paramatmanille ja kirjoita heille tällaisella antautumisen asenteella. Silloin se ei sido sinua. Kun saat kirjeitä kotoa, älä lue niitä uudelleen ja uudelleen. Laita ne sivuun luettuasi niiden sisältö. Kirjeet sisältävät uutisia perheestäsi ja ystävistäsi, ja kun luet niitä, ne vaikuttavat sinun mieleesi aina hieman, halusitpa sitä tai et. Lapseni, teidän tulee aina pitää mielessänne se, miksi olette tulleet tänne.

Luku 9

Sanokaamme, että vierailet sairaan luona, joka makaa teho-osastolla ja kerrot hänelle yksityiskohtaisesti hänen perheenjäsentensä kärsimyksistä. Mitä siitä seuraa? Hänen terveytensä heikkenee ja hän saattaa jopa kuolla. Samalla tavoin sinä olet hoidossa tällä hetkellä, minkä tähden suuri varovaisuus on tarpeen. Kun mielesi on kehittynyt niin, että et tule heikoksi tai anna periksi missään olosuhteissa, ongelmaa ei enää ole. Siihen asti tällaiset rajoitukset ovat kuitenkin tarpeen. Nyt te olette kuin versoja, jotka kasvavat puun varjossa. Sen tähden on tarpeellista, että seuraatte tiettyjä sääntöjä ja rajoituksia.

Jos perheessänne ei ole ketään, joka huolehtisi heistä ja jos heidän kuntonsa on todella huono, silloin on oikein, että menette, huolehditte ja autatte heitä. Nähkää heidät Jumalana ja palvelkaa heitä. Mutta jos ylläpidätte riippuvuutta heihin mielessänne, ette hyödy siitä, että elätte ashramissa – ette te eikä teidän perheenne hyödy siitä. Jos ette kykene katkaisemaan riippuvuuttanne perheeseenne, on parasta, että elätte kotona ja huolehditte vanhemmistanne.

Vaikka ette vierailisikaan kotona, mutta saatte tietää kaikesta, mitä heille on tapahtunut ja heidän ongelmistaan, teidän ajatuksenne keskittyvät noihin asioihin. Kotonanne olevat vaikeudet pesiytyvät itsestään alitajuntaanne. Teidän myötätunnostanne ei kuitenkaan ole apua heille. Kun saavutatte tietyn tason henkisten harjoitustenne ansiosta, voitte tehdä sankalpan, joka hyödyttää heitä. Mutta se ei ole mahdollista nykyisessä kehitysvaiheessanne. Kun olette huolissanne heistä, menetätte vain kaiken sen voiman, minkä olette keränneet.

Jos perheenne kirjoittaa teille, älkää rohkaisko sitä. Kookoksen siemen ei voi itää ennen kuin se on pudonnut puusta, joka on sen äiti. Takertumisenne saa vain aikaan sen, että etäännytte Jumalasta. Ette edisty, jos teette sadhanaa samalla kun ylläpidätte riippuvuutta perheeseenne ja ystäviinne. Jos harjoitatte sadhanaa yksinäisyydessä tässä vaiheessa, voitte kasvattaa itsessänne voiman, jonka avulla voitte pelastaa, ette vain perheenne, vaan koko maailman."

Brahmachari: "Mutta emme me voi olla tuntematta huolestuneisuutta, kun kuulemme heidän ongelmistaan kotona vai voimmeko?"

Amma: "Poikani, kun olet valinnut henkisen polun, sinun tulee antaa kaikki korkeimmalle edistyäksesi. Kun täytämme vesivaraston, vesi virtaa kaikkiin putkiin, jotka siihen on liitetty. Samalla tavalla rakastamalla Jumalaa rakastamme kaikkia, sillä hän on jokaisessa.

Jos perheesi jäsenet tulevat vierailulle luoksesi, voit tervehtiä heitä hymyillen, kumartaa kunnioittavasti[5] ja sanoa heille muutamia ystävällisiä sanoja. Se sopii. Tosiasiassa sen verran voit tehdä, mutta et enempää. Usko siihen, että Jumala huolehtii heidän tarpeistaan. Sinun tulee omaksua antautumisen asenne. Kaiken kaikkiaan suojeletko sinä heitä? Kykenetkö sinä siihen?"

Brahmachari: "Miksi perhesiteistä luopumista pidetään niin tärkeänä?"

Amma: "Poikani, aivan kuten maa vetää puoleensa kaiken, perhe vetää meidän mielemme nopeasti puoleensa. Sellainen on verisukulaisuuden olemus. Sadhakan pitää voida suhtautua kaikkiin tasa-arvoisesti. Vain luopumalla riippuvuudesta kaikkeen me voimme tulla tuntemaan todellisen olemuksemme. Meidän riippuvuutemme 'minun' isääni, 'minun' äitiini, 'minun' veljeeni tai sisareeni on juurtunut syvälle meissä. Irrottautumatta siitä me emme voi laajentua emmekä saada osaksemme

---

[5] Intiassa on tapana, että nuoremmat kumartavat perheen vanhempien edessä ja koskettavat heidän jalkojaan.

Luku 9

sadhanasta odottamaamme hyötyä. Jos soudat venettä, joka on sidottu rantaan kiinni, et pääse toiselle rannalle."

Brahmachari: "Amma, en minä kirjoita kenellekään. Halusin vain tietää, mikä on sopivaa."

Amma: "Jos olosuhteet ovat sellaiset, että sinun pitää kirjoittaa jollekulle, kirjoita pari kolme riviä. Pidä huoli siitä, että se mitä kirjoitat koskettaa henkisiä asioita. Silloin heidän mielensä saa vastaanottaa hieman puhtautta, kun he lukevat nuo sanat. Kun joku kääntyy henkiselle polulle, sillä on suuri vaikutus perheeseen, siihen, millä tavoin he ajattelevat. Kirjoita heille aina vain myönteisiä asioita kirjeissäsi. Jotkut Ramakrishnan[6] perheenjäsenistä ovat alkaneet pitää siitä, että hän on täällä. Heidän yhteytensä häneen on saanut heidät arvostamaan henkisyyden merkitystä elämässä."

Brahmachari: "Sanoit, että meidän ei tule asennoitua siten, että kyse on 'minun' perheestäni, mutta kuinka voimme palvella heitä ilman tuollaista asennetta? Eikö ole niin, että voimme tehdä jotakin todella hyvää vain silloin kun teemme sen 'minun' -asenteella?"

Amma: "Henkisen ihmisen palvelutyö on myös hänen sadhanaansa. Hänen päämääränsä on olla vapaa kaikista riippuvuuksista. Hän kaipaa täydellistä vapautta. Hän palvelee toisia puhdistaakseen mielensä ja tullakseen riippumattomaksi, jotta hän voisi oivaltaa korkeimman päämäärän. Jos rakastat Jumalaa ja antaudut hänelle, kykenet tekemään minkä tahansa toimen hyvin, vapaana 'minä'- ja 'minun'-ajatuksesta. Tehkäämme parhaamme ja olkoon tulos Hänen tahtonsa mukainen – tällä tavoin meidän on asennoiduttava. Jos olemme riippuvaisia, toisten palveleminen sitoo meitä.

---

[6] Swami Ramakrishna Puri on yksi Amman varhaisista opetuslapsista. Hän tapasi Amman ensi kerran jo vuonna 1978.

Meidän tulee palvella toisia ilman odotuksia. Jos toiset heittelevät meille okaan piikkejä, meidän tulee kyetä heittämään heille kukkasia. Kun he antavat meille myrkkyä, meidän pitäisi antaa heille payasamia. Tällainen mielenlaatu meillä tulisi olla. Maailman palvelemisen tarkoitus on kehittää mielestämme tällainen. Kun palvelemme toisia, nähkäämme heidät Jumalana. Kaikkien toimiemme tulisi olla jumalanpalvelusta. Silloin jokainen tekomme muuttuu jumalalliseksi mantraksi."

Brahmachari: "Mitä vikaa siis on siinä, että palvelemme perhettämme tällä tavoin?"

Amma: "Kun olet kehittänyt itsellesi tällaisen mielenlaadun, se ei olekaan ongelma. Mutta tässä vaiheessa olet edelleen kiintynyt perheeseesi. Joten sinun on vaikea kokea heidän hyväkseen tekemäsi teot Jumalan palvelemisena. Alkuvaiheessa sinun on vaikeaa olla tekemisissä perheesi kanssa ilman jonkinasteista kiintymystä, samalla tavoin kuin muiden kanssa. On luonnollista tuntea kiintymystä omaa kotiaan ja perhettään kohtaan. Voimme ylittää tämän vain ahkerasti harjoittelemalla. Sen tähden suositellaan, että etsijän tulisi vapauttaa itsensä perheestään. Kun hänessä on kehittynyt todellista rakkautta ja kiintymystä Jumalaa kohtaan, hän ei kykene enää pitämään yllä sidosta mihinkään muuhun.

Siemen tulee istuttaa maan sisään ja sen kuoren tulee murtua ennen kuin se voi itää. Sadhakan tulee murtaa samaistumisensa kehoon ja hänen pitää antaa sellaisten asenteiden kuten 'minun isäni' ja 'minun äitini' väistyä. Hänen pitää nähdä jokainen Jumalana."

Kun Amma nousi ylös, hän poimi kassavan kuoria käteensä ja pyysi kaikkia laittamaan ne lehmien juoma-altaaseen. Hänen sanojensa nektarin siunaamat brahmacharit nousivat myös ja lähtivät omiin askareisiinsa.

Luku 9

Sunnuntaina 15. kesäkuuta 1986

Amma istui muutamien oppilaiden kanssa darshan-majassa. Koska oli satanut koko aamun, väkijoukko oli pieni.

Amma (nauraen): "Ashramin opetuslapset sanovat, että meidän pitää muuttaa se mitä Bhagavad-Gitaan on kirjoitettu. Krishna sanoi: 'Minä olen aina olemassa heitä varten, jotka turvautuvat minuun ja hylkäävät kaikki muut. He sanovat, että täällä tilanne on päinvastainen, että Amma rakastaa perheellisiä enemmän kuin maailmasta luopuneita. Mutta tarvitseeko loistava lamppu valoa? He jotka elävät pimeydessä tarvitsevat valoa. Hän, joka astuu kuumuudesta sisälle, tarvitsee kylmää vettä."

"Amma sanoo täällä asuville lapsilleen: 'Perheelliset korventuvat maallisen elämän kuumuudessa, kun taas te saatte aina nauttia täällä viileydestä. Koska Amma on lähellänne, voitte aina juosta hänen luokseen ongelmienne kanssa. Toisten kohdalla tilanne ei ole tällainen. Kaikkien toimiensa keskellä he onnistuvat jotenkin järjestämään yhden päivän voidakseen tulla tänne. Jos Amma ei anna heille tarpeeksi huomiota, kun he tulevat, niin he kompastelevat tiellään. Siinä missä te olette luopuneet maallisesta elämästä oivaltaaksenne Itsen, siinä heidän täytyy edelleen huolehtia kodeistaan, lapsistaan ja työstään. He ovat sidotut erilaisiin velvollisuuksiin ja silti he etsivät henkisyyttä kaiken sen keskellä. Eivät he voi noin vain katkaista kaikkia noita siteitä. Vain jatkuvan sadhanan avulla he kykenevät kehittämään itsessään tarvittavaa takertumattomuutta. He joutuvat seisomaan tulen keskellä koettaen olla saamatta palovammoja – sellaista on perheellisen elämä. Ilman kenkiä heidän täytyy kävellä okaiden yli yrittäen olla saamatta haavoja – kenkien edustaessa vapautta maallisista siteistä. Perheellisillä ei ole samanlaista vapautta. Sen tähden meidän tehtävämme on lohduttaa heitä. Kun opetuslapseni kuulevat tästä, he ovat hiljaa", Amma sanoi nauraen.

Nuori mies nimeltä Sudhir istui lähellä Ammaa. Hän oli suorittanut maisterin tutkinnon viisi vuotta aiemmin, mutta koska ei ollut ketään muuta, joka olisi huolehtinut hänen ikääntyneestä äidistään, hän oli huolehtinut hänestä vakituisen työn hankkimisen sen sijaan. Ansaitakseen elantonsa hän antoi opinto-ohjausta alueensa lapsille. Äitinsä kuoltua hän oli ryhtynyt elämään henkistä elämää käyttäen aikansa toisten auttamiseen ja sadhanaan. Ennen pitkää hän kuitenkin huomasi, ettei kyennyt etenemään ilman gurua, joka opastaisi häntä tarpeen mukaan. Itse asiassa hän alkoi tuntea vastenmielisyyttä henkisiä toimia kohtaan. Samaan aikaan hänen kiinnostuksensa myös maallisia asioita kohtaan väheni.

Tuntien itsensä levottomaksi Sudhir oli tullut ashramiin kolme päivää aiemmin voidakseen tavata Amman ensimmäistä kertaa. Hän oli kysynyt Ammalta, voisiko hän oleskella ashramissa jonkin aikaa ja Amma oli suostunut tähän. Toisena päivänä hänen surunsa oli kadonnut. Hän osallistui ashramin töihin suurella innostuksella ja sraddhalla. Sudhir lauloi myös hyvin ja oli jo oppinut laulamaan useita kirtaneita.

Sudhir: "Amma, onko epäitsekäs palvelutyö mahdollista vain, jos uskoo Jumalaan?"

Amma: "Poikani, vain hän, joka uskoo Jumalaan, voi todella palvella toisia epäitsekkäästi. Mutta jos joku, jolla ei ole uskonnollista vakaumusta, kykenee palvelemaan toisia epäitsekkäästi ja antamaan heille anteeksi heidän virheensä ja rajoituksensa, silloin ei ole väliä vaikka hänellä ei olisikaan uskoa. He jotka kykenevät todelliseen epäitsekkääseen palvelutyöhön vaikka eivät usko Jumalaan ansaitsevat mitä syvimmän kunnioituksen."

Sudhir: "Mikä on meditaation tarkoitus?"

Luku 9

Amma: "Mielestämme tulee epäpuhdas johtuen niistä erilaisista ajatuksista, jotka täyttävät meidät jatkuvasti. Meditaatio suuntaa nuo ajatukset kohti yhtä keskittymisen kohdetta. Me olemme kuin puhdasta sadevettä, josta on tullut epäpuhdasta, kun se on kerääntynyt sadevesikouruun. Sadevesikourun vesi tulee puhdistaa yhdistämällä se jokeen ja tämän sadhana saa aikaan. Vaikka me olemmekin tosiasiassa puhdasta atmania, olemme kuitenkin sidotut karkeaan aineelliseen maailmaan ja sisällämme on epäpuhtaita vasanoita. Meidän tulee puhdistaa mielemme harjoittamalla erottelukykyä sen suhteen, mikä on ikuista ja väliaikaista, samoin kuin harjoittamalla meditaatiota. Sitten kun puhdistumme meditaation avulla, meistä tulee vahvoja."

Amma pyysi Sudhiria laulamaan laulun. Hän lauloi:

Karunya murte kayampu varna

Oi myötätunnon asuinsija,
oi tummaihoinen,
avaa silmäsi,
oi kaiken surun tuhoaja,
pyydän, poista minun kärsimykseni.

Oi loistelias,
jonka silmät ovat punaisen lootuksen kaltaisia,
joka olet minun turvani tässä maailmassa.
Oi Krishna, minä palvon sinua ikuisesti
kukkien kaltaisilla kyynelilläni.

Oi Gopala, mielen lumoaja,
minä kompuroin pimeydessä.
Oi Shridhara, joka läpäiset kaikki neljätoista maailmaa,
avaa silmäsi ja vapauta minut surustani.

Nuori nainen meditoi Amman lähellä. Amma osoitti häntä ja sanoi:

"Tämä tytär haluaa myös asettua ashramiin asumaan. Hän kieltäytyy menemästä kotiinsa, vaikka onkin naimisissa. Hän on palannut takaisin vanhempiensa luokse ja hänen aviomiehensä vanhemmat eivät salli hänen tavata omaa lastaan. Nyt hän ei halua enää miestään eikä lastaan takaisin. Amma on pyytänyt häntä odottamaan aikansa. Tämänhetkinen takertumattomuus johtuu hänen pettymyksestään, ei todellisesta ymmärryskyvystä. Hän tarvitsee takertumattomuutta, joka syntyy henkisten periaatteiden ymmärtämisestä, muussa tapauksessa hän ei kykene pysyttelemään ashram-elämässä.

Oppilas koettelee deviä

Lounaskello soi. Annettuaan darshanin muutamalle jäljelle jääneelle Amma käveli ruokasaliin oppilaiden seuraamana. Hän jakoi itse lounaan kaikille ja oleskeli ruokasalissa niin pitkään, että kaikki olivat saaneet syödyksi. Kun hän lähti hallista, hän otti muutaman askeleen ja kääntyi sitten yhtäkkiä palaten takaisin sisälle. Hän meni miehen luo, joka istui edelleen lautasensa ääressä, otti riisipallon, jota hän oli pitänyt lautasellaan ja laittoi sen suuhunsa. Tämä sai miehen tunteet vuotamaan yli äyräittensä. Kyyneleet valuivat hänen kasvoillaan ja hän toisteli ääneen:

"Kali, Kali, Kali!"

Amma istuutui hänen viereensä ja silitteli rakastavasti hänen päätään ja selkäänsä. Lopulta hän nousi ylös ja meni huoneeseensa.

Amman epätavallinen käytös merkitsi tälle miehelle paljon. Hän oli lähtenyt Kalkutasta liikematkalle Kochiniin ja hän oli kuullut ystävältään Ammasta. Koska hän palvoi monien bengalilaisten tavoin Jumalallista Äitiä, hänen ystävänsä kuvaus Amman Devi-bhavasta (Jumalallisen Äidin ilmentämisestä) oli herättänyt hänen uteliaisuutensa, ja niin hän oli päättänyt tulla tapaamaan Ammaa ennen kuin palaisi Kalkuttaan. Hän oli tullut tuona aamuna ystävänsä kanssa ashramiin ja vastaanottanut Amman darshanin majassa. Kun Amma sitten tarjoili lounasta hetkeä myöhemmin, mies oli tehnyt riisipallon ja laittanut sen lautaselleen ajatellen: 'Jos Amma todella on Kali (Jumalallisen Äidin hurja olemuspuoli), hän tulee ja ottaa tämän riisipallon ja syö sen. Jos hän tekee niin, minä jään tänne illaksi nähdäkseni Devi-bhavan. Muussa tapauksessa lähden heti lounaan jälkeen.' Kun Amma sitten käveli ulos ruokahallista, mies koki sydämensä vajoavan ja epätoivon ottavan hänet valtaansa. Mutta kun Amma palasi takaisin hetkeä myöhemmin ja söi riisipallon, jonka hän oli laittanut syrjään Kalia varten, mies menetti tyystin itsehillintänsä. Hänen sisimpäänsä kerääntyneet pilvet purkautuivat kyyneleinä ulos. Hän jäi bhava-darshaniin, vaikka hänen ystävänsä lähtikin paluumatkalle jo iltapäivällä.

Ohjeita opetuslapsille

Iltapäivällä satoi. Amma meni neljän aikaan varastohuoneeseen ja ryhtyi siivoamaan sitä muutamien brahmacharien kanssa. Neelakantan ja Kunjumon rakensivat ulkona sateessa aitaa ashramin pohjoisreunalle.

"Älkää olko sateessa, lapseni!" Amma huusi heille.

"Ei hätää, Amma. Meidän työmme on melkein tehty!" he vastasivat ja ryhtyivät työskentelemään entistä nopeammin.

Nähtyään tämän Amma sanoi:

Ikuinen Viisaus – Yhdistetty painos

"Koska te teette työnne uhrauksena Ammalle ja koska te teette sitä ilolla, vilpittömästi ja omistautuneena, ette saa kuumetta. Mutta tilanne on erilainen heidän kohdallaan, jotka tekevät työnsä puolinaisesti."

Muutamat brahmacharit, jotka olivat olleet sateessa, vaihtoivat häpeissään katseen keskenään.

Brahmacharini, jonka tehtävänä oli kerätä polttopuuta keittiötä varten, oli laiminlyönyt tehtävänsä. Yksi asukkaista oli valittanut Ammalle, että keittäminen oli ollut vaikeaa, koska polttopuuta ei ollut tarpeeksi.

Amma: "Äiti muistutti tuota tytärtä muutama päivä sitten polttopuun tarpeesta, mutta hän ei siitä huolimatta tuonut yhtään lisää. Missä on hänen kunnioituksensa ja antaumuksensa? Amma ei sano, että kaikkien tulisi kunnioittaa ja arvostaa Ammaa. Mutta kun kanoottia valmistetaan, puuta kuumennetaan, jotta se taipuisi. Vain jos puu taipuu, kanootti voidaan valmistaa. Samalla tavoin me muutumme paremmiksi, kun 'taivumme' gurua kohtaan tuntemamme antaumuksen ja kunnioituksen takia. Muussa tapauksessa ego vain kasvaa emmekä kehity lainkaan henkisesti. Nöyryys ja tottelevaisuus ovat tarpeen, jotta sadhaka kehittyisi."

Kun Amma lopetti brahmacharinin nuhtelemisen, toinen asukas ryhtyi valittamaan hänestä.

Amma: "Tytär, tuo opetuslapsi oli tottelematon, mutta meidän ei tule olla vihaisia hänelle. Meidän ei tule koskaan sättiä tai arvostella jotakuta vihaisena vaan niin, että tuo ihminen voisi kasvaa. Jos moitimme tai arvostelemme jotakuta koska olemme vihaisia tai kateellisia, niin syyllistymme heitä suurempaan virheeseen, ja se taas tekee mielestämme epäpuhtaamman. Sadhakan ei tule koskaan toimia tällä tavoin. Tärkeä osa sadhanaa on nähdä pelkkää hyvää toisissa, sillä vain silloin meissä oleva kielteisyys kuolee."

"Jos arvostelemme toisia rakkaudella ja heidän parastaan ajatellen, se ohjaa heitä väärästä oikeaan. Mutta jos etsimme heistä virheitä virheiden itsensä takia, se saastuttaa oman mielemme ja lisää vihamielisyyttä toisissa rohkaisten heitä tekemään lisää virheitä. Lapseni, älkää etsikö virheitä toisista! Jos joku puhuu teille toisen ihmisen virheistä, älkää jääkö rypemään hänen virheisiinsä vaan osoittakaa hänelle tuon ihmisen hyvät ominaisuudet. Sanokaa hänelle, joka arvostelee: 'Sanot, että hänellä on tällaisia huonoja ominaisuuksia, mutta eikö hänessä ole myös tällaisia hyviä ominaisuuksia?' Silloin hän välittömästi lopettaa arvostelunsa eikä enää lähesty sinua puhuakseen toisista pahaa. Sillä tavoin parannamme itseämme ja autamme myös toisia poistamaan itsestään taipumuksen nähdä toisissa virheitä. Eikö asia ole niin, että teurastaja ja viinakauppias voivat jatkaa liiketoimintaansa vain sen takia, koska ihmiset menevät ostamaan heidän tuotteitaan? Virheiden etsijät muuttavat tapansa, jos ei ole ketään, joka kuuntelisi heitä."

Oli bhajaneitten aika. Amma meni kalariin ja laulaminen alkoi. Bhajaneitten aikana puhkesi ukkosmyrsky ja rupesi satamaan rankasti. Ukkosen jyrinä kuulosti rummutukselta, joka tahditti Shivan tandava-tanssia.

Keskiviikkona 18. kesäkuuta 1986

Äiti joka haluaa nähdä lastensa itkevän

Kello oli yksitoista aamupäivällä. Amma oli meditaatiohallissa brahmacharien kanssa. Hän nuhteli heitä siitä, ettei heillä ollut riittävästi tarkkaavaisuutta sadhanansa suhteen. Lopuksi hän sanoi:

"Rakkaat lapseni, itkekää Jumalaa! Amma ei ole vihainen nuhdellessaan teitä. Hänen sydämensä on täynnä rakkautta teitä kohtaan, mutta jos hän osoittaa teille vain rakkautta, te ette kasva. Ja kun Amma nuhtelee teitä, teidän syntinne siirtyvät hänelle. Lapseni, älkää takertuko ulkoiseen rakkauteen. He, jotka elävät maallista elämää, osoittavat rakkautensa ulkoisesti, sillä vain siten muut tulevat tietämään siitä. Maallisessa elämässä kaikkien mielenrauha riippuu ulkoisesta rakkaudesta. Ilman sitä ei ole rauhaa vaan epäsopua. Henkisessä elämässä löydämme sen sijaan autuuden sisältämme.

Jos olette riippuvaisia vain ulkoisen rakkauden etsimisestä, ette löydä jumalallista ydinolemusta sisimmästänne. Vain oivaltamalla sen voitte kokea todellisen täyttymyksen. Jos omistatte talon, voitte elää siinä vapaasti, muussa tapauksessa jos ette maksa vuokraa ajoissa, vuokranantaja ja hänen väkensä tulevat häiritsemään teidän rauhaanne. Amman onni on siinä, kun hän saa nähdä, että te löydätte autuuden sisältänne. Amma kokee surua siitä, kun hän näkee, että te olette riippuvaisia Amman ulkoisesta rakkaudesta ja ulkoisista asioista, sillä jos olette riippuvaisia niistä, joudutte kärsimään huomenna."

"Jos Amma osoittaa liikaa rakkautta, se muodostuu ongelmaksi – sillä sen sijaan, että katsoisitte sisällenne, te keskitytte vain ulkoiseen Äitiin. Mutta jos Amma osoittaa hieman suuttumusta, te käännytte sisällenne ajatellen: 'Oi Jumalani, mitä minä tein väärin? Anna minulle voimaa toimia Amman toivomusten mukaisesti.' Ja niin te käännytte sisäisen Itsen puoleen. Amma kuuntelee tuhansien ihmisten suruja, jotka kärsivät sen tähden,

Luku 9

että ulkoinen rakkaus on pettänyt heidät. Kukaan ei rakasta toista enemmän kuin itseään.

Ammalla on miljoonia lapsia. Jos olette riippuvaisia vain hänen ulkoisesta rakkaudestaan, koette mustasukkaisuutta, kun hän on rakkaudellinen toisia kohtaan. Ulkoinen Amma, jonka näette nyt, on kuin kukan kuvajainen, joka heijastuu vedenpinnalle. Ette voi koskaan saada tuota kukkaa omaksenne, sillä se on vain heijastuma. Voidaksenne oivaltaa totuuden teidän tulee etsiä sitä, mikä on todellista. Turvautuminen heijastumaan ei riitä, teidän tulee turvautua siihen, mikä on todellista. Jos rakastatte Ammaa, teidän tulee suuntautua todelliseen olemukseenne. Kun ymmärrätte kokonaan todellisen olemuksenne, mielenne ei enää takerru mihinkään ulkoiseen. Niinpä lapseni, kun olette Amman suojeluksessa, pyrkikää katsomaan sisällenne. Vain siten saatte nauttia ikuisesti autuudesta.

Amma on surullinen, koska hänen lapsensa eivät ponnistele tarpeeksi tehdäkseen mielestään keskittyneen. Itkekää Jumalaa. Vain itkemällä häntä teidän mielenne saavuttaa keskittyneisyyden. Mikään ei ole mahdollista ilman antaumusta Jumalalle. Todellinen oppilas ei edes kaipaa vapautusta. Antaumuksellinen rakkaus on jopa vapautusta korkeampaa. Oppilas saa kokea aina Jumalaa kohtaan tuntemansa rakkauden lahjoittamaa autuutta. Mihin silloin tarvitaan enää vapautusta? Oppilas on silloin jatkuvassa autuudessa jo tässä maailmassa ollessaan, joten miksi hän haluaisi enää ajatella jotakin toista maailmaa?"

Amma osoitti sormensa päätä.

"Bhaktin (antaumuksellisen rakkauden) rinnalla mukti (vapautus) ei ole tämän enempää."

Amma siemaisi hieman kahvia mukista, jonka eräs brahmachari oli asettanut hänen eteensä. Hän nousi seisomaan kuppi kädessään ja kaatoi hieman kahvia jokaisen suuhun. Kaataessaan kahvia hän kuiskasi jokaisen korvaan: "Lapseni, kutsu Jumalaa ja itke! Itke Jumalaa, lapseni!" Annettuaan näin prasadia, siunatun lahjan kaikille Amma istuutui jälleen ja ryhtyi antamaan meditaatio-ohjeita.

"Lapseni, rukoilkaa itkien sydämessänne. Älkää antako mielenne vaeltaa vaan kiinnittäkää se Paramatmaniin (korkeimpaan tietoisuuteen). Rukoilkaa: 'Oi korkein Itse, poista sisäisen peilini pinnalla oleva lika! Anna minun nähdä todelliset kasvoni tuossa peilissä!' Ja kun mielenne vaeltaa, tuokaa se takaisin ja kiinnittäkää se jälleen rakkaan Jumalanne pyhien jalkojen juureen."

Brahmacharit ryhtyivät nyt meditoimaan. Amman ohjeet kaikuivat heidän mielessään, jolloin meditaatiosta tuli helpompaa. Kun he ihailivat sisäisillä silmillään sitä jumalallisen ydinolemuksen hahmoa, jonka olivat juuri nähneet ulkoisten silmiensä edessä, heidän mielensä hiljeni.

Keskiviikkona 25. kesäkuuta 1986

Hetkellinen takertumattomuus

Nuori mies oli saapunut ashramiin kuukautta aiemmin toivoen saavansa asua siellä. Aluksi Amma ei ollut antanut hänelle lupaa. Kun nuoren miehen pyynnöistä oli tullut entistä voimakkaampia, niin hän oli sanonut:

"Poikani, henkinen elämä ei ole helppoa. Henkisessä elämäntavassa pysytteleminen ilman todellista erottelukykyä ja takertumattomuutta on vaikeaa. Vain he, jotka eivät päästä missään tilanteessa päämäärää kaikkoamaan mielestään, voivat onnistua. Poikani, sinä olet sydämessäsi yhä takertunut

Luku 9

perheeseesi ja tästä johtuen Amma ei ole varma siitä, kuinka pitkään sinä kykenet olemaan täällä. Mutta jos koet noin voimakkaasti, voit yrittää, poikani. Amma ei vastusta sitä."

Niinpä nuori mies oli ryhtynyt elämään ashramissa. Hän hurmasi kaikkien sydämet, koska hän noudatti ashramin sääntöjä ja ilmensi voimallista takertumattomuutta, jonka avulla hän harjoitti sadhanaa. Kun eräs brahmachari mainitsi tästä Ammalle, hän vastasi:

"Kun istutamme puunoksan, muutamia uusia lehtiä ilmaantuu. Mutta älkäämme olettako, että kasvi on juurtunut, sillä nuo lehdet putoavat pian. Sinun tulee tarkkailla, ilmestyykö sen jälkeen vielä uusia lehtiä. Jos niitä ilmestyy, voit päätellä siitä, että kasvi on alkanut kasvaa. Nuo lehdet ilmestyvät vasta sitten kun kasvi on juurtunut."

Eräänä päivänä nuoren miehen isä ja veli tulivat ashramiin. Isä sanoi:

"Poikani, äitisi on hyvin onneton, koska hän ei näe sinua. Hän ei syö kunnolla ja puhuu sinusta kaiken aikaa."

Nuoren miehen silmät täyttyivät kyyneleistä ja hän kysyi Ammalta:

"Saanko mennä kerran kotiin nähdäkseni äitini?"

"Aivan kuten haluat, poikani", Amma vastasi. Ja aivan niin kuin lääkäri, joka antaa lääkettä potilaalle, joka ei halua pysytellä sairaalassa, Amma lisäsi: "Sinun tulee harjoittaa kotona japaa, poikani."

Tänään, viikkoa myöhemmin, kun nuori mies ei ollut vieläkään palannut, brahmachari kysyi:

"Amma, miksi niin moni menettää alkuvaiheen takertumattomuutensa?"

Amma: "Suurin osa tuntee alussa innostuksen aallon. Moni tuntee takertumattomuutta aluksi, mutta menestys on

Ikuinen Viisaus – Yhdistetty painos

seurausta siitä, että takertumattomuus säilyy. Kun alun innostus laskee, monien aiempien elämien piilevät vasanat (kielteiset ominaisuudet) nousevat pintaan yksitellen. Silloin sadhakan huomio suuntautuu ulkopuolisiin asioihin. Vasanoiden voittaminen vaatii voimallista ponnistelua ja luopumista. Suurin osa ihmisistä lannistuu, kun he kohtaavat odottamattoman paljon vaikeuksia. On myös yleistä, että heidän sadhanansa kehitys pysähtyy, mikä aiheuttaa pettymyksen tunteita. Mutta he, jotka omaavat todellista lakshya boddhaa (päämäärätietoisuutta) eivät anna periksi. He yrittävät yhä uudelleen jättäen esteet ja epäonnistumiset huomiotta. Vain he, jotka ovat näin voimallisesti tietoisia lopullisesta päämäärästä, kykenevät pitämään yllä takertumattomuutta kaiken aikaa."

Amma nousi ylös ja käveli keittiön lähettyville, missä hän näki ulkomailta tulleen oppilaan yrittävän pestä vaatteitaan. Tottumattomana pesemään vaatteita käsin hän yritti hangata kokonaista saippuapalaa suureen pesukiveen. Amma katsoi häntä hetkisen, meni sitten hänen luokseen ja näytti kuinka tuli toimia. Brahmachari käänsi Amman ohjeet englanniksi. Mies ilahtui siitä, että Amma opetti hänelle vaatteiden pesutekniikan.

Seuraavaksi Amma käveli kohti darshan-majaa. Matkalla hän havaitsi brahmacharin, jolla oli päällään oranssit vaatteet.

Amma: "Poikani, sinun ei tule pitää okranvärisiä vaatteita. Et ole vielä valmis siihen. Osoita kunnioitusta okraa kohtaan missä hyvänsä sitä näetkään, mutta älä käytä okranvärisiä vaatteita itse. Okra on vertauskuva sitä, että olet polttanut kehosi tulessa! Kun näemme tuon värin, meidän tulee muistaa rishien perimysketju. Kun osoitamme kunnioitusta jollekulle, jolla on okranväriset vaatteet, kunnioitamme tuota perimyslinjaa."

Ulkomailta tullut oppilas kuunteli tätä keskustelua. Kun hän sai kuulla brahmacharilta, että Amma oli puhunut

Luku 9

okranvärisistä vaatteista, hän kysyi, voisiko hänkin saada okranväriset vaatteet. Amma vain hymyili vastaukseksi. Mutta hän esitti kysymyksen uudelleen, nyt vakavammin.

Amma: "Poikani, tuollaisia vaatteita et voi ostaa kaupasta. Sinun tulee ensin osoittaa kypsyyttä, jota ne edellyttävät."

Oppilas ei ollut kuitenkaan tyytyväinen.

"Muut pitävät niitä, joten miksi myös minä en voisi saada sellaiset?"

Amma: "Poikani, tuleeko sinusta nainen vain sen takia, että pidät naisen vaatteita? Tuleeko naisesta mies, jos hän pukeutuu niin kuin mies? Kenestäkään ei tule sanjaasia ottamalla jostakin okranvärisen kaavun ja kietoutumalla siihen. Ensimmäinen vaatimus on, että kastat mielesi okraan. Kun olet tehnyt niin, Amma antaa sinulle okranväriset vaatteet."

Oppilas oli hiljaa.

Brahmachari: "Jotkut ihmiset juoksevat karkuun riideltyään perheensä kanssa ja pukevat okranväriset vaatteet päälleen. Eikö totta?"

Amma: "Jotkut lähtevät kotoaan riidan päätteeksi, ja kun he näkevät nälkää, he pukeutuvat okranvärisiin vaatteisiin saadakseen jotakin syödäkseen. Voit nähdä toisten pitävän okranvärisiä vaatteita epätoivoissaan sen jälkeen, kun heidän vaimonsa on jättänyt heidät. Takertumattomuuden tunne on hyvä, mutta meidän tulee ymmärtää sen todellinen tarkoitus, muussa tapauksessa on tarkoituksetonta pitää okranvärisiä vaatteita. Näinä päivinä on vaikeaa kohdata todellisia sanjaaseja (maailmasta luopuneita). Meidän tulee tutkia, ovatko he saaneet oranssin kaapunsa gurukulasta (mestarin koulusta) perinteisten menojen mukaisesti. Todelliset gurut eivät anna noin vain oransseja vaatteita, he tutkivat vastaanottajan kypsyyttä."

Toivomus läpäistä koe opiskelematta

Kun Amma saapui darshan-majaan, kaikki kumarsivat ja istuutuivat. Oppilasperhe oli tullut Pattambista. Rajendran, perheenpää, oli opettaja ja Sarojam, hänen vaimonsa, ompelijatar. Heillä oli kaksi lasta, poika, joka oli 8. luokalla koulussa ja tytär, joka oli 3. luokalla.

Rajendran: "Amma, meidän tyttäremme ei opiskele lainkaan!"

Sarojam: "Hän sanoo, ettei hänen tarvitse opiskella, koska Amma auttaa häntä selviämään kokeista!"

Amma veti tyttären lähelleen ja hyväili häntä rakkaudellisesti.

Amma: "Tyttäreni, eivätkö kaikki syytä Ammaa, jos sinä et opi mitään? Kuinka voit päästä kokeesta läpi, jos et opiskele?"

Suloisella, viattomalla äänellä tyttö sanoi:

"Mutta veljeni pääsi läpi vaikka ei opiskellutkaan!"

Kaikki nauroivat.

Amma: "Kuka sanoi sinulle niin, tyttäreni?"

Tyttö: "Hän itse sanoi."

Sarojam: "Amma, näin hän sanoo aina, kun kehotamme häntä opiskelemaan. Hän sanoo, että kun hänen veljensä alkoi kirjoittaa koetehtäviä, sinä olit ilmestynyt hänelle. Sinä olit tullut ja istuutunut hänen viereensä kertoen hänelle kaikki vastaukset. Kun hän palasi kotiin, hän sanoi: 'Minä en opiskellut lainkaan. Ammachi kertoi minulle kaiken.'"

Rajendran: "Se mitä hän sanoi, on totta, Amma. Hän ei koskaan opiskele mitään, hän vain leikkii. Silti hän sai hyvät arvosanat kokeissa. Opettaja oli ihmeissään."

Sarojam: "Nyt tämä tyttö sanoo, että Ammachi auttaa myös häntä läpäisemään kokeet."

Luku 9

Amma nauroi ja antoi tytölle lämpimän suukon.
"Tyttäreni, jos et opiskele, Amma ei puhu sinulle. Lupaathan opiskella!"
Tyttö lupasi ja Amma antoi hänelle omenan vieressään olevasta korista. Tytön suloiset kasvot loistivat ilosta.

Henkisyys ja maallisuus

Amman oppilas Damodara Menon tuli ja kumarsi Äidille.
Amma: "Oi, kukapa tässä on? Poikani Damu?"
Menon hymyili ja kumarsi päänsä Amman käsiin.
Amma: "Olitko poissa muutamia päiviä, poikani?"
Damu: "Olin matkoilla, Amma. Olen juuri palannut Bangaloresta. En ole edes käynyt vielä kotona. Jäin junasta Kayamkulamissa, sillä halusin nähdä Amman ensin."
Amma: "Voivatko pienet hyvin, poikani?"
Damu: "Kiitos Amman armon, kotona ei ole ongelmia. Mutta tapasin ystäväni, josta olen huolissani."
Amma: "Minkä tähden, poikani?"
Damu: "Tapasin hänet Bangaloressa. Olimme aikoinaan työtovereita. Yhdessä vaiheessa hän luopui työstään ja lähti kotoaan ryhtyäkseen sanjaasiksi. Kun hän palasi viisi vuotta sitten, hänellä oli okranväriset vaatteet."
Amma: "Missä tuo poika asuu?"
Damu: "Hän oleskeli ashramissa Rishikeshissä, mutta kun tapasin hänet tällä kertaa, hän oli täysin muuttunut. Okranvärinen kaapu, rudraksa-helmet, pitkät hiukset ja parta olivat kadonneet. Hän näytti komealta. Hän luopui sanjaasasta neljä vuotta sitten. Hän rakastui tyttöön, joka vieraili jatkuvasti ashramissa ja meni hänen kanssaan naimisiin. He asuvat nyt

Bangaloressa. Hän on töissä siellä, mutta siitä miten hän puhui, ymmärsin, että hän oli syvästi pettynyt."

Amma: "Jos jätät henkisen elämän ja palaat maalliseen elämään, joudut sen seurauksena kärsimään sekä ulkoisesti että sisäisesti. Mieli, joka on omaksunut henkisiä ajatuksia, ei kykene löytämään onnea maallisista asioista, siitä seuraa vain levottomuutta. Hienosyinen aura, jonka henkiset harjoitukset ovat synnyttäneet, on esteenä fyysisten nautintojen kokemiselle. Sadhakan rakastettu jumalhahmo ja jumalat, jotka ympäröivät tuota jumaluutta, synnyttävät myötätunnosta kaksinkertaisen määrän esteitä ja kärsimystä, sillä he haluavat, että hän palaa takaisin henkiseen elämään. Tuo kamppailu ei johdu Jumalan tyytymättömyydestä – se on hänen siunauksensa! Jos hänelle annettaisiin enemmän omaisuutta ja onnea, sadhakan ego suurenisi ja hän tekisi virheitä. Hän joutuisi syntymään yhä uudelleen ja uudelleen. Estääkseen tämän ja kääntääkseen hänen mielensä pois maailmasta Jumala antaa hänelle kärsimyksiä.

Mieli, joka on saanut maistaa edes hieman henkisyyttä, ei voi löytää enää onnea maallisista asioista. Jos mies menee naimisiin jonkun toisen kanssa kuin sen, jota hän rakastaa, hän tulee olemaan onneton vaimonsa kanssa, koska hänen mielensä keskittyy aina häneen, jota hän rakastaa. Samalla tavoin mieli, joka on kääntynyt henkisyyteen, ei voi löytää tyytyväisyyttä maallisesta elämästä.

Koska avioliitto on jo solmittu, ystäväsi tulee pitää huoli siitä, että hän jatkaa sadhanaansa. Jos ihminen noudattaa perheellisen dharmaa (elämäntapaa) oikealla tavalla, hän voi elää merkityksellisen elämän. Jatkaen henkisiä harjoituksia taukoamatta hän voi maistaa henkistä autuutta tässä elämässä. Kun alat todella rakastaa Jumalaa, sinun mielesi vetäytyy aineellisista nautinnoista, jolloin halusi vähenevät, ja se johtaa

Luku 9

automaattisesti sisäiseen rauhaan. Halu tarkoittaa kärsimystä ja surua. Siellä missä on tulta, siellä on savua ja siellä missä on halua, siellä on kärsimystä. Mutta on mahdotonta elää ilman haluja. Joten kohdistukoot kaikki halusi Jumalaan.

Jos sadhanaa harjoitetaan säännöllisesti, henkistä ja maallista elämää voidaan ylläpitää rinnakkain, täydellisessä tasapainossa. Voidaksesi saavuttaa tämän sinun tulee tehdä tekosi tietoisena siitä, että elämän päämäärä on saavuttaa vapautus. Tämä pelastaa sinut."

"Siitä huolimatta sanjaasan suuruus on ainutlaatuista. Sanjaasi voi mietiskellä Jumalaa ja nauttia autuudesta tarvitsematta kantaa maailman huolia. Vaikka hän työskentelisikin palvellen muita, hän ei tunne taakkaa koska ei ole kiintynyt tuohon toimintaan.

Kerran sanjaasi käveli tietä pitkin, kun mies lähestyi häntä ja kysyi:
'Swami, mitä on sanjaasa?'
Sanjaasi ei edes katsonut häneen, mutta mies toisti kysymyksensä. Yhtäkkiä sanjaasi pysähtyi ja laittoi kantamuksensa maahan ja jatkoi kävelemistä. Hän ei ollut kävellyt kuin muutaman metrin, kun mies kysyi jälleen:
'Mitä on sanjaasa?'
Sanjaasi kääntyi ja kysyi:
'Etkö nähnyt, että laitoin kantamukseni maahan? Sanjaasa tarkoittaa, että luovut 'minä' ja 'minun'-ajatuksesta, että et takerru mihinkään omanasi.'
Sanjaasi jatkoi matkaansa, mutta mies seurasi häntä kysyen:
'Mitä hän tekee sen jälkeen?'
Sanjaasi kääntyi nyt ja meni takaisin sinne, missä hänen kantamuksensa lojui. Hän nosti sen takaisin olalleen ja jatkoi

kävelemistä. Mies ei ymmärtänyt tämänkään merkitystä, joten hän toisti kysymyksensä. Kävellessään sanjaasi selitti:
'Katsohan. Kannan maailman taakkaa tällä tavoin. Mutta vain luopumalla kaikesta voit laittaa maailman olallesi.'"

"Jos vartioit villieläintä, sinun tulee tarkkailla sitä kaiken aikaa, jotta se ei juoksisi karkuun. Jos päästät sen vapaaksi, sinun on seurattava sitä kaikkialle, muutoin se karkaa. Jos syötät sitä, sinun tulee olla sen seurassa siihen asti, kunnes se on lopettanut syömisen. Et ole koskaan vapaa toimeliaisuudesta. Mutta puutarhan pitäjän tarvitsee vain oleilla portilla ja katsoa, että kukaan ei varasta kukkia. Hän saa myös nauttia kukkien tuoksusta. Samalla tavoin, jos tavoittelet maallista elämää, mielesi piinaa sinua kaiken aikaa, se ei ole koskaan vakaa. Henkisyys sen sijaan sallii sinun nauttia elämän kauneudesta ja tuoksusta. Ei ole sekamelskaa eikä kiroilua. Jopa siihen liittyvä kärsimys on jumalallista armoa, joka ojentaa käden kohottaakseen sinut rauhan tilaan."

Kaikki kuuntelivat haltioituneen tarkkaavaisina Amman tarkkaa kuvausta henkisen ja maallisen elämän olemuksesta. Kun he nousivat paikoiltaan, heidän kasvonsa loistivat uudenlaisen ymmärryksen valoa sen suhteen, miten muokata elämäänsä.

Lauantaina 28. kesäkuuta 1986

Oliko Krishna varas?

Amma oli yhdessä majassa, missä hän keskusteli brahmacharin kanssa, joka oli Krishnan seuraaja.

Luku 9

Amma: "Sinun Krishnasi on suuri varas! Eikö varastaminen tullut maailmaan, koska hän varasti voita? Ajattele kaikkea ilkivaltaa mitä hän teki!"

Brahmachari ei kestänyt kuulla sitä mitä Amma sanoi. Kyyneleet juoksivat pitkin hänen poskiaan, kun hän esitti vastalauseensa:

"Ei Krishna ollut lainkaan tuollainen, Amma!" Hän jatkoi itkuaan kuin pieni lapsi. Amma pyyhki hänen kyyneleensä ja sanoi:

"Sinä olet kuin lapsi! Amma halusi vain nähdä kuinka voimakas on sinun kiintymyksesi Krishnaa kohtaan. Ei hän ollut varas. Hän oli rehellisyyden ruumiillistuma. Hän varasti voita ja teki erilaisia kepposia ilahduttaakseen toisia. Varastaessaan voita hän varasti heidän sydämensä. Vain Jumala saattoi tehdä sillä tavoin. Hän ei toiminut koskaan itseään ajatellen. Ei hän varastanut voita itselleen vaan köyhien karjapaimenten lapsille, jotka olivat hänen seuralaisiaan ja samalla hän kiinnitti gopien sydämen Jumalaan.

Aiemmin gopien mieli oli kiinnittynyt aina työhön. He keskittyivät elantonsa ansaitsemiseen myymällä maitoa, voita ja jogurttia. Varastamalla niitä Krishna vapautti heidän mielensä riippuvuuksista ja keskitti heidän mielensä häneen. Vaikka hän varastikin voita, hän ei itse syönyt sitä vaan antoi sitä nuorille lehmipaimenille, jotka olivat tulleet nälkäisiksi kaitsiessaan lehmiä. Näin hän saavutti kaksi asiaa yhdellä kertaa: hän syötti nälkäiset ystävänsä ja vapautti gopien mielet riippuvuuksista.

Krishna oli todellinen vallankumouksellinen. Tämän päivän vallankumoukselliset haluavat ottaa heiltä, joilla on ja antaa heille, joilla ei ole. Mutta he haluavat eliminoida yhden ihmisryhmän saavuttaakseen tämän. Tällainen on materialistinen tapa. Henkinen lähestymistapa on toisenlainen. Sri Krishna opetti, kuinka voidaan pelastaa jokainen, rikas ja myös köyhä, oikeudenmukainen ja epäoikeudenmukainen. Tänä päivänä ihmiset sanovat, että jos koiralla on vesikauhu, se pitää tappaa. Mutta Krishna sanoo, että meidän tulee sen sijaan muuttaa "vesikauhuinen" mieli. Tällainen oli hänen vallankumouksensa luonteeltaan. Ratkaisu ei ole tappamisessa, vaan ihmisen mielen muuttamisesta ja kohottamisesta. Yksilössä tulee tapahtua muutos. Rajallinen, itsekäs mieli pitää muuttaa laaja-alaiseksi, kaiken sisältäväksi mieleksi, joka on täynnä rakkautta ja myötätuntoa. Tämän Krishna meille opetti.

Krishnan avioliittokaan ei ollut hänen oma valintansa. Hän suostui menemään naimisiin voidakseen tehdä rakkaat läheisensä onnellisiksi. Hänen päämääränsä oli saada kaikki nauttimaan Itsen autuudesta, ja hän noudatti monia erilaisia menetelmiä saavuttaakseen tämän. Tavallinen mielenlaatu ei kykene ymmärtämään tätä. Vain hienosyinen mieli, joka on keskittynyt mietiskelyyn, kykenee ymmärtämään hieman hänen elämänsä sisäistä merkitystä.

"Laula nyt kirtan, poikani!"

Brahmacharin kasvot alkoivat loistaa hymyä ja kun hän alkoi laulaa, hänen rakkautensa lähti lentoon:

Nilanjana miri niirada varna

Oi sinä, jonka iho on sadepilven värinen,
jolla on siniset, mustalla rajatut silmät;
Sinä olet minun ainoa turvani, aina ikuisuuteen asti,
tämä on totuus, Krishna,
sillä ei ole ketään muuta joka voisi suojella minua.

Oi tumma, komea Krishna,
leikkisä kuin lapsi joka varastaa sydämet,
jota Naradan tamburan ääni vetää puoleensa –

Luku 9

Oi aina niin säteilevä Krishna,
joka tanssit antaumuksellisten laulujen tahdissa,
joka tuhoat kaikenlaisen ahneuden
ja joka olet ikuinen todistaja,
salli minun nähdä sinut jumalallisessa näyssä.

Vapautuksen lahjoittaja,
joka lumoat mayallasi,
jonka lootusjalkoja ihmiskunta palvelee.
Oi herra Krishna,
vapauta minut tästä maallisesta olemassaolosta.

Kun hän lauloi, brahmachareja saapui harmoniumin, ganjiran ja muitten soitinten kanssa. Maja täyttyi pian, jolloin osa joutui istumaan ulkopuolella, kaikki he lauloivat aina kertosäkeen vastauksena brahmacharille, joka johti kirtania.

Amma ei kyennyt lopettamaan laulua. Hänen silmänsä täyttyivät kyyneleistä. Hiljalleen hän sulki kyyneleiset silmänsä ja istui hiljaa muodostaen mudran, pyhän merkin sormillaan. Jumalallisen tietoisuudentilan mittaamaton voima säteili hänestä avaten läsnäolijoiden sydämet. Jonkin ajan kuluttua hänen silmänsä avautuivat, sitten ne sulkeutuivat jälleen. Näytti siltä, että Amma ponnisteli voidakseen palata ylevöityneestä mielentilastaan ja laskeutua jälleen alas. Aikaisemmin Amma oli vaipunut samadhiin (Jumalaan sulautumisen tilaan) bhajaneitten aikana, jolloin hän oli palannut tavalliseen mielentilaan vasta useita tunteja myöhemmin. Silloin hän oli sanonut:

"Kun näin tapahtuu, teidän lasten tulee laulaa kirtaneita. Muuten Amma saattaa istua tällä tavalla kuukausia tai hänestä voi tulla avadhuta."

Brahmacharit muistivat nyt tämän tapahtuman ja jatkoivat kirtaneiden laulamista aina siihen asti, kunnes Amma palasi bhavastaan takaisin. Kesti pitkään ennen kuin hän tuli jälleen täysin tietoiseksi ympäristöstään.

Bhava-darshan

Tuona iltana oppilas nimeltä Subrahmanian Madrasin kaupungista istui Amman lähellä. Hän pyysi Ammaa selittämään bhava-darshanin merkityksen.

Amma: "Poikani, ihmiset elävät nimien ja muotojen maailmassa. Johdattaakseen heidät totuuteen Amma omaksuu tämän roolin."

"Ilman mieltä ei ole maailmaa. Niin kauan kuin sinulla on mieli, on myös olemassa nimiä ja muotoja. Kun mieli katoaa, ei ole enää mitään. Heidän, jotka ovat saavuttaneet tuon tilan, ei tarvitse enää rukoilla tai harjoittaa japaa. Siinä tilassa et koe sen enempää unta kuin hereilläoloakaan, et ole tietoinen minkäänlaisesta objektiivisesta olemassaolosta – on vain täydellinen hiljaisuus, autuus ja rauha. Mutta oppilaan tulee kehittyä voidakseen saavuttaa tämän tilan, niinpä tarvitaan sellaisia menetelmiä kuin bhava-darshan."

Subrahmanian: "Jotkut arvostelevat Ammaa siitä, että hän halaa opetuslapsiaan."

Amma: "Poikani, sinun tulisi kysyä heiltä: 'Rohkenetko halata äitiäsi, joka synnytti sinut? Vaikka tekisitkin niin kotona, halaisitko häntä keskellä katua?' Tosiasiassa he eivät tee näin estoistaan johtuen.[7] Mutta Amma ei koe tällä tavoin.

Äiti tuntee suurta rakkautta, lempeyttä ja kiintymystä vauvaansa kohtaan, ei fyysistä halua. Amma näkee jokaisen lapsenaan. Tämä saattaa olla eräänlaista hulluutta ja voit sulkea Amman elämästäsi – mutta tällä tavoin hän toimii. Jos kysyt,

---

[7] Ihmiset halaavat Intiassa hyvin harvoin julkisesti.

Luku 9

miksi hän halaa ihmisiä, niin vastaus kuuluu, että sillä tavalla hänen sisäinen myötätuntonsa virtaa ulos. Tuo virta ilmenee spontaanisti, kun tulet hänen luokseen, aivan niin kuin lehdet heiluvat, kun tuuli lähestyy. Siinä missä makeus on hedelmän ominaislaatu, siinä äidillinen tunne, myötätunnon virta, on Amman sisäinen ominaislaatu. Mitä hän voi tehdä? Se on hänelle hyvin todellista. Lehmä voi olla musta, valkoinen tai punainen, mutta maito on aina valkoista. Samalla tavoin on olemassa vain yksi Itse, ei monia. Se vain ilmenee monena heidän näkökulmastaan, jotka ajattelevat olevansa yksilösieluja. Näin asia on. Amma ei näe eroa ja siitä johtuen hän ei näe miehiä ja naisia toisistaan erillisinä."

"Maailmasta puuttuu tänä päivänä pyyteetöntä rakkautta. Vaimolla ei ole aikaa kuunnella miestään tai lohduttaa häntä eikä mies lohduta vaimoaan tai kuuntele häntä, kun hän haluaisi kertoa huolistaan. Ihmiset rakastavat toisiaan oman onnensa tähden. Kukaan ei mene tämän rajan tuolle puolen ja rakasta toista uhraten oman mukavuutensa. Me emme näe kenessäkään uhraamisen asennetta, jolloin he olisivat valmiit kuolemaan toisten hyväksi. Sen sijaan, että ihmisilla olisi asenne 'olen olemassa sinua varten', he ajattelevat, että 'sinä olet olemassa minua varten'. Mutta Amma ei voi asennoitua tällä tavoin.

Ihmiset, jotka tarkastelevat tätä omalta tasoltaan käsin, saattavat ajatella, että tällainen on outoa. Mutta se ei ole Amman vika. He saattavat olla toisella tavalla hulluja – Amma on tällä tavalla hullu. Lehmipaimen ajattelee, että ruoho on lehmän ravintoa, vaeltava parantaja taas näkee saman ruohon lääkkeenä. Jokainen näkee asiat oman samskaransa (luonteensa) mukaisesti.

Kerran guru ja opetuslapsi lähtivät pyhiinvaellusmatkalle. Matkalla heidän piti ylittää joki. Tyttö seisoi joenrannalla itkien.

Hänen piti ylittää joki, mutta hän ei kyennyt siihen, koska joki oli hänelle liian syvä. Guru ei epäröinyt. Hän kohotti tytön olkapäilleen ja ylitti joen laskien tytön olaltaan vastarannalle. Guru ja opetuslapsi jatkoivat matkaansa. Kun he istuutuivat syömään illallista, opetuslapsen kasvoilla oli huolestunut ilme. Guru havaitsi sen ja kysyi:
'Mikä hätänä?'
Opetuslapsi sanoi:
'Olen epäilysten vallassa. Oliko sopivaa kantaa tyttöä olkapäilläsi sillä tavoin?'
Guru nauroi ja sanoi:
'Minä laskin hänet joen vastarannalle. Kannatko sinä yhä häntä?'"

Subramanian: "Minä olen harjoittanut sadhanaa niin monta vuotta, en ole silti saanut erikoisia kokemuksia. Minkä tähden?"

Amma: "Jos sekoitat kymmenen ruokalajia keskenään, voitko nauttia yhdenkään mausta? Etene vain yhden kaipuun vallassa; kaivaten, että saisit nähdä Jumalan. Silloin tulet saamaan kokemuksia."

Useita nuorukaisia saapui Amman darshaniin. Amma istui heidän seurassaan jonkin aikaa puhuen heille henkisistä asioista. Lopulta he kumarsivat hänelle ja nousivat ylös. Ennen kuin he lähtivät, yksi nuorista miehistä sanoi:

"Amma, anna minulle siunauksesi, että uskostani sinuun tulisi voimakkaampi!"

Amma: "Uskon ei tule olla sokea, poikani. Sinun tulee tutkia tarkoin ennen kuin kiinnität uskosi. Te olette kaikki nuoria. Älkää ryhtykö uskomaan välittömästi. Se mitä näette, ei ole Amman todellinen olemus. Hän on hullu nainen. Älkää uskoko sokeasti, että hän on hyvä!"

Nuori mies: "Lapsen tehtävä on päättää, onko Äiti hyvä!"

Luku 9

Hänen sanansa saivat aikaan naurunpyrskähdyksen. Hän oli vasta tavannut Amman ja silti hän jo tunsi Amman läheiseksi! Mutta kukapa kykenisikään pakenemaan rakkauden aaltoja, jotka lähtevät Ammasta, rakkauden valtamerestä.

Kymmenes luku

Tiistaina, 1. heinäkuuta 1986

Erehtyvät ovat myös hänen lapsiaan

Amma ja brahmacharit olivat matkustaneet Ernakulamiin. He palasivat ashramiin keskipäivän aikaan. Monet oppilaat, jotka odottivat Ammaa, kumarsivat kun hän käveli kohti ashramia. Menemättä huoneeseensa lepäämään Amma istuutui Vedanta-koulun kuistille ja ryhtyi antamaan darshania oppilaille.

Ernakulamissa pidetyn vastaanoton aikana järjestäjät olivat estäneet erästä miestä seppelöimästä Ammaa. Viitaten tuohon tapahtumaan brahmachari sanoi:
"Se mies oli kovin murtunut eilen. Vasta kun Amma kutsui häntä ja antoi hänelle prasadin hän tunsi olonsa paremmaksi. Hän olisi mennyt aivan hajalle, jos Amma ei olisi tehnyt niin. Järjestäjät ajattelivat, että ihmiset olisivat arvostelleet Ammaa, jos sellaisen henkilön, jolla on niin huono maine, olisi annettu tulla hänen lähelleen."

Amma: "Tähän mennessä tuo poika on tehnyt monia virheitä, mutta eilen hän tuli Amman luo ensimmäistä kertaa. Millä tavoin hän tulee nyt toimimaan, siihen meidän pitää kiinnittää huomiota. Valo ei tarvitse valoa, sen sijaan pimeys tarvitsee valoa. Jos Amma torjuu tuon lapsen, mikä tulee olemaan hänen kohtalonsa? Hän on tehnyt kauhistuttavia virheitä tietämättömyytensä takia, mutta Ammalle hän on silti yksi hänen pojistaan. Onko täällä ketään, joka ei ole koskaan tehnyt mitään väärää? Suurin virhe on tehdä jotakin väärää vaikka tietääkin mikä on oikein. Me harjoitamme henkisyyttä, jotta oppisimme antamaan ihmisille anteeksi heidän virheensä ja rakastamaan heitä – ei torjumaan heidät. Kuka tahansa voi torjua toiset, mutta jokaisen hyväksyminen on vaikeaa. Vain rakkauden avulla voimme ohjata toiset väärästä oikeaan. Jos torjumme toisen hänen virheittensä takia, hän jatkaa virheiden tekemistä.

Pyhimys Valmiki oli metsämies, joka ryösti ja murhasi. Eräänä päivänä hän oli aikeissa ryöstää ja tappaa pyhimykset, jotka kulkivat metsän poikki. He antoivat hänelle anteeksi ja kohtelivat häntä suurella rakkaudella. Jos nuo pyhimykset eivät olisi osoittaneet hänelle myötätuntoa, Valmikia[1] ei olisi syntynyt eikä näin ollen myöskään Ramayanaa, joka poisti tietämättömyyden niin monelta ihmiseltä. Sen tähden, lapseni, teidän tulee antaa toisille anteeksi heidän virheensä ja osoittaa heille rakkaudella oikea tie. Älkää viitatko yhä uudelleen virheeseen, jonka joku on tehnyt menneisyydessä, sillä se saa tuon ihmisen vain tekemään lisää virheitä.

Tuo poika oli sanonut Ammalle edellispäivänä, että 'Eiliseen asti en voinut ajatella mitään muuta kuin itsemurhaa. Mutta tänä päivänä kaikki tuollainen on mennyttä. Nyt tunnen yhtäkkiä, että haluan elää. Minä jopa nukuin hyvin viime yönä! Uskoin, että perheeni seisoisi aina rinnallani riippumatta siitä

---

[1] Valmikia kutsuttiin aiemmin nimellä Ratnakaran, silloin kun hän oli vielä maantierosvo, myöhemmin hänestä tuli suuri pyhimys Valmiki, joka oli rakkauden ja myötätunnon ruumiillistuma. Hän kirjoitti Ramayanan, joka oli ensimmäinen sanskritin kielellä kirjoitettu eepos, joka innoittaa ja vaikuttaa yhä tänä päivänä Intian kulttuurissa.

Luku 10

mitä tapahtuisi, mutta kun kävin läpi vaikeita aikoja, he hylkäsivät minut, yksi kerrallaan. Jotkut heistä jopa kielsivät minut. Nyt tiedän, että vain Jumala on todellinen ja ikuinen. Jos olisin ystävystynyt Jumalan kanssa alusta alkaen, minun ei olisi tarvinnut kärsiä niin paljon.'

"Lapseni, turvautukaamme Jumalaan. Kuka tahansa, jopa kiireinen liikemies, voi viettää tunnin päivässä keskittäen mielensä Jumalaan. Jumala huolehtii heistä, jotka turvaavat häneen. Vaikeuksien hetkellä meidän rakas jumalhahmomme tulee turvaksemme. Jumala jopa muuttaa vihollistemme mielet meille suosiollisiksi. Mutta kuka tarvitsee Jumalaa tänään?"

Oppilas: "Olen kuullut sanottavan, että lopulta koko maailmasta tulee hindulainen."

Amma: "Se ei näytä todennäköiseltä, mutta ihmisten enemmistö omaksuu Sanatana Dharman periaatteet."

Toinen oppilas: "Niin tulee tapahtumaan, koska ihmiset lännessä, jotka eivät hyväksy mitään ilman että tutkivat ja kokeilevat sitä ensin, eivät voi olla syleilemättä Sanatana Dharmaa, joka perustuu kaikkein loogisimpiin periaatteisiin."

Amma: "Kokeilla on rajoituksensa. On hyödytöntä sanoa, että me uskomme vasta tutkittuamme ensin. Usko ja kokemus ovat molemmat välttämättömiä edellytyksiä."

Oppilas: "Nykyään ihmiset eivät pidä mahatmoja suuressa arvossa. Heidän uskonsa rajoittuu temppeliin."

Amma: "Se johtuu siitä, että pyhiä kirjoituksia tai henkisiä periaatteita ei arvosteta. Ihminen rakentaa temppelin, hän valmistaa ja asentaa Jumalan patsaan paikoilleen, palvoo ja kumartaa sitä. Temppelin voima tulee oppilaasta, joka palvoo sitä. Ja kun mahatma valaa temppeliin elämää, se omaa vielä suuremman voiman, paljon suuremman voiman, koska mahatma on kokonaan oivaltanut Jumaluuden itsessään. Mutta siitä

huolimatta ihmisillä ei ole uskoa itsessään olevaan jumalalliseen voimaan. Mitä voimaa temppelillä olisi, jos mahatma ei antaisi sille elämää tai ihmiset eivät palvoisi siellä?"
Kun oppilaiden joukko kasvoi, Amma meni darshan-majaan. Yksi oppilaista toi ryppään kookoksia mukanaan ja asetti ne majan ulkopuolelle, sitten hän meni sisälle ja kumarsi Ammalle.
Oppilas: "Tuolla on ensimmäinen rypäs meidän uudesta kookospuustamme. Suunnittelin alusta alkaen antavani ne Ammalle."
Amma: "Eivätkö ihmiset pilkanneet sinua kannettuasi niitä bussissa, poikani?"
Oppilas: "Mitä sen on väliä vaikka tekivätkin niin? Ammachin takia olen valmis kestämään minkä tahansa määrän pilkkaa! Voinko avata yhden niistä sinulle, Amma?"
Amma suostui. Oppilas meni keittiöön kookospähkinän kanssa ja Amma jatkoi keskusteluaan oppilaitten kanssa.

Kodista pitäisi tulla ashram

Oppilas: "Voiko ihminen oivaltaa Jumalan ollessaan grihasthasrami?"
Amma: "Kyllä, se on mahdollista. Mutta silloin sinun tulee olla todellinen grihasthasrami (perheellinen) ja ajatella, että kotisi on ashram. Mutta kuinka monta grihasthasramia on tässä ajassa? Todellinen grihasthasrami on omistanut elämänsä Jumalalle eikä ole takertunut mihinkään. Hän ei samastu mihinkään toimiinsa. Dharma on tärkein asia hänen elämässään. Vaikka hän elääkin perheensä parissa, hänen mielensä on kaiken aikaa Jumalassa. Hän ei koskaan jätä huolehtimatta vaimostaan tai lapsistaan tai palvelematta maailmaa, sillä hän näkee ne velvollisuuksinaan, jotka Jumala on hänelle antanut ja hän suorittaa

Luku 10

tuon velvollisuuden suurella tarkkaavaisuudella. Mutta hän ei takerru toimiinsa niin kuin ihmiset tekevät tänä päivänä.

Jos ymmärrät nämä henkiset periaatteet, voit omistautua kaiken aikaa sadhanalle jopa kotonasi. Mutta se ei ole niin helppoa kuin ajattelet. Jos meillä on televisio edessämme kun yritämme työskennellä, päädymme katsomaan televisiota. Takertumattomuuden tulee olla poikkeuksellisen voimakasta voidaksemme vastustaa houkutuksia ja voidaksemme ylittää nuo vasanat. On suuriarvoista kyetä kutsumaan Jumalaa perhe-elämän prarabdhan keskellä. Monet Amman perheelliset opetuslapset meditoivat ja harjoittavat japaa ja archanaa säännöllisesti kotonaan. Monet heistä ovat vannoneet, etteivät syö tai nuku ennen kuin ovat tehneet archanan. Amman sydän täyttyy rakkauden tunteella kun hän ajattelee heitä."

Kääntyen brahmacharien puoleen Amma jatkoi:
"Te brahmacharit olette täällä omistautuaksenne kokonaan maailman palvelemiselle. Teidän tulee kiinnittää mielenne kokonaan Jumalaan. Älkää jättäkö tilaa millekään muulle ajatukselle. Perheenne ja ystävienne ajatteleminen synnyttää vain lisää vasanoita (riippuvuuksia). Jos vain istutte huoneessa, joka on täynnä hiiltä, kehonne tulee olemaan hiilipölyn peitossa. Samalla tavoin rakkauden ja kiintymyksen tunteet perhettä kohtaan vetävät sadhakan mielen alas."

Amman Devi-bhava-darshan (Jumalallisen Äidin juhla) oli meneillään. Brahmacharit istuivat kalarin mandapamilla (kuistilla) laulamassa kirtaneita. Näytti siltä, että jopa luonto oli luopunut unesta ja nautti bhajaneista. Oppilaiden virta ei ollut hidastunut sen jälkeen kun darshan oli alkanut tunteja aikaisemmin.

Miehet astuivat sisään pieneen kalariin vasemmanpuoleisesta ovesta ja naiset oikeanpuoleisesta. He kumarsivat

Ikuinen Viisaus – Yhdistetty painos

Ammalle, joka istui peethamilla (mestarin istuimella) ja laskivat surunsa hänen pyhien jalkojensa juureen. Jokainen kumarsi vuorollaan Amman edessä, he lepuuttivat päätään hänen äidillisessä sylissään ja saivat sitten vastaanottaa hänen syleilynsä. Saatuaan prasadia ja pyhää vettä hänen käsistään he lähtivät temppelistä syvän täyttymyksen tunteen vallassa. Amma vastaanotti jalkojensa juureen kasoittain oppilaidensa prarabdhaa. Aivan niin kuin pyhä Gangesin virta, joka kohottaa langenneet, hän pesi heidän syntinsä pois rakkautensa virrassa. Niin kuin kaiken nielevä tulen jumala Agni, hän puhdisti heidät pyhässä tulessa polttaen heidän vasanansa.

Kuten tavallista Amma oli lannistumaton väkijoukon suuruuden edessä (itse asiassa, mitä suurempi ihmismäärä oli, sitä enemmän hänen kasvonsa loistivat). Hänen lävitseen loisti korkeimman näkymätön läsnäolo, joka suojelee lukemattomia kosmisia tasoja ja silti hän nauroi lapsen viattomuudella saaden toisetkin nauramaan.

Oppilas tuli kalariin neljävuotiaan poikansa kanssa. Isä kumarsi Ammalle. Juuri sillä hetkellä poika ryhtyi kujeilemaan hakaten isänsä selkää ja vetäen häntä vaatteista. Isän kumartaessa yhä nöyrästi Amman edessä pieni poika koki, että tässä oli tilaisuus hypätä isän selkään ja ratsastaa hänellä niin kuin elefantilla!

Amma nautti pojan leikistä. Amma kiusoitteli häntä kaatamalla pyhää vettä hänen kasvoilleen ja keholleen. Lapsi hypähti taaksepäin välttyäkseen vedeltä. Amma teeskenteli laittavansa vesiastian pois, jolloin poika työntyi taas eteenpäin. Jälleen kerran Amma kaatoi vettä hänen päälleen, jolloin poika hypähti taas taaksepäin. Tämä leikki jatkui aikansa ilahduttaen kaikkia. Siinä vaiheessa kun tämä leikkisä lapsi tuli kalarista ulos isänsä kanssa hän oli aivan märkä.

Luku 10

Jokainen samskaransa mukaisesti

Devi-bhava loppui yhden aikaan yöllä. Suurin osa oppilaista meni nukkumaan. Mutta Amma, brahmacharit ja muutamia oppilaita olivat yhä hereillä kantaakseen tiiliä, joita tarvittiin päärakennuksen rakennustöihin seuraavana päivänä. Koska oli sadekausi, ashramin ympärillä olevat takavedet olivat tulvillaan ja ashramin pihamaa lainehti sadevedestä. Nuori nainen Delhistä oli oppilaiden mukana auttamassa. Hän oli tullut päivää aikaisemmin äitinsä seurassa ja oli tavannut Amman ensimmäistä kertaa. Kun tyttö alkoi jutella brahmacharien kanssa, mikään ei saanut häntä lopettamaan. Brahmacharit kokivat tämän epämukavaksi. Lopulta nainen lähti. Kun työ oli saatettu päätökseen, Amma istui muutaman opetuslapsensa kanssa kuivaan kohtaan kalarin eteläpuolella. Brahmacharit kertoivat Ammalle nuoren naisen liiallisesta tuttavallisuudesta.

Brahmachari: "Hän puhuu liikaa eikä tiedä, millä tavalla ihmisten kanssa tulisi keskustella. Hän sanoi, että kun hän näki minut, hänen miehensä tuli hänen mieleensä. Minä olisin halunnut läiskäistä häntä kasvoihin, kun hän sanoi niin!"

Amma: "Poikani, hänellä on heikkous johtuen hänen tietämättömyydestään. Mutta sinulla tulisi olla viisauden lahjoittama voima. Tällaisessa tilanteessa sinun tulisi katsoa sisällesi. Jos mielessäsi ilmenee heikkoutta, mene pois. Jos olet todella kypsä, sinun pitäisi kyetä antamaan ihmisille sopiva neuvo. Ei ole mitään syytä tuntea vihaa. Tuo tyttö ilmensi yksinkertaisesti omaa samskaraansa (luonnettaan). Hän ei tiedä mitään henkisyydestä. Sinulla sen sijaan tulisi olla samskara, jonka pohjalta voit neuvoa häntä, millä tavalla hänen tulee käyttäytyä. Ennen kuin olemme valmiit rankaisemaan jotakuta, meidän tulee ottaa huomioon heidän kulttuurinsa ja ympäristö, missä he ovat kasvaneet. Osoittamalla pehmeästi heille oikean polun, voimme poistaa heidän tietämättömyytensä."

Naisten seurassa olemisesta

Oppilas: "Eikö Sri Ramakrishna sanonut, että sadhakan ei tulisi puhua naisille eikä edes katsoa heidän kuvaansa?"
Amma: "Hänen, jolla on guru, ei tarvitse pelätä. Riittää kun seuraat gurun ohjeita. Eikö Ramakrishnan oma opetuslapsi, Vivekananda, mennytkin Yhdysvaltoihin ja hyväksynyt naisia opetuslapsikseen? Alkuvaiheessa etsijän tulee kuitenkin pitää mahdollisimman paljon etäisyyttä naisiin. Hänen ei pitäisi edes katsoa naisen kuvaa, myös naispuolisten sadhakoiden tulee pitää samanlaista etäisyyttä miehiin. Näin tarkkaavainen tulee olla. Sadhanan aikana on paras luopua aistien kohteista kokonaan ja oleilla yksinäisyydessä. Myöhemmin sadhakan tulee kohdata erilaisia tilanteita gurun läheisyydessä. Hänen tulee suhtautua noihin tilahteisiin osana sadhanaansa. Hänen tulee ylittää nuo esteet. Emme voi saavuttaa päämäärää, jos emme esimerkiksi ylitä seksuaalista vetovoimaa. Sadhaka, joka on antautunut gurulleen, kykenee tähän. Mutta hänen, jolla ei ole gurua, tulee seurata ulkoisia rajoituksia hyvin tarkasti, muuten hän voi langeta milloin tahansa.

Sadhakan tulee olla tarkkaavainen ollessaan tekemisissä naisten kanssa. Mutta naisten välttäminen pelon takia on hyödytöntä. Loppujen lopuksi sinun tulee ylittää pelkosi. Kuinka voit saavuttaa Jumalan, jos et kehitä itsessäsi mielen voimaa kaiken ylittämiseen? Kukaan ei voi saavuttaa Itse-oivallusta oppimatta näkemään korkeinta Itseä kaikissa. Mutta sadhanan aikana etsijän tulee välttää läheistä yhteyttä naisiin. On pidettävä tietty etäisyys. Hänen ei esimerkiksi pitäisi istua huoneessa

Luku 10

juttelemassa naiselle, kun ketään muuta ei ole paikalla, eikä hänen pitäisi olla naisen seurassa yksinäisessä paikassa. Vaikka et olisikaan tietoinen siitä, niin mielesi alkaa nauttia tällaisesta tilanteesta, ja jos et ole tarpeeksi vahva, sinä antaudut. Jos sinun on keskusteltava jonkun vastakkaista sukupuolta olevan kanssa, pyydä toista ihmistä mukaasi. Jos kolmas henkilö on läsnä, silloin olet tarkkaavaisempi.

Miehen ja naisen yhteys on kuin polttoaine ja tuli. Polttoaine palaa, jos se joutuu lähelle tulta. Niinpä sinun tulee aina olla hyvin tarkkaavainen. Kun tunnet heikkoutta sisälläsi, mietiskele ja kysy itseltäsi: 'Mitä vetovoimaista on kehossa, joka on täynnä virtsaa ja ulostetta?' Sinun tulee kuitenkin ylittää myös tällainen vastenmielisyyden tunne ja nähdä kaikki maailmankaikkeuden Äidin ilmentymänä. Pyri kasvattamaan voimaa itsessäsi nähdäksesi kaikkialla läsnäoleva tietoisuus kaikissa. Mutta siihen asti, kunnes olet saavuttanut tuon voiman, sinun tulee olla hyvin varovainen. Vastakkainen sukupuoli on kuin pyörre, joka vetää sinut alas. On vaikea ylittää tällaisia tilanteita ilman jatkuvaa sadhanaa ja lakshya bodhaa (päämäärätietoisuutta) ja ennen kaikkea antautumista gurulle."

Oppilas: "Eivätkö brahmacharit uuvu tällaiseen tiilien kantamiseen, muuhun työhönsä ja matkoihin, joita he tekevät?"

Amma: "Jopa bhava-darshan-öinä opetuslapset kantavat tiiliä sen jälkeen kun darshan on ohi. He ovat saattaneet mennä sänkyyn laulettuaan bhajaneita darshanin aikana ja sitten heitä yhtäkkiä pyydetään kantamaan tiiliä. Amma haluaa nähdä kuinka monella heistä on epäitsekkyyden henkeä vai elävätkö he vain kehollisia mukavuuksia varten. Tällaisina hetkinä me näemme, saako meditaatio aikaan heissä hyvää. Meidän tulee kasvattaa itsessämme valmiutta auttaa, kun toiset joutuvat kamppailemaan. Mitä hyötyä muuten on tapasista?"

Ikuinen Viisaus – Yhdistetty painos

Oppilas: "Amma, tuleeko vielä aika, jolloin kaikki maailmassa ovat hyviä?"

Amma: "Poikani, jos on olemassa hyvää, on olemassa myös pahaa. Jos äidillä on kymmenen lasta, yhdeksän heistä on yhtä hyviä kuin kulta ja vain yksi on paha. Tuo yksi paha lapsi riittää pilaamaan toiset. Mutta koska hän on heidän joukossaan, he ovat pakotettuja kutsumaan Jumalaa avukseen. Ei voi olla maailmaa, missä ei olisi vastakohtaisuuksia."

Oli jo myöhäinen yö. Uppoutuessaan kuuntelemaan Amman puhetta kukaan ei ollut huomannut ajan kulumista.

Amma: "Lapseni, on jo myöhä. Teidän tulee mennä nukkumaan. Amma tapaa teidät jälleen huomenna."

Amma nousi seisomaan. Oppilaat kumarsivat hänelle ja nousivat ylös. Amma meni nyt näyttämään jokaiselle vierailijalle, missä he voisivat nukkua. Nähdessään Amman kahlaavan veden peittämällä pihamaalla oppilaat sanoivat:

"Ei sinun tarvitse tulla. Me löydämme kyllä huoneemme."

Amma: "Kun vettä on näin paljon, teidän on vaikea löytää oikeaa reittiä, lapseni. Amma tulee teidän kanssanne."

Kello oli jo kolme, kun Amma oli näyttänyt heille heidän huoneensa ja mennyt lopulta omaan huoneeseensa. Oppilaat kävivät makuulle levätäkseen hetkisen ennen kuin aurinko nousisi.

Torstaina, 10. heinäkuuta 1986

Oli bhava-darshan päivä (jolloin Amma ilmentäisi Krishnaa ja Deviä). Ihmisiä saapui tasaisena virtana koko aamun. Kahden aikaan iltapäivällä Amma kumarsi maaäidille ja oli valmis lähtemään majasta, kun ryhmä ihmisiä ilmestyi paikalle. He olivat saapuneet Nagercoilista vuokraamallaan bussilla toivoen

Luku 10

tapaavansa Amman iltapäivällä ja aikoen palata kotiin heti sen jälkeen.

Amma istui alas hymyillen. Oppilaat, jotka olivat juuri saapuneet, lähestyivät ja kumarsivat hänelle. He, jotka olivat istuneet majassa jo jonkin aikaa, nousivat ylös ja luovuttivat paikkansa tulijoille. Tulijoiden joukossa oli kolme pientä lasta, jotka olivat hyviä laulamaan, niinpä Amma pyysi heitä laulamaan. He lauloivat:

Pachai mamalai

Srirangamin ihmiset,
kuinka minä nautinkaan Achyutan suloisuudesta,
jonka keho on kuin rehevät vihreät kukkulat,
jonka suu on kuin koralli
ja jonka silmät ovat kuin lootuksenkukat –
Karjapaimenten lapsi,
jonka suuret sielut haluavat nähdä.
Minä rakastan tuota suloisuutta,
jopa enemmän kuin taivaan nektaria.

Kolmen aikaan iltapäivällä – annettuaan ensin darshanin kaikille vierailijoille ja neuvottuaan brahmacharia tarjoilemaan heille lounasta – Amma meni lopulta huoneeseensa. Siellä hän näki, että eräs brahmachari oli odottamassa häntä. Amma istuutui lattialle ja Gayatri tarjoili hänelle lounasta. Amman vierellä oli kasa kirjeitä, jotka olivat saapuneet tuona päivänä. Hän piti kirjeitä vasemmassa kädessään ja luki niitä syödessään. Yhtäkkiä, ilman mitään esipuheita, Amma ryhtyi vastaamaan brahmacharille hänen kysymykseensä. Amma tiesi, mitä tällä oli mielessään, vaikka hänelle ei oltu kerrottu siitä.

Meditaation pitäisi olla keskittynyttä

Amma: "Poikani, kun istut meditoimaan, pidä mielesi täysin keskittyneenä Jumalaan äläkä anna mielesi vaeltaa muihin asioihin. Vain rakkaan jumalhahmosi pitäisi olla mielessäsi. Sinulla on oltava tällaista takertumattomuutta.

Eräs sanjaasi istui kerran meditoimassa, kun mies juoksi hänen ohitseen kovaa vauhtia. Sanjaasi ei pitänyt tästä lainkaan. Vähän ajan kuluttua mies palasi samaa polkua pitkin pitäen lasta kädestä kiinni. Sanjaasi kysyi häneltä vihaisena: 'Miksi et osoita enemmän harkintaa? Etkö näe, että minä istun täällä meditoimassa?'

Mies vastasi hyvin kunnioittavasti:
'Olen pahoillani, en tiennyt että istuit täällä.'
'Kuinka niin? Oletko sokea?' sanjaasi kysyi.
Mies vastasi:
'Poikani oli mennyt leikkimään ystävänsä kanssa, mutta ei ollut palannut ja hän oli ollut jo jonkin aikaa poissa. Pelkäsin, että hän olisi voinut pudota lähettyvillä olevaan lampeen, niinpä juoksin niin lujaa kuin pystyin tarkistamaan tilannetta. Siksi en huomannut, että istuit täällä.'

Mies pyysi anteeksi, mutta sanjaasi oli edelleen vihainen:
'Oli erittäin epäkohteliasta sinun taholtasi häiritä minua, kun mietiskelin Herraa', hän sanoi.
Mies vastasi tähän:
'Sinä, joka mietiskelit Jumalaa, kykenit näkemään että minä juoksin läheltäsi, mutta minä en kyennyt näkemään sinua juostessani etsimään poikaani. Näyttää siltä, että sinun suhteesi Jumalaan ei ole läheskään niin voimakas kuin minun suhteeni lapseeni. Minkälaista meditaatiosi silloin on? Ja jos sinulla ei ole

Luku 10

lainkaan kärsivällisyyttä tai nöyryyttä, mitä hyötyä on tuollaisesta meditaatiosta?'

Meidän meditaatiomme ei pitäisi olla sellaista kuin tämän sanjaasin meditaatio tässä tarinassa. Kun istumme meditoimaan, meidän pitäisi keskittää mielemme kokonaan rakkaaseen jumalhahmoomme. Mitä hyvänsä ympärillämme tapahtuukaan, mielemme ei pitäisi suuntautua siihen. Ja jos niin tapahtuu, meidän tulisi suunnata mielemme heti takaisin meditaatiomme kohteeseen. Jos harjoittelemme jatkuvasti tällä tavoin, mielemme ei vaeltele.

Kun istuudut meditoimaan, tee vakaa päätös, että et avaa silmiäsi tai liikuta kehoasi niin ja niin moneen tuntiin. Mitä hyvänsä tapahtuukin, älä poikkea tästä päätöksestä. Tämä on todellista vairagyaa (takertumattomuutta)."

Brahmachari: "Amma, monia ajatuksia hiipii sisällemme synnyttäen runsaasti levottomuutta. Toisinaan tunnen, että haluan vain nähdä Jumalan ja rakastaa häntä koko sydämestäni. Toisinaan taas haluan oppia tuntemaan kaikki maailmankaikkeuden salaisuudet, haluan paljastaa ne harjoittamalla sadhanaa. Toisina hetkinä en halua mitään tällaista. Silloin haluan tuntea sen voiman, mikä työskentelee sisälläni. Johtuen näistä erilaisista ajatuksista sadhanassani ei ole vakautta."

Amma: "Kun löydät Itsen, etkö usko, että silloin oivallat nuo salaisuudet itsestään? Entäpä jos pyrkiessäsi paljastamaan kaikki salaisuudet, uppoudutkin niihin? Matkustaessasi bussilla näet miten erilaisia näkymiä ilmestyy ja katoaa. Samalla tavoin kaikki se mitä näet tänään katoaa. Niinpä älä kiinnitä mitään huomiota noihin salaisuuksiin, äläkä kiinnity niihin. Monet asiantuntijat yrittävät opiskella maailmankaikkeuden salaisuuksia, mutta tähän mennessä he eivät ole onnistuneet. Eikö totta? Mutta jos oivallat Jumalan, ymmärrät koko maailmankaikkeuden. Niinpä käytä se aika, mikä sinulla on, oivaltaaksesi Jumala. Muu ajatteleminen on hyödytöntä."

Muodon palvominen

Brahmachari: "Amma, onko Jumala sisä- vai ulkopuolella?"

Amma: "Koska sinulla on kehotietoisuus, vain sen tähden ajattelet sisäpuolella ja ulkopuolella olevaa. Tosiasiassa ei ole olemassa sisäistä ja ulkoista. Eikö ole niin, että tunne 'minusta' saa sinut ajattelemaan, että 'minä' olen erillinen 'sinusta'? Niin kauan kuin meillä on tunne 'minusta', emme voi kuitenkaan sanoa, että erillisyyttä ei olisi. Jumala on elämälle välttämätön voima, joka läpäisee kaiken. Kun visualisoit hänet itsesi ulkopuolelle, sinun tulee tietää, että visualisoit jotakin, joka on sisälläsi. Tällaisten keinojen avulla mieli kuitenkin puhdistetaan."

Brahmachari: "Maailmankaikkeutta hallitsee erityinen voima, mutta on vaikea uskoa, että se olisi Jumala, jolla on tietynlainen muoto."

Amma: "Kaikki voiman eri muodot ovat Jumalaa. Hän on kaikkivoipa halliten kaikkea. Jos hyväksyt, että hän on kaiken taustalla oleva voima, niin miksi tuo voima, joka hallitsee kaikkea, ei voisi omaksua muotoa, josta oppilas pitää? Miksi sitä on niin vaikea uskoa?" Puhuen vakuuttavalla äänellä Amma sanoi: "Maailmankaikkeudessa on alkuvoima. Minä pidän tuota voimaa Äitinäni, ja vaikka päättäisin syntyä sata kertaa, hän olisi edelleen minun Äitini ja minä olisin hänen lapsensa. Niinpä en voi antaa sellaisia lausuntoja, että Jumalalla ei ole muotoa.

Suurin osa ihmisistä kokee vaikeaksi keskittää mieltään valitsemaansa Jumalan hahmoon. Sinun tulee pyrkiä pääsemään toiselle puolelle käyttäen rakasta jumalhahmoasi siltana. Ilman sitä et voi onnistua – et voi uida toiselle puolelle. Mitä teet, jos

Luku 10

menetät voimasi puolivälissä? Sinä tarvitset sillan. Guru on kanssasi osoittaakseen sinulle tien hankaluuksien ja kriisien tuolle puolen – sinulla on oltava tällainen asenne ja antauduttava. Miksi siis kamppailla tarpeettomasti? Sinun ei pidä kuitenkaan istua toimettomana sen tähden, että on olemassa joku joka voi opastaa sinua ja ohjata sinut toiselle rannalle. Sinun on työskenneltävä ahkerasti. Kun vesi vuotaa veneeseen, ei riitä, että istut rukoilemassa Jumalaa, jotta reikä paikattaisiin. Rukoillessasi sinun tulee pyrkiä tukkimaan vuoto. Sinun tulee yrittää parhaasi ja rukoilla samaan aikaan Jumalan armoa."

Brahmachari: "Kuinka kauan minulta menee Itse-oivalluksen saavuttamiseen?"

Amma: "Poikani, oivallusta ei ole niinkään helppo saavuttaa, sillä olet kerännyt itsellesi niin paljon kielteisiä ominaisuuksia. Mitä tapahtuu, kun pitkän matkan jälkeen pesemme vaatteemme? Emme ole istuutuneet minnekään matkan aikana, emme ole asettuneet lian keskelle, silti vaatteissamme on paljon likaa, kun pesemme ne! Samalla tavoin likaa on kertynyt mieleemme ilman, että olisimme siitä tietoisia. Sinä olet tullut tänne kantaen mukanasi, et ainoastaan sitä mitä olet kerännyt tämän elämän aikana, vaan myös edellisissä elämissäsi. Et luultavasti voi oivaltaa Itseä vain istumalla silmät kiinni vuoden tai kaksi. Se ei riitä puhdistamaan sinua sisältä.

Ensin sinun tulee kaataa metsä ja puhdistaa aluskasvillisuus, vasta sen jälkeen voit istuttaa oman puusi. Jos mielesi ei ole vielä puhdistettu, kuinka voisit nähdä Itsen? Me emme voi valmistaa peiliä laittamalla kalvoa likaisen lasin päälle. Mieli pitää ensin puhdistaa, ja ponnistellessasi näin sinun tulee luovuttaa kaikki Jumalalle."

Brahmachari kumarsi Ammalle ja nousi ylös. Amma lopetti syömisen, ja luettuaan vielä muutamia kirjeitä hän meni alakertaan bhajaneita varten, jotka edelsivät aina bhava-darshania. Auringonlaskun aikaan alkoi sataa kevyesti. Sade voimistui illan kuluessa ja siinä vaiheessa, kun bhava-darshan päättyi kahden aikaan yöllä, satoi kaatamalla. Oppilaat etsivät suojaa Vedanta-koulusta ja kalarin kuistilta. Ihmiset nukkuivat missä suinkin saattoivat. Kun Amma tuli kalarista Devi-bhavan jälkeen, hän huomasi, että monet vierailijat eivät olleet löytäneet itselleen paikkaa nukkua. Hän ohjasi heidät brahmacharien majoihin samalla, kun Gayatri pyrki suojaamaan Ammaa sateelta pitämällä sateenvarjoa hänen päällään. Amma järjesti aina kolme, neljä ihmistä kuhunkin majaan. Osoittaessaan kullekin oman paikkansa hän kuivasi samalla hänen päänsä pyyhkeellä. Hänen äidillisen rakkautensa virrassa heistä kaikista tuli pieniä lapsia.

"Amma, missä brahmacharit nukkuvat? Emmekö me aiheuta heille paljon vaivaa?" eräs vieras kysyi.

Amma: "He ovat täällä palvellakseen teitä. Nämä lapset ovat tulleet tänne oppiakseen epäitsekkyyttä. He ovat iloisia voidessaan palvella teitä, vaikka se tuottaakin heille hieman epämukavuutta."

Brahmacharit menivät kalarin mandapamiin, kuistille istumaan auringonnousuun asti. Verannan kolme sivustaa oli auki, niinpä tuuli puhalsi sateen sisälle, minkä vuoksi nukkuminen ei ollut mitenkään mahdollista. Onneksi aamu valkenisi kuitenkin pian.

Amma huomasi vielä neljä vanhempaa oppilasta, jotka olivat yösijaa vailla. Amma johdatti heidät kalarin pohjoispuolella olevaan huoneeseen. Ovi oli suljettu. Amma kolkutti, jolloin kaksi unisen näköistä brahmacharia avasi oven. He olivat

Luku 10

menneet nukkumaan ennen darshanin päättymistä ja olivat olleet syvässä unessa, tietämättöminä kaikesta.

"Lapseni, antakaa näiden ihmisten nukkua täällä."

Sanottuaan näin Amma luovutti oppilaat näiden kahden brahmacharin huomaan, minkä jälkeen hän meni omaan huoneeseensa. Brahmacharit antoivat sänkynsä vieraille ja menivät meditaatiohallin verannalle ja istuutuivat lähelle ovea, mihin hieman laantunut sade ei ylettynyt.

Kaikki brahmacharit olivat tulleet tänne saadakseen elää hänen seurassaan, joka oli epäitsekkyyden ruumiillistuma. He olivat omistaneet elämänsä hänelle. Ja nyt hän opetti heille, jokaisena hetkenä, kuinka elää elämäänsä.

Torstaina 7. elokuuta 1986

Vairagya

Puoli kolmen aikaan iltapäivällä Amma palasi darshan-majasta huoneeseensa ja havaitsi, että brahmacharini Saumya odotti häntä siellä. Jo usean päivän ajan Saumya, joka oli alun perin kotoisin Australiasta, oli toivonut voivansa jutella Amman kanssa, ja Amma oli pyytänyt häntä tulemaan tuona päivänä. Amma istui lattialle ja Saumya laittoi lounaan hänen eteensä.

Saumya: "Jo jonkin aikaa olen halunnut kysyä useita kysymyksiä. Saanko kysyä nyt?"

Amma: "Hyvä on, tyttäreni, kysy."

Saumya: "Kun tunnen kiintymystä jotakin asiaa kohtaan, päätän, että en hanki sitä tai ota sitä vastaan. Onko tämä vairagyaa?"

Amma: "Jos takertuminen johtaa siihen, mikä on epätodellista, silloin asenteesi on vairagyaa.

Meidän pitää tuntea jokaisen kohteen todellinen olemus. Meidän tulisi oivaltaa, että aineelliset asiat eivät voi antaa meille todellista onnea. Vaikka saisimmekin niistä hetkellistä tyydytystä, ne johtavat lopulta kärsimykseen. Kun ymmärrämme tämän täysin, intohimomme aistikohteita kohtaan vähenee itsestään. Silloin voimme helposti irrottaa mielemme tällaisista asioista.

Mies, joka himoitsi payasamia kutsuttiin ystävänsä syntymäpäiväjuhlille. Hän oli hyvin onnellinen. Hän sai kulhon, joka oli täynnä makeaa riisivanukasta, ja maistoi sitä hieman. Se oli erinomaisen hyvää. Riisiä keitettäessä siihen oli lisätty juuri sopiva määrä maitoa ja sokeria, kardemummaa, rusinoita ja cashew-pähkinöitä. Kun hän oli ottamaisillaan toisen lusikallisen, sisilisko hypähti seinältä hänen maljaansa! Vaikka hän rakastikin payasamia, hän heitti sen nyt pois. Sillä hetkellä, jolloin hän huomasi, että sisilisko oli lennähtänyt hänen jälkiruokaansa, hän menetti mielenkiintonsa sitä kohtaan. Samalla tavalla kun ymmärrämme, että riippuvuus aisteista tuo meille vain kärsimystä, kykenemme välttämään jopa niitä asioita, joita kohtaan tunnemme tavallisesti suurta vetovoimaa. Huomaamme, että meidän on nyt helppo hallita mieltämme. Tämä on vairagyaa. Nähdessään kobran lapsi, joka ei ole tietoinen siitä, kuinka vaarallinen se on, saattaa yrittää ottaa sen kiinni, mutta me emme tekisi niin. Eikö totta?

Tyttäreni, on parempi kehittää takertumattomuutta asioita kohtaan opettelemalla tuntemaan niiden hyvät ja huonot ominaisuudet sen sijaan, että yrittäisimme väkisin kääntää mielemme niistä pois. Silloin mielen hallinta ilmenee meissä luonnollisella tavalla."

Luku 10

Saumya: "Minusta näyttää siltä, että onnellisuus tulee takertumattomuudesta eikä siitä, että on riippuvainen kohteista keräten niitä ja nauttien niistä."

Amma: "Ajatteletko, että onnellisuus tulee takertumattomuudesta? Ei, ei se tule. Onnellisuus tulee korkeimmasta rakkaudesta. Oivaltaaksesi Itsen tai Jumalan tarvitset rakkautta. Vain rakkauden avulla voit kokea täyden takertumattomuuden."

Saumya: "Miksi sitten pitäisi luopua mistään?"

Amma: "Tyaga (luopuminen) ei yksin riitä. Koetko mielenrauhaa ollessasi vihainen jollekulle? Eikö ole totta, että sinä koet täyttä rauhaa vain silloin, kun rakastat? Tunnet onnea nauttiessasi kukan tuoksusta. Kokisitko samanlaista iloa, jos sulkisit sieraimesi? Etkö nauti sokerin mausta eniten, kun annat sen viipyä suussasi? Tuleeko tuo onni sokeria kohtaan tunnetusta vairagyasta? Ei, se tulee rakkaudesta.

Kun näet ulostetta, pidät kiinni nenästäsi. Tätä on vastenmielisyyden tunne. Tämä ei ole rakkautta eikä myöskään onnea. Voit kutsua vairagyaksi sitä, että luovut maallisista asioista ja ajattelet: 'Kaikki ilo, minkä saan ulkopuoleltani, on väliaikaista ja aiheuttaa myöhemmin minulle kärsimystä. Onnellisuus, jonka saan maallisista kohteista, ei ole pysyvää, se on hetkellistä ja siksi epätodellista.' Kokeaksesi todellisen onnen ei kuitenkaan riitä, että luovut maailman harhanomaisista asioista vairagyan avulla. Sinun pitää myös saavuttaa se mikä on todellista rakkauden avulla. Tämä on tie ikuiseen autuuteen.

Sinun ei tarvitse vihata harhojen maailmaa. Voit oppia epätodellisesta maailmasta sen kuinka saavuttaa todellinen, ikuinen maailma. Me haluamme ikuisen maailman ja vain rakkauden avulla voimme laajentua kohti tuota tilaa. Kun kuu nousee, maapallolla olevien järvien ja valtamerien vedet nousevat

sitä kohden rakkaudesta. Kukka kukkii nauttiakseen tuulen kosketuksesta ja tämäkin tapahtuu rakkaudesta. Mikä siis lahjoittaa meille autuuden? Ei takertumattomuus vaan rakkaus."
Saumya (hieman levottomana): "En halua onnea, joka tulee jonkin rakastamisesta."
Amma: "Etsijä ei rakasta jotakin, joka on erillinen hänestä. Hän rakastaa omaa Itseään, joka läpäisee kaiken, joka ympäröi häntä. Mitä voimakkaammaksi hänen rakkautensa ikuista kohtaan kasvaa, sitä voimakkaammaksi kasvaa hänen halunsa tuntea ikuinen. Niinpä, kun rakastamme ikuista, todellinen vairagya kehittyy meissä.
Ajatellaan vaikka että ystävä, joka asuu kaukana, on tulossa tapaamaan meitä. Heti kun saamme tietää, että hän on tulossa ja että hän voi saapua millä hetkellä hyvänsä, odotamme häntä ja jätämme ruoan ja unen väliin. Eikö se johdu rakkaudestamme häntä kohtaan, että emme välitä syödä tai nukkua?"
Saumya: "Kumpi tulee ensin, takertumattomuus vai rakkaus?"
Amma: "Itsensä hallitseminen syntyy rakkaudesta. Ilman rakkautta takertumattomuus ei voi syntyä meissä. Pidättyminen, jossa ei ole rakkautta, ei kestä pitkään, koska mieli väsyy ja palaa alkuperäiseen tilaansa. Heti kun kuulemme, että ystävämme on matkalla, luovumme ruoasta ja unesta innossamme saada tavata hänet. Tämä syntyy rakkaudesta häntä kohtaan luonnollisesti ja rakkaudestamme johtuen se ei tunnu kovalta uhraukselta lainkaan. Mutta jos rakkautta ei ole, pidättyminen tuntuu kovalta kärsimykseltä. Jos jätämme ruoan väliin jonkin rajoituksen takia, jota olemme päättäneet harjoittaa, ajattelemme ruokaa kaiken aikaa.
Ollaksesi takertumaton jotakin kohtaan sinun tulee rakastaa jotakin muuta. Tyttäreni, vain siksi, että tunnet rakkautta

Luku 10

Itse-oivallusta kohtaan, kykenet elämään täällä kärsivällisesti ja hyväksyvällä asenteella. Ihmisillä on haluja, vihan tunteita, ahneutta, kateutta ja ylpeyttä sisällään. Miksi muutamat ihmiset kykenevät hallitsemaan nämä kielteiset tunteensa ja kykenevät elämään täällä omaksuen anteeksiantavan ja kärsivällisen asenteen? Te kykenette siihen, koska rakastatte Itse-oivallusta. Muussa tapauksessa kaikki nuo kielteiset ominaisuudet ilmenisivät. Johtuen tuosta rakkaudesta nuo ominaisuudet eivät voi elää ja kukoistaa mielessänne. Teidän rakkautenne päämäärää kohtaan rajoittaa tuollaisia piirteitä."

Saumya: "Jos niin on, minkä tähden sinun pitää olla niin tiukka ashramin sääntöjen suhteen? Eikö niin tapahdu itsestään?"

Amma: "Amma ei sanonut, että vairagyaa ei tarvita. Sinun tulee harjoittaa vairagyaa, mutta vain rakkaus tekee siitä ehjän. Alkuvaiheessa rajoitukset ovat ehdottomasti välttämättömiä. Täällä on tällä hetkellä noin kolmekymmentä maailmasta luopujaa. Jokainen haluaa saavuttaa oivalluksen, mutta teidän mielenne on kehonne orja. Te haluatte Itseä koskevan tiedon, mutta koette, että teidän on vaikea ylittää kehonne mukavuudenhalut. Niinpä on tärkeä asettaa rajoituksia.

Jos joku ei kykene menemään jonnekin aikaisin aamulla, meidän täytyy herättää hänet. Eikö niin? Sanokaamme, että lapsi haluaa nähdä auringonnousun, mutta koska hän on kehon harhan alainen, hän ei kykene heräämään aamulla. Äiti herättää lapsen.

Sinun pitää olla hereillä ja tarkkaavainen, valmis kohtaamaan jumalallinen auringonnousu. Aika ei odota sinua. Mutta minun lapseni eivät suorita velvollisuuksiaan. Jos he eivät ole hereillä, Äidin tulee herättää heidät. Muussa tapauksessa hän pettäisi heidät pahemman kerran. Amma kokee, että hänen ankaruutensa tämän asian suhteen on hänen suurin rakkaudenosoituksensa lapsiaan kohtaan täällä ashramissa."

Säännöt ovat tärkeitä ashramissa

Saumya: "Toisinaan säännöt ashramissa tuntuvat olevan kovin tiukkoja."

Amma: "Säännöt ovat tarpeen ashramissa, missä monet ihmiset asuvat ja missä käy suuri joukko vierailijoita. Poikien ja tyttöjen ei esimerkiksi tule keskustella keskenään liian vapaasti. Heidän, jotka asuvat ashramissa, pitää asettaa toisille esimerkki. Sen lisäksi he, jotka asuvat täällä, eivät ole luonteeltaan samanlaisia. Lapsilla, jotka ovat vasta saapuneet, ei ole vielä paljoakaan itsekuria. He ovat vasta aloittaneet sadhanansa. Mutta opetuslapset, jotka ovat olleet täällä alusta alkaen, ovat saavuttaneet jo jonkin verran mielensä hallintaa. Uudet tulijat voivat esittää heille kysymyksiä, siinä ei ole mitään vääräa. Mutta Amma sanoo, että on oltava joitakin rajoituksia. Juttele vain silloin, kun se on tarpeen, ei enempää."

Saumya: "Me tunnemme itsemme hyvin virkeiksi niinä aamuina, jolloin sinä herätät meidät, Amma!"

Amma: "Ne opetuslapset, jotka rakastavat Ammaa ja janoavat oivallusta, heräävät aamulla aikaisin odottamatta kenenkään herättävän heitä. Kun Amma palaa huoneeseensa illalla, hän joutuu lukemaan monia kirjeitä. Eikä hän voi mennä nukkumaan senkään jälkeen, sillä hänen pitää tiedustella, onko vihanneksia, riisiä, rahaa ja muuta tarpeeksi seuraavan päivän varalle. Jos jotakin puuttuu, hänen tulee antaa ohjeita sen suhteen, mitä tulee ostaa ja mitä tulee tehdä. Hänen tulee myös huolehtia vierailijoista ja ajatella täällä olevien opetuslasten aikatauluja ja muita tarpeita. Kuinka voisitte olettaa, että hänen

Luku 10

tulisi kaiken tämän jälkeen mennä vielä jokaisen huoneeseen herättämään teidät?

Jos rakastat Ammaa, riittää, että noudatat hänen antamiaan ohjeita tarkasti. Amman rakastaminen tarkoittaa, että noudatat hänen ohjeitaan. Sinun tulee kokea kaipuuta. Kun sinulla on guru, rakkautesi gurua ja hänen laitostaan kohtaan ja suhteesi guruusi auttaa sinua unohtamaan kaiken muun ja kasvamaan kohti ääretöntä. Vasta sitten kun siemen sulautuu maahan, se voi kasvaa puuksi."

Saumya: "Amma, sinä et juuri koskaan moiti minua. Miksi?"

Amma: "Enkö? Enkö minä moiti sinua kalarissa Devi-bhavan aikana?"

Saumya: "Vain pikkuisen."

Amma (nauraen): "Tyttäreni, Amma näkee sinussa vain sen virheen, ettet herää aikaisin aamulla. Sinä menet sänkyyn tehtyäsi ahkerasti yöllä töitä. Ja etkö sinä vietä koko Devi-bhavan kalarissa seisoen? Sinä yrität myös kovasti saavuttaa oivalluksen. Haluat seurata ashramin ohjelmaa säännöllisesti etkä yritä koskaan paeta piiloutumalla tai livahtamalla pois. Joten ei ole tarvetta hoputtaa sinua tekemään asioita."

Puutteiden poistaminen

Saumya: "Täällä asuu sekä poikia että tyttöjä. Eikö sinun toiveesi ole, että meidän tulisi olla rakastavia kaikkia kohtaan?"

Amma: "Ei sinun tarvitse mennä jokaisen luo ja osoittaa hänelle rakkautta. Riittää, että sinulla ei ole kielteisiä tunteita – ei minkäänlaisia. Todellinen rakkaus on täydellistä kielteisten tunteiden poissaoloa kaikkia kohtaan. Poistamalla kaikki tällaiset kielteiset tunteet rakkaus, joka on aina sisälläsi, pääsee loistamaan. Silloin ei ole olemassa eroja, ei erillisyyden tunnetta.

Etkö ole huomannut, että he, jotka ovat rakastaneet toisiaan eilen, ylenkatsovat toisiaan tänään? Niinpä heidän rakkautensa ei ollut koskaan todellista. Siellä missä on kiintymystä, siellä on myös vihaa. Meidän tavoitteemme on, että meillä ei ole sen enempää kiintymystä kuin vihaakaan. Se on todellista rakkautta. Sen lisäksi me teemme epäitsekästä palvelutyötä ja se on suurinta rakkautta."

Saumya: "Pyrin siihen, etten tuntisi kielteisiä tunteita ketään kohtaan."

Amma: "Kiintyminen ja vastenmielisyys eivät olet sellaisia asioita, jotka voimme vain poimia ja heittää pois. Kuplat murtuvat, jos yritämme poimia ne. Emme voi ottaa niitä kiinni. Samalla tavoin ei ole mahdollista heittää ajatuksia ja tunteita mielestämme. Jos yrität tukahduttaa niitä, ne kasvavat kaksi kertaa voimakkaammiksi ja synnyttävät vaikeuksia. Voimme poistaa ne vain mietiskelyn avulla. Meidän tulee tutkiskella kielteisiä ajatuksiamme ja heikentää niitä hyvien ajatusten avulla. Niitä ei voi poistaa väkivalloin.

Jos kaadamme raikasta vettä juomalasiin, jossa on suolavettä, ja jatkamme kaatamista, kunnes se on täynnä, suolaisuus vähenee ja lopulta meillä on lasillinen raikasta vettä. Samalla tavoin voimme poistaa pahat ajatuksemme vain täyttämällä mielemme hyvillä ajatuksilla. Sellaisia tunteita, kuten himoa ja vihaa, ei voi kitkeä pois, mutta voimme huolehtia siitä, että emme anna niille tilaa mielessämme. Meidän on havaittava, että olemme Jumalan välineitä ja kehittää itsessämme palvelijan asennetta.

Meidän tulisi itse asiassa ajatella, että olemme kerjäläisiä. Kerjäläinen tulee taloon pyytäen bhikshaa (almua). Talon asukkaat saattavat sanoa:

Luku 10

'Ei täältä saa bhikshaa. Mene pois! Minkä takia tulit luoksemme?'

Mitä hyvänsä he sanovatkin, hän ei sano mitään. Hän ajattelee: 'Olen vain kerjäläinen. Maan päällä ei ole ketään, jonka kanssa voisin jakaa suruni. Vain Jumala tuntee sydämeni.' Jos hän yrittäisi selittää tätä tuolle perheelle, he eivät ymmärtäisi – hän tietää sen. Niinpä jos joku vihastuu hänelle, hän kävelee hiljaa pois ja menee seuraavaan taloon. Jos hekin suuttuvat, hän jatkaa jälleen valittamatta seuraavaan taloon. Tällaisia meidän pitäisi olla. Heti kun omaksumme kerjäläisen asenteen, egomme pienenee suuresti. Me tunnemme, että meillä ei ole muuta turvaa kuin Jumala ja silloin kielteiset vasanamme putoavat itsestään pois. Vain tulemalla pienimmästä pienimmäksi meistä tulee suurempia kuin suurimmat. Omaksumalla asenteen, että olen kaikkien palvelija, ihmisestä tulee maailman mestari. Vain hänestä, joka kumartaa jopa shavalle (ruumiille), tulee Shiva.

Saumya: "Jos meillä on jotakin sellaista mitä joku tarvitsee, onko väärin antaa se hänelle?"

Amma: "Sinun ei pitäisi tehdä niin, tyttäreni. Sinä olet brahmacharini. Sinä olet tullut tänne tehdäksesi sadhanaa. Jos haluat antaa jotakin jollekulle, anna se toimistolle tai anna se Ammalle, ja Amma antaa sen hänelle, joka sitä tarvitsee. Jos annat sen suoraan, sinulla on asenne, 'minä annan' ja silloin sinulle kehittyy kiintymys tuohon ihmiseen. Älä anna sitä itse. Kun saavutat gurun tason, ongelmaa ei enää ole, koska silloin sinulle ei tule ajatusta toisesta ihmisestä, jolle annat. Tässä vaiheessa sinun ei tarvitse osoittaa rakkauttasi ulkoisesti – sen tulee ilmetä vain sisälläsi. Kun vastenmielisyyttä ja vihamielisyyttä ei enää ole – se on rakkautta. Kun viimeinenkin vastenmielisyyden tunne katoaa mielestä, silloin mieli tulee rakkaudeksi. Siitä tulee kuin sokeria: kuka tahansa voi ottaa sitä ja nauttia sen makeudesta, ilman että sinun tarvitsee antaa mitään.

Jos kärpänen putoaa siirappiin, se kuolee. Tässä vaiheessa heillä, jotka tulevat luoksesi haluten sinulta jotakin, on mielen epäpuhtauksia, joista sinä et ole tietoinen, niinpä he ovat kuin kärpäset. Lähestyessään sinua he eivät hyödy siitä lainkaan. He vain tuhoavat itsensä ja se on samalla vahingollista myös sinulle.

Kun koiperhonen lähestyy lamppua, se etsii ravintoa. Lampun tarkoitus on antaa valoa, mutta koiperhonen haluaa syödä sen. Se tuhoutuu yrittäessään sitä ja lamppukin saattaa samalla sammua. Joten meidän ei tule antaa toisille mahdollisuutta tuhota itseään ja meitä. Me olemme täynnä myötätuntoa, mutta he, jotka tulevat luoksemme, saattavat olla kovin toisenlaisia.

Tulevaisuudessa, kun olet vastuullisessa asemassa ashramissa tai gurukulassa (mestarin koulussa), jotkut ihmiset saattavat lähestyä sinua sellaisten tarkoitusperien kanssa, jotka eivät ole puhtaita. Jos olet kehittynyt tarpeeksi siinä vaiheessa, heidän epäpuhtaat ajatuksensa tuhoutuvat sinun rakkauteesi. Metsäpaloon ei vaikuta mitenkään se, jos elefantti kaatuu sen keskelle.[2] Tässä vaiheessa sinun rakkautesi ainoastaan voimistaa toisten heikkouksia."

Saumya: "Joten meillä pitäisi olla paljon rakkautta sisällämme, mutta emme saa osoittaa sitä?"

Amma: "Amma ei sano, ettei sinun tulisi osoittaa sitä vaan että sinun tulisi käyttäytyä ashramin dharman (sääntöjen) mukaisesti. Kiinnitä aina huomiota ympäristöösi. Jos vierailijat näkevät, että brahmacharit ja brahmacharinit keskustelevat

---

[2] Metsäpalo on tässä yhteydessä vertauskuva edistyneestä sadhakasta, henkisestä oppilaasta. Ja elefantti kuvastaa toisten epäpuhtaita ajatuksia.

keskenään, he ryhtyvät matkimaan heitä. He eivät ole tietoisia siitä, kuinka puhtaita teidän sydämenne ovat. Sitä paitsi teidän ei tarvitse keskustella toistenne kanssa – rakkaus ei tarkoita sellaisia asioita. Todellinen rakkaus on sitä, että sinulla ei ole kielteisiä tunteita sisälläsi, ei minkäänlaisia."

Saumya: "Kun keskustelemme toistemme kanssa, puhumme henkisistä asioista, niistä kysymyksistä, joita meillä on henkisten opetusten suhteen."

Amma: "Mutta ihmiset eivät tiedä sitä, tyttäreni. Katsojat näkevät vain, että brahmachari ja brahmacharini keskustelevat keskenään. Aina kun ihmiset näkevät miehen ja naisen keskustelevan keskenään, he tulkitsevat sen väärin. Maailma on sellainen tänä päivänä."

(Myötätunnostaan johtuen Saumya tapasi antaa kaikille sen mitä he pyysivät. Monet ihmiset olivat alkaneet pyytää häneltä rahaa paluumatkaa varten. Amma oli kieltänyt Saumyaa jatkamasta tätä, koska ihmiset yrittivät käyttää häntä hyväkseen. Rahan pyytäminen ashramin asukkailta oli myös vastoin ashramin sääntöjä. Vaikka tämä olikin aluksi masentanut Saumyaa, hän oli nyt tyytyväinen Amman antamaan selitykseen.)

Kuinka erottaa oikea väärästä

Saumya jatkoi kysymystensä esittämistä:
"Olen tehnyt joitakin asioita ajatellen, että ne olisivat oikein, mutta sitten kävi ilmi, että ne olivat väärin, mutta minä en ymmärtänyt sitä siinä vaiheessa. Miten minä voin erottaa oikean väärästä ja toimia sen mukaisesti?"

Amma: "Seuraa nyt Amman ohjeita. Kirjoita ylös tunteesi, kuten 'minulla oli tämä paha ajatus' tai 'vihastuin tähän ihmiseen'. Pyydä sitten Ammaa auttamaan sinua ja korjaa sitten tapaasi toimia.

Amma sanoo opetuslapsilleen täällä, että alkuvaiheessa brahmacharien ja brahmacharinien ei tule keskustella keskenään. Mutta harjoitettuaan sadhanaa tietyn ajan siinä ei ole enää ongelmaa. Amma ei ole niin tiukka länsimaisten opetuslasten suhteen, sillä he tulevat erilaisesta maailmasta. Heidän kulttuurissaan ei ole olemassa samanlaista erottelua miesten ja naisten välillä."

Saumya: "Kun toimintaamme seuraa oikeanlainen lopputulos, johtuuko se siitä, että meillä on ollut oikeanlainen asenne vai johtuuko se pelkästään ulkoisesta toiminnasta?"

Amma: "Oikeanlainen tulos on seurausta asenteemme puhtaudesta. Siitä huolimatta meidän tulee kiinnittää huomiota itse toimintaan ja tarkkailla lopputulosta. Tekojen tekeminen puhtaalla asenteella vaatii harjoitusta."

Saumya: "Antaako Jumala meille anteeksi virheet, joita olemme tehneet?"

Amma: "Hän antaa meille anteeksi tiettyyn rajaan asti, mutta ei enää sen jälkeen. Hän antaa meille anteeksi virheet, joita olemme tehneet tietämättämme, sillä emme ole olleet tietoisia noista virheistämme. Mutta jos teemme tietoisesti väärin, hän ei hyväksy sitä tietyn rajan jälkeen. Silloin hän rankaisee meitä. Pieni lapsi kutsuu isäänsä sanoen 'itä'. Isä tietää, että lapsi kutsuu häntä sillä tavoin ja nauraa. Mutta jos lapsi jatkaa isän kutsumista 'itäksi', kun hän on tarpeeksi vanha tietääkseen ja osatakseen paremmin, isä ei enää naura vaan läimäyttää häntä. Samalla tavoin, jos toimimme väärin – tietäen hyvin, että se mitä teemme on väärin – silloin Jumala rankaisee meitä. Mutta jopa tuo rankaisu on eräänlainen armon osoitus. Jumala voi rankaista oppilasta jopa pienestä virheestä, jotta hän ei enää

Luku 10

tekisi samaa virhettä uudelleen. Tuo rankaisu tulee Jumalan rajattomasta myötätunnosta oppilasta kohtaan ja sen tarkoituksena on pelastaa hänet. Se on kuin valo pimeydessä.

Poika tapasi kiivetä sähköaidan yli mennessään naapurin taloon. Hänen äitinsä sanoi hänelle: 'Poikani, älä kiipeä aidan yli, sillä jos otteesi lipeää, satutat itsesi. Mene tavallista reittiä, vaikka se veisikin hieman pidemmän ajan.' 'Mutta ei minulle ole sattunut mitään tähän mennessä!' poika väitti vastaan ja jatkoi samaan malliin. Sitten eräänä päivänä hän hyppäsi aidan yli, kaatui ja sai haavan jalkaansa. Hän itki ja juoksi äitinsä luo. Äiti lohdutti häntä rakkaudella, sitoi haavan ja sanoi hänelle, että älä hyppää enää aidan yli. Mutta poika ei totellut häntä, liukastui ja putosi aidan päälle saaden jälleen haavan. Jälleen hän juoksi itkien äitinsä luo. Tällä kertaa äiti läimäytti häntä ennen kuin laittoi lääkettä hänen haavaansa.

Jos poika olisi tuntenut todellista kipua heti ensimmäisellä kerralla, hän ei olisi toistanut virhettään. Äiti läimäytti häntä toisella kerralla, kun poika tuli itkien hänen luokseen, ei vihasta vaan rakkaudesta. Samalla tavoin Jumalan rankaisu on hänen myötätuntoaan ja sen tarkoitus on saada meidät lopettamaan virheellinen toimintamme.

Monien lyijykynien toisessa päässä on pyyhekumi, jotta voimme pyyhkiä heti pois virheellisen merkinnän, jonka olemme kirjoittaneet. Mutta jos kirjoitamme jatkuvasti väärin samaan kohtaan ja yritämme pyyhkiä sen pois yhä vain uudelleen, lopulta paperi repeytyy."

Amma lopetti syömisen. Hän pesi kätensä ja istuutui uudelleen.

Saumya: "Kun ajattelen jotakin, se saattaa tuntua oikealta sillä hetkellä ja sitten myöhemmin ajattelen, että se saattaa sittenkin olla väärin. En kykene päättämään mitä tulisi tehdä. Minulla on aina epäilys mielessäni sen suhteen, mikä on oikein ja mikä väärin."

Amma: "Jos emme kykene erottamaan oikeaa väärästä, meidän tulee kysyä neuvoa gurulta ja joltakulta toiselta ihmiseltä. Silloin oikea polku kirkastuu meille. On vaikeaa kehittyä ilman antaumusta tai uskoa häntä kohtaan, joka kykenee johdattamaan meidät päämäärään. Kun löydämme sellaisen sielun, joka kykenee osoittamaan meille oikean tavan toimia, meidän tulisi kehittää itsessämme antaumusta häntä ja hänen ohjeitaan kohtaan. Jos emme kykene löytämään hänenkaltaistaan, meidän tulisi pyrkiä opiskelemaan elämän päämäärää ja polkua, jota meidän tulisi seurata lukemalla henkisiä kirjoja. Jos pyrkimyksemme on vilpitön, tulemme varmasti löytämään gurun. Mutta ei riitä, että olemme löytäneet gurun; jos haluamme kehittyä, meidän on antauduttava kokonaan gurulle. Emme kehity, jos näemme gurussa vikaa silloin, kun hän osoittaa meille meidän virheemme ja nuhtelee meitä."

Saumya: "Millä tavoin halut muodostuvat esteiksi henkisille harjoituksillemme?"

Amma: "Jos hanaan johtavassa putkessa on monta reikää, silloin hanasta tuleva vesivirta on kovin heikko. Samalla tavoin, jos mielessämme on itsekkäitä haluja, emme saavuta täyttä keskittymistä Jumalaan ja näin emme pääse lähemmäksi häntä. Kuinka joku joka ei kykene uimaan edes pienen joen yli, kykenisi ylittämään valtameren? Ei ole mahdollista saavuttaa korkeinta tilaa luopumatta kaikesta itsekkyydestä."

Saumya: "Japa, meditaatio ja rukoukset – mikä näistä harjoituksista poistaa parhaiten vasanat (kielteiset ominaisuudet)?"

Luku 10

Amma: "Kaikki nämä menetelmät auttavat meitä voittamaan vasanamme. Jos rukoilemme täydellisellä keskittyneisyydellä, se yksin riittää. Mutta vain harvat ihmiset rukoilevat kaiken aikaa eikä heillä ole mielen keskittyneisyyttä. Siksi käytämme muita menetelmiä, kuten japaa, meditaatiota ja antaumuksellista laulamista. Tällä tavoin voimme pitää Jumalan ajattelemisen itsessämme kaiken aikaa elävänä. Kun istutamme siemeniä, meidän tulee antaa niille lannoitetta, kastella niitä säännöllisesti, suojella niitä eläimiltä ja tuhota madot ja hyönteiset, jotka hyökkäävät niiden kimppuun. Kaikki nuo toimet tehdään, jotta sato pääsisi kasvamaan. Samalla tavoin erilaiset henkiset harjoitukset, joita teemme, nopeuttavat kehitystämme kohden päämäärää."

Saumya: "Amma pyysi minua toistamaan Om Namah Shivayaa seitsemästä kahdeksaan illalla, joten en voi osallistua bhajaneihin."

Amma: "Älä ole huolissasi, tyttäreni. Amma pyytää jotakuta toista huolehtimaan siitä ajasta."

Amma katsahti seinällä olevaa kelloa. Se näytti varttia vaille viittä. Hän sanoi:

"Bhajanit alkavat pian. Salli Amman mennä nyt pesulle. Tyttäreni, milloin tahansa sinulla on jokin ongelma, sinun pitää tulla ja kertoa siitä Ammalle."

Saumya kumarsi Ammalle ja hänen kasvonsa loistivat iloa, koska hän oli saanut keskustella niin pitkään Amman kanssa ja koska hän oli saanut vastaukset kysymyksiinsä.

Pian sen jälkeen Amma meni kalariin ja bhajanit, jotka aina edeltävät Devi-bhava-darsania alkoivat. Sama Äiti, joka oli gurun hahmossa kärsivällisesti vastannut kauan opetuslapsensa kysymyksiin, omaksui nyt palvojan asenteen vuodattaen sydämensä kaipauksen lauluihin. Hän lauloi koko olemuksellaan unohtaen kaiken muun antaumuksen hurmiossa.

Keskiviikkona 20. elokuuta 1986

Voita vihasi

Kaikki olivat työskennelleet ashramissa aamusta alkaen. Nyt oli myöhäinen iltapäivä. Työ koostui ashramin pihamaan siivoamisesta ja rakennusmateriaalin siirtämisestä, jota käytettiin betonin valamiseen uutta rakennusta varten. Amma auttoi siirtämään ruostumatonta terästä. Hänen valkoinen sarinsa oli valkoisen levän peitossa, joka oli peräisin kostuneista terästangoista.

Oppilas, joka oli töissä Rajasthanissa, oli saapunut edellisenä iltana. Hän oli kiivasluontoinen ja hän oli rukoillut Ammaa auttamaan häntä voittamaan vihansa. Amma, joka asustaa kaikkien sisällä, tiesi tämän. Hän kääntyi hymyillen miehen puoleen ja sanoi:

"Poikani, Amma tuntee, että sinulla on vähän liikaa vihaa sisälläsi. Kun vihastut jollekulle, sinun tulee laittaa Amman kuva eteesi ja sättiä häntä. Sano hänelle: 'Tällainen vihako seuraa siitä, että minä palvon sinua? Sinun tulee poistaa se heti paikalla! Jos et tee niin, silloin minä.' Ota sitten tyyny ja lyö sitä kuvitellen että se on Amma. Jos haluat, voit jopa heittää likaa Amman päälle. Mutta, poikani, älä vihastu muille."

Amman rakkaus toi kyyneleet miehen silmiin.

Auringon laskiessa työ oli lähes tehty. Amma ryhtyi nyt kantamaan toisten kanssa kiviä. Kun he näkivät hänen nostavan suurimman kiven päänsä päälle, opetuslapset esittivät vastalauseensa ja yrittivät estää häntä pyytäen häntä ottamaan

Luku 10

pienempiä kiviä. Mutta Ammaan sattui kun hän näki, että hänen opetuslapsensa nostivat raskaimpia kiviä. Hän sanoi heille: "Mikään fyysinen kipu ei ole niin paha kuin mielen kipu." Kova työ muuttui palvonnaksi. Jokainen yritti kantaa raskaampia taakkoja kuin mitä he kykenivät nostamaan. Heidän hikensä putosi maailmankaikkeuden Äidin jalkojen juureen kuin kukkaset – kukkaset, jotka pitivät sisällään uuden ajan kultaisia siemeniä.

Lauantaina 23. elokuuta 1986

Amma istui kalarin mandapamilla (vanhan temppelin verannalla) muutamien oppilaiden seurassa. Vijayalakshmi, nainen, joka oli ollut naimisissa nelisen vuotta, oli heidän joukossaan. Ystävä oli tuonut hänet joitakin aikoja sitten tapaamaan Ammaa. Hän jumaloi Ammaa siitä hetkestä alkaen, jolloin hän tapasi hänet ensi kerran ja uskoi häneen täysin. Vaikka hän olikin tullut säännöllisesti tapaamaan Ammaa siitä lähtien, hänen miehensä ei juurikaan uskonut Ammaan. Hän ei ollut kiinnostunut henkisistä asioista, mutta ei hän toisaalta vastustanutkaan sitä, että hänen vaimonsa kävi tapaamassa Ammaa. Tavattuaan Amman Vijayalakshmi ei enää kiinnittänyt huomiota omaan ulkoiseen olemukseensa. Hän ei enää käyttänyt koruja ja kalliita sareja, vaan käytti vain valkoisia vaatteita. Hänen miehensä kuitenkin vastusti tätä, sillä hän oli menestynyt insinööri ja hänellä oli laaja ystäväpiiri.

Amma: "Tyttäreni, jos pidät vain valkoisia vaatteita, pitääkö poikani siitä?"

Vijayalakshmi: "Ei sillä ole väliä, Amma. Olen laittanut kaikki muut sarini ja paitani syrjään. Haluan antaa ne ihmisille, jotka tarvitsevat niitä. Minulla on paljon vaatteita, joita en tarvitse."

Amma: "Älä tee mitään sellaista juuri nyt, tyttäreni! Älä tee mitään, mikä satuttaa miestäsi. Sinulla on tietty dharma, älä jätä sitä noudattamatta. Joka tapauksessa poikani ei vastusta sitä, että käyt täällä. Eikö se ole suuri asia?"

Vijayalakshmi: "Amma, hänellä on aikaa sataa eri asiaa varten, mutta hänellä ei ole aikaa tulla tapaamaan sinua edes kerran. Vuosien ajan minä pukeuduin ja menin kaikkialle hänen kanssaan, mutta en enää. Minä olen väsynyt prameiluun ja näyttäytymiseen. Tämä puuvillainen sari ja paita riittävät minulle."

Amma: "Älä puhu noin, tyttäreni. On totta, että hän ei tule tapaamaan Ammaa, mutta hänellä on siitä huolimatta paljon antaumusta."

Vijayalakshmi: "Mitä sinä tarkoitat? Hän ei käy yhdessäkään temppelissä. Kun pyysin häntä tulemaan kanssani Guruvayuurin temppeliin, hän sanoi: 'Päätin yliopistossa ollessani, että en koskaan astuisi jalallanikaan temppeliin. Mutta sinun takiasi minun piti yhden kerran rikkoa tuo vala. Koska sinun perheesi on niin hurskas, minun piti toimia omaa lupaustani vastaan.' Amma, joudun yhä kuuntelemaan hänen valituksiaan siitä, että menimme naimisiin temppelissä."

Amma nauroi ja sanoi: "Tyttäreni, hän ei käy täällä tai temppelissä, mutta hänellä on hyvä sydän. Hän on myötätuntoinen kärsiviä kohtaan ja se itsessään riittää. Tyttäreni, älä tee mitään mistä hän ei pidä."

Vijayalakshmin kasvoilta heijastui pettymys.

Amma: "Älä ole huolissasi. Eikös Amma ole se, joka sanoo sinulle tämän? Jos pidät vain valkoisia vaatteita, se tekee hänet onnettomaksi. Mitä hän sanoo silloin ystävilleen? Joten laita päällesi valkoista, kun tulet tänne, mutta kun olet kotona tai matkustat hänen kanssaan, pidä tavallisia vaatteitasi ja korujasi.

Luku 10

Muussa tapauksessa ihmiset tulevat syyttämään Ammaa. Eikö totta? Sinun aviomiehesi on myös Amman poika. Älä ole huolissasi, tyttäreni."

Vijayalakshmi ei sanonut tähän enää mitään, mutta hänen ilmeensä osoitti, että hän hyväksyi Amman antaman ohjeen.

Tekojen tekemisestä

Nyt toinen oppilas, Ramachandran, esitti kysymyksen:
"Monissa kirjoissa sanotaan, että menneisyyden gurukulassa (mestarin koulussa) teoille annettiin suurempi merkitys kuin sadhanalle. Vaikka Upanishadeissa sanotaankin, että karmajooga ei yksin johda Itse-oivallukseen, gurut antoivat uusille opetuslapsille tehtäväksi pitää huolta karjasta tai polttopuun hankkimisesta ensimmäisen kymmenen tai kahdentoista vuoden ajan. Miksi he toimivat tällä tavoin?"

Amma: "Mieltä ei voi puhdistaa ilman, että teemme epäitsekkäitä tekoja. Se mitä henkinen ihminen tarvitsee ensimmäiseksi, on epäitsekkyys. Opetuslapselle annettiin tiettyjä tehtäviä, jotta nähtäisiin kuinka epäitsekäs hän oli. Jos hän teki tehtävänsä epäitsekkyyden ja uhrautuvaisuuden hengessä, se osoitti hänen vakaan päätöksensä saavuttaa päämäärä.

Opetuslapsen antautuminen gurun ohjeiden noudattamiselle tekee hänestä kuninkaiden kuninkaan, se tekee hänestä kaikkien kolmen maailman hallitsijan. Oppilasta tulee koetella kunnolla ennen kuin hänet hyväksytään opetuslapseksi todellisessa mielessä. Todellinen mestari hyväksyy uuden opetuslapsen vasta tällaisten koettelemusten jälkeen.

Lopulta hänet, joka on kulkenut ympäriinsä myymässä pähkinöitä, laitetaan vastuuseen timanttikaupasta. Ei ollut niin väliä, jos hän menetti yhden pähkinän, mutta timantti on niin paljon arvokkaampi. Henkisen ihmisen on kyettävä antamaan rauhaa ja onnellisuutta maailmalle. Gurun tehtävänä on koetella ja katsoa, onko opetuslapsella sraddhaa (tarkkaavaisuutta) ja kypsyyttä, jota tarvitaan, muussa tapauksessa opetuslapsi aiheuttaa vain vahinkoa.

Nuori mies meni kerran ashramiin toivoen saavansa liittyä sinne asukkaaksi. Guru yritti vakuuttaa hänet siitä, ettei vielä ollut hänen aikansa liittyä. Mutta nuori mies kieltäytyi palaamasta kotiinsa. Lopulta guru suostui. Hän antoi uudelle opetuslapselle tehtäväksi valvoa orpokotia, joka sijaitsi pienen matkan päässä ashramista.

Kun nuori mies palasi ashramiin illalla tehtyään tehtäviään koko päivän, guru kysyi häneltä:
'Mitä sinä söit tänään?'
Opetuslapsi vastasi:
'Söin muutamia omenoita puista.'
Guru nuhteli häntä sanoen:
'Kuka käski sinua syömään niitä!'
Opetuslapsi oli vaiti.

Jälleen seuraavana päivänä opetuslapsi meni työhönsä. Tällä kertaa hän ei ottanut hedelmiä puista vaan söi vain sitä mikä oli pudonnut maahan. Illalla guru nuhteli häntä jälleen. Seuraavana päivänä hän ei syönyt hedelmiä lainkaan. Kun hän koki itsensä nälkäiseksi, hän söi marjoja villipensaasta. Kävi ilmi, että marjat olivat myrkyllisiä. Hän romahti maahan ja makasi orpokodissa, kykenemättä liikkumaan.

Kun hän makasi siellä, hän rukoili ääneen gurunsa anteeksiantoa. Kuultuaan hänen itkunsa toiset opetuslapset tulivat ja löysivät hänet. He tarjosivat hänelle vettä juotavaksi, mutta hän ei ottanut sitä vastaan sanoen, että hän ei joisi eikä söisi

Luku 10

mitään ilman gurunsa lupaa. Siinä vaiheessa Jumala ilmestyi hänen eteensä ja sanoi:
'Minä annan sinulle sinun voimasi takaisin ja vien sinut gurusi luokse.'
Oppilas vastasi:
'Ei, Jumala! Minä haluan sinun antavan minulle voimani takaisin vain, jos guruni antaa siihen suostumuksensa.'
Koska opetuslapsi oli saavuttanut tuon tasoisen antaumuksen, guru itse tuli ja siunasi hänet. Opetuslapsi sai heti voimansa takaisin. Hän kumarsi gurulle ja nousi seisomaan. Tällaisia koettelemuksia entisajan gurut antoivat koetellakseen opetuslapseksi pyrkivien ominaisuuksia."

Kärsivällisyys

Ramachandran: "Amma, kun katsoo miten sinä toimit opetuslastesi kanssa, tuntuu siltä, että sinun nuhtelusi auttaa enemmän kuin kehusi."

Amma: "Kehittääkseen itsessään sekä oikeanlaista itsekuria että nöyryyttä opetuslapsen tulee tuntea sekä syvää kunnioitusta että antaumuksellista rakkautta gurua kohtaan. Alkuvaiheessa pienet lapset opettelevat läksynsä pelosta opettajaa kohtaan. Siinä vaiheessa, kun he menevät yliopistoon, he opiskelevat omasta tahdostaan, koska heillä on elämässään päämäärä.

Kärsivällisyys on sellainen ominaisuus, jota tarvitaan henkisen elämän alkuvaiheessa ja myös loppuvaiheessa. Siemenen ympärillä olevan kuoren tulee murtua ennen kuin puu voi alkaa kasvaa. Samalla tavalla sinun tulee vapautua egosta ennen kuin voit tuntea todellisuuden. Guru suunnittelee monenlaisia koettelemuksia opetuslapselle nähdäkseen, onko tämä tullut hänen luokseen hetken innostuksesta vai todellisesta rakkaudesta päämäärää kohtaan. Aivan niin kuin yllätyskokeet koulussa, myös gurun koettelemukset tulevat ilman etukäteisvaroitusta. Gurun tehtävänä on arvioida opetuslapsen kärsivällisyyden, epäitsekkyyden ja myötätunnon aste. Hän tarkkailee, tuleeko opetuslapsesta voimaton tietyissä tilanteissa vai onko hänellä voimaa kestää erilaisia koettelemuksia. Opetuslapsen tehtävänä on johtaa tulevaisuudessa maailmaa. Tuhannet ihmiset saattavat tulla hänen luokseen luottaen häneen. Jotta nuo ihmiset eivät tulisi petetyiksi, opetuslapsella on oltava tietty määrä voimaa, kypsyyttä ja myötätuntoa. Jos hän menee maailman keskelle ilman tällaisia ominaisuuksia, hän tulee pettämään maailman pahemman kerran.

Guru laittaa opetuslapsen moniin koettelemuksiin muokatakseen häntä. Guru antoi kerran opetuslapselleen kiven ja pyysi häntä veistämään siitä jumalankuvan. Opetuslapsi luopui ruoasta ja unesta ja loi lyhyessä ajassa patsaan. Hän asetti sen gurun jalkojen juureen, kumarsi yhteen liitetyin käsin ja odotti lähellä seisten.

Guru katsahti patsasta ja heitti sen sitten pois niin, että se murtui palasiksi.

'Tällä tavallako patsas tehdään?' hän kysyi vihaisena.

Opetuslapsi katsoi rikkoontunutta patsasta ajatellen: 'Minä tein monta päivää töitä patsaan kanssa, syömättä ja nukkumatta eikä hän sanonut yhtään kiitoksen sanaa.' Tietäen mitä hän ajatteli, guru antoi hänelle toisen kiven ja käski häntä yrittämään uudelleen.

Opetuslapsi teki hyvin huolellisesti vielä kauniimman patsaan kuin ensimmäinen oli ollut ja vei sen gurulle. Tällä kertaa hän oli varma, että guru olisi tyytyväinen. Mutta gurun kasvot tulivat vihasta punaisiksi heti, kun hän näki patsaan.

Luku 10

'Teetkö minusta pilaa? Tämä on vielä huonompi kuin ensimmäinen!'

Sanottuaan tämän guru heitti patsaan maahan, jolloin se hajosi palasiksi. Guru katseli opetuslapsen kasvoja. Tämä seisoi nöyrän näköisenä, pää kumarassa. Ei hän ollut vihainen, hän tunsi itsensä vain surulliseksi. Guru antoi hänelle jälleen uuden kiven ja käski hänen veistää uuden patsaan.

Tottelevaisesti opetuslapsi teki uuden patsaan suurella huolella. Se oli hyvin kaunis. Jälleen hän laski sen gurun jalkojen juureen. Samassa guru poimi sen ja heitti sen pois sättien kovasti opetuslasta. Tällä kertaa opetuslapsi ei kuitenkaan tuntenut sen enempää katumusta kuin suruakaan gurun vastauksen tähden, sillä hänessä oli alkanut kehittyä täydellinen antautuminen. Hän ajatteli: 'Jos tämä on minun guruni tahto, niin se sopii, kaikki guruni teot ovat minun parhaakseni.' Guru antoi hänelle jälleen uuden kiven ja opetuslapsi otti sen ilolla vastaan. Hän palasi kauniin patsaan kanssa ja jälleen guru murskasi sen palasiksi. Mutta opetuslapsen tunteissa ei tapahtunut nyt minkäänlaista muutosta. Guru oli tyytyväinen. Hän syleili opetuslasta, laittoi kätensä opetuslapsen pään päälle ja siunasi hänet.

Jos joku ulkopuolinen olisi tarkkaillut gurun tapaa toimia, hän olisi saattanut ajatella, kuinka julma guru olikaan tai hän olisi saattanut ajatella, että guru oli hullu. Vain guru ja hänelle antautunut opetuslapsi tiesivät, mitä oli tapahtumassa. Joka kerta kun guru rikkoi patsaan, hän tosiasiassa veisti Jumalan kuvaa opetuslapsen sydämessä. Se mikä murtui, oli oppilaan ego. Vain satguru voi toimia näin ja vain todellinen opetuslapsi saa kokea siitä koituvan syvän ilon.

Opetuslapsen tulisi ymmärtää, että guru tietää paremmin kuin hän, mikä on hänelle hyväksi ja mikä on ylipäätään hyvää ja pahaa. Ei pitäisi koskaan lähestyä gurua saavuttaakseen mainetta ja kunniaa vaan tarkoituksella luovuttaa itsensä. Jos koemme vihastusta sen takia, että guru ei ylistä meitä tai meidän tekojamme, silloin meidän tulee ymmärtää, ettemme ole vielä kypsiä opetuslapsiksi. Meidän on rukoiltava, että guru poistaisi vihamme. Meidän on ymmärrettävä, että gurun jokainen teko on meidän parhaaksemme.

Jos tarinan opetuslapsi olisi lähtenyt gurun luota tuntien, että hänen työtään ei oltu vastaanotettu sellaisin kiitoksin, jonka se ansaitsi, ovi ikuiseen autuuteen olisi pysynyt suljettuna. Gurut antavat opetuslapsilleen erilaisia tehtäviä, koska he tietävät, että opetuslapset eivät opi kärsivällisyyttä ja kypsyyttä ainoastaan meditaation avulla. Meditaation synnyttämien ominaisuuksien tulisi ilmentyä teoissamme. Rauhan kokeminen pelkästään meditaation aikana ei ole merkki todellisesta henkisyydestä. Meidän pitäisi oppia näkemään kaikki teot meditaationa. Silloin karmasta tulee dhyanaa."

Vijayalaksmi: "Ystäväni sai vähän aikaa sitten mantra-dikshan (mantra-vihkimyksen) Ramakrishna-ashramissa. Amma, mikä on mantra-dikshan tarkoitus?"

Amma: "Maito ei muutu jogurtiksi itsestään. Meidän pitää laittaa pieni määrä jogurttia maidon sekaan käynnistääksemme tämän prosessin. Vain sillä tavoin saamme jogurttia. Samalla tavalla gurun antama mantra herättää oppilaassa olevan henkisen voiman.

Siinä missä poika saa elämänsä isänsä siemenestä, opetuslapsi elää gurun pranasta (elinvoimasta). Tämä prana ja päätös, jonka guru asettaa opetuslapseen vihkimyksen hetkellä auttaa opetuslasta saavuttamaan täydellisyyden. Vihkimyksen hetkellä guru liittää sisäisellä siteellä opetuslapsen itseensä."

Vijayalakshmi: "Annatko minulle mantran, Amma?"

Luku 10

Amma: "Ensi kerralla, tyttäreni."
Tässä vaiheessa uusi ryhmä oppilaita tuli ja liittyi heidän seuraansa istuutumalla Amman ympärille. Yksi heistä mainitsi sanjaasin, joka oli vähän aikaa sitten saavuttanut mahasamadhin (jättänyt kehonsa).
Oppilas: "Menin katsomaan, kun hänet siunattiin haudan lepoon. Kammio rakennettiin ja se täytettiin suolalla, kamferilla ja pyhällä tuhkalla ja sitten ruumis sijoitettiin siihen."
Ramachandran: "Eivätkö madot syö ruumista, vaikka se asetettaisiin tuhkan ja kamferin keskelle?"
Toinen oppilas: "Minä kuulin, että Jnanadeva antoi darshanin (ilmestyksen) oppilaalleen unessa monia vuosia sen jälkeen kun hän oli saavuttanut mahasamadhin. Unessa Jnanadeva kehotti oppilasta avaamaan haudan, missä hänen ruumiinsa oli. Kun hän teki niin, kävi ilmi, että puun juuret olivat kietoutuneet ruumiin ympärille painaen sitä. Ruumiissa ei ollut minkäänlaisia rapistumisen merkkejä. Puun juuret poistettiin ja hauta suljettiin jälleen."
Amma: "Kun elämä kerran on poistunut, mitä väliä sillä enää on? Olemmeko me pahoillamme, jos madot syövät ulosteen, jonka olemme jättäneet jälkeemme? Ruumis on tällainen, katoavainen. Vain sielu on ikuinen."
Toinen oppilas kertoi nyt Ammalle ashramia koskevasta tarinasta, jonka hän oli lukenut sanomalehdestä. Se koski Shakti Prasadia, joka oli tullut ashramiin ryhtyäkseen brahmachariksi (munkkioppilaaksi). Yrittäen pakottaa hänet palaamaan kotiinsa, hänen islamilainen isänsä oli nostanut oikeuskanteen korkeimmassa oikeudessa estääkseen häntä liittymästä ashramiin.
Amma sanoi: "Shiva!" Sitten hän istui hiljaa hetkisen. Vähän ajan kuluttua hän sanoi nauraen: "Kertokaamme hänelle, joka on ikuinen. Mutta hän onkin syvässä meditaatiossa eikä

mikään tällainen kosketa häntä. Hänellä on yksi silmä enemmän kuin muilla, silti näyttää siltä, ettei hän seuraa tämänkaltaisia tapahtumia. Ei hän laskeudu meidän luoksemme tänne alas, vaan meidän on ponnisteltava."

Oppilas: "Amma, mitä tarkoitat?"

Amma: "Shivan kolmas silmä on jnanan, korkeimman tiedon silmä. Hän on jnana-bhavassa (korkeimman tiedon tilassa). Mikään ei kosketa häntä. Amma taas on Äiti, hän näkee kaikki olennot lapsinaan ja myötätunto liikuttaa häntä."[3]

Kun Amma puhui, brahmachari istui hänen lähellään kyynelten valuessa hänen kasvoilleen. Häntä ahdisti, kun hän oli saanut kuulla, että Amma lähtisi Amerikan-kiertueelle. Hän ei ollut onneton sen takia, että Amma teki tällaisen vierailun vaan koska hän ei kestänyt ajatusta, että joutuisi olemaan erossa hänestä kolme kuukautta. Uutinen Amman ulkomaanmatkasta oli levinnyt kulovalkean lailla ympäri ashramia. Tämä olisi ensimmäinen kerta, kun Amma olisi poissa ashramista näin pitkän ajan. Vaikka kiertue olikin vielä kuukausien päässä, moni ashramin asukas purskahti itkuun ajatellessaan sitä.

Amma kääntyi brahmacharin puoleen ja pyyhki hellästi hänen kyyneleensä sanoen:

"Poikani, tällaisina hetkinä Amma tarkkailee, ketkä teistä ovat kypsiä. Hän haluaa tietää, ketkä teistä säilyttävät lakshya bodhan (päämäärätietoisuuden) ja itsekurin, kun hän on kaukana poissa."

Tällaisina hetkinä Amman äidillinen rakkaus väistyi taka-alalle, kun hänen velvollisuutensa oli toimia guruna, joka opastaa opetuslapsiaan. Silti jopa nytkin hänen rakkautensa

---

[3] Shakti Prasadin isä hävisi lopulta oikeusjutun. Tämä merkitsi korkeimman oikeuden perustavaa laatua olevaa päätöstä Intiassa. Se merkitsi sitä, että jokainen saa itse vapaasti valita uskontonsa.

Luku 10

jumalallinen virta oli murtautumassa suojavallien yli, sillä hänen sydämensä suli aina kun hän näki lastensa kyyneleet. Jopa hänen roolinsa guruna pehmeni hänen äidillisen rakkautensa takia.

Yhdestoista luku

Maanantaina 25. elokuuta 1986

Kuttan Nair Cheppadista oli yksi Amman perheellisistä oppilaista. Kun hän tapasi Amman ensi kerran, hän ajatteli niin kuin monet muutkin, että Jumalallinen Äiti laskeutui Devi-bhavan aikana Amman fyysiseen kehoon. Mutta kun Kuttan seurasi Amman tekoja Devi-bhavojen aikana, hän vakuuttui hiljalleen siitä, että Jumalallisen Äidin läsnäolo loisti hänessä aina. Kun hänen vanhimmasta pojastaan, Srikumarista, tuli ashramin pysyvä asukas, Amma vieraili usein Nairien kotona. Aina kun Amma tuli vierailulle, se oli juhlahetki perheen lapsille. Talon lounaisessa päädyssä oleva huone varattiin Amman käyttöön ja hän meditoi usein siellä. Kun Amma vieraili heidän luonaan, hän ja hänen opetuslapsensa lauloivat bhajaneita perheen rukoushuoneessa, ja Amma toimitti tällaisina hetkinä pujan, jumalanpalveluksen.

Amma oli luvannut vierailla Nairien talolla tänä aamulla matkallaan Kondungalluuriin. Kello näytti jo lähes puoltapäivää eivätkä Amma ja hänen opetuslapsensa olleet vielä saapuneet. Kaikki olivat odottaneet saavansa syödä sitten kun Amma saapuisi. Nyt kun aamu oli jo lähes mennyt, he päättelivät, että Amma oli päättänyt sittenkin olla vierailematta heidän luonaan.

Mitä he tekisivät ruoalle, joka oli valmistettu Ammalle ja hänen seurueelleen?

Kuttan Nair meni puja-huoneeseen ja sulki oven. Hän kuuli huutoa ulkopuolelta, mutta jätti sen huomioimatta. Hän katsoi Amman kuvaa ja valitti hiljaa mielessään: 'Miksi herätit meidän toiveemme turhaan?'

Juuri sillä hetkellä Amman ääni kaikui ulkopuolelta kuin kirkas kellon soitto:

"Kuinka olisimme voineet tulla aikaisemmin? Ajatelkaa kuinka vaikeaa on perheen, jossa on vain kaksi lasta, lähteä matkalle! Ashramissa piti tehdä monenlaisia järjestelyjä, erityisesti koska olisimme poissa kaksi päivää. Moni asia vaati huomiota. Työntekijät ovat näet siellä ja niinpä hiekkaa piti siivilöidä heille. Myös ashramiin jääviä opetuslapsia piti lohduttaa. Oli niin paljon tehtävää."

Brahmachari sanoi:

"Amma tuli huoneestaan jo seitsemän aikaan aamulla ja antoi aikaisen darshanin oppilaille. Sitten hän liittyi toisten joukkoon kantamaan hiekkaa jokilaivoista ashramiin. Siinä vaiheessa kello oli jo yksitoista, vaikka meidän oli ollut tarkoitus lähteä Kondungalluuriin jo heti aamusta. Me lähdimme kiireellä, ehtimättä syödä."

Eikä nytkään ollut aikaa syödä. Amma meni suoraa päätä puja-huoneeseen, lauloi muutamia kirtaneita ja suoritti pujan. Kun hän tuli ulos, nuoret lapset ympäröivät hänet. Hän sanoi heille yksinkertaisesti:

"Amma tulee myöhemmin uudelleen. Nyt ei ole aikaa."

Lapset näyttivät pettyneiltä. Näinä päivinä ei ollut mahdollisuutta leikkiä Amman kanssa niin kuin ennen. Amma hyväili ja lohdutti jokaista ja antoi heille makeisia. Sitten aamiainen pakattiin ja laitettiin autoon. Annettuaan darshanin kaikille

Luku 11

Amma ja hänen opetuslapsensa jatkoivat matkaansa suunnitellen syövänsä aamiaista matkan varrella. Brahmachari Balu odotti Ammaa Ernakulamin laitamilla. Hän oli saapunut sinne edellispäivänä ashramin asioilla. Hän oli kertonut Ammalle, että Ernakulamista kotoisin oleva oppilas odotti häntä toivoen, että Amma vierailisi hänen kotonaan.

Amma: "Kuinka voisimme mennä sinne? Kondungalluurin opetuslapset toivoivat, että Amma olisi tullut heidän luokseen perjantaina ja lauantaina, mutta sitten muutin vierailun tähän päivään, koska yhden opetuslapsistani piti palata Eurooppaan lauantaina. Huomenna meidän pitää matkustaa Ankamaliin, siksi supistimme kahden päivän ohjelman yhteen päivään. Jos emme saavu Kondungalluuriin mahdollisimman pikaisesti, olemme epäoikeudenmukaisia siellä olevia ihmisiä kohtaan. Siksi en voi mennä muualle. Olemme kantaneet jo ruoan autoon, joten voimme syödä jossakin matkan aikana ja säästää sen ajan, joka kuluisi jonkun kotona vierailuun."

Kun auto jatkoi jälleen matkaansa, brahmacharit eivät hukanneet aikaa vaan esittivät Ammalle kysymyksiään.

Brahmachari: "Amma, onko mahdollista saavuttaa päämäärä pelkästään sadhanan ja satsangin (pyhien kirjojen lukemisen) avulla, ilman gurun apua?"

Amma: "Et voi oppia korjaamaan moottoria vain kirjoja lukemalla. Sinun on mentävä pajalle ja kouluttautua sellaisen johdolla, joka tietää miten korjaustyö tehdään. Sinun pitää oppia häneltä, jolla on kokemusta. Samalla tavoin tarvitset gurun, joka voi kertoa sinulle niistä esteistä, joihin törmäät sadhanan polulla ja miten voit voittaa nuo esteet saavuttaaksesi päämäärän."

Brahmachari: "Pyhät kirjoitukset puhuvat paljon sadhanan esteistä. Eikö riitä, että lukee pyhiä kirjoituksia ja harjoittaa niiden pohjalta?"

Amma: "Lääkepurkin kyljessä saattaa olla annostusohjeita, mutta lääkettä ei pidä ottaa ilman lääkärin ohjeita. Lääkepurkin kyljestä ilmenee yleisohjeet, mutta lääkäri päättää, miten lääkettä otetaan, minkälaisia määriä, joka riippuu potilaan rakenteesta ja terveydellisestä tilanteesta. Jos otat lääkettä virheellisen määrän, saatat aiheuttaa itsellesi enemmän vahinkoa kuin hyötyä. Samalla tavoin saatat oppia henkisyydestä ja sadhanasta satsangin ja kirjojen avulla tiettyyn rajaan asti, mutta kun harjoitat vakavalla mielellä henkisyyttä, se saattaa olla vaarallista ilman gurua. Et voi saavuttaa päämäärää ilman satgurua (valaistunutta opettajaa)."

Brahmachari: "Riittääkö, että meillä on guru? Onko tarpeen olla gurun läheisyydessä?"

Amma: "Poikani, kun siirrämme puun taimen paikasta toiseen, otamme hieman maa-ainesta alkuperäisestä paikasta mukaan. Tämä tekee taimelle helpommaksi sopeutua uuteen paikkaan, muussa tapauksessa sen saattaa olla vaikea juurtua uuteen maaperään. Gurun läheisyys on kuin alkuperäisestä paikasta mukaan otettu maa-aines, joka auttaa kasvia sopeutumisessa. Alkuvaiheessa etsijän voi olla vaikea noudattaa sadhanaa säännöllisesti, ilman taukoja. Gurun läheisyys antaa hänelle voimaa ylittää esteet ja pysytellä päättäväisesti henkisellä polulla.

Omenapuut tarvitsevat kasvaakseen sopivan ilmaston. Meidän tulee antaa niille vettä ja ravinteita oikeaan aikaan ja tuhota tuhohyönteiset, jotka hyökkäävät puiden kimppuun. Samalla tavoin gurukulassa sadhaka on parhaimmassa mahdollisessa ympäristössä henkisiä harjoituksia ajatellen, ja guru suojelee häntä esteiltä."

Luku 11

Brahmachari: "Riittääkö, jos harjoitamme sellaista sadhanaa, josta eniten pidämme?"

Amma: "Guru määrää sellaisen sadhanan, joka sopii oppilaalle parhaiten. Hän päättää, tuleeko meidän harjoittaa mietiskelyä vai epäitsekästä palvelua tai riittääkö japa tai rukoilu. Joillain ihmisillä ei ole sopivaa rakennetta joogaharjoituksia varten ja toiset taas eivät kykene meditoimaan pitkiä aikoja. Mitä tapahtuisi, jos sata tai viisikymmentä ihmistä nousisi bussiin, joka kykenee kuljettamaan vain kaksikymmentäviisi ihmistä? Emme voi käyttää pientä tehosekoitinta samalla tavalla kuin suurta myllyä, sillä jos käytämme sitä keskeytyksettä, se kuumenee ja menee rikki. Guru neuvoo meille sellaisia henkisiä harjoituksia, jotka sopivat kunkin kehon, mielen ja älyn rakenteelle."

Brahmachari: "Mutta eikö ole hyödyllistä, että jokainen meditoi?"

Amma: "Guru tuntee jokaisen kehon ja mielentilan paremmin kuin me itse. Hän antaa ohjeita oppilaan edellytysten mukaisesti. Jos et ymmärrä tätä ja ryhdyt harjoittamaan sadhanaa niiden ohjeiden mukaisesti, jotka olet poiminut jostakin, voit menettää mielesi tasapainon. Liiallinen meditointi voi aiheuttaa sen, että pääsi kuumenee ja se taas voi aiheuttaa unettomuutta. Guru neuvoo jokaista opetuslasta hänen olemuksensa mukaisesti: mihin kohtaan kehossa tulee keskittyä meditaation aikana ja kuinka pitkään tulee meditoida.

Jos olemme matkalla jonnekin ja matkustamme hänen seurassaan, joka asuu siellä ja tuntee tien, voimme saavuttaa määränpään helposti. Muussa tapauksessa matka, joka kestäisi muuten vain tunnin, voi kestää kymmenen tuntia. Vaikka meillä olisikin kartta, saatamme eksyä ja joutua rosvojen hyökkäyksen kohteeksi. Mutta jos matkaamme hänen seurassaan, joka tuntee tien, meillä ei ole mitään pelättävää. Gurun merkitys henkisellä polulla on samanlainen. Sadhanamme eri vaiheissa voi ilmetä esteitä, jolloin on vaikeaa jatkaa ilman gurua. Satgurun läheisyys on todellista satsangia (totuudellista seuraa)."

Kun Amma puhui heille henkisistä asioista, hänen opetuslapsensa eivät olleet juurikaan tietoisia ajan kulumisesta. Mutta Amma tiesi heitä paremmin kuinka nälkäisiä he olivat.

"Paljonko kello on?" hän kysyi.

"Kello on kolme, Amma."

"Pysäytä auto, kun näet varjoisan paikan."

He pysähtyivät lounaalle tienvarteen ja istuutuivat puun alle. Brahmacharit resitoivat Bhagavad-Gitan 15. luvun. Jopa matkustaessa Amma piti kiinni siitä, että he toistivat Gitan säkeitä ennen ruokailua. Sitten hän jakoi heille lounaan, joka koostui riisistä ja chamandista (kookospohjaisesta maustekastikkeesta). Läheisestä talosta haettiin vettä.

Kun he söivät, pariskunta ajoi skootterilla heidän ohitseen. Osoittaen pariskuntaa Amma kysyi:

"Haluaisitteko matkustaa jonkun kanssa tuolla tavoin? Amma ei sano, etteikö teillä olisi tuollaisia toiveita, mutta jos sellaisia haluja tulee, teidän pitäisi vapautua niistä välittömästi mietiskelyn avulla. Voitte kuvitella heittävänne mielikuvitusnaisenne syvään ojaan ajaessanne. Silloin hän ei tule enää takaisin!"

Amma purskahti nauruun.

Darshan tien vierellä

Koska tie oli huonossa kunnossa, muutamat brahmachareista ehdottivat, että he valitsisivat toisen reitin, joka kulki Alwayen kaupungin halki. Mutta Amma oli eri mieltä. Niinpä he jatkoivat

Luku 11

samaa tietä, jonka hän oli valinnut. Vähän myöhemmin he näkivät muutamia ihmisiä odottamassa Ammaa tienvarressa. Ehkä hän oli päättänyt heidän takiaan olla menemättä toista reittiä.

"Amma, pysähdy hetkeksi tähän ennen kuin jatkatte matkaanne", ihmiset pyysivät.

"Oi rakkaat lapset, ei ole aikaa! Ensi kerralla", Amma sanoi suurella lempeydellä, ja he sopeutuivat siihen, mitä hän oli sanonut. Kun Amman auto oli juuri lähdössä eteenpäin, nainen juoksi kaukaa pyytäen heitä odottamaan.

Nainen: "Amma, keitin kahvia brahmachareille kymmeneltä aamulla. Olen odottanut täällä koko ajan. Jouduin menemään kotiin vain minuutiksi. Amma, tule talooni hetkeksi ennen kuin jatkatte matkaa!"

Amma sanoi, että he olivat jo myöhässä, että hän ei kyennyt jäämään sen takia.

Nainen: "Sinun täytyy, Amma! Minä pyydän! Voit tulla vain hetkeksi!"

Amma: "Lupasimme, että saapuisimme Kondungalluuriin kolmelta ja kello on jo neljä. Toisella kertaa, tyttäreni. Amma tulee Kondungalluuriin uudelleen."

Nainen: "Odottakaa sitten yksi minuutti. Olen laittanut maitoa termospulloon ja lähetän poikani hakemaan sen. Voitte ainakin juoda sen ennen kuin menette!"

Amma taipui pyyntöön, joka oli esitetty ilmiselvän antaumuksellisen rakkauden vallassa. Nainen lähetti poikansa hakemaan juosten maitoa. Sillä aikaa iäkäs nainen, joka seisoi lähellä autoa, laittoi kukkaseppeleen Amman kaulan ympärille. Ottaen kiinni hänen käsistään Amma siunasi hänet. Vanhan naisen silmät täyttyivät antaumuksen kyynelillä.

Tässä vaiheessa poika palasi maidon kanssa. Hänen äitinsä kaatoi maitoa lasiin ja ojensi sen Ammalle. Vasta nyt nainen muisti keittäneensä ratamoja brahmachareille. Jälleen hän pyysi poikaansa juoksemaan kotiin. Hän salli Amman lähteä vasta, kun ratamot oli tuotu autoon. Devi (Jumalallinen ÄKiti) on todellakin oppilaidensa orja! He saapuivat Kondungalluuriin viiden aikaan ja bhajanit alkoivat seitsemältä. Ja kuten aina, Amman suloinen laulu kohotti antaumuksellisen rakkauden hyökyaaltoja ympäristössä.

Tiistaina 2. syyskuuta 1986

Amma oli darshan-majassa vastaanottamassa vierailijoita. Lääkäri perheineen oli saapunut Kundarasta. Hänen nuorempi tyttärensä istui Amman vierellä meditoimassa.

Amma keskusteli metakasta, jonka ashramin naapuri oli nostanut brahmachareja vastaan.

Amma: "Eilen lapseni saivat kuulla todellisia vedisiä mantroja! Naapurimme ei säästänyt sanojaan. Kun täällä olevat opetuslapset eivät halunneet kuunnella sitä, he soittivat nauhoitettuja bhajaneita kovaäänisesti. Eivät he voineet väittää vastaan naapurille. Eikö totta? Hehän pitävät päällään tällaista asua."

Amma kääntyi brahmacharien puoleen ja sanoi:

"Me olemme kerjäläisiä, lapseni! Kerjäläiset sietävät kaiken mitä saavat kuulla. Tällainen asenne meillä on oltava. Jos menetämme erottelukykymme, kun saamme kuulla muutamia valittuja sanoja naapureiltamme ja synnytämme siitä itse paljon meteliä, menetämme mielenrauhamme. Tuleeko meidän kuluttaa se voima, minkä olemme saavuttaneet henkisillä harjoituksilla, tällaisiin toisarvoisiin asioihin. Jos emme kiinnitä huomiota naapuriimme, hänen sanansa jäävät hänelle. Hänen sanansa voivat vaikuttaa meihin vain jos otamme ne vakavasti.

Luku 11

Jumala koettelee meitä hänen sanojensa kautta. Jumala antaa meille mahdollisuuden arvioida, kuinka hyvin olemme omaksuneet oppimamme – ettemme ole tämä keho, mieli ja äly. Mitä tuon miehen sanat voivat tehdä meille? Riippuuko meidän mielenrauhamme ja tasapainoisuutemme toisista ihmisistä? Käyttäytyisikö hän tuolla tavalla roistoa kohtaan? Hän uskalsi käyttäytyä noin pahalla tavalla näitä opetuslapsiani kohtaan, koska he ovat lempeitä kuin pienet lapset. Tiedätkö, mitä he sanoivat? He sanoivat: 'Amma, vaikka hän pyrki riitelemään ja nimitteli meitä, me emme tahtoneet vastata hänelle. Meistä tuntui siltä, että jos mielenvikainen puhuu, niin kuka ottaa hullun sanat tosissaan?'"

Lääkäri ryhtyi puhumaan: "Perhe, joka asuu sairaalamme lähettyvillä, ei anna kenellekään edes vesitippaa juodakseen. Vaikka me sanomme heille, että voimme itse nostaa veden heidän kaivostaan köyden ja ämpärin avulla, he eivät salli sitä. He eivät anna edes sairaalan potilaille vettä. Kuinka sääli, että on olemassa ihmisiä, joilla on noin paha mielenlaatu!"

Amma: "Rukoilkaamme, että heistä tulee parempia ihmisiä."

Lääkäri: "Jumala muuttaa valtameren veden sateeksi meitä varten. On surullista, jos joku julistaa tuon veden omaisuudekseen."

Amma (katsoen lääkärin tytärtä): "Tyttäreni on meditoinut siitä hetkestä alkaen, kun istuutui. Mitä hänelle on tapahtunut?"

Lääkäri: "Amma, kun hän tapasi sinut ensi kerran, sinä sanoit hänelle: 'Sinun pitäisi meditoida, silloin Jumala tekee sinusta niin älykkään, että tulet olemaan hyvä opinnoissasi.' Hän on harjoittanut meditaatiota joka päivä siitä lähtien."

Amma hymyili ja katsoi tyttöä rakastavasti. Nainen kumarsi ja nousi ylös. Amma kysyi:
"Tyttäreni, tulitko tänne, koska poikani Satish kertoi sinulle Ammasta?"
Naisen silmät laajenivat hämmästyksestä. Sitten hän alkoi itkeä hallitsemattomasti. Amma kuivasi hänen kyyneleensä. Kun nainen oli rauhoittunut hieman, hän sanoi:
"Kyllä, Amma. Minä tulen Delhistä. Menin Sivagiriin ja tapasin Satishin siellä. Sain kuulla häneltä Ammasta ja siitä miten pääsisin tänne. Kun kumarsin sinulle, ajattelin mielessäni, että kykenisitkö sanomaan minulle hänen nimensä ja heti kun nousin ylös, sinä sanoit!"
Amma nauroi viattomasti kuin lapsi ja nainen istuutui Amman istuimen viereen.

Meditaatio takavesien äärellä

Muutamia brahmachareja oli matkannut Ernakulamiin ostamaan tarvikkeita. Oli myöhäinen ilta eivätkä he olleet palanneet. Amma istui takavesien äärellä odottamassa heitä ja brahmacharit istuivat hänen ympärillään. Kun joku ashramista lähti matkalle eikä palannut ajoissa, Amma istui yleensä odottamassa heitä laiturilla, riippumatta siitä kuinka myöhäistä oli. Vasta sitten kun he palasivat, hän vetäytyi huoneeseensa.

Moottorivene kiisi heidän ohitseen takavesiä pitkin nostattaen laineita, jotka loiskuivat rantaa vasten. Pian ääni vaimeni.

Amma: "He saattavat palata hyvin myöhään, joten älkää istuko toimettomina, lapset. Meditoikaa."

Kaikki kerääntyivät lähemmäksi Ammaa.

Amma: "Toistakaamme ensin Om-mantraa muutamia kertoja. Kun toistatte Om, niin kuvitelkaa, että ääni alkaa muladharasta (juurikeskuksesta) ja nousee sahasraraan (päälakikeskukseen) levittäytyen sitten koko kehoon ja sulautuen lopulta hiljaisuuteen."

Amma lausui kolme kertaa Om. Jokaisen kerran jälkeen hän oli hetken hiljaa ennen kuin lausui Om-mantran jälleen, jotta he saattoivat kaikki toistaa sen yhdessä hänen jälkeensä. Pyhä sointu värähteli kuin torvi, johon puhallettiin, se kaikui yössä ja sulautui lopulta hiljaisuuteen. Jokainen heistä vaipui meditaatioon. Muuten oli hiljaista, vain aallot löivät etäällä rantaan ja tuuli humisi palmuissa.

Tällä tavoin kului kaksi tuntia. Sitten he lausuivat jälleen yhdessä Om. Amma lauloi kirtanin ja ryhmä lauloi jokaisen säkeen hänen perässään.

Adbhuta charitre

Oi sinä, jota taivaalliset olennot kumartavat,
jonka tarina on täynnä ihmeitä,
anna minulle voimaa antautua sinun jalkojesi juureen.
Uhraan sinulle kaikki tekoni,
jotka olen tehnyt tietämättömyyden vallassa.
Oi surullisten suojelija,
anna minulle anteeksi kaikki tekoni,
jotka olen tehnyt tietämättömyyden vallassa.

Oi maailmankaikkeuden hallitsija,
oi Äiti, loista sydämessäni
niin kuin nouseva aurinko.
Anna minun nähdä kaikki tasa-arvoisina –
vapauta minut erillisyyden tunteesta.

Oi suuri Jumalatar,
joka olet sekä syntisen että hyveellisen toiminnan syy,

*oi sinä, joka vapautat kahleista,
anna minulle sandaalisi,
jotka suojelevat hyveellisyyttä,
dharman polulla,
matkalla kohti vapautusta.*

Heti kun laulu loppui, he kuulivat äänitorven äänen takavesien toiselta puolelta ja auton ajovalot ilmestyivät näkyviin. Amma nousi heti ylös. "Lapseni, onko tuo meidän automme?" hän kysyi. Hetken päästä vene, jossa brahmacharit olivat, lipui veden poikki ashramin rantaan. Ashramiin palaavat brahmacharit olivat ylitsevuotavan iloisia nähdessään Amman odottamassa heitä. He hyppäsivät veneestä ja kumarsivat innokkaina aivan kuin eivät olisi nähneet häntä viikkoihin. Kun he nostivat tavaroita veneestä, Amma kysyi:

"Eikö poikani Ramakrishna tullut teidän kanssanne?"

"Hän tulee pian. Hänen piti viedä mies sairaalaan. Paluumatkalla ryhmä ihmisiä pysäytti automme ja toi luoksemme miehen, jota oli puukotettu riidan päätteeksi. He halusivat, että me veisimme hänet sairaalaan. Ensin me sanoimme, että meidän pitäisi kysyä sinulta, Amma, mutta koska toista ajoneuvoa ei ollut saatavilla, Ramakrishna ajoi hänet sairaalaan."

Amma: "Tuollaisissa tilanteissa teidän ei tarvitse kysyä Ammalta. Jos joku, joka on sairas tai loukkaantunut, tulee teidän luoksenne, teidän pitää pyrkiä viemään hänet suoraa päätä sairaalaan. Ei ole tarpeen tarkistaa, onko hän ystävä vai vihollinen. Jos emme voi auttaa ihmisiä tuollaisissa tilanteissa, milloin sitten?"

Puoli kolmen aikaan yöllä Ramakrishna viimein palasi. Vasta sitten Amma meni huoneeseensa.

Luku 11

Sunnuntaina 14. syyskuuta 1986

Ashramin pihamaa oli epäjärjestyksessä uuden talon rakennustöistä johtuen. Eri puolilla oli tiiliä ja kiviä. Vaikka asukkaat yrittivätkin järjestää kaiken, sekasotku oli yhtä paha seuraavana päivänä. Amma ei pitänyt siitä, että ashramin alue oli siivoton, niinpä hän ryhtyi heti siivoamaan.

Tänään Amma tuli alas aikaisin ja pyysi brahmachareja tuomaan lapioita ja astioita. He ryhtyivät siirtämään hiekkakasaa, joka lojui etupihalla, etäiseen nurkkaukseen. Amma sitoi pyyhkeen päänsä ympärille ja ryhtyi täyttämään astioita. Hän työskenteli suurella innolla levittäen mielialansa toisiin.

Huomatessaan, että brahmachari keskusteli jatkuvasti työskennellessään, Amma sanoi:

"Lapset, älkää jutelko kun työskentelette. Toistakaa mantraanne! Tämä ei ole vain työtä vaan sadhanaa. Teette sitten minkälaista työtä tahansa, jatkakaa mantran toistamista mielessänne, mikäli mahdollista. Vain silloin siitä tulee karmajoogaa. Ei riitä, että luette siitä, miten henkistä elämää tulee elää tai kuuntelette siitä tai puhutte siitä – teidän tulee soveltaa se käytäntöön. Siksi teidän pitää tehdä tällaista työtä. Mielen ei pitäisi olla Jumalasta erossa minuuttiakaan."

Amma ryhtyi laulamaan ja kaikki liittyivät mukaan.

Nanda Kumara Gopala

Oi Nandan poika, lehmien suojelija,
Vrindavanin kaunis poika,
Radhan hurmaaja,
tummaihoinen Gopala,
Oi Gopala, joka nostit Govardhana-kukkulan
ja leikit alati gopien mielessä.

Hiekkakasa katosi minuuteissa. Seuraavaksi ryhdyttiin pesemään soraa yhdessä nurkkauksessa ja siivilöimään hiekkaa toisessa.

Oppilas, joka oli saapunut perheensä kanssa, halusi Amman suorittavan anna prasanan hänen poikalapselleen. Lopetettuaan työskentelyn Amma käveli perheen kanssa kalariin, missä valmistelut seremoniaa varten olivat jo valmiina. Amma otti lapsen syliinsä, laittoi santelipuutahnaa hänen otsaansa, pudotteli kukan terälehtiä hänen päälaelleen ja suoritti sitten kamferiaratin (tuliseremonian) vauvalle. Hän istui pitäen lasta sylissään, hellien häntä ja syöttäen hänelle riisiä. Nähdessään tämän oppilas saattoi ajatella, että hän oli Yasoda, joka syötti ja leikki lapsi-Krishnan kanssa. Ammalle hän ei ollut vain joku lapsi, vaan hänen rakas Ambadinsa, lapsensa.

Kun Amma samana iltana tuli ulos huoneestaan meditaation aikana, kaksi brahmacharia keskusteli kiivaasti keskenään meditaatiohallin ulkopuolella. Amma seisoi hiljaa paikoillaan kuunnellen heitä. Koska he olivat täysin uppoutuneet keskusteluunsa, he eivät huomanneet häntä.

Brahmachari: "Lopullinen totuus on advaita (ykseys). Ei ole muuta kuin Brahman (absoluutti)."

Toinen brahmachari: "Jos ei ole muuta kuin Brahman, mikä saa meidät kokemaan maailmankaikkeuden?"

Ensimmäinen brahmachari: "Tietämättömyys. Maailmankaikkeus on mielen tuotos."

Toinen brahmachari: "Jos ei ole olemassa kahta olemassaoloa, kuka on tietämättömyyden alaisuudessa? Brahmanko?"

"Lapset!" Amma sanoi.

He kääntyivät nopeasti ympäri, näkivät Amman ja vaikenivat saman tien.

Luku 11

Amma: "Lapseni, ei ole mitään vikaa siinä, että puhutte advaitasta, mutta kokeaksenne sen teidän tulee harjoittaa sadhanaa. Mitä hyödyttää ylläpitää jonkun toisen omaisuutta? Sen sijaan, että hukkaatte aikanne kiistelyyn, teidän tulisi harjoittaa meditaatiota tähän kellonaikaan. Se on teidän ainoa omaisuutenne. Teidän pitäisi harjoittaa japaa kaiken aikaa. Se on ainoa keino saavuttaa mitään, poistaa huijari (ego), joka on ryhtynyt asustamaan teidän sisällänne. Mehiläinen etsii hunajaa, meni se sitten minne hyvänsä. Mikään muu ei vedä sitä puoleensa. Mutta tavallinen kärpänen asettuu mieluummin ulosteen päälle ruusutarhassakin. Tällä hetkellä meidän mielemme on kuin tavallinen kärpänen. Tämän on muututtava. Meidän pitää kehittää itsellemme mieli, joka etsii hyvää kaikesta, aivan niin kuin mehiläinen, joka etsii vain hunajaa, minne se sitten meneekin. Väittely ei koskaan auta meitä saavuttamaan tätä, lapset. Meidän tulee pyrkiä soveltamaan käytäntöön se mitä olemme oppineet.

Ei-kaksinaisuus on totuus, mutta meidän pitää tuoda se omaan elämäämme. Meidän pitäisi kyetä seisomaan tuossa totuudessa kaikissa tilanteissa."

Amma lohduttaa sokeaa nuorukaista

Amma käveli vierasmajalle, missä nuori sokea mies oleskeli ja astui hänen huoneeseensa. Heti kun hän ymmärsi, että Amma oli siellä, hän kumartui hänen jalkojensa juureen. Hän oli ollut ashramissa joitakin päiviä. Tällä hetkellä hän oli hyvin alakuloinen.

Siitä päivästä alkaen, kun hän oli tullut ashramiin, brahmacharit olivat pitäneet hänestä huolta. He olivat menneet hänen seurassaan ruokasaliin ja auttaneet häntä hänen päivittäisissä toimissaan. Tänään paljon oppilaita oli saapunut lounaalle ja riisi oli pian syöty. Lisää riisiä keitettiin parhaillaan. Väkijoukosta johtuen brahmachari, jonka oli määrä auttaa sokeaa nuorukaista, ei ollut ehtinyt saattaa häntä ruokasaliin lounaan alkaessa. Kun brahmachari lopulta saapui hakemaan häntä, hän näki nuoren miehen astelevan rappusia alas erään oppilaan auttamana.

"Anna minulle anteeksi", brahmachari sanoi. "Kiireessä unohdin hakea sinut aiemmin. Täällä on tänään niin suuri ihmisjoukko, eikä riisiä ole enää jäljellä. Riisiä keitetään kaiken aikaa lisää ja se valmistuu pian."

Mutta nuori mies ei kyennyt antamaan anteeksi brahmacharille.

"Minulla on rahaa. Miksi riisin saaminen olisi ongelma, kun minä kykenen maksamaan siitä?"

Sanottuaan tämän nuori mies palasi huoneeseensa. Vaikka hän olikin puhunut karkealla tavalla, niin brahmachari ajatteli sen johtuvan hänen nälästään. Hän haki hedelmiä ja vei ne nuoren miehen huoneeseen.

"Riisi on pian valmista", brahmachari sanoi. "Minä tuon sitä sinulle. Syö nämä sillä aikaa."

Mutta nuori mies huusi hänelle ja kieltäytyi ottamasta hedelmiä vastaan.

Amma meni vierasmajaan kuultuaan tästä. Hän sanoi brahmacharille tiukasti:

"Kuinka huolimaton sinä oletkaan! Miksi et antanut tälle pojalleni ruokaa ajoissa? Etkö ymmärrä, että hän ei näe eikä kykene tulemaan ruokasaliin yksin? Jos tämä lapseni ei olisi sokea, hän olisi tullut syömään heti kellon soidessa. Jos hänen hakemisensa olisi kestänyt liian kauan, koska olit kiireinen, olisit voinut tuoda hänen ruokansa huoneeseen. Jos et kykene

Luku 11

olemaan myötätuntoinen hänenlaisiaan kohtaan, niin kuinka kukaan voisi koskaan saada sinulta myötätuntoa? Lapset, älkää hukatko yhtään mahdollisuutta palvella toisia. Muut eivät ole aina autettavissa juuri sillä hetkellä kun sinulle sopii. Apu, jonka annat hänenlaisilleen ihmisille, on todellista jumalanpalvelusta."

Silittäen hellästi nuoren miehen selkää Amma sanoi: "Masensiko se sinua, poikani? Johtuen hänen työtaakastaan hän ei kyennyt tulemaan luoksesi, kun lounaskelloa soitettiin. Brahmachari, joka yleensä auttaa sinut ruokasaliin, ei ole täällä tänään ja toinen brahmachari, jolle hän oli siirtänyt velvollisuutensa auttaa sinua, oli mennyt auttamaan heitä, jotka jakoivat ruokaa, koska täällä on niin paljon ihmisiä. Hän unohti sinut, koska hän oli niin uppoutunut työhönsä. Joten älä ajattele, että se olisi ollut tarkoituksellista, poikani.

Missä hyvänsä oletkin, sinun on sopeuduttava olosuhteisiin. Tarvitsemme kärsivällisyyttä kaikkeen. Täällä ashramissa meillä on tilaisuus opetella elämään uhrauksen hengessä. Vain siten voimme saada osaksemme Jumalan armon. Poikani, sinun pitäisi ymmärtää, että tämä on ashram. Jos havaitset muissa puutteita, sinun tulee antaa heille anteeksi. Se ilmentää todellista sidettäsi Ammaan ja ashramiin."

Nuori mies purskahti itkuun. Amma pyyhki hänen kyyneleensä suurella hellyydellä ja kysyi:
"Söitkö mitään, poikani?"
Hän heilautti päätään kieltävästi. Amma pyysi brahmacharia hakemaan ruokaa, joka oli nyt valmistunut. Sitten hän istuutui lattialle ja otti nuorta miestä kädestä kiinni ja veti hänet istumaan lähelleen. Brahmachari toi lautasellisen riisiä ja currya. Amma teki riisistä palloja ja syötti nuorta miestä omin käsin. Paistatellessaan Amman rakkaudessa hänestä tuli

lapsi. Amma syötti hänelle kaiken ruoan, joka oli lautasella. Sitten hän auttoi hänet ylös ja ohjasi hänet vesihanalle auttaen häntä pesemään kätensä. Lopulta Amma ohjasi hänet takaisin huoneeseensa.

Jokaisen hänen sydämenlyöntinsä oli täytynyt julistaa ääneen:
"Vaikka minulla ei olekaan silmiä, niin olen nähnyt tänään Äidin sydämeni silmin!"

Maanantaina, 15. syyskuuta 1986

Onam-juhla ashramissa

Onam-juhla on suuren ilon päivä ihmisille Keralassa. Silloin perheenjäsenet kerääntyvät yleensä yhteen juhlimaan. Amman opetuslapsia oli saapunut maan eri kolkista voidakseen viettää Onamin hänen seurassaan. Pieniä lapsia oli saapunut vanhempiensa kanssa. Amma leikki lasten kanssa. Pojat ja tytöt pitivät toisiaan kädestä kiinni muodostaen ringin Amman ympärille pitäen näin häntä vankinaan. Yleensä ripustettiin jo useita päiviä aiemmin keinu ja Amma tapasi keinua siinä lasten kanssa Onamin aikana. Mutta tällä kertaa keinua ei ollut. Uuden rakennuksen työmaasta johtuen ei ollut paikkaa, minne sen olisi voinut sijoittaa. Nähdessään nyt kaikki lapset yhdessä Amma halusi keinun heitä varten. Brahmacharit Nedumudi ja Kunjumon laittoivat nopeasti puomin kahden pilarin väliin, jotka oli rakennettu uutta rakennusta varten ja ripustivat keinun siihen. Lapset laittoivat Amman istumaan siihen ja antoivat sitten hänelle vauhtia, jotta hän voisi keinua, kaikkien suureksi iloksi.

Amma osallistui myös Onamin valmisteluun lapsiaan varten. Hän pilkkoi vihanneksia, auttoi ruoanvalmistukseen

Luku 11

käytettäviä tulisijoja palamaan kunnolla ja ylipäätään tarkkaili, että kaikki sujui hyvin. Puolenpäivän aikaan Amma laittoi kaikki pienet lapset istumaan ruokasalin luoteisnurkkaukseen. Heidän keskelleen istuen hän kehotti heitä kaikkia lausumaan ääneen: Om. Amma toisti ensin ja sitten he vastasivat. Hetken aikaa ympäristö värähteli pyhän soinnun voimasta. Lasten tahrattomasta sydämestä nouseva ääni täytti ympäristön raikkaalla suloisuudella.

Seuraavaksi Amma pyysi levittämään banaaninlehtiä lautasiksi lasten eteen. Kaikki ruoka oli valmista, mutta sitä ei oltu vielä siirretty tarjoiluastioihin eikä pappadamia oltu vielä paistettu. Mutta Amma halusi kiireesti syöttää nuoret lapset, niinpä hän laittoi eri ruokalajeja pieniin astioihin ja ryhtyi jakamaan niitä heille. Hän ei kuitenkaan ollut tyytyväinen vielä tähän, niinpä hän teki riisipalloja heidän banaanilautasilleen ja syötti jokaista lasta omin käsin.

Siinä vaiheessa kun Amma oli saanut pienet syötettyä, hänen aikuiset lapsensa (perheelliset ja brahmacharit) olivat istuutuneet kahteen viereiseen huoneeseen. Amma jakoi myös heille ruoan. Tätä hetkeä varten hänen perheelliset oppilaansa olivat jättäneet kotinsa ja tulleet hänen luokseen. Jakaen heille omin käsin ruokaa Annapurneswari ilahdutti heitä kaikkia.

Syödessään joku huudahti:

"Oi ei!"

Ehkä hän oli purrut chiliä. Kuultuaan tämän Amma sanoi: "Mitä hyvänsä heille sitten tapahtuukin, niin pienet lapset eivät koskaan sano: 'Oi ei!' He vain huutavat: 'Äiti!' Tämä 'Oi ei!' tulee meihin vasta, kun kasvamme vanhemmiksi. Oli meidän ikämme tai olosuhteemme sitten mitkä hyvänsä, niin Jumalan nimen tulee olla meidän kielellämme ennen mitään muuta. Tätä varten mieli tarvitsee harjoitusta, minkä tähden meitä kehotetaan toistamaan mantraa jatkuvasti. Teidän pitäisi kouluttaa mieltänne sanomaan: 'Krishna!' tai 'Shiva!' sen sijaan, että sanotte: 'Oi ei!', kun lyötte varpaanne tai kun jotakin muuta tapahtuu teille."

Naisoppilas: "Sanotaan, että kun huudahdamme 'Oi ei!', niin me kutsumme silloin kuoleman jumalaa luoksemme."

Amma: "Se on totta, sillä aina kun emme sano Jumalan nimeä, lähestymme kuolemaa. Minkä muun tahansa kuin Jumalan nimen lausuminen on kutsu kuolemalle. Joten jos emme tahdo kuolla, meidän tulee vain toistaa Jumalan nimeä jatkuvasti!" Amma sanoi nauraen.

Jaettuaan opetuslapsilleen payasamia, riisivanukasta, hän antoi heille sitruunan viipaleita, käyttäen samalla jopa tämän tilaisuuden kylvääkseen henkisyyden siemeniä heidän mieleensä:

"Lapseni, payasam ja sitruuna ovat kuin antaumus ja tieto. Sitruuna auttaa teitä sulattamaan payasamin. Samalla tavoin tieto auttaa teitä omaksumaan antaumuksen periaatteet oikeanlaisella ymmärryksellä. Teillä on oltava viisautta, jos haluatte maistaa täyttä antaumuksellista rakkautta. Mutta tieto ilman antaumusta on karvasta, siinä ei ole suloisuutta. Heillä, jotka sanovat: 'Minä olen kaikki', ei yleensä ole myötätuntoa. Antaumuksellinen rakkaus pitää sisällään myötätunnon."

Amma ei unohtanut kysyä jokaiselta erikseen, oliko hän syönyt. Aivan niin kuin suuren suvun matriarkka, hän kiinnitti huomiota kaikkiin lapsiansa koskettaviin yksityiskohtiin. Eräs perhe, joka yleensä saapui aina aikaisin Onam-juhliin, saapui tänä vuonna myöhässä. Amma kysyi, mikä oli pidätellyt heitä niin pitkään ja tiedusteli heidän lastensa opinnoista.

Ruoan jälkeen brahmacharit ja perheelliset oppilaat ryhtyivät siivoamaan ashramia. Rakennustöiden vuoksi ashramin

Luku 11

pihamaa oli sekaisin, niinpä siivoaminen jatkui iltaan asti. Bhajaneitten jälkeen Amma liittyi heidän joukkoonsa. He täyttivät kolot ja kuopat ja levittivät puhdasta, valkoista hiekkaa alueelle. Kaikki tämä tehtiin, jotta voitaisiin valmistautua Amman syntymäpäiviin, jotka olisivat vain viikon kuluttua. Tuona päivänä odotettiin tuhansia oppilaita.

Illallisen jälkeen tuli lisää ihmisiä, jotka kerääntyivät Amman ympärille. Amma puhui heille hetkisen ja kävi sitten makaamaan hiekalle pitäen päätään naispuolisen oppilaan sylissä. Amma katsoi Markusta, nuorta saksalaismiestä ja nauroi.

"Katsokaa hänen päätään!" hän sanoi.

Markus oli melko kalju. Vain ohut seppele vaaleita hiuksia kiersi hänen avaraa päälakeaan.

"Työtä, työtä – aina vain työtä, satoi tai paistoi, yöllä ja päivällä", Amma sanoi Markukseen viitaten.

Markus: "Kaikki maa käytetään syntymäpäivien juhlistamiseen. Maata ei ole enää jäljellä. (Koskettaen päälakeaan). Täällä me teemme nyt puutarhatöitä."

Kaikki nauroivat.

Oppilas: "Johtuuko se siitä, että siellä on paljon likaa?"

Tässä vaiheessa Ammakin yhtyi nauruun. Myös Markus nauroi.

Toinen oppilas: "Sitä kutsutaan Chertalaksi!"[1]

Brahmachari, joka palasi vierailulta perheensä luota, kumarsi ja istuutui Amman vierelle. Amma sanoi hänelle:

"Poikani, eikö Amma sanonut sinulle, kun olit aikeissa lähteä, että hän antaisi sinulle payasamia, jos tulisit takaisin tänään."

---

[1] Chertala on ashramista pohjoiseen sijaitseva rannikkokaupunki. Sana tarkoittaa kirjaimellisesti 'lialla täytettyä päätä' malayalamiksi (cher: lika, tala: pää).

Brahmachari: "Mutta payasamia ei voi olla enää jäljellä, Amma. Kaikki ruoka, joka jaettiin päivällä, on varmaan jo loppunut."

Amma: "Jumala tuo sitä hieman. Sallisiko hän Amman sanojen olevan valheellisia?"

Sillä hetkellä Kollamista tullut perhe, joka oli saapunut hieman aikaisemmin, tuli Amman luo ja lahjoitti hänelle payasamia, jonka he olivat tuoneet mukanaan. Amma syötti sitä brahmacharille ja muille. Hän itse söi vain muutamia pähkinöitä jälkiruoasta. Lapsi poimi ne payasamin joukosta ja antoi ne Ammalle.

Amma: "Amma ei niinkään pidä cashew-pähkinöistä. Niitä on paljon Amman huoneessa. Opetuslapset ovat tuoneet. Amma ei yleensä syö niitä, mutta toisinaan Amma pitää cashewpähkinöiden mausta payasamissa tai tietyissä currykastikkeissa."

Amma poimi viinirypäleen, kardemummaa ja cashewpähkinän palasen payasamista ja laittoi ne kämmenelleen sanoen:

"Nämä antavat makua payasamille, aivan niin kuin henkisyys lisää elämän suloisuutta."

Maailmasta luopuneiden vierailut kotona

Amma sanoi brahmacharille, joka oli juuri palannut perheensä luota:

"Poikani, sinä sanot, ettei sinulla ole sukulaisia, omaisuutta ja niin edelleen, ja silti menet kotiisi. Samaan aikaan he, jotka väittävät olevansa hyvin kiintyneitä sinuun, eivät tule juuri koskaan tänne. Ajattele kaikkea, minkä teet suurella huolella. Meidän Onam-juhlamme on henkinen tilaisuus. Kun omaksumme tietyn roolin maailmassa, meidän tulee näytellä se hyvin. Me astuimme henkiselle polulle vapautuaksemme 'minä'-tunteesta.

Luku 11

'Minun' vanhempani, 'minun' veljeni ja sisareni, ja sukulaiseni – kaikki tämä kuuluu tuohon 'minään'. Kun tuo 'minä' katoaa, myös he katoavat. Sen jälkeen jää jäljelle vain 'sinä' – ja se on Jumala. Meidän tulisi luovuttaa kaikki hänen tahtonsa varaan ja elää sen mukaisesti. Vain silloin voimme korjata henkisen elämän hyödyn."

"Aina kun lähdet ashramista, menetät osan sadhana-ajastasi. Jokainen elämäsi hetki on arvokas. Jos sinun isälläsi ja äidilläsi on niin voimakas toive viettää Onam-ateriaa yhdessä poikansa kanssa, niin he voivat tulla tänne. Me olemme tehneet valmisteluja sen suhteen, että he voivat tulla. Jos jatkat kotona käymistä, menetät kaikki samskarat, joita olet ravinnut täällä ja vain kiintymykset jäävät jäljelle.

Alkuvaiheessa sadhakan tulee pysyttäytyä erillään perheestään. Muussa tapauksessa, johtuen heidän kiintymyksestään perheeseensä, he eivät voi kehittyä sadhanassaan. Kiintymys perheeseen on kuin pitäisi happamia aineksia alumiinisessa astiassa: astiaan tulee reikiä ja silloin et voi pitää mitään sen sisällä. Kiintyminen mihin tahansa muuhun kuin Jumalaan syö meidän henkisen voimamme. Kiintymys on sadhakan vihollinen. Hänen pitäisi nähdä se vihollisena ja pysytellä erossa sellaisista suhteista. Jos soudat venettä, joka on sidottu rantaan kiinni, et pääse minnekään.

Me olemme Itsen lapsia. Meillä tulee olla samanlainen suhde perheeseemme kuin meillä on muita ihmisiä kohtaan. Jos vanhempamme ovat vanhoja ja sairaita, niin ei ole mitään vikaa siinä, että olemme heidän seurassaan ja pidämme heistä huolta. Mutta jopa siinä tilanteessa, jos meillä on tunne 'minun isäni' tai 'minun äitini', niin kaikki on menetetty. Meidän tulee tuntea myötätuntoa kärsiviä kohtaan, meidän tulee kohdella heitä Jumalana, ja sellainen tulee olla myös meidän asenteemme kotona. Jos he, jotka sanovat 'minun poikani' ja 'minun tyttäreni', tuntisivat todellista rakkautta, niin eivätkö he silloin tulisi tänne tapaamaan sinua? Jos sinä tulet ashramiin henkisenä etsijänä, sinun tulee elää myös siten, muussa tapauksessa sinusta ei ole hyötyä perheellesi tai maailmalle. Eikä sellainen käy, lapseni! Meidän tulee kaataa vettä puun juurille, eikä sen latvaan, sillä vain silloin vesi tavoittaa kaikki puun osat. Samalla tavoin, jos me todella rakastamme Jumalaa, niin me rakastamme kaikkia eläviä olentoja, koska Jumala elää kaikkien olentojen sydämissä. Jumala on kaiken perusta. Niinpä meidän pitäisi nähdä Jumala ja rakastaa ja palvoa häntä kaikissa muodoissa."

Jumala on temppelissä

Yksi oppilaista alkoi puhua Dayananda Saraswatista.[2] Hän kuvasi Dayanandan työtä jumalien kuvien palvontaa vastaan ja kertoi tarinan siitä, mikä oli saanut hänet kääntymään tähän suuntaan.

"Eräänä päivänä Dayananda näki hiiren kantavan makupalaa, joka oli asetettu Devin kuvan eteen ruokauhrina. Hän ajatteli: 'Minkälainen voima on Devin kuvassa, jos se ei voi edes estää hiirtä varastamasta sille uhrattua ruokaa? Miten me voimme siinä tapauksessa odottaa, että tällainen ikoni voisi ratkaista meidän elämämme ongelmia?' Ja tuosta päivästä alkaen Dayanandasta tuli kuvien palvonnan ankara vastustaja."

Amma, joka oli kuunnellut tätä vaitonaisena, sanoi:

---

[2] Dayananda Saraswati oli Arya Ramajin, hinduismin uudistusliikkeen perustaja. Hän pyrki elävöittämään vediset harjoitukset ja irtisanoutui jumalien kuvien palvonnasta.

Luku 11

"Kun poika katsoo isänsä kuvaa, tuleeko hänen mieleensä taiteilija, joka maalasi taulun, vai saako se hänet muistamaan isäänsä? Jumalan kuvat auttavat meitä voimistamaan keskittymistämme häneen. Me osoitamme papukaijan kuvaa ja kerromme lapselle, että se on papukaija. Kun lapsi kasvaa, hän kykenee tunnistamaan papukaijan tarvitsematta kuvaa avukseen. Jos Jumala on kaikkialla ja kaikki on Jumalaa, niin eikö hän silloin ole myös kiveen hakatussa kuvassa? Ja jos hiiri otti sen, mikä oli uhrattu Devillle, me voimme ajatella: kun tuo pieni olento oli nälkäinen, se otti sen mikä oli annettu sen Äidille. Loppujen lopuksi Devi on kaikkien olentojen Äiti."

Oppilas: "Moni brahmiini on harjoittanut japaa ja pujaa vuosia oivaltamatta Itseä."

Amma: "Tärkeää on kiintymättömyys ja halu tulla tuntemaan totuus. Et voi saavuttaa Jumalaa pelkästään tapasin avulla. Saavuttaaksesi Jumalan sinulla pitää olla puhdas ja rakastava sydän."

Oppilas: "Gita sanoo, että keho on kshetra (temppeli)."

Amma: "Me sanomme, että 'Jumala on sisällämme, ei ulkopuolella', koska meillä on yhä tuntemus siitä, mikä on sisällä ja mikä ulkopuolella. Meidän tulisi nähdä kaikki kehot temppeleinä ja meidän tulisi ajatella kaikkea kehonamme."

Kastierot ovat merkityksettömiä

Oppilas: "Amma, ihmiset noudattavat kastijakoon perustuvaa ayithamia[3] yhä edelleen. Jopa oppineet gurut noudattavat sitä."

---

[3] Malayalaminkielinen sana ayitham (joka tulee sanskritin kielen asuddhamista) viittaa uskomukseen, että ylemmän kastin jäsen tahraantuu, jos alemman kastin jäsen koskee tai lähestyy häntä.

Amma: "Tunnetko tarinan alemman kastin kadunlakaisijasta, joka lähestyi Sri Shankaracharyaa? Shankaracharya käski hänen siirtyä syrjään hänen tieltään. Lakaisija kysyi: 'Kumpi minun pitäisi siirtää syrjään, keho vai sielu? Jos haluat, että siirrän sieluni syrjään, niin minne minä siirrän sen? Sama sielu on kaikkialla. Jos haluat, että siirrän kehoni syrjään, mikä ero on minun ja sinun kehollasi? Molemmat on tehty samoista aineksista. Ainoa ero on ihonvärissä.'"

Oppilas lauloi kupletin:

"Jotkut ylpeilevät brahmiiniudellaan,[4] ettei edes Brahma-jumala ole heidän veroisensa!"

Amma nauroi.

Amma: "Oikea brahmiini on hän, joka tuntee Brahmanin, joka on kohottanut kundaliinin aina sahasraraan (tuhatlehtiseen lootukseen) päälaelle asti. Syy siihen, miksi heitä, joilla on kehittyneitä samskaroita (luonteenpiirteitä) on kehotettu välttämään seuraa heidän kanssaan, joilla on karkeita samskaroita, on siinä, että sillä on vaikutuksensa heidän samskaroihinsa. Mutta mistä voit löytää todellisia brahmiineja tänä päivänä? Pyhät kirjoitukset sanovat, että kaliyugan aikana brahmiineista tulee sudria[5] ja sudrista tulee brahmiineja. Niinpä tässä ajassa kastijärjestelmään perustuvat määräykset ovat merkityksettömiä.

Entisaikaan ihmisille osoitettiin sellainen työ, joka vastasi parhaiten heidän samskaraansa. Mutta näin ei toimita tänä päivänä. Noina aikoina hienostuneille brahmiineille annettiin tehtäviä temppeleissä. Tänä päivänä emme voi nimittää brahmiinin

---

[4] Brahmiinit ovat ylimmän, pappiskastin jäseniä.
[5] Ikivanhan intialaisen käsityksen mukaan sudra on neljästä kastista alin, työläiskasti.

Luku 11

poikaa brahmiiniksi tai kshatriyan[6] poikaa kshatriyaksi. Tällä alueella on monia perinteisen kalastajakastin jäseniä, jotka ovat korkeasti koulutettuja ja heillä on hyvä työpaikka. He eivät edes tunne yhteisönsä perinteisiä töitä."

Nuori mies esitti kysymyksen: "Eikö Herra sanonut Gitassa: 'Minä olen itse asettanut neljä varnaa (pääkastia)?' Eikö hän ole siinä tapauksessa syypää siihen epäoikeudenmukaisuuteen, mikä vallitsee tänä päivänä kastien ja uskonnon välillä?"

Toinen oppilas vastasi tähän: "Miksi emme lainaisi myös seuraavaa ajatelmaa? Se sanoo: 'Gunien (luonnonvoimien) mukaan.' Se tarkoittaa, että ihmisestä tulee brahmiini tai chandala (kastin ulkopuolella oleva) omien tekojensa ja käyttäytymisensä pohjalta, ei syntymän kautta."

Amma: "Ihmisestä ei tule brahmiinia vain pyhän nauhaseremonian (upanayanan) kautta, aivan niin kuin ei ihmisestä tule kristittyä pelkästään kastamisen kautta. Muslimeilla on myös omat vastaavat seremoniansa. Ennen kuin lapsi käy läpi tällaisen seremonian, mitä hän todella on? Katsokaahan, ihminen loi kaikki nämä kastit, ei Jumala. Ei auta syyttää Jumalaa kaikesta siitä epäoikeudenmukaisuudesta, mitä on tehty kastin ja uskonnon nimissä."

Amman sanat päättivät keskustelun. Nyt oli jo melko myöhä, eivätkä edes pienet lapset olleet menneet vielä nukkumaan. Väkijoukko oli kerääntynyt lähellä olevan keinun ympärille. Muutama aikuinen yritti houkutella pientä tyttöä laulamaan Onam-laulun. Ensi alkuun hän vastusteli ujosti, mutta lopulta hän lauloi viattomalla äänellä:

---

[6] Kshatriyat ovat sotilaskastin jäseniä.

Maveli nadu vaniidum kalam

Kun Maveli[7] hallitsi maata,
kaikki ihmiset olivat tasa-arvoisia,
ei ollut varkautta eikä petosta
eikä yhtäkään valheen sanaa.

He, jotka istuivat Amman lähellä ja katselivat kuinka pehmeät syyspilvet ajelehtivat kuun valaisemalla taivaalla, ajattelivat että Onam-juhlan tarkoitus oli juhlia mennyttä aikaa, jolloin maailma oli kaunis, koska tasa-arvo vallitsi kaikkialla. Nyt Amman läheisyydessä Onam oli joka päivä, sillä täällä eri rotujen, kastien ja uskontojen ihmiset elivät yhdessä saman rakastavan Äidin opetuslapsina.

Keskiviikkona 17. syyskuuta 1986

Brahmacharien oppitunti oli meneillään. Amma laskeutui huoneestaan ja käveli navettaan. Navetan taakse rakennettu tankki, johon kerättiin lanta ja virtsa, oli täynnä. Amma täytti ämpärin tankin sisällöllä ja kaatoi sen palmupuiden alle. Pian brahmacharit saapuivat oppitunniltaan. He ottivat ämpärin Amman kädestä ja jatkoivat työtä, jonka hän oli aloittanut. Koska he niin vaativat, hän lopetti sen mitä hän oli ollut tekemässä ja käveli pois.

Hänen kätensä, jalkansa ja vaatteensa olivat lehmänlannan tahraamia. Naisoppilas avasi vesihanan ja yritti pestä Amman kädet ja jalat, mutta Amma ei sallinut sitä.

---

[7] Maveli tai Mahabali oli demonikuningas, jonka kerrotaan hallinneen maata oikeudenmukaisesti ja reilusti. Keralan perinteessä sanotaan, että hän vierailee maan päällä vuosittain Onamin aikaan nähdäkseen, miten hänen alamaisensa pärjäävät.

Luku 11

"Ei, tyttäreni. Amma tekee sen itse. Miksi likaisimme sinun kätesi?"

Oppilas: "Amma, miksi sinä teet tällaista työtä? Eikö täällä ole sinun opetuslapsiasi, jotka voivat tehdä sen puolestasi?"

Amma: "Tyttäreni, jos Amma seisoo syrjässä tekemättä mitään työtä, he alkavat matkia häntä ja tulevat siten laiskoiksi, ja niin heistä tulee rasitus maailmalle. Niin ei tule tapahtua. Amma iloitsee tehdessään työtä. Hän on silti pahoillaan Gayatrin tähden. Kun Amma tekee tällaista työtä, hänen vaatteensa likaantuvat ja Gayatrin täytyy ne pestä. Jos Amma yrittää pestä ne itse, hän ei salli sitä. Mutta toisinaan Amma huijaa häntä ja pesee ne itse!"

Amma nauroi. Toinen nainen lähestyi Ammaa ja kumarsi.

Amma: "Älä kumarra nyt, tyttäreni! Amman vaatteet ovat täynnä lehmänlantaa. Anna Amman mennä ja peseytyä ja sitten hän tulee takaisin."

Amma meni huoneeseensa ja palasi muutamia minuutteja myöhemmin. Oppilaat, jotka olivat seisoneet kalarin ympärillä, kerääntyivät nyt hänen ympärilleen. Myös brahmacharit tulivat.

Satsang on tärkeää, sadhana välttämätöntä

Brahmachari kysyi: "Amma, minkä tähden annat niin paljon merkitystä satsangille?"

Amma: "Satsang opettaa meitä elämään oikealla tavalla. Jos meillä on mukanamme kartta, kun matkustamme kaukaiseen paikkaan, pääsemme perille oikeaan aikaan, emmekä eksy. Samalla tavoin satsangin avulla me voimme ohjata elämämme oikeaan suuntaan välttäen vaaroja. Jos olet oppinut laittamaan ruokaa, voit helposti valmistaa aterian ja jos olet opiskellut maataloutta, niin maanviljely on sinulle helppoa. Jos ymmärrät, mikä on elämän päämäärä ja työskentelet sitä kohden oivaltaen sen, sinun elämäsi tulee olemaan ilon täyttämä. Satsang auttaa meitä tällä polulla.

Voimme polttaa tulella talon tai me voimme käyttää tulta ruoan valmistamiseen. Voimme pistää neulalla silmäämme tai ommella sillä vaatteemme. Niinpä meidän on löydettävä oikea tapa käyttää jokaista asiaa. Satsang auttaa meitä ymmärtämään elämän todellisen merkityksen ja sen, millä tavalla voimme elää sen mukaisesti. Se mitä me voimme saada satsangista on aarre, joka kestää koko elämämme ajan."

Brahmachari: "Riittääkö satsang Jumal-oivalluksen saavuttamiseen?"

Amma: "Luennolle osallistuminen, jossa kerrotaan keittotaidon teoriasta, ei riitä poistamaan nälkääsi. Sinun pitää keittää ruoka ja syödä se. Jos haluat kasvattaa hedelmiä, ei riitä, että opiskelet viljelyä. Sinun tulee istuttaa hedelmäpuita ja pitää niistä huolta.

Ei riitä, että tiedät jossain kohtaa olevan vettä maan alla, sillä siten et saa vettä. Sinun on kaivettava siihen kaivo. Et myöskään voi sammuttaa janoasi katsomalla kaivon kuvaa. Sinun on nostettava vettä todellisesta kaivosta ja juotava se. Riittääkö, jos istut pysäytetyssä autossa ja katselet karttaa? Saavuttaaksesi päämääräsi sinun tulee ajaa sitä tietä pitkin, minkä näet kartassa. Samalla tavoin ei riitä, että osallistut satsangiin tai opiskelet pyhiä kirjoituksia. Kokeaksesi totuuden sinun tulee elää noiden sanojen mukaisesti.

Vain sadhanan avulla voit oppia välttämään sitä, ettet joudu olosuhteiden armoille ja että opit soveltamaan sen mitä olet oppinut elämääsi. Meidän tulee oppia henkisiä harjoituksia kuuntelemalla satsangia ja sitten elää noiden periaatteiden mukaisesti. Meidän pitäisi vapauttaa itsemme kaikista haluista ja palvoa Jumalaa ilman haluja ja odotuksia.

Luku 11

Vaikka kirjoituksissa sanotaankin, että 'Minä olen Brahman', 'Sinä olet se' ja niin edelleen, niin sisällämme oleva tietämättömyys tulee poistaa ennen kuin todellisuuden tieto voi loistaa meissä. Jos toistamme 'Minä olen Brahman', mutta emme harjoita sadhanaa, niin se on sama kuin kutsuisimme sokeaa lasta nimellä Prakasham (Valo).

Eräs mies piti kerran puheen, jossa hän sanoi: 'Me olemme Brahman. Eikö totta? Joten ei ole mitään tarvetta harjoittaa sadhanaa.'

Luennon jälkeen hänelle tarjoiltiin illallinen. Tarjoilija laittoi hänen eteensä lautasen, jossa oli paperinpalasia, joihin oli kirjoitettu: 'riisiä', 'sambaria' ja 'payasamia'. Lautasella ei ollut ruokaa. Puhuja tuli vihaiseksi.

'Mitä sinä oikein luulet tekeväsi? Pyritkö sinä loukkaamaan minua?' hän kysyi.

Tarjoilija sanoi:

'Kuuntelin puhettasi aiemmin tänä iltana. Kuulin sinun sanovan, että sinä olet Brahman ja että tämä ajatus riittää, eikä ole tarpeen harjoittaa sadhanaa. Niinpä ajattelin, että olisit varmaankin samaa mieltä, että ruoan ajatteleminen riittäisi tyydyttämään nälkäsi. Ei ole ilmiselvästi tarvetta syödä.'

Ei riitä, että vain puhumme, lapseni! Meidän tulee myös toimia. Vain sadhanan avulla voimme oivaltaa totuuden. Hänelle, joka ei ponnistele lainkaan, satsang on kuin shakaalille annettu kookoksen hedelmä: hänen nälkänsä ei tule koskaan tyydytetyksi. Lääke parantaa terveyttäsi, mikäli seuraat pullon kylkeen kirjoitettuja ohjeita ja otat oikean annostuksen. Satsang on kuin oikean ohjeen saamista ja sadhana on itse lääkkeen nauttimista. Satsang opettaa meille sen mikä on ikuista ja mikä väliaikaista, mutta vain sadhanan avulla me voimme kokea ja oivaltaa sen, mitä me olemme oppineet.

Ikuinen Viisaus – Yhdistetty painos

Jos laitamme radion osia yhteen, niin kuin on neuvottu ja yhdistämme ne patteriin, voimme kuunnella erilaisia ohjelmia kaukaisilta asemilta ollessamme kotona. Kun valmistamme oman mielemme sadhanan avulla ja elämme mahatmojen opetusten mukaisesti, voimme nauttia äärettömästä autuudesta, vielä kun olemme yhä nykyisessä kehossamme. Jos harjoitamme sadhanaa ja teemme epäitsekästä palvelutyötä, emme tarvitse muuta.

Kuinka paljon hyvänsä opettelemmekin vedantaa (ykseysfilosofiaa), niin ilman sadhanan harjoittamista emme voi kokea todellisuutta. Se mitä me etsimme on sisällämme, mutta tavoittaaksemme sen meidän tulee harjoittaa sadhanaa. Jotta siemenestä voisi tulla puu, meidän on kylvettävä se maahan, kasteltava ja lannoitettava sitä. Ei riitä, että pidämme sitä kädessämme."

Kukaan ei huomannut ajan kulumista, kun he istuivat kuuntelemassa Amman nektarin kaltaisia sanoja. Lopulta hän muistutti heitä:

"Menkää nukkumaan. On jo myöhä. Eikö teidän tarvitse nousta aamulla archanaan (mantrojen resitaatioharjoitukseen)?"

He nousivat kaikki ylös ja kävelivät vastentahtoisesti poispäin. Käveltyään hetken he pysähtyivät ja katsoivat taakseen ja näkivät Amman hahmon kylpevän kuunvalossa. Eikö noiden kasvojen säteily ollut sama kuin se, joka loisti kuussa, auringossa ja tähdissä?

Tameva bhantam anubhati sarvam
Tasya bhasa sarvamidam vibhati

Kun hän säteilee, kaikki säteilee hänen säteilyään.
Hänen valoaan, kaikki säteilee.

–Kathopanishad

Sanasto

Achyuta: 'Tuhoutumaton', 'Ikuinen'. Yksi Vishnun nimistä.
Adharma: Epäoikeudenmukaisuus, synti, vastakohta jumalalliselle harmonialle.
Advaita: Ei-kaksinaisuus, ykseys. Filosofia, joka opettaa, että korkein todellisuus on 'yksi ja jakamaton'. Ykseysfilosofia.
Ahimsa: Väkivallattomuus, vahingoittamattomuus. Pidättyminen vahingoittamasta yhtäkään elävää olentoa ajatuksin, sanoin tai teoin.
Ambika: 'Äiti'. Jumalallinen Äiti.
Ammachi: Kunnioitettu Äiti.
Annaprasana: Lapsen syöttäminen ensi kertaa kiinteällä ravinnolla.
Annapurna: Jumalallisen Äidin olemuspuoli, joka ravitsee kaikkia olentoja.
Arati: Rituaali, jossa temppelissä liikutetaan palavaa kamferia Jumalan kuvan tai pyhän henkilön edessä pujan (jumalanpalveluksen) päätteeksi. Kamferin palaessa mitään ei jää jäljelle, mikä on vertauskuva egon tuhoutumisesta.
Archana: 'Uhraus jumalanpalveluksena'. Jumalanpalveluksen muoto, jossa toistetaan 108 tai 1000 Jumalan nimeä yhdellä kertaa.
Asana: Pieni matto, jolla oppilas istuu meditaation aikana. Jooga-asento.
Ashram: 'Kilvoittelun paikka'. Paikka, missä henkiset etsijät ja oppilaat elävät tai vierailevat elääkseen henkistä elämää ja

harjoittaakseen sadhanaa. Se on yleensä samalla koti henkiselle opettajalle, pyhimykselle tai askeetille, joka ohjaa oppilaita.

Atman: Todellinen Itse. Todellinen olemuksemme. Sanatana Dharman keskeisiä opetuksia on, että me emme ole fyysinen keho, tunteet, mieli, äly tai persoonallisuus. Me olemme ikuinen, puhdas Itse.

AUM/OM: Pyhä sointu. Alkuääni tai värähtely, joka edustaa Brahmania (absoluuttia) tai koko luomakuntaa. AUM on perusmantra, joka yleensä aloittaa aina muut mantrat.

Avadhuta: Itse-oivalluksen saavuttanut sielu, joka näkee kaiken läpäisevän ykseyden ja joka on ylittänyt yhteiskunnalliset sovinnaisuudet.

Avataara: 'Alaslaskeutunut'. Jumalan ilmentymä. Jumalan ilmentymän tarkoituksena on suojella hyviä, tuhota pahaa, palauttaa oikeudenmukaisuus maailmaan ja ohjata ihmiskunta takaisin kohti henkistä päämäärää. On hyvin harvinaista, että inkarnaatio on täysi ilmentymä (purna-avataara).

Ayitham: Malayalaminkielinen sana 'ayitham' (sanskritin kielen 'asuddham' sanasta) viittaa käsitykseen, että korkean kastin jäsen likaantuu, jos alemman kastin jäsen lähestyy tai koskee häntä.

Ayurveda: 'Elämän tiede'. Antiikin Intian kokonaisvaltainen lääketiede ja terveydenhoitomenetelmä. Ayurvediset lääkkeet valmistetaan yleensä lääkeyrteistä ja kasveista.

Bhagavad-Gita: 'Jumalan laulu'. Bhagavad = Jumalan, Herran, Gita = laulu tarkoittaen erityisesti neuvoa ja ohjetta. Opetukset, jotka Krishna antoi Arjunalle Kurukshetran taistelutantereella ennen Mahabharatan sodan alkamista. Kyse on käytännöllisistä ohjeista päivittäistä elämää varten sisältäen vedisen viisauden ytimen. Bhagavad-Gita on osa Mahabharata-eeposta.

Sanasto

Bhagavan: Siunattu Herra, Jumala. Veedisen kirjallisuuden, Vedangan, mukaan Bhagavan on hän, joka tuhoaa jälleensyntymisen ja lahjoittaa ykseyden korkeimman hengen kanssa.
Bhagavata: Katso: Srimad Bhagavatam.
Bhajan: Antaumukselliset laulut. Henkiset laulut.
Bhakti: Antaumus, antaumuksellinen rakkaus.
Bhasma: pyhää tuhkaa.
Bhava: Mielentila.
Bhava-darshan: Tilaisuus, jonka aikana Amma ilmensi ensin Krishnaa ja sitten Deviä, Jumalallista Äitiä ja vastaanotti ihmiset syleilemällä heidät.
Brahmachari: Selibaatissa elävä henkinen oppilas.
Brahmacharini: Nunna, naispuolinen henkinen oppilas.
Brahmacharya: Mielen ja aistien selibaatti eli niiden hallinta ja kurinalaisuus.
Brahman: Absoluuttinen todellisuus, kokonaisuus, korkein olento, joka pitää kaiken sisällään ja läpäisee kaiken. Yksi ja näkymätön.
Brahma Sutrat: Pyhimys Badayaranan (Veda Vyasan) aforismit, jotka kertovat vedantasta, ykseysfilosofiasta.
Chammadi: Kookoksesta valmistettu maustekastike.
Chandala: Kastiton.
Chechi: (malayalamia) Vanhempi sisar. On lämminhenkisempää kutsua jotakuta Chechiksi kuin nimellä.
Dakshayani: Jumalallisen Äidin, Parvatin, nimi.
Darshan: Jumalan tai pyhän henkilön tapaaminen tai kohtaaminen näyssä.
Devi: 'Säteilevä'. Jumalallinen Äiti.
Devi-bhava: 'Jumalallisen Äidin mielentila'. Tila, jonka aikana Amma paljastaa ykseytensä Jumalallisen Äidin kanssa.
Dhara: Nesteen jatkuva virta. Tätä käsitettä käytetään usein merkitsemään hoitomuotoa, jossa kaadetaan nestemäistä

lääkettä jatkuvana virtana potilaan ylle. Se tarkoittaa myös jumalan patsaan seremoniallista kylvettämistä.

Dharma: 'Se mikä ylläpitää maailmankaikkeutta'. Dharmalla on monia merkityksiä, kuten jumalallinen laki, olemassaolon laki, se mikä on harmoniassa jumalallisen kanssa, oikeudenmukaisuus, uskonto, velvollisuus, oikeanlainen käytös, oikeus, hyvyys, totuus ja oikea elämäntapa. Dharma merkitsee uskonnon sisäisiä periaatteita.

Dhyana: Meditaatio, kontemplaatio, hiljentyminen.

Diksha: Vihkimys.

Dosha: Riisijauheesta valmistettu pannukakku.

Durga: Shaktin, Jumalallisen Äidin, olemuspuoli. Durga kuvataan usein ratsastamassa leijonalla, käsissään erilaisia aseita. Hän on pahan tuhoaja ja hyvän suojelija. Hän tuhoaa lastensa halut ja kielteiset ominaisuudet (vasanat) ja paljastaa siten korkeimman Itsen.

Dwaraka: Kaupunkisaari, missä Krishna asui ja hoiti kuninkaallisia velvollisuuksiaan. Sen jälkeen, kun Krishna jätti kehonsa, Dwaraka jäi valtameren alle. Arkeologit ovat joitakin aikoja sitten löytäneet Gujaratista kaupungin rauniot, joiden uskotaan olleen Dwaraka.

Ekagrata: Mielen täydellinen keskittyneisyys, johon pyritään meditaatiossa ja muissa henkisissä harjoituksissa.

Gayatri: Vedojen tärkein mantra, joka liittyy Savita-jumalattareen, Auringon elävöittävään voimaan. Kun nuori saa upanayanan, pyhän langan, hänen tulee toistaa tätä mantraa. Gayatri-jumalatar.

Gita: Laulu. Bhagavad-Gitan lyhennetty nimi.

Gopala: 'Lehmipoika'. Yksi Krishnan nimistä.

Gopi: Gopit olivat lehmityttöjä ja karjakkoja, jotka asuivat Vrindavanissa. He olivat Krishnan läheisimpiä oppilaita, jotka tunnettiin heidän bhaktistaan, antaumuksellisesta

Sanasto

rakkaudestaan Herraa kohtaan. He ilmentävät voimallisinta rakkautta Jumalaa kohtaan.

Grihastashrama: Hän, joka on omistautunut elämään henkistä elämää perheellisenä.

Guna: Alkuperäinen luonto (prakriti) koostuu kolmesta gunasta, perusenergiasta tai olemuspuolesta, jotka läpäisevät kaiken olemassaolevan: sattva (hyvyys, puhtaus, rauhallisuus), rajas (aktiivisuus, intohimoisuus) ja tamas (pimeys, laiskuus, tietämättömyys). Nämä kolme gunaa, luonnonvoimaa, toimivat ja reagoivat toisiinsa. Ilmiömaailma on koostunut näiden kolmen voiman erilaisista koostumuksista.

Guru: 'Hän joka poistaa tietämättömyyden pimeyden'. Henkinen mestari, opas. Gu on pimeys ja ru on valo. Guru on näin hän, joka johdattaa oppilaan pimeydestä valoon.

Gurukula: Ashram, jossa on elävä guru, jossa opetuslapset asuvat ja opiskelevat gurun johdolla. Myös entisaikojen koulutusjärjestelmä Intiassa.

Guruvayuur: Pyhiinvaelluskohde Keralassa, lähellä Trissuria, missä sijaitsee kuuluisa Krishna-temppeli.

Haimavati: Yksi Jumalallisen Äidin, Parvatin, nimistä.

Hathajooga: Harjoitusmenetelmä, joka pitää sisällään kehon ja mielen harjoituksia, jotka on kehitetty menneinä aikoina Intiassa. Sen tarkoituksena on saada keho ja elinvoimat toimimaan täydellisinä käyttövälineinä, jotta ihminen voisi saavuttaa Itse-oivalluksen.

Homa: Uhrituli.

Hridayasunya: Sydämetön.

Hridayesha: Sydämen Herra.

Japa: Mantran toistaminen, Jumalan nimen rukoileminen.

Jarasandha: Magadhan voimakas kuningas, joka taisteli Krishnan kanssa 18 kertaa ja jonka Bhima lopulta tappoi.

Jivatman: Yksilösielu.

Jnana: Henkinen tai jumalallinen tieto. Todellinen tieto on suoraa kokemista, vapaana mielen, älyn ja aistien rajoituksista. Se saavutetaan henkisillä harjoituksilla ja Jumalan tai gurun armosta.

Jooga: 'Yhdistyä'. Sarja menetelmiä, joiden avulla on mahdollista saavuttaa ykseys jumalallisen kanssa. Polku joka johtaa Itse-oivallukseen eli Jumal-oivallukseen.

Joogi: Hän joka on vakiintunut joogan harjoittamiseen tai joka on vakiintunut ykseyden tilaan korkeimman tietoisuuden kanssa.

Kalari: Amritapurin ashramissa oleva pieni temppeli Kali-temppelin takana, missä bhava-darshanit, Amman halaustilaisuudet, pidettiin alkuvuosina.

Kali: 'Tumma'. Jumalallisen Äidin olemuspuoli. Egon näkökulmasta hän voi vaikuttaa pelottavalta. Hän tuhoaa egon. Mutta hän tuhoaa egon ja auttaa meitä muuttumaan äärettömän myötätuntonsa tähden. Kalilla on monia hahmoja, hyväntahtoisessa muodossa hänet tunnetaan Bhadra Kalina. Oppilas tietää, että Kalin ankaran ulkomuodon taustalla on rakastava Äiti, joka suojelee lapsiaan ja lahjoittaa heille armosta vapautuksen.

Kamandalu: Kattila, jossa on kädensija ja taivutettu nokka, jota munkit käyttävät kerätessään vettä ja ruokaa.

Kamsa: Krishnan demoninen setä, jonka hän tappoi.

Kanji: Riisivelli tai riisivesi.

Kanna: 'Hän jolla on kauniit silmät'. Krishnan kutsumanimi lapsena. Krishnan lapsuudesta on olemassa monia tarinoita ja toisinaan häntä palvotaan jumalallisena lapsena.

Kapha: Katso: vata, pitta, kapha.

Karma: Toimi, teko, toiminnan seurausvaikutus.

Sanasto

Karmajooga: 'Sulautuminen tekojen avulla'. Henkinen polku, joka koostuu takertumattomista, epäitsekkäistä palvelutöistä ja jossa omien tekojen hedelmät uhrataan Jumalalle.

Karmajoogi: Hän, joka seuraa epäitsekkäiden tekojen polkua.

Kartyayani: Jumalallisen Äidin, Parvatin, nimi.

Kauravat: Dritharasthran ja Gandharin sata poikaa. Kauravat olivat Pandavien vihollisia, joita vastaan he taistelivat Mahabharatan sodassa.

Kindi: Kindi on perinteinen nokallinen pronssiastia.

Kirtan: Hymni, henkinen laulu.

Krishna: 'Hän, joka vetää meitä puoleensa' tai 'Tummaihoinen'. Vishnun tärkein inkarnaatio. Hän syntyi kuninkaalliseen perheeseen, mutta kasvoi kasvattivanhempien kanssa ja eli nuorena karjapojan elämää Vrindavanissa, missä hänen seuralaisensa gopat (lehmipojat) ja gopit (lehmitytöt) rakastivat ja palvoivat häntä. Krishnasta tuli Dwarakan hallitsija. Hän oli serkkujensa, Pandavien, ystävä ja neuvonantaja, erityisesti Arjunan, jolle hän antoi opetuksensa Bhagavad-Gitassa.

Krishna-bhava: Juhla, jonka aikana Amma paljasti ykseytensä Krishnan kanssa.

Kumkum: sahramia, jota käytetään otsamerkkinä.

Kshatriya: Sotilaskasti, jonka jäsenet toimivat yleensä myös maansa johtajina.

Kshetra: Temppeli, kenttä, keho.

Kundaliini: 'Käärmevoima'. Henkinen energia, joka lepää ikään kuin kerällä oleva käärme selkärannan alimmassa pisteessä. Henkisten harjoitusten avulla se lähtee nousemaan sushumna-nadia, selkärangassa kulkevaa hienonhienoa hermorataa pitkin, ylöspäin lävistäen matkallaan chakrat (energiakeskukset). Kun kundaliini nousee chakra chakralta ylöspäin, henkinen oppilas alkaa kokea toinen toistaan hienompia tietoisuudentiloja. Lopulta kundaliini saavuttaa korkeimman chakran päälaella (sahasrara-lootuksen), mikä johtaa vapautukseen.

Lakshya bodha: Jatkuva tietoisuus ja pyrkimys korkeimpaan päämäärään.

Lalita Sahasranama: Jumalallisen Äidin, Lalitambikan, tuhat nimeä eli mantraa.

Liila: 'Jumalallinen leikki'. Jumalan teot, jotka ovat vapaita ja jotka voivat olla luonnonlakien yläpuolella.

Mahatma: 'Suuri sielu'. Kun Amma käyttää sanaa 'mahatma', hän tarkoittaa sillä Itse-oivalluksen saavuttanutta sielua.

Mahasamadhi: Kun Itse-oivalluksen saavuttanut sielu kuolee, sitä kutsutaan mahasamadhiksi, 'suureksi samadhiksi'.

Mala: Rukousnauha, joka on yleensä valmistettu rudrakshan-siemenistä, santelipuusta tai tulasi-puusta.

Mantra: Pyhä sana tai rukous, jota toistetaan kaiken aikaa. Tämä herättää nukkuvan henkisen voiman ja auttaa saavuttamaan jumalallisen päämäärän. Mantra on voimallisin, jos se saadaan henkiseltä opettajalta vihkimyksen aikana.

Mataji: 'Kunnioitettu Äiti'. Ji-loppu tarkoittaa kunnioitettua.

Maya: 'Illuusio'. Jumalallinen voima tai verho, jonka avulla Jumala luomisen jumalallisessa leikissään peittää itsensä antaen vaikutelman monesta ja luoden siten illuusion erillisyydestä. Kun maya peittoaa todellisuuden, se petkuttaa meitä saaden meidät uskomaan, että täydellinen onni olisi löydettävissä ulkopuoleltamme.

Muukambika: Jumalallinen Äiti, sellaisena kuin häntä palvotaan kuuluisassa Devi-temppelissä Kalluurissa, Etelä-Intiassa.

Mukti: Vapautus. Kärsimyksen ja tietämättömyyden päättyminen.

Muladhara: Alin seitsemästä chakrasta. Sijaitsee selkärangan juuressa.

Mudra: Pyhä käsiasento, joka edustaa henkisiä totuuksia.

Sanasto

Namah Shivayah: Panchakshara-mantra (mantra, joka koostuu viidestä eri kirjaimesta), joka tarkoittaa ' Tervehdys Shivalle, Hyvän tuojalle'.

Nanda: Krishnan kasvatti-isä.

Narayana: Nara = tieto, vesi. 'Hän, joka on vakiintunut korkeimpaan tietoon'. 'Hän, joka lepää kausaalisissa vesissä'. Vishnun nimi.

Nasyam: Puhdistava ayurvedinen hoito, johon liittyy nenän puhdistaminen lääkeöljyllä.

Ojas: Seksuaalienergia, joka on muunnettu hienoksi elinvoimaksi henkisten harjoitusten avulla.

Pada-puja: Jumalan, gurun tai pyhimysten jalkojen palvominen.

Pandavat: Kuningas Pandun viisi poikaa, jotka ovat Mahabharata-eepoksen sankareita ja samalla Krishnan oppilaita.

Paramatman: Korkein tietoisuus, henki, Brahman, absoluutti, Jumala.

Parvati: 'Vuoren tytär'. Shivan jumalallisen puolison nimi. Jumalallisen Äidin nimi.

Payasam: Makea riisivanukas.

Peetham: (lausutaan: piitham) Pyhä istuin, jolla guru istuu.

Pinnak: kuitua, joka jää jäljelle, kun kookoshedelmästä tai siemenistä poistetaan öljy.

Pitta: Katso: Vata, pitta, kapha.

Pradakshina: Jumalanpalveluksen muoto, jossa kierretään kellon myötäpäivään, pyhä paikka, temppeli, vuori tai pyhimys.

Prarabdha: 'Velvollisuudet, taakka'. Aiemmin tässä elämässä tai aiemmassa elämässä tehtyjen tekojen hedelmä, joka ilmenee tässä elämässä (prarabdha-karmana).

Prasad: Pyhä uhrilahja, joka jaetaan osallistujille pujan jälkeen. Mitä hyvänsä mahatma antaa siunauksensa osoituksena, niin sitä pidetään prasadina.

Prema: Korkein rakkaus.
Prema-bhakti: Korkein antaumuksellinen rakkaus.
Puja: Ritualistinen jumalanpalvelus.
Purnam: Täysi, täydellinen.
Radha: Yksi Krishnan oppilaista, gopeista, lehmitytöistä. Hän oli gopeista lähimpänä Krishnaa, sillä hänen rakkautensa edusti korkeinta ja puhtainta rakkautta Jumalaa kohtaan. Golokassa, Krishnan taivaallisessa asuinpaikassa, Radha on Krishnan taivaallinen puoliso.
Rajas: Toimeliaisuus, intohimoisuus. Yksi kolmesta gunasta, luonnonvoimasta.
Rama: 'Ilon antaja'. Ramayana-eepoksen jumalallinen sankari. Hän oli Vishnun inkarnaatio ja häntä pidetään hyveellisyyden esikuvana.
Ramarajya: Raman kuningaskuntaa, ihanneyhteiskuntaa
Ramayana: 'Raman elämä'. Yksi Intian suurimmista eeppisistä runoelmista, joka kuvaa Raman elämää. Sen on kirjoittanut pyhimys Valmiki. Rama oli Vishnun inkarnaatio. Suuri osa tätä eeposta kuvaa sitä, miten demonikuningas Ravana ryösti Sitan, Raman vaimon ja vei hänet Sri Lankaan ja miten Rama pelasti hänet seuraajiensa kanssa.
Rasam: Keitto, joka on valmistettu tamarindista, suolasta, chilistä, sipulista ja mausteista.
Ravana: Sri Lankan demonikuningas, Ramayana-eepoksen roisto. Hän edustaa egon demonia.
Rudraksha: Rudraksha-puun siemenet, joilla on sekä lääkinnällisiä että henkisiä voimia, jotka liitetään Shiva-jumalaan.
Sadhaka: Henkinen oppilas, joka harjoittaa sadhanaa saavuttaakseen Itse-oivalluksen.
Sadhana: Henkinen itsekuri ja henkiset harjoitukset, kuten meditaatio, rukous, japa, pyhien kirjojen lukeminen ja paastoaminen.

Sanasto

Sahasrara: 'Tuhat terälehtinen (lootus)'. Korkein chakra, joka sijaitsee päälaella, missä kundaliini yhdistyy Shivan kanssa. Sitä kuvaa lootuksenkukka, jossa on tuhat terälehteä.

Samadhi: Sam = yhdessä, Adhi = Herra. Ykseys Jumalan kanssa. Syvä, täydellisen keskittymisen tila, jossa kaikki ajatukset vaimenevat, mieli hiljenee täydelliseen hiljaisuuteen, jossa puhdas tietoisuus ilmenee ja kokija pitäytyy Itsen (atmanin) tilassa.

Sambar: Kastike, joka on tehty vihanneksista ja mausteista.

Samsara: Moninaisuuden maailma, syntymisen, kuoleman ja uudelleensyntymisen kehä. Kärsimyksen maailma.

Samskara: Tällä sanalla on kaksi merkitystä: Kulttuuri ja toisaalta yksilön mieleen tallentuneiden kokemusten kokonaisuus (aikaisemmista elämistä), joka vaikuttaa hänen elämäänsä ihmisenä – hänen luonteeseensa, toimintaansa ja mielentilaansa.

Sanatana Dharma: 'Ikuinen elämäntapa'. Hindulaisuuden alkuperäinen nimi.

Sandhya: Auringonnousu, keskipäivä tai auringonlasku – yleensä auringonlasku.

Sankalpa: Luova, syvä päätös, joka toteutuu. Tavallisen ihmisen sankalpa ei aina tuota toivottua tulosta, mutta Itse-oivalluksen saavuttaneen olennon sankalpa tuottaa toivotun tuloksen.

Sanjaasa: Sanjaasan omaksuminen tarkoittaa munkiksi ja nunnaksi ryhtymistä.

Sanjaasi: Munkki tai nunna, joka on vannonut muodollisen luopumisen valan. Sanjaasi pitää perinteisesti okranvärisiä vaatteita, mikä kuvastaa kaiken riippuvuuden polttamista pois.

Satguru: Oivalluksen savuttanut henkinen opettaja. Sat = totuus.

Satsang: Sat: totuus, oleminen, sanga = yhdessä oleminen. Viisaiden ja hyveellisten seurassa oleminen. Pyhimyksen tai oppineen pitämä henkinen luento. Henkisten kirjojen lukeminen.
Shakti: Voima, energia. Shakti on myös Universaalin Äidin nimi, Brahmanin dynaaminen olemuspuoli. Shiva ja Shakti edustavat samalla maskuliinista ja feminiinistä olemuspuolta universumissa ja yksilössä.
Shankaracharya: Suuri mahatma ja filosofi, joka eli 700-luvulla. Hän opetti advaitaa eli ykseysfilosofiaa.
Shastri: Uskonnollinen, henkinen oppinut.
Shiva: Korkeimman olennon muoto, personifikaatio. Maskuliininen olemuspuoli, Brahmanin liikkumaton olemuspuoli. Yksi kolmesta jumalasta (Brahman ja Vishnun lisäksi), joka liittyy maailmankaikkeuden tuhoamiseen, sen tuhoamiseen mikä ei ole todellinen.
Shraddha: Sanskritin kielessä shraddha tarkoittaa uskoa, joka perustuu viisauteen ja kokemukseen, kun taas sama termi malayalamin kielessä tarkoittaa työlleen omistautumista ja tarkkaavaisuutta kaikissa toimissa. Amma käyttää tätä termiä usein jälkimmäisessä merkityksessä.
Sri tai Shree: 'Säteilevä, pyhä, kunnioitettu'. Kunnioitusta osoittava etuliite.
Shridhara: 'Hän, joka pitää Lakshmia'. Yksi Vishnun nimistä.
Srimad Bhagavatam: Yksi 18 Puranasta, joka käsittelee Vishnun inkarnaatioita, erityisesti Krishnan elämää. Se korostaa bhaktia, antaumuksellisen rakkauden, merkitystä.
Sugunandan: Amman isä.
Tamas: Pimeys, velttous, apatia, tietämättömyys. Tamas on yksi kolmesta gunasta, luonnonvoimasta.
Tambura: intialainen rumpu

Sanasto

Tandava: Shivan autuaallinen tanssi, erityisesti iltaruskon aikaan.

Tapas: 'Kuumuus'. Itsekuri, itsekuriharjoitukset, itsensä uhraaminen, henkiset harjoitukset, jotka polttavat mielen epäpuhtaudet pois.

Tapasvi: Hän, joka harjoittaa tapasia, henkisiä itsekuriharjoituksia.

Tenga: Kookos malayalamin kielellä.

Tirtham: Pyhä vesi.

Tyaga: Luopuminen.

Upanayana: Perinteinen seremonia, jonka aikana ylempään kastiin kuuluvien vanhempien syntyneelle lapselle annetaan pyhä nauha ja vihitään hänet pyhään opiskeluun.

Upanishadit: 'Istua Mestarin jalkojen juuressa'. 'Se mikä tuhoaa tietämättömyyden'. Vedojen neljäs, viimeinen osa, joka käsittelee vedantaa, ykseysfilosofiaa.

Vada: Linssistä leivottu maukas, paistettu välipala.

Vairagya: Takertumattomuus, luopuminen.

Vanaprastha: Elämänkaaren erakkovaihe. Muinaisen Intian perinteen mukaan elämänvaiheita oli neljä. Ensimmäisessä vaiheessa lapsi lähetetään gurukulaan, jossa hän elää brahmacharin elämänvaihetta. Sitten hän avioituu ja elää perheellisen elämää omistautuen samalla henkisyydelle (grihasthashrami). Kun aviopuolisoiden lapset ovat tarpeeksi vanhoja pitääkseen huolta itsestään, vanhemmat vetäytyvät erakkomajaan tai ashramiin, missä he elävät puhtaasti henkistä elämää tehden henkisiä harjoituksia. Elämänsä neljännessä vaiheessa he luopuvat maailmasta kokonaan ja elävät sanjaasin elämää.

Varna: Pääkasti. Neljä pääkastia ovat brahmiinit, kshatriyat, vaishyat ja sudrat.

Vasana: Vas = eläminen, jäljelle jäävä. Vasanat ovat piilossa olevia ominaisuuksia tai hienosyisiä mielen haluja, jotka ilmenevät toimina ja tekoina. Kielteiset ominaisuudet.

Vata, pitta, kapha: Ikivanhan ayurvedisen lääketieteen mukaan on olemassa kolme erilaista elämänvoimaa tai biologista ominaislaatua, jotka vastaavat ilman, tulen ja veden elementtejä. Nämä kolme elementtiä määrittävät kasvumme ja rappeutumisemme laadun ja ne ovat samalla määrääviä tekijöitä sairastumisessamme. Jonkin elementin johtava asema määrittää psykofyysisen ominaislaatumme.

Veda: 'Tieto'. Hindulaisuuden ikiaikainen, pyhä kirjoitus. Sanskritinkielinen kokoelma pyhiä tekstejä, jotka on jaettu neljään osaan: Rig-, Yajur-, Sama- ja Atharva-Vedaksi. Ne ovat maailman vanhimpia kirjoituksia. Vedojen katsotaan ilmentävän suoraan korkeinta totuutta, jonka Jumala on antanut risheille, tietäjille.

Vedanta: 'Tiedon loppu, korkein tieto'. Vedojen päätösosa, joka kertoo Upanishadien filosofiasta, lopullisesta totuudesta, joka ilmaistaan sanomalla: 'Yksi ilman toista' – moninaisuuden läpäisee yksi tietoisuus.

Veena: (lausutaan viina) Intialainen kielisoitin, joka liittyy Jumalalliseen Äitiin. Oppimisen jumalatar Saraswati kuvataan soittamassa veenaa.

Vrindavan: Paikka, missä historiallinen Krishna eli nuorena paimenpoikana.

Vyasa: Pyhimys, joka jakoi Vedat neljään osaan. Hän kirjoitti myös 18 Puranaa (eeposta), kuten Mahabharatan, mutta myös sellaisia filosofisia teoksia kuten Brahma Sutrat.

Yaga: Vedinen uhritoimitus.

Yama ja niyama: Joogan eettiset ohjeet sen suhteen, mitä tulee tehdä ja mitä jättää tekemättä.

Yasoda: Krishnan kasvattiäiti.

www.ingramcontent.com/pod-product-compliance
Lightning Source LLC
Chambersburg PA
CBHW070944160426
43193CB00012B/1803